中国建设会计学会系列丛书

建设行业会计优秀论文荟萃

中国建设会计学会

中国建筑股份有限公司/联合编写

陈现忠　主编

中国财经出版传媒集团

中国财政经济出版社

图书在版编目（CIP）数据

建设行业会计优秀论文荟萃／陈现忠主编．--北京：中国财政经济出版社，2021.10

ISBN 978-7-5223-0767-1

Ⅰ.①建… Ⅱ.①陈… Ⅲ.①建筑企业-工会会计-文集 Ⅳ.①F407.967.2-53

中国版本图书馆 CIP 数据核字（2021）第 183649 号

责任编辑：彭　波　　　　责任校对：胡永立
责任印制：史大鹏　　　　封面设计：卜建辰

中国财政经济出版社 出版

URL：http：//www.cfeph.cn

E-mail：cfeph@cfeph.cn

社址：北京市海淀区阜成路甲 28 号　邮政编码：100142

营销中心电话：010-88191522

天猫网店：中国财政经济出版社旗舰店

网址：https：//zgczjjcbs.tmall.com

北京财经印刷厂印刷　各地新华书店经销

成品尺寸：185mm×260mm　16 开　32 印张　750 000 字

2021 年 10 月第 1 版　2021 年 10 月北京第 1 次印刷

定价：88.00 元

ISBN 978-7-5223-0767-1

（图书出现印装问题，本社负责调换，电话：010-88190548）

本社质量投诉电话：010-88190744

打击盗版举报热线：010-88191661　QQ：2242791300

编　委　会

前　言

“十四五”规划和2035年远景目标纲要中明确提出，要建设现代化基础设施体系，加快新型基础设施、建设交通强国、新型城镇化建设等目标。建设行业作为“新基建”实现过程中的参与者，在国民经济中起到重要引擎作用。为更好地适应新形势下财务会计环境变化，中国建设会计学会始终高度重视财务会计理论研究和实践探索，致力于建设价值创造型的智能财务、智慧财务，服务创建世界一流企业，为推动建设行业会计事业稳步发展、提高建设行业财务会计管理工作质量贡献力量。

过去的2020年，在新冠肺炎疫情的肆虐下，我们见证了大国担当、践行了央企使命、展现了财务作为。疫情也无法阻挡一个大国崛起的脚步，过去一年的中国，既有减税降费、租金减免、民企清欠，也有供给侧结构性改革、房地产调控、数字化转型，凝聚了大量的战略调整、热点研究、技术革新。为此，中国建设会计学会开展第十四次论文征集和评选活动。面向会员单位的财会工作者征集论文550余篇。经过专家评审，评出获奖论文200篇，其中中国建筑股份有限公司115篇。

中国建设会计学会联合中国建筑股份有限公司在115篇论文中遴选了72篇，集中反映了我国建筑行业财务工作领域在社会经济与技术大变革的时代背景下财务职能的变化与技能的提升。为广大建筑行业财务工作领域提供了基于会计准则建筑行业热点共性问题、面对国际化财务发展、基于资本运作工程建设金融业务、基于税收征管改革分析企业纳税管理、基于业务财务协同服务企业高质量发展、基于信息技术变革加速财务数字化转型等领域的最新研究成果和前沿观点，为建筑行业的财务工作者在未来不同财务工作领域的实践与研究提供参考。

路漫漫其修远兮，吾将上下而求索。本论文集只是中国建筑股份财务工作者在当下我国发展变化的背景下对日常财务工作中的探索、实践和思考。时代与科技的进步仍在进行，对于财务工作的思考与求索依旧不会停止。希望以此论文集为契机，进一步促进广大建设行业财会人员的交流沟通，对标先进、凝心聚力、互促互进。

目 录

财资管理篇

新收入准则对建筑施工企业的影响

——以中国建筑股份有限公司为例

马翊洲

摘要：随着人类文明的不断进步、社会经济活动的不断革新、生产力的不断提高，现代会计也随之得到了飞速的发展，其变革与更新也愈加符合现实情况的改变。其中，收入作为财务会计的基本要素之一，其任何一个变化都会对公司内部治理的众多领域产生深远的影响。因此，收入准则作为现行企业会计准则的重要组成部分，其每一次的颁布与实施都会对各行各业产生巨大的影响，也成为国内外学者研究的重要领域。为此，本文首先阐述了收入准则变更的历程及原因，以及新旧收入准则的差异，在此基础上，以中国建筑股份有限公司为例，分析了新收入准则对建筑施工企业的影响，最后就建筑施工企业如何应对新收入准则的变化提出了政策建议。

关键词：新收入准则　建筑施工企业　确认　计量

一、引言

纵观会计学的演变过程可以得出，随着文明社会的不断发展、市场经济活动的不断变革、生产力的不断提高，现代会计也会随之不断地进行改变与更新，使之适应愈来愈复杂多变的市场与社会经济环境，以此起到促进经济健康持续发展、提高资源配置效率、指导企业开展经营管理活动的积极作用。而收入作为财务会计的一项重要财务指标，其任何一个变化都会对公司内部治理的众多领域都将产生深远的影响。收入准则的每一次改变也会对各行各业产生巨大影响。而随着经济社会的发展，新兴产业的不断涌现，不同交易事项也显得更为复杂多变，旧收入准则的一些问题逐渐凸显，无法为日新月异的各个行业提供收入确认的相关指导，难以适应现如今的经济社会业务的发展，新收入准则的制定与颁布便势在必行。新收入准则的修订势必给各行各业带来巨大影响，尤其是将旧收入准则与建造合同准则加以合并，确立为新收入准则的举措，使建筑施工企业成为新收入准则的颁布受到影响最大的行业之一。因此，本文将就新收入准则对建筑施工企业的影响，以中国建筑股份有限公司为例，谈一谈自己的粗浅认识。

作者简介：马翊洲，初级财务会计，中国建筑土木建设有限公司华东公司。

二、收入准则概述

（一）收入的定义

收入在会计学上的定义是指企业在日常活动中形成的、会导致所有者权益增加的、与所有者投入资本无关的经济利益的总流入。而现行企业会计准则体系中的基本准则将收入确定为会计六要素之一。由此可见，收入是评价一个企业经营成果与财务状况的重要指标之一，是财务报表使用者用以衡量企业业绩的重要参考数据。而收入准则作为界定收入相关标准的会计准则，也是现行企业会计准则的重要组成部分，其修订也随着社会环境与会计行业的发展而不断改变。

（二）我国收入准则修订的历程

早在 1992 年，财政部就发布了《企业会计准则——基本准则》，将收入确定为企业销售商品或提供劳务等经营业务所实现的营业收入，包括基本业务收入与其他业务收入。1998 年，财政部又颁布了《企业会计准则——收入》及《企业会计准则——建造合同》，进一步规定了企业销售商品、提供劳务和让渡资产使用权的收入，同时第一次涉及建造合同的收入确认问题。2006 年，财政部通过《CAS14——收入》和《CAS15——建造合同》对收入的相关问题做出了进一步细化与调整，为相关经济业务进行更为明确的指导。随着时间的推移，在国际会计准则理事会（IASB）与财务会计准则委员会（FASB）两大国际准则机构为应对社会经济形势的改变而对现有收入准则的影响问题而修订发布了新收入准则 IFRS15 之后，我国财政部也以其为参考，并充分考虑我国国情，听取会计师事务所、企业与其他社会相关人员的意见与反馈，最终修改完善了新收入准则，并于 2017 年正式发布。

（三）我国收入准则变革的原因

会计行业是随着社会的发展与变迁而不断演进的行业，其准则也需要随着不同情况而不断更新。在现如今经济全球化的背景下，新兴行业不断涌现，相关经济业务的创新程度与复杂程度不断提高，现行收入准则因为在不同行业、不同地区与不同交易方式下确认标准的不一致，使其在实际使用过程中的缺陷与不足越发明显，使收入的确认与相关计量更为困难，难以保持准确性，对会计信息的质量要求产生较大的影响。因此，为了解决上述问题，满足与国际收入准则接轨的要求，研究、制定一套更为规范、更具有指导性的新收入准则来明确收入的确认与计量等相关要求就显得尤为必要。

三、新旧收入准则的差异比较

（一）旧收入准则的具体内容

旧收入准则规定，按照风险报酬模型来确定收入，换句话说，收入的确认是以风险与报酬是否已经转移给客户为标准来进行的。假如，企业不需要承担包括贬值、损坏以及报废等可能承担的损失，同时也不享有因为资产升值等原因带给企业的相关未来经济利益，则可以证明风险报酬已经转移，即可以确认为收入。而对于建筑施工企业而言，收入的确认，即风险报酬转移体现在建造合同之中的表现则为建筑施工企业实际交付产品或服务时，在此时间段内建筑施工企业既不再承担因建筑损坏、贬值等因素造成的风险，也已经收取过交付产品或服务应当收取的报酬，则可以确认为收入。

而在旧准则中，收入的计量方式，如对于建造合同履约进度的计量是按照建筑建造进度的完工百分比来计量的，而其履约进度则有三种方法进行衡量与计算。如果该项目的相关成本可以可靠计量时，通过“累计实际发生的合同成本占合同预计总成本的比例”计算收入。但是如果该项目的成本无法或者难以可靠计量时，则通过计量核算该项目的工作量，通过采用“已经完成的合同工作量占合同预计总工作量的比例”对项目履约进度进行确认，除上述两种方法以外，还可以采取“实际测定的完工进度”作为履约进度的衡量方法。

除此之外，旧收入准则还将收入的类型进行了划分，使收入区分为提供劳动服务收入、销售产品收入以及转让资产使用权收入。但对于特殊交易，旧收入准则未加以明确规定，只是通过收入准则应用指南与企业会计准则解释来对部分特殊交易的处理方法提出了模糊而不是全面具体的指引与规定。

（二）新收入准则的具体内容

不同于旧收入准则基于风险报酬模型确认收入的方式，新收入准则是通过控制权的转移来确认收入。在新收入准则中，判定客户取得控制权的方法，是看企业在完成其履约义务之后，客户是否取得企业所交付的所承诺的相关商品或服务，也就是说，客户取得了交易商品或服务的控制权，对其可以主导使用权，也可以获得其剩余价值，由此可以确认为收入。而对于建筑施工企业而言，控制权的转移是通过建造合同来体现的，当建筑施工企业完成一项或者全部履约义务的情况下，客户便可以主导获得商品或服务的部分或者全部的使用权，获得了实际利益，即可以说控制权已经转移，以此作为新收入准则收入确认的时间点，确认为收入。对新收入准则而言，其收入确认的控制模型是属于资产负债表观，与之相对的旧准则所使用的风险报酬模型是属于利润表观。而在新收入准则的控制模型下，企业所提供的商品或者服务可以被视为向客户转移的一项资产，所以当客户取得这项资产的控制权时，对于企业而言，资产终止确认，从而实现了收入。因为收入确认模型的不同使在对于复杂交易时会产生因为企业对于产品或者服务的控制权已经转移，而风险以及报酬并未完全转移的情况所导致的收入确认时点的不同。

新收入准则对于收入的计量方法也与旧收入准则不同，新收入准则采用投入法或产出法衡量企业业务合同所规定的履约义务的相关进度。“产出法是根据已转移给客户的商品对于客户的价值确定履约进度；投入法是根据企业为履行履约义务的投入确定履约进度。”①

---

① 财政部．关于修订印发《企业会计准则第14号——收入》的通知．财会〔2017〕22号，2017-07-19.

除上述改变之外，新收入准则的适用范围也相较旧收入准则更广，除长期股权投资、金融资产转移、金融工具的确认和计量以及合并财务报表、合营安排、租赁、套期保值与保险合同外所有与客户之间的合同均适用。除此之外，新收入准则还首次在收入准则中明确了特殊交易的处理方式，其中包括如何判定在交易过程中的主要责任人与代理人的身份，还包括对附有销售退回条款的销售交易，向客户收取不予以退回的初始费用等特殊交易的处理方法，极大地拓宽了新收入准则对于各行各业企业的实用性与指导性。

（三）新旧收入准则差异的比较

1. 关于收入计量基础的问题。

旧收入准则按照公允价值来确定销售商品的收入金额，由此会导致因公允价值计量而造成的相关问题，如以操纵公允价值来增加相关收入的确认所导致的不确定性风险。而新收入准则第三章第十四条规定“企业应当按照分摊至各单项履约义务的交易价格计量收入”。其以交易价格为核心，更符合合同要求，强调了会计信息质量的可靠性要求，且提高了相关财务报告的可信度。①

2. 关于准则适用范围的问题。

在旧准则中，收入准则与建造合同准则同时存在，建筑施工企业可以分别使用，旧收入准则对于收入确认的边界与范围难以区分，从而类似交易事项却在不同的企业通过不同的准则进行收入确认与计量操作，使会计信息质量的可比性要求受到了极大的冲击，并且大幅降低了会计信息的准确性。所以，新收入准则合并了收入准则与建造合同准则，并将与建造合同有关的业务通过新收入准则进行规范化处理，采取建立在“权利义务转移”模型的基础上，并通过“五步法”来确认收入，更加符合会计信息质量的相关要求，且相比于旧收入准则来说，更加适用于当今社会日益复杂多变的经济环境与不断涌现的新兴交易形式，使我国相关会计准则规定与国际接轨，极大地提高了我国经济对全球经济的适应能力。

3. 关于风险与报酬转移标准的问题。

在旧收入准则中，对于收入的确认是基于风险与报酬的转移来进行的，而在实际会计业务操作中，这一点的确认主要是依靠处理业务的会计人员的主观判断，其不确定性强，且存在因会计人员舞弊进行利润操纵的情况，与会计信息质量的准确性要求不相符。而新收入准则则是基于控制权的转移来确认收入，也就是在企业履行完成合同规定履行的义务后进行确认，与旧收入准则相比更为具体、明确，在会计实务中易于操作，且更能反映各项交易的经济实质。

4. 关于收入相关信息披露的问题。

旧准则规定，企业需要披露的只有收入确认所采用的会计政策、收入确认的方法以及收入确认的相关金额等内容，但对于与交易合同相关的信息和对企业所采用的会计政策具有重大影响的判断等信息均未要求披露，从而导致企业披露信息质量差，难以真实反映交

---

① 张俊民．关于新收入准则会计计量的几个问题［J］．会计之友，2017（20）：13－15.

易信息的具体情况。而新收入准则对此做出了改变，大幅增加了需要列报与披露的内容，其要求披露与客户所签订的合同相关信息，其中包括合同条款、合同义务以及在应用新收入准则时所作的任何重大判断等诸多信息。这样既提高了财务信息的可信度，有利于财务报表的使用者根据这些详细信息做出正确的判断，也有利于完善企业自身的内部控制相关流程。①

四、新收入准则对建筑施工企业的影响

（一）建筑施工企业收入确认现状

1. 建筑施工企业的界定。

建筑施工企业是指从事土木工程、房屋、建筑物建设与设备安装以及工程勘察设计工作等生产活动的独立生产经营单位。可以说，建筑施工企业的整体工作是围绕着建筑等工程进行设计、施工、装修与管理等活动而形成的。其收入的确认与计量相较于一般的生产经营企业而言有着较大的不同。

2. 建筑施工企业收入确认现状。

基于建筑施工企业产品的特殊性，其收入的确认在通常情况下是以签订的建造合同作为业务产生和收入确认的依据。而建造合同也与一般采购合同与劳务合同并不相同，其具有以下特点：合同价格一般较高；项目建造周期一般很长，多数的建造合同所规定的建造周期长达数年；建造合同一般不可撤销；建造合同回款一般较为缓慢，大多数晚于建造项目的实际施工进度。鉴于建筑施工企业与建造合同的特殊性，财政部通过制定了《企业会计准则——建造合同》来规范其确认、计量收入的问题。但是旧收入准则在建筑施工企业的使用过程中也存在一些问题。由于经营业务的复杂性，建筑施工企业难以有效划分收入准则与建造合同准则的适用范围，从而导致会计科目运用混乱，财务报表可信任程度降低。而且由于旧收入准则是以风险报酬模型来确认收入的，并通过完工百分比法确认履约进度，使存在建筑施工企业通过蓄意满足风险与报酬转移条件或者故意调节完工进度进行利润操纵等舞弊情况。

（二）新收入准则对建筑施工企业的影响

1. 对建筑施工企业收入确认的影响。

新收入准则是基于控制权的转移来确认收入的，而确认证明产品或者服务的实际控制权是否已经转移需要同时满足五个条件，即新收入准则提出了收入确认的五步法模型。其第一步为识别订立的合同，为签订合同时，其依据为工程总包项目的相关设计、施工、采购合并为的一份合同，同时若合同修改时未规定“可明确区分”的履约义务，则不视为新增合同。第二步为识别单项履约义务，包括某一时点，还有某一时段的，其要求为工程总

① 谢获宝，杨颖．以交易契约实质为基础的收入准则改革研究［J］．财政监督，2017（19）：95－99.

包项目中的设计、施工、采购均需要按照合同承诺内容，而“可明确区分”的相关义务则应确认为不同的履约义务。第三步则是确认交易价格，其中包括固定造价合同以及可变造价合同。第四步为将交易价格分摊至履约义务，通过运用投入法或是产出法，分析计算某一时点直接计入或者是某一时间段的履约进度。第五步履行履约义务并确认收入。除此之外，对于特定交易而言，则是根据承包商向客户转让前能否控制商品为判断依据，若是先购入再转让则由承包商承担风险，那么就作为主要责任人，以总额法确认收入，而若是由联合体方共同承包项目，则企业不承担联合体方的责任，作为代理人，以净额法确认收入。① 这种五步法收入确认模型体现了新收入准则规定下企业确认相关收入需要做出多重判断的要求，从第一步签订合同开始就需要各种不同情景下详细的判断，极大地提高了会计信息要求的严谨性。同时也体现出新收入准则的收入确认观点改变为资产负债表观，这种观念上的转变使建筑行业当前建立在利润表中的其他综合收益项目的认定变得更为合理，同时也使得递延所得税费用的确认显得更令人理解。除此之外，新收入准则还提出了单项履约义务的概念，即是指在施工合同的总体工程内容中，但其中单项或者部分施工内容与其他施工工程关联程度不高的工程。这一项划分使建筑施工企业由于施工工期较长时为保证资金利益需要，保证了收入确认的及时性要求。②

2. 对建筑施工企业收入计量方法的影响。

新收入准则规定对于合同完工进度按照履约义务的进度可以采用产出法和投入法。与旧收入准则按照完工百分比法进行计量相比，新收入准则的相关规定使得建筑施工企业在面对有着明显不同的合同时，应当采用不同的方法进行计量，保证了不同情况下计量方法的差异性。同时由单一的计量方法改为两种计量方法共同实行，使得建筑施工企业的收入计量也产生极大的变化。当使用投入法时，企业应当按照履行履约义务的投入程度进行计量，将已转移控制权的产品以及废品等无法反映控制权转移的部分剔除，以此更能体现工程的实际施工进度，确认更为准确的收入。而当企业使用产出法时，是通过衡量已经提供给客户的产品的价值与在合同中签订的产品的价值总额的比值来确定履约进度，因此，也应当将由于使用新兴工艺或技术更新所导致的工程前期工作效率较低，工程进度较为缓慢的情况去除，以确定更为准确的履约进度及企业收入。通过在不同情况下选择不同的收入计量方法可以更为真实准确地体现建筑施工企业的收入情况，同时也更符合会计信息可比性要求。

3. 对建筑施工企业会计核算的影响。

在新收入准则下，建筑施工企业的会计核算路径也发生了变化。其增加了“合同履约成本”及“合同结算”两个科目，其中“合同履约成本”科目核算的是企业为履行当前或预期取得的合同所发生的、不属于其他行业会计准则规定范围内的且按照新收入准则应当确认为一项资产的成本，而“合同结算”科目则是用以核算在同一合同下的某一时段内

---

① 尚应斌．浅谈新收入准则对企业收入确认的影响及控制策略［J］．中国管理信息化，2019，22（22）：31－32.

② 潘新兴，靳兵艳，杜凯文．新收入准则在建筑行业的应用研究［J］．建筑经济，2020，41（1）：5－10.

履行履约义务涉及与客户结算对价的合同资产和合同负债，在此科目下设立了“价款结算”和“收入结转”两个二级科目，同时也取消了旧收入准则下的“工程施工”与“工程结算”两个科目。新收入准则的会计核算整体流程为将应付账款等科目归集为成本，转入合同履约成本科目，再当成本确认时转入主营业务成本科目，同时转销减值，设立合同履约成本减值准备科目，计提减值时，转入资产减值损失科目。在确认成本的同时也要确认收入，计入合同结算科目下二级科目收入结转与主营业务收入，将合同结算的二级科目价款结算经验工计价后计入应收账款等科目。新收入准则的会计核算方式解决了先前建筑施工企业所面临的相关成本不随着收入的确认予以结转的问题，更加符合会计核算权责发生制的原则。

4. 对建筑施工企业的其他影响。

新收入准则对于建筑施工企业的影响还有很多，例如对于合同变更处理的变化的影响。先前建造合同准则仅将客户对合同相关内容的调整作为合同变更，而且未对合同变更情况下如何进行会计处理做出明确指示。而新收入准则对于合同变更的相关处理则更为明确、细化，将其按照商品是否可明确区分、合同价款是否反映新增商品单独售价为依据分为三种情况。其具体为：若是将合同变更部分作为单独的合同处理，则原合同予以终止；也可以将原合同未履约部分与变更部分组成新合同进行处理；还可以将合同变更部分纳入原合同一起进行会计处理。建筑施工企业的收入确认依赖于所签订的合同，而在现实情况下，合同常会面临变更的情况，新收入准则针对这一点做出具体规定，采取了分层次双标准判断，同时对由于合同变更可能导致的双方权利义务的变化做出了具体阐释，对建筑施工企业的影响颇深，同时也体现了会计信息的实质重于形式的要求。① 除此之外，新收入准则还因建筑施工企业营业收入的差异而对企业所得税带来一定影响。

5. 对建筑施工企业信息披露的影响。

新收入准则对附注中要求披露的信息做出了详细的规定，除要求披露相关会计政策外，还需要与本期收入确认的相关信息，合同余额调节的信息，对确认收入的时点与金额而产生重大影响的原因以及相关判断，履约义务的确定以及分摊至各履约义务的交易，与合同成本有关的资产等。这能够促进企业内部管理水平的提升，完善相关内部控制，同时也满足了财务报表使用者对于会计信息获取的要求，符合决策有用观，也有利于信息使用者的阅读与使用。

五、案例分析——以中国建筑股份有限公司为例

（一）公司简介

中国建筑股份有限公司成立于 1982 年，可以说是我国进行专业化发展最久、最早进行市场化经营，也是一体化程度最高、我国规模最大的投资建设集团。其母公司为中国建

① 雷飞飞．新收入准则对建筑施工企业的影响探析［J］．财经界（学术版），2020（1）：168 - 169.

筑工程总公司于2007年在北京由中国建筑工程总公司、中国石油天然气集团公司、中国中化集团公司及宝钢集团有限公司联合成立。中国建筑股份有限公司的主营业务为房屋建筑物承包、国际工程承包、基础设施建设以及市政勘察设计、地产开发等，并以此发展壮大成为我国建筑业、房地产龙头企业和最大的国际承包商，是不占有国家资金、资源以及专利，通过市场完全竞争而发展壮大起来的国有企业，同时也是我国唯一拥有三个特级资质的建筑企业。中国建筑股份有限公司在2019年度《财富》世界500强中列第21位，也是《财富》中国500强第3位，全球品牌价值500强第44位。除此之外，还连续获得标普、穆迪、惠誉国际三大评级机构信用评级A级，是为我国建筑施工企业的标杆。综上所述，通过对中国建筑股份有限公司进行案例分析，可以更加鲜明地体现新收入准则对于建筑施工企业的影响。

（二）中国建筑股份有限公司的收入情况

中国建筑股份有限公司因为其公司规模巨大、经营业务覆盖种类广泛、地区众多，其经营范围涉及国内及海外100多个国家和地区，企业业务包括投资开发、工程建设、勘察设计、新业务等多个板块。在其2018年年度报告中可以看出，中国建筑股份有限公司新签订的合同金额为26 271亿元，与去年相比，同比增长了7.1%。其中建筑业务新签订的合同金额同比增长4.7%，达到了23 285亿元，再进行具体划分，房建业务新签订的合同金额为16 801亿元，同比增长了13.9%；基建业务新签订的合同金额为6 355亿元，同比降低了13.8%。同时，公司的地产业务所实现的合约销售额为2 986亿元，同比增长了30.6%。其中营业收入同比增长13.8%，达到了11 993亿元。而房建业务实现的营业收入高达7 242亿元，同比增长了15.9%，仍然是公司收入的最重要渠道，其所占比例提高1.1个百分点，达到了60.4%；其中基建业务营业收入2 767亿元，同比增长19.8%，其所占比例提高1.2个百分点，达到了23.1%；房地产业务营业收入1 841亿元，同比增长了2.7%，其所占比例下降1.6个百分点至15.4%（见表1）。

表1　　中国建筑股份有限公司近两年的营业收入及占比情况　　单位：千元

分行业	2018年	占比（%）	2017年	占比（%）
房屋建筑工程	724 230 782	60.3	625 084 217	59.3
基础设施建设与投资	276 675 284	23.1	230 920 666	21.9
房地产开发与投资	184 112 490	15.4	179 203 672	17.0
勘察设计	9 436 215	0.8	8 174 946	0.8
其他	20 750 371	1.7	22 919 437	2.2
分部间抵销	–15 880 617	–1.3	–12 196 435	–1.2
合计	1 199 324 525	100.0	1 054 106 503	100.0

资料来源：中国建筑股份有限公司2018年年度报告。

其中，可以将基础设施建设与投资收入近似地视为建造合同收入，即中国建筑股份有限公司的建造合同收入为房屋建筑工程收入与基础设施建设与投资收入之和。从表1数据中可以得出，建造合同占企业营业收入的80%以上，且还有一定幅度的增长。而新收入准则将收入准则与建造合同准则合并势必会对中国建筑股份有限公司的收入确认以及相关管理有着深远影响。

（三）新收入准则对中国建筑股份有限公司的影响

1. 对收入确认的影响。

中国建筑股份有限公司在2016年的年报中披露：其使用的建造合同收入确认的会计政策中使用完工百分比法确认合同收入以及合同费用，除了合同预计总成本超过合同预计总收入的，预计不能收回，将其确认为当期费用以外，其他均按照累计发生的合同成本占合同预计总成本的比例确定完工进度进行计量。其收入确认的会计政策较为单一，而新收入准则极大地改变了这一点。

由于中国建筑股份有限公司的业务范围广泛，对于不同的建造合同其收入确认单元因为新准则的颁布而改变，从而会影响其总体收入的确认。例如对于房屋的建造合同，若其中包括多个房屋的独立工程项目，即使在合同中未予以独立签订相关条款，但仍可以独立计算其合同收入。还有对于以整条道路而签订的建造合同，也可以按照不同的标段单独进行计算合同收入。除此之外，对于包含房屋建筑物、道路、场地、装修等多个内容的建造合同，也可以对其关联性较小的部分进行独立结算合同收入。由于收入单元的改变会导致原先由推迟确认收入变更为提前确认收入，这些改变对于中国建筑股份有限公司的总体收入而言虽然未有较大影响，但由于中国建筑股份有限公司的规模庞大，有着众多的子公司，对于这些子公司和一些特殊建造合同而言新收入准则对于收入确认带来的影响仍是不可忽略的。

除此之外，新收入准则也使得中国建筑股份有限公司改变了对除建造合同结果无法可靠计量外的其他合同均按照时段确认收入的方式，使其需要按照不同的建造合同选择是按照时段确认或是按照时点进行收入确认。按照新收入准则规定，如果客户在企业履约的同时能够取得并消耗企业履约带来的经济效益，或者客户能够控制企业在履约过程中的在建产品，则企业需要按照时段确认收入。除此之外，企业在履约过程中所产生的商品如具有不可替代性，且企业在合同期间内有权就累计已完成的履约部分收取款项，则进行相同处理。而中国建筑股份有限公司所签订的建造合同大多数按照事先设计的专门图纸进行施工，在未完工前一般不作其他用途，即具有不可替代用途，且其基本通过市场渠道招标等方式签订建造合同，也可满足只要签订合同就有权按照合同收取履约款项的条件。由此可见，中国建筑股份有限公司的大部分建造合同还是按照时段来确认收入，但也不能忽略因无法满足上述条件而改为按照时点进行收入确认的情况。例如中国建筑股份有限公司若是签订生产标准化设备合同，其商品既可以交付给签订合同客户，也可以销售给其他客户，即该商品具有替代性，则按照新收入准则规定，可以改为按时点确认收入。如上述情况的虽然不多，但是对于中国建筑股份有限公司这一类大型综合性建筑施工企业而言，即使是极其少见的情况也会对其总体收入确认造成一定的影响，亦是不可忽略的。

2. 对收入计量的影响。

新收入准则规定建筑施工企业通过不同建造合同的相关特性来选择产出法与投入法，

改变了因原先建造合同准则未进行详细规定，而导致企业可对明显不同的建造合同以同一计量方法进行确认的情况，这使得中国建筑股份有限公司无法统一使用原先的“累计实际发生的合同成本占合同预计总成本的比例”进行计量，而是需要区分不同情况下的建造合同，将投入法部分改变为产出法。投入法与产出法各有利弊，因此灵活地使用适用不同情况的不同计量方法才能使收入计量得更为准确。产出法是以累计完成的施工产值占预计全部施工产值的比例来计量收入的。可以说产出法是最为符合收入确认本质的方法，但其也存在一定的缺陷，即无法衡量建造合同的履约进度。因此，产出法主要适用于工程履约进度比较易于计算的建造合同或是每月按照施工产值支付合同款项的合同等。而投入法与产出法相反，其通过投入成本进行计量，更为简单易行，但是由于成本投入与收入取得有时不成正比关系，通过投入法计量收入会存在偏差。因此，投入法最为符合合同履约进度的本质，却无法准确计量合同收入。而对于中国建筑股份有限公司而言，其建造合同种类繁多，需要按照不同的情况选择各有优劣的计量方法，而在建造工程过程中投入与产出总不是均匀情况，投入法与产出法确认的收入也总会产生差异，这也给中国建筑股份有限公司的收入计量带来了影响。

3. 新收入准则的其他影响。

新收入准则对于中国建筑股份有限公司的影响并不仅局限于收入方面，也会延伸至其他方面，如对于会计报表的影响。财务报表是一个企业财务状况、经营成果与现金流量的综合表现，而新收入准则会对企业收入确认的单元、时间、计量方法等多方面产生影响，也会对收入相关的成本、费用确认有一定的改变。中国建筑股份有限公司作为一个有着多个子公司的合并企业，其合并报表必然会受到诸多子公司的不同建造合同等收入由新收入准则而产生的或是正值或是负值的影响，其最终结果必然是复杂而多变的。例如收入确认单元的改变会改变收入确认时间，并且会影响不同年度的收入数额，而由投入法改为产出法的影响一般没有固定的方向，对于年度合并报表的收入而言正值与负值的影响一般相互抵消。

由于中国建筑股份有限公司的业务范围涵盖投资开发、工程建设、勘察设计、新业务等多个领域，新收入准则的签订对其财务工作的影响更是全面而深远的。新收入准则所带来的会计政策、会计方法等的变化，使相关会计核算工作有着极大改变，同时因为新收入准则相较旧准则而言更为具体、明确，极大地增加了会计判断、会计预测等工作，除此之外还对会计工作人员的素质要求、适应能力提出挑战。这也对企业的内部管理与经营策略产生了影响，需要中国建筑股份有限公司对其庞大的、多层次的组织架构进行相关调整，改变其相关经营流程与责任制度，以及具体落实到为相关建造合同签订的更为细化的条款与合同执行期间与期后的监督、反馈机制。

六、建筑施工企业应对新收入准则影响的措施

（一）规范建造合同管理

新收入准则对于建筑施工企业的影响很大程度上是落在了建造合同上的，企业与客户

之间以合同为基础确认收入，这就要求企业加强对建造合同的相关管理，需有更细致、更深入的改变。建筑施工企业需要对新收入准则所造成的影响有着清晰的认识，对合同管理进行重新梳理，确立新的条款以规范受影响的相关事项，充分考虑受新准则影响的客户方的合同条件与业务决策，同时还要考虑相关融资事项，防止收入确认延迟问题。最后，企业需要建立新的动态合同管理模式，加强合同审查与反馈机制，在合同期间及时对不同情况提出合同的变更与补充条款，以提高企业经济效益与降低风险。①

（二）注重提高人员素质能力

不论新收入准则对于建筑施工企业造成了什么样的影响，对其相关对策的制定与实施还是要落实在相关人员身上。因此，提高会计人员专业水平与素质能力便是必不可少的。只有相关人员加强学习才能充分了解、有效掌握新收入准则对于建筑施工企业造成的影响是什么样的，才能结合企业的实际情况与管理模式做出应对与改变，既要解决旧收入准则遗留的问题，也要为新收入准则的实施做好准备。同时，还可以根据新收入准则涉及的财务信息的广泛性与深层次的要求，建立包含建筑施工、财务、税收与法律等多专业人才的跨职能团队，以深入分析新收入准则的深远影响，对合同相关条款、合同规定的履行义务与预计合同可取得对价等多个要素提供专业判断，促进企业更好、更快的可持续发展。②

（三）加强企业监督与内部控制

新收入准则需要建筑施工企业进行足够的会计估计与判断，如对合同变更情况的判断，对于重大融资事项的货币时间价值的估计，对不同建造合同所适用的收入计量方法的判断等，对于企业的责任监督、相关信息数据与内部流程控制提出了要求。面对新收入准则所带来的新的风险，建筑施工企业需要加强监督措施，对于新准则落实的各个环节建立新的责任追究机制，以促使相关人员自觉遵守新准则相关规定要求。同时，企业还要对原本的信息管理系统与内部控制程序进行详细分析，以判断是否做好足够准备为新收入准则下的收入确认给出足够的信息支持，做好内部各个部门的协调工作，完善内部控制程序，以迎接新收入准则所带来的挑战与机遇。③

（四）进行影响评估与改变企业战略

新收入准则的发布对建筑施工企业的影响与冲击已经是不可避免的，且其影响并不局限于收入方面，而是深入企业的各个层次，最终会影响到建筑施工企业的战略管理与决策。因此，企业应该提前进行筹划，组织专项评估与分析，从多个角度衡量其关联影响，

---

① 黄欣．基于建筑施工企业的视角探讨新收入准则对其产生的影响及应对策略［J］．财会学习，2019（11）：140.

② 李梅．新收入准则对建筑施工企业影响分析［J］．商讯，2019（9）：72－73.

③ 张德刚，刘耀娜．新收入准则对建筑业的影响分析［J］．会计之友，2018（8）：146－151.

为降低新收入准则对建筑施工企业的不利影响。同时，企业需要重新审视其整体战略，包括经营模式与业务流程。例如是否需要与合同客户就合同条款的改变进行重新谈判，是否需要修改与收入相关的薪资福利待遇，是否需要改变现有的商业经营模式等。除此之外，企业还需要充分考虑新收入准则对企业税务的影响因素，以完善企业的税务筹划，降低税务风险。通过及时的影响评估与企业战略调整，建筑施工企业能够有效地降低其风险隐患，促进其稳定发展，更能有效提高经济效益，以更完善的准则指导、更先进的战略体系面对日新月异的现代经济社会。

参考文献

［1］财政部．关于修订印发《企业会计准则第 14 号——收入》的通知［S］．财会［2017］22 号，2017－07－19.

［2］张惠渊．《收入》准则相关问题研究［D］．中国财政科学研究院，2016.

［3］张俊民．关于新收入准则会计计量的几个问题［J］．会计之友，2017（20）：13－15.

［4］谢获宝，杨颖．以交易契约实质为基础的收入准则改革研究［J］．财政监督，2017（19）：95－99.

［5］尚应斌．浅谈新收入准则对企业收入确认的影响及控制策略［J］．中国管理信息化，2019，22（22）：31－32.

［6］潘新兴，靳兵艳，杜凯文．新收入准则在建筑行业的应用研究［J］．建筑经济，2020，41（1）：5－10.

［7］雷飞飞．新收入准则对建筑施工企业的影响探析［J］．财经界（学术版），2020（1）：168－169.

［8］黄欣．基于建筑施工企业的视角探讨新收入准则对其产生的影响及应对策略［J］．财会学习，2019（11）：140.

［9］李梅．新收入准则对建筑施工企业影响分析［J］．商讯，2019（9）：72－73.

［10］张德刚，刘耀娜．新收入准则对建筑业的影响分析［J］．会计之友，2018（8）：146－151.

［11］郑珺，刘梦琴，杨娟．新收入准则下的职业判断与会计收入确认——基于碧桂园的案例分析［J］．中国注册会计师，2018（7）：91－95.

［12］刘沛君．新收入准则对建造合同的影响［J］．财务与会计，2018（11）：55－58.

［13］王群星，梁坤．新收入准则对施工企业的影响探讨［J］．商业会计，2019（11）：43－45.

［14］文卫东．新收入准则对建筑行业会计核算的影响［J］．商讯，2019（32）：51－52.

［15］王稀．新收入准则对建筑施工企业的影响分析［J］．中外企业家，2018（36）：14.

[16] 陈贵鹏. 新收入准则的重大变化与潜在影响 [N]. 中国会计报，2014-10-24(13).

[17] Shen Zhirong, Ji Mengdi. Accounting Impact of New Income Standards on Income Accounting of Construction Industry Enterprises [P]. Proceedings of the 2019 4th International Conference on Social Sciences and Economic Development (ICSSED 2019), 2019.

以经济增加值为核心的建筑类国企价值管理改进研究

韩　旭

摘要：近年来，对国有企业的经济价值管理愈发重要，针对建筑施工类国有企业“多项目”的特点，本文提出建立以经济增加值为核心的企业价值管理体系。首先，将经济增加值作为对高层负责人的评价指标；其次，根据经济增加值的计算公式识别出能够为企业带来价值增量的关键要素，制定各项目和部门的企业关键绩效考核指标；再次，将经济增加值理念落实到员工的绩效考核；最后，建立与经济增加值管理体系相对应的薪酬制度，使企业价值管理与考核激励机制有效衔接。本文对于促进国有企业通过绩效考核手段提升价值创造能力，具有重要的理论和实践意义。

关键词：价值管理　绩效考核　薪酬激励　经济增加值　关键绩效指标

一、绪论

近年来，随着我国经济形势的转变和社会生产力的发展，国资委对国有企业的考核更加侧重对企业经济价值的考核。绩效管理是公司价值管理的手段，绩效考核是绩效管理的重要一环，绩效考核可以促进国有企业提质增效，提升竞争力。经济增加值在绩效考核指标中所占比重越来越大，已经达到和利润同等的权重，以期促进企业创造经济价值。在管理体系方面，经济增加值通过“价值树”的方式，从股东价值创造出发，识别企业战略、经营、管理方面的关键成功要素，为管理者提供有效的管理工具。

建筑类国有企业的创效方式以项目为主，工期长、项目多，项目的事前规划、事中控制、事后维护，是企业价值的重要性抓手。通过经济增加值，将企业价值管理落实到项目上，是建筑施工类企业提高价值的有效途径。

（一）国有企业的价值管理

价值管理必须通过管理工具的运用将管理模式落实到业务上。首先要识别企业的关键业务，找到企业管理的主要抓手，通过关键环节的业务将价值管理落地。业务的执行必须要有员工的配合，必须形成从战略决策到业务部门再到执行操作层面“纵向一体化”的全

作者简介：韩旭，统计主办，中建一局集团建设发展有限公司。

套管理流程，将价值管理自上而下落实到基层业务的执行，促使企业在整个流程上不断优化、创造价值（翁世淳，2010）。

（二）建筑类国有企业价值管理特点

在建筑施工类国有企业中，项目经理是项目价值管理中的总负责人，代表项目经理部与外部单位签订协议。项目经理部接受公司各职能部门的指导与监督。这样的经营方式灵活迅速，便于维护客户关系，但也会产生项目管理与企业的战略不统一的风险。如果项目和公司整体之间缺乏有效的沟通，不利于整体资源的合理配置，容易造成投资不足、投资过度"各自猖獗"的现象。

（三）基于经济增加值的企业价值管理

EVA不仅能够克服净现金流法过度注重短期利益以及容易被操纵的缺点（Wu Na，Rao Qian，2017），而且还可以缓解委托代理问题，使股东和管理者的目标趋同，将股东的财富与风险转移到管理者身上。由此看来，EVA作为高管的业绩评价指标，可以提高企业的投资效率，有效的激励机制可以代替"产权民营化"，成为提高企业价值的有效途径（余明桂，钟慧洁，范蕊，2016）。有效的激励机制不仅可以促使企业创造当期效益，还可以促使企业注重长期效益，持续提高效率、发展规模（周佰成，马可为，李佐智，2016）。经济增加值绩效考核重视资产负债表，侧重于企业长期发展，将股东与企业管理层利益相结合，大大降低了委托代理问题，引导企业可持续发展（李文贵，余明桂，钟慧洁，2017）。

国有经营管理要建立基于经济增加值的实时监控机制，企业需要定时定期对EVA考核指标进行分析，在企业的上下层以及各个部门中都形成对EVA绩效考核最直观的认识，而不是只局限于EVA对财务结果的考核（李广子，曾刚，2013，赵治纲，2016）。

要充分发挥经济增加值绩效考核的优势，必须将经济增加值绩效考核融入企业的价值管理体系。近年来，对经济增加值的研究逐渐转移到文化理念，贯彻落实到每一个员工的岗位上，形成全员参与的文化氛围（王化成，刘俊勇，2004）。EVA不仅仅是一个高质量业绩指标，更是一种管理的变革，其实际运用是一个复杂的过程。EVA不是简单的数字计算，而是一套完整的价值管理体系，是一种管理理念和管理文化的根本转变。EVA管理不是对现有管理体系的彻底推翻，而是一个相互结合的过程。

二、经济增加值考核理论及政策法规

（一）经济增加值的价值管理理论体系

如表1所示，经济增加值是一个完整的体系。

表 1　　经济增加值价值管理体系

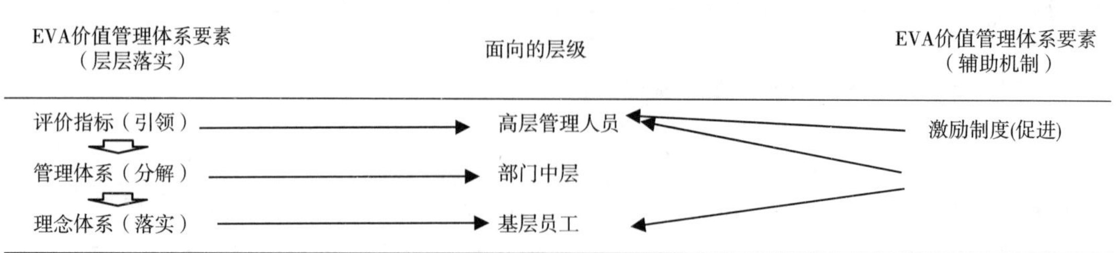

（二）经济增加值评价指标

国资委发布的国资发综合〔2014〕8 号文件《关于以经济增加值为核心加强中央企业价值管理的指导意见》强调央企要由"注重利润"向"注重资产管理"转变，进一步推进经济增加值考核。自 2019 年 4 月 1 日起实施的国务院国有资产监督管理委员会令第 40 号提出了对央企的分类考核，重点关注国有企业的研发投入、科技成果产出和转化等要素，这些要素都与经济增加值息息相关。

（三）经济增加值激励制度

经济增加值作为激励制度其奖励上不封顶，完全放开了高管价值创造的镣铐。2016 年国资委第 33 号文件《中央企业负责人经营业绩考核办法》加分奖励的提出，将经济增加值绩效考核的上限放开，促使企业注重经济价值的创造。经济增加值累计奖金账户的建立，也有利于减轻高层的短视化。

（四）经济增加值管理体系

2014 年国资委《关于以经济增加值为核心加强中央企业价值管理的指导意见》提出，首先要找到企业的战略走向，在战略走向的指导下找到企业关键成功要素。对负责人的绩效考核实际上也是对各个部门的绩效考核，故不仅要考核最后的财务报表数据，还要追根溯源，追查至部门和项目，形成层层勾连的绩效考核链条。经济增加值评估要贯穿企业项目投资的全过程，包括事前的识别和判断、事中的监督、事后的总结评估。国有企业要对新项目的项目建立严格把控，抑制盲目投资。

（五）经济增加值理念

国资委 2009 年《关于进一步加强中央企业全员业绩考核工作的指导意见》，指出上级单位对国有负责人的绩效考核如果没有部门以及一线员工的配合，财务考核指标就如同空中楼阁，难以在国有企业落地。国有企业的绩效考核体系正在逐渐向市场化靠拢，将责任落实到个人。所以，必须将国企对高层负责人的绩效考核，分解为对企业全体员工的绩效管理、绩效考核，使企业全员基于同样的绩效管理目标，使得沟通有效、权责明确、共创辉煌。

三、基于经济增加值的价值管理建议

（一）将经济增加值作为高层评价指标

建筑施工类企业项目周期长，用累计经济增加值评价单个项目的绩效较为合理。针对高层管理人员的绩效评估，可以建立管理人员投资决策的终身负责制，通过评价其投资决策项目的累计经济增加值，评估其绩效。在年终考核的绩效考核细则中，要体现出对高层管理人员为企业带来的经济价值的评估。

（二）将经济增加值管理渗透到项目价值管理体系

1. 绩效考核分层落实的思路。

针对建筑施工类国有企业项目、分公司繁多，上级的对经济价值的考核难以落实到基层的问题，建议将关键成功要素识别出来并落实到项目部门。本文将经济增加值中的关键要素从财务指标向管理、操作层面追根溯源、逐级分解，绘制出要素全、易识别、可计量的绩效考核指标。

将企业的关键成功要素（CSF）设计成与每个部门经理和员工相关的关键绩效考核指标（KPI），使之准确知悉如何将本职工作与企业兴衰相联系，也就明确地将企业发展的功劳归功于每一部门经理和基层员工。以经济增加值为理念指导，制订具体量化的员工行为准则（见图1）。

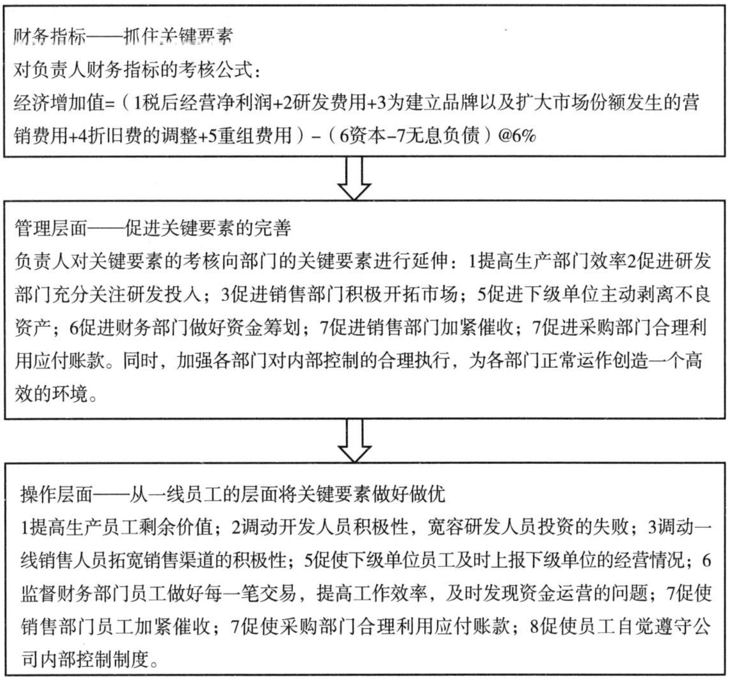

财务指标——抓住关键要素
对负责人财务指标的考核公式：
经济增加值=（1税后经营净利润+2研发费用+3为建立品牌以及扩大市场份额发生的营销费用+4折旧费的调整+5重组费用）-（6资本-7无息负债）@6%

管理层面——促进关键要素的完善
负责人对关键要素的考核向部门的关键要素进行延伸：1提高生产部门效率2促进研发部门充分关注研发投入；3促进销售部门积极开拓市场；5促进下级单位主动剥离不良资产；6促进财务部门做好资金筹划；7促进销售部门加紧催收；7促进采购部门合理利用应付账款。同时，加强各部门对内部控制的合理执行，为各部门正常运作创造一个高效的环境。

操作层面——从一线员工的层面将关键要素做好做优
1提高生产员工剩余价值；2调动开发人员积极性，宽容研发人员投资的失败；3调动一线销售人员拓宽销售渠道的积极性；5促使下级单位员工及时上报下级单位的经营情况；6监督财务部门员工做好每一笔交易，提高工作效率，及时发现资金运营的问题；7促使销售部门员工加紧催收；7促使采购部门合理利用应付账款；8促使员工自觉遵守公司内部控制制度。

图1　价值形成过程图解

2. 销售部重视对营销拓展的考核。

销售部门要积极开展商业模式创新，适应网络信息技术的发展变化，大力发展网络平台宣传推广，拓展销售渠道。按照经济增加值理念，营销费用是为了企业长期发展的建设支出，可以予以资本化。建议将上层经济增加值绩效考核落实的营销部门，每一个销售渠道的建立和维护都有相应的奖励。营销费用资本化可以为营销部门开展营销提供有力支撑。开拓市场战略需要营销部门积极营销。对营销部门的业绩考核应增加的企业关键绩效考核要素（KPI），如表 2 所示。

表 2　　销售部业绩考评表新增考核

考核项目	指标	信息来源	收集人	评分办法
市场开拓	市场占有率	客户名册	项目管理部	每开拓一个交易量超过 2 个亿元的客户，加 10 分
组织增幅	销售额增长率	销售明细账	财务部	按成功中标的口径计算的销售额增长率，每增加 1 个百分点加 1 分
销售回款	销售回款准时率	销售明细账	财务部	按销售回款口径计算销售额增长率，每增加 1 个百分点加 2 分
海外战略开拓	出口收入占销售收入比率增长率	销售明细账	财务部	海外新签合同额占总待执行合同额比率增长率，每增长 1 个百分点加 1 分

3. 研发部加强对创新能力的考核。

研发部要积极应对公司对提升创新能力的要求，从“改进现有施工流程以提高效率”“研发新技术以开拓市场”，两个方面着手。从创新的维度，不断提高产品的剩余价值，提高产品的质量，增加国有企业创造经济价值、获得长远利益的能力。

建议沿企业价值链，寻找关键业务和关键职能部门，调动相关资源、协调各个要素，降成本、减费用、提价值。可以通过研发新技术、优化业务流程、提高效率和质量，从根本上提升企业经济价值。

通过“研发费用资本化”“科研立项”及“引入新技术”加分的机制，来鼓励研发部门积极研发，如表 3 所示。

表 3　　研发部业绩考评表新增考核

考核项目	指标	信息来源	收集人	评分办法
创新研究	科研立项、获奖	科委发布的查新、立项、科技奖	人力资源部专门负责人员和研发部员工	每成功开发一个科研立项，加 10 分 每获得一个省部级科技奖、省部级工法、实用新型加 10 分 改进工作流程大大提高了施工效率，酌情加 1 - 5 分
研发效率	科技成果占研发费用比率	研发费用明细账	财务部	科技成果占研发费用比率，增加一个百分点加 1 分

4. 各项目落实对施工效率的考核。

建筑施工类国有企业，有大量生产、安装项目需要分包商协作。对于分包、建造过程的绩效考核是项目提质增效的有效途径。新项目的开展需要有充分的可行性和商业理由，要经过专业人员进行可行性研究并生成可行性报告。项目决策应由董事会批准通过，并建立责任终身追究制。工程建造需要招标。为避免串通舞弊及其他有失公平的情况发生，企业要严格把控公开招标流程，严防供应商安排的“陪标”等。要保持独立性，根据企业的需求确定中标企业。工程造价应聘请具有专业资质的人员进行评估。要严格把控施工质量，建立严格的工程监理制度。项目工程验收结算应经过审计，严格评审工程是否达到施工目标。对于整个项目工程的全过程，都应通过绩效考核来约束（见表4）。

表4　　生产部业绩考评表新增考核指标

考核项目	指标	信息来源	收集人	评分办法
项目进度	评估的项目完成进度	项目部评估	项目部人员和销售部员工	进度每低于规定值1%，扣1分，进度每高于规定值1%，加1分
耗费差距	实际耗费和预算比值	财务部账务系统	财务部	耗费每高于预算1%，减1分，每低于预算1%，加1分，有重大调整的酌情考虑
工程满意度	客户满意度	客户反馈	销售部	每出现一次业主客户投诉，减1分
工程质量	售后维修时间	客户反馈	售后部	每出现一次质保期内维修，扣5分（客户原因除外）

（三）培育全员经济增加值理念

要改变建筑类国有企业绩效考核“只考核利润”的现状，全面落实经济增加值体系中的价值管理、绩效体系、激励机制，将经济增加值深入到企业各个运行领域，并建立经济增加值从过程到结果的考核，保证经济增加值要素分解合理、稳定、连贯，优化项目、部门的经管模式。

（四）建立基于经济增加值的激励制度

针对项目绩效评价周期长的问题，建筑类国有企业可以通过设立专用账户来发放经理层的奖金，该账户可以用两种方式处理：第一种是将没有超过目标值的奖金用现金支付，超额奖金的1/3累积到账户，若产生负的业绩，直接扣减账户累积的奖金，将余额的1/3用于奖金的发放。第二种是将全部的奖金存入奖金账户当中，每年将奖金账户的1/3用于发放，若产生负的业绩则减少该账户的累积奖金额度。

这种经济增加值奖金账户延期支付的方式，可以促使高层管理人员不仅在意当期获得的奖金，还关注以后年度获得的奖金，做好企业的长远发展规划。总而言之，经济增加值奖金要当期支付与延期支付相结合，促使高层管理人员做好发展规划。

四、结论

为促进建筑施工类国有企业提质增效，本文针对建筑企业的主要特点，以经济增加值理论为指导，以央企负责人绩效考核政策法规为依据，提出建立以经济增加值为核心的价值管理体系，结论如下：

1. 经济增加值作为一种评价指标，可以将其嵌入高层绩效考核评价指标，建立针对于投资和施工项目的管理层终身责任制评价体系，以减少管理层的过度投资行为。

2. 经济增加值作为一种激励制度，可以落实到建筑施工企业不同的部门和项目上，从项目的维度增加企业的价值。建筑施工企业的主要创效方式是房屋建筑设计项目，针对项目的选择、投标的管理，需要建立科学的前期评价机制，减少盲目投资。

3. 经济增加值作为一种管理体系和价值理念，应将经济增加值计算公式分解，细化成建筑企业项目员工的关键绩效考核指标，将经济增加值作为一种理念体系，落实到每一个员工的工作考核评估。使员工在严谨的内部控制环境中，目标明确、责任清晰，通过努力工作，获得与之配比的报酬。

本文将考核手段作为推动国有企业价值管理的动力，将经济增加值作为一种评价指标、管理体系、激励制度和价值管理理念，落实到国有企业从负责人、中层再到普通员工的每一个建筑业国有企业职工的考评和激励中，通过考核的手段建立以经济增加值为核心的价值管理体系。

参考文献

[1] 翁世淳．从价值创造到市值管理：价值管理理论变迁研究评述．会计研究，2010 (4)：74－81，96.

[2] Xia Wang. Economic and management school Sichuan University of science & Engineering ZiGong China. Studies and Discussion on the Application of Economic Value Added in Enterprises evaluation. IEEE、Zhengzhou Institute of Aeronautical Industry Management、Henan University of Technology、University of Electronics Science and Technology of China、Sichuan Institute of Electronics. Proceedings of 2011 3rd IEEE International Conference on Information Management and Engineering（ICIME 2011）VOL. 06. IEEE、Zhengzhou Institute of Aeronautical Industry Management、Henan University of Technology、University of Electronics Science and Technology of China、Sichuan Institute of Electronics：2011：4.

[3] 安建民．大型建筑施工企业多项目管理研究［D］. 武汉理工大学，2012.

[4] 余明桂，钟慧洁，范蕊．业绩考核制度可以促进央企创新吗？经济研究，2016 51 (12)：104－117.

[5] 周佰成，马可为，李佐智．风险调整 EVA 模型及其在央企绩效评价中的应用．管理世界，2016 (6)：180－181.

［6］李广子，曾刚．管理创新与中小银行转型——新昌农村合作银行经济资本管理案例分析．国际金融研究，2013（8）：76－88.

［7］陈关聚，冯宗宪．股市弱有效性与股票期权约定价格的修正．预测，2012（3）：46－49.

［8］李文贵，余明桂，钟慧洁．央企董事会试点、国有上市公司代理成本与企业绩效．管理世界，2017（8）：123－135，153.

［9］Benjamin Balsmeier Lee Fleming Gustavo Manso. Independent boards and innovation. Journal of Financial Economics，2016.

［10］Stijn Claessens B. Burcin Yurtoglu. Corporate governance in emerging markets：A survey. Emerging Markets Review，2013（15）.

［11］王化成，刘俊勇．企业业绩评价模式研究——兼论中国企业业绩评价模式选择．管理世界，2004（4）：82－91，116.

［12］诸波，李余．基于价值创造的企业管理会计应用体系构建与实施．会计研究，2017（6）：11－16，96.

［13］the Association of Chartered Certified Accountants. Advanced Performance Management. Kaplan Publishing UK，2019，118－119.

建筑房地产企业财务风险管控的探究

——以保利地产为例

张 艺

摘要：建筑房地产企业在经营发展的过程中，具有明显的特点，如资金需求量大、企业负债率较高等，这些特性使建筑施工企业的财务管理工作经常处于风险环境之中。因此，如何合理规避企业风险是建筑房地产业和会计从业人员面临的重要课题。

在建筑房地产企业中实施良好的财务风险管理工作是十分必要的。基于这一要求，本文从我国的建筑施工企业现状出发，分析财务风险管理的意义以及对建筑施工企业所具有的作用，找出存在于建筑施工企业财务管理进程中存在的风险，并有针对性地给出相应的建议措施。

关键词：建筑房地产行业　风险管理　建议措施

一、绪论

近些年来，我国的建筑房地产企业数量剧增，市场环境的变化使建筑施工企业所承受的内部压力变大。同时，由于经济全球化时代的到来，建筑施工企业还承受着一定程度的外部冲击。这两种阻力的存在使建筑施工企业的生存步履维艰，因此我国房地产业为了能更好地生存与发展，就必须增强对风险的认识，以及风险会给企业带来的后果。为了保证自己企业的正常发展，增强企业风险防范和控制风险的发生是当务之急。

本文通过财务指标分析法对保利地产这一案例进行风险识别，来反映建筑房地产这一行业所存在的风险，并找出原因、提出更好的防范措施，从而增强企业的抗风险能力，能够让企业从业人员全面系统有效识别风险，并有效控制和防范。通过增加核心竞争力，以期应用良好的财务风险管理来助力建筑房地产行业的发展。

二、建筑房地产行业风险现状分析

（一）我国建筑房地产行业基本情况

全球建筑市场以年均 4.9% 的速度增长，至 2020 年全球建筑业产值增至 12.7 万亿美

作者简介：张艺，中建新疆建工集团第五建筑工程有限公司。

元，占全球总产出的14.6%。

在我国，建筑业是国民经济的重要物质生产部门，与整个国家经济的发展、人民生活的改善有着密切的关系。建筑行业的发展速度与固定资产投资增速密切相关。近年来，我国固定资产投资额快速增长，2006～2019年，我国全社会固定资产投资年复合增长率达20.38%。

2019年，我国施工项目计划总投资1 121 561.00亿元，同比增长10%；新开工项目计划总投资493 295.00亿元，同比增长21%；全国房地产开发投资102 580.61亿元，同比增长7%。

（二）建筑房地产行业风险防范现状

1. 风险管理组织架构。

例如，保利地产的风险管理框架是由风险管理中心制定的，风险管理中心的设立就是为了更有效地监督风险控制的实施。其中，任职成员是从企业董事中聘选，实际管理中是两人在负责，在出席会议中，人数需要在三人以上。会议由董事会选出的中心主任主持，如果中心主任无法到场，可在会议现场另选一人主持继续进行会议的实施。

2. 风险管理系统体系架构。

风险管理体系框架，对企业风险进行识别、分析、评估、系统梳理和监控。风险管理体系结构的建立包括战略、流程和基础设施。在该策略中，建立了高层管理人员的基本风险管理策略，基于高层人员对风险类型的可接受程度以及容忍程度上建立风险控制框架。在整个环节中，提供了分步指导，解释了风险控制中使用的财务衡量工具，并且需要继续监督以及汇报上级等工作。其过程包括识别、分析、响应、监控、总结等程序，形成闭环，持续监控和报告风险。

（三）建筑房地产企业风险防范存在的问题

虽然有些企业设立了风险管理中心，在一些财务管控方面也进行风险控制，同时也建立了风险管理控制的框架体系，要求对企业各个岗位各个环节都要进行监管。但是，在风险控制时，风险的管理部门、风险的管理文化和识别体系中存在一定的弊端与问题。

从保利地产等一些企业的风险管理组织架构可以看出，虽然设有独立的风险管理中心，但是具体事项却没有具体部门去管理，企业的风险控制管理一直都属于企业自身的风险管理的财务部门在负责，由于人员配备的短缺，时间久了难免会发生遗漏，出现不可避免的风险问题，就无法实现对风险的及时控制和监督。风险分为宏观风险和微观风险，宏观风险和微观风险中又包含诸多风险，所以很难做到全面的风险监控，若公司里出现一些小的错误或失误则可能埋下未来潜在风险。

由于建筑房地产企业一直受多方面的影响，如市场的瞬息万变、我国经济的发展形势、政府的调控政策等，致使企业的风险系数也在上升。而企业风险识别的方式大多数情况下是以曾经所发生的重大风险经验来判断新的风险类别的存在，但是据目前的经济环境的迅速变化，以及市场的走势，若只看过去的风险防范措施是不可行的，甚至会给企业带来新的风险。

三、以保利地产为例进行风险识别及成因分析

（一）保利地产风险识别

1. 营运资金风险识别。

营运资金风险是指公司经营不善导致流动性不足、资金流动缓慢，导致经营状况恶化和经济利益外流。由于房地产企业的经营周期长，因而对企业的经营活动有着重要的影响。

（1）企业资产周转率。

由图 1 和图 2 可见，保利地产流动资产周转率由 2016 年的 0. 38 倍下降至 0. 28 倍，而总资产周转率由 0. 36 倍下降至 0. 25 倍，这说明，企业流动资产周转速度慢，流动性弱。这是因为公司有很多股票不能按时出售，导致资金不能及时到位，公司资本流动性减少。此外，保利地产大多采取分期付款的方式进行资金覆盖，使资金回收时间变长，这很容易产生资本保障的风险。为此，本文从存货周转和应收账款周转两个方面分析了保利地产可能存在的营运资金风险。

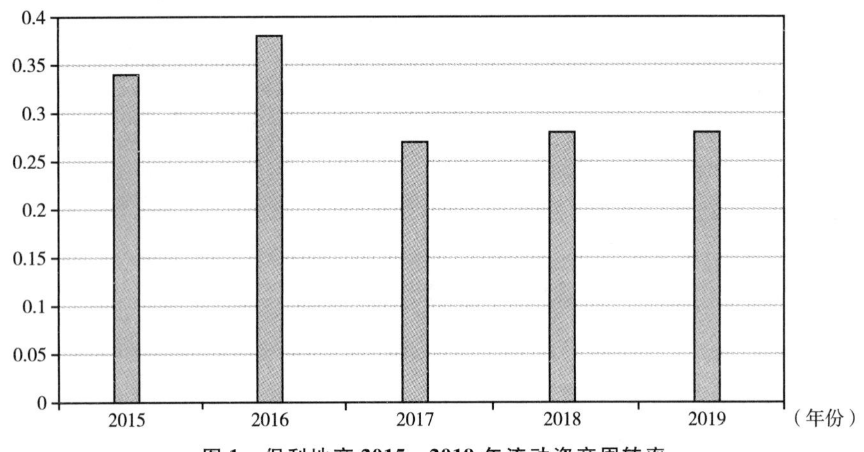

图 1　保利地产 2015 ~ 2019 年流动资产周转率

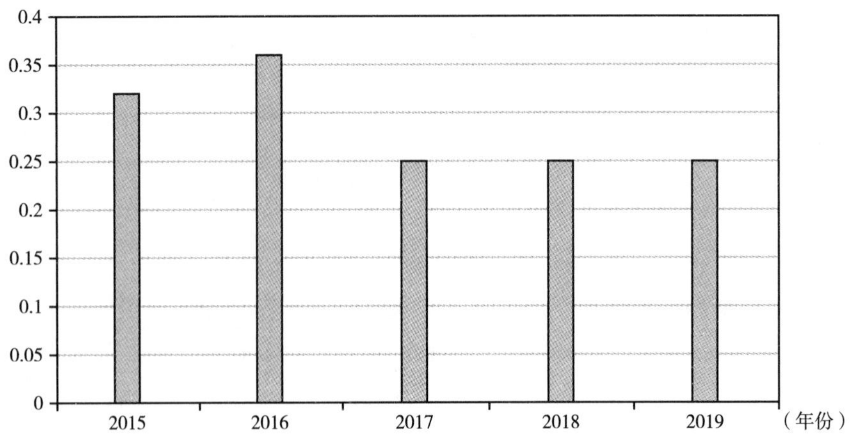

图 2　保利地产 2015 ~ 2019 年总资产周转率

（2）应收账款周转情况分析。

如表1所示，2015～2019年保利地产应收账款周转率在逐年大幅上升，而应收账款周转天数在逐年下降。这是因为保利地产在客户的信用审核和应收账款催收程序上下了很大的功夫，不断地完善得来的结果。

表1　　保利地产2015～2019年应收账款周转情况

项目	2015年	2016年	2017年	2018年	2019年
应收账款周转率（次）	38.03	65.11	84.41	100.76	122.53
应收账款周转天数（天）	9.47	5.53	4.27	3.57	2.94

2. 筹资风险识别。

筹资风险是指企业因借入资金而导致破产的可能性和企业利润的可变性，本文从短期偿债能力和长期偿债能力两个方面分析了保利房地产可能面临的筹资风险。

如图3所示，保利地产2015～2019年这5年里短期负债的比率占比一直在70%左右，从2018年开始呈上升趋势。如果短期负债中的预收款项没有还款和付息的压力，那么保利地产只需按之前商定的时间准时交付给客户，其短期债务偿还的风险就会减小。但保利地产属于大型房地产企业，所以要选择适合自身企业的债务结构，要以长期债务为主、电器债务为辅的债务结构。因此，在以上这种情况下，保利地产应适当提高长期债务比例和降低短期债务比例。但是从纵向比较的角度来看，保利地产的长期负债率和短期负债率是相反的趋势，长短期债务结构的不合理，会给保利地产增大短期债务偿还的风险。

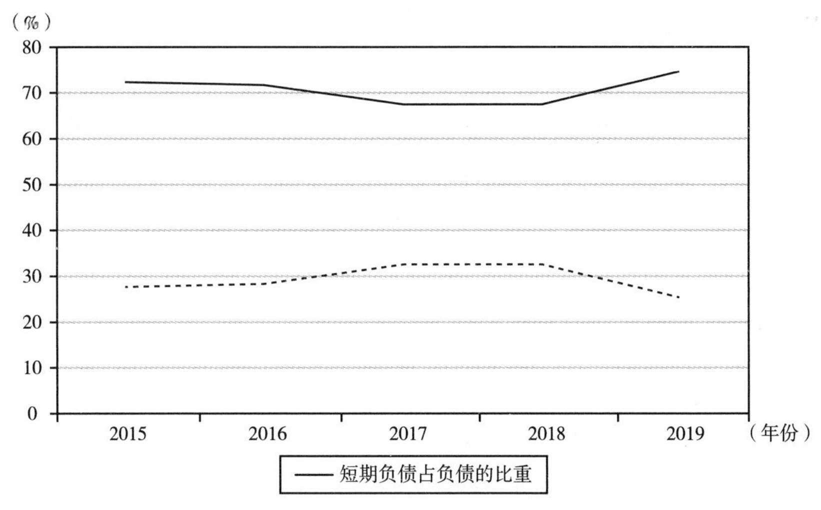

图3　保利地产2015～2019年负债结构分析

3. 投资风险识别。

投资风险是指由不确定因素引起的风险，即企业投资项目未达到预期目标而产生的风险。本文从获利能力和发展成长能力两个方面识别保利地产潜在的投资风险。

营业利润率的高低反映了公司的盈利能力。营业利润率越高，盈利能力越强，投资风险越低。相反，情况恰恰相反。从表 2 可知，保利地产从 2017 年开始营业利润率呈上升趋势，这说明保利地产的盈利能力正在逐渐增强，通过与表 3 营业利润率 2019 年行业业绩评价标准值对比可以看出，保利地产在 2019 年时营业利润率远高于行业业绩评价标准优秀值，说明保利地产在该项处于行业的领先水平。但保利地产在 2016 年时营业利润率从 18.41% 下降到 14.94%，大幅度下降，说明保利地产在销售方面提供的营业利润减少，该企业盈利能力受到影响，致使企业盈利能力减弱，虽然在后来几年中有所回升，但对于企业来说，这是一种警示，同时给企业带来的风险无法消失，具有更多的不定性。

表 2　　保利地产 2015 ~ 2019 年各项盈利指标数值表

盈利能力指标（%）	2015 年	2016 年	2017 年	2018 年	2019 年
营业利润率	18.41	14.94	17.45	18.30	21.36
总资产报酬率	4.33	3.83	3.00	3.28	3.86
净资产报酬率	17.26	13.92	13.18	14.90	17.36
成本费用利润率	22.55	17.53	20.99	22.44	26.77

表 3　　2019 年建筑房地产行业获利能力指标业绩评价标准值

项目	优秀值	良好值	平均值	较低值	较差值
营业利润率	18.4	12.6	5.4	-0.4	-0.8
总资产报酬率	8.6	7.2	4.3	3.0	-4.8
净资产报酬率	13.4	10.5	6.9	4.0	-5.6
成本费用利润率	13.3	10.3	6.8	2.6	-3.2

成本费用利润率指标用来说明投入与产出的关系，衡量企业经营耗费所带来的经营成果的能力，即每付 1 元成本费用能获得多少利润，该项指标越高，获利能力就越强，投资风险就越大。近 5 年企业成本费用利润率基本保持在 20% 以上，除 2016 年外，该指标处在持续上升的状态，2016 年保利地产成本费用率有所下降，这会导致建筑房地产行业出现成本控制的风险。

（二）保利地产风险成因分析

1. 负债过高导致的成本控制风险。

从偿债顺序看，短期偿债优于长期偿债。长期债务偿还期长、弹性大，是可以通过保利地产经营活动中的收入来进行支付，但不同的是短期债务是需要在一个营业期内必须进行偿还，流动资产就会减少。由此可见，长期债务的风险要小于短期债务的风险。

在建筑房地产企业生产经营的过程中，由于企业发展所需的现金流不足，导致企业产生大量的负债，极大地增加了建筑房地产企业发生成本控制风险的概率。我国国内的银行目前大多实施的信贷业务紧缩策略，导致企业为了保证能够正常运转，将获取资金的渠道改变为依靠各种新机构以及融资公司。而信托机构和融资公司的融资基准利率上浮可达

30%，高额的融资负担导致建筑房地产企业开展成本控制工作的难度增加，对于建筑施工企业整体的财务风险管理工作的开展也有一定程度的不利影响。

2. 企业财务风险控制不力、融资渠道单一的风险。

在对保利地产经营活动进行分析的过程中，盈利能力的各项指标和成长能力的各项指标还算不错，但若与各项行业指标和近5年的各项指标对比会发现，保利地产个别指标出现明显下降动态，致使利润下行，存在一定风险，这主要是因为：建筑房地产企业普遍缺少有效的财务风险控制机制。在财务风险管理过程中，风控机制的建设具有重大意义。然而，许多建筑房地产企业为了减少内部管理工作所产生的资金消耗，疏于对风控机制的建设工作，给财务管控带来危险。还有上市公司主要依靠发行债券融资有很大局限性，同样存在融资的风险。

3. 缺乏财务风险管理意识的风险。

在建筑房地产企业财务风险管理过程中存在的问题内，对财务风险管理重视不足的问题是较为严重的。我国目前的建筑房地产行业对于财务风险管理所具有的重要意义认识不足，致使企业对于资金的管控力度难以得到保障，缺少对资金流向的监控体系。在资金的收入与支出过程中，可能会受到利率变动、物价变动、政策变动、不可抗力等因素的影响，造成一定的资金风险隐患。同时，在财务风险管理工作开展的过程中缺乏制度性的保障。整个企业的财务风险管理工作流于形式，难以取得实际的效果。

四、建议措施

（一）做好成本控制，优化债务结构

减少企业的融资负担，进而达到有效规避成本控制风险的目的，建筑施工企业要做出良好的成本控制规划。首先，企业要通过实施有效的预算管理来提升对于资金的利用效率，保证企业资金充足，减少需要融资的情况；其次，企业要不断拓宽融资渠道，树立企业信贷信用，降低融资带来的资金损耗，提升成本控制工作的成效。

建筑房地产企业应根据自身情况适度的调整负债结构，增加长期借款在总债务中的比例，适当缩小短期债务在总债务中的比例。还可以考虑在不损害自身的控制权和通过债务重组优化自身资本结构的情况下，将部分债权转换为股权。企业可以与债权人协商，将到期不能偿还的部分债务转为企业实收资本，可以在一定程度上减轻企业的偿债压力，保护债权人的权益。

（二）建立财务风险控制机制，拓展融资渠道

在建筑房地产企业财务风险管理的进程中，建立有效的财务风险控制机制是一项十分重要的工作，要引起企业足够的重视。企业要抽调专业的人员成立财务风险控制工作小组，保证风险控制工作人员的专业性。企业要对风险控制中的各个部分进行精细化的梳理，对每个环节都进行精准的职能定位，将责任落到实处，从而保证风险控制机制能够发

挥出其应有的效用。

为保证企业资金充足需要将融资渠道扩大，更好地拓展到股市、股东、债券市场和其他具有成本效益的市场。融资在作出投资决策前，应注意合理投资，综合企业财务能力，正确计算投资风险、成本和收益这是非常重要的。从而建筑房地产行业的资本利用效率和企业风险控制的水平。

（三）加强企业对财务风险管理的重视

为了保证建筑房地产企业财务风险管理工作的开展能取得良好的效果，决策者的风险意识直接影响到整个企业的风险状况，因此，企业应对员工以及自身作出调整，应强化企业的风险防范理念，定期对员工进行风险意识培训，制订相关风险控制制度等。财务人员必须增强风险意识，适应社会发展的要求，把风险防范意识纳入日常工作。除了及时监测和防范风险状况外，还需要及时、客观地向决策者反映企业的风险变化，以便及时制订风险防范措施。

（四）建立完整的风险预警机制体系

风险预警机制是以风险指标的临界值为基础的定量风险指标。企业应建立完整的机制体系，让其自动计算分析企业财务状况，并根据指标结果与临界值的关系，指出自身的风险程度和应对方案。若借助有效的量化风险预警机制，企业快速实现对风险的动态监控，并在此基础上，提高企业风险控制的各项职能。在预警机制成立之后，基于会计电算化系统风险指标分析，建立不同财务活动相关的风险控制体系。对于与融资时相关的风险，需要加强自身资金链的管理，提高自身的还贷能力，加强与商业银行的交流，加强与其他企业的融资，拓宽融资渠道，降低成本，从而控制相关风险。

参考文献

［1］ Altman EI. Disaiminant Analysis and the Predictionof Corporate Bankruptcy ［J］. Journa of Finance，1968，23（4）：58939.

［2］ Zhang M L，Yang W. Fuzzy comprehensive evaluation method applied in the red estate investment risks research ［J］. Physics Procedia. 2012（24）：1815－1821.

［3］ Hwang J H. Risk quanta：an approach to understanding modern financial nsk ［J］. Journal of Financial Regulation and Compliance，2015（2）：179－195.

［4］ 吴懿．集团公司财务风险控制研究［J］. 经济研究导刊，2014（3）：15－60.

［5］ 韩冬梅．论企业财务风险控制与防范［J］. 财会通讯，2015（14）：104－106.

［6］ 陆怡安．企业财务风险成因及应对策略探讨［J］. 财会学习，2016（1）.

［7］ 肖芳林，仇俊林．房地产企业财务风险及其防范策略［J］. 财会月刊，2011（2）：57－58.

［8］ 周霞，陈光明．金融危机时代房地产企业财务风险控制分析［J］. 会计之友，

2012（1）：2430.

［9］胡璇．探讨房地产企业财务风险控制方法［D］．中国商论，2013（18）：42－11

［10］高世博．对商业地产开发企业财务风险管理的初探［J］．城市建设理论研究，2013（12）．

［11］黄海花．建筑施工企业财务风险管理研究［J］．财会学习，2019（29）：59.

经济增加值财务业绩指标浅析

——以新疆中泰化学股份有限公司为例

曹　杏

摘要：经济增加值作为绩效评估的有效工具已在国外得到广泛应用。自引入中国以来，它便引起了广泛的关注和研究。但是，我国对 EVA 实践的研究还不够普遍。而且在使用 EVA 时，由于计算数据采集比较困难，计算过于复杂和耗时等，这也就直接影响了 EVA 在中国市场的普遍应用。化工行业是国民经济发展的重点基础行业。随着经济的快速发展、生产技术的变革、市场需求的增长、优惠政策的实施、发达国家生产成本和市场饱和而采取的一系列战略转移策略和重组措施为化工行业的发展提供了巨大商机。中泰化学有限公司正好抓住当前机遇，通过对公司进行生产战略的调整后成为化工行业的领跑者，鉴于此，本文对其经营业绩进行分析和评价，研究其目前的管理状况，说明公司运用 EVA 的必要性，这也将对化工行业的发展具有一定的指导意义。

关键词：经济增加值　化工行业　业绩分析

新疆中泰化学股份有限公司（以下简称：中泰化学）位于新疆乌鲁木齐。2006 年公司在深圳证券交易所上市，发行总股本 5 368.6 万元。公司以前名字是新疆氯碱化厂，它是全国最大的氯碱化工公司之一。公司主要从事聚氯乙烯树脂、离子膜烧碱、纳米 PVC、盐酸等氯碱化工产品的生产，从事相关物资流通和进出口业务。中泰化学目前作为氯碱化工行业的龙头企业，由年报资料整理可以了解到公司在产品生产上有一套完整的产业链，公司不断建设和收购其他同行业公司，扩大了公司的生产规模，并且在国家政策的支持下得以迅速发展。就在国内化工行业大变革之际，证券会首次覆盖中泰化学的年度报告，在这光鲜亮丽的业绩快报下，为何中泰化学能够迅速发展成为行业龙头，本文将站在股东的角度，在经济增加理论的基础上来具体分析中泰化学的经营业绩、研究其近五年的财务数据，通过计算中泰化学历年的传统会计指标和经济增加值，将其进行对比分析，提出一些发展建议。

作者简介：曹杏，会计初级职称，中建新疆建工国际总承包分公司。

一、经济增加值的基本理论

(一) EVA 理论的发展

经济增加值是由美国思腾思特公司(Stern Stewart & Co.)在 1982 年提出的,美国思腾思特公司认为一般的传统财务评价指标是以会计利润为核心,主要是围绕税前收益、折旧、净利润等来展开的。但它是一种静态指标,不能充分反映一个公司所处行业的获利大小和风险情况。如今公司经营管理的目标是实现股东价值最大化,而经济增加值则充分考虑了股东的投入成本,站在股东的角度来考虑公司的经营发展,充分体现了股东价值最大化的财务管理目标和经营理念。因此,经济增加值这一经济利润指标的引入将会大大改善过去公司经营管理存在的缺陷,为股东创造财富、为公司创造价值。

(二) 经济增加值的计算

经济增加值的计算公式如下所示:

经济增加值(EVA)=税后净营业利润(NOPAT)-资本成本(TC)X 加权平均资本成本率(WACC)

从公式可以看出,经济增加值的计算基于三个基本变量,它们分别是税后净营业利润、资本成本,加权平均资本成本率。其中,税后净营业利润是公司经营所得的税后利润,它没有涉及资本结构,仅反映了公司资产的盈利能力。资本占用是指投资者投入公司的全部资金的账面价值。这里的资本占用包括债务资本和权益资本。同样,在计算资本占用时,需要调整一些会计报表主体数值以反映公司的实际资本投入。计算中使用的数值均是年初和年末的资本占用平均值。资本成本率反映了投资者对投资资本的回报要求。加权资本成本率则是债券资本成本率和权益资本成本率的加权平均值。

综上可知,只要牢牢把握税后净营业利润、资本总额、加权资本成本率三个核心指标,就可以把该公司的经济增加值计算出来。

二、经济增加值的相关会计调整

(一) 经济增加值有关会计调整的必要性

经济增加值的计算通常都是以传统的财务会计为基础,并根据本行业的性质、公司特性进行相应的调整。企业的财务数据是按照现行的会计准则进行编制的,存在一定的片面性、缺陷性,所以在计算经济增加值指标时要进行相应的会计调整以消除会计准则带来的影响。而且进行相应的会计调整也会使公司的经营者可以避免短期的生产经营行为,站在股东的角度为公司谋求可持续的发展利益。

（二）有关该公司税后净利润会计调整的事项

在当前经济增加值的相关研究数据中，对公司的会计准则和内部会计进行了 160 多种调整，所有的这些调整对经济增加值的计算都是有利的，为的是能更准确地反映公司创造价值的情况。但是，过多的调整事项会使经济增加值的计算变得非常复杂，不利于经营人员的理解和分析，因此在保证精确性的前提下，结合中泰化学的具体情况对所涉及的调整事项进行详细说明。

1. 财务费用：经济增加值要求债权资本与股权资本的统一，因此在计算上应该保持一致。在计算经济增加值时，需要将利息支出费用从税后净营业利润中加回调整，调为息前利润。

2. 长期费用支出资本化：在传统的会计体系下，一些研发投资费用被视为期间费用，而经济增加值则视为投资，需要经过以后年度进行摊销。在经济增加值体系下，这些费用对公司的未来发展是有贡献的，因此发挥其效应的期间不仅在当期，如果全部将这些费用支出列为当期损益是不合理的，那么也会影响投资者对此类支出投入的热情。因此，有必要对此类费用进行资本化，并在一定的期间进行摊销。

3. 非经常性项目：一些非经常性项目容易引起经营利润的大幅度增长，歪曲公司的真实业绩，在经济增加值体系下需要对其资本化处理。如营业外收支，经济增加值财务业绩评价下强调公司关注的是主营业务收入，对于不影响公司长期价值变化的营业外收支，需要在计算经济增加值的税后净营业利润中予以去除。

三、传统财务业绩评价的不足

（一）生产经营者忽视公司内在价值的增长

传统的财务绩效评价以净利润来直观地反映公司在一个年度内经营收益的状况，实现净利润的增长成为公司业绩评价的核心评判标准，这样的做法在短期内会大大提高公司的生产经营效益，但它忽视了股东权益的存在，在公司净利润增长的年份很有可能出现股东利益的减少，从而导致公司内在价值的潜在减少，对公司长期的发展是非常不利的，从上文的分析中我们得知中泰化学公司的净利润虽然都在增长，但净利润率的增长却是起伏不定，波动性较大，说明中泰化学现行的财务业绩评价体系并不能满足公司未来长期生产发展的需要。

（二）生产经营者忽视权益资本成本的投入

在计算传统财务指标时所用到的只是债务资本成本，对公司的权益资本成本并没有考虑进去，这会造成公司净利润在短期生产经营内预估过高，因为资本的投入使用都是有成本的，权益成本也不例外。所以抛却权益成本计算的净利润只是静态财务报表所显示的数值，只能去用来评价公司在短期生产经营期间是否盈利，而至于是否为股东创造了财富，为公司创造了内在价值是无法得知的，现如今公司未来的发展方向都是以为股东创造财富、走可持续、增长公司的内在价值为目标。公司在制订未来生产计划、发展战略时，权益资本成本是不容忽视的重要环节，因此中泰化学很有必要应用以经济增加值为核心的财务业绩评价。

四、EVA 业绩评价指标在中泰化学的具体应用

（一）EVA 指标的计算

1. 税后净营业利润的计算。

对于税后净营业利润的计算，需要从公司会计报表中找到各年的净利润、利息支出、非经常性损益。而净利润、利息支出和非经常性损益都可以从财务报表中获取，对于研究开发费用需要进行简单的计算，从财务报表的附注中取得相关数值。因此，经济增加值税后净营业利润的计算公式如下：

税后净营业利润 = 净利润 +（利息支出 + 研究开发费用）×（1 − 25%）− 非经常性收益

相关具体的计算过程如表 1 所示。

表 1　　经济增加值税后净营业利润计算表　　单位：万元

项目	2014 年	2015 年	2016 年	2017 年	2018 年
净利润	33 711.57	18 748.58	193 621.11	245 301.81	256 120.84
− 非经常性收益	7 428.76	15 084.06	9 893.79	5 457.31	3 857.68
+ 利息支出	76 775.73	98 446.01	109 156.61	90 455.58	104 497.78
+ 研究开发费用	15 269.46	19 070.58	23 260.83	29 005.65	104 044.74
所得税	25%	25%	25%	25%	25%
税后净营业利润	95 316.70	91 801.96	283 040.40	329 440.42	408 670.05

资料来源：根据中泰化学 2014 ~ 2018 年年报资料整理得出。

2. 资本总额的计算。

中泰化学资本总额的计算公式如下：

资本总额(TC) = 平均所有者权益 + 平均负债 − 平均无息负债 − 平均在建工程

由此可以知道想要计算出公司的资本总额，就必须计算以上指标的平均数值，而这些指标的期初、期末数均可以在中泰化学的财务报表上查阅得到，中泰化学资本总额的计算过程如表 2 所示。

表 2　　资本总额计算表　　单位：万元

项目	2014 年	2015 年	2016 年	2017 年	2018 年
平均所有者权益	944 147.54	1 109 402.50	1 437 009.89	1 791 461.60	1 944 763.22
平均负债	1 910 197.81	2 327 682.97	2 775 024.62	3 323 321.69	3 768 006.56

续表

项目	2014 年	2015 年	2016 年	2017 年	2018 年
平均无息负债	468 623.07	545 241.91	643 182.81	811 263.64	1 005 467.88
平均在建工程	291 971.33	342 599.12	250 193.47	244 095.12	409 855.44
调整后资本	2 093 750.95	2 549 244.44	3 318 658.23	4 059 424.53	4 297 446.46

资料来源：根据中泰化学 2014～2018 年年报资料整理得出。

3. 加权平均资本成本率的确定。

加权资本成本率的计算公式如下：

加权平均资本成本率（WACC）=（债券资本成本率×债务占总资本比例）+（权益资本成本率×权益占总资本比例）

由计算公式可以知道，计算公司的加权平均资本成本率需要分别分析计算出公司的债务资本成本率、权益资本成本率以及债务资本和权益资本各自占资本总额的比例，因此本文将分别从这三个方面入手，逐一计算出所需数值，进而得出公司的加权平均资本成本率。

（1）债务资本成本率的确定。

本文以中国人民银行一年期的贷款利率来确定实际的债务资本成本率，中国人民银行一年期的贷款利率在 2014～2018 年分别是 5.6%、4.35%、4.35%、4.35%、4.35%。

（2）债务资本和权益资本占用比例的计算。

债务资本的相关调整计算公式如下：

债务资本+短期借款+一年内到期的非流动负债+长期借款+应付债券+长期应付款

根据公式，从公司年度报告中可以直接取得短期借款、一年内到期的非流动负债、长期借款、应付债券，长期应付款指标数值，根据获得的指标数值由公式可以计算出 2014～2018 年的债务、权益资本比例如表 3 所示。

表 3　中泰化学 2014～2018 年债务权益资本比例　单位：万元

项目	2014 年	2015 年	2016 年	2017 年	2018 年
短期借款	238 350.00	349 476.64	749 169.53	1 006 052.29	1 145 148.21
一年内到期的非流动负债	190 606.17	328 026.59	211 899.38	378 534.78	342 355.81
长期借款	452 989.67	414 253.78	536 601.75	597 784.42	507 371.42
应付债券	516 762.81	507 884.61	508 815.81	279 703.41	388 600.00
长期应付款	101 639.29	281 352.87	217 941.61	188 230.61	161 396.40
债务资本合计	1 500 347.94	1 880 994.49	2 224 428.08	2 450 305.51	2 544 871.84
股东权益合计	1 023 356.70	2 506 267.01	1 668 193.14	1 914 730.05	1 974 796.39
债务资本比重	59.45%	42.87%	57.14%	56.13%	56.31%
股权资本比重	41.54%	57.13%	42.86%	43.87%	43.69%

资料来源：根据中泰化学 2014～2018 年年报资料整理得出。

（3）加权平均资本成本率的数值计算。

无风险收益率采用银行一年期银行存款利率作为最低无风险利率，2014～2018 年无风险收益率由银行提供的数据分别是 3.3%、1.75%、1.5%、1.5%，1.5%。对于市场风险溢价则采用赵治纲的观点，市场风险溢价取值为 4.8%，β 系数则采用股票分析软件给出的数值，则中泰化学 2014～2018 年的 β 系数分别为 0.98、0.98、1.02、0.99、0.99。再根据资本资产定价模型和加权资本成本率的计算公式计算出中泰化学 2014～2018 年的加权资本成本率。计算过程如表 4 所示。

表 4　　中泰化学 2014～2018 年加权资本成本率　　单位：%

项目	2014 年	2015 年	2016 年	2017 年	2018 年
无风险收益率	3.3	1.75	1.5	1.5	1.5
β 系数	0.98	0.98	1.02	0.99	0.99
市场风险溢价	4.8	4.8	4.8	4.8	4.8
权益资本成本率	8.00	6.45	6.40	6.25	6.25
债务资本成本率	5.64	4.35	4.35	4.35	4.35
所得税率	25	25	25	25	25
加权资本成本率	5.84	5.08	5.06	4.94	4.94

资料来源：根据中泰化学 2014～2018 年年报资料整理得出。

4. 经济增加值的计算结果。

根据以上有关税后净营业利润、调整后资本总额的计算，再由经济增加值计算公式，计算出中泰化学 2014～2018 年的经济增加值数值，具体计算如表 5 所示。

表 5　　中泰化学 2014～2018 年经济增加值　　单位：万元

项目	2014 年	2015 年	2016 年	2017 年	2018 年
税后净营业利润	95 316.70	91 801.96	283 040.40	329 440.42	408 670.05
调整后资本	2 093 750.95	2 549 244.44	3 318 658.23	4 059 424.53	4 297 446.46
资本成本率	5.84%	5.08%	5.06%	4.94%	4.94%
经济增加值	-26 958.36	-37 699.66	115 116.29	128 904.85	196 376.19

资料来源：根据中泰化学 2014～2018 年年报资料整理得出。

从表 5 可以看出，经济增加值在 2014～2015 年小于 0，且呈现下降的趋势，说明公司在这两年实际上并没有给股东创造出财富，公司的价值也在减少。这正好与我国当时的氯碱化工市场不景气相呼应，经查阅相关资料得知，公司当年因合资企业亏损造成公司的长期股权投资损失不少，根据公司 2015 年的年报得知，公司当年在对新疆圣雄能源有限公司的投资中亏损达到 4 220 万元以及在对新疆新业能源化工有限公司的投资中亏损达到 3 154 万元，使公司的经营发展呈现负增长。又因为市场中同行业化工产品在当年的库存量较高，产能过剩导致的供需失衡使产品的销售变得非常激烈，在难以保持正常的市场份额的情形下，供给远大于需求，价格竞争激战不断，利润空间不断的缩小，最后公司所获得的利润也就大幅减少。而且在当时中泰化学的化工产业竞争优势并不很好，在与同行业所生产的化工产品中，处于劣势竞争状态。因此，中泰化学需要对公司的生产经营现状进行变革和创新，才能应对形势严峻的市场。

中泰化学在2016年经济增加值增长到正值，这说明公司在这一年经营结构有较大的变革，根据本年年报资料显示公司在当年随着国家供给侧结构性改革的推行，顺利完成了两期项目的建设投资，在并购重组方面也有了大的突破，这说明了股权资本的利用对公司的经营起着重要的推动作用。

（二）EVA与净利润的数据分析

根据中泰化学2014～2018年年报中计算的经济增加值，进一步进行经济增加值变动率分析，并和净利润变动率进行对比。具体计算分析如表6所示。

表6　　中泰化学2014～2018年EVA与净利润数据表　　单位：万元

项目	2014年	2015年	2016年	2017年	2018年
净利润	35 531.31	18 748.58	19 3621.11	245 301.81	256 120.84
经济增加值	－26 958.36	－37 699.66	115 116.29	128 904.85	196 376.19

资料来源：根据中泰化学2014～2018年年报资料整理得出。

从图1可以看出，公司的净利润和经济增加值在2015～2016年有所增加，在2016～2017年净利润和经济增加值都有所下降，这表明经济增加值和净利润呈现同步增减变化的趋势，也说明了净利润的变化影响着经济增加值的变动，不同的是这两个核心业绩指标所变动的程度是不一样的，图1中泰化学经济增加值的增长变动趋势低于净利润的增长变动趋势，这说明权益资本成本对公司的经营业绩是有一定影响的，尤其是中泰化学在2015～2016年的经济增加值在2015年初是负数的情况下反方向增长405.35%，并且远高于同期

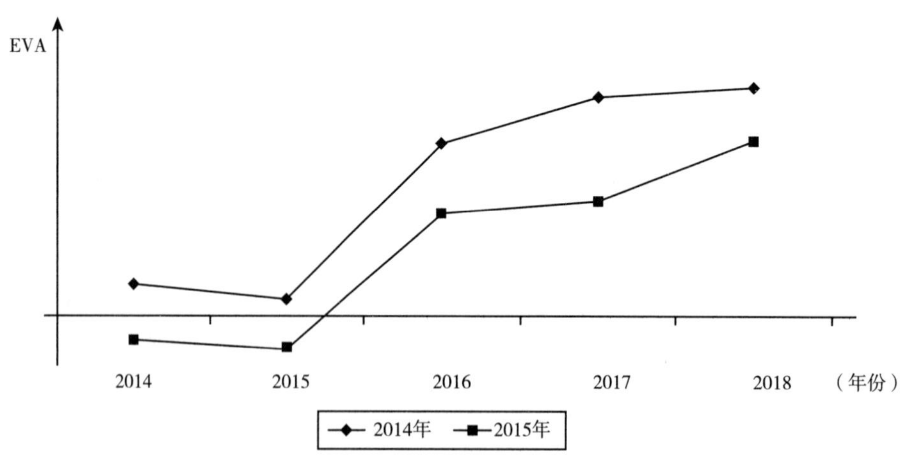

图1　中泰化学2014～2018年EVA与净利润对比

资料来源：根据中泰化学2014～2018年年报资料整理得出。

净利润的增长幅度，这在一定程度上说明了当年公司在资本运营和金融交易方面均应该取得了重大的成功。而根据中泰化学当年年报资料显示，公司在当期顺利完成了通过发行股票收购蓝天物流100%的股权、新疆富利达54%的股权和金福纱业49%的股权融资计划，这使公司的股权资本有所大幅增长，权益资本成本得到了充分的利用，同时公司在当年还利用区位优势，立足国外国内市场，加大新疆本地市场的开发力度，开辟新的贸易模式，这也说明了经济增加值业绩评价更能全面反映公司的年度经营业绩中所发生的变动情况。

虽然公司在2016～2017年的净利润和经济增加值都有所增加，但是经济增加值的增长幅度大于净利润的增长幅度。这是公司当年与其他合作公司的增资、融资不利有关，进而造成公司的资本成本利用效率并没有得到很好的利用。公司2018年的净利润在增加的同时经济增加值也在同向呈上升的趋势，这说明公司在2018年所采取的经营战略方向是正确的，从2018年年报资料可以得知，公司在未来的发展上以巩固发展为基础，以市场环境为导向，以利润创造为核心目标，进一步优化产业链结构，提高产品生产质量。公司的市场定位正处于一个新时代，在党的十九大的指导下，开拓进取，深化改革，释放潜在的发展活力。不过公司还继续以利润为核心目标，虽然说可以保持目前的良好经营发展，不过作为一个国有控股公司，公司的净利润和经济增加值并由达到良好同步正向变动，这说明公司在权益资本成本的利用上还有待加强，况且公司要想在国内市场上继续保持做大做强的态势，实现下一年的宏伟生产计划目标。仅依靠传统的财务业绩评价指标来衡量公司的经营发展是不全面客观的。因此本文通过研究认为公司在目前良好的发展情形下，应该引入新的财务绩效评价指标——经济增加值，用经济增加值来正确看待公司的经营生产发展，以期能更好地增强公司未来的经营发展，让公司的经营生产效益持续走高。

五、结论

本文首先详细阐述了经济增加值绩效评价的理论内容，通过计算中泰化学的经济增加值指标数值，然后与传统的财务业绩评价指标净利润进行对比分析，得出经济增加值在该公司是值得应用的。况且在化工行业产能过剩的背景下，如何通过良好的财务业绩评价指标来全面而客观指引公司的经营生产已成为化工行业当前亟待解决的问题。因此本文在对中泰化学经济增加值指标数值进行计算的基础上，在对化工行业的绩效指标进行研究后，得出以下三个结论：

（1）传统绩效评价指标太看重净利润，只是把债务资本成本考虑在内，忽视了权益资本成本，不能真实有效地体现公司价值创造能力。在传统的财务业绩评价中，主要是对财务报表中的数据进行静态的数据分析，忽略了公司的权益资本成本，由此来评价一个公司的经营状况是不全面的。事实证明用净利润来评价公司的绩效并不科学，在中泰化学2017年业绩报告中显示，经济增加值的增长变动低于净利润的增长变动，揭示出公司的权益资本成本并没有得到很好的利用，因此公司在创造财富价值的过程中，如果仍然只利用传统指标对其经营业绩进行指导，那么则会高估公司内在价值的创造程度，这会使公司在今后的生产经营发展中忽视权益资本成本，会对公司的发展造成不小的影响。

（2）经济增加值绩效评价指标与传统绩效评价指标是互相补充的。在肯定经济增加值的同时不能摒弃传统绩效评价指标，两者相辅相成，能够共同帮助公司正确认识当下的经济形态、客观反映公司资本运营的能力。经济增加值绩效评价指标中的经济增加值在计算过程中充分考虑到了会计的调整项目，能够更为准确地反映公司的经营绩效。因此在产能过剩的市场经济情况下，以经济增加值为导向则更能使中泰化学正确认知所面临的经营现状，从而避免盲目的乐观经营生产发展。

（3）运用经济增加值绩效评价指标有助于改善中泰化学的经营状况。经济增加值绩效评价指标可以转变公司的管理方法，让领导者更加关注企业的价值创造，而不仅局限利润的增长，利润的增长并不一定代表公司内在价值的增加，而经济增加值的增长则一定表明公司的内在价值在增加。因此，为了正确评价企业的生产经营业绩，提高权益资本成本的利用率。改变上市公司的管理者对权益资本无成本的思想理念，引起他们对权益资本成本的足够重视，公司应该尽早引入经济增加值财务业绩指标，以避免公司在今后的生产经营发展中，盲目地进行筹资、投资融资，造成权益资本成本的不必要浪费。而引入经济增加值财务业绩指标则可以使公司在创造新的产品，开拓新的营销模式下通过合理处置不良资产，削减对企业亏损的业务，不断提高投资项目的回报率，使其大于所投入的权益资本成本，最终使公司能够做大做强。

综上所述，本文在分析中泰化学所处的市场经济环境后，将经济增加值指标与传统财务核心指标——净利润进行综合分析后，得出以经济增加值为核心的财务业绩评价指标很适合应用于中泰化学。

参考文献

［1］胡梦琳．基于 ROE 和 EVA 的上市公司经营业绩评价［J］．市场研究，2018（6）：50－51.

［2］郭晓莲．基于 EVA 企业价值提升的分析［J］．现代经济信息，2018（10）：27－28.

［3］罗来峰．读《中国式经济增加值（EVA）考核实践探索》有感［J］．财务与会计，2018（8）：76.

［4］徐佳欢．碧桂园 EVA 业绩评价研究［J］．市场周刊，2018（9）：87－88，92.

［5］赵晓维．EVA 在我国企业绩效评价中的应用探析［J］．会计师，2018（17）：18－19.

［6］张洋．基于 EVA 的中国中铁财务绩效评价研究［D］．西安理工大学，2018.

［7］黄金．基于 EVA 的企业价值研究［D］．西安工业大学，2018.

［8］孙翰雯．EVA 在 B 公司业绩评价中的应用研究［D］．南京信息工程大学，2017.

［9］李啸．EVA 在企业绩效评价中的应用研究［D］．江苏大学，2016.

［10］邓晶，俞润娥，张玲，等．国有企业常用绩效管理工具的介绍［J］．中国商论，2015（34）：21－23.

［11］单雪，安增龙．EVA 与 BSC 相融合的企业绩效评价探讨［J］．农场经济管理，

2015 (2): 22 - 24.

[12] 洪蕾. EVA 绩效评价对盈余管理影响的实证研究 [D]. 南京林业大学, 2015.

[13] 孙丽萍. 基于 EVA 的棉花企业业绩评价体系建设研究 [J]. 中国乡镇企业, 2014 (9): 125 - 126.

[14] 樊倩. 论 EVA 绩效评价体系的优越性 [J]. 时代金融, 2012 (12): 306.

[15] Si Zhang, JianWei Deng, Wei Du. Estimate on Performance Evaluation of China's Central Enterprise Listed Company Based on the EVA [J]. American Journal of Industrial and Business Management, 2014 - 04 - 08.

[16] Morris V F, The EVA Challenge: Implementing Value-Added Change in an Organization, by Joel M. Stern; John S. Shiely; Irwin Ross; EVA and Value-Based Management: A Practical Guide to Implementation, by S. David Young, Stephen F, O'Byrne [J], 2010: 103 - 156.

[17] Stewart B, EVA Momentum: The One Ratio That Tells the Whole Story [J], Journal of Applied Corporate Finance, 2009 (2): 74 - 86.

新收入准则下建筑施工企业财务核算的影响分析

彭　康

摘要： 随着我国社会主义市场经济的不断向国际社会开放，全球经济市场化、法治化、国际化程度不断加深，为更好地适应国际会计管理制度与市场经济管理模式，财政部在继《国际财务报告准则第 15 号》（IFRS）颁布后，随即开启了我国会计准则的修订工作，经过广泛征集社会经济各界意见和建议后，符合我国社会经济发展需求的新的收入准则——《企业会计准则第 14 号——收入》于 2017 年 7 月 5 日颁布。新的收入准则为统一收入确认标准，将原来的收入准则与建造合同准则合并，深刻影响着建筑施工企业的收入确认工作。对此，本文结合实际工作，就建筑施工企业如何进行收入确认核算等问题进行了探讨，以期为建筑施工企业的收入确认工作提供新的见解与策略。

关键词： 新收入准则　建筑施工企业　收入　核算

一、新收入准则下建筑施工企业收入的确认与计量

区别于其他经济发展业态，建筑施工企业有其行业生产经营活动的资金规模大、建设周期长（往往跨度一个或者多个会计期间）、产品价值高、体积大等特殊性。对此，新的收入准则基于收入确认与计量的五步法模型（见图 1），以建筑施工企业的客户取得相关商品或服务的控制权时确认收入，该模型以“相关商品控制权的转移”为原则确认收入，区别于原准则的“风险报酬的转移”，主要体现在以下三要素：客户必须拥有现实权利，能够主导该商品或服务的使用并从中获得几乎全部经济利益；客户有权使用该商品或服务，或者能够允许或阻止其他方使用该商品或服务；客户能够获得几乎全部的经济利益。

（一）关于收入的确认

建筑施工企业收入的确认时点由“风险和报酬的转移”变为“取得相关商品控制权”，这体现了新收入准则确认收入时遵循资产负债表观，而非风险报酬利润表观。控制模型下，相关商品或服务被看作是向客户转移的一项资产，虽然这里的“服务”不会被确认为某项资产，这是因为客户才获得该服务的同时就立即被消耗了。资产的确认和终止确

作者简介：彭康，助理会计师，中建一局集团第五建筑有限公司。

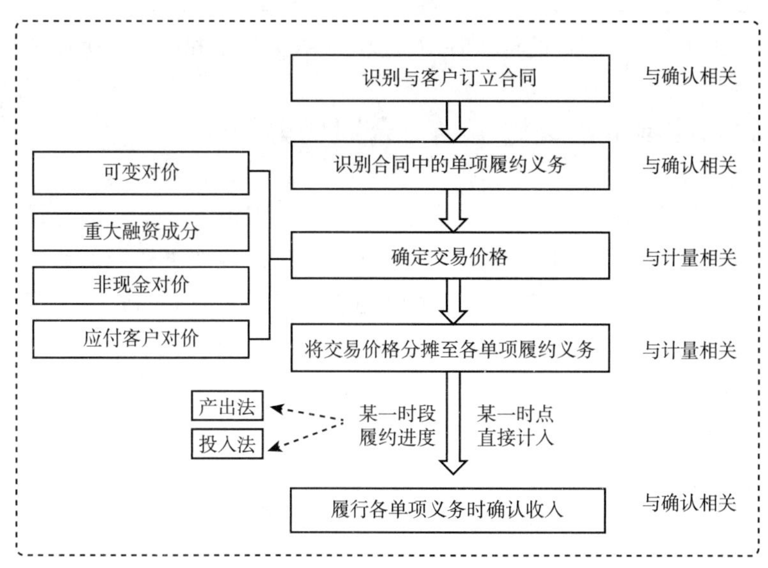

图1　收入确认五步法模型

认，以控制权的转移为基础，只有当客户能够对该项资产真正控制时，相关主体的收入才得以实现。

针对如何判断商品或服务是否实现了转移，控制模型下确认收入能够得出更为一致的结果。而在“风险和报酬的转移”原则下，倘若在确认收入时，客户保留了相关商品或服务的部分风险和报酬，就会在判断是否转移的问题上，更容易产生分歧。

在确认收入时点的问题上，如果建筑施工单位在履约的过程中就部分商品或服务对客户进行了转移，在风险报酬模型下，还不能就相关商品或服务确认收入，必须等到相关风险和报酬全部实现了转移，才能确认为收入。而在控制模型下，建筑施工企业则将建筑施工合同中的履约义务进行拆分，分段分批履行，就其中已经履约的部分逐渐确认收入。

（二）关于收入的计量

新收入准则规定了建筑施工企业应该明确是否符合满足以下条件，判断其是否符合在某一时段内履行履约义务的条件，如果不符合，则属于某一时点履行的履约义务。

1. 客户在建筑施工企业履约的同时即取得并消耗企业履约带来的经济利益；

2. 客户能够控制建筑施工企业履约过程中的在建商品；

3. 建筑施工企业履约过程中所产出的商品具有不可替代用途，且该建筑施工企业在整个合同期间内有权就累计至今已完成的履约部分收取款项。

建筑施工企业衡量履约进度的方法主要有产出法和投入法。产出法是建筑施工企业根据已经转移给客户的商品对于客户的价值确定履约进度，包括按实际测量的完工进度、已达到的工程进度节点、评估已经实现的结果、时间进度等确定履约进度的方法；投入法是根据建筑施工企业为履行履约义务的投入确定履约进度，包括发生的成本和时间，投入的料、工、费等投入指标来确定履约进度。如果建筑施工企业的产出对于客户的价值易于确认的，应该选择产出法计量相关商品的履约进度确认收入。假如施工企业的投入易于获取和计量，而对企业的产出难以确认对客户的价值时，可以采用投入法对相关履约进度进行确认。

二、新收入准则下建筑施工企业合同变更处理

建筑施工企业的收入确认主要来源于合同的签订，但由于其本身的建设周期长等行业特殊性，加之其中市场环境及主客观因素的影响，容易出现变更合同的情形。对此，新收入准则对合同变更有了明确具体的规定，在变更合同时，按照商品是否可明确区分、新增合同价款是否反映了新增商品的单据售价，划分了三种情况：合同变更部分作为单独合同；合同变更作为原合同终止及新合同订立；合同变更部分作为原合同的组成部分。判断合同变更的步骤如图 2 所示。

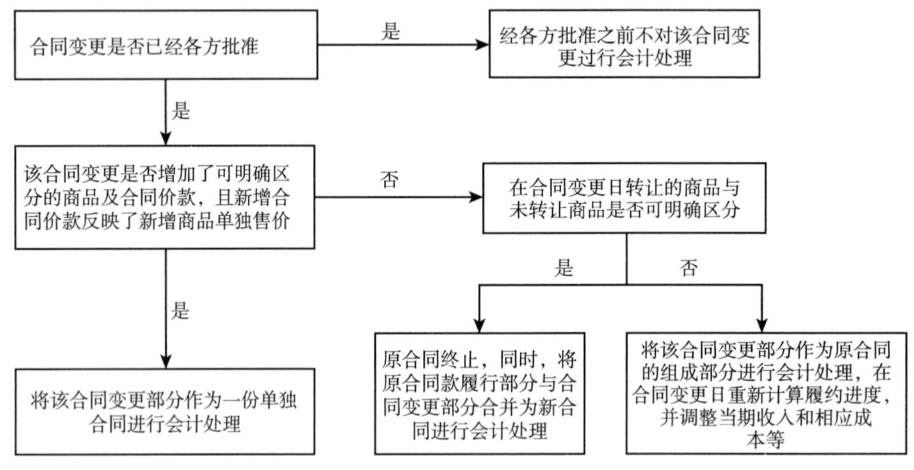

图 2　合同变更流程

新收入准则对合同变更采取了分层次双标准进行判断，为建筑施工企业阐述了由于合同变更可能导致合同双方权利与义务的改变或者形成新的权利和义务，应当结合具体情况具体分析，这也更能反映会计核算实质重于形式原则。

三、新收入准则下建筑施工企业收入的确认核算

对于同一合同下属于某一时段内履行的履约义务涉及与客户结算对价的，通常情况下，建筑施工企业对其已向客户转让商品而有权收取的对价金额应当确认为合同资产①或者应收账款②，对于其已收或者应收客户对价而应向客户转让商品的义务，应当按照已收

① 合同资产：是指建筑施工企业已向客户转让商品而有权收取对价的权利，且该权利取决于时间流逝之外的其他因素。

② 应收账款：是指建筑施工企业无条件收取合同对价的权利，只有在合同对价到期支付之前仅仅随着时间的流逝即可收款的权利，才是无条件收款权。

或者应收的金额确认为合同负债①（见图3）。

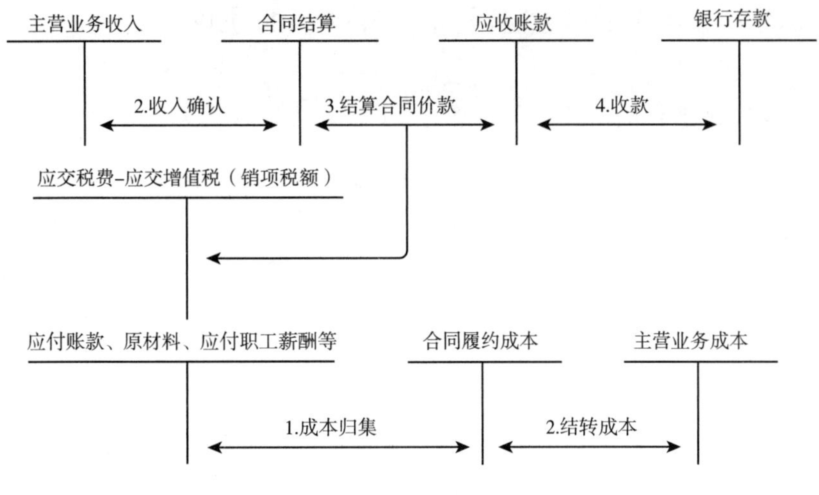

图3　确认收入的核算流程

资产负债表日，由于同一合同下的合同资产和合同负债应当以净额列示，建筑施工企业也可以设置“合同结算”科目（或者其他类似科目），以核算同一合同下属于某一时段内履行的履约义务涉及与客户计算对价所产生的合同资产或者合同负债，并在此科目下设置“合同结算—价款结算”科目反映定期与客户进行结算的金额，设置“合同结算—收入结转”科目反映按履约进度结转的收入金额。资产负债表日，“合同结算”科目的期末余额在借方的，根据其流动性，在资产负债表中分别列示“合同资产”或者“其他流动资产”项目；期末余额在贷方的，根据其流动性，在资产负债表中分别列示为“合同负债”或者“其他非流动负债”项目（见表1）。

表1　确认收入的科目设置与列示原则

通常情况	①企业对其已向客户转让商品而有权收取的对价金额应当确认为合同资产或应收账款； ②对于其已收或应收客户对价而应向客户转让商品的义务，应当按照已收或应收的金额确认合同负债。	
特殊作法	应用原理	同一合同下的合同资产和合同负债应当以净额列示
	设置科目	设置“合同结算”科目（或其他类似科目），以核算同一合同下属于在一时段内履行的履约义务涉及与客户结算对价所产生的合同资产或合同负债； 具体包括： ①设置“合同结算—价款结算”科目：反映定期与客户进行结算的金额； ②设置“合同结算—收入结转”科目：反映按履约进度结转的收入金额。
	列示原则	“合同结算”科目： ①期末余额在借方的，根据其流动性，在资产负债表中分别列示为“合同资产”或“其他非流动资产”项目； ②期末余额在贷方的，根据其流动性，在资产负债表中分别列示为“合同负债”或“其他非流动负债”项目。

① 合同负债：是指建筑施工企业已收或应收客户对价而应向客户转让商品或服务的义务。

四、新收入准则下建筑施工企业财务核算的建议

（一）加强对建造合同的规范化管理

新收入准则的修订，是对建筑施工企业收入确认的一次重大改变，这就需要建筑施工单位财务人员必须以合同为中心轴，将收入确认与计量的五步法模型贯穿于合同履约始终，更加重视履约过程。在工程施工之前，建设方与施工方首先签订建造合同，履行合同双方各管理部门要积极参与合同评审签订，使合同双方的权利与义务得到充分保障，加强对合同中的规范管理，只有这样，在执行合同时才能正常有序展开，双方的利益能够得到及时的流入。

在实际会计核算中，财务部门要对合同中的总造价、开竣工日期、每期进度款的支付时间、支付方式等进行充分的熟悉和了解，便于随时掌握合同在实际执行时的具体情况。如有涉及合同变更、施工赔偿等影响合同造价相关方面的因素出现，应与建设方及时沟通并取得书面的确认。只有这样，才能及时地反映预计总收入、预计总成本、履约进度等情况，避免财务数据出现偏差。

（二）提升建筑企业人员项目责任意识

新收入准则的执行，需要建筑施工单位各个部门相互配合与及时沟通，因此，提升建筑企业人员项目责任意识极为重要。首先，建筑施工企业相关财务人员在项目前期的招投标阶段就应该介入其中，与项目负责人、商务招采人员、项目总工等就相应条款及时沟通协商，使合同中难以界定的条款尽量确定下来，充分满足项目财务的核算要求。其次，建筑施工单位财务部要紧跟项目合同履行情况，根据项目进程做好相关数据的统计分析工作，项目管理人员就合同中的涉及变更、补充等条款应及时告知项目财务人员。最后，建筑施工企业应该加强对监理管理人才的培养，建立起完善的监督机制，以便于在整个项目建设周期内做好监管工作，形成良好的相互制约、相互监督的管理体制，增强项目人员的责任意识。

（三）组织强化建筑企业会计人员培训

新收入准则下需要判断合同中的合同价格、识别合同中的各单项履约义务、将交易价格分摊至各单项履约义务等加大了财务工作人员工作量，而且在合同履约过程中运用新收入准则也会需要大量的职业判断，如“合同中的重大融资成分”“可变对价的最佳估计”“预期有权收取的对价”“极可能不会发生重大转回”“可变对价”等大量会计估计，在很大程度上取决于施工单位财务人员的专业能力与职业判断，这也使收入的确认与计量带有较多的主观成分，进而利用会计期间滋生操纵利润等问题。

因此，一方面，建筑施工企业财务人员要尽快熟悉新收入准则的内容，明确区分新旧

准则的差异点，完善自身的财务知识体系，提高自身的业务水准；另一方面，要提升企业财务人员的职业道德素养，严格遵守新收入准则规定，防止发生舞弊行为，杜绝在合同履约过程中对收入的判断进行投机取巧、粉饰利润、披露虚假信息等情形。

五、结束语

新收入准则的颁布不可避免地对建筑施工企业产生了影响，甚至改变了其以往收入确认的模式，建筑施工企业应该结合自身情况，对新收入准则在充分理解、掌握的基础上，实现新收入准则对企业的价值创造，有效地提升企业综合性发展质量，实现企业稳步健康发展。

参考文献

[1] Thomas J. Philips JR. & Michael S. Luehlfing & Cynthia M. Daily. The right way to recognize revenue [J]. Journal of Accountancy，2001 (6)：60 - 68.

[2] 财政部．财政部关于修订印发《企业会计准则第 14 号——收入》的通知．财会〔2017〕22 号 [R]，2017 - 07 - 19.

建筑施工企业两金压降与收入收现率管控双管齐下提升企业经营质量

李嘉瑶

摘要：随着建筑施工企业经营规模扩张，市场竞争日趋激烈的情况下，建筑施工企业应收账款和存货占用的资金（简称，“两金”）问题已成为建筑施工企业发展的瓶颈。“两金”持续增长不仅加剧了企业资金周转压力，资金沉淀过多，负债逐年增加，资产负债率持续攀升，也严重影响了企业运营质量和盈利能力，对顺利实现企业经营预算、效益质量造成了重大隐患。

结合业务及党建工作实际，开展了“两金”压降及收入收现率管控的调研，调研结果显示，很多项目建造合同收益状况较好，但并没有足够的现金流作为工程运转的支撑和保障。

如何实现“两金”压降、实现现金流量与营业收入的配比，结合公司的业务特点及管理要求，从“两金”压降及收入收现率源头管控提高企业经营质量，已成为建筑施工企业高度关注和亟待解决的问题。

关键词：“两金”　收入收现率　问题分析　管理思路

一、调研背景

目前，在施工企业范围内“两金”持续增长、收入收现率偏低已经是普遍性问题。近年来，部分央企亏损及居高不下的“两金”，严重影响了企业的发展质量乃至生存，引起了国资委的高度重视。2015 年 6 月 9 日，国资委针对央企“两金”占用问题下发了专门通知，这不仅充分说明了国资委对“两金”工作的高度重视，同时也说明了加强“两金”工作是央企当前迫在眉睫、刻不容缓的重要任务。

所谓“两金”，包括应收账款和存货（包含已完工未结算款），应收账款包括：应收工程进度款、工程结算款、工程保修款以及工程索赔及奖励款等；存货包括：原材料、低值易耗品、库存商品、周转材料、已完工未结算款等。所谓“收入收现率”，是指企业当年以现金形式收取的工程款项占当年实现营业收入的比重。

上述两项指标相辅相成，涉及“应收账款、存货”“营业收入”“销售商品、提供劳务收到的现金”报表项目，将“资产负债表”“利润表”与“现金流量表”三张财务主表

作者简介：李嘉瑶，高级经理，中建交通建设集团有限公司。

有效结合，将时点数据与时期指标紧密联系在一起。资金是企业的血液，收入利润是企业的标杆。“两金”占资对建筑企业最大且最直接的影响就是对流动资金的影响，而“收入收现率”比重对施工企业最强、最显著的作用就是收入的变现能力。如果不能有效控制“两金”及负债规模、降低“两金”总量，提高“收入收现率”指标，企业很可能因流动资金短缺、工程确认收入并未得到实质性的现金流支撑，而导致企业资金链的断裂，致使企业面临巨大的财务危机。另外，企业资产质量的好坏主要集中体现在企业流动资产的优劣上，“收入收现率”偏低，必将有很大一部分债权未形成现金流而以应收账款的形式存在，从而导致“两金”总额的增加。若“两金”过高，表现出应收账款长期挂账，已完工未结算久拖未决，此闭环的结构链条，必将导致企业出现大量低效无效或不良资产，恶化财务状况，降低企业整体资产质量。

二、调研拟解决的问题

项目是施工企业的生命，施工项目经营质量的好坏和管理水平的高低直接决定了施工企业“两金”及“收入收现率”的高低。因此，建筑施工企业要不断健全内部管理制度，规范财务核算，紧紧围绕项目全周期管理活动，尽最大限度将“两金”压控在合理的可承受的范围，提高“收入收现比率”，降低负债总额，防范企业运营风险。

三、调研情况分析

（一）调研对象

作为中央下属的基层子企业，施工项目的前线机构，追本溯源，从单个工程项目，乃至各分公司事业部，层层分解，采取“单元化”针对性的分析方式，使“两金”压降、提高收入收现率的分析工作具体化、深入化，进而提高企业的经营质量。

针对建筑施工相关工程项目进行专题调研。

（二）调研“两金”及“收入收现率”存在的问题分析

从债权债务整体上看，一是公司资产状况，两金所占流动资产比重逐步增加，并未给企业带来实际的资产流动性增强，降低了企业的短期偿债能力；二是，增加了企业的坏账风险，坏账计提金额的加大影响到企业利润；三是增加企业的机会成本；四是“两金”资金占用过大，导致流动资金短缺，为了维持企业的正常运营，只能增加带息负债，加大融资成本；企业资产负债率随之增加；五是资金不足导致企业对下游企业支付能力下降，收入的变现能力较差，负债增加，容易产生经济纠纷，影响企业的信誉。

1. 应收账款分析。

首先，建筑业的特点决定了应收账款的金额大。工程项目一般工期较长、价值高，付款通常都是按工程进度支付进度款，正常情况下进度付款比例在70%~85%。在每月完工计价后，及时收款也会产生15%~30%的应收账款。在较长的工程周期内，这个比例长期存在。工程竣工后，按照合同约定扣除3%~5%的质保金，这部分保修金最低也要竣工一年后才能收回。其次，受市场环境影响建设方也可能会因自身资金状况考虑，故意延迟支付工程款。再次，企业内控制度执行不严，相关部门没有及时催收办理已到期的工程款或质保金。如果中标项目是垫资项目，在不满足付款条件时则无款可收。最后，对于PPP项目，在项目进入运营期后因资金回收期长，会产生大额的应收账款。

2. 存货分析。

从施工现场实际情况来看，存货中的原材料、低值易耗品等消耗性材料在存货中占比15%左右。剩余存货的大部分都是已完工未结算款造成，占存货总量的80%以上。形成的原因分析：首先，工程计价不及时造成。其中的原因复杂，有业主认价手续烦琐、审批流程过长的原因；也有业主故意拖延的情况存在。其次，前期投标条件差，为市场及战略规划等因素影响，不排除承接中标的项目就是亏损项目的情况存在，施工过程中实际投入成本与实际确认产值之间产生不可逆差异。

3. 收入收现率情况分析。

结合施工项目工程款回收及营业收入情况来看，即财务报表现金流量表中“销售商品、提供劳务收到的现金”与利润表中的“营业收入”比重。按工程项目实际成本投入，根据建造合同准则确认的营业收入中实际已经回收的工程价款金额，即收入的变现能力。收入收现率指标越高，说明该工程当期收入的变现能力越强。反之，说明工程当期账面收入高，而实现现金收入低，有很大一部分形成了应收账款，进一步导致“两金”金额的增加。

四、“两金”及“收入收现率”管控提升企业经营质量的管理思路

建筑施工企业应当牢固树立“清收清欠就是营销，清收清欠就是创效”的理念，在党建思想的引领下，把压降“两金”和提高“收入收现比率”的清收清欠作为日常经营管理的一项重要工作来抓。

（一）聚焦党建思想引领，坚定落实“一岗双责”

作为财务工作者，牢记自身使命，恪守规矩做好企业经营的反映、监督和管理，进一步加强党的建设和思想教育尤为重要。各分公司事业部的主要领导及财务人员要承担起本单位、本部门的党建主体责任，带头组织学习、自我剖析，实现以党建促业务、促管理，党建工作与具体业务齐抓同升，紧密结合财务工作实际情况，认真贯彻党政同责，在党建思想的引领教育下，将压降“两金”及提高“收入收现比率”作为重要的管理工作执行，把“一岗双责”要求，融入财务资金管理工作的各个环节。

（二）压降债权方面

1. 强化项目投标前客户资信评审和风险源识别，杜绝盲目投标。

在投标环节，施工企业要实施客户分级分类管理，并有针对性地制订不同风险防控措

施，对现有各类客户的资信、付款及时性进行合理评估，对新增客户要重视资信调查，重点审查客户以往的信誉、资金渠道来源、业内口碑、项目审批手续等，对资信等级差、项目前期资金不落实、预付款比例较低的客户严禁投标。

2. 持续做好过程监控，确保项目“两金”压降工作过程受控。

在项目建设环节，施工企业内部要建立“两金”压降信息台账，动态掌握项目应收款项异常情况，做好项目实施过程“已完工未结算”工程款的确权工作，及时清收各类应收款项。同时，施工企业要通过规章制度的形式明确项目经理作为“两金”清收的第一责任人，在发生拖欠工程款或超出正常经营需求规模的应收款项时，项目经理要及时将收款异常分析原因上报给施工企业总部，由总部综合分析后，决定项目放缓施工或停工，从而规避项目经理重生产轻收款的管理行为。

3. 规范事后考核，将应收款项清收情况作为项目全周期奖励兑现的基础条件。

施工企业要建立完善的应收款项回收责任制度，并将项目全周期奖励兑现与应收款项清收完成情况挂钩起来，防止项目经理履职过程中出现道德风险。例如，在考核制度中规定只有在项目质保金全部收回的情况下，才能全额兑现项目全周期绩效奖励。对项目实施过程中形成的逾期款项、账龄较长款项等，施工企业要在分析的基础上，健全激励考核机制，加大指标权重，将指标分解到具体的责任人，充分激发清收工作人员的积极性与主动性。

4. 创新“两金”压降工作思路，积极利用资产证券化手段，回笼项目资金。

随着施工企业承接项目的增多，加大了施工企业资金周转的压力，施工企业可以探索性尝试以下两种方式解决项目款项回收：一是实施应收账款保理业务，将应收款项提前变现，寻求资金时间价值与增高财务费用之间的平衡；二是针对 PPP 项目，将 PPP 项目整体打包出售，探索开展 PPP 项目资产证券化业务。

（三）压降存货方面

1. 重视验工计价重要性与及时性，降低已完工未结算额。

施工企业要自上而下强化组织管理，明确职责、责任到人，对关键项目部管理人员进行培训，切实提高验工计价重要性与及时性的认识。对施工过程中的变更，项目部要及时收集各项证据材料，积极索赔，第一时间与建设单位沟通、确认和结算，降低已完成未结算额，确保工程形象进度与项目资金收支进度相一致；对因项目技术、资金、质量、安全等原因导致项目延期、停建的，施工企业要积极与建设单位、设计单位、监理单位沟通，争取项目问题早日解决，加快已完成未结算额向收入转化。

2. 实施项目精细化管理，合理安排施工进度，强化生产计划管理。

施工企业应将强化物资采购计划管理，努力做到采购计划与施工进度计划相匹配，坚决杜绝盲目无计划采购；同时，要积极利用信息化工作，开发、应用、推广符合企业多项目管理特点的物资供应与采购系统，做好采购供应衔接，防范物资积压，通过信息化手段的应用，进一步提升物资计划管理的水平。

3. 推进集中采购及零库存管理，提升存货资产使用效率。

施工企业项目要推进集中采购、优化采购方式，对能集中采购的物资要由总部统筹，对项目所需大宗材料要合理估计所需材料，规避盲目采购造成大面积材料积压；要建立内部周转材料调配的常态化机制，建立材料周转平台，实施集中管理，对因其他特殊原因导致项目停缓建的，要及时调配，避免材料闲置；推广施工现场零库存管理理念，加强与项目所在物资供应商的合作；对施工现场闲置库存、废旧物资要及时做好清理、处置工作。

在以“现金为王”的现代企业管理理念的指引下，国有建筑施工企业内部要形成经营、采购、生产、财务、考核的内部协同机制，牢固树立“清收清欠就是营销，清收清欠就是创效”的理念，将“两金”治理摆在企业管理的突出位置来抓，应紧紧围绕项目全周期管理这条主线，加快应收款项向资金、存货向收入转化的速度，建立并完善清收清欠及“去存货”长效机制，逐步遏制企业“两金”占用过快上升势头，从而防范企业运营风险。

（四）收入收现率管控方面

1. 转变核算思路，收款倒逼收入与建造合同确认收入的对比分析。

以“收入收现率”的核算方式倒逼项目营业收入，与原确认核算方式存在核算管理思路上的差异。原建造合同准则确认收入是以工程实际投入成本归集数据为基础，按核定的预收益率指标及实际发生的营业税金及附加，根据建造合同准则确认的收入。按“收入收现率”确认收入，则是以收款金额为基础确认收入，扣除项目收益及税金等反推工程成本费用金额。核算思路的转变，是为工程项目做好差异化的成本费用分析，以成本发生和现金流入为基础，核算营业收入，根据上下游收入成本、债权债务的负担程度寻找平衡点，以合同为源头，支付条款为抓手，提高收入收现率的同时，降低负债及“两金”总额。

2. 明晰核定“收入收现率”指标原则。

根据集团公司下达的指标，公司要充分沟通并征求各下属事业部分公司意见的基础上，结合各事业部分公司具体实际，测算各事业部分公司收入收现率的下限指标，综合考虑平衡，核定下达各事业部分公司收入收现率指标。

3. 协同作战，齐抓共管机制。

将“收入收现率”指标管控与建筑施工企业的清收清欠和“两金”压降工作结合起来，各单位对照责任分工，做到各负责有相互配合衔接。牵头部门要加强统筹管理协调，各主责部门要积极担当责任，企业的党政工团要齐抓共管、协同参与。建筑施工企业的项目层面要积极主动地对接、落实上级部署，形成上下互动、有序衔接的良性机制；做到携手联动，方案上下衔接，数据相互温和，措施协调配合，确保工作效果，进而实现企业经营质量的不断提升。

五、结束语

从压降“两金”，提高“收入收现率”指标为抓手，以“应收账款、存货”“营业收入”“销售商品、提供劳务收到的现金”为数据来源，将资产负债表、利润表与现金流量表三张财务主表有效结合，通过时点数据与时期指标的勾稽链接，管理监控建筑施工企业的经营状况。保持企业营运资金的正向流动，既是企业持续健康运转的保障，也是清收清欠工作的最直接的动机。“两金”及“收入收现率”作为一项长期的、常态的工作常抓不懈，并在工作中不断总结和完善，才能切实有效地提升企业的经营质量。

参考文献

[1] 马冬．利用现金流指标透析上市公司收益质量．内蒙古经济与科技，2005（15）.

[2] 邱坛．论收益质量．财会通讯，1997（2）.

[3] 汪晓薇．试探建立每股收益分析指标体系．上海会计，2001（12）.

[4] 田利．企业应收账款风险形成及对策研究．山西财经大学学报，2013（4）.

建筑企业应收工程款风险管理研究

李贵斌

摘要：随着我国建筑行业的快速发展，信用销售被广泛应用，应收工程款也成为建筑企业中不可或缺的一部分。而由于建筑行业建设周期长、资金流量大等特性，应收工程款过快增多对企业的持续经营将会产生重大影响，特别是工程款被拖欠或发生坏账时，将给公司带来巨大风险。为此，加强企业应收工程款的风险管理是至关重要的。

本文是以阅读相关文献为基础，首先介绍了与之相关的研究背景和意义；其次，结合A建筑企业应收工程款的实际风险情况，在了解国内和国际应收工程款的研究状况后，以风险管理理论为基础，运用文献分析方法和案例分析方法，对A建筑企业应收工程款存在的风险进行分析和评价，发现了该企业应收工程款在风险管理方面存在的问题，并据此提出了一些建议和想法。

关键词：应收工程款　风险管理　信用评价

一、绪论

选题背景及意义

近年来，随着建筑行业不断发展，建筑企业之间的竞争日益激烈，企业从自身出发，为获得更大的利益，以便提高自己的竞争力，商业信用销售方式开始被广泛使用，越来越多的工程款成为企业的应收账款。长此以往，伴随着企业的快速发展扩张和各类工程施工的项目数量快速增加，最终会导致企业账面应收账款金额不断上升、占企业资产比例高、占企业营业收入比例较高等问题不断加剧，给企业带来流动资产减少、资金周转率低、资金链断裂等严重影响，企业不但要面临严重的财务风险，持续发展也将受到一定程度影响。

在我国，建筑企业在工程前期往往需要进行大量垫资，若工程款发生拖欠，那么建筑企业流动资金就会出现问题，目前“已完工尚未结算”的情形，在我国建筑施工市场普遍存在。随着我国新金融工具准则的改革，企业应收账款坏账准备的编制方法从以前的已发生损失法变为预期损失法，这虽然在一定程度上提高了企业应收账款的质量，但也同时增加了企业需要计提的坏账准备，从而导致企业的利润减少。此外，过去几年建筑业贷款的

作者简介：李贵斌，成本核算员，中建八局第四建设有限公司。

坏账率比较高，政府加强了对建筑业贷款的关注，大量建筑企业获取资金的难度增加，成本也随之增高。因此，在这样大的趋势下，为了更好地利用资金，建筑企业就需要加强应收工程款的风险管理，减少应收工程款的拖欠。

二、主要概念及理论基础

（一）主要概念

1. 应收工程款。

应收工程款是建筑公司和发包单位进行工程结算时，根据合同应收到的工程价款，在进行工程款结算时，建筑公司必须根据实际完成的工程量，按照施工计划预算和收款标准，计算向发包单位收取的工程款。对于 A 建筑公司来说，其主要营业收入来源于建筑，因此我们可以将应收账款大致确认为应收工程款。

2. 风险管理。

风险管理是社会组织或个人用来减少风险负面影响的决策过程。在进行识别风险和评估风险的基础上，通过各种风险管理方法，来有效控制风险和风险造成的损害后果，从而以最低的成本、最大限度地减低风险。

（二）风险管理理论

风险管理是指人们有目的或有意识地使用规划、组织和控制等活动，来避免或减少风险造成的损失。风险管理的过程大致分为风险识别、风险评估、风险应对三个方面。

1. 风险识别。

风险的一个主要特征是其不确定性和潜力，这是人们易察觉或理解的。为此，风险管理首先需要对风险进行识别，即依据特定的方法来对风险进行分类。

2. 风险评估。

风险评估是在进行风险识别的基础上，通过各种定性、定量的方法来对风险发生的可能性以及对企业目标的影响程度进行进一步的分析。其目标是对风险进行一个综合的评价，为风险决策提供依据。

3. 风险控制。

为了经济合理地控制和降低风险，有必要对不同性质的风险采取各种措施。这些手段措施包括以下几种。

回避。这意味着风险承担者可以通过基于识别和风险评估来避免风险来源或改变行为来降低风险损失。衡量规避的标准是：其中风险可能导致损失大于或等于通过接受风险可获得的收益，采用规避政策。

预防与抑制。这意味着风险承担者直接采取行动对抗风险，以减少损失的可能性。防止损失是指直接针对损失原因采取行动，即消除或减少这些原因，如扩大预防知识和改进预防方法。

三、A 建筑企业应收工程款风险管理

（一）A 建筑企业应收工程款的风险识别

风险识别作为风险管理中最基础和最主要的部分，是进行风险管理的第一步。风险识别的目的是确定所有风险的来源、类型和概率，并为风险分析提供依据。A 建筑企业应收工程款的风险主要在于应收工程款的拖欠、难以收回以及由此造成资金不足所带来的种种影响。为了全面、准确地进行风险识别，A 建筑企业需要在遵循全面性原则和实质重于形式原则的基础上进行风险信息的全面收集，包括宏观经济环境和企业的内部信息。

1. A 建筑企业应收工程款的外部风险识别。

企业的外部风险主要与业务运营的外部环境有关，包括外部环境的影响和外部环境的变化对企业目标的影响。影响 A 建筑企业应收工程款收回的外部风险主要有以下几个方面。

一是市场经济环境风险。作为一家建筑企业，A 企业受市场的影响比较大。我国市场经济体制处于成长阶段，相关机制和制度还不够成熟，经济社会没有完善的信用管理体系，建筑企业难以评估客户的信用，这严重阻碍应收工程款的回收，同时，市场上相关的法律法规还不完善，不能够为企业按时有效地收回工程款提供有力的保证，在一定程度上加大了企业应收工程款的风险；另外，市场失衡不利于建筑公司的竞争，造成建筑业买卖双方地位不平等，建筑公司建设资金负债问题也越来越严重。

二是政策风险，2018 年中央提出在经济工作上稳中求进，更重要的是，提升建筑行业运行质量与水平，减少质量安全事故的发生，倡导绿色环保也导致材料价格上涨，导致成本增加，从而增加了业主方的资金压力，间接加大了企业应收工程款的风险。同时建筑行业营改增以及新会计准则中有坏账计提准备由已发生损失法改为预期损失法，从而使企业内部的一些制度、准则也随之变化。

三是客户信用风险，A 建筑企业应收工程款风险管理面临的客户信用风险主要体现在应收工程款到期而客户不能按时支付的行为上。当业主未能筹集资金或资金不足时，更容易形成企业的应收工程款。当客户的信用风险很大时，企业应收工程款的风险就会加大，从而增加公司丧失偿债能力的可能性和企业利润减少的风险。

2. A 建筑企业应收工程款的内部风险识别。

企业的内部风险是由企业的决策和业务活动造成的。企业决策的风险一方面反映在适应外部环境，另一方面反映在企业自身的各个部门。

A 建筑企业应收工程款收回的内部风险主要有以下几个方面。

首先要关注 A 建筑企业的组织风险。一方面，A 建企业不仅忽视了事前收集信息和评估业主信用的工作，而且忽略了事中控制和监督过程的工作。在整个过程中，没有完全控制项目相关支付申请的过程，导致项目过程中出现应收工程款管理断裂的问题。一旦应收工程款的收回出现问题，将会影响公司的正常运营。另一方面，A 建筑企业缺乏合理的应

收工程款的内部催收制度，催收方式单一，缺乏灵活的清收方式，同时也缺乏法律保护意识，这些都对应收工程款的收回有很大的影响。

其次是决策风险，A 建筑企业应收工程款风险管理中存在的决策风险主要体现在以下几个方面：一是缺乏信用预警机制，这个主要是由于 A 建筑企业并没有建立起很完善的信用评估系统；二是合同的订立过程不规范，由于在我国的市场中，建筑企业在订立合同的过程中往往处于劣势，从而使合同的许多条款更倾向于客户，很多时候会损害到公司的利益。

（二）A 建筑企业应收工程款的风险应对

风险管理要求企业的管理者不仅要关注事后管理，还应该使用一种全面的全过程的概念来进行风险管理。因此我们需要结合建筑行业本身所具有的资金回收时间长、规模大等特点，并根据本文前面对 A 建筑企业应收工程款所识别出的风险，有针对性地加强企业事前、事中、事后的风险管理和控制，从而进行有效的风险应对。

1. 加强企业应收工程款的事前控制。

（1）建立信用评估制度，完善信用管理。

通过前面对 A 建筑企业应收工程款进行的风险识别和风险评价，我们可以看出信用管理的完善与否一方面对应收工程款能否顺利按时收回有着重要影响，另一方面对于企业能否进行合理有效的决策也同样重要，因此，建立信用评估制度，完善信用管理对于 A 建筑企业而言势在必行。

建立信用评估制度，首先需要通过建筑单位上下游企业的往来数据，结合财务报告来分析该企业的营运能力、偿债能力、盈利能力等财务指标，同时参考第三方机构对企业资信状况的评价，对建筑单位进行信用等级评价，确定单位的信用等级，建立起健全的信用评估制度。

（2）完善合同管理。

在对 A 建筑企业应收工程款风险进行识别时，我们可以看出，合同管理一方面直接影响应收工程款的质量；另一方面通过影响企业对工程项目的决策，从而间接对应收工程款顺利收回产生影响。

依法签订合理的工程施工合同是应收工程款风险应对的重要途径之一。因此，有必要严格审查合同的特殊条款和一般条款，规范合同的签订和管理。在改善合同管理时，A 建筑企业应当注意以下问题：

一是根据客户的各种信用评级，签订合同时应采取各种措施。对于信用等级低或者合同金额较大的客户可以要求客户提供相应的不动产来进行担保，从而降低企业工程款无法收回风险。

二是严格执行合同，加强过程控制。在履行合同的过程中 A 建筑企业要遵循实际履行原则和全面性原则，按期、按量、保质地完成合同所约定的内容。同时，在履行合同的过程中，A 建筑企业应当与监理工程师配合，争取监理工程师的支持。

三是要拒绝不平等的合同。在签订合同的过程中，有必要按照《建设施工合同》来订合同，并拒绝合同中的不平等合同。

2. 加强企业应收工程款的事中控制。

从对A建筑企业应收工程款风险的识别中，我们可以发现，A建筑企业忽略了对应收工程款的事中的跟踪控制与过程监督工作。在整个施工活动中，缺少管理相应项目付款的应用程序的整个过程。项目过程中没有强有力的协调机制，导致项目过程中的管理中断。一旦工程款回收困难，很容易带来大量的坏账损失。因此加强应收工程款的事中控制是极其重要的。

3. 加强企业应收工程款的事后控制。

在对A建筑企业应收工程款进行风险识别和风险评价时我们可以发现，A建筑企业对于应收工程款的催收手段太过于单一，对于已坏账应收工程款的清理也存在问题，为此，加强应收工程款的事后控制势在必行。

（1）建立坏账准备金制度，合理计提坏账准备。

对于A建筑企业来说，经营活动中发生坏账损失是不可避免的，应收工程款的风险也是无法避免的。因此，企业的财务部门需要严格遵守企业会计准则的相关要求，合理分配坏账，加强应收工程款清算，确保企业持续协调发展。

（2）制定合理的收账措施。

工程结算后工程款拖欠主要有两种情况：一种情况是，双方在理解工程合同或项目结算报告方面存在分歧，达成协议为时已晚，这可能导致解决方案延迟；而在另一种情况下，业主无法负担或故意违约。在任何情况下，应该使用的方法是尽可能协商，通过协商达成协议并解决问题。

（3）做好竣工核算工作，定期清理核对应收工程款。

项目完成后，项目决算申请报告应按施工合同内容及时提交给业主。应收工程款由项目单独核算，不应仅以应收款项单位（建筑单位）入账。由于时间太长，建设单位管理者被替换，还有的项目没有资金等都会导致建设资金形成坏账。因此，有必要建立一个严格的、标准化的应收账款调节和控制系统。最好在和解后形成具有法律约束力的文书，而不是口头义务。

（4）转移应收工程款的风险。

证券化和保理应收账款已被许多国外学者认可，他们认为证券化和保理资产是转移风险和投资组合的手段，也是融资工具。因此，建筑公司建设项目的应收款可以评估贷款，协议已经签订并实施为金融产品，这使有可能实现投资融资的经济活动。保理业务的使用将减少应收账款的管理，降低管理成本并确保风险转移。

四、总结与建议

在当前的市场环境下，为了企业更好生存和发展，信用销售无疑是很重要的手段之一，因此建筑企业的应收工程款是无法避免的。应收工程款顺利收回对企业的经营活动有着重要的影响，因此加强企业应收工程款的风险管理是非常有必要的。

A 建筑企业应收工程款风险管理问题在企业日常经营活动中很突出。本文通过对 A 建筑企业应收工程款的现状进行分析，发现该企业应收工程款存在诸多问题，本文以风险管理理论为基础，对 A 建筑企业应收工程款进行风险识别，据此进行相应的风险应对。并针对 A 建筑企业的情况，提出以下几个方面的建议：

一是要加强 A 建筑企业应收工程款风险管理的事前控制。一方面，要建立完善的信用评估系统，完善信用管理，优先选择信用等级高的客户；另一方面，要加强合同管理，规范合同的签订流程，尽量降低应收工程款的风险。

二是加强 A 建筑企业应收工程款风险管理的事中控制。一方面，要加强应收工程款的日常监测，建立起应收工程款定期账龄分析；另一方面，完善工程审核和签订，保证工程决策顺利进行，确保工程质量过关，以降低应收工程款的风险。

三是加强 A 建筑企业应收工程款风险管理的事后控制。要做好坏账计提准备，对坏账进行合理的估计，同时要定期清理已经确定的坏账，对应收工程款的催收要采取合理灵活的方式，确保应收工程款可以顺利收回。

参考文献

[1] 曹鑫辉．×建筑企业工程款拖欠的风险防范研究［D］．重庆理工大学，2017.

[2] 邬宝琛．施工企业应收工程款现状及管理分析［J］．财经界（学术版），2017（1）：212－225.

[3] 张娟．企业应收账款的全过程清欠［J］．施工企业管理，2015（10）：35－37.

[4] 康常安．建筑施工企业应收工程款清欠管理［J］．当代经济，2015（26）：26－27.

[5] 高喊．如何让工程结算不再难［N］．中国建设报，2012－5－5（2）.

[6] 张巧灵，胡世萍．浅谈管好企业应收工程款［J］．江西煤炭科技，2011（2）：140－141.

[7] 张年莉．浅谈施工企业应收工程款的内部控制［J］．冶金财会，2009（4）：34－35.

[8] 赵瑾．施工单位应收工程款拖欠成因及回收对策［J］．财会通讯（理财版），2008（11）：113－114.

[9] 蒋齐鸣．浅谈应收工程款对企业的影响和管理［J］．财会研究，2007（9）：34.

[10] 陈海晏．施工单位应收工程款产生的原因与回收对策［J］．财会通讯（理财版），2007（2）：36－37.

[11] 孔长军．浅谈施工企业应收账款的管理［J］．河北企业，2006（6）：33－34.

[12] 朱群．建筑施工企业坏账准备金计提问题［J］．审计与理财，2005（4）：48－49.

[13] 江文博．解决工程款拖欠的应对之策［J］．财会通讯，2005（3）：29.

[14] 黄球安．施工企业应加强应收工程款的管理［J］．湖南经济管理干部学院学报，2003（3）：48.

［15］梁慧，张守芬．谈施工企业加强应收工程款管理［J］．黑龙江财会，2002（8）：28.

［16］付和平．论施工企业应收账款的回收［J］．邯郸职业技术学院学报，2002（1）：95－96.

［17］钟友泉．认真清理收回被拖欠工程款［J］．福建金融，1987（11）：38.

［18］Watts Dimitry，Peretti Jerry. Viralmarketing for theRealWord［J］，Harvard Business Review，2007（6）：7－9.

浅谈新冠肺炎疫情影响下建筑施工企业的现金流管控策略

徐源松　孙　帅

摘要： 针对建筑行业发展的大时代背景，分析新冠肺炎疫情对当前建筑企业的不利影响，探究目前形势下正向现金流管控的难点，基于建筑施工企业视角提出管控措施，以期为我国建筑行业的稳健发展提供参考。

关键词： 现金流　疫情影响　建筑施工

一、引言

随着我国现代市场经济不断发展，建筑行业已成为国民经济支柱产业。2019 年建筑业总产值 248 446 亿元，较 2018 年同比增长 5.7%。在国内外市场大环境下，建筑业持续快速发展，规模不断扩大，结构日益优化，技术显著提高，在激烈的市场竞争中实现了量质并举的新跨越。建筑行业的发展、建筑企业规模的扩大，都离不开正向现金流的保障。在当今企业资金普遍紧张的情况下，从管理部门到与企业密切相关的债权人和投资者，都日益注重企业现金周转情况。高质量的现金流管控、高效率的资金周转、充足的货币资金，既可以满足企业日常生产经营需要，又可为生产规模扩大提供保障，深层次助力企业集团化发展。反之，现金流管控不力，资金链断裂，会危及企业发展，甚至导致企业破产清算。特别是针对当前新冠肺炎疫情的不利影响，部分时间段、部分行业因防疫需要，发展陷入停滞，企业资金紧张情况加剧，疫情特殊时期的现金流管控成为企业生存发展的关键。

二、疫情影响的现状分析

自 2019 年 12 月新冠肺炎病例出现后，疫情迅速蔓延。世界卫生组织（WHO）于 2020 年 1 月将新冠肺炎疫情列为“国际关注的突发公共卫生事件”（PHEIC）。新冠肺炎疫情引发社会对经济金融相关问题的讨论，特别是对企业生产经营的负面影响。一方面，为防控新冠肺炎的传染，人们会降低出行频率，避免大规模流动和聚集，这将降低餐饮、

作者简介：徐源松，财务资金部副经理，中建八局第一建设有限公司；孙帅，业务经理，中建八局第一建设有限公司。

娱乐等行业企业客流量，增加企业现金流断裂风险；另一方面，疫情引发的停工减产，对企业生产运营带来负面冲击，引发企业对资金的迫切需求。总览疫情对建筑施工企业的影响，主要表现在成本增加、劳动力短缺、限制开工、收款困难等方面，无论是成本价格的上涨、应收账款回款的推后，还是延迟开工导致的业主确认量推迟，都从方方面面危及企业现金流的安全。

（一）成本增加

疫情期间，国内钢材、混凝土等建筑材料运输受阻，短时间内供应紧张；劳动力价格受疫情影响，上涨明显，成本增加。建筑项目成本增加，短时间内应付资金增大。

（二）劳动力短缺、限制开工

疫情期间，受各地政府疫情防控政策影响，非关键行业均停产防疫。建筑行业复工延迟，导致工程进度延缓，产值报出减少。国家层面，第一季度建筑业总产值 35 917 亿元，同比下降 16%。据统计，2019 年第一季度建筑业总产值同比增长 10% 的增速，可见此次疫情对建筑业的影响是很大的。

（三）收款困难

国家整体经济形势受疫情影响较大，导致各行各业资金短缺状况普遍，虽然政府出台部分税收、金融政策，但受政策时滞性、有效性影响，不可能覆盖全部企业。在社会大环境资金紧张的前提下，建筑施工单位从业主方收取工程款，会遇到困难，进而影响整个建筑施工企业的现金流状况。

三、疫情影响下企业现金流管控策略

（一）强化全生命周期资金策划

面对当前严峻态势，落实项目资金策划月度考核常态化，进一步提升资金策划质量，发挥资金策划的能动性，加强项目现金流管理。

1. 提高资金策划意识。新开工总承包项目标价分离完成后 15 日内，完成项目资金策划，强化项目资金规范化、科学化、精细化管控，全面提升项目资金策划能力，提高资金使用效益。

2. 重视资金策划实效。对企业集团内部公司策划考核结果认真研究形成偏差的原因，倡导过程收款覆盖项目实际成本，着力提升项目策划质量，加强在建项目资金收支平衡能力，提升资金的管控能力。

（二）坚持正向现金流常态化管控

现金流是企业生存和发展的命脉，尤其是受疫情突发事件影响，现金流管控将提升到一个新的高度。狠抓现金流管理不放松，始终秉承“现金为王”“没有现金流入的产值不是产值”的理念不动摇，从以下六个方面提升现金流管控。

1. 聚焦负现金流项目管控。在中建八局倡导的三因素分析法基础上，逐步探索形成中建八局一公司“2+4”因素分析法（两因素：市场和财务，四因素：中标效益率、节点收款、项目资金来源、签证变更索赔），分析项目负现金流产生原因及应对措施，明确责任人及转正时点，对负现金流项目采取清单管控，推动项目资金转正。

2. 强化资金预算管控。制定中建八局一公司资金、融资管控方案，明确“预算管理，底线控制”总体思路，按月度编制资金收支计划、融资预算，保证资金安全，促进资金高效使用，规范融资业务管理。

3. 聚焦现金流量过程管控。重点监控收入收现率、经营性净现金收支比、正现金流连续为正月数、在建项目正现金流个数占比、资金集中度等关键指标，同时将重点项目收款等OKR财务关键指标纳入企业领导OKR关键指标中，以指标管控为抓手，资金归集为手段，进一步强化现金流过程管控和策划力度，加强资金归集管理，提升上存率。

4. 加强非现金收款方式管控贯彻落实中建八局非现金收款方式项目风险控制办法，加强非现金收款方式项目管理，促进项目顺利履约，确保公司资金安全。同时对于非现收的项目，严控现金支付，通过优先消化企业内部票据，采用融资手段支付等途径，达到现金以收定支的目的。

5. 清理低效无效资产相融合。应把资金管理与推进低效无效资产清理结合起来，既促进了现金流向好发展，又能降低企业运营负担，切实提高企业的运营质量，实现资金与管控目标的双赢。

（三）坚持应收账款回收常抓不懈

如何加强应收账款管控，是企业现金流管理永恒的课题，在强化系统联动，注重公司集团内部双重管控，紧盯项目计划收款，确保有收款权的应收账款及时足额回收等方面需下功夫。

1. 抓确权，提高工程计量确权率。特别是疫情影响下，针对成本上涨、工期滞后等不利条件，可以通过科学报量，在减少建筑单位损失的前提下，甚至为企业带来盈利。强化科学报量，提高工程计量确权策划质量；提高变更、签证、索赔的过程确权意识，特别要高度重视变更签证索赔款随工程进度款同步收回。

2. 提时效，推进项目快速结算。打造“短平快”的结算模式，缩短项目结算周期，提高结算款回收效率，尽早实现利润货币化。

3. 强研判，提升信息掌控能力。积极对接业主，及时掌握业主资信状况，了解业主资金动态，把握催收清欠最佳时机。

4. 重督导，聚焦重点项目管控。每日更新项目收款动态，月度形成督办简报，促进项目回款。

（四）强化融资渠道拓展与融资成本降低

1. 针对疫情影响，迅速反应，积极跟进疫情下政府、银行疫情相关政策，收集掌握一手信息，利用资源优势，获取低成本的融资途径。

2. 利用应收、应付账款保理等融资产品，促进企业工程款回收，并融资支付部分分供商款项，缓解资金压力，优化现金流结构，对建筑施工企业正常生产、完美履约提供有力保障。

3. 加强银企合作，强化与金融机构间沟通，在持续加强授信增量的同时，丰富融资产品，加强金融创新；在国内 LPR 利率降低大环境下，积极与合作金融机构对接商谈，促进公司融资成本进一步降低。

（五）强化税收政策研判与成果创效

企业应利用好原有税务优惠政策，持续做好高新技术企业等优惠申报，进一步研读疫情期间政府相关减税、免税政策，实现税收创效，为企业现金流持续良性发展做出贡献。

四、总结

立足于建筑行业和建筑施工企业的特点，新冠肺炎疫情对于建筑行业和建筑施工企业的短期发展有很大影响，对于企业现金流管控带来了很大挑战。建筑业现金流的可持续良性发展，不仅需要国家、政府部门政策扶持，更重要的是在未来社会转型升级和高质量发展的大环境趋势之下，施工企业通过不断提升自身管控，实现制度创新，提高抗风险能力，寻求更合理的发展模式，提高企业管理效率。面对危机，应化“危”为“机”，加快形势研判、复工复产，抢抓疫情后海外、新基建市场等新机遇，践行企业高质量发展。

参考文献

［1］国家统计局 2020 年一季度数据。

［2］蒋涛．疫情对企业融资的影响研究——来自银团贷款市场的经验证据［J］．国际金融研究，2020（4）：65－75.

［3］蒲靖，时炜．疫情防控对建企的影响调研［J］．施工企业管理，2020（5）：63－66.

［4］李佩珈，李义举．全面评估新冠肺炎疫情对金融业的影响及相关建议［R］．中国银行研究院研究报告宏观观察，2020，No. 8.

［5］宋宁，陈祖新，侯万军，向东．SARS 对我国经济的影响及其新变化［J］．经济学动态，2003（7）：8.

［6］管志杰，韩芳，肖邦国，刘琦，赵佳，张玮玮．新冠肺炎疫情对 2020 年我国钢

材消费的影响［J］. 冶金经济与管理，2020（2）：16－20.

［7］刘颖. 疫情对我国房地产经济的影响及房地产企业应对策略［J］. 城市住宅，2020，27（3）：39－41.

［8］周平，谈现金流量分析在建筑施工行业的运用［J］时代金融，2014（6）.

［9］中建八局第一建设有限公司2020年度“六个专项行动”部署会暨一季度运营分析会。

财务会计人员继续教育的研究

陈江山

摘要：会计工作作为经济管理的一部分，日益得到政府、投资者和社会公众的关注，高质量会计信息在各种决策中发挥着越来越重要的作用。会计及相关经济新理论、新方法、新技能不断发展和变化，对应的会计准则、股份制、证券、期货税收等领域也同样在不断推陈出新，对这些事项的会计核算有了新的标准和要求，这就对会计人员的自身素质提出了更高的要求，会计人员必须不断接受继续教育，保持与职责相适应的业务素质、专业技能和职业道德水平，才能为多元化的会计信息使用者提供真实、完整的会计信息。因此，我国现阶段开展会计人员继续教育有着十分重要的现实意义。

我国会计人员继续教育存在着许多问题，影响着我国会计人员接受继续教育的效果。

关键词：会计人员　继续教育　问题　建议

一、财务人员继续教育的必要性

从工作分工上讲，财务会计通过信息系统将相关财务会计信息提供给企业外部的信息使用者，服务于社会各相关方面；而管理会计则通过信息系统所产生的相关管理信息，提供给企业经营管理决策者、执行者，在企业经营决策与经营管理中发挥着直接重要的作用。

现代管理会计的职能作用，从财务会计单纯的核算扩展到解析过去、控制现在、筹划未来有机地结合起来。

（一）适应经济发展“两个转变”的客观要求

我国的经济体制改革由计划经济向市场经济转变，经济增长方式由粗放型向集约型转变。市场经济就是竞争经济、法治经济，尤其是在知识经济和信息时代，要求现代会计必须随之转轨变型，由报账型向管理型、决策型转变；由事后型向事前型、事中、事后全过程转变；由被动型向能动型、自主型转变；由传统手工方法向现代高科技、网络化、规范化转变。适应形势、更新知识、不断进行会计人员继续教育培训学习，是科教兴国和素质教育的一个重要组成部分。

作者简介：陈江山，初级会计，中建新疆建工（集团）有限公司国际总承包分公司。

（二）企业改革、会计主体变化对提高会计人员基本素质的必然要求

企业改革作为经济体制改革的中心，其基本思路是建立现代企业制度，企业形式多样化，会计主体多元化，在企业错综复杂、激烈竞争的新形势下，要求会计人员具有较高的综合素质和能力。

1. 具有较高的政治素质。对时局变化的高度敏锐性，感悟时局变化对企业财会正负两方面的影响，要加强学习，坚持方向，提高认识能力和实践能力，增强原则性、系统性、预见性和创造性。

2. 具有强烈的市场经济意识。市场经济崇尚超前、创新、竞争和法制，更体现了风险与效益对等的根本法则，归根结底市场竞争是产品的竞争、科技的竞争、人才的竞争，而这些均有赖于国民教育和不断学习。

3. 具有合理的知识结构。要具备较高的文化素质和一定的新技术知识、较娴熟的业务操作能力，只有学习、学习、再学习。

4. 具有较高的职业道德。忠于职守和职业道德，爱岗敬业，刻苦学习，廉洁奉公，团结协作。

（三）扭转我国会计队伍落后状况的现实要求

当前会计存在的三个主要问题：

1. 合格的会计人员数量不够；

2. 会计人员素质不高；

3. 风气不好，做假账、造假账，违反财会制度和职业道德 。只有通过大规模的培训，提高会计队伍的政治、业务和整体素质，实行强制的、定期的继续教育学习，更新知识，才能从根本上扭转我国会计队伍的不利局面。

深化会计教育改革，与国际会计教育接轨的时代要求。利用现代科技的远程继续教育形式，能扩大教育规模，甚至形成教育产业，减少国家投资，解决工学矛盾；实现的人工智能最大化，使高科技技术手段成为学习的催化剂，是学生的自我奋斗提供一种有效的途径和手段，使学习成为不断探索的动力源泉。更利于教育普遍化，如持续教育、终身教育、持续专业教育、教育深化、非传统教育、成人教育等，有利于提高国民整体素质，以教育为基础，扩大人才培训的贡献率，实现劳动者知识化和学习终身化。

二、我国会计人员继续教育存在的问题

（一）会计人员对继续教育认识不足、范围过窄

会计人员对继续教育不够重视，大部分会计只是为了应付会计证的年检而接受继续教育，存在着做表面文章、缺课、少课、应付考试等现象。重要的是一些在岗会计人员对继续教育中的部分内容缺乏学习积极性，认为与自己目前所在单位的会计工作不沾边，也暴

露出了继续教育本身存在的弊病。可见，会计人员自身对继续教育的认识严重影响了继续教育的质量，如果会计人员不从思想和行动上切实重视继续教育，即便是参加了继续教育，也很难收到良好的效果。随着知识经济的到来，不同层次的会计人员包括会计管理人员、会计教研人员和会计实务工作者都面临着知识更新问题。而现在的会计继续教育只重视持证会计人员的知识更新，造成一部分会计管理和教研人员忽视了对日常工作中较少用到的新知识的学习。这样，必然会使相当多的会计人员不被包含在继续教育的范围之中，结果导致会计人员继续教育难以达到理想的状态。

（二）用人单位对会计人员继续教育不够重

大多数单位重视对本单位业务部门人员的继续教育和培训，提高业务水平，而用于对会计部门人员的培训学习经费投入得很少。另外，继续教育往往在理论导向和实际操作方面主要局限于会计专业知识、会计制度、会计准则的培训上，对于职业道德等方面关注较少。并且，有的中小民营企业为了节约开支，不愿安排会计人员参加培训。可见，用人单位对会计人员继续教育的重视程度应该有所提高，在制度和物质上应给予支持。

（三）会计人员继续教育培训机构过于单一

目前会计人员继续教育的培训单位多为会计师事务所和社会办学组织。这些社会培训场所教学设备简单，教学环境简陋，还不适应大规模的培训需要，并且存在一定的功利性，管理不严，应付了事。目前在许多地方，可以开展会计继续教育的机构主要是各级会计函授学校或财政部门所属的会计教育中心，其他单位或组织很难进入这一领域。

三、完善我国会计人员继续教育的对策

一是会计继续教育具有针对性，即针对不同对象确定不同的教育内容，采取不同的教育方式，解决实际问题；二是适应性，即联系实际工作需要，学以致用；三是灵活性，即继续教育培训内容、方法、形式等方面具有灵活性。

（一）提高用人单位和会计人员的积极、主动性，扩大接受继续教育人员的范围

必须强化主管领导对继续教育重要性的认识，鼓励会计人员通过各种途径、方式进行新规章、新准则、新制度、新业务的学习。具体措施包括安排培训时间、报销培训费用、考核培训效果等。对于会计人员，应加大宣传力度，增强会计人员的自觉学习意识，使他们真正理解继续教育的意义，激发会计人员参加继续教育的热情，树立继续教育和终身教育的观念

（二）提高培训机构、师资和教材的水平

开展继续教育较成熟的组织或机构至少包括企业、学校、职业和学术组织 3 个方面。不同工作的会计岗位所接受教育的培训机构有所不同，这样在会计的继续教育方面能够更

有针对性，并且能够在本质上提高会计队伍的水平。建立由专家组审定的师资认证体系是提高师资水平的好方法。并且，为了满足不同层次、不同领域、不同行业的接受继续教育人员的需要，要运用不同领域的师资力量，这样教育质量将会有很大的提高。继续教育的内容应有所扩展，会计人员既要学习专业会计制度和相关的法律法规，又要加强对解决实际工作中存在问题的能力的培养；既要学习专业理论知识，又要了解与之相关的经营管理、数字经济、网络经济等方面的知识。

参考文献

［1］张琳琳．对会计人员继续教育问题的探讨［J］．太原城市职业技术学院学报，2008（9）．

［2］汪榜江．关于会计人员继续教育问题的理性思考［J］．产业与科技论坛，2007（11）．

［3］刘洁会计人员继续教育中存在的问题及对策［J］．当代经理人：下旬刊，2006（11）．

新冠肺炎疫情下建筑房地产企业财务管控及风险防范问题研究

王晓瑶

摘要： 新冠肺炎疫情影响下，建筑房地产公司的经营状况与以前相比不容乐观，甚至有的公司出现了亏损并有更严重的趋势。虽然国务院以及各地方政府积极出台一系列疫情管控政策。但在这样的社会经济环境下，为了能更好地评价房地产公司的经营效益，及时地预测房地产公司的财务风险，如遇此类财务风险时，公司的管理者能够实施恰当的有效措施来避开，笔者认为完全有必要对房地产公司的财务风险进行分析防范，来供其进行参考。

关键词： 新冠肺炎疫情　房地产公司　财务风险　财务风险防范

一、企业财务管控及风险防范

1. 减免租金安排是否会导致额外税负。

为扶持租户的经营，商业地产商对租户进行租金定期减免，或延迟支付方式进行。根据国家税务总局《关于土地价款扣除时间等增值税征管问题的公告》（2016年第86号公告）规定，纳税人出租不动产，租赁合同中约定免租期的，不属于视同销售服务。但此次疫情突然，房企给予租户的免租优惠并不在此前签署的租赁合同中。直接减免或若以补充协议方式来约定，是否仍能适用86号公告的规定，除个别城市（如深圳）明确可以不用视同销售外，建议纳税人提前与主管税务机关进行确认。

此外，若采取的是免租的方式，根据《财政部国家税务总局关于安置残疾人就业单位城镇土地使用税等政策的通知》（财税〔2010〕121号），对出租房产，租赁双方签订的租赁合同约定有免收租金期限的，免收租金期间由产权所有人按照房产原值缴纳房产税。因此，在相关期间内能否减免从价征收的房产税来舒缓企业的压力有待明确。

2. 政府补贴的涉税情况。

目前已有部分城市政府表示，将拨付专项资金用于补贴在此次疫情中生产经营确实受到影响的企业。但对于收取补贴的企业，其补贴收入的税务处理存在一定不确定性。例如，某些城市要求国企减免其在当地的租金给租户，对于因减免房租而取得补贴的企业，

作者简介：王晓瑶，中建新疆建工（集团）有限公司东南分公司。

此补贴收入是否属于与劳务相关而应缴纳增值税，存在不确定性。

二、成本费用方面

（一）固定税务成本是否有减免的可能

因疫情期间售楼处关闭等因素影响，房企短期内的经营业绩可能会有较大跌幅。但尽管如此，房企在承受资金回笼困难压力的同时，还将面临固定税费支出，如房产税和土地使用税。目前，各地税务机关也出台了相关文件，列明企业因疫情影响，纳税有困难的，可以申请减免房产税和土地使用税。但是文件没有明确何为纳税困难的标准、减免的期限和申请的流程和文件要求，建议纳税人提前与主管税务机关进行确认。

（二）企业间资金拆借的额外税负成本

受前述资金压力的影响，企业可能寻求关联公司提供资金周转，以便解决资金缺口的棘手问题（如支付员工工资、缴纳税款等）。根据目前税务法规，只有企业集团内单位（含企业集团）之间的资金无偿借贷行为，才有一定税收优惠。在目前阶段，由于各行业现金流受疫情的影响程度存在差异，房企也可能从不属于同一集团的关联方处取得无息的往来资金用于日常运营开支，为不使其因借入方的关系不同而对企业造成进一步资金压力，其增值税处理能否参照企业集团间单位进行处理。

（三）捐赠物资免征增值税的影响

根据《关于支持新型冠状病毒感染的肺炎疫情防控有关捐赠税收政策的公告》（财政部、税务总局公告2020年第9号）的规定，单位将自产、委托加工或购买的货物，通过公益性社会组织和县级以上人民政府及其部门等国家机关，或者直接向承担疫情防治任务的医院，无偿捐赠用于应对新型冠状病毒感染的肺炎疫情的，免征增值税及附加。但根据增值税的规定，免征增值税，其在采购时支付的进项也需要做转出，进而增加企业在捐赠安排的成本。由于该捐赠的实质是用于公益事业，是否可考虑通过按用于公益事业无须视同销售处理或零税率的方式，允许企业留抵进项，鼓励企业的捐赠行为。

（四）疫情期间企业为员工支出的额外补贴及福利费是否可税前扣除

疫情期间，企业为员工购置医疗用品、防护用品等支出，以及为减少员工使用公共交通工具而提供的额外交通补助等，若财务核算上计入福利费，能否考虑形势特殊而给予据实扣除或结转扣除，降低企业负担。

（五）疫情期坏账损失是否可税前扣除

疫情的影响可能波及行业上下游，房企可能面临着债务人受疫情影响无法偿还或就已收取的预付款项却无法提供相关服务而需要确认坏账损失。根据《企业资产损失所得税税前扣除管理办法》(国家税务总局公告2011年第25号),上述应收账款相关的坏账损失应以专项申报方式扣除。但未明确传染病疫情是否属于不可抗力,就此次疫情而言,如何举证债务人因受疫情影响而无法偿还,需要与主管税务机关做提前确认。

(六)采购防疫物资票据问题

目前防疫物资紧缺,企业可能从正规渠道无法采购得到需要的防疫物资,转而通过其他的渠道。因此,可能存在部分无法取得合规增值税专用发票的情况。是否可参考《企业所得税税前扣除凭证管理办法》(国家税务总局公告2018年第28号)中对于有特殊原因而无法取得发票的处理精神,考虑在其能够举证相关支出真实性的前提下,允许参考针对依法无需办理税务登记的单位或者从事小额零星业务的个人的处理方式,凭内部凭证作为企业所得税税前扣除凭证。

三、运营及申报层面

(一)因资金短缺造成预缴企业所得税和低增值项目预缴土地增值税的压力

根据《房地产开发经营业务企业所得税处理办法》(国税发〔2009〕31号)的规定,企业销售未完工开发产品取得的收入,应先按预计计税毛利率计算出预计毛利额,计入当期应纳税所得额,这也为房企本就紧张的现金流更添压力。考虑到待开发产品完工后,企业本就会计算实际毛利额交税,与预缴税额间主要为时间性差异。因此,是否可考虑在疫情期间适当降低预缴毛利率或暂免计算,以便企业将资金再投入生产。

此外,在此次疫情中,针对房企可能打折销售部分房地产项目以缓解资金压力的情况,或本就是低增值的房地产项目,根据现行土地增值税法规,预售收入应预缴土地增值税,而未来进行房地产项目土地增值税清算时,有可能出现清算税额少于预缴税额,从而面临退税的情况。这在一定程度上给房企流动资金的周转带来压力。因此,为缓解房企在疫情期间的资金压力,能否考虑针对疫情期间的销售,免除其预缴义务。

(二)企业所得税汇算清缴、土增税清算和税务调查等涉税事项能否适当递延

在此形势前已开展的税务调查、土地增值税清算等涉税业务,如果需要在短期内完税,可能将使部分房企短期内面临巨大的资金压力,同时此类事项也需要企业及税务机关的工作人员投入大量的时间沟通和准备资料,不利于疫情的控制。因此,是否可考虑暂时递延开展此类涉税事项,减低企业渡过疫情阶段的难度。

一般税务申报方面,目前国家层面仅明确在全国范围内将2月纳税申报期限延长至2月24日;对湖北等疫情严重地区可视情况再适当延长。但此时全国疫情何时可结束尚不可知,对于企业所得税汇算清缴工作,其相比日常申报更为复杂,数据准确性的要求更高,是否可适当推迟申报截止日期,以留给企业更多准备时间。

四、房地产销售方面

（一）停工情况下致使楼房交付逾期的潜在财务影响

新冠肺炎疫情影响下，某些地产企业项目虽具备合同约定的交房条件但有可能不能及时交付，或因疫情防控导致项目施工暂停而有可能引起无法按期交付。针对逾期交付，地产企业应如何进行处理？疫情管控期间，一方面限制人群集聚性活动等安排直接导致无法交房；另一方面假期延长、复工迟延、隔离要求等原因也可能导致工期顺延而间接导致地产企业不能够按时交房。地产企业约定的交付时间已详细载明于销售合同，地产企业按期交付楼房是其义务。若地产企业无法按期交付，地产企业需要按照合同约定承担相应的违约义务。

根据销售合同约定，除不可抗力外，出卖人未按照约定的时间将商品房交付给买受人，出卖人一般应按照逾期时间、房价款以及约定的违约金比例计算违约金。地产企业需要从法律层面论证新冠肺炎疫情是否属于法律范畴的不可抗力。若新冠肺炎疫情是属于法律范畴的不可抗力，地产企业应与买受人协商合理延长交付日期，或咨询律师意见，以其他方式取得买受人认可，以明确地产企业无需承担因新冠肺炎疫情影响下的逾期交付责任。否则地产企业应在地方政府允许的情况下尽早交付楼房，并足额计提相关违约准备金。

（二）限期内无理由退房情况下收取销售款项的潜在财务影响

在新冠肺炎疫情影响下，部分地产企业进行线上销售，并推出限期内无理由退房的销售政策，对于收取的款项应如何进行会计处理？受遍及全国的新冠肺炎疫情影响，楼市线下销售暂时冰封。2020 年 1 月 26 日，中国房地产行业协会发出号召，全国楼盘暂时停止售楼处的销售活动，待疫情过后再自行恢复。作为受冲击较大的地产行业，各大地产企业纷纷紧急加强线上销售力度，积极参与在线售楼平台的开通和实践。由于线上销售存在无法看到房屋实体、信息不对称等因素影响，部分地产企业推出了限期内（7 天到半年不等）的无理由退房条件。

针对无理由退房期限届满前，地产企业收取的房屋价款等，存在因可能退房而退还相应房屋价款的风险，地产企业可能存在偿还现金的义务。地产企业应结合金融负债和合同负债的相关定义判断收到的房屋价款在无理由退房期限届满前是否应计入金融负债。

2019 年全国房地产调控次数超过 600 次，2019 年全国 500 多家地产企业发布了破产相关文书，困境下的地产企业由于激进多元化、高杠杆扩张、高位拿地等因素走上重组的道路。2020 年伊始，在新冠肺炎疫情的影响下，地产企业通过“招拍挂”方式取得土地的数量可能会减少，资金充足的大中型地产企业可能会更多地通过收并购的方式取得土地。那么，地产企业应如何充分考虑土地收并购业务对财务的潜在影响？对于地产企业来说，销售回款是地产企业最重要的资金来源。虽然每年第一季度是销售淡季，但是其资金回笼不可忽视。同时，2020 年面临复工推迟、销售交易量锐减带来的现金流入压力以及叠加偿债高峰期到来，地产企业资金链进一步承压。部分中小型地产企业因无法承担资金压力，而被其他大中型地产企业收购的情形将可能增多。

地产企业在收购中要明确自己收购的目的，包括但不限于：(1) 是否取得被收购公司的股东会和董事会控制权；(2) 收购完成的时间；(3) 收购对价的公允性；(4) 被收购公司内部控制情况；(5) 被收购公司的法律事项和表外事项等。地产企业要充分分析该收购属于哪种类型（业务收购或资产收购），聘请适当资质的评估师评估被收购公司的股权价值。在业务收购中，地产企业应分析业务收购对商誉的影响，合理在财务报表反映。

（三）停工对专项借款利息费用资本化的潜在财务影响

新冠肺炎疫情影响下，国务院以及各地方政府出台一系列措施，包括各个地方复工时间以及相关行业安排，地产企业楼盘停工将成为特定形势下的反应，那么地产企业停工期间专项借款的利息是否可以进行资本化处理？各个地方的复工时间以及隔离安排，使某些工人以及管理人员不能及时回到工地。甚至部分针对房地产等建设工程的安排，可能使地产企业在疫情解除前不得复工。那么，很多地产企业将出现不同时间段的楼盘停工（视疫情控制情况）。在停工期间，地产企业仍需要承担相应专项借款的利息，并履行支付借款利息的义务。

因为新冠肺炎疫情导致的地产企业楼盘停工，属于不可预见原因导致的非正常中断。地产企业需要逐个分析各个楼盘因新冠肺炎疫情导致的实际停工期间，停工期间的长短将对 2020 年度财务报表有影响。针对地产公司专项借款，其对应项目发生非正常中断且中断时间连续超过 3 个月的，应当暂停专项借款费用的资本化。同时，地产企业也应考虑借款银行或其他金融机构应对新冠肺炎疫情出台的金融扶持政策，争取疫情期间专项借款利息的豁免或适当减免。

（四）可能的债务条款违约对地产企业持续经营的潜在财务影响

中国地产企业的偿债规模一直保持高位态势，而 2020 年第一季度面对新冠肺炎疫情下销售现金流锐减的不利影响，地产企业触发部分债务违约条款的可能性会上升。地产企业如何应对债务条款违约下的持续经营风险？受到新冠肺炎疫情影响，楼市线下销售暂时冰封，部分地产企业的大型商场、园区、景区等关闭，致使基础资产的运行情况或产生现金流的能力发生不利变化，导致地产企业以这些基础资产发行的债券可能产生违约情况，并进一步引发地产企业其他债务的交叉违约风险。地产企业短期现金流动性问题备受市场关注。

从内部来看，地产企业应分析所持有的现金及现金等价物，银行等金融机构取得的授信额度以及近期甚至半年内应偿还的债务或经营支出等，建立动态现金流预测并适当进行压力测试，以了解自身资金链承压范围。从外部来看，地产企业应把握融资窗口期，及时对接资金。2020 年初，央行释放了较大规模流动性，地产企业要把握机会。同时，地产企业应掌握国家和地方性财务融资支持政策，因地制宜地做好策略，提升行业地位，快速精准对接资本市场。另外，在无法承受资金压力时，地产企业可以考虑适当退出部分项目以回笼资金，或与其他地产企业加强合作开发以分散经营风险，保持持续经营能力。

最后，面对突发公共卫生事件，企业的应对水平是其财务管理综合能力的体现。新冠肺炎疫情暴发给企业财务管理带来了诸多负面影响，是对企业财务管理应急反应和治理能力有效性的一次检验。通过分析新冠肺炎疫情对企业财务管理的影响，寻找有效的应对思路、措施和方法积极、稳妥地应对新冠肺炎疫情，并积极运用政策红利，减少疫情的负面影响，避免造成生产和经营危机。

参考文献

[1]《关于土地价款扣除时间等增值税征管问题的公告》。

[2]《财政部国家税务总局关于安置残疾人就业单位城镇土地使用税等政策的通知》。

[3]《关于支持新型冠状病毒感染的肺炎疫情防控有关捐赠税收政策的公告》。

[4]《企业所得税税前扣除凭证管理办法》。

[5]《企业资产损失所得税税前扣除管理办法》。

新疆祥兴电力有限公司成本管理存在的问题及对策

景俊峰

摘要：在企业的日常运营过程中，成本的控制对企业利润的高低往往起着非常关键的作用。有效地控制企业的生产运营成本，是提高企业利润率的重要手段，让企业能够在市场竞争中得以生存乃至发展。随着企业的不断发展，生产环境越来越复杂，项目的成本也日趋增加。因此，提高企业项目成本管理水平在成本压力巨大的今天是最为紧迫的问题之一，它是提高企业盈利的重要手段。

本文是针对新疆祥兴电力科技有限公司成本管理有关问题的探讨，对新疆祥兴电力有限公司成本管理的现状做了简单介绍，指出企业在成本管理方面存在的不足，并提出相应的解决方案，这对促进企业战略目标的实现有着十分重要的意义。

关键词：企业　成本管理　问题　对策

一、前言

国务院在2018年正式发布《中国制造2025》战略规划，提出了我国要从制造业大国向制造业强国转变的目标，以及两化、三步走、四项原则、五条方针、五项工程、十个领域的实施战略，同时与德国工业4.0全面对接。这一规划的发布，是我国全面提升中国制造业质量发展和水平的重大战略部署，改变中国大而不强的局面。但是我们也客观地看到，中国作为全球的经济发展大国，以及全球再生耗材产品的生产与研发中心，我国的制造型企业在发展过程中实现了逐步壮大的过程。但是在经济快速发展的格局下，我国的大部分制造业企业都面临着巨大的生存压力，优胜劣汰的现实让企业头疼不已。中国制造业企业与世界水平的跨国公司相比差距还是很大，我们的制造业普遍效率不高、浪费严重、污染厉害、产品质量不稳定等，制造型企业的建立往往需要大量的固定资产的投入和较长的回报期，这些都注定的制造型企业要想提升同行业竞争力，成本的管控是否合理性已经成为企业运营管理体系运行的关键因素。

企业为了能在激烈的竞争中占有一席之地，就不得不开拓新的市场，扩大规模，增强自身的竞争力，从而获取更高的利润，企业经营一向以利润最大化为目标。本文以新疆祥

作者简介：景俊峰，中建新疆建工集团第一建筑工程有限公司。

兴电力有限公司为例，分析了新疆祥兴电力有限公司成本管理存在的问题并提出加强成本管理的相关对策，强化新疆祥兴电力有限公司成本控制的服务功能，为企业提供更大的资金使用空间，这将会使企业在同行业同水平的企业中占有更大的竞争优势，对企业的长远发展和战略目标的实现起着重要作用。

二、新疆祥兴电力有限公司成本管理的现状分析

新疆祥兴电力有限公司位于丝绸古道喀什市。注册资金 2 430 万元，专业从事送变电工程的安装和调试，具备完整的电力工程施工资质，资质等级为国家电力施工总承包三级企业，可承接 110KV 及以下电压等级的输电线路（含电缆工程）和相同电压等级的变电站工程、10 万 KW 的发电工程。公司专业人才配置合理齐全，员工整体素质优异，管理严格规范。公司坚持“德能兼备、以德为本”的经营管理理念，努力打造新疆一流的电力建设专业公司，能为客户、员工、股东、社会创造价值的优秀公司。

（一）新疆祥兴电力有限公司的成本规划

现如今，新疆祥兴电力有限公司的成本规划缺乏科学性、严肃性。新疆祥兴电力有限公司没有进行有关成本的预测，认为没有发生就不需要管理，造成了生产环节各种物料消耗难以准确计量，公司以“节约资金”为基本要求，忽略了产品成本和质量之间的关系，对公司各个部门成本支出进行一定约束，虽说要求严格把控产成品生产环节各种消耗，可事实上只关注产成品，对在产品和低值易耗品及包装物的消耗却未能作出预测和计量，而且企业未能站在战略高度上管理和规划产品成本。

（二）新疆祥兴电力有限公司的成本核算

通过多年的积累，新疆祥兴电力有限公司初步建立了产品成本核算管理基础体系。审查一切物资的收、发、领、退并进行及时准确的记录，验收产品在各部门之间的内部转移、出入库等日常活动，准确计量动力能源消耗等；对公司的财产、物资进行实地盘点，定期由公司的相关职能部门盘查并核对公司的财产物资。新疆祥兴电力有限公司成本核算工作应该归属于计划财务部门负责，对于具体的项目需要有具体的专业财务人员跟进核算，但是由于新疆祥兴电力有限公司近年来业务量的爆发式增长，财务人员的职业能力无法再满足现实的成本管理需求，还是停留在记账报账，制作财务报表这些传统的成本核算工作，未能按照实际科研项目成本管理需求制定适合科研项目成本核算的具体细则。

（三）新疆祥兴电力有限公司的成本控制

目前，新疆祥兴电力有限公司对于成本控制局限于对项目实施过程发生的总费用的把控上，忽略了成本预算的执行进度控制，造成在实施过程中，实际成本与成本预算出现较大的偏差。新疆祥兴电力有限公司没有运用科学的成本控制方法对成本进行分析控制，人员对于成本控制的概念比较片面，认为成本控制仅仅局限于财务层面，技术与经济的结合

严重脱节，缺乏成本控制的系统观念。例如，其他工作人员可以按照既定的技术指标设计出可以使用的技术方案，但是忽视了论证技术方案的对于投入产出效益比的可行性。设计人员的技术方案往往与实际脱离实际，间接地增加了项目成本支出。

（四）新疆祥兴电力有限公司的成本分析

新疆祥兴电力有限公司全体员工的成本控制意识薄弱。我们应该增强员工的成本控制意识，将成本降到最低，并从进入到出口，扩展到各个部门，从产品开发、生产和销售生命周期进行科学、合理、合法的成本管理，使公司员工具有长期发展的“战略成本意识”。公司从原材料到生产加工、销售、售后一体化和系统化的整个供应链管理过程，使整个供应链的成本收益最小化，从而有效科学地降低了公司的生产成本。

（五）新疆祥兴电力有限公司的成本考核

新疆祥兴电力有限公司各个环节管理的好坏不作为工作人员的绩效考核指标，人员的绩效评分高低取决于公司项目是否达到预期效果，而并不在意项目的投入产出比，因此从间接程度上容易造成成本的增加。在企业运营过程中，必要的奖惩可以积极调用人员工作积极性，将人员也拉到成本管理工作中。新疆祥兴电力有限公司没有对工作的效率高低有明确的奖惩，造成在工作中存在拖沓的现象，工作效率较低。人员不能全心全意高质量的完成项目中应该承担的工作内容，工作效率低下也必然造成项目成本的提高。

三、新疆祥兴电力有限公司成本管理存在的问题

（一）缺乏系统的成本观念

在新疆祥兴电力有限公司成本的具体核算中，只注重财务成本的核算，缺少管理成本的核算。管理者对成本的认识不足，成本管理概念比较狭隘，而且传统成本管理将固定成本简单地作短期的期间化处理，淹没了大量的长期性和战略性的重要信息，使企业多项活动的绩效难以真正体现。再者，成本控制方法和手段相对落后。因此，公司的成本管理处于落后状态，没有真正形成科学的成本管理体系，不利于企业成本的宏观调控。不少管理人员的成本管理观念还没有明确，只注重扩大生产和收入，忽略成本和费用的消耗；有一些部门在虽然把成本控制放在的重要的位置，但是却把生产过程中的管理工作给忽视了，还有一些问题就是企业在成本管理的使用方法上较为落后。企业未能获得一个全面的战略竞争的发展，会破坏新疆祥兴电力有限公司的竞争力，也难以适应市场经济。

（二）缺乏先进的理念与管理手段

在当前社会主义市场经济不断深化发展的条件下，市场的格局也有了明显的变化，已由原先的卖方市场向买方市场转变。科学技术的发展使产品生产所耗费的成本下降，且产品质量也处于同等水平。但是在商品流通环节，其成本却日益增高。新疆祥兴电力有限公

司的管理人员未能充分认识到这一点，还把成本管理的目光停留在生产领域，以降低人工、制造以及材料方面的费用作为降低成本的主要方式。对于产品的研发、销售以及流通过程中所造成的成本费用的控制手段却很匮乏。另外，随着信息技术的发展，成本管理也迈向一个新的领域，为其提供了便利。成本管理手段现代化作为一种新型的现代化管理思想和管理方式，他与传统管理思想和管理方式最本质的区别在于，它是一种以人为中心，以确立企业价值观为核心内容，追求创新与个性的现代管理新模式。成本管理手段现代化包括新型软件的应用、ERP 的应用及网络的应用。但是新疆祥兴电力有限公司管理者却忽视了这方面的变化，从而导致在成本管理方面仍较为保守和传统，无法适应现代社会的要求。

（三）成本控制意识较弱

新疆祥兴电力有限公司对成本的控制缺乏有意识的管理，导致费用支出不能够最大限度地节约，因而无法最大限度地降低成本。公司进行成本管理的人员不了解实际情况，员工对成本控制更是不了解、不重视，从而导致成本规划无法进行。公司人员认为，成本控制是公司主管部门或财务部门的责任，成本控制与其他部门无关，员工对成本管理的重视程度不高，成本意识较低，阻碍了企业成本控制的范围。在一定程度上无法进行成本控制。此外，传统的成本管理主要基于节省，并且故意强调生产节省。人们相信，降低成本就是减少支出，这是成本理论的一个狭义的概念。这种以节省成本为中心的成本控制已经变相掩盖了企业发展过程中的必要支出，导致公司产品升级失败。例如，单方面节省产品检查成本会增加有缺陷产品的可能性，单方面减少产品开发和研究成本会导致难以实现产品的优化和创新，单方面节省员工培训成本会使员工技能和素质没有提高。因此，企业管理者的经营理念落后、成本控制意识不强将严重制约企业的可持续发展。

（四）未形成战略管理思维

就目前而言，以节约为降低成本的主要手段，企业管理者成本管理理念落后，企业员工基本素质相对大公司比较低，成本控制意识薄弱，这样严重制约企业生产经营成本的降低。但这种短视行为正是目前新疆祥兴电力公司的现状。公司习惯于事后算账并在操作行为方面有控制缺陷的基本存货计价和收入，忽略了提前预测和管理决策的成本管理，因此容易产生持有成本不是完美的现象，可以处以实际或潜在的损失。此外，上级对下级的支付完成评估价值和重点。在这种情况下，节约成本和超低的好处又对经理压力不大。

四、加强新疆祥兴电力有限公司成本管理的对策

（一）全程管理，实施全面控制

企业在开展控制活动时，应发动企业全体成员参与该项工作，以及对成本发生时的所有过程和所有方面进行控制和管理。这有利于企业全体成员了解成本控制对企业发展所起到的积极意义和作用，有利于及时找出成本管理和控制中存在的问题，从而采取有效的措

施和方法，对成本进行严格的控制和管理。建立生产运营成本管理系统，以改善决策。生产运营的进展存在很多不确定性。提高决策效率的重要性不仅在于计算和统计的速度，更重要的是，速度的变化可以带来质的变化。从目前来看，信息技术支持下缺乏基础数据管理是新疆祥兴电力有限公司的薄弱环节。必须建立集中的共享企业信息平台和适用于日常成本管理的软件系统，以支持各级的有效决策和数据分析。通过软件系统辅助管理，涵盖项目成本管理和全业务，计算机可以提高数据计算的速度和效率，通过网络实现各方的协同工作。使用此系统来整合管理流程并实现信息成本管理。成本预算作为科研项目实施过程中的关键要素，为了更科学合理的制定成本预算，必须遵循以下原则：首先，成本预算必须符合国家的相关法律法规以及企业对于经费使用的规范；其次，必须遵循成本节约的原则；再次，成本预算必须达到企业要求的基本利润要求；最后，成本预算的类别和项目要尽可能详细，以便项目管理者在项目实施过程中对预算执行情况进行考核。

（二）实行成本责任制

根据上述文件的精神，新疆祥兴电力有限公司财务部负责制订生产销售预算变更实施细则，对预算变更进行分类，明确预算变更过程：项目组向科技管理部门提交预算变更申请，填写预算变更申请表，并提供相关的认证材料；原则上，专家评审小组应在提交申请后一个月内形成批准意见，并及时将批准意见反馈给项目组；新疆祥兴电力有限公司通过制定预算变更相关规范，与项目实施阶段的滚动预算控制模式，根据科研项目的实际执行情况，对项目的各项费用和指标进行及时合理的修正。成本管理流程进一步优化，以满足研究活动的实际需求。有效实施成本控制有利于提高企业的管理水平，使企业获得更多的收益，企业在成本控制时还应将责权结合以明确成本控制主体的权利和义务，控制主体只有通过责任和权力并结合一定的经济利益，才会对控制成本产生一定的动力，再辅以一定的奖惩措施，这样才能调动各控制主体在管理和控制成本时发挥自身的主观能动作用。

针对目前新疆祥兴电力有限公司成本管理工作职责模糊的情况，对项目实施需要参与的部门职能及项目组所承担的职责范围。

新疆祥兴电力有限公司建立了临时项目组织结构—项目成本管理团队。该团队由项目经理、项目成本负责人、计划和财务部门负责人以及技术管理部门负责人组成。审计部门负责人由人力资源部门负责人组成。计划财务部负责人负责协助项目成本负责人编制该项目成本预算，负责对项目实施过程中的成本核算、成本分析、成本决算工作，及时发现项目成本执行过程中的问题，将问题反馈给项目经理，严格按照规章制度对项目发生的费用进行审批和管理，确保项目资金使用规范合理。科技管理部负责人负责跟踪项目成本预算的执行情况，配合项目经理做好成本管理工作。

审计部门负责人负责对项目的成本实施进行全面监督审计工作。人力资源部负责人负责对涉及项目成本管理各个部门负责人员的绩效考核工作。

（三）改变管理观念，形成战略管理思维

企业的管理层应该深刻意识到，以节约成本为基本原则的成本管理理念早已被淘汰，

若我们只站在企业自身的角度看待问题，忽略整个市场经济的大环境，或者说管理层仅仅只重视短期内生产环节的成本管理是远远不够的。现如今经济发展越来越快，市场竞争力也越来越激烈。像我们新疆祥兴电力有限公司这类小企业想要跟进时代的步伐，就应该与时俱进，引进新思想，形成战略成本管理。

现代化企业的成本管理是必须除了生产领域以外的其他环节，如通过宣传和销售环节进行成本控制与管理，必须为了企业的长远发展，站在战略高度进行成本控制，使企业由传统的成本管理向战略成本管理进行转变，促进企业的成本管理走向一个科学、合理、有效的发展状态。公司可以根据分解指标的相关指标实施绩效考核原则，并注重成本。有效地将评估结果与员工收入联系起来，充分发挥薪酬作用，调动员工积极性。评价指标在制定过程中必须细致、清晰、完善，有利于促进综合成本管理体系的顺利实施，达到降低成本、提高经济效益的目的。项目成本管理评估由人力资源部门领导，聘请专业的成本管理团队、财务专家和人力资源专家。参与成本评估的部门包括科学技术管理部门、计划和财务部门、人力资源部门、审计部门和项目团队。

（四）加强宣传力度，提高企业员工成本管理观念

企业的成本管理光有管理层重视是远远不够的，这同需要全体员工的参与。因此，企业应该通过各种方式来增强员工的成本管理意识，改变“成本管理只是财务部门的事”的错误认识，通过企业宣传栏、报刊、悬挂横幅等各种途径对全体员工进行教育，学习成本知识，提高全体员工的成本管理意识，使全体员工清楚地认识到，在保证质量的前提下，企业产品之间的竞争实际上是产品成本竞争，企业成本管理直接影响企业经济利润和员工自身的利益，要树立新型的成本管理观念。

除此之外，还可将成本管理的理念纳入企业文化中组织学习，深刻贯彻给每一个企业员工，使大家的观念中成本管理的意识越发重要。一般情况下，中小企业的管理者学历不比大企业的管理层学历高，个人能力也相对有限，更重要的是，这些中小企业的管理人员缺乏财务知识。因此，在企业成本控制方面，中小型企业管理者的概念不能满足现代企业对综合成本控制的要求。管理范围仅限于企业甚至生产部门，而对企业其他部门或生产经营相关的环节则欠缺管理和考虑，对于企业外部价值链视而不见，所以更需要给企业管理者及每一位员工定期培训财务方面的基本知识，让企业全员都能够参与并了解企业的成本管理事项，这样一来，大家就会树立较强的成本管理观念，对先进的技术方法和生产工艺也会积极学习和欣然接受新的成本管理理念，久而久之，执行新的管理方法，企业就不会停留在资源浪费大、生产效率低、管理落后的局面。相反，企业内部可以营造一种员工自主管理、自主进行成本管理的意识，企业生产经营也会蒸蒸日上。

五、结论与展望

市场竞争日趋激烈，企业要保持在同行业中的核心竞争力，在保证产品质量过关的前提下，积极寻求降低产品成本的措施，提高产品的盈利能力，在成本管理活动中，对项目

的质量进度进行把控，通过项目推进过程中反馈的成本数据，分析总结成本管理中存在的问题，及时采取措施将影响降低到最小。此外，进行成本管理及降低产品价格的重要条件，这不仅可以使产品销量增加，而且能提高企业市场竞争力，使企业能在竞争激烈的大环境下占有一席之地。

因此，加强成本管理对企业发展是至关重要的，只有去除企业不必要的成本，从而为企业节省支出，增加利润，使企业长远发展。也只有这样，企业成本管理才能真正为企业服务，从而增强企业实力，提高企业在市场的竞争力。在此背景下，本文阅读了大量有关成本管理的相关文献，并通过调查分析了新疆祥兴电力有限公司在成本管理过程中存在的问题。利用科学的项目成本管理方法和管理工具，在项目成本管理过程中设计科学合理的问题解决方案。解决项目成本管理过程中员工成本管理意识薄弱，各个参与科研项目成本管理部门及负责人职责含糊不清，项目成本管理方法落后，缺乏项目成本管理评估体系。该设计方案应用于自动分拣项目。科研项目成本管理工作对于企业的节流具有深远的意义，本文致力于为新疆祥兴电力有限公司成本管理提供合理性的建议及方案，希望能够帮助新疆祥兴电力有限公司解决成本管理过程中遇到的实际问题，实现成本最大化。本文虽然针对新疆祥兴电力有限公司制定了相关的实际解决方案，但是由于数据样本的局限性，方案的设计必然存在缺陷，还需要进一步对方案进行优化。

参考文献

[1] 曲颖．企业在成本控制中存在的问题及解决对策［J］．科技资讯，2011（3）．

[2] 张雪萍．浅析小企业成本管理存在的问题及对策［J］．中小企业管理与科技（上旬刊），2011（10）．

[3] 余海宗．战略管理会计论［M］．西南财经大学出版社，2004．

[4] 樊华论．现代企业成本控制［J］．中国煤田地质，2003（6）．

[5] 李明侠．中国关于强化企业成本控制若干问题的分析［J］．中国总会计师，2009（7）．

[6] 王玉英．论现代企业制度下加强成本管理降低成本的途径［J］．商场现代化，2008（5）．

[7] 李百兴．当前企业成本管理工作中的问题与对策［J］．民营科技，2009（7）．

[8] 李敬．中小企业成本管理中存在的问题及对策［J］．中国证券期货，2012（10）．

[9] 陈广宇．成本控制理论基础［J］．东北财经大学硕士论文，2011．

[10] 刘海．企业成本控制存在的问题研究．商场现代化，2011．

[11] 王丹．中小企业成本控制问题研究．科技发展，2013．

[12] 王红．成本控制方法．商业发展，2012．

浅谈新租赁准则对建筑企业的影响

张小菲

摘要：2018 年 12 月 7 日，财政部发布了《企业会计准则第 21 号——租赁》。该准则中对于承租人的核心变化是对于租赁类型的划分，取消了之前经营租赁与融资租赁两种租赁方式，统一采取使用权资产模型。根据要求我单位于 2021 年 1 月 1 日实施新租赁准则。由于新旧准则在会计处理上有较大差异，企业实务在过渡期内面临极大的挑战。本文对新旧准则运用的过程进行了总结，首先，阐明新租赁准则的对企业财务管理的影响；其次，分析新租赁准则执行过程中遇到的问题；最后，对企业执行新租赁准则过程中面临的问题提出建议。

关键词：新租赁准则　财务指标　税会差异

一、新租赁准则对企业财务管理的影响

（一）对财务信息质量的影响

旧租赁准则基于“风险报酬观”通过判定资产在流转过程中权属是否发生变化将租赁业务分类为经营租赁与融资租赁。融资租赁业务涉及的资产会纳入资产负债表内，确认融资租赁资产并基于租赁付款义务确认一项负债。但经营租赁业务只是在租赁期限内合理的摊销租金计入相应费用影响当期损益，并不会反映在资产负债表内。因此，在旧租赁准则下资产负债表内无法全面反映租赁业务产生的权利和基于租赁业务应承担的义务。

实行新租赁准则后，租赁由“风险报酬观”变成“使用权资产模型”，对于承租人不再区分经营租赁和融资租赁，统一使用“使用权资产模型”。这一变化将经营租赁纳入资产负债表，将表外融资纳入表内，更加完整地反映了企业的资产和负债。增强了会计信息的科学性为利益相关者提供了更加准确的信息。

（二）对财务绩效的影响

新租赁准则要求除低价值和短期租赁外的经营租赁，需确认使用权资产和使用权负债，这会造成资产负债的同时增加，使资产负债率出现增长，企业长期偿债能力指标变

作者简介：张小菲，中级会计师，中建新疆建工集团第四建筑工程有限公司。

差。另外，由于使用权资产的确认，资产总额将会增加但营业收入并未受到影响，将导致资产周转率下降。由于使用权资产的摊销和未确认融资费用的计入会造成企业净利润下降，将导致销售净利率下降。根据杜邦分析模型净资产收益率 = 销售净利率 × 总资产周转率 ×（1/(1 - 资产负债率)），上述变化将造成净资产收益率指标下降，对企业的经营业绩产生不利影响。

（三）对涉税工作的影响

按现行的《企业所得税》及其《实施条例》规定以经营租赁方式租入固定资产发生的租赁费支出，按照租赁期限均匀扣除。以经营租赁方式租入的固定资产在计算应纳税所得额时不得计算折旧扣除。但按新租赁准则，承租人对使用权资产的后续计量要参照《企业会计准则第 4 号——固定资产》有关折旧的规定，自租赁期开始日对使用权资产计提折旧。计提的折旧金额根据使用权资产用途的不同计入相关资产的成本或者当期损益。税法规定的不同将会造成暂时性差异，会导致企业递延所得税资产或负债的确认，增加税务会计核算难度。

（四）对会计核算的影响

建筑行业设计的租赁合同类型较多，有房屋租赁、设备租赁、周转材料租赁等，实施新租赁准则后，会计人员需要根据各个租赁合同具体条款判断是否适用新租赁准则，这一过程中涉及多方面的职业判断对财务人员有较高的要求。另外，按照新租赁准则确认使用权资产的过程中涉及现值的计算和后期租赁合同变化后租赁权资产的调整。这些复杂的业务给会计核算带来了很大的困难，增大了核算工作的难度。

二、新租赁准则实施过程中遇到的问题

（一）初始判断存在的问题

在实际操作过程中判断一项租赁业务是否需要根据新租赁准则调整是执行新租赁准则的关键。在充分研读政策和上级单位对新租赁准则的执行要求后结合我单位实际情况，整体梳理思路如图 1 所示。

下面列举几个典型案例：

建筑行业施工周期长，业务部门因无法准确确定设备使用时间且部分设备入场需要安装，基于以上原因大多数租赁合同均以项目开工日和预计完工日作为租赁开始日和结束日，合同约定的租赁时间超过 12 个月，但实际使用时间不足 12 个月（施工项目大多数在新疆地区因气候的特殊性，每年 11 月至次年 3 月为冬休期）。对于此类租赁合同如果不满足低价值租赁就要适用新租赁准则进行调整。例如，某国际机场设备租赁合同，租赁两台塔式起重机 36 000 元/台月，合同中租赁期限为 2020. 9. 8 ~ 2022. 10. 30，实际使用时间仅有 4 个月，但因为设备已经交付使用，所以按 36 000 元/台月 ×2 台 ×4 个月/22 个月（剩

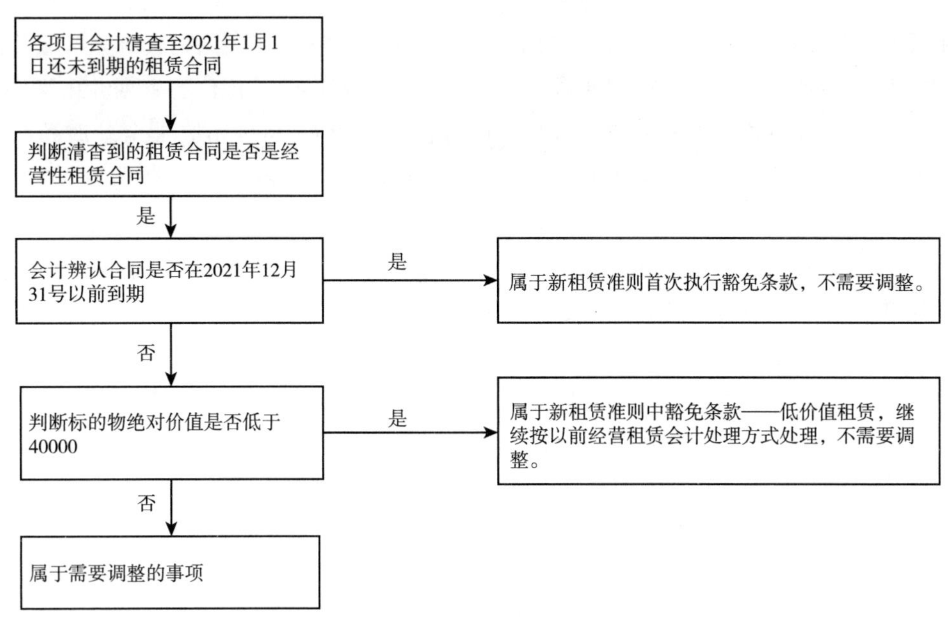

图 1　梳理思路图

余期限）确认每一期的租赁付款额，并按一年以上增量借款利率进行折现确认使用权资产和租赁负债。具体的分录如下：

初始确认：

借：使用权资产——原值　　275 295

　　租赁负债——未确认融资费用　　12 705

　　贷：租赁负债——租赁付款额　　288 000

后续每月按年限平均法计提折旧：

借：合同成本　　1 251. 14

　　贷：使用权资产——累计折旧　　1 251. 14

待后续实际支付租赁费时：

假定 2021 年 6 月 30 日支付第一次款项

借：租赁负债——租赁付款额　　72 000

　　贷：应付账款　　72 000

借：财务费用　　6 538. 27

　　贷：租赁负债——未确认融资费用　　6 538. 27

如果按业务实质签订租赁期 12 个月以下的租赁合同，仍假定 2021 年 6 月 30 日支付第一次款项，具体分录如下：

借：合同成本　　72 000

　　贷：应付账款　　72 000

（1）由上述会计处理可以看出，如果按业务实质签订租赁期 12 个月以下的租赁合同，只需在支付租赁款计入合同成本。较适用新租赁准则减少了核算步骤降低了核算难度。因此，在新租赁准则开始执行后，对租赁合同中租赁期的管理应加强，避免给财务核算增加负担。

（2）对低价值租赁的判断是以单项租赁资产为全新资产时的价值为依据并未考虑已被使用的时间，在这种条件下一些超过 12 个月的租金低于 40 000 元但是全新时价值超过 40 000元的设备也要适用新租赁准则。对于此类业务建议创新租赁模式，可以尝试在不影响成本的情况下将租赁业务转化为服务业务。

（3）设备租赁合同条款中是按月收费（合同约定：按设备使用通知单注明时间至甲方书面通知退场并具备退场条件，不足一个月的按 30 天折算为台班计算）。在实际执行过程中可能出现时间差异或考核项，因为无法准确计量，所以计算使用权资产、租赁负债时按合同约定金额计算，未扣除可能发生的扣款，会导致实际摊销的折旧高于实际支付的租赁款。后期要通过调整使用权资产原值使两者金额趋同。

（二）后续计量存在的问题

使用权资产是依据租赁期开始日尚未支付的租赁付款额的现值进行初始计量，通常项目难以取得出租人的租赁内含利率，统一采用上级下发的增量借款利率作为折现率。如果租赁期内用于确定租赁付款额的浮动利率发生变化，租赁负债要按修订后的折现率进行折现，使用权资产的账面价值也要进行相应调整，每期应计提的折旧和摊销也会调整。这与按历史成本计量的固定资产有本质性的区别，项目财务人员通常难以理解这一过程。

（三）税会差异处理存在的问题

按现行的《企业所得税》及其《实施条例》规定以经营租赁方式租入固定资产发生的租赁费支出，按照租赁期限均匀扣除。在企业所得税计算过程中允许税前扣除的为实际支付的租赁付款额，按新租赁准则核算摊销的未确认融资费用、折旧及减值准备都不能税前扣除。因此会产生税会的暂时性差异，对这一差异是否要计提递延所得税资产/负债并未明确。另外，在每年所得税汇算清缴时，针对这部分暂时性差异会产生纳税调整，财务人员需要做好纳税调整台账以备核查。这些税会差异给实际操作带来了很大的困难，也增加了基层财务人员的工作量。

按现行《增值税暂行条例》规定，出租方是按承租人实际支付的租赁付款开具增值税发票。我单位为避免差额采用不含税租赁付款额确认租赁负债，使用权资产。但在后期工程项目实际支付租赁款，在账务处理上需要在减少租赁负债的同时，反映增值税进项税。因为税法对租赁的规定未按新租赁准则修订，所以给后期核算带来了不小的困难。

三、新租赁准则执行建议

（一）与业务部门联动在源头正确划分短期、低价值租赁

在梳理我单位租赁合同过程中，发现大量租赁合同是业务部门因无法准确确认使用时

间造成的租赁期限超过12个月。为更好地应对新租赁准则针对这部分合同，财务人员应充分了解租赁业务实质结合自身实际情况深入研究新租赁准则，并在租赁合同签订前与业务部门进行深入的沟通，正确划分租赁性质，在源头控制需要按新租赁准则核算的租赁合同以降低核算成本。并在不影响未来成本的前提下以此为依据修订租赁合同，优化相关合同条款，对实质是短期租赁、低价值租赁的租赁合同进行准确的约定以适用新租赁准则的豁免条款，减少后期会计核算的工作量。对实质是劳务的租赁尽量避免合同中出现租赁字样，有效降低财务人员识别租赁合同的工作量也避免出现会计处理不合规的风险。

（二）建立标准化的识别机制帮助财务人员正确识别租赁

针对项目财务人员新老不一，核算水平参差不齐，因此需要制订标准化的识别机制帮助项目财务人员更好地识别租赁。在我单位执行时，本部财务人员到各项目了解租赁情况，针对不同的问题梳理不同的方案。在整理过程中先区分现行合同是经营租赁还是融资租赁，经过细致整理发现所有涉及的合同全部为经营租赁，然后再按图1所描述思路进行后续识别。通过这一梳理过程准确地区分了需要使用新租赁准则的事项，为后续正确处理打下了基础。

（三）梳理新租赁准则对企业经营影响合理规划租赁规模

新租赁准则对企业的影响是体系性的，准则变化对租赁业务核算的影响将会体现在财务报表中。新租赁准则的实施对资产负债表、利润表、现金流量表均有影响。我单位现在租赁规模不大、影响金额较小，但站在母公司整体角度，新租赁准则带来的影响不容小觑，需要我们要充分考虑新租赁准则对各项财务指标的影响。尤其是按使用权资产模型核算后，会同时确认使用权资产和租赁负债，这会造成资产负债的同时增加，使资产负债率出现增长，企业长期偿债能力指标变差。使用权资产的确认也会导致资产周转率下降。使用权资产的摊销和未确认融资费用的计入会造成企业净利润下降，这些指标的变化将对企业的经营业绩产生不利影响。所以要梳理现行租赁业务合理规划租赁规模，以保证在新准则执行过程中，财务指标能平稳变化。

（四）加强高层次财务人员的培养助力提升会计核算质量

随着我国会计准则与国际会计准则的趋同，新收入准则和新租赁准则的陆续实施，净现值等理论深入财务的日常核算中。财务人员作为新准则的宣贯者和执行者，其水平直接影响企业是否能顺利执行新准则。因此，企业应当重视财务人员培养，为财务人员提供进修途径，以此提升其专业胜任能力，保证各项准则变更顺利平稳地在企业执行。并且要有意识地培养财务人员对准则变更的敏感性，以达到通过财务人员及时了解应对准则的变更，统筹考虑准则变化对企业的影响，为企业持续经营提出合理建议的目的。

参考文献

[1] 蒋华波. 简析新租赁会计准则对承租方企业融资的影响 [J]. 财经界，2019 (36)：185-186.

[2] 路玲. 国际财务报告租赁准则 的变化及其影响 [J]. 会计之友，2017 (6)：38-40.

[3] 财政部. 企业会计准则 [M]. 北京：经济科学出版社，2006.

集成电路行业上市公司内部控制与企业绩效的相关性研究

杨立强

摘要：经营权和控制权的分离导致许多公司都面临着内部控制的问题。内部控制作为现代化企业管理的一项重要制度，在完善企业组织结构，促进企业经营效率，提升企业绩效水平方面受到社会各界的广泛关注。本文以 2010～2018 年 A 股集成电路行业上市公司为研究样本，实证研究内部控制与企业绩效的相关性。研究结果表明，在控制公司规模、企业负债水平、成长能力等变量时，企业内部控制与企业绩效呈显著正相关，内部控制质量的提高能够有效促进企业绩效水平的提升。

关键词：内部控制　企业绩效　相关性

引言

随着全球经济的发展，各种财务舞弊案件不断曝光，给金融投资市场带来巨大的负面影响，企业的诚信遭到质疑，导致金融投资市场环境不稳定，企业面临不同程度的经济损失。国内外许多机构、学者对此进行了多方面的研究，成立于 1985 年的 COSO 委员会为美国全国舞弊报告委员会提供全面支持。COSO 委员会负责制订有关企业实施内部控制系统的条例，要求上市公司建立内部控制制度体系并对内部控制信息进行披露。因为在全球财务丑闻事件的频发下，绝大多数公司意识到内部控制对企业绩效有着直接影响。众所周知的四川金亚科技公司通过虚增营业收入和净利润，并且随意篡改财务报告的数据信息，欺诈上市的案例；2016 年的上海贝岭公司涉嫌欺诈发行及信息披露违法违规行为，报送证监会的 IPO 申请文件中相关财务数据存在虚假记载，上市后披露的定期报告存在虚假记载和重大遗漏；科大讯飞公司财务人员侵占公款 370 万元，利用职务便利伪造部门领导审批内容案等，这些财务丑闻事件促使公司开始反省并更加关注内部控制。

内部控制作为社会经济发展到一定阶段的自然产物，其实质就是企业的风险控制。面对瞬息万变的金融投资市场，内部控制质量的高低能够反映一个企业面临财务风险时的应变能力、改变战略布局时的决策能力，对企业经营管理有着重要的影响。因此，

作者简介：杨立强，中建新疆建工（集团）有限公司国际总承包分公司。

社会各界人士越来越关注内部控制对企业绩效的影响，并有大批学者专注于两者关系的研究。从管理学角度来说，公司治理与内部控制的目的都是一致的，都是为了完善企业组织结构、制订企业发展战略、履行社会责任义务、建立防范风险管理体系与改善企业经营活动，提升企业绩效水平。因此研究内部控制与企业绩效的相关关系是十分必要的。

一、文献综述

国内外学者都有对企业的内部控制与企业绩效两者之间的相互关系进行过研究，认为企业的内部控制体系与企业的管理水平之间存在着必然联系，在一定程度上体现了企业的综合管理水平。内部控制是否产生实效性，可以从企业的绩效水平与经营效率等方面体现。

Bonnie 和 K. Klamm 等（2013）研究发现，当公司存在信息披露的缺陷时，该公司很容易出现财务报告缺陷以及信息不完善，这也说明了内部控制的不完善会影响公司的绩效水平。Arm Stong（2012）研究表明，当企业存在内部控制问题时，很可能造成企业稳健程度降低，信息不对称的程度也会在公司与利益相关者之间扩大，之后对公司的经营绩效造成很大的负面影响。Udi Hoitash 等（2014）从财务专家数据库中收集了 5480 家公司的数据，进行了相关的实证研究，发现了公司绩效水平与企业内部控制薄弱环节之间呈现一定的关系。Ogneva（2011）发现存在内部控制缺陷的公司，其公司经营水平与其他公司并无明显区别。

肖华等（2013）指出，公司的内部控制质量与企业绩效呈正相关。内部控制的缺陷会影响企业的盈余，降低企业绩效水平。李豫湘（2013）研究表明，内部控制水平与企业绩效水平之间存在显著地相关性。公司的内部控制水平越高，其公司绩效也越优。叶陈刚等（2016）对我国上市公司研究后发现，内部控制质量的高低会影响企业的财务绩效，但影响程度在不同股权性质的公司存在一定的差异；内部控制质量对企业财务绩效的促进作用在民营企业中尤为显著；在国有企业中，两者的关系并不显著。张敏、林爱梅（2017）的实证结果表明，内部控制、公司治理与业绩都呈正相关，并且不论国有、民营的产权性质，只要建立与公司匹配的治理结构、完善内部控制制度，都能够提高企业的财务绩效水平。

从上述文献观点来看，大多数学者认为内部控制与企业绩效之间存在一定的相关关系，也有部分学者研究发现表明内部控制与企业绩效并无显著关系，以及不同行业内部控制与企业绩效的相关关系也有不同。目前，学者们更多的是以内部控制缺陷、内部控制缺陷披露等方面来研究内部控制与企业绩效两者之间的关系。本文从通过提高内部控制质量来促进企业经营效率，进而提升绩效水平的角度来进行研究。借鉴前人的研究成果，通过理论推导与实证研究检验两者之间的关系，通过得出的结论，对我国集成电路行业企业的健康发展提出具有实践价值的建议。

二、理论分析与研究假设

(一) 理论分析

1. 委托代理理论。

公司财产所有权和经营管理权的分离使所有者和经营者之间出现一种委托和受托经济责任关系。委托人为达到股东权益最大化，总是试图凌驾董事会与监事会之上，摆脱董事会与监事会的监督，为自己牟取私利；管理者作为企业经营的执行者，在不能达到公司目标时操纵盈余管理，满足自己私利的同时，难免损害到股东甚至公司利益，影响公司绩效。高质量的内部控制可以完善企业组织结构，加强相互监督，相互制衡的效果，还可以提高企业运营效率，降低企业经营过程中的各种风险发生可能性。

2. 信息不对称理论。

随着资本市场的发展，信息在市场交易中扮演着重要的角色。阿科尔洛夫在 19 世纪第一次提出该理论。信息的时效性导致投资者越早掌握信息越具有主动权，能够做出最合理的决策。管理者作为企业经营的执行者，对企业的各项信息掌握比较全面，而股东或投资者并不参加企业的日常管理活动，因此管理者可能利用信息的不对称来为自己谋取不正当利益。建立健全的内部控制体系能够对管理者的行为产生约束和监督作用，避免因信息不对称发生的有损企业利益的事件。

(二) 研究假设

委托代理理论和信息不对称理论为本文的实证研究提供了理论依据。理论表明，内部控制质量的提高有助于企业达到预期制订的经营目标、提升经营效率、优化组织结构、制定风险控制策略，提升企业绩效水平。很多学者通过理论实证研究内部控制质量较好的企业，发现该企业生产经营的效率、绩效反馈的效果也较好。据此提出本文的假设 H1：内部控制（IC）与企业绩效（ROA）呈显著正相关。

三、实证检验设计

(一) 样本选择与数据来源

本文研究所选数据来源于 A 股集成电路行业上市公司 2010～2018 年数据，并对数据进行以下筛选：（1）剔除公司财务数据明显有误和研究变量数据不完整的公司；（2）选取报表类型为 A 的公司，剔除报表类型为 B 的公司，因为 B 为母公司；（3）剔除 ST、*ST、S*ST、SST 类公司，这些公司财务状况异常且处于连续亏损状态，若选取这类公司进行研究会对研究结论的可靠性和一致性产生影响，最终选取 382 个数据样本。上市公司所需数据来源于国泰安数据库和迪博数据库，内部控制指数选用新的衡量标准——迪博内控指数来衡量，利用 EViews 软件对选取样本数据进行统计分析。

（二）变量定义

研究内部控制（IC）与企业绩效（ROA）的相关关系，变量的选取是否合理，会对实证结果的有效性产生直接影响。通过借鉴与查阅相关学者的研究文献，结合本文研究方向选取的研究变量如表 1 所示。

表 1　　变量定义表

变量类型	变量名称	变量代码	变量定义
被解释变量	总资产收益率	ROA	净利润/平均资产
解释变量	内部控制	IC	迪博上市公司内部控制指数
控制变量	公司规模	SIZE	总资产自然对数
	企业负债水平	LEV	资产负债率 = 总负债/资产
	成长能力	GROWTH	主营业务增长率 = （本期主营业务收入 - 上期主营业务收入）/上期主营业务收入 ×100

被解释变量：本文主要研究内部控制对企业绩效的影响，因此，将企业绩效设定为被解释变量。在各类研究中大多数学者选取综合性盈利指标、成本指标、运营效率指标和市场指标来衡量企业绩效水平，成本指标、运营效率指标、市场指标都不好获取且存在大量缺失数据。因此，本文选取综合性盈利指标中的总资产收益率（ROA）作为量化企业绩效的指标，该指标是衡量一个企业盈利能力与收益能力的指标，它的高低直接反映了公司的竞争力和发展能力。

解释变量：本文采用“迪博中国上市公司内部控制指数”来衡量企业的内部控制水平。中国迪博上市公司内控指数是对企业内部环境、风险评估、控制活动、信息与沟通、内部监督这五个不同的要素为基础，对这些要素分别进行赋值打分，由此计算出的一个综合性指标，这个指标在学术界相对较新且受到广泛的认可。该指标将企业内部控制的缺陷作为修正变量，来设计内部控制基本指数并对其修正，从而形成可以用来衡量上市公司的内部控制水平和风险管理能力的内部控制指数。

控制变量：本文研究的是内部控制对企业绩效的影响，但不是只有内部控制会对企业绩效水平产生影响，企业的其他方面也可能对企业绩效水平产生正面或者负面的影响。因此，为了更加准确地描述内部控制对企业绩效的影响作用，使实证检验更加准确，在分析内部控制对企业绩效产生影响时要对这些因素加以控制。本文选取以下几个变量为控制变量：

（1）企业规模（SIZE）：本文选取总资产自然对数作为衡量企业规模的指标。

（2）企业负债水平：用资产负债率（LEV）来衡量，该比率是企业总负债与总资产的比值，是用以衡量企业利用债权人提供资金进行经营活动的能力，以及反映债权人发放贷款的安全程度的指标。

（3）成长能力：用主营业收入增长率来衡量，该比率是衡量企业经营状况和市场占有能力，预测企业经营业务拓展趋势的重要标志。

（三）模型构建

在以上假设的基础上，本文构建多元线性回归模型来分析企业内部控制对企业绩效的影响。

$$ROA = \beta 0 + \beta 1 \times IC + \beta 2 \times SIZE + \beta 3 \times LEV + \beta 4 \times GROWTH + \omega$$

其中，β0、β1、β2、β3、β4 为常数，ω 为随机误差项。

四、实证分析结果

（一）样本描述性统计

本文运用 EViews 对 A 股集成电路行业上市公司的 382 个样本值进行描述性统计分析，通过描述性统计结果对样本数据的基本特征进行了解，以便于更好地进行内部控制与企业绩效的相关性研究并得出结论，表 2 反映的是对 5 个变量的描述性统计结果。

表 2　　样本描述性统计结果

	总资产收益率（ROA）	内部控制（IC）	企业规模（SIZE）	企业负债水平（LEV）	成长能力（GROWTH）
均值	0.058948	6.716592	21.43247	0.239133	0.254167
中位数	0.055981	6.826500	21.43421	0.208216	0.212724
最大值	0.250878	8.454700	24.14749	0.775489	2.225331
最小值	-0.321615	3.034100	19.54404	0.011054	-0.568975
标准差	0.059118	0.558888	0.820850	0.159418	0.312732
偏度	-0.941460	-1.821704	0.409908	0.764213	1.466139
峰度	11.67604	12.27477	3.287303	2.940798	8.890129

从表 2 可以看出，企业绩效方面总资产收益率（ROA）最大值为 0.250878，最小值为 -0.321615，均值为 0.058948，上市公司之间的绩效水平有一定差异，但差距不是很大。汉王科技（002362）上市公司 2011 年总资产收益率（ROA）出现行业最小值，一方面是因为 2011 年受到以 iPad 为代表的平板电脑相关市场的影响，国内市场竞争形势发生急剧变化，终端厂商利润摊薄并纷纷退出市场，市场整体出现下降。另一方面是在面临市场冲击时，公司管理层对市场变化估计不足，未采取及时有效的应对措施，导致公司经营情况受到较大的冲击，整体经营效益出现较大幅度下降，总资产收益率减小。

内部控制质量方面，最大值为 8.454700，最小值为 3.034100，均值为 6.716592，目前我国上市公司内部控制指数平均值大约为 7.93。整体来看，集成电路行业上市公司内部控制质量不理想。上海贝岭（600171）2014 年出现内控指数最小值，是因为上海贝岭发生民事诉讼事项，公司应收账款迟迟收不回来，计提坏账比例高达 70%，公司通过民事诉讼强制向拖欠货款企业收款，增加了公司财务风险，企业控制活动弱化，使内部控制指数下降。

控制变量方面，公司规模最大值为24.14749，最小值为19.54404，均值为21.43247，集成电路行业整体差距不大。资产负债率最大值为0.775489，最小值为0.011054，均值为0.239133，表明大多数样本上市公司资产负债率处于较低水平；北京君正（300223）2011年自上市以来，资产负债率一直处于较低水平，从其财务报告来看，北京君正因软件开发问题，平板电脑和智能手机等产品市场一直无法获得突破，且由于软件开发问题无法得到有效解决，发展能力不足。

成长能力最大值为2.225331，最小值为-0.568975，均值为0.254167，上市公司主营业务增长率有较大差距，各个公司成长能力有明显差别。汉王科技（002362）2011年由于受到电纸书市场行情的影响，占企业产品销售较大比例的电纸书产品发生严重亏损，导致营业收入同比下降56.90%，导致汉王科技主营业务收入增长率出现最低值。

（二）相关性检验

各变量之间的相关性对回归分析有着较大的影响，因此，在进行回归分析之前，对各变量进行相关性分析是十分必要的。相关性检验利用EViews软件对选取的5个变量进行检验，检验结果如表3所示。

表3　　相关性检验结果

	总资产收益率（ROA）	内部控制（IC）	企业规模（SIZE）	企业负债水平（LEV）	成长能力（GROWTH）
总资产收益率	1.000000	0.312450	0.050173	-0.173255	0.207313
内部控制	0.312450	1.000000	0.032053	-0.030867	0.253570
企业规模	0.050173	0.032053	1.000000	0.327138	0.104162
企业负债水平	-0.173255	-0.030867	0.327138	1.000000	0.086096
成长能力	0.207313	0.253570	0.104162	0.086096	1.000000

由表3的分析结果可以看出，各变量之间不存在多重共线性问题，变量选取比较合理。总资产收益率（ROA）与内部控制具有一定相关性。初步验证了本文实证研究的合理性，假设H1的提出具有一定的理论与数据基础。

总资产收益率（ROA）与资产负债率（LEV）、成长能力（GROWTH）与企业规模（SIZE）存在一定相关性。说明上市公司资产负债率的高低、成长能力与企业规模的大小对企业的绩效水平有着一定的影响，它们之间具体存在的正、负相关性还需要进一步通过回归模型来进行验证。

（三）回归结果分析

为验证上文提出的假设H1：内部控制（IC）与企业绩效（ROA）呈显著性正相关，本文利用EViews软件进行回归模型分析，结果如表4所示。

表 4　　回归结果分析

变量系数	回归系数	标准误差	t 统计量	p 值
C	-0.280305	0.102886	-2.724422	0.0068
内部控制（IC）	0.034686	0.005526	6.277032	0.0047
公司规模（SIZE）	0.053764	0.004583	1.173011	0.2217
企业负债水平（LEV）	-0.084840	0.023550	-3.602544	0.0064
成长能力（GROWTH）	0.044629	0.009927	4.495473	0.0005
R-squared	0.337134	Durbin-Watson stat		1.954375
Adjusted R-squared	0.327963	F - statistic		47.31351
Prob（F-statistic）	0.000000			

注：该模型显著性水平为 0.01。

$$ROA = -0.280305344923 + 0.0346863336607 \times IC + 0.0537641762993 \times SIZE - 0.0848397982747 \times LEV + 0.0446286444176 \times GROWTH$$

由表 4 可知，该模型 $R^2 = 0.337134$，$-R^2 = 0.327963$，说明企业拟合度较好。F 检验值为 47.31351，F 临界值为 1.25，F 检验值明显大于 F 临界值，说明该模型在总体上具有显著性。D-W 值 = 1.954375，接近于 2，说明回归模型的残差相互独立，从统计角度来看，该回归模型效果较好。由此可知，内部控制（IC）与企业绩效（ROA）在 0.01 的水平上显著正相关，证明假设 H1 成立，具体回归分析如下：

（1）内部控制（IC）与企业绩效（ROA）在 0.01 的水平上显著正相关，也就是说，企业内部控制质量的高低会影响企业的绩效水平，两者呈同方向变动，原假设成立。

（2）公司规模（SIZE）在一定程度上影响企业绩效水平。规模大的公司有能力获得更多的投资，拓展更大的市场，但组织结构的复杂性，很可能造成体制混乱、经营效率低下等问题，而小规模企业组织结构简单、分工明确、信息传递效率高，经营效应很可能较好，但获取资源、扩展市场的能力相对较弱。

（3）资产负债率（LEV）与企业绩效（ROA）呈负相关，两者在 0.01 的水平上显著相关，说明企业过高的资产负债率会增加企业的财务风险，降低企业的绩效水平。资产负债率反映一个企业的长期偿债能力，适当的资产负债率有利于企业进行融资经营，加快企业发展的步伐。而过高的资产负债率，会增加企业的财务风险，减少投资者的投资。

（4）成长能力（GROWTH）与企业绩效（ROA）在 0.01 的水平上显著相关，说明企业良好的成长能力代表着企业稳定的经营状态、发展潜力与市场环境，有利于提升企业的绩效水平。

（四）稳健性检验

本文对内部控制与企业绩效进行了回归模型分析，但不是只有总资产收益率（ROA）可以用来衡量企业绩效水平，为了增加研究结果的稳健性，在公司规模、企业负债水平和成长能力三个控制变量不变的条件下，用净资产收益率（ROE）来衡量企业绩效水平。对企业绩效（ROE）和内部控制（IC）进行类似的回归分析并进行稳健性检验，研究所得结果如表 5 所示。

表 5 稳健性检验结果

	回归 1	回归 2
被解释变量	ROA	ROE
IC	0. 0047 (6. 277032)	0. 0000 (6. 174207)
SIZE	0. 2417 (1. 173011)	0. 3557 (0. 924944)
LEV	0. 0064 (-3. 602544)	0. 0009 (-3. 343793)
GROWTH	0. 0005 (4. 495473)	0. 0001 (4. 055122)
R^2	0. 337134	0. 280215
Adj. R^2	0. 327963	0. 279817

注：括号内为 t 统计量，上方为 p 值，显著性水平为 0. 01。

通过表 5 的稳健性检验结果可以看出，研究的结果显示一致，并没有发生实质性变化。因此可以得出内部控制（IC）与企业绩效（ROA）显著正相关，企业内部控制质量越高，企业的绩效水平越好。

（一）结论

本文通过对内部控制与企业绩效之间相关关系进行理论假设与实证研究，结果表明，在对其相关变量进行有效控制后，内部控制与企业的绩效水平之间存在显著正相关。当企业的内部控制较高时，企业的绩效水平也较高。高质量的内部控制可以完善企业组织结构、增强企业资本结构合理性、加强企业风险控制与防范、提升经营效率与绩效水平，实现企业持续、高效发展。通过实证研究发现，集成电路行业存在以下几点问题：

1. 内控不足。通过描述性统计分析可知，集成电路行业内部控制离散程度较大，行业内控指数均值低于全国上市公司内控指数平均值，说明集成电路行业内部控制质量不理想，企业内部环境、内部监督、控制活动等方面存在一定问题。

2. 资本结构不合理。样本描述性结果显示，该行业资产负债率偏低，股权融资过多，债权融资太少。这会导致企业的经营管理者进行各种非生产性的消费，降低企业的创新能力与发展能力。集成电路行业资产负债率平均在 20%，明显低于我国企业 40% ~60% 的平均水平，行业发展战略保守，资金利用不足，举债经营能力相对而言较弱。

3. 风险预控系统不完善。研究数据显示，集成电路行业有些公司计提坏账准备比例高达 70%，主营业务增长率长期处于负值，应收账款占比过高，企业对相关的财务风险没有进行有效的控制，也没有通过完善风险预控系统来增强企业面对财务风险时的应变能力。

（二）建议

1. 加强内部控制。

企业要根据国家有关法律法规的规定，明确各结构层次的责任职能与工作流程，细化管理权责，避免出现一人兼数职，尤其是具有相互监督的职位由一人担任的情况，加强相互监督与制约。建立完善的升降级制度和奖惩制度，刺激管理者提升管理与经营能力，加强员工责任意识，并根据企业的实际情况来扩展企业市场，科学规划企业投资，筹资活动。将企业的全部业务领域都纳入企业控制活动的范围之内，减少风险发生的可能性。进一步提高工作运行效率，进而提升企业绩效，促进企业高效发展。

2. 增强资本结构合理性。

资金是企业生存和发展的命脉，良性的资金循环是促进企业持续发展的基础和前提，合理的资本结构能够有效地控制企业资金的来源，及时应对理财环境及财务目标变动带来的企业风险。企业不能仅仅为了解决暂时的资金不畅去负债，而不注重资本的投资，有的企业通过股权融资聚集了大量的自由现金却不进行投资，而将这些资金存入银行，导致大量资金的闲置与浪费。企业要在保证自己经营状况不受影响的情况下，加强对资金的利用，进行适当的投资，进一步促进企业的发展。

3. 建立健全风险预控系统。

企业在经营发展过程中应加强日常经营活动和业务活动风险评估力度，尽可能避免企业日常风险，减少企业损失。应对企业的应收账款加强控制，做出重大决策或进行重大变革时，一定要做全面风险评估，以防决策失误，导致主营业务收入出现负增长。风险管理部门要积极识别与公司有商业往来企业的发展状况与财务信息，主动采取措施，以防企业面临财务风险。另外，企业务必建立健全的风险评估渠道、风险预警系统，使全体员工提高自我的风险意识，明确自己的责任与义务，主动采取预防措施，使企业绩效快速稳健上升。

参考文献

［1］黄雨薇．企业社会责任视角下内部控制对企业绩效的影响研究［D］．湘潭大学硕士论文，2018.

［2］夏宇轩．内部控制、研发支出真实盈余管理和企业绩效［J］．现代营销（下旬刊），2019（1）.

［3］李立英．试论如何加强企业财务管理中的资金管理［J］．中国外资，2011（4）.

［4］李元霞．股权制衡度、内部控制有效性与企业绩效——来自中国上市公司的经验证据［J］．中国注册会计师，2013（10）.

［5］黎明，宗文．内部控制质量对上市公司经营绩效影响研究［J］．财会通讯，2014（33）.

［6］袁晓波，孔涵．内部控制有效性与公司绩效的相关性研究［J］．经济与管理评

论，2015（1）.

［7］李国盛，杜岩．基于面板数据的上市公司财务绩效与内部控制指数实证研究［J］．企业经济，2015（7）.

［8］步璠，王文彤．企业内部控制与公司绩效实证研究［J］．经营管理，2016（28）.

［9］王凡林，杨周南．IT 治理、内部控制与公司绩效研究［J］．财政研究，2016（6）.

［10］朱德胜，张菲菲．内部控制有效性、股权制衡与公司绩效［J］．会计之友，2016（2）.

附录 1：

企业绩效（ROA）与内部控制（IC）的回归结果

Variable	Coefficient	Std. Error	t-Statistic	Prob.
C	-0.280305	0.102886	-2.724422	0.0068
IC	0.034686	0.005526	6.277032	0.0047
SIZE	0.053764	0.004583	1.173011	0.2217
LEV	-0.084840	0.023550	-3.602544	0.0064
GROWTH	0.044629	0.009927	4.495473	0.0005
R-squared	0.337134	Mean dependent var		0.058948
Adjusted R-squared	0.327963	S. D. dependent var		0.059118
S. E. of regression	0.051978	Akaike info criterion		-3.059734
Sum squared resid	0.810514	Schwarz criterion		-2.998746
Log likelihood	471.6095	Hannan-Quinn criter.		-3.035340
F-statistic	47.31351	Durbin-Watson stat		1.954375
Prob（F-statistic）	0.000000			

资料来源：利用 EViews 软件计算得出。

企业绩效（ROE）与内部控制（IC）的回归结果

Variable	Coefficient	Std. Error	t-Statistic	Prob.
C	-0.254746	0.101646	-2.506206	0.0127
IC	0.033707	0.005459	6.174207	0.0000
SIZE	0.004188	0.004528	0.924944	0.3057
LEV	-0.077797	0.023266	-3.343793	0.0009
GROWTH	0.039772	0.009808	4.055122	0.0001
R-squared	0.280215	Mean dependent var		0.052916
Adjusted R-squared	0.279817	S. D. dependent var		0.057768
S. E. of regression	0.051351	Akaike info criterion		-3.083988
Sum squared resid	0.791093	Schwarz criterion		-3.022999
Log likelihood	475.3082	Hannan-Quinn criter.		-3.059594
F-statistic	32.18031	Durbin-Watson stat		1.856871
Prob（F-statistic）	0.000000			

资料来源：利用 EViews 软件计算得出。

财务创新与建筑经济管理

贺　彤

摘要：传统行业逐渐衰落，一大批新兴行业应声而起，并且在国民经济发展中占据了主导地位，产业结构持续优化，在当前的建筑工程施工管理中，施工经济管理是对其实际的运行以及经济效益有着很大影响的因素，对于施工企业的生存和发展有着很大的影响，也给企业财务管理提出了新的要求。因此，工程企业就需要对经济成本控制的意义以及作用做好相应的认识，对相关问题展开探讨，才能够有效地实现建筑工程经济成本管理的合理实现。

关键词：现代经济　建筑业　财务管理创新

一、财务管理与建筑经济管理相关概念

（一）财务管理的概念

财务管理是企业管理体系中的一个重要组成部分，财务管理人员一般都需要具备专业的财务管理知识，以及熟知国家财务管理的相关法律法规，继而按照国家既有的法律法规，组织企业资金流动、控制支出，处理好财务关系。简单地说，财务管理对企业经营发展有极大的促进作用，其通过计划、决策、控制、考核、监督等管理活动对企业资金进行管理，提高企业整体财务管理水平，继而维持企业既有的盈利。

（二）建筑工程经济管理的概念

对于建筑工程来讲，经济管理是其主要的构成，作为工程正常运行的基础，在实际的运行中较复杂，主要内容就是实现成本预算和财务预算等，还有项目管理、技术管理和验收管理等内容。在整个建筑工程中建筑经济管理在一定意义上将各个环节合理连接，使每一个环节的质量有效确保，来实现合理的监督。另外，建筑经济管理能够从整体上实现合理管理，对每一个管理之间的联系能够强化，使各个企业之间实现共同进步。加强经济管理能够将企业的资金运转合理协调，确保资金使用的科学性，对企业的资源实现最大化配置，为企业创造良好的经济效益。建筑经济管理能够从整体上实现建筑的合理管理以及监督，因此，建筑工程经济管理对企业的好处非常多，对企业的发展有着很好的推动作用。

作者简介：贺彤，中建新疆建工土木工程有限公司。

相对建筑经济管理工作来讲，其对建筑行业的快速发展起着很大的作用。

二、企业管理创新与知识经济的关系

企业内部管理创新与知识经济，虽然是两个完全不同的概念，表面上看并不存在联系，但其内在联系是比较紧密的，是相互依存、相互促进的关系。企业内部管理的创新，不仅有利于企业内部的发展，还有利于推动企业向知识化、科技化的方向发展，间接性地带动社会生产力的巨大变化，促进社会向知识经济时代的过渡；而知识经济时代的到来，也从根本上促进了社会对创新能力的重视，推动企业内部创新机制的形成。

（一）知识经济有利于企业管理创新

创新机制的形成有利于国家培养出一大批具有创新意识、创造能力的技术型人才，推动国家向知识经济时代转变。如果国家缺乏完备的创新机制，没有具有创新意识的高素质人才，是无法搭上知识经济“快车”的。创新对一个国家重要，对企业发展更加重要，知识经济时代的来临，为企业的发展带来了新的契机。以技术创新为基础的高新技术和信息技术，不仅改变了企业日常管理模式，促进企业现代制度的形成，还有利于激发员工劳动积极性，鼓励员工创新技术，推动产品的升级更新。知识经济时代对于企业的内在实力更加看重，企业生产产品是否具有核心技术，企业是否拥有自己的研发团队，是否拥有专业的研究人才，能够为企业的发展提供技术、知识、人才支撑。可以说，创新机制的形成是企业开展各项管理活动的有力支撑，没有知识，技术、创新能力、人才，就不能建立起新的企业管理理论。因此，知识经济的来临有助于企业管理的创新。

（二）知识经济推动企业管理创新的进程

知识与技术的革新，必然会极大地推动企业创新管理的进程，企业也只有积极推动创新机制的形成，培养员工创新意识，应用新的方法、新的理论重新审视企业旧有的管理机制，为企业管理机制添加新的元素，促进企业管理创新开展。知识经济其本质就是以知识和信息技术形成的经济模式，更加注重知识、技术、人才的重要性，形成以知识技术为核心在内打造具有高技术水准的产品，在知识经济时代中，企业要想生存必须加大对知识领域的投资，扩充人才储备，加大对先进技术的研发进度，提高企业基础管理，为技术研发提供强有力的后勤保障和支持。只有企业形成重视技术、重视人才的理念，在未来激烈的市场竞争中才不会被淘汰。

三、建筑经济管理的对策

（一）增强成本管理和合同管理

企业相关管理人员需要加强对项目工作的有效重视，在此基础上做好相应的预算管理工作，对各个部分的成本做好相应的计算，只有这样才能够确保建筑经济管理的合理性，同时确保预算成本和实际的成本之间差异不会太大，除此之外，为了防止合同漏洞产生，在施工开始阶段，建筑企业一定要强化相关的审核以及监督工作，对企业和业主之间的合同做好相应的了解，以此来对项目合同做好控制，确保经济管理的合理性，以此来将经济管理的质量提升。

（二）完善建筑工程经济成本管理体系

为了能够实现对工程成本做好相应的控制，就需要对施工现场的相关实际状况做好了解，对施工相关特点做好有效分析，在此基础上制定与工程实际状况相符合的管理方式，另外，还需要对企业的实际运行发展状况有效分析，在此基础上做好相应的措施，以此来实现对经济预算合理控制，并且在这个阶段，还需要做好相应的成本责任制度的实施，防止相关的工作人员为了自身的利益，产生徇私舞弊的情况。

（三）提高工程费用标准审核的执行度

在工程造价中费用非常多，如辅助生产和管理费用等，同时可以在此基础上将这些费用划分为直接费用和间接费用，采用直接费用将支出获益的部分能够找出，并且在整个收益中可以将直接收益实施纳入，在一般状况下，间接费用往往有一定的受益对象，因此，收益方不能简单地对间接费用收益实施分摊。在对工程造价结算审核中，一般主要就是对受益对象的造价进行获取时，主要应用的就是人工方式或者百分比方式实施分摊。

（四）建立完善的制度

在对建筑经济实施管理和控制中，需要在实际的管理中建立完善的工程经济管理制度，有关部门和相关岗位中对于有关人员义务的履行以及责任的明确都需要做好相应的规定，使在产生有关行为时，对工程经济管理和控制合理的落实，对工程经济管理和控制部门的设置，以此来对相关的落实情况实现跟踪和监督评估，这样就能够使建筑工程经济管理和控制工作很好的完成，因此，为确保工程经济管理和控制工作质量工作，加强制度的规范非常重要。由于建筑行业自身的竞争非常大，在整个建筑施工当中建筑经济管理贯穿到每一个环节当中，因此，强化建筑经济管理非常重要，建筑企业对建筑经济管理的重要性加强认识，确保经济管理工作的合理实施，这样才能确保建筑工程有效发展，确保社会主义主体的构建，确保我国社会经济合理发展。

四、结语

综上所述，在现代经济的大背景下，对企业财务管理工作提出了新的要求，因此企业必须转变财务管理模式，提高财务管理水平，才能建立科学的财务体系。当前建筑工程以及市场竞争的不断强化，施工企业经济成本管理所产生的作用逐渐凸显出来，对于施工经济成本控制和管理的需求也非常高。

参考文献

［1］刘小春．浅析知识经济与财务管理创新［J］．广西机电职业技术学院报，2020（5）．

［2］崔巍．上海思费科工程管理有限公司［J］．商讯，2020（6）．

［3］汪金涵．谈知识经济与财务管理创新［J］．商讯，2019（4）．

［4］崔建平．简谈知识经济时代的企业财务管理创新［J］．财经界（学术版），2009（11）．

［5］张美清．谈知识经济时代财务管理创新［J］．内蒙古科技与经济，2006（3）．

［6］卢珍菊．谈知识经济时代财务管理观念的创新［J］．广西民族学院学报（哲学社会科学版），2004（S2）．

［7］杨汉明．谈知识经济与财务管理创新［J］．财会月刊，2001（8）．

［8］门永峰．浅析我国建筑经济管理中存在的问题及改善措施［J］．中外企业家，2017（1）．

［9］李彦娇．建筑经济管理中存在的问题及应对措施［J］．财经界（学术版），2016（4）．

新冠肺炎疫情对建筑施工项目的影响及对策分析

盛梦娇

摘要：2020 年初，新冠肺炎疫情在全国范围内暴发，造成建筑工地大面积停工，施工项目面临着人工费、材料费、机械使用费、安措费等各种费用的增加，对成本控制造成了很大的压力；同时，项目面临复工难，严重影响了项目工期。这些问题都揭示出疫情之下施工项目面临着项目管控难度大、信息化水平低、应急防控与风险管理水平低等问题。笔者主要从新冠肺炎疫情对施工项目的影响分析和项目的应对建议两个方面为施工项目提供相关参考建议。

关键词：施工项目　新冠肺炎疫情　工期　成本

新冠肺炎疫情的大规模暴发以及疫情时间不可预见性的延长，鉴于建筑施工企业属于劳动密集型企业的特性，建筑施工项目工程工期延误、工程成本增加等风险不可避免，进而压缩利润率。但是人大法工委新闻发言人在答记者问时明确，将新冠肺炎疫情认定为不可抗力，各地住建部门也发文将新冠肺炎疫情定性为不可抗力。如郑州市住建委将新冠肺炎疫情明确设定为《建设工程施工合同》和《合同法》中所列明的不可抗力。将防疫期间施工单位在对应承建项目所产生的防疫成本列为工程造价予以全额追加。因此，需要全面认识新冠肺炎疫情对建筑施工项目的影响，并基于此提出相关对策建议。

一、新冠肺炎疫情对建筑施工项目的影响

（一）新冠肺炎疫情对建筑施工项目工期的影响

因为新冠病毒自身传染性、周期性、潜伏性的特点，采取人员防范、隔离的措施，全国范围内的停工停产，造成年后施工项目开工的延期。时逢春节，工人集中返乡，疫情防控致使工人返工时间延后，劳动力供应无法保障项目顺利开展，导致工期延长。国家为了更好地抑制疫情的发展，控制项目复工标准，项目复工审批流程严格，且流程较长也造成项目工期延迟。同时，项目劳动力不足、原材料供应短缺、疫情防控政策、工地防疫设施和设备难保障也是导致项目工期延长的主要原因。施工项目工期延长可能造成涉及工期延

作者简介：盛梦娇，初级，中建新疆建工集团 中建中新建设工程有限公司。

误违约金，工期延误所造成的损失需就签约总包合同与发包方进行协商。

（二）新冠疫情对建筑施工项目成本的影响

1. 对直接成本的影响。

直接成本是指在施工过程中耗费的构成建筑工程实体的各项直接费用，包括人工费、材料费、施工机械使用费、专业分包费及其他各种费用。根据各地复工复产工作的要求，因新冠肺炎疫情造成工地停工，人工费重增加、辅助工资流动工资补贴、人工单价上浮等造成项目人工费用的增加。新冠肺炎疫情导致供应商企业停工停产，原材料供应短缺，材料运输物流不畅，材料费中材料原价（或供应价格）、材料运杂费、采购及保管费将会有一定的上浮，造成项目材料成本增加。施工机械租赁费和施工机械人工费会增加，造成机械使用成本增加。同时，各专业分包工程中随着人、材、机的费用工程结算金额也相对增加，增加了项目的直接成本。但是国家各项减税降费政策的出台，燃料动力费等费用则会减少。

2. 对间接成本的影响。

间接成本是指企业的各项目经理部为项目全面施工生产所产生的各种现场经费。一是管理人员工资成本增加。在疫情期间员工不能到达现场，多是采用在家办公的方式，依旧照付工资的同时项目全面停工，增加了项目管理人员的工资成本。后续为了赶工进度，加班工资也增加项目的管理人员工资成本。二是资产使用成本增加，项目前期投入的生产机器设备、租金，随着项目竣工时间推移，折旧成本不断增加，管理用具使用费不断增加。三是项目融资成本增加。随着项目延期，施工项目应收账款、预付账款周转率延长，项目流动资金贷款利息增加导致项目资金成本增加。四是项目可抵扣进项税减少，疫情期间国家出台减税政策，惠及小微企业；但是对施工项目来说销项税率不变，取得的进项税额变少，变相增加了项目的税金。但是国家为了助力企业复工复产，出台各项减税降费政策，如管理人员工资的企业社保部分进行阶段性减免，降低项目的人工工资成本。

3. 对安全文明施工费的影响。

疫情期间为了尽快复工复产，避免工期继续延误，做好项目复工复产申请和前期准备工作。疫情期间项目组织专门车辆接农民工返回工地产生的租车费用，大批量采购口罩、消毒液、防疫宣传横幅及台账等防疫防护用品投入成本增加，因工人建设临时隔离区、移动厕所等防疫临时设施投入成本增加，防疫隔离期间的项目人员的伙食费、酒店隔离住宿费用，以及其他为项目复工复产、达到正常顺利施工而产生的防疫费用。

二、建筑施工项目应对新冠疫情的建议

（一）提升合同管理能力，做好工程索赔工作

新冠肺炎疫情属于合同中的不可抗力因素，针对疫情期间工期延误、费用增加、合同不能及时履行、停工损失等问题，施工企业要做好工期、费用等工程索赔。施工企业

应立即书面通知发包人和监理人，说明新冠肺炎疫情对原定开工时间的影响，明确此次疫情结束应以政府相关部门的认定为准，提出相应的工期顺延的申请。根据政府发布的疫情通知，结合企业具体情况，向发包人提出中间报告。疫情结束后尽快提交最终索赔报告和相关的书面索赔依据。费用索赔要按照工程造价的确定方法，逐项进行工程费用的计算。受此次疫情影响，企业可以索赔停工费和防控措施增加费。顺延工期造成的施工企业停工损失，由发包人和承包人按照合同约定的比例分担。如果合同没有约定，可以根据承包人的损失金额、承包人的履约情况、发包人的承受能力等，双方协商确定分担比例，并形成双方签字确认的文件。停工期间必须支付的工人工资由发包人承担。防控措施增加费应按照省住建厅发布的文件列入工程造价，承发包双方签证，结算阶段及时足额发放。

（二）加强项目自身管理能力，做好项目建设工作

此次疫情阻碍了项目的施工进度，是对建筑企业施工项目自身管理能力和管理体系的“大考”，项目自身能力建设完善需要提升智能化与信息化应用水平、应急防控与风险管理能力两个方面。因此，一是要推行线上审批全流程办理等灵活的办公机制，提高在特殊时期企业的办公效率；二是采用远程射频技术等新技术，加强施工现场信息化管理；三是加快推行建筑工业化，进一步推广装配式建筑，强化 BIM 技术、智能建造技术的应用；四是制订项目面对重大突发公共卫生事件的应急预案，提升施工项目应对突发公共卫生安全事件的应急能力和风险管理能力；五是搭建建筑材料、机械设备等物资供应链平台，嵌入建筑业内各上下游企业的服务采购平台，保证整个供应链的良性运转；六是基于大数据构建一体化建筑劳务信息管理平台，推进实名制管理。在此基础上，建立建筑领域疫情防控网格化管理体系，围绕“工地—工人—项目—企业—政府”核心要素，建立多级管控网格，不断完善建筑领域疫情防控的应急管理体系建设。

三、结语

新冠肺炎疫情属于工程建筑中的不可抗力，会增加施工企业的直接和间接成本，疫情对在建项目的工期、成本产生了较大的影响。施工企业应通过工程索赔、做好工程合同管理等方式积极应对疫情的影响，以减轻成本上涨造成的压力。同时，在疫情困境下，项目管理的问题也相继暴露出来，项目亟须提升智能化与信息化应用水平、应急能力和风险管理能力，提高建筑企业施工项目管理能力。

参考文献

［1］陈明曼，任宏．新冠肺炎疫情对施工企业的影响及对策研究［J］．工程管理学报，2020，34（3）．

［2］丁玲，李青．新冠疫情对施工企业项目成本管理的影响［J］．财富时代，2020

(5)：59 - 60.

［3］吴桢．新型冠状病毒疫情下对于建筑施工企业施工成本的影响及应对措施［J］．价值工程，2020（10）：23 - 24.

［4］夏侯青平．新冠肺炎疫情对建筑施工企业的影响及应对建议［J］．科技经济导刊，2020，28（14）．

［5］王雪沁．不可抗力引起的工程索赔问题研究［J］．职业法律天地，2017（8）：276 - 278.

浅谈如何做好建筑企业会计

刘小东

摘要： 施工企业的基本职能是为社会提供建筑产品和安装产品，完成工程建设任务，它的基本经济活动是施工活动，与其他行业会计相比，施工企业具有分级核算、分别计算每项工程的成本、工程成本核算与工程价款结算的分段性的特点。建筑施工行业常用的会计科目相对较少，但却相对集中。在建筑行业会计常用的会计科目中，核算的科目主要集中在成本费用类科目，而收入类科目相对较少。

企业的一切经济活动都是通过财务预测、财务决策和财务计划来综合规划的，它是企业一切管理活动的基础。建筑施工企业财务管理工作的重要性已被越来越多的企业家和管理人员认同。尤其当前，我国政府正在狠抓解决拖欠工程款和农民工工资问题，对建筑业实施结构性调整，加强建筑企业财务管理具有重要的现实意义和深远的战略意义。

总之，加强财务管理，从财务个体做起，努力做到全面发展，适应所在企业的发展速度和特点，牢固树立企业管理以财务管理为中心的经营理念，重视资金的管理，实现企业资金的良性循环，保证生产的正常进行，使企业健康发展，提高经济效益。

关键词： 建筑企业会计　财务管理　人员素质

绪论

施工企业的基本职能是为社会提供建筑产品和安装产品，完成工程建设任务，它的基本经济活动是施工活动，与其他行业会计相比，施工企业具有分级核算、分别计算每项工程的成本、工程成本核算与工程价款结算的分段性的特点。建筑施工行业常用的会计科目相对较少，但却相对集中。在建筑行业会计常用的会计科目中，核算的科目主要集中在成本费用类科目，而收入类科目相对较少。成本费用类科目使用频率较高的一般为：直接材料、直接人工、其他直接费用、间接费用。如何做好建筑施工业务的财务核算，如何定位财务人员职业规划，如何培养财务人员，如何更好地做好建筑企业财务工作是一个需要深研的课题，本文将对此项问题从工作到人员的过程做出简要分析论述。

作者简介：刘小东，助理会计师，中建新疆建工（集团）有限公司华南分公司。

一、建筑企业财务管理简述

（一）基本工作内容

建筑企业的财务工作是以建造合同过程管控为基础，从专业分包、人工费、材料费、机械使用费、其他直接费和间接费用大类为着手点，开展会计核算工作，主要工作包含：报账审核、账务处理、月末结转、报表编制、纳税申报、资金收支管控。

（二）建筑企业财务管理具有重要的现实意义

企业的一切经济活动都是通过财务预测、财务决策和财务计划来综合规划的，它是企业一切管理活动的基础。随着我国市场经济的建立和逐步完善，传统的财务管理手段和方法将面临新的变革。建筑施工企业财务管理工作的重要性已被越来越多的企业家和管理人员认同。尤其当前，我国政府正在狠抓解决拖欠工程款和农民工工资问题，对建筑业实施结构性调整，加强建筑企业财务管理具有重要的现实意义和深远的战略意义。

（三）建筑施工企业加强财务管理的作用与必要性

1. 建筑施工企业加强财务管理的作用。

建筑企业具有施工生产的流动性、施工生产的单件性和生产周期长、涉及面广等特点，而这些特点决定了建筑企业在资金筹措、产品价格的形成、工程价款的结算方式、成本的预算及考核等财务管理工作与其他企业有许多不同之处。其财务管理牵涉工程投标、建筑生产、材料采购、竣工结算等多个环节。通过核算、分析、对比能及时发现企业存在的问题，找出日常生产经营中的薄弱环节，从而堵塞漏洞，降低成本费用。从中可以看出，企业的一切经济活动都是通过财务预测、财务决策和财务计划来综合规划的，它是企业一切管理活动的基础。

2. 建筑施工企业加强财务管理的必要性。

企业是以营利为目的的经济组织，企业的本质就是谋求“利润最大化”。企业财务管理则是基于企业在经营中存在的财务活动和财务关系而产生的，是遵循客观经济规律，按照国家政策、法律、法令和财经制度，以提高企业综合经济效益为目的，合理组织资金运动，正确处理财务关系的综合价值管理工作。因此，企业管理以财务管理为中心，谋求利润最大化是企业本质的必然要求。同时其也是科学发展观对企业加强管理的要求。科学发展观是指导发展的世界观和方法论的集中体现，是统领我国经济社会发展全局的根本方针，为企业改善经营管理、推动改革和发展指明了方向。根据科学发展观要求，建筑施工企业谋求发展必须走质量效益型发展之路，加强企业管理，提高管理水平已成为摆在我们面前的唯一选择。

二、建筑企业财务管理的措施与方法

（一）建筑施工企业加强财务管理的措施

1. 全方位更新财务管理观念。

在建筑施工企业中，我们应充分重视财务管理的重要性，财会部门应参与经营管理的全过程。如果财会部门只“记账、算账、报账”，那么财会部门的“财务管理”只能是“理而不管”，财务监督只能是一句空话。为此我们既要不断更新拓展财务管理理念，又要脚踏实地，采用层层递进的多道财务保安防线，实现财务管理的法治化、科学化。还应立足自身优势，充分挖掘自身潜能，运用信息技术、互联网、电子商务等现代化手段，改造传统的业务流程和运作模式，以成本、效益为核心，通过提升企业的财务管理水平，使企业节支增效，为企业参与市场竞争奠定良好的企业管理基础。

2. 完善财务内部控制制度。

施工企业应按《会计法》《会计准则》的要求和《会计基础工作规范》的规定建立健全企业的内部财务管理制度，建立会计核算、内部稽核、内部牵制、财产清查、内部审计、原始记录管理、岗位交接、会计档案管理、会计组织等一系列的财务制度，为企业规范财务管理奠定良好的基础，使企业财务人员有章可循。通过建立企业内部的财务管理制度，有效降低管理成本，保证企业财产的安全完整，保证企业经营活动的高效运转，不断提高施工企业的经济效益。

3. 构建强有力的财务管理体系。

为了提高企业科学管理水平，防范经营风险，充分发挥财务管理工作的重要作用，建筑施工企业要在“企业管理以财务管理为中心”的经营理念指导下，大力强化财务管理工作，首先是构建强有力的财务管理体系，为强化财务管理与控制提供组织保证。建立健全财务管理体系，公司对工作职责和权限实行授权管理，直接对企业法人负责。

（二）建筑施工企业项目成本控制措施

施工项目成本费用控制是否有效，直接影响企业财务状况和经营成果。工程施工成本一般比较高，各种物资、材料费用约占工程总成本 60% 或以上，因此，必须有效控制材料费用的支出，这对降低工程总成本，提高经济效益至关重要。施工企业耗用材料品种较多，除主要用于工程主体施工的钢筋、水泥、木材外，还有用于临时设施、福利设施建设的其他非主体工程的耗费，因此一定要建立健全对材料物资的管理，严把材料采购、入库、管理、出库、耗用五关，做到材料采购有计划，质量有保证，管理有办法，消耗有定额。材料消耗不得超过内部消耗定额，对超出定额的一定要查明原因，分清责任，进行奖罚。根据施工进度计划合理组织材料的使用，避免停工待料现象发生；材料的领用应严格控制，定期盘点，随时掌握实际消耗和工程进度的对比数据；抓好工程质量，避免材料的浪费和损耗；对于周转材料要及时回收、整理，使用完毕应及时退场，这样有利于周转使用和减少租赁费用，从而降低成本。

（三）建筑施工企业资金使用管控措施

我国施工企业经过多年的发展，基本上都拥有若干施工项目部。但是由于施工生产周期长、流动程度大等特点，容易导致资金使用管理分散，加之一些工程项目资金到位情况不同，使资金协调运作比较困难。只有强化资金管理，加强资金运行监控力度，树立全员“现金为王”意识，保证资金合理安全使用是增强抵御风险能力的必要措施。为此施工企业要建立资金核算制度，把好工程资金控制关。推行“收支两条线”的财务管理制度，所有的收入都必须先打入施工企业开户银行，然后转入其内部银行账户。建立健全预算及资金计划管控，通过事前准备、过程管控合理分配资金，这样既保证了资金的集中调控又提高了资金的使用效率，保障了企业的经济利益。

三、建筑企业财务人员应具备的必要条件

（一）财务人员应如何做到全面发展

财务资金管理是一个对于专业知识要求很高的一个行业，俗话说“活到老、学到老”，财务工作是随着国家政策法规的新发布或变更修改做出实施调整的，本身的工作职责要求财务人员需要不断学习不断进步去适应快速变化的经济市场。总体来说，财务可以分为资金、税务、预算、核算、报表几大模块，成为一个合格的财务人员，一是从报表学起反推问题学习其他版块；二是从其他版块做起，各版块一起学习，逐步积累。

（二）如何提高财务人员的素质

制订适应施工企业经营发展的财务制度，重点培养一批具有良好职业素质与道德的财务人员，以确保财务制度的贯彻执行，及时、完整、准确地向企业领导提供经营管理所需的会计信息。在提高财务素质方面，主要注重以下三个方面：一是在招聘中，要注意选对人，选择那些掌握新会计准则技能，吃苦耐劳，而且有进取精神的人来担当会计工作；二是在工作中要加强会计人员的后续学习，及时掌握更新的会计政策与方法，促使会计人员能主动更新相关知识；三是管理考核中、要加强对会计人员的管理与考核，要做到疑人不用、用人不疑、发现问题能及时处理。

四、结论

加强财务管理，从财务个体做起，努力做到全面发展，适应所在企业的发展速度和特点，最终的目标是达到改善经营管理，保证企业再生产的进行，提升企业整体竞争力的目的。建筑施工企业在市场经济的大环境下，应牢固树立企业管理以财务管理为中心的经营理念，重视资金的管理，实现企业资金的良性循环，保证生产的正常进行，使企业健康发

展，提高经济效益。

参考文献

[1] 中华人民共和国会计法（2018 年修正）.

[2]《企业会计准则》（2019 版）.

浅谈国有企业改革财务管理问题研究

王小虎

摘要： 国有企业是中国市场经济的不可或缺的，改革开放以来，有效的发展是我国经济的重要动力。换句话说，国有企业的高质量运营将对中国公民的生活产生重大影响。在这个阶段，中国正处于经济全球化的阶段。在市场经济背景下，国有企业不仅迎来了发展机遇，也面临着巨大的挑战。国有企业财务管理是企业发展的重要组成部分。健全的财务管理制度可以提高企业的核心竞争力，使国有企业在激烈的市场竞争中占有优势，使国有企业获得更大的经济效益。针对国有企业财务管理中存在的问题，本文探讨了提高国有企业财务管理水平的对策，以促进国有企业的稳定经营。

关键词： 国有企业　财务一体化　财务管理　问题与对策

一、国有企业在我国的重要性

国有企业掌握着国家的经济命脉，它在国民经济的关键和重要部门中处于主导地位，对整个经济的发展起着决定性的作用。国有经济是国家财政收入的主要来源。在国有经济中，国有大中型企业为保证国民经济持续、快速、健康发展做出了最大的贡献，发挥了重要作用。作为国家财政收入的最重要来源，国有企业资产雄厚，技术水平一流，管理水平高，企业素质好。它的存在和发展，对于壮大国有经济，巩固公有制主体地位，促进经济发展和社会进步，搞好社会主义精神文明建设，具有重要的现实意义。

（一）国有企业的概念界定

国有企业是指国有独资企业、在国有独资公司和国有资本控股公司履行职务的投资者，分别由国务院和地方人民政府代表国家，包括地方和中央监管企业国有资产监督管理机构和同级其他部门和企业投资一步一步形成的。对于国有企业来说，国家对其资本拥有所有权或控制权，政府的意志和利益决定了国有企业的行为。国有企业是国民经济发展的支柱，是中国特色社会主义的支柱。国有企业作为一种生产经营的组织形式，具有商业性和公益性的双重特征。它们的商业性质反映了对保持和增加国有资产价值的追求，而它们的公益性反映了国有企业的建立通常是为了实现国家经济调控的目标，并对国民经济各方

作者简介：王小虎，初级会计师，中建新建建工集团第五建筑工程有限公司。

面的发展起到协调作用。

（二）国民经济的中流砥柱，抗衡跨国企业的主力军

改革开放至今，中国经济以每年平均9%以上的速度快速增长，国有资产总量持续增长。这在很大程度上促进了国有企业经济的快速发展，在应对国际金融危机冲击中发挥了不可替代的作用。国有企业历经磨难，逆境发展。虽然国有及国有控股企业数量从1998年的64 747减少到2016年的19 000多家，但营业收入从749.16亿元增加到4 177多亿元，利润总额从525亿元增加到12 324亿元，翻了数十倍。除一些特别的行业外，2017年全国国有企业资产总额183.5万亿元，负债总额118.5万亿元，国有资本和权益总额50.3万亿元。国有企业和国有控股企业仍然控制着几乎所有的工业部门。

1990年，《财富》全球500强榜单上只有一家中国公司。到2018年，中国公司有120家，美国126家，日本52家。在中国内地和香港的111家公司中，国有或国有掌控控股的公司占84家。国有企业在核心科技和战略产业的巨大发展，在价格普及、人才转移、技术溢出和资本拯救等诸多方面给民营企业带来了实惠和支持，有效提升了国际竞争力，带动了中小企业发展。例如，提供给私营企业的技术占中国研究机构的七成。随着国有BOE在平板显示领域的发展，液晶面板的供需变化导致价格大幅下降，这扩大了产业链下游民营企业的利润空间。

（三）科技创新的排头兵，“走出去”的先锋队

国有企业在国家技术创新体系中起着决定性的作用。国有企业专利每年增长35%以上，在载人航天、探月、特高压电网、支线飞机、4G标准、350公里高速动车等领域和重大工程项目中，实现了一批具有自主知识产权和国际先进水平的创新。国有企业在三峡工程、青藏铁路、西气东输、南水北调、奥运场馆、神舟飞船等方面都做出了突出贡献。国有企业积极实施国际化经营战略，充分利用两个市场、两种资源，采取许多方法“走出去”。国有企业已经建立了大量的大型海外项目和世界领先的技术，出口大量的成套技术设备，促进了大量的中小企业集群“走出去”，探索国际化经营的新模式，取得了显著的进展。

（四）承担社会环境责任，关注社会公益事业

国有企业一定要从全局出发，坚持科学发展观，走新型工业化道路，发展低碳环保经济，时刻关注节约资源为目标，形成“三低高”节约型发展方式，要把节能降耗与转方式、调结构有机相结合，及时淘汰落后产能、低效利用资源能源的生产工艺、设备及装置。要尽自己最大努力建立健全节约资源、保护环境的机制，完善奖惩制度。企业在做好环境保护的同时，加强环境公益，在环保方面发挥主导作用。企业不但可以参加环境公益活动，如支持环境教育、提升整个社会的环保意识，而且还可以从事环境补偿行动，如改善运营地的生态环境。

保障就业和减少失业是中国保障民生的重要途径。国有企业在发展生产和保障就业的

过程中不可替代。这方面有两种方法：第一，通过增加投资、增加项目扩大新就业；第二，科学规划，扩大就业机会，通过技术创新在不裁员的情况下增加福利。企业与社会是有机统一体，两者缺一不可。喝水不忘挖井人，有了一定的经济效益和资本积累后，就应当回归社会，关注民生，服务社会公益。不但弘扬中华民族传统美德，还能热心参与公益事业，提高企业形象。

二、财务管理在企业中的作用

（一）财务管理的概述

财务管理是在一定的总体目标下，进行资产的购买（投资）、资本的融资（融资）、经营中的现金流量（营运资本）和利润分配的管理。财务管理是企业管理的一个重要部分，它是以财务规章制度为准，遵照财务管理原则，组织企业财务活动，处理财务关系的一项经济管理工作。

随着企业管理规模的不断扩大，内部组织结构也发生相应的变化，这就会面临诸多风险。为了规避风险应重视并加强财务内部控制管理，这也是提高自身风险防范能力和管理能力的有效举措。现如今，行业之间的竞争趋势也变得愈发紧张，要想在激烈的行业中脱颖而出，就必须对行业动态加以把握。对于存在的行业竞争风险也要从容面对，采取相应的对策来加强防范。除此之外，要提高各级人员的风险防范意识，促使他们认识到内部控制与单位经济效益之间的关系，进而形成相互监督的良好内部控制局面。做好财务管理与风险控制工作，进一步理清财务管理工作中各个岗位的职责，加强对各种财务信息进行收集、整合、处理、传递与核算能够有效防范财务风险的发生。一方面，从风险控制的角度开展财务管理工作能够进一步提升会计信息质量，确保单位管理者能够通过财务报表以及其他凭证来了解本单位的财务情况，为单位管理者提供更优质的决策依据以及决策参考。另一方面，从风险控制的角度开展财务管理工作，可以更好地合理使用资金，避免资金配置效益不高等问题的发生，弥补资金使用中存在的漏洞，更好地减少和控制成本。

（二）企业管理的中枢，外部交往的桥梁

财务管理是一项与组织资金流动、处理有关的经济管理工作。它是一种与价值有关的管理，在企业的一切经济活动之中都与之有关。企业的资金筹集、使用、分配以及一切涉及资金的经营活动，均属于财务管理范围。企业的任何生产活动都离不开财务的反映和监督。企业的经济核算和财务监督也是对企业经济活动的有效制约和检查。所有管理活动的共同基础是财务管理，它在企业管理中的中心地位是一种客观要求。通过会计核算，将原始数据收集、传输、分类、登记、汇总、存储、加工成有用的经济管理信息；然后进行财务分析，评估和分析企业财务活动的过程和结果，并预测和测试未来的财务活动和结果。通过这一系列的财务管理环节，企业可以向外界提供准确、真实的信息，从而有助于国家宏观调控，使投资者能够合理投资、银行能进行信贷决策以及税务机关可以依法征税。

三、国有企业财务一体化的必要性分析

（一）财务一体化的概述

财务一体化，顾名思义，财务会计活动的各个环节都要实现实时数据信息共享，让财务人员控制财务管理的全过程。财务实体系统通过各个子系统之间的信息链接形成一个完整的财务管理系统，这是企业集中管理模式在财务管理中的最新应用。这种运作模式可以解决大型集团公司财务职能建设中的许多棘手的问题。

（二）财务一体化在中建新疆建工集团的应用

中建作为建筑行业的龙头企业，自 2019 年起启动了金融实体平台建设项目。在中建集团部署下，中建新疆建设工程将于 2019 年底上线金融实体系统。财务实体系统由综合预算系统、主数据系统、中办系统、SAP 系统和财务报表子系统组成。首先，在主数据系统中建立企业架构，添加企业组织结构、业务部门、人员、项目、商家等基本信息。其次，主数据信息传输到其他系统，根据不同的组织结构配置基本数据和接口调用。中台系统支持在相应的业务板块主题图中定义各种业务类型的账户，并使用 SAP 会计系统进行配置。最后，系统根据凭证模板的定义，自动从相应的业务表单中获取相关账户并生成凭证。会计系统的凭证信息将实时传输到预算系统和财务报表系统，反映企业的资产状况、经营业绩和现金流量。

（三）财务一体化对企业发展的作用及意义

随着企业经营规模的扩大，面对激烈的市场竞争和快速变化的内外环境，中钢新疆建设集团的财务管理面临着严峻的挑战。传统财务管理模式不能满足企业现阶段的发展，功能定位、职责、业务流程、人员培训系统使用了很长时间，不够完美，需要考虑设置；信息工具，数据收集，如会计系统技术落后，信息质量不高，影响企业的发展。此外，财务一体化的实施促进了财务人员的转型，财务人员更接近业务的前端，使财务人员从记账向财务管理和财务建议转变，做出快速的变化，以适应市场的变化。为各部门提供财务支持；每项业务，将工作重心转移到高价值的决策支持上，更好地实现财务功能，满足企业战略和组织的需要。通过实施财务整合，中建新疆建设集团可以将全面预算管理、资本管理和内部控制的管理理念融入生产经营全过程，为企业的战略发展提供财务基础。

（四）对中建新建建工集团财务管理模式的影响

1. 工作内容由会计核算向管理决策转变。

财务体化系统引入企业财务工作中，在财务数据信息采集和数据信息分析方面，效率更快，质量更高，这使财务人员向管理和决策型转变。在网上财务机构中，财务人员将大部分精力放在会计核算、编制财务报表上，会计职能在原有的财务系统中占据更多的资

源，而且系统技术落后，获取信息、分析信息的难度相对较大，财务和会计人员很难把精力投入企业决策中，更多的是提供一种——依靠会计数据来反映企业管理状况，忽视财务人员在财务管理、企业管理决策中的作用。在财务集成系统下，不同的系统模块为财务和会计工作提供了极大的便利，财务会计、监管功能向自动化发展，实现了关键出表，能够将更多的精力从会计记录、财务人员的工作中解放出来，让其对现有数据进行分析，并参与企业管理、风险评估、风险应对。

2. 财务一体化系统推动企业内部控制有效执行。

企业根据《业务标准化手册》和《财务标准化手册》制订系统流程，使财务整合在子公司和项目的实施中有流动保障。财务系统生成的凭证账户是由业务部门系统自动带出的，这减少了随机性手动选择金融账户的人员，从而提高标准化的会计处理，提供标准化、精简、高效、低成本的数据，分公司分布在不同地区更有利于财务集中管理，为企业创造价值，从而达到规模效应，降低经营成本。整体内部控制也更加合理有效。无论是个人报销业务还是重大项目的收支业务，都建立了相应的业务审批流程，确保管理层对业务有知情权，并对业务的合规性和经济效益进行审核。在合理规范审批流程的前提下，公司内部控制得到有效实施。

3. 财务人员换思路、找方法向管理型人才迈进。

首先，财务人员要接受新技术、新系统的挑战。在新制度下，财务人员不仅要学习如何准备文档并生成凭证，还配合业务人员将前端业务信息输入系统，掌握系统维护的基本操作，如维护人员和客户/供应商信息，并反复核查关系熟悉各种系统。在金融一体化过程中，中国建设新疆建工集团多次组织培训和集体办公。在此期间，财务人员分组学习财务系统化的各个环节。通过不断的实践和巩固，财务人员掌握了新系统的操作方法，会计处理逐步由旧系统向新系统过渡。其次，会计人员必须转变原有的工作思路，积极学习新的制度，优化工作模式，确保自身工作能力与实际工作的匹配程度，确保财务会计工作的推进。财务整合系统启动之初，财务人员面临的第一个问题是对系统不熟悉，仅靠企业培训很难快速解决。财务人员应积极学习新知识和技能，尽快掌握新系统的操作。最后，在财务整合体系下，传统的财务会计职能转变为管理会计职能，财务人员必须转变思维，从传统的基础会计中解放出来，参与企业的业务分析，为企业决策提供必要的数据支持。

四、国有企业财务管理存在的问题

（一）内部管理制度的相对完整性不足，资金管理方面存在缺陷

我国国有企业内部管理制度不完善，特别是缺乏管理国有企业内部管理制度的机构。没有管理国有企业的监管机制，也没有适当的预防措施和定期检查的规定。同时，国有企业的内部审计和考核都是由国有企业负责人决定的，控制不是很严格。首先，国有企业的决策是由企业管理者单方面做出的。其次，国有企业人力资源配置不足，再加上其他原

因，使国有企业的组织结构复杂化，对员工缺乏问责，企业内部的职能重叠，特别是在财务管理方面有不同的职能。责任分配不明确导致无法确定责任人，从而损害了企业的经济效益。最后，在大多数国有企业中，财务信息和状况不完全透明，会计信息普遍不真实，存在随意性，财务数据不足，对企业隐瞒事实。此外，由于会计信息不透明，国有企业的账目不符合实际，营利或非营利的不确定性持续存在。一些国有企业甚至增加了大量的不良资产，导致企业的资本流动性、利润和经济效益下降。

无论是在资金筹集还是资金使用上，国有企业在资金管理上仍存在巨大差异，主要体现在以下两个方面：在国有企业中，虽然国有企业规模相对较大，经济实力相对较强，但资本流动问题在生产过程中不可避免地会出现，需要更多的投资来获得更大的利益。国有企业将选择债务为它们提供资金。国有企业的巨额债务可能会难以偿还，导致债务计划失控，使其无法继续实施新项目，从而增加企业的财务风险。此外，在我国国有企业使用资金和大量投资的结构性缺陷，包括重复投资或投机，甚至影响国有企业和国有企业的经济效率。

（二）财务管理团队难堪重任，财务管理人员职业素质不高

国有企业的改革正在如火如荼地进行着，但是改革也给国有企业的财务管理带来了新的改变和需求，对财务管理者的要求变高。财务管理者应及时转变观念，建立与混合所有制改革相适应的财务管理理念。然而，在许多国有企业中，财务管理者没有及时转变观念，缺乏对混合所有制的学习和理解。在财务管理过程中，由于对混合所有制改革内容把握不准确，往往无法有效开展工作。国有企业的财务管理人员的综合素质直接影响着企业财务工作的质量。尽管我国国有企业对于人员的专业程度要求很高，尤其是一些掌握着重要生产资料的大型国有企业。但是，在一些企业中，由于企业的领导具有一定的人事权力，在人员的安排上可能会出现裙带关系等现象。这就导致了企业财务管理人员的水平参差不齐，一些非专业人员也可能被安排到财务管理岗位。这种现象是当前企业普遍存在的问题。甚至有的企业领导为了更好地掌握企业的财务状况，指定自己的亲属来管理企业的财务。对于国有企业来说，如果财务管理人员缺乏一定的专业水平和专业素养，对财务管理没有深刻的认识，甚至缺乏财务管理的基本能力，分析企业的经济、管理会带来许多问题。同时，企业也缺乏对财务管理人员的岗位培训，而一些财务管理人员也可能因为不注重学习，不能与时代接轨，思维僵化。

（三）预算管理不科学，缺乏财务管理监督

预算管理是国有企业财务管理的重要组成部分。然而，目前许多国有企业预算管理不科学，财务预算编制存在基础不清、编制程序不规范、编制内容不完整等诸多问题，影响了预算编制的科学性和合理性。财政预算资金的使用是财政预算中的一个关键问题。企业需要对资金的使用进行统筹规划，安排资金的具体使用，防止资金使用不当导致资金浪费。但是，目前许多国有企业缺乏资金使用的统筹安排机制，资金的支出和使用存在盲目性，导致资金使用效率很低。许多国有企业对财务预算了解不够，在实施财务预算过程中

随意改变预算计划。一旦某一环节的预算执行发生变化，其他环节也会受到影响，财务预算的完整性和稳定性也会受到影响。此外，国有企业财务预算执行情况缺乏检查和评价，导致财务预算执行缺乏有效约束，财务预算计划可能无法有效执行。

财务监督是财务管理的重要组成部分。随着社会经济的发展和企业体制改革的变化，现行的财务监督已经不能满足企业财务管理的需要。因此，国有企业必须不断改进传统的财务监控方法，积极运用信息技术来丰富和创新财务监控方法。但是，一些国有企业还没有认识到财务监督的重要性，没有及时更新财务监督的手段和方法，导致企业财务管理监督出现漏洞，企业财务管理质量也会受到影响。此外，财务监控信息化建设的缺乏也会降低财务监控的效率。

五、解决国有企业财务管理问题的对策

（一）强化国有企业内部管理制度，完善资金管理方面的缺陷

在处理涉及国有企业存在的问题时，首先要做的是建立一个健全的内部管理体系来管理企业的行为，确保其战略目标的实现。除了为国有企业建立更系统的财务管理体系外，还必须建立内部管理制度，以便更好地管理企业的资金。影响国有企业发展的主要因素有两个：其中一个因素可能是企业在面临长期亏损时难以维持正常的生产活动。另一个因素是公司无法偿还债务，最终破产。这意味着公司必须做出更大的努力来确保他们的收入和负债是相等的，因此需要在企业内部建立健全财务管理系统。根据企业的实际情况和资金的审批程序，在制订内部管理制度时应考虑以下主要因素，以确保企业获得更大的经济效益。第一，应建立投资申报制度，以避免投资中断，并在承诺框架内，建立适当的程序，从发展角度审查未来投资项目和适合投资需求的程度，确保投资回报；第二，应该建立一个筹资系统来管理收入和避免浪费资金，并保证及时收回投资，提高企业的经济效益；第三，管理金融，避免无法偿还的债务；第四，企业应建立资金管理制度，避免闲置资金的过度使用，并确保这些资金得到有效利用；第五，必须仔细审查和监测财务信息。任何不符合实际的行为都必须及时制止，防止对企业经济财产的损害。

国有企业的财务状况应尽可能得到改善，以便进行资产重组。国有企业的资金管理必须透明，并根据具体情况提供切实可行的解决方案。企业资本结构的调整，可以通过增加另一个项目的资金来实现。其方法是减少一个项目的资金投入，同时保持企业的资本水平，保证生产经营活动的顺利进行。换句话说，通过一些融资手段，企业债务可以转化为企业利润，从而解决企业经济数量不足的问题。此外，公司债务可以通过中间结构转移公司股权，从而尽可能地扩大资产结构，减轻国有企业的压力，从而在民间进行分配。通过增加资金，企业将进行资本重组。现阶段，国有企业面临着就业问题和资源短缺问题，需要资本来帮助它们获得资本。通过对公司进行资本重组，财务约束可以得到缓解，这样它们就可以从事更多的业务，从而获得更高的回报。

（二）提高财务管理队伍的能力水平，建立完善的岗位培训制度

站在国有企业角度分析，面对当前不均匀程度的金融员工的能力，国有企业需要改善和优化财务管理培训和评估机制，加强财务管理团队的培训应用信息技术、金融法规和政策，研究混合所有制改革的内涵要求等，不断提高员工的工作能力，通过有效的考核，不断加深财务管理者对改革的理解。从国有企业财务管理团队的角度来看，在新的发展形势和发展要求下，财务管理人员的生存更加困难。只有不断提高自己的能力和素养才是生存的基础，所以理财经理应该不断提高自己的学习能力和实践能力。

财务经理的职业素质与企业的生产经营不可分割。因此，提高财务经理的职业素质成为企业发展的重要组成部分。为此，企业人事管理等相关部门应定期组织财务管理人员进行组织学习，并积极学习其他企业的先进管理经验，不断完善和丰富自己。只有这样，我们才能适应瞬息万变的外部市场经济环境。建立完善的岗位培训体系是提高企业管理者职业素质的重要手段，不仅适用于财务管理者，也适用于专业技术人员和其他管理岗位。

（三）实行精细化财务预算管理模式，加强国有企业内部的财务监督

在科学技术飞速发展的背景下，国有企业必须跟上时代的发展，创新管理理念，改变不符合社会发展的旧的财务预算管理方法，为企业预算管理增添新元素，注入新力量。财务预算在国有企业发展中不可或缺，企业决策的参考就是财务预算数据。因此，国有企业必须重视财务预算管理，采用精细化的财务预算管理模式，从而提高国有企业资金的利用率，为国有企业的进一步发展奠定坚实的基础。例如，财务人员在制订预算目标时应该积极与各部门之间进行沟通，详细了解各部门的发展状况，制订详细的部门预算计划，并将预算目标详细划分到各部门的工作流程中，以便各部门严格按照预算目标及时反馈问题，共同寻找解决问题的最佳方案。在预算审批过程中，尽可能优化设计，防止未经批准或重复审批，提高全面预算管理的效率，保证预算目标的顺利实施，促进企业的平稳运行。

国有企业的财务管理活动必须由规范的监督机制进行监督，并对财务管理活动的有效性进行评价。国有企业应建立内部监督机制，根据国家有关法律法规，在各具体业务环节制定监督控制点，对与财务管理相关的各种岗位和经济活动进行监督，使国有企业内部机制相互监督。同时，国有企业要不断完善监督评估机制，使监督评估工作更加具体、清晰，便于员工执行。国有企业在设立金融监管部门时，需要使其并行不悖，互不干涉，否则可能无法实现金融监管的有效功能。在国有企业的财务管理中，也有必要在各个阶段设立管理目标监督部门，对其目标和结果的执行情况进行监督和评价，从而提高财务管理的效率。财务监督部门要将监督评价报告及时向管理层报告，使财务管理部门能够根据实际情况不断调整财务管理策略。同时，国有企业也应该建立管理责任制，所以每个管理岗位可以定义自己的责任，并确保每个职位的工作职责已经落实到位以避免超越权限，争吵、逃避和其他财务管理行为。国有企业管理部门应及时查处员工的违约行为，并通过奖惩机制对其进行处罚，逐步增强员工的责任感。

六、结束语

总而言之，在国有企业管理中财务管理占据了相当重要的位置。强化财务管理工作不仅能够提升企业的核心竞争力，还能够为其经营效益的最大化提供更加广阔的空间。针对国有企业财务管理中遇到的困难，企业领导应予以重视，采取有效措施提高财务管理的有效性，使国有企业可以更好地可持续发展。在实践中，我们必须对国有企业的财务管理问题积极解决，提高国有企业财务人员的专业知识，加强国有企业的总体预算管理和内部控制机制，优化资金管理，确保国有企业发展。

参考文献

［1］敏娟．财务一体化对企业财务管理模式的影响——以中建新疆建工集团为例［J］．国际商务财会，2020（7）：57－59.

［2］林晓晨．国有企业财务管理中存在的问题及对策［J］．财会学习，2020（18）：59－60.

［3］赵晶．基于国有企业混合所有制改革中财务管理存在的问题与对策探讨［J］．财经界，2020（7）：117－118.

［4］张德军．国有企业财务管理中出现问题与对策［J］．中外企业家，2019（28）：56－57.

［5］李光耀．新形势下国有企业财务管理与效能监察的有机融合［J］．中国市场，2019（30）：86－87.

［6］颜榕．国有企业财务管理中存在的问题及对策分析［J］．经济师，2019（11）：259.

［7］夏悦．国有企业财务管理中存在的问题及对策［J］．管理观察，2019（33）：153－155.

［8］张萍．国有企业财务管理存在的问题与对策［J］．财经界，2019（11）：144－145.

［9］王松．国有企业财务管理中存在的问题及对策分析［J］．现代经济信息，2019（17）：173.

［10］薛季．新形势下国企财务内控体系的优化对策探讨［J］．企业改革与管理，2020（12）：180－181.

［11］郝冀．中国国有企业竞争力研究［D］．中共中央党校，2011.

［12］牛云峰．国有企业财务内部控制的重要性及策略［J］．商讯，2020（18）：59－60.

［13］秦静．单位财务管理的重要性与风险控制［J］．现代商业，2020（20）：143－144.

［14］张晨．机关单位财务内部控制的重要性及策略［J］．商讯，2020（20）：61－63.

作业成本法在我国制造企业中的应用

苏雪昕

摘要： 制造企业因经济全球化与信息全球化的发展带来了更多的挑战与机遇，传统的成本管理方法逐渐显现出不利与弊端，因此企业迫切需要寻找新的出路，来改变如今不利的局面，同时也要求企业提高和完善其管理水平，完善会计理论体系，寻找更适合本企业的现代化成本管理方法。

本文主要讲述了我国制造企业中对作业成本法的应用及其管理方法，作业成本法是促进我国制造企业降低成本、提高利润的方法。首先，是作业成本法的研究背景及研究意义，以及国内国外的应用现状。其次，阐述目前现有的成本管理方法，通过传统的成本管理方法与作业成本法的比较，作业成本法优势显而易见，传统成本法已经不适应现如今的社会。再次，说明作业成本法在我国应用的现状，通过各种数据的分析，作业成本法的应用仍存在着巨大的挑战与威胁，分析作业成本法应用的问题以及产生问题的原因，并说明如何解决这些问题。最后，通过具体的案例分析，理论结合实践，用作业成本法解决具体的实际问题，通过对生产成本的具体核算，验证了作业成本法相比传统的成本管理方法更具有优势和可行性。

关键词： 作业成本法　传统成本法　制造企业

一、导论

（一）研究背景及意义

1. 研究背景。

成本是指企业为生产商品和提供劳务所消耗的物化劳动或劳动中必要劳动的价值货币体现，是商品价值的关键构成部分。管理企业的核心——成本控制在企业进步中占据极其重要的部分，并且成本控制是企业辨别自己经营成果的重要部分，对成本进行控制能够使企业减少不必要的费用支出，节约企业的资源，提高企业的利润收入，为企业的发展提供长久的物质保障。

2. 研究意义。

要使生产阶段与其他阶段达成交流与接洽就要使用这种以“作业”为依据的成本管理

作者简介：苏雪昕，中建新疆建工集团第一建筑工程有限公司。

模式，通过追踪所有发生的费用到作业，能够更加准确地计算出产品的成本，为企业提供更加准确的信息，从而为企业的发展提供更好的信息以及管理的技术支持。通过对作业的确认、成本动因的确定和分析以及对作业的质量的计算，能更加真实地反映作业和成本的关系。通过对成本的控制使企业的利润提高，以达到对企业资源的优化配置，从而让企业越走越远。管理的经济体现是控制成本，成本控制的合理不合理是权衡生产有效性的一个关键因素。

（二）相关研究综述

1. 国外研究应用现状。

作业成本法是埃里克·科勒在研究水力发电行业成本的计算时发现的，随后，1952 在他编辑的《会计师词典中》表达了他的看法。乔治·斯托布斯（George Staubus）也在他编写的《作业成本计算和投入产出会计》中写了他对作业成本法相关概念的看法。以上可以看出，作业成本管理法是适合制造企业的完善的、成熟的成本管理方法。

2. 国内研究应用现状。

1988 年，《管理会计——挑战、对策与设想》一书中最早提出了作业成本法的思想。20 世纪 50 年代中期，余绪缨教授同其科研团队发表了关于作业成本法核算流程以及核算方法的相关论文，这些理论为我国学者对作业成本的后续研究提供了完整的理论基础。

赵丽明等学者认为，随着经济社会的发展，作业成本法的产生是必然的结果，而作业成本法又具有比较大的优势。刘献娟、余元全认为作业成本法的理论基础是成本动因。还有一些学者认为虽然作业成本法相比传统的成本核算方法具有很大的优势，但是也不能完全否定作业成本核算方法，而是要合理地抛弃传统核算方法的不足，取其精华，去其糟粕。总的来说，我国学者在作业成本法方面的研究相当多，但由于我们经济体制的特殊性以及企业本身的条件限制，因此作业成本法还没有广泛地应用于我国的制造企业中。

二、成本管理方法理论综述

（一）标准成本管理

1. 基本管理。

标准成本是一种成本的计算方法。这种方法的直接人工和直接材料以及间接费用都是按预计的数字来计算的。要进行标准成本控制应该制定两大标准，即数量标准和价格标准，两者的乘积就是产品的标准成本，用公式可以表示为：

标准成本 = 数量标准 × 价格标准

2. 特点及作用。

（1）便于核算成本；

（2）有利于分清各成本控制中心的责任；

（3）能够有效地控制成本；

（4）提高决策的准确性和有效性。

（二）目标成本

1. 原理。

目标成本管理是指对企业成本进行全方面的管理，并对企业生产过程中供应生产销售阶段进行解析。

2. 特点及作用

（1）由价格引导的成本管理；

（2）目标成本管理关注的重点在顾客身上；

（3）目标成本管理还关注产品与流程设计；

（4）跨职能合作；

（5）生命周期成本削减；

（6）价值链参与。

（三）定额成本法

1. 原理。

以商品定额为基础，通过定额差异，最后得到产品的实际成本。定额成本法是我国如今企业经常使用的成本控制方法。

2. 特点及作用。

（1）通过事前制定产品的消耗定额、费用定额以及定额成本来达到降低成本的目的。

（2）在进行核算时把费用和差异分别进行核算，加强对差异的核算及控制，已达到对成本的控制。

（3）要计算产品的实际成本就需要定额成本加上或减去其中的各种差异，从而为成本的分析及控制提供数据的支持。

（四）作业成本法

1. 定义。

作业成本法与传统的成本计算方法不同，其是以各项作业耗费的资源为依据，合理计算成本的一种计算方法。

其主要概念有：作业、作业中心和成本动因以及成本库等，下面笔者将对这些概念做出全面和系统的讲述，以便可以更好地理解作业成本法的计算过程。

2. 计算步骤。

（1）直接成本。

直接材料、直接人工及其他直接费用都属于直接成本计算的范围，其计算方法与传统成本的计算方法差不多。直接材料很容易追溯到产品成本上，所以在生产成本中都占有相当大的比重，它的计算结果对产品成本都有很大的影响。为了加强控制、促进节约、保证费用归集的正确性，直接材料各个方面都必须完全按照要求，一步一步正确计算，认真对待每一个步骤。直接人工是指直接投入产品生产从而产生的人工工资以及酬劳。

（2）作业的确定。

在选择作业成本法核算成本之前，先要分析企业生产过程中的各种作业，看其是否受业务量的影响。确定作业是作业成本法实施的基础。作业成本法中作业的确定和划分是整个核算方法中的重点和难点，只有确定好作业才能保证作业成本法计算出的成本更加准确，所提供的信息更加精准，才能为企业提供更好的决策依据。

（3）成本库费用的计算。

在明确了企业的作业之后，就需要把作业进行归集，明确各作业所消耗的资源以及各种费用，然后将其发生的各种费用进行归集，组成一个成本库。

作业成本法不仅可以准确计算出成本，而且能够大大提高制造费用分配的精准度。

（4）确定成本动因。

成本动因是主要引起成本发生变化的因素，只有能够为每一个成本库确定一个合适的成本动因，才能更加准确地完成成本库费用的分配。每一个成本库都有对应的成本动因，有可能一个成本库会对应几个成本动因，也有可能一个成本库只有一个成本动因，而且有的成本动因和成本库费用的影响比较大，有的比较弱，所以这就要求我们为每一个成本库找到合适的成本动因，即对成本库费用影响比较大的成本动因。

（5）成本动因费率的计算方法。

每一单位成本动因能够引起制造费用变化的数量就是成本动因费率。其计算公式为：

成本动因费率＝成本库费用/成本动因总量，即 $R = C/D$。

（6）成本库费用的分配。

得到成本动因费率之后就可以算出每个产品的成本动因数量，最后把产品成本动因数量加起来就得到了成本库费用。

（7）计算产品成本。

产品的最终成本是直接材料直接人工和制造费用之和。

产品成本＝直接材料＋直接人工＋制造费用

三、作业成本法相比传统成本计算方法

（一）传统成本计算方法特点

传统成本方法是以标准成本计算方法为核心的，是一种科学的管理理念，是一种按照计划制定的核算成本的方法。在之前的大工业时代，技术不是很发达，机器生产也大多都需要人操作，而且大多产业都以流水线操作的劳动密集型产业为主，大多都是一些简单的操作，因此费用比较单一。随着社会的发展，技术越来越先进，人工生产转为机器生产，所以直接人工大大缩减。

作业成本法产生于机器大生产时代，费用比较多样化，计算起来比较复杂，由于信息的发展企业对信息准确度的要求更高，因而作业成本法随之出现。

(二) 传统成本法和作业成本法的区别 (见表1)

表1　　传统成本计算方法与作业成本法的区别

区别	传统成本法	作业成本法
产生背景	机器大工业时代、生产力不发达	当今社会、生产力发达、技术成熟
费用经济内容	制造成本	完全成本
分配标准	单一标准	多标准
成本管理方式	产品管理	作业管理
核算对象	产品	产品、作业、作业中心、顾客等
理论基础	成本平均分摊	成本驱动因素论

(三) 传统成本法与作业成本法的联系

(1) 两者都是将直接费用的分配直接计入产品成本，符合收益性原则。

(2) 两者都是为了计算出产品的最终成本，为企业提供更好的信息。

(3) 作业成本法是社会发展的产物，是时代发展到一定阶段的需要，是传统成本计算的升级。作业成本法继承了传统成本计算方法的优点，升级了其中的不足和缺点，是一种在传统成本计算方法上升级的计算方法。

(四) 作业成本法使用的优点

(1) 有利于为企业提供更为准确的产品成本信息。

(2) 有利于提高成本信息准确性。作业成本法相比传统成本的计算方法计算出来的成本更加准确，所提供的信息更加准确，更加有利于企业的成本控制，降低成本、提高企业利润，更有利于企业的发展。

(3) 有利于明确成本计算目的。作业成本法强调，在设计过程中，排除不增加价值的作业，对能增加价值的作业，在不影响产品必要功能的前提下，选择低成本作业。

(4) 有利于为企业提供准确的决策信息。作业成本法核算出来的成本数据更加准确，所提供的信息更加详细，企业管理者能更好地利用信息做出正确的决策，提高企业的管理水平，提高企业的资源利用率。

四、作业成本法在我国制造业的应用

(一) 作业成本法应用的现状

当下完全采用作业成本法的企业还是不多，原因是作业成本法的理论还不是很成熟，理念还没有得到实践的检验。通过调查发现，我国制造企业应用成本法的状况如下：

(1) 从产品的特征上来看，如生产批量较小、生产工艺比较复杂、更新速度较快的企业更加适合作业成本法的使用。

（2）从价值工程上看，如何确定商品的价值与其工艺紧密相关。制造业使用作业成本法如再加上价值工程的方法，其将会大大减少企业的设计成本。

（3）从质量管理上看，我国企业更加重视企业的质量管理，因此在选择作业成本法计算成本的同时采用了“全面的质量管理”。

（二）作业成本法在我国制造企业运用存在的问题

我国引进作业成本法是在 20 世纪 90 年代初期，那个时候只是对作业成本法有一个简单的了解，并没有一套系统的理论来支持作业成本法的操作，对它理解也很片面。受当时社会的影响，作业成本法很难推行开来，所以在我国企业中没有得到全面的落实。探究其原因主要有以下几个方面：

（1）社会认识度低，因此推广难度较大，实施阻力大。

（2）其适用范围较小，理论不够成熟。当时我国处于发展初期，科技不够发达，技术支撑不足，企业大多以劳动密集型产业为主，高新技术产业较少，当时费用大多产生的是直接费用，间接费用的比重较小，使用作业成本法核算成本的企业更是微乎其微。

（3）企业没有计算机软件的支持。当时技术落后科技不发达，没有软件的支持，全靠人工核算成本数据较大，根本达不到核算准确性的要求，而且浪费时间。

（三）作业成本法在我国制造企业中存在问题的原因

1. 外部原因。

（1）社会整体生产力水平不高，技术不成熟。

（2）管理思想与观念不成熟。作业成本法的理论体系以及整个会计行业对其的了解不够深入。

（3）会计人员对作业成本法应用的水平不高，会计人员的专业知识认识不足。

（4）计算机软件的支持力度达不到要求。

（5）相关法律、法规不健全，对作业成本法的要求不够明了。

2. 内部原因。

（1）企业管理环境。企业内部管理人员对成本的控制不够重视，或者说对作业成本法不够重视，不了解作业成本法在成本控制中所占据的优势。

（2）企业员工素质。企业中会计人员对作业成本法不够了解，不能准确地应用作业成本法来达到控制成本的目的，专业素质达不到要求。

五、作业成本法在我国制造企业中应用的案例分析

（一）背景

厦门的三德行主要提供遥控器、普通电话、手机、计算机等电气设备按钮等。1985 年

1 月，新加坡生产企业在厦门办厂。厦门三德兴公司年产 6 000 种，月产 300 多种，每月 2 000 万件，每月生产量达到 1 500 万元，企业员工 1 700 多万人。品种多、数量多、成本计算不准是企业生产的特点。其在成本计算和成本管理方面一共经过了两个阶段：

1980 ~ 1994 年是企业经历的第一阶段（无控制阶段）。1994 年前，国内外生产商基本上都属于卖方市场，产品的质量和价格完全控制在企业手中，国内的生产硅橡胶按钮的企业中基本上没有一家不存在希望尽量增加产能的问题。

1994 ~ 2000 年是第二阶段（传统费用会计阶段）。在这个阶段，公司主要使用的是传统的成本会计方法，也就是说，第一个直接人工和直接原材料到产品的生产成本，然后间接资源的消费到制造费用账户，然后直接劳动的分配依据成本分配到整个制造过程中。

（二）实际应用

在作业成本法的使用中，都认为生产就会引起作业的发生，导致资源的消耗，以及其中各种费用的产生，包括直接费用、间接费用、直接成本或间接成本。而产品的成本就是包括产品从投入生产开始一直到生产出产品，产品到顾客手中所发生的一切费用都应归集到产品的生产成本之中。因此，根据作业成本法的处理方式，间接成本或间接费用不是间接地分布在产品成本中间，而是分布在各个作业中间，这体现了作业与生产成本的关系，从而能够更加准确或更加精准地计算出产品的成本。

实施作业成本法包括的步骤：

（1）识别主要操作和操作中心。

（2）设立成本，同时选择成本动因。成本动因包括备料作业、油压作用、印刷作业、加硫作业、检查作业等。

（3）最终产品的成本分配。

（三）结果分析

根据上述程序，选择三德兴公司 2000 年 9 月的产值，分别计算 378 类产品。由此可见：

（1）作业成本法与传统的成本核算方法核算出来的成本完全不同，传统的成本核算方法是以数量为成本核算的依据，而作业成本法是以成本动因为成本核算依据。传统成本法核算成本时不计算亏损成本是不对的。

（2）在作业成本法下可以完全得到各产品各个作业的信息，可以进行产品的分析，从中了解到哪项作业用的过多，从而减少使用这些作业的可能。

（3）传统成本的核算方法看不到核算出来的亏本产品的产品型号，看不出亏本产品的产品信息，而作业成本法这些信息都能很明确地表现出来。

（4）作业成本法核算出产品的成本之后，对一切产品的信息都特别明了，可以完全看出每个产品的每道工序所消耗的资源，从而达到节约资源降低成本的要求。

（四）反思

（1）成本动因没有必要完全选出来，只需要找到相对比较重要的、与主要成本关系比较大的。

（2）成本动因可以多元化选择，与传统成本法相结合。

（3）企业想要实施作业成本法就必须有完整的计算机系统。

（4）在当今日趋激烈的竞争环境中，企业生存和发展的关键，就是看是否能用更小的投入换取更大的产出。在决定投资政策的前提下，成本计算和成本管理是决定企业获利的重要因素。因此成本的控制变得尤为重要，谁能更好地控制成本谁就能在市场上占据先机，从而获得更大的利润，而想要控制成本就需要掌握足够的信息。在传统的成本核算方法中，成本核算大多以产品品种或产品生产时间为依据。而像三德门这样品种多、生产时间短的企业采用传统成本法核算起来相当麻烦，从而提供错误的信息导致企业不能达到控制成本的目的。与此不同的是，作业成本法把生产活动看作一系列作业，通过对作业的分析找到产品的成本动因，通过作业与资源的消耗联系在一起，这样核算出来的成本才是最准确的，才能反映企业的真实情况，从而获得准确的信息，达到控制成本的目的。

六、结论

本文主要通过对相关理论的讲述结合作业成本法在我国制造企业中的应用现状，突出表现出作业成本法能够为企业带来更准确的信息，从而给企业带来更大的利润。刚开始主要介绍了成本计算的几种基本方法，分别讲述了每种成本计算方法的原理与特点。进而通过传统成本计算方法与作业成本法的比较展现出作业成本法的优势，然后介绍了作业成本法在我国的应用现状以及遇到的问题，最后提出一些建设性意见。本文借鉴了许多学者的优秀思想以及先进的研究成果，结合自己的理解，通过作业成本法与制造企业的结合展现出作业成本法的优势，能够为企业带来更大的优势，为企业提供正确的信息，降低企业的成本，提高企业的利润，是企业能走的更远的根本保证，但由于本人专业知识的不扎实以及没有实战经验的限制，不能深入地了解作业成本法与传统成本法最本质的区别与特点，所以不能特别准确地认识到作业成本法的先进之处，就本人的理解，作业成本法更适合企业以达到成本控制的目的。

总得来说，要想作业成本法在我国制造企业有更大的发展，还要注重提高企业会计人员的素质以及计算机技术和财务软件的开发应用，提高企业自身的素质。在今后的研究中，就要更进一步发现作业成本法的优势，了解其在不同行业的特点。

参考文献

［1］肖序，陈宝玉．资产负债表、利润表和现金流量表的联系机理［J］．会计之友，2015：25－35.

［2］卢森．作业成本法在汽车制造业的应用研究［D］．济南：山东财经大学，2016：30-45.

［3］施琼娴．作业成本法下的R医院项目成本管理研究［D］．上海：华东理工大学，2016：40-45.

［4］郭书闻．作业成本法在T公司的应用研究［D］．沈阳：沈阳工业大学，2016：66-78.

［5］蔡梦婷．作业成本法在航空制造企业中的应用［D］．北京：财政部财政科学研究所，2015：67-89.

［6］袁峰．建筑工程预算中造价管理问题探究［J］．知识经济，2015：68-90.

［7］何立强．作业成本法下的中小型制造业成本核算解析［J］．财经界，2016：25-60.

［8］郭星．构建现代企业“八位一体”管理会计体系［J］．财会学习，2018：45-67.

［9］钱学平．管理会计在政府投融资平台中的应用探究［J］．会计师，2017：45-78.

［10］曹惠玲．基于内控体系下的企业财务风险管理［J］．中国国际财经（中英文），2017：10-34.

［11］叶竹英．浅析新医院财务制度下的医院全面预算管理［J］．中国市场，2016：20-30.

［12］况瑞玲．基于财务风险管理的内控体系建设［J］．中国国际财经（中英文），2017：56-89.

［13］戴莉红．基于财务风险管理的企业内控体系构建［J］．财会学习，2017：89-100.

［14］杨佳祺．作业成本法在弹簧床垫制造企业的应用研究［J］．经济师，2019：67-89.

［15］蒋超超．基于目标成本法的制造业成本管理模式构建与优化［J］．企业改革与管理，2019：78-89.

［16］卢瑞瑞．传统成本法和时间驱动作业成本法的比较与应用研究［J］．中国乡镇企业会计，2019：110-114.

［17］梁雨晴．传统成本法与作业成本法的比较与运用研究——以某制造企业为例［J］．现代商贸工业，2019：67-89.

上市公司非效率投资的分析及对策研究

刘占睿

摘要： 伴随当今经济社会发展进程的不断推进，投资逐渐发展成为当代管理者不得不重视的重要经济因素，高效的投资使企业盈利，增加企业的价值，从而可以优化资源配置。但是在现实生活中往往会因为判断失误，一己之私而发生盲目的非效率投资行为。本文经过研讨剖析非效率投资产生的原因，发现出现非效率投资现象在于不完善的公司治理机制，而后根据原因提出了改善企业非效率投资产生的有效方法和措施。要注重企业内部的治理，优化股权结构，完善董事会建设，在构建权力制衡的治理结构的同时还要发挥治理机制的激励作用。除了内部治理外还要注重外部治理，完善银行监督机制、健全法制及市场机制，减少非效率投资者行为，从而帮助我国企业在法律法规范围内真正实现企业利润的最大化，使企业制定长久规划布局，实现健康发展。

关键词： 非效率投资　过度投资　公司治理

引言

科学的投资决策影响到公司的经营风险、盈利水平，可以实现企业价值的最大化，使企业朝着正确的方向快速成长，增加企业的未来现金流量。然而由于多种因素的影响，企业的投资决策行为并不总是以企业价值最大化为目标，这损害了公司价值，阻碍了企业的发展。

目前在我国非效率投资行为时有发生，但就如何解决这一现象，国内外没有完全一致的解决方法。所以，本文结合我国上市公司非效率投资的现状和国内外的投资理论进行了简单的分析，选择了从公司治理的角度出发解决非效率投资的这一现象。

上市公司非效率投资行为可以通过内部治理和外部治理来缓解这一现象。优化股权结构，加强董事会治理形成监督制衡机制，监督与激励管理层，通过外部治理完善银行监督机制，健全法制和市场机制的建设。

企业提高运营效率的关键是使企业所有权的剩余索取权和剩余控制权相结合，而公司治理是负责安排剩余索取权和剩余控制权的，所以公司治理与企业投资紧密相连。科学的公司治理有利于引导企业做出正确的投资决策，增加现金流入，减少企业运行风险，提高

作者简介：刘占睿，中建一局三公司第五事业部海淀小学项目财务部经理。

企业的经营业绩。

企业的投资成败影响着我国的经济增长，还会使国家制度部分发生变更，是宏观经济的基础性决定因素。企业的投资行为关系到国家宏观的投资波动，并决定了社会资源的配置效率。因此减少上市公司的非效率投资现象的发生有助于我国宏观经济的发展，从而使资本市场健康持续发展。

一、企业非效率投资相关概述及文献综述

（一）企业非效率投资相关概述

1. 企业非效率投资的定义。

所指的“非效率投资”往往不是以企业价值最大化为目标。过度投资、投资不足、多元化投资、投资短视等行为都是非效率投资的主要表现形式。①过度投资是投资决策者在知道投资项目的净现值小于零的情况下，依然投资的行为；②投资不足是指投资决策者在知道投资项目的净现值大于零的情况下，依然放弃投资的一种行为；③多元化投资是指经营管理者通过多元化扩张降低企业风险以增加自己工作的安全性；④投资短视是指投资者投资于一些能在短时间内迅速看到成果回报，但长期看并不能实现公司价值最大化的一种投资行为。

2. 上市公司非效率投资的内容。

上市公司非效率投资可以归纳为两大类：（1）从公司财务学角度进行分析，存在过度投资（Over - investment）和投资不足（Under - investment）的现象。过度投资是指在投资项目 NPV 小于 0 的情况下，投资者仍进行投资；投资不足是指在投资项目的 NPV 大于或等于零的情况下，投资者仍主动或被动放弃投资。（2）从治理公司的角度进行分析，企业多元化容易使企业在公司内部形成资金流动和资源配置，当存在内部资本市场时，企业会把部分资金投资于收益较弱的领域，造成较强的领域没有足够的资金流入，出现投资不足，这会出现大量资金闲置，上市公司发展缓慢，还会损害投资者的利益。而在生产能力过剩的领域，大量资源和生产要素出现浪费的现象，同时也可能会带来坏账的增加，使金融风险更大。

（二）文献综述

1. 国外研究现状。

影响投资效率的因素有很多，包括宏观和微观两个层面。宏观上主要受经济形势、法律制度等大环境的影响；微观上，主要受自由现金流量、股权结构等因素的影响。

Jensen 和 Meckling（1976）研究发现，由于上市公司的股东和债权人之间的收益和风险并不一致，导致双方会存在利益冲突，代理成本便由此产生。Dyck（2001）探究了董事会规模和低效率投资之间的关系，结果表明，董事会规模和低效率投资呈负相关。

Copper（1998）在美国深入企业对部分管理者进行了调查，在企业经营过程中大多管理者会表现为盲目自信，认为破产的概率要低于其他企业，但是追踪这些企业发现往往这

些过度自信的企业会更容易破产。

Richardson（2002）研究表明，建立独立的董事会可以有效地抑制低效率行为。Lamont（1997）发现美国管理者持股比例越高，过度投资现象反而没有那么严重，说明增加管理层的持股比例可以减少非效率投资的行为。

Billett（2009）发现有效的公司治理可以抑制公司的非效率投资行为。Orbay 和 Yurtoglu（2006）通过研究发现，公司的控制权和所有权分离程度与投资效率有关，控制权和所有权越分离，投资效率越高。Alfredo（2002）指出分散性的股权结构有助于降低非效率投资行为的发生。

2. 国内研究现状。

国内学者对我国上市公司非效率投资的行为也进行了分析与总结。

管理者持股比例的提高可以降低公司的投资不足。文宏（1999）、赵守国和王炎炎（1999）等根据委托代理理论，企业经营管理者追求自身利益最大化，不顾股东的利益，缺乏有效的监督约束机制，从而导致我国上市公司股权融资效率低下。

揭莹、温棋婷、陶林岭（2017）通过实证研究得出的主要研究结论包括：（1）我国上市公司存在明显的投资不足和投资过度现象，投资过度的现象更为普遍。（2）过度扩张的货币政策可能带来投资效率的下降。

程哲（2011）验证了总经理、董事长两职分离可以降低公司的投资不足。管理者持股比例的提高可以降低公司的投资不足。

王玥（2016）选取了 2010～2014 年我国沪深两市 A 股制造业上市公司的数据样本，发现管理者越是过度自信，公司的非效率投资行为越是容易发生。在董事会治理中，董事长与总经理两职分离，董事会的有效建立有利于加强对管理者决策的监督，能抑制过度投资引发的非效率投资行为。

欧阳春花（2016）研究发现，外部治理环境对企业投资效率产生很大的影响，法制水平的高低与企业非效率投资呈正相关，代理成本与企业非效率投资呈正相关，且相对于非国有上市公司而言，代理成本对国有上市公司的影响更大。

任家华（2017）以上市公司 2011～2015 年 4 700 个样本为研究对象，研究了管理层权力、高管激励对企业非效率投资的影响，发现管理层权力的增大对非效率投资的促进作用。

陈明利、伍旭川、梅世云（2018）探讨了机构投资者参与对企业投资效率和实现公司价值的影响，发现机构投资者的参与可以减少代理成本和缓解融资约束是减轻企业非效率投资对公司价值造成损害的重要原因。

二、上市公司非效率投资行为的现状

我国证券市场是伴随着市场经济向资本经济过渡发展而来的，1987 年在上海、深圳进行股份制改革，而后 1990 年和 1991 年上海证券交易事务所、深圳证券交易事务所纷纷成立，后来证券市场发展迅速，在十余年走过了发达国家几十年的路。证券市场可以优化资源配置，提高资本效率，促进经济发展。但是资本效率的提高在于上市公司的谨慎投资，而现状是资金的使用情况并不合理，如出现盲目多元化投资、过度投资、投资不足等现象。

1. “过度乐观”的非效率投资行为。

由于经理的乐观，决策失误，高估项目的可行性，因而往投资项目注入过多的资金。

金立公司由于2016年和2017年两个年度在销售费用和投资费用上投入过多，销售费用达到60亿元，投资费用为30亿元。对资金周转带来严重的隐患，供应商欧非科技因索取6亿余元的到期应收账款无果，已停止供货；维科电池因未收到金立的应收账款8 409.99万元，可能导致2017年度归属于上市公司的净利润为负值。金立的这一过度投资行为，不仅造成了自身的资金周转困难，品牌效应的减弱，也对相关的供应商产生了不良的影响。

2. 盲目多元化投资。

盲目多元化投资表现在指经营者在不同领域不同行业进行大量的投资，也指在同一行业投资不同商品，这是企业扩大经营范围、分散经营风险有效的方法。

爱仕达的主要产品是炊具类产品，营业收入占总的营业收入的85%以上。其看到AI的发展，试图进军小家电和厨房配件市场，2016年用大量资金收购了浙江钱江机器人有限公司51%股权，进行多元化投资；后来进一步拓宽机器人领域布局，2017年8月、2017年10月、2018年3月收购了宁波江宸智能装备股份有限公司、上海松盛机器人系统有限公司、意欧斯智能科技股份有限公司部分股权。爱仕达的多元化布局，导致企业资源的分散，在各业务领域都没有形成领先优势，最终错过了最佳的市场发展机会。

3. 部分国有控股公司中存在的过度投资行为。

通常来说，控股股东有法人控股和国家控股两类。第一类一般是民营控股；第二类控股股东是政府。对民营上市公司来说，管理者和股东都会瞻前顾后，因为管理者和股东要为投资损失负责。在国有控股公司中，企业习惯于用经理人的业绩来判断管理水平，其中判断的标准和企业的收益是分不开的，所以经理人为获得更多的现金流入，且不用承担破产风险，选择把公司的大量资金投入扩大规模、多元化投资上。

4. 公司负债过多导致投资不足。

很多上市公司由于要偿还的债务过多，没有足够的资金进行再投资，所以可能会放弃一些NPV大于0的收益颇丰的项目。公司资产负债率过高，债权人和股东的矛盾由此产生，债权人担心资金的安全性，股东希望可以分得更多的收入。所以面对即便是NPV大于0的项目，债权人依然会放弃投资。对外呈现的财务报表显示公司资产负债率偏高时其他的投资者会更加谨慎，但选择投资时往往要求获得更高回报率，使上市公司的资金使用成本变高，融资成本也会上升。

三、我国上市公司非效率投资行为原因分析

对于在中国上市公司的非效率投资的根本原因在于不完善的公司治理机制，公司治理是一个系统地建立解决所有权与经营权分离条件下的代理问题，其核心是通过一系列的权

力制衡，防止经营者偏离股东利益。结合我国的实际情况，发现以下原因直接导致上市公司非效率投资行为。

1. 国有企业国有股过度集中。

我国上市公司中国有企业存在的股权结构问题可能引发非效率投资。国有股“一股独大”以及因“所有权虚职”导致的内部人控制现象很可能导致企业投资决策偏离企业价值最大化目标，变现为低水平大规模重复的非效率投资。目前，有很多国有控股公司授权于投资机构，这些投资机构以国家所有者的身份行使权力，但部分投资机构为了实现自身利益，有可能损害国有控股公司的利益，由此产生了代理成本。国有股大股东做出重要的投资决策时，可能出现两种结果：一是虚职所有权造成的监管缺失将形成内部人控制问题。由于缺乏对投资决策的监督和限制，实施决策的代理人很可能将公司的资金投资于有利于他们的项目，而不是公司，导致不择手段的投资行为，同时，掺入了一些权力和金钱交易因素，增加了投资项目决策失误的可能性。二是上市公司管理者被迫采取控股公司的订单，出现“任人宰割”的盲目投资行为。

2. 董事会专业素质不高。

公司盲目投资行为很多时候是与董事会的专业素质相关的，被普遍接受的公司治理模式是非常简单的，即管理层对董事会负责、董事会对股东负责、董事会联系着公司的管理人员和所有者，由此可以看出专业化的董事会是公司治理的关键。

专业的董事会负责判断公司治理是否有效，还指导和监督内部审计制度的建立和实施并在董事会中成立报酬委员会，所以在各委员会的董事必须有相应的经验和技能，才能及时引导企业进行效率投资。

董事会成员、大股东代表和公司高管之间“同构化”现象普遍，董事会成员被每个股东任命的情况下，相当于是大股东和公司高管的代表，公司董事会成员的专业素质不能达到公司发展的要求。这使董事会成员难以保证其投资行为的合理性，很容易造成上市公司“过度乐观”的盲目投资行为。

3. 激励约束机制不完善。

公司运营发展的动力来自各个利益主体在满足自身利益前提下实现公司利益最大化。所以在治理企业过程中，约束和激励同样重要。在上市企业年薪制中往往是基本薪资高，风险收益比例不足，达不到激励并限制经营者的目的，由于风险比例是以年度为单位的，因此很多经营者会出现短视的行为，并且在我国上市公司中，高管持股比例低，激励效果也不是很明显。

在缺乏激励和监督的情况下，经营目标很容易就会从股东价值最大化转移到自身利益最大化。当有好的投资机会但是剩余收益有限时，管理层会放弃这些机会。然而国有上市企业的业绩是衡量管理层管理水平的高低，管理层为了实施盈余控制，不惜以投资为代价，将虚假收入写入财务报表。

4. 外部治理机制不健全。

接管市场在外部治理机制中是有效的，当一家公司被发现管理不善，股价下降，股东就会选择抛售股票或者寻找转让股票，这时新的投资者就会接管市场，购买股票或是收集其他股东的代理权，并且会调整董事会或者管理层。然而，在我国有三个原因阻碍了这一作用：首先，上市公司的管理基本上是在行政任用制度中，这一制度大大降低了接管市场的作用，即使公司被接管，上市公司的原有管理将再次在其他企业担任高级领导；其次，国有股、法人股不能在交易所流通，使上市公司控制权的转让难度大，影响了市场接管的有效程度；最后，我国缺乏成熟的经理人市场，很难从市场上找到高水平的专业经理人，使许多接管者望而却步。

在我国，公司最大的债权人是国有银行，来自世界各地。银行公司治理有两种主要形式：一是日本和德国主要的银行系统，并采用相机治理的途径。通过现有完整的监督和控制，对公司进行中前治理：二是英国和美国的“距离治理”，通过对股权市场对公司进行监管。我国目前国有银行不能直接持有上市公司的股份，我们可以看到，薄弱的外部治理机制在公司还没有做好项目的可行性分析后就马上进行投资，导致上市公司巨额损失。

四、解决上市公司非效率投资的对策

上文探讨了动机、表现以及上市公司的非效率投资治理的原因，但我国上市公司非效率投资行为的动机往往是几种相互作用的结果，应采取综合治理措施治理上市公司非效率投资行为。

1. 优化股权结构。

我国法律对投资者保护较弱，控制权市场和经营者人才市场不成熟，所有者很难对公司经营者进行监督，为此面临更高代理成本。

中国的国有企业应调整股权结构，推进非国有股东的进入，改变国有企业单一的股权结构，适当地维护和调整股权集中度，降低控制和收益权的分离，加快国有股和流通股的合并过程，所有股份真正地实现同股同权。

优化国有股权结构，可以通过减持国有股来实现，引入基金、养老金等持股比例，使国有股权多元化，也可以把部分国有股转为优先股，优先分配剩余利益，降低投资风险，减少国有资产的损失。

2. 重构董事会，完善上市公司法人治理结构。

公司的法人治理结构实际上是委托代理关系，建立独立的董事会在公司治理起着至关重要的位置，有些公司即使按照证监会要求建立了这一制度，但却没有发挥实质性作用。首先，改变“同构化”的董事会，渐渐使董事会成员可以都成为独立董事，而不是只有一小部分，从而可以代表全体股东的利益；其次，适当聘请外部董事作为公司董事会成员，提高董事会成员专业化水平，使董事会成员专业背景知识多元化；最后，用制度约束董事会的行为，减少上市公司非效率投资的行为。

3. 监督与激励机制并重。

内部公司治理结构实质上是一种委托代理契约。为了控制管理当局的机会主义动机，一方面要加强监督制衡，对管理机关施加一定的外部压力；另一方面，公司的动力最终来自公司的各利益相关者，实现公司利益最大化的同时要满足利益相关者的利益，可以采取以下的具体措施：

(1) 建立公开的约束机制，建立规范的公司运作体系和完善的内控系统保证权力的实施，遏制高管过度自信导致的多元化进程。多元化必须建立在有核心竞争力的基础上，不要把多余的能力和资源扩散到其他的领域里。

(2) 在给予经理人员充分经营自主权的基础上，科学设计相应的激励措施，提高经理人的积极性。在提高经理人员的收入标准之外，适当提高高管持股比例，通过股权有效激励管理人员。

4. 完善外部治理机制。

(1) 完善银行监督机制。银行作为公司的主要利益相关者，应积极参与上市公司治理。银行应该在事前、事中、事后对企业进行监督而不是在清算或者是重组企业时接手控制权。就我国的银行而言，我们应该提高参与公司治理的意识，撤出管理不善的公司并转移其控制权。例如，在收购上市公司的过程中，如果银行受到管理层或地方政府的抵制，它们可以充分利用自己的身份，通过申请破产和偿债来促进收购的顺利进行，积极为管理不善的公司寻找潜在收购者，并与它们合作，通过动员机构竞争和其他手段来转移控制权。商业银行具有风险与责任对等的机制。在制度安排方面，必须对企业进行全面监督。加快国有银行商业化，这有利于建立起一个能够发挥债权人监督作用的监督机制。

(2) 健全法制环境。只有在规范化的法律环境下，各利益相关者的权利才能得到保护，才能有效发挥治理职能。科学的公司治理加上良好的外部环境，可以使不良经理人得到替代，公司利益相关者的合法权益得到有效保护。为了有效开展公司治理，兼顾各方利益，各国制定了大量法律来规范公司治理的外部环境。我国虽然有相应规范上市公司行为的法律法规，但是我国的法律制度并不完善：一是公司控制权的转移涉及外资证券法的概念，如股权所有权、间接持有权、实际控制权、一致行为等；二是董事在公司控制权转让过程中的诚信义务和公司接管的实体问题缺乏法律明确规定；三是当信息披露不真实、大股东违反诚信原则时，法律对中小股东追求民事赔偿责任和寻求法律救援途径没有明确规定；四是在反收购条款和取缔非法收购方面缺乏相关法律规定。

(3) 健全市场机制。完善我国企业治理结构，必须完善我国资本市场，特别是大力发展债券市场，为企业提供完善的流动性外部融资环境。发展上市公司与非上市公司以多种合理方式进行合并，如非上市公司借壳上市、买壳上市，上市公司依靠其强大的内外部资金来源，并购非上市公司、扩大其规模，上市公司和非上市公司的资本结构可以互补，并且相互促进、共同发展。

五、结论

本文探讨了目前困扰我国上市公司的非效率投资问题，非效率投资严重阻碍了企业的发展，影响着公司的盈利水平。

国有企业国有股过度集中，董事会专业素质不高，增加了企业投资决策失误的可能性。缺乏激励约束使股东价值最大化可能转移到经理利益最大化，加上外部治理机制不健全，导致有很多非效率投资现象的发生。

因此，优化股权结构，推进非国有股的进入，改变国有企业单一的股权结构。除此之外，还要加强董事会治理，监督与激励机制并重，不仅要构建权力平衡的治理结构，而且要发挥治理机制的激励作用。利用外部治理，完善银行监督机制，健全法制及市场机制，抑制企业非效率投资。

有效的公司治理有利于引导上市公司谨慎投资，合理运用从股市上募集而来的资金，提高资本效率，减少非效率投资行为，从而减少企业运行风险，提高投资效率和公司经营业绩。

参考文献

[1] 程哲．公司治理对投资不足的影响性研究［J］．新理财，2011：66－72.

[2] 明利，伍旭川．机构投资者参与提高公司投资效率了吗［J］．武汉金融，2017（12）：56－68.

[3] 哈斯格日乐．高校激励对非效率投资的影响研究［J］．商业会计，2017（6）：116－117.

[4] 黄冰寒，朱梦．上市公司投资效率与投资信息不对称关系验证［J］．河北工程大学学报（社会科学版），2015（6）：28－32.

[5] 揭莹，温棋婷，陶林岭．银行债权治理与上市公司投资非效率，2017（12）：56－71.

[6] 欧阳春花．外部治理环境、代理成本与企业投资效率的关系研究．会计研究，2016（6）：76－77.

[7] 王贞洁，沈维涛．外部治理环境与上市公债权人治理效率［J］．山西财经大学学报，2010（3）：98－107.

[8] 赵守国，王炎炎：配股的经济学分析．当代经济科学，1999（6）：44－48.

[9] 周业安，金融抑制对企业融资能力影响的实证研究［J］．经济研究，1999（2）：12－19.

[10] Billett M T，GarfinkelJ A，Jiang Y. The influence of govermance on investment：Evidence from a hazard model［J］. journal of Financial Economics，2009，102（3）：64－67.

[11] Dyck A. Privatization and Corporate Governance：Principles，Evidence，and Future Challenges［J］. World Bank Research Observer，2001（1）：59－84.

[12] Jensen，M. C，and W. Meckling（1976）. Theory of the Firm：Managerial Behavior，Agency Costs and Capital Structure. Journal of Financial Economics，3，305－360.

[13] Richardson S A. Corporate Governance and the Over－investment of Surplus Cash［D］. Michigan；University if Michigan. 2002（6）：78－86.

[14] Tom Neubig & Balvinder Sangha，Tax Risk and Strong Corporate Governance［J］. Tax Executive. 2004（6）：114－119.

管理会计在建筑企业中的应用与实践

姜禄鹏

摘要： 管理会计是以经济全球化为背景应运而生的先进管理理念，建筑企业作为“去库存、去杠杆”的主体，在当前的全新经济环境下，我们的很多工作都较过往有了重大的变化。从建筑企业日常账务工作处理来看，将管理会计运用其中，可显著提升建筑企业的经济管理水平，提升财务信息质量，强化收支预算管理，促进财务管理转型，提升企业核心竞争力。但在实际操作过程中也遇到了诸多的实际问题，需要就事论事，不断分析问题产生的原因，不断提出高效的解决策略，大幅提升管理会计在建筑企业财务管理中的应用地位。

关键词： 管理会计　建筑企业　应用

一、建筑企业财务管理中管理会计的现状

建筑企业是我国经济高速发展中不可或缺的中流砥柱。就当前而言，我国社会经济产业结构在不断优化升级，导致促进经济发展的动因也在每时每刻变化着。面对经济发展的不断变化，原有建筑施工企业的财务管理工作无法满足现行建筑企业的高速发展，以至于敦促我们及时摒弃固有的管理理念和方法，引进管理会计作为新的管理理念和方法在建筑企业财务管理中探索，以满足现代化建筑企业的经营需求，从根本上提升建筑企业财务管理水平。但是由于我国管理会计发展时间较短，在理论知识与实际应用的结合中仍存在着难以契合的关键点，以至于无法解决实际工作中出现的种种难题。因而无法从本质上解决建筑企业财务管理中所暴露出来的问题。

二、管理会计在建筑企业财务管理工作中的重要作用

（一）提升建筑企业核心竞争力，推动建筑企业高速发展

在当前经济发展高速运转的情况下，建筑企业财务管理方法也需要顺应时代潮流进行改革，确保在日渐复杂激烈的市场环境中有核心竞争力。管理会计作为财务管理工作中的重要分支，在做好基础财务核算工作之后，能够对财务信息进行高效整合，通过对一系

作者简介：姜禄鹏，初级会计师，中国建筑一局（集团）有限公司北京分公司。

列财务数据科学的分析，为企业提供明确的目标和计划，有效规避财务风险，促进企业稳定发展。

（二）完善财务管理工作、提高财务信息质量

市场变化作为经济发展常态，建筑企业更要立足于实际，从大局出发，以开阔的眼界制订科学的工作发展计划，才能在激烈的市场竞争环境中生存。管理会计的优势在于相比其他建筑企业财务管理中的处理办法更为灵活，能够为企业内部管理提供多方面的信息，提高财务信息反馈的多样性，加强财务信息透明度。根据企业的发展情况实行项目动态管理模式，以大数据库为基底分析当前市场发展规律以及经济环境发展的动态趋势，有效规避市场风险，为管理者提供科学可靠的信息数据，提升管理者的决策水平，以此推动建筑企业转型升级。

（三）协调企业内部财务关系、帮助企业进行全面预算

在建筑企业内部，实行全面预算是一项关键动作，能够为建筑企业的各项经济业务活动的开展提供较为全面的基础方案以及科学有效的实施方向。而管理会计作为集现代企业管理与会计学于一体的综合学科，帮助建筑企业财务稳定发挥作用。而将管理会计应用其中，可将人力资源、实物资源、财务资源科学分配，以便于完成全面预算定下的各项目标。同时，管理会计可加强对财务数据的分析预测。精细到具体部门而言，管理会计与部门全面预算相结合，甚至细化到某个时间段内任务与目标，促进部门内部各个具体负责人及与其他相关部门的交流沟通，进一步统筹相关工作。降低因不合理决策造成的经济损失，促进建筑施工企业长远发展目标的实现。

（四）促进企业财务管理转型

建筑企业经营管理的范围在不断开疆拓土的同时，其传统的经营管理方式已无法满足企业经营需求以及运作环境。在此背景下，建筑企业财务管理的范围与需求也在被迫不断增长，管理的内容逐步增加。同时，随着信息技术的发展与运用，基础性的财务管理工作以及基本账务处理被计算机信息技术、人工智能等取代，财务管理的职能由会计核算向财务分析与管理决策方向转变，而管理会计在财务管理中的应用对推动建筑企业财务管理转型可以发挥积极作用。

三、管理会计在建筑企业财务管理中存在的问题

（一）理论知识与工作实际内容没有充分联系

管理会计在我国发展起步时间比较晚，理论倾向过于严重，与实际工作联系严重不搭界。其主要体现在以下方面：一方面，理论方面的研究准备很是充足，但是在实际工作中

无法合适且合理运用；另一方面，运用知识只是停留在局部层面，单纯作为工具应用，而非从战略角度出发。

（二）管理会计的应用环境和法律环境不完善

建筑企业面对的内外经济环境更为复杂，传统的账务核算模式无法满足建筑企业现行需求，全新的会计体系并未应运而生，导致管理会计应用在建筑企业中没有完整的体系支撑。同时，监管缺失也制约管理会计应用水平提升。底部框架的建设缺失、信息平台更新不及时、人员配置未达合理化，都会影响到其高效运转。

同理，任何行业的发展及理论应用都是建立在良好完善的经济法制环境上的，建筑企业管理在进行战略角度决策时更加注重当前法律和社会因素的影响。而对于管理会计提供的各项资源信息只是置于次要的，同时，我国目前尚无相关的法律法规对建筑行业财务管理进行约束与保护，这都阻碍了管理会计在建筑企业财务管理之中的应用。

（三）管理会计人才专业化水平偏低

任何行业的发展都是靠着专业性人才不断提升自我知识水平而推动。同理，目前我国管理会计人才缺失较为严重阻碍着建筑业财务管理中管理会计的引进和深入发展。虽然，大部分建筑企业的财务人员都是经过了系统性的管理会计知识的培训，但大部分的管理会计理论知识都是从西方引进而来，缺少与国内经济环境、法律环境、市场环境相结合，且这些知识内容太过于理论化，难以有效应用于实际的工作当中。

另外，管理会计所需实践性和建筑企业为财务人员对于管理会计的实践提供空间存在相悖，很难让财务人员在实际工作中付诸实践，导致大部分财务人员积极性不高，对管理会计在建筑企业财务管理中的应用产生了负面影响。

（四）管理会计人才不足

管理会计在财务管理中的充分应用需要大量专业知识储备的管理会计人才。以现阶段来看，我国管理会计人才培养的起步较晚，市场上管理会计人才需求量与供应量出现了严重的缺口，这种情况下就需要建筑企业对管理会计人才进行大力培养，提高人员的综合素质，力求为有效应用提供源源不断的人才支持。

从现实情况来看，建筑企业在人才培养体系方面存在缺陷，财务人员知识储备没有被完善，同时简陋的培养机制也无法调动财务人员的学习积极性。尽管在管理会计应用推广中开展了不少的学术活动，但是与实际工作应用关联不大，以至于财务人员参加了不少的活动，但在实际的应用中还是一头雾水。

一般情况下，项目会计一人带一两个项目，不仅因为工作量较大无法接受新的管理会计知识，且原有常用的财务知识也并未牢牢掌握，而管理会计的学习却恰好需要原有财务知识储备丰富，这也是导致了管理会计人才不足的重要原因之一。

四、管理会计在建筑企业财务管理中应用的有效策略

（一）对理论和实践进行相关的整合

从理论层面来讲，我国的管理会计理论层面发展迅猛，但是实际应用方面却充斥着诸多短时间无法解决的问题。然而管理会计是要用科学的理论指导，将管理会计的理论内容和企业的实际经营内容相结合，为了要提高管理会计在建筑业财务管理中应用的科学性，务必要从大局观出发进行应用推广，帮助企业之间的经营活动联系更为紧密。

同时，为了企业更快更好地进行管理会计的应用和推广，不仅要加强财务人员管理会计知识的理论储备，更要鼓励财务人员在应用过程中积极发现实践过程中存在的难点，力求在实践过程中检验理论是否符合我们心理预期。

（二）改善管理会计应用环境

管理会计在建筑企业财务管理中的应用是需要良好的内部环境作为坚定的基石。因此，建筑企业必须根据外部环境的不断变化来调整企业的内部环境，以确保管理会计的应用能够有效进行，为具体的经营管理活动的开展提供规范指导。管理会计在企业的推广应用是一种自上而下的模式，那就需要企业的领导对管理会计有一种正确的自我认知，了解管理会计是企业经营模式以及财务管理转型升级的重要途径。

在全面了解的情况下，加强领导对管理会计的重视，增强管理会计的应用意识，提供良好的应用条件，尽早让管理会计在建筑企业财务管理中能够通顺运行。同时在原有的基础上还要努力在现有的财务组织机构基础上完善管理会计机构，使管理会计工具与具体的管理会计方式方法在财务管理中发挥积极作用，提升管理会计的现有地位。

一旦设立了管理会计组织机构，同时也应科学地设置工作岗位，确保不相容岗位分离，使工作职责更为明确，使各岗位工作人员之间实现互相协作与互相监督，保证管理会计工作顺利有序的开展。

另外，建筑企业的财务管理内容复杂多样，需要工作人员根据实际情况，不断创新会计方法，而管理会计的应用也需要运用发散性思维，不断拓展管理会计范围，研究多样化的会计方法，才能确保管理会计在实际工作中得到有效运用。

如今，不少公司都已经提升了认知，但是在改革方面仍动力不足，就我司而言，在管理会计的落地行动中并未进行有效的开展，应用环境还不足以适应当前的公司发展。就目前而言，更应该以一个项目或者一个大项目部为例，进行试点化操作，建立实验性管理会计落地流程。

（三）提高管理会计信息化水平

在信息技术快速发展与广泛应用的当下，为了提高企业的管理效率和质量，建筑企业在信息化建设方面必须加强，对于企业的整体信息化水平状况要进行不断提升。管理会计

在建筑企业财务管理中的核心推广基础是依靠发达的信息化建设，如果建筑企业当前的信息化建设水平不能达到一定高度，那么必然会影响到管理会计在建筑企业财务管理中的推广。第一点，建筑企业应在统筹规划下建立愈发完善的管理会计信息系统，提升各次级系统之间的衔接紧密性，加强业务管理系统与财务系统的紧密连接，使业务系统的信息能够简单高效地传递到管理会计信息系统中去，便于业务信息能够直接运用，为企业管理会计的稳健推广提供全面准确的信息支持。第二点，管理会计作为在建筑企业财务管理中的新型应用需要大量的信息支持，而重要工作就是进行准确的财务分析，而准确的财务分析就需要大量且准确的信息来作为基础，因此可以看出企业建立一个完善的信息系统是尤为重要的一种途径，只有建立了信息系统才可以保障信息来源的畅通以及保障高水平的信息质量，也可以在一定程度上提升管理会计的水平。同时，管理会计在建筑企业财务管理中的应用也应该加强信息技术的运用，使财务人员在拥有丰富的理论基础下还能利用多样化的信息技术进行管理会计的应用推广，提升财务人员在财务管理工作中的工作质量和工作效率。例如，将大数据、云计算、财务机器人等先进技术应用于财务预算和财务核算的工作当中。

此外，管理会计中可供选择的计算成本方法较多，在实际应用过程中，建筑企业应用管理会计可以根据实际的工作情况灵活选择适用于当前财务工作的管理会计工具。在建筑企业管理会计信息化水平建设的提升过程中，建筑企业也应该将管理会计成本核算工具多样性的特点发挥到极致，将建筑企业中业务系统的信息化建设和具体且合适的管理会计工具结合起来，进而提升企业财务管理信息化建设的程度，使管理会计在建筑企业财务管理中发挥更为重要的作用。

结合当前时下最流行的大数据应用，建立项目管理平台，将工程项目业务管理模块、成本管理模块、财务管理模块、项目资金管理模块融于一体，建立以业务财务为一体的管理会计信息集中库，促使企业的管理会计体系能够高效运转。然后利用管理会计对信息库中的信息进行一系列的加工、处理、分析，及时做好全面预算管理，为成本管控、资金集中管理、招投标管理等决策提供强有力的信息支持，实现增效。

（四）提升管理会计在全面预算中的应用效果

1. 强化业务预算。

业务预算主要包含分包分供预算、成本预算、收入预算等多个方面。在工程款收入预算编制时，管理会计需要将每个项目都视为一个独立的个体进行分别预算，明确项目进度款的时间节点，对项目全期所能涉及的资金流进行合理且具体的预算。在进行分包分供预算时，要把工程项目的进度付款的时间节点作为基础，按照劳务、专业分包、机械、材料、机电、税金等几大模块进行具体的资金流单项预算。在进行费用预算时，不仅要分为直接费用预算和间接费用预算，还有对各个业务部门的总体情况进行汇总。

同时，在进行投标预算时，也要对所投标项目进行最大限度的精准报价。在施工预算中，将施工成本占总成本的比例降到最低。

2. 强化专项预算。

管理会计在建筑企业专项预算中应用水平的提升，需要注意两个方面：融资预算和投资预算，这就需要将建筑企业在某个项目中的现金流入、流出进行统一的财务安排，将企业发展战略与普通资本性投资预算相结合，对于投资时间较长、涉及金额相对较大的，需要进行事前单独的论证和审批，通过审批之后，将其纳入企业专项预算中。不管是在公司层面还是项目层面，预算以外突发情况时常发生，经常会导致预算不足，此时专项预算的重要性便凸显出来。

3. 增强财务预算。

主要需要将企业整体预算期内所有现金的收入与支出、经营成果及财务运营状况全面反映出来，包含现金流量表预算、资产负债表预算及利润表预算等方面。由于财务预算是建筑企业的总预算，因此，管理会计在财务预算中应用时，需要将企业内部各个层级的职能、经济等方面的关系全部梳理。

同时，对预算指标和经营指标进行对比，及时发现建筑企业在开展各项工作中的偏差，并采取针对措施进行整改，确保企业各项活动的经济指标均在可控范围。项目财务也可以将自己项目作为单位，进行现金流预算、分包分供的成本预算，以及直接费用和间接费用的预算，确保项目现金流不会突发断裂，保证项目存贷差始终为正。

（五）提升管理会计对成本控制的效果

1. 全面做好人工成本控制。

在具体操作时，需要按照“按劳分配”的基本原则，同时需要给技术人员将新技术、新方法、新工艺应用到具体实践中一定的激励，有效提升建筑企业的劳动生产效率，保证企业的有效用工。

2. 全面做好材料成本控制。

由于建筑企业中每一个项目的工期都比较长，涉及的方方面面又比较多，这也导致了在具体的实施过程中，所涉及的材料类型和数量也是非常庞大的。因此对于材料成本的把控也是极其关键的一点。所以在具体实施的过程中，应当从建筑材料的采购、验收、领用、消耗等方面入手，做出支出和计划管理，全面进行管理控制。用管理会计中的相关理论方法确保实际需要与最初的材料消耗预算相一致，做到精打细算。

3. 全面做好机械成本控制。

建筑企业在施工全过程中所用的各种类型的机械设备比较多，所以在具体的应用过程中，要结合实际，无论是自购还是租赁设备时，都应该进行优劣决策。要从市场行情出发，对机械的价格进行科学的确定，择优选择。同时，将机械的使用周期进行合理且科学的规划，最大限度地减少机械的使用周期，从而提升机械的使用率，降低机械使用成本。

4. 全面做好分包成本控制。

在我国建筑业最常见的一种建设方式就是建筑分包。在具体的实践时，首先，应在法律法规的允许范围内开展各项分包工程；其次，要全方面综合考量分包能力、分包资质以及分包过往的业绩等方面进行分包队伍的选拔；最后，在分包方履约过程中对产品、服务质量进行全方位的管控。在支付工程款时，也应该按照合同履约进行，按合同约定的工程时点进行结算。

5. 全面做好间接费用控制。

建筑工程不仅在材料、机械、人工成本方面耗用量大，类型多，同时间接费用在项目整体运营过程中也占了一大部分。所以管理会计在具体使用时，要从科学的角度对差旅费、办公费以及人员薪酬进行控制，力求最大限度地发挥员工的工作价值，降低间接费用的支出，提升项目总体的资金使用水平。

（六）强化管理会计在资金管理中的运用

施工企建筑企业固有属性之一就是建设周期长、资金垫付比例极高、款项收回慢（好多项目都是节点收款而非月度收款），导致企业财务长期高杠杆，因此要加强管理会计对企业资金的集中管控能力，防范高杠杆给企业带来不利的影响。此时，企业可通过资金管理会计报告进行大数据分析，实时督促各业务部门及时收回投标保证金、工程进度款、质量保证金等资金，力求加速资金回笼。要在法律允许范围内，充分利用商业信用，延迟应付款项的支付。努力推动各项目工程部强化成本管理理念，通过资金管理，合理控制开支，实现降本增效。

建筑业在复杂的市场环境中能够顺利运营下去是离不开招标、投标两项重要工作的，招投标结果在一定程度上决定项目“先天”的效益情况。因此，在招标投标过程中强化管理会计的参与度，结合企业实际情况参与中标交底测算，从而对公司所招标投标项目进行预测。尤其是在企业招标时要对与财务有关的条款重点关注，包括投标保证金、履约保证金以及付款条件、税务信息等方面。不仅要在事中、事后参与进去，更要做好事前财务管理的融入，给企业经营分析成果提供一个高质量的保障，以确保招标质量。

（七）提升管理会计在建筑企业绩效评价

管理会计拥有一系列行之有效的计算方法，届时管理会计也可以根据建筑企业特点设计出一整套符合建筑企业特点的绩效评价体系，并从强大的信息数据库中筛选最为精确的数据信息进行引用。主要包含绩效评价标准、评价方法、评价指标、评价制度等。整个过程中需要秉持适应性、科学性、规范性、公正性及客观性的原则。主要包含如下方面：

1. 明确考核标准，构建激励机制。

首先，以定量和定性相结合制定出明确的工作任务与工作职责；其次，对绩效考核对象进行培训、面谈，确保能全面掌握业绩指标的设定情况，以便于其能够有针对性地进行提升与改进；再次，结合工作类型、工作岗位设定出合理的考核周期；最后，通过管理会计信息库，对考核信息进行收集、传送，并在此基础上进行数据的分析与管理，从而构建出完善的绩效考核激励机制。

2. 制定出科学的考核评价反馈制度。

对所有考核对象的考核结果进行全面细致的审查，并公开绩效评价结果，从而真正在企业员工心中树立“劳有所得，多劳多得”的分配观，从而提升企业整体绩效，实现企业利益与员工个人利益“双赢”。

（八）加强管理会计人才的培养

随着财务机器人、大数据、云计算等互联网信息技术在财务管理中的应用，很多基础性财务工作将会被取代，从事基础性财务工作的人员也将面临淘汰。面对这种情况，建筑企业应通过各种宣传平台，使财务人员认识到自身的不足，促使工作人员积极主动学习新知识，提高自身的综合素养，以适应财务管理工作环境的变化。

建筑企业应建立完善的培训机制，聘请专业的管理会计人才对财务工作人员开展专业的培训活动，使财务人员掌握更多的管理会计知识，促使企业的财务人员由传统的财务会计向管理会计方向转变。在培训活动中，建筑企业应将经济、管理、法律、建筑工程等方面的基础知识纳入培训体系中，以提升财务人员的综合素养，为企业建立一支复合型人才队伍。

五、结束语

在日益复杂的市场经济环境中，管理会计可以发挥重要的作用，企业利用财务分析与管理职能可以制定出更加合理的战略规划，同时，在企业经营管理活动中运用管理会计，也有助于企业转型升级。建筑企业在财务管理中应用管理会计应从改善管理会计应用环境、培养管理会计人才、提高管理会计信息化水平等方向入手，为管理会计在财务管理中的应用打好基础。在此基础上，建筑企业的财务人员应加强理论与实践之间的联系，积极运用各种管理会计工具，不断提升企业财务管理水平，为企业可持续发展提供保障。

参考文献

[1] 孙新峰．管理会计在建筑企业财务管理中的应用．中国乡镇企业会计，2020-03-10.

[2] 姚雪英．新经济环境下管理会计在建筑企业中的应用．经济管理者，2019-09-10.

[3] 李良．管理会计在建筑施工企业财务管理中的应用分析．现代营销（下旬刊），2019-03-25.

[4] 邓胜全．管理会计在建筑企业财务管理中的应用探索．中国市场，2019-03-08.

[5] 王李明．管理会计在建筑企业财务管理中的应用探讨．财会学习，2019-10-05.

杜邦分析法在国有企业管理会计中的应用

——以中国建筑为例

黄楚芸

摘要： 建筑业是国民经济的重要物质生产部门，它与整个国家经济的发展、人民生活的改善有着密切的关系。中国正处于从低收入国家向中等收入国家发展的过渡阶段，建筑业的增长速度很快，对国民经济增长的贡献也很大。本文基于杜邦分析体系，选取建筑行业内具有代表性的企业作为研究对象，按照杜邦分析法相关指标对中国建筑财务数据进行分析，分析中国建筑的盈利能力、运营能力和偿付能力，最后找出中国建筑存在的问题和解决对策。

关键词： 杜邦分析法　盈利能力　运营能力　偿付能力

一、公司概况

中国建筑集团有限公司，简称中建集团，正式组建于1982年，其前身为原国家建工总局，是为数不多的不占有大量的国家投资，不占有国家的自然资源和经营专利，以从事完全竞争性的建筑业和地产业为核心业务而发展壮大起来的国有重要骨干企业。

中建总公司是中国专业化经营历史最久、市场化经营最早、一体化程度最高的建筑房地产企业集团之一，拥有从产品技术研发、勘察设计、工程承包、地产开发、设备制造、物业管理等完整的建筑产品产业链条，是国内唯一一家同时拥有“三特”资质、“1+4”资质和建筑行业工程设计甲级资质的建筑企业。

二、杜邦分析法

杜邦分析法是利用几种主要的财务比率之间的关系来综合地分析企业的财务状况。具体来说，它是一种用来评价公司赢利能力和股东权益回报水平，从财务角度评价企业绩效的一种经典方法。其基本思想是将企业净资产收益率逐级分解为多项财务比率乘积，这样有助于深入分析比较企业经营业绩。

采用这一方法，可使财务比率分析的层次更清晰、条理更突出，为报表分析者全面仔细地了解企业的经营和盈利状况提供方便。

作者简介：黄楚芸，项目成本员，中建一局集团建设发展有限公司。

杜邦分析法有助于企业管理层更加清晰地看到权益基本收益率的决定因素，以及销售净利润与总资产周转率、债务比率之间的相互关联关系，给管理层提供了一张明晰的考察公司资产管理效率和是否最大化股东投资回报的路线图。

三、基于杜邦分析模型的分析

利用企业的资产负债表和利润表，分别计算杜邦分析法体系中的各项指标，将计算出来的指标分别纳入杜邦分析法体系中，并利用各项指标对企业的盈利能力和经营效果进行比较分析（见表1）。

表1　企业的各项指标　单位：亿元

年份	2009	2010	2011	2012	2013	2014	2015	2016	2017	2018
资产总额	2 961	3 978	5 135	6 517	7 841	9 191	10 750	13 920	15 510	18 620
负债总额	2 050	2 945	3 940	5 121	6 195	7 222	8 361	11 010	12 090	14 330
所有者权益总额	9 119	1 033	1 195	1 396	1 646	1 969	2 388	2 910	3 417	4 293
营业收入	2 604	3 707	4 913	5 715	6 818	8 000	8 806	9 598	10 540	11 990
净利润	95.06	147.2	194.5	227.8	293.3	331.8	359.4	411.7	466.5	553.5
净资产收益率	10.44%	14.21%	16.35%	16.40%	17.81%	16.86%	15.06%	14.15%	13.68%	12.83%
总资产收益率	3.21%	3.69%	3.80%	3.51%	3.74%	3.61%	3.35%	2.96%	3.01%	2.96%
营业净利率	3.65%	3.97%	3.96%	3.99%	4.30%	4.15%	4.08%	4.29%	4.43%	4.62%
总资产周转率	0.88	0.93	0.96	0.88	0.87	0.87	0.82	0.69	0.68	0.64
权益乘数	3.25	3.85	4.3	4.67	4.76	4.67	4.5	4.78	4.54	4.34
资产负债率	69.23%	74.03%	76.73%	78.58%	79.01%	78.58%	77.78%	79.09%	77.95%	76.96%

（一）净资产收益率分析

1. 中国建筑净资产收益率报表分析。

净资产收益率，是净利润与平均股东权益的百分比，是公司税后利润除以净资产得到的百分比率，该指标反映股东权益的收益水平，用以衡量公司运用自有资本的效率。指标值越高，说明投资带来的收益越高。该指标体现了自有资本获得净收益的能力（见图1）。

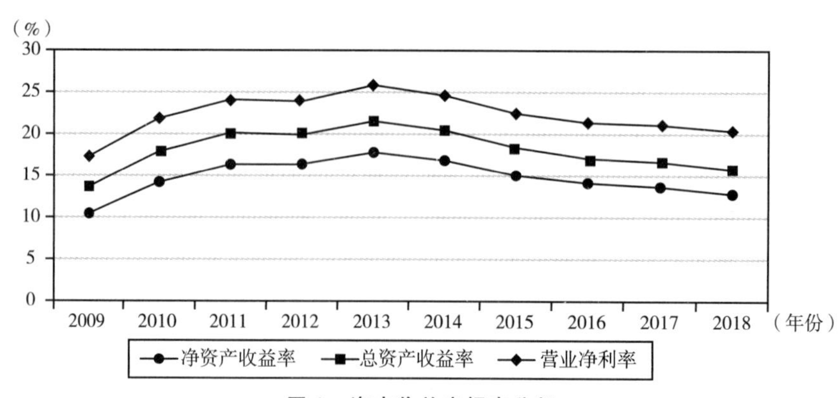

图1　资产收益率报表分析

中国建筑的净利润在2009～2018年呈现逐年上升的现象，从2009年的95.06亿元上升到2018年的553.50亿元。但是净资产收益率在2013年出现峰值达到17.81%，随后开始下降，从2013年的17.81%下降到2018年的12.83%。

查阅年报可知，中国建筑以房屋建筑工程、基础设施建设与投资、房地产开发与投资、设计勘察四个板块为主，四者合并接近100%。房屋建筑工程主要成本构成为原材料、分包成本、人工成本等；基础设施建设与投资主要成本构成为原材料、分包成本、人工成本等；房地产开发与投资主要成本构成为建筑安装成本、土地成本、开发间接费用等；设计勘察主要成本为人工成本、设备租赁等。

在2013年房屋建筑工程、基础设施建设与投资、房地产开发与投资、设计勘察四个板块在营业收入的占比分别为71.80%、14.30%、12.90%和1.00%。而在2018年房屋建筑工程、基础设施建设与投资、房地产开发与投资、设计勘察四个板块在营业收入的占比分别为60.63%、23.16%、15.41%和0.79%。可以发现，房屋建筑工程的业务占比有所下降，而基础设施建设与投资和房地产开发与投资的业务占比不断上升。对于中国建筑而言，2013～2018年属于转型阶段，业务板块从房屋建筑工程向基础设施建设与投资和房地产开发与投资板块转移，而房地产开发与投资主要成本构成为建筑安装成本、土地成本、开发间接费用等，其中土地的投入较高，前期投入较高，业务周期长，以至于在短期内利润较少，导致公司的净资产收益率降低。

2. 连环替代法分析净资产收益率。

在杜邦模型中，净资产收益率可以称得上是该模型的核心所在，它可以从多角度进行分析企业的盈利能力。通过对财务指标的分解，可以得出该因素的计算方法：

净资产收益率＝营业净利率×总资产周转率×权益乘数

通过该计算方法，我们可以计算出中国建筑2017年和2018年的净资产收益率，如下：

2018年净资产收益率12.83%＝4.62%×0.64×4.34

2017年净资产收益率13.68%＝4.43%×0.68×4.54

2018年净资产收益率与2017年净资产收益率差值＝－0.84%

通过对中国建筑2018年计算出来的数据进行研究，以此为基础对影响净资产收益率的因素进行分析，通过使用连环替代法来具体研究三项因素（销售净利率、总资产周转率、权益乘数）对资产净利率的影响。

2017年净资产收益率　4.43%×0.68×4.54＝13.68%　①

替代营业净利率　4.62%×0.68×4.54＝14.27%　②

替代总资产周转率　4.62%×0.64×4.54＝13.42%　③

替代权益乘数　4.62%×0.64×4.34＝12.83%　④

2018年营业净利率对净资产收益率的影响为：②－①＝14.27%－13.68%＝0.59%，

2018年总资产周转率对净资产收益率的影响为：③－②＝13.42%－14.26%＝－0.84%，

2018年权益乘数对净资产收益率的影响为：④－③＝12.83%－13.42%＝－0.59%，

三项因素对净资产收益率的综合影响为：0.58%－0.84%－0.59%＝－0.84%。

通过分解可以看出，2018年净资产收益率主要受营业净利率的正面影响，使净资产收益率指标上升 0.59%，但是其受总资产周转率和权益乘数的负面影响，下降 1.43%。综合分析，净资产收益率总体下降了 0.84%。

利用上述连环替代法可计算得出 2009～2018 年中各年较上年销售净利率、总资产周转率和权益乘数对净资产收益率的影响程度。

从表 2 可以看出，营业净利率对净资产收益率的平均影响为 0.04%，总资产周转率对净资产收益率的平均影响为 -0.06%，权益乘数对净资产收益率的平均影响为 0.05%，所以营业净利率、总资产周转率以及权益乘数三项因素对中国建筑净资产收益率的平均影响相差不大。对上表中的因素进行分析只是粗略了解一下影响企业净资产的几个方面，若想对其进行综合的研究分析，那么还需要对以上三个的相关因素做具体的研究。

表 2　2009～2018 年各参数对净资产收益率的影响程度

年份	2010 年较 2009 年	2011 年较 2010 年	2012 年较 2011 年	2013 年较 2012 年	2014 年较 2013 年	2015 年较 2014 年	2016 年较 2015 年	2017 年较 2016 年	2018 年较 2017 年
营业净利率的变动对净资产收益率的影响	0.92%	-0.04%	0.12%	1.27%	-0.62%	-0.28%	0.77%	0.46%	0.59%
总资产周转率的变动对净资产收益率的影响	0.65%	0.46%	-1.37%	-0.20%	0.00%	-0.95%	-2.51%	-0.21%	-0.84%
权益乘数的变动对净资产收益率的影响	2.22%	1.71%	1.30%	0.34%	-0.32%	-0.57%	0.83%	-0.72%	-0.59%

（二）营业净利率分析

营业净利率是指净利润与营业收入的比率，它反映企业营业收入创造净利润的能力。营业净利率是企业销售的最终获利能力指标，比率越高，说明企业的获利能力越强（见图 2）。

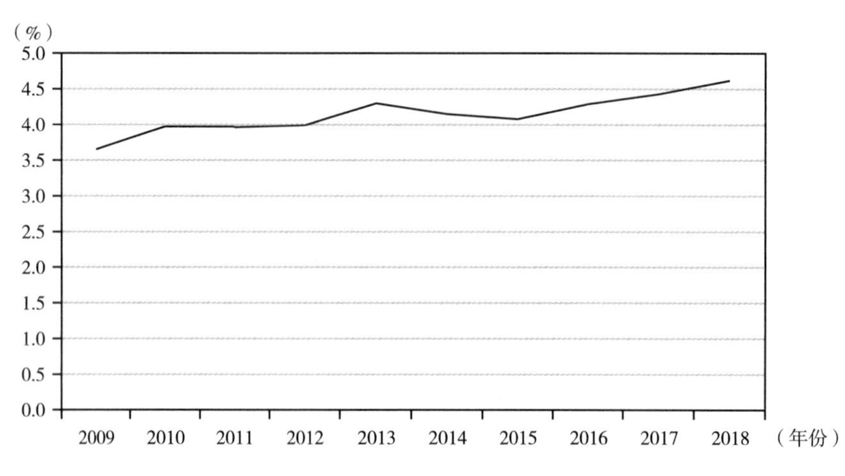

图 2　营业净利润分析

从图2可以看出，2009~2018年，中国建筑的营业净利率呈波动上升的趋势，但是工程业务的营业净利率总体偏低。2014年和2015年中国建筑营业净利率大幅下滑，主要原因有两个方面：宏观方面，全国范围内货币环境宽松，经营业绩虽持续攀升，但是增速已经放缓；微观方面，与企业成本控制因素密不可分。

（三）总资产周转率分析

总资产周转率是企业一定时期的销售收入净额与平均资产总额之比，它是衡量资产投资规模与销售水平之间配比情况的指标。

运用总资产周转率分析评价资产使用效率时，还要结合销售利润一起分析。对资产总额中的非流动资产应计算分析。总资产周转率越高，说明企业销售能力越强，资产投资的效益越好。

2009~2018年，中国建筑总资产周转率呈波动下降态势，从2008年的0.88下降至2019年的0.64。经查阅公司年报并计算分析可知，历年间，公司营业收入年增长率总体低于总资产的年增长率，因此总资产周转率波动下降（见表3）。

表3　总资产周转率分析　单位：亿元

年份	2009	2010	2011	2012	2013	2014	2015	2016	2017	2018
营业收入	2 604	3 707	4 913	5 715	6 818	8 000	8 806	9 598	10 540	11 990
资产总额	2 961	3 987	5 135	6 517	7 841	9 191	10 750	13 920	15 510	18 620
总资产周转率	0.88	0.93	0.96	0.88	0.87	0.87	0.82	0.69	0.68	0.64

从前面的分析可知，中国建筑主要板块有以房屋建筑工程、基础设施建设与投资、房地产开发与投资、设计勘察，由于基础设施建设与投资和房地产开发与投资的业务占比不断上升，导致公司营业收入年增长率总体低于总资产的年增长率。

（四）权益乘数分析

衡量偿付能力的指标主要是权益乘数，权益乘数是一种杠杆，具有放大净资产收益率的作用，权益乘数的大小能够反映企业负债经营的程度，合理地利用权益乘数和负债去经营，有利于企业扩大生产规模，拓宽市场，当然，不合理的负债会使企业面临风险，资产负债率是分析偿付能力最重要的指标。

2009~2018年，中国建筑权益乘数呈波动上升态势，从2009年的3.25上升到2018年的4.43，说明公司在持续加大财务杠杆的运用。通过对比中国建筑的总资产报酬率与净资产收益率，可看出各年度的净资产收益率都比总资产报酬率高，说明中国建筑总体表现出的是正财务杠杆效应，企业取得的收益由债权人流向了股东，从而为股东创造了财务杠杆收益，使企业债务结构控制在合理水平（见表4）。

表 4 权益乘数分析 单位：亿元

年份	2009	2010	2011	2012	2013	2014	2015	2016	2017	2018
资产总额	2 961	3 978	5 135	6 517	7 841	9 191	10 750	13 920	15 510	18 620
负债总额	2 050	2 945	3 940	5 121	6 195	7 222	8 361	11 010	12 090	14 330
权益乘数	3. 25	3. 85	4. 3	4. 67	4. 76	4. 67	4. 5	4. 78	4. 54	4. 34
资产负债率	69. 23%	74. 03%	76. 73%	78. 58%	79. 01%	78. 58%	77. 78%	79. 09%	77. 95%	76. 96%

四、改进措施及预期效果

(一) 优化公司业务结构

在 2018 年会计期内，营业收入同比增长 13. 80% 金额至 11 993. 00 亿元。房建业务实现营业收入 7 242. 00 亿元，同比增长 15. 90%，毛利率为 6. 70%；仍是最主要收入贡献板块；基建业务营业收入 2 767. 00 亿元，同比增长 19. 80%，毛利率为 8. 40%；房地产业务营业收入 1 841. 00 亿元，同比增长 2. 70%，毛利率为 35. 00%。虽然房地产业务毛利率较高，但是在公司转型过程中，向房地产业务板块转型需要投入较大的资金，会降低净资产收益率。

(二) 稳定公司投资效益

由于历年间公司营业收入年增长率总体低于总资产的年增长率，导致总资产周转率波动下降。公司要想提高投资效益，需要提高公司的营业收入增长率，在总资产稳步提高的情况下尽可能地提高公司的营业收入。

(三) 优化公司债务结构

2009～2018 年，中国建筑在持续加大对财务杠杆的运用。虽然各年度的净资产收益率都比总资产报酬率高，表现出的是正财务杠杆效应，但是企业在未来使用财务杠杆的过程中需要控制公司的债务水平，使公司的资产负债率维持在一个稳定的水平，并且及时监控公司的权益乘数，让公司保持正财务杠杆效应，使企业取得的收益由债权人流向了股东，为股东创造了财务杠杆收益。

五、结论

综上所述，杜邦分析法以权益净利率为主线，将企业在某一时期的销售成果以及资产营运状况全面联系在一起，层层分解，逐步深入，构成一个完整的分析体系。它能较好地帮助管理者发现企业财务和经营管理中存在的问题，能够为改善企业经营管理提供十分有价值的信息，因而得到普遍的认同并在实际工作中得到广泛的应用。

但杜邦分析法毕竟是财务分析方法的一种，作为一种综合分析方法，并不排斥其他财务分析方法。相反与其他分析方法结合，不仅可以弥补自身的缺陷和不足，而且也弥补了其他方法的缺点，使分析结果更完整、更科学。例如，以杜邦分析为基础，结合专项分析，进行一些后续分析对有关问题作更深更细致分析了解；也可结合比较分析法和趋势分析法，将不同时期的杜邦分析结果进行对比趋势化，从而形成动态分析，找出财务变化的规律，为预测、决策提供依据；或者与一些企业财务风险分析方法结合，进行必要的风险分析，也为管理者提供依据，所以这种结合，实质也是杜邦分析自身发展的需要。分析者在应用时，应注意这一点。

参考文献

[1] 畅想．杜邦分析法在企业财务分析中的应用——以统一企业为例［J］．财会学习，2020（3）：217－218.

[2] 刘英达．杜邦分析法在企业财务分析中的运用［J］．中国管理信息化，2019，22（24）：40－41.

[3] 李海燕，肖丹．杜邦分析法在公司财务分析中的运用［J］．合作经济与科技，2019（23）：144－146.

[4] 笪建军．公司财务能力的多维度诊断探析［J］．财会通讯，2019（32）：54－58.

[5] 林小健．基于杜邦分析法的港口企业绩效评价——以厦门港务发展股份有限公司为例［J］．交通财会，2019（11）：70－73.

建筑业研发费用的加计扣除

侯红妹　毕　翔　王晓蓉　段炤彤

摘要： 由于中国产业结构正在进行逐步调整和完善，市场对公司的创新技术提出了越来越高的要求，同时，国家也在持续推动着市场向“中国创造”的方向上前进，如在国家自主创新示范区试行所得税试点等政策，正在引领市场向更高质量结构迈进。在此背景下，企业应响应国家创新税收政策，以增加利润并推动公司高质量发展。本文介绍了中国建筑企业的科学技术研究和创新的现状，以及与税收优惠和免税政策相关的研发成本增加相关的会议和文件，并指出了建设面临的困难和建设革新。建设税收优惠政策的完善为企业创新改造提供了契机和动力，为建筑企业的升级改造提供了实际支持。

关键词： 研发费用　税收优惠政策　科技　创新升级

“十三五”的重点之一是实施创新驱动战略，完善研发费用减税优惠政策，促进企业加大研发力度，促进结构调整的实施。对目标结构进行创新驱动发展的战略性减税措施刺激了有效投资，并通过“大众创业和创新”促进了产业转型和升级。我国的研发税收激励政策允许公司扣除研发费用，这对提高我国企业的竞争力和国家的整体实力起着重要作用。但是，社会各界对改革和完善研发费用超额扣除政策的呼声很高，这主要体现在研发活动范围狭窄、享受额外的税收减免政策以及在支出范围内的额外税收减免。税收减免政策以及企业实际发生的研发支出差距很大，公司的财务会计要求非常高，而且报告和审批过程烦琐。在借鉴国际经验的基础上，从迫切需要完善超重扣除政策和未来政策调整方向的角度，对税收政策提出了多角度、多层次的建设性意见，完善税收激励政策，2016 年开展科技创新，着力提高自主创新能力，着力支持实体经济发展和产业优化升级，着力促进创新，着力实现创新谋生，加快核心创新，着力转变和运用成果。开展改革任务，促进科技创新和企业家精神，提高创新供应的质量和效率，支持供应方的结构性改革，不断创造新的经济增长点和传统行业转型与持续升级。中国传统的劳动密集型产业，即建筑业，需要融入这种产业转型趋势，唤起我们对当前工业创新现状的思考。

作者简介：北京中建建筑科学研究院有限公司，正高级会计师侯红妹、中级会计师毕翔、会计王晓蓉、会计段炤彤。

一、我国建筑施工企业科研创新现状

（一）科研创新意识不到位导致资金投入不足

尽管从计划经济时代过渡到市场经济运行，并且从粗放型管理过渡到信息管理，但中国的建筑业作为国民经济的传统支柱产业，仍然是劳动密集型产业，依存度低，革新创造能力不足。此外，建筑公司的科学成果并没有带来直接的经济利益。很少有建筑公司将其发展战略定位为高科技建筑公司。因此，在住房和城乡建设部颁发的总承包企业资格条件下，中国建筑企业对科研和创新作用的认识往往局限于企业的相关要求、获得国家科学技术进步奖或编辑国家或行业标准等科学技术成果。正是由于对科学研究和创新策略的了解不足，建筑公司经常在科学研究和创新活动上投入较少，形成了自负盈亏的局面。

在我国，大中型建筑企业的科研投入往往不到企业建筑产值的1%。超过90%的小型建筑公司除了零星购买通用设备外，对研究经费的投资很少，而《财富》500强公司的研究经费通常高达5%~10%。

（二）科技人员结构不合理导致科研创新的趋同性

我国的建筑企业主要是劳动密集型企业，人员比例结构处于严重失衡状态，高级工程技术人员特别是高素质的科研人员严重短缺。

项目经理受到其专业知识以及对项目进度、质量和效率的追求的限制，他们对科学研究和创新活动的了解不足，并且常常不重视科学技术活动的管理。一线工人认为，科学研究活动是工程技术人员的工作。只要按照安排进行场地建设，传统的固有思维方式就会忽略建设过程中对科学技术活动的总结，大大降低了科研创新的积极性。中国整个建筑行业的创新是趋同的，即科学研究的形式主要是模仿性创新。在新材料、新工艺和新专利的推广和应用中，原始的科研成果经常被吸收，然后进行再创新，这不仅偏离了国家要求的前瞻性创新，而且导致了整个建筑公司缺乏核心竞争力。

（三）缺乏完善的科研管理制度导致创新流于形式

科学、规范、激励、限制性的科研经费管理制度的形成，可以有效地调动科研人员的积极性，促进高质量创新成果的输出，提高科研投入的绩效，这是改进的关键。但是就目前中国建筑公司的状况而言，科研部门并不是公司盈利能力的核心部门，因此该体系的总体建设还不够完善，责任还不到位。科学研究和创新项目的建立需要项目的其他部门和一线人员的参与，现在仅限于少数高科技人员。在没有部门和一线人员促进科学研究和创新的情况下，创新往往是被动和应付的。材料设备部与科研部协同办公能力不强，由于基础数据不足，财务部门无法准确划分用于研究经费的材料、设备和相应的折旧。同时，在缺乏激励机制的情况下，各个部门的员工更容易懈怠，导致科研活动只注重于形式化。

二、建筑企业研发费用的加计扣除面临的困难

（一）科研活动资金流不足

尽管中国的建筑公司历史悠久，规模较大，但从 2005 年至今，国内外大型建筑公司的资产负债率和营业利润率的比较，国内建筑公司一直处于高负债、低产能状态，运营质量差。

尽管研发费用加计扣除政策的改进极大地鼓励了建筑公司增加对科研的投入，但它们也必须在扣除之前进行科技投入，这意味着建筑公司必须承受更加紧张的资金支付压力。在支付研发成本的同时，也冒着研发无法产生经济利益的风险，因此，大多数公司宁愿专注于短期利益并观察其变化，而不愿冒险陷入困境。为此，如何打开配套的金融市场，引入发展资金，振兴国内建筑企业的资金流动，已成为建筑企业转型升级的又一关键。

（二）科研活动立项因缺失专业团队缺乏前瞻性

优惠研发费用的范围不断扩大，相应的制约因素也随之而来。现有产品以及服务的直接应用的定期升级、技术材料或过程的反复或简单更改，均不适用税前附加扣除政策。这对科研活动的创新提出了更高的要求。建筑业中科学研究活动的形式与其他行业不同，它严重依赖于实际项目，所有新流程和专利的开发必须源于项目建设的持续总结和测试，以便于更好地服务项目。为此，原则上要求建筑公司确定创新点，合理布局和仔细规划，以免在科研发展战略和科研项目规划中趋于一致，同时还要考虑合同项目的条件和公司自身的研发实力。

但是，鉴于国内建筑公司的现状，技术创新形成的企业转型升级的新趋势才刚刚形成。如果人员比例严重失衡，缺乏系统和专业的科研团队，那么改变不可能一蹴而就。这就要求在科研环境和平台上依靠国家的指导和支持，以使建筑公司能够生存。

（三）缺乏完善的科研管理制度

这项政策调整简化了政府的权力下放，简化了研发费用的收取和会计管理，也就是说，只要会计公司具有良好的会计核算基础，并且能够准确地收取研发费用，所有居民企业都会无须为使用研发费用备案系统进行额外扣减，也无须为研发费用建立单独的账户，只需要根据研发账户设置一个辅助账户。但是，简化并不意味着省略。有关政策仍然对会计和管理提出了相应的要求，对于实际发生的各种研发费用，企业应当将研发费用和生产经营费用分开核算，并准确合理地收取各项费用。如果划分不明确，则无法进行其他扣除。这意味着迫切需要为相关项目、技术中心、财务和其他相关部门建立系统的科研管理系统。财税〔2015〕119 号明确规定：“税务部门应加强对研发费用减免优惠政策的跟踪和管理，并定期检查。年检面积不应少于 20%”。也就是说，每个企业应在五年之内扣除研发费用，必须进行所有后续检查，在税务部门简化管理和下放权力之后，将研发费用的

扣除额转给企业。如果企业内部控制不好，这些优惠政策使用不当或理解不正确，就会在后续的税务稽查中带来税务风险。

建筑企业的科学研究取决于实际项目，在运营和生产中也需要材料采购。正确的收款和专项会计已成为管理系统的关键。但是，在缺乏有效管理体系的建筑企业中，最基础的科学研究数据可能无法被系统地收集和归档，这进一步影响了研发成本和生产经营成本的单独计算。为了真正享受国家创新政策的好处，建筑公司必须加强管理，实践内部技能并增强核心竞争力。首先，建立健全企业研发活动的内部控制制度，为税收核查提供必要的保证；其次，规范项目的开发管理、项目审批、过程监督和成果验收；最后，规范企业研发活动及会计管理和研发支出的文件存储。因此，建立科研管理制度是否可以调动各部门员工的积极性，是否可以有效实施，对建筑企业的管理提出了新的挑战。

三、完善建筑业研发费加计扣除税收政策带来的机遇和动力

（一）享受研发活动范围的扩大带来科研新思潮

旧政策的研发活动范围要求更高，而新政策在否定列表中使用枚举方法，除列出的研发活动之外的所有研发活动都在扣除范围之内。同时，它也强调创意设计活动是可抵扣的研发活动。显然，房屋建筑工程设计的特殊设计（绿色建筑评估标准为三星）和园林工程都可以享受减税优惠。

随着市场需求的促进和国家财税政策的支持，建筑公司将由基于图纸的总承包方式转变为将项目设计与施工、沟通与交流结合在一起的总承包方式。彼此合作，进行资源分配，优化组织结构，形成规模经济，增强建筑公司技术创新的动力。例如，在万科，预制建筑构件一直在稳步发展。为了促进和实现一般施工承包，设计能力是关键。目前，建筑公司已基本建立了技术中心，并已申请省或国家技术中心。经过多年的技术创新和积累，它们还具有大量的科技成果，包括施工方法、专利、国家标准、商业标准和地标性建筑。这无疑将为建筑业和建筑企业提供资金支持，以扩大其科研活动，并带来技术创新的新趋势。

（二）享受研发费用范围增加带来新活力

工业新技术的建设和专利研究与开发高度依赖于实际项目。不可能将研发中心限制在办公楼或实验中，并且研发材料不能完全独立于项目而存在。同时，作为劳动密集型企业而不是知识创新型企业，建筑公司通常需要依靠国家、大学和其他科技资源，外部专家等方法来加强与大学和科研机构的合作。通过沟通与合作，整合社会资源来促进研发的发展。

这项政策调整在原始扣除额的基础上，还将外部人工成本、试制品检验费、专业咨询费、高科技研发保险费以及与研发直接相关的差旅和会议费等计入研发费用扣除范围。同时，新政策还透露了将研发活动外包给外部机构和个人的实际成本的80%包含在专员的研

发和其他成本中计算扣除额。对于合作开发的项目，由自身实际研发费用的额外扣除额单独计算。这将使建筑公司的科学研究活动采取“走出去并引进”战略，打破基于模仿的科学研究模式，并为技术创新带来新的活力。

（三）研发费用追溯享受带来资金支持

这项政策调整最令人鼓舞的方面是，只要满足当前的减税要求，就可以追溯到三年前。这意味着在上一年的实际实施过程中，建筑公司最初满足条件但未声明，也可以在进行会计核算时向税务机关提出申请。例如，根据旧的政策，当企业在上一年缴纳企业所得税时，为了扣除研发费用，只有直接从事研发活动的“在职”人员得到了报酬和社会保障，或者其工具专门用于研发活动的设备折旧额外扣除；但是根据当前的政策法规，“外聘”研发人员的人工成本以及用于非专业研发活动的仪器和设备的折旧或租赁应缴纳的所得税可以预先扣除，并可以往前追溯 3 年。这项政策不仅积极地缓解了研发活动的定义和成本扣除范围给建筑公司带来的困扰，而且还间接注入了资金支持。这种“意想不到的幸福”使企业更愿意对科学研究活动计划和预算，并促进科学研究活动的标准化发展。

（四）减少审核程序提高科研活动经济效益

过去，建筑公司经常进行相应的科学研究活动，如国家工程方法和专利，以申请或保持适当的资格。在很大程度上，它坚持“经济利益”原则，并且经常对科研支出采取“平均”态度。主要原因是建筑公司的研发活动通常是专业且微不足道的，并且税务代理人不熟悉相关行业和业务流程。根据原始政策，必须在年度报告期间将所有有效的证书提供给税务机关，税务机关对企业宣布的研发项目有异议时，企业必须提供科学技术部门的身份证明。两次交流的审批过程直接导致科研活动的经济效率低下，浪费了企业资本的机会成本。因此，在建筑企业中缓慢开展科学研究活动是合理的。

调整后的程序旨在简化公司用于事后备案管理的额外税收减免。公司保留相关信息，以备将来参考。它不必由税务机关获取，验证后，税务机关将提供。如果对研发项目有任何异议，则税务机关直接与科学技术部门进行协商，然后由科学技术部门提供徽标。企业享有更加便捷、直接、高效的政策渠道、能提高科研活动的经济效益。

四、结论

有关政策的出台一定会在一定程度上促进建筑企业的创新和升级，分解仅针对项目本身或形式的简单模仿创新，并将技术创新纳入中国企业建设的企业战略。如今，建筑公司始终坚持以技术和管理两轮驱动为主要发展战略，加大对科学技术的投入，开发和引进高端管理人才，创新和研发国家工程技术含量高的方法及应用价值高的新产品。特别是要完善科技创新体系，加大 BIM 技术在建筑业的普及和应用，BIM 深度整合了建筑、结构、装修、机电等方面的产业技术，让各个专业队伍之间能够良好沟通合作，同时促进一体化生产施工发展。行业也要积极探索新的建筑技术，提高装配式建筑的产业技术水平，把科学技术水平的进步转化为建筑行业进步的动力和保障，实现装配式建筑从设计、生产、施工到后期服务一套完整的产业集成化过程。所以我们要坚持科技创新，更好地完成企业转型发展。

参考文献

［1］王玉娜，王要斌．四大业务并驾齐驱，分享成功创造价值——解析全球最大承包商法国万喜［J］．建筑管理现代化，2018，(6)：57－60.

［2］孟杰．兴业“建”谈系列报告之二：最赚钱的建筑工程企业——法国万喜［R］．上海：兴业证券，2019.

［3］魏志梅．企业研究开发费用加计扣除税收政策研究［J］．国际税收，2019（3）.

［4］杨建英．研究开发费用加计扣除问题探析［J］．市场周刊，2019（9）.

［5］殷海燕．浅析企业研究开发费用的加计扣除和会计处理［J］．会计师，2018（8）.

［6］孙敏．研究开发费用加计扣除政策的研究［J］．赤子（上旬刊），2019（20）：245.

［7］范香媛．高新技术企业研发费用加计扣除政策的落实分析［J］．企业改革与管理，2017（12）：111－112.

［8］李丹，曾庆峰．财税新政下小微企业创新创业之纳税筹划［J］．财会月刊，2017（3）：60－62.

［9］涂玉兰．对研究开发费用加计扣除新政策的解读［J］．会计师，2017（10）：3－4.

［10］袁应发，刘厚兵．委托研发实际发生费用加计扣除需注意“五事项”［N］．中国会计报，2018－01－26（10）.

Z公司成本管理问题研究

余　志

摘要： 近年来，由于高新技术及市场环境的高速发展，产品的更迭也在加速。又加上市场竞争及消费意识升级，成本管理的重要性也日益显著。成本管理是企业经营活动中重要的保障，对企业具有重要意义。本文以Z公司为例，分析成本管理的基本概念，然后引出该公司的相关成本管理存在的问题以及问题产生的原因，最后针对具体的原因来提出相关建议以应对这些问题，从而帮助该企业加强成本管理。

一、研究背景及意义

近一二十年来，由于高新技术的高速发展，公司的产品成本结构发生了重大变化，其组成内容越来越复杂，产品的替代更新也在加速，产品寿命周期越来越短，再加上市场竞争环境激烈，消费者的环保意识逐渐加强，迫使企业不得不把管理活动提到核心位置，使之对企业生存和发展进行全面多方位的统筹规划与管理。因此，以寻求企业持久竞争力为核心的成本管理便应运而生，成本管理也由原来的不甚明确的概念逐渐向规范化转变，并日趋成熟。

成本管理是企业日常经营活动的一项重要管理工作，对企业生产经营有着重要的意义。首先企业收入必须能够补偿成本耗费，以便他不影响再生产进度，即在一定的产品数量和销售价格条件下，产品成本水平的高低，不仅影响简单再生产，威胁企业的生存，也可能影响企业再生产的扩大，制约企业的发展。成本管理的意义主要体现在以下几个方面：一是通过成本管理降低成本，将降低下来的成本用于其他业务方面的发展；二是通过成本管理来增加企业利润，提高企业的经济效益；三是通过成本管理帮助企业扩大竞争优势，提升企业竞争能力。因此，研究成本管理问题具有重大意义。

二、成本管理相关理论

（一）成本管理的概念和作用

成本管理是指在保证产品质量较之前不降低的前提下，充分鼓励和组织企业所有人

作者简介：余志，初级会计师，中建市政工程有限公司。

员，科学合理地管理公司生产经营过程的各个环节，努力以最少的生产消耗获得最大的利润。一般而言，成本管理是由四个要素组成：成本规划、成本计算、成本控制和绩效评估。成本管理是企业生产经营活动中的一个重要组成部分，对促进节约成本、增加利润、增强业务能力、改善企业文化以及提高企业整体管理水平具有重大意义。

（二）成本管理的基本内容

成本管理的基本内容可以分成：成本规划、成本计算、成本控制、绩效评估。

（1）成本规划：成本规划是基于公司竞争战略和经济环境的成本管理计划，为成本管理提供总体要求和具体构想，它属于成本的事前管理，在评估绩效时分析实际成本与计划成本之间的差异，并指出进一步有待加强和改进的领域，从而达到促进企业发展的目的，是成本控制和绩效评估的依据。

（2）成本计算：成本计算是成本管理整体框架的信息基础，通过对成本的确认、计量、记录、分配、计算等一系列活动，确定成本控制应达到的水平。其目的是向成本管理的各个环节提供准确具体的信息，全面准确地对比出企业生产经营管理的效果。

（3）成本控制：成本控制是确保将成本控制在预算估计范围内的工作。根据估算对实际成本进行检测，标记实际或潜在偏差，进行剩余成本预测准备并给出保持成本与目标相符的措施。

（4）绩效评估：绩效评估是考核和评估目标成本计划的完成情况。它的作用是肯定每个成本责任单位和责任人在降低成本方面做出的努力与贡献，稳定和提高员工进一步努力的积极性；与此同时，对于缺少成本意识和成本控制不到位的组织或个人予以批评指正，以促其改进。

三、Z公司成本管理研究

（一）Z公司概况

Z公司信息科技有限公司于2008年8月成立，其总部设在广州，旗下网站于同年12月8日上线。Z公司主营业务为互联网在线销售品牌折扣商品，涵盖名品服饰鞋包、美妆、母婴、居家等各大品类。Z公司2017年总营收为人民币729亿元，增长28.8%。截至2018年3月末，Z公司已连续22个季度实现盈利（见图1）。

（二）Z公司主要成本构成

Z公司于2012年在美国纽交所上市，其成本划分方法与国内稍有不同，主要将成本划分为营业成本和运营支出，而运营支出又分为营销费用、物流费用、技术费用和行政管理费用，本文就从这五方面对Z公司成本构成进行分析。

1. 营业成本。

2015～2017年公司的营业成本分别为491 208万、660 512万、837 772万美元，占营

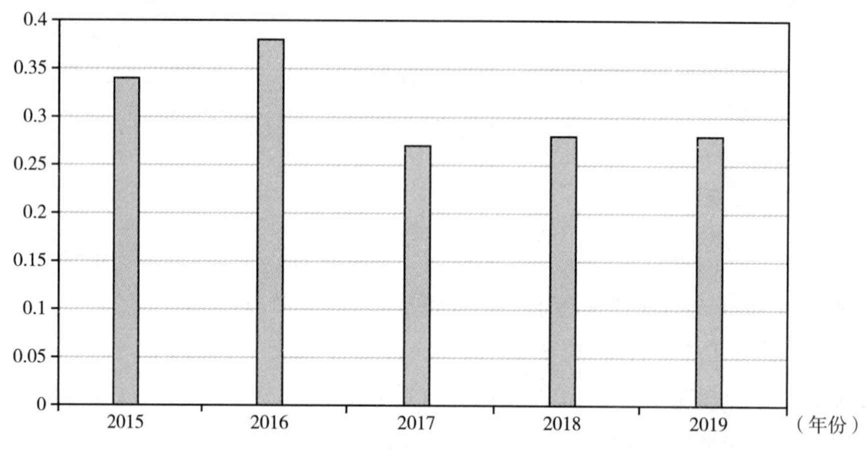

图 1　Z 公司 2015 ~ 2019 年成本及利润

收比例分别为 6.8%、77.7%、77.65%，是各成本项中占比最大的部分。营业成本包括供应商搜索成本、差旅成本、谈判相关成本、押金利息成本、商品进价成本和相关业务人员工资成本等。供应商搜索成本主要通过在线沟通和业务人员访问线下商店等，花费较少，仅包括业务人员花费的时间、交通费和通信费用。随着 Z 公司近些年知名度的不断提高，公司业务员一般通过网络或电话联系，签订合同也多以传真形式，上门谈判的情况大大减少，所以差旅费也占比较小。谈判过程成本只耗费时间成本。供应商会向 Z 公司收取商品押金，截至 2017 年底，Z 公司已与 13 336 家品牌合作伙伴进行了合作，建立了长期关系的品牌和新增的供应商不收取支付任何保证金，对于其他品牌，Z 公司通常支付的保证金为总价的 10%。因此，营业成本中份额最大的是商品进价成本以及相关业务人员的工资。

2. 营销费用。

Z 公司的市场营销费用主要由广告费用和该部门员工开支构成。Z 公司 2017 年总运营成本为 217 242.5 万美元，其中营销费用为 45 780.6 万美元，占总运营支出的 21%。Z 公司的广告宣传主要通过在线广告、电视广告和网站会员制度的方式。通过互联网和电视广告提高知名度，这部分支出占营销费用比例较大。会员制度是不断向已注册的会员发送短信或在线提醒，以较低的成本刺激会员继续上线购买。因此，控制营销费用就是控制其广告成本。

3. 物流费用。

公司的物流费用包括四项：配送和分拣费用、包装费用、仓储费用以及部门人员开支。物流费用是 Z 公司运营开支的重要成分，随着营收规模扩大而增加，维持在营业收入的 20% 左右（见图 2）。

Z 公司创建了自己的物流品牌——品骏快递，首先，供应商提前将商品备货分别储存到 Z 公司的五大仓储中心里，然后根据订单详情，自主选择最接近客户的仓储中心，由仓储中心接受订单并完成交付服务。由于少数地区没有自己的配送网点，公司会选择当地的

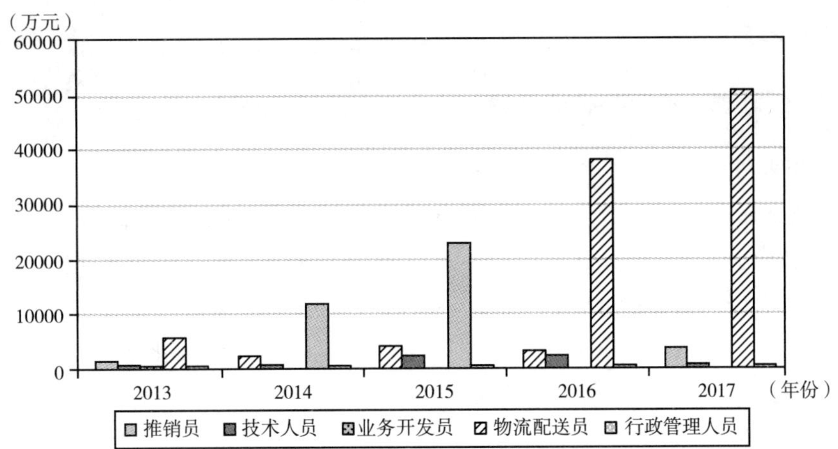

图 2　Z 公司物流模式

物流公司完成“最后一公里”的交付服务。

Z 公司与其他 B2C 电子商务公司的区别在于物流成本的核心是人力资源，2017 年人力资源成本约占公司总成本的占人力资源成本的 80%，物流成本控制是 Z 公司成本管理的关键部分（见图 3）。

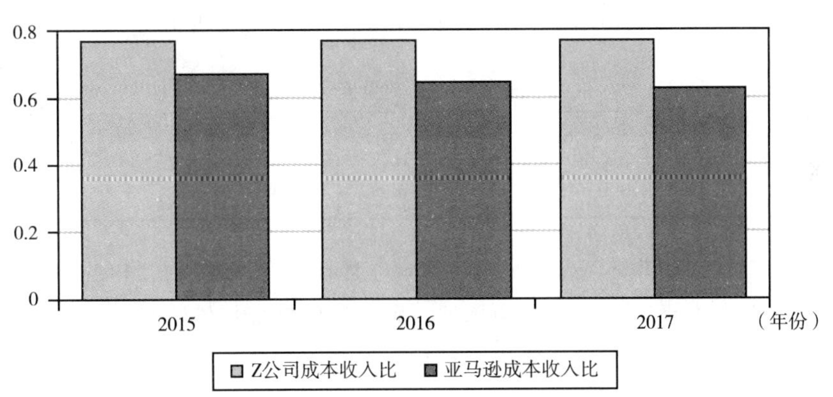

图 3　Z 公司员工具体构成情况

注：数据来自 2013 ~ 2017 年 Z 公司年度报告。

4. 技术费用。

技术费用包括 IT 部门员工开支、电信支出（网站建设及维护费、服务器及宽带费用等）、网站内容费用以及模特费和摄影费用等，Z 公司该项开支一般为总营收的 3% 左右。

5. 行政管理费用。

行政管理费用主要由行政管理人员的薪酬支出、办公楼租赁费用等构成，2008 年创建当年的行政管理费用为 22.6 万美元，这基本是创业公司初期最主要的开支。2009 年 Z 公司的行政管理费用为 160.9 万美元，占总营收的 23.2%，随着 2009 年以来的高速发展，管理费用在营收占比大幅降低，2017 年 Z 公司行政管理费用 37 600 万美元，在营收中占比下降到 3.5%。

（三）Z 公司成本管理存在的问题

1. 成本规划方面。

（1）物流成本规划。2017 年 Z 公司物流成本为 106 045.7 万美元，约占总运营成本的 49%。大多数物流中心的货物处理都是手工处理的，这并不能适应 B2C 电子商务的复杂性。大量的人工操作难以提高工作效率，不仅在操作中易出现差错，还增加了管理成本，尤其是在验货、退货和结算等环节。供应商向仓储部门的非标准化运送增加了额外工作量，严重影响了仓储部门的工作。如果提取物流中心人员工资支出用于实现物流主要环节的自动化处理，则可以节省近一半员工，创造更多的价值。

（2）人力资源规划。Z 公司靠人海战术起家，2017 年的运营开支合计约为 140 亿元，其中 70% 用于工资支出（约为 100 亿元）。企业的战略目标应该是靠业务量和优质的服务来支持，而不是依靠人数剧增。而 Z 公司庞大的人力资源成本与其“侧重于靠营销人员来增加销售量”的相关政策密不可分，这一模式是否适用于 B2C 企业还有待于考证。Z 公司招聘人员计划是由各部门提出用人需求，由人力资源与相关部门联合组织招聘。Z 公司在这方面缺乏人力资源规划和管理，没有制订相关标准。人力资源系统的不足将不可避免地导致员工队伍臃肿、人力成本增加，甚至效率低下等问题（见表 1）。

表 1　　Z 公司员工数量变化　　单位：人

年份	2008	2009	2010	2011	2012	2013	2014	2015	2016	2017
人数	23	126	772	2 934	5 043	8 544	16 919	29 720	45 302	58 702

（3）公司成本管理机构设置。Z 公司没有专门的成本管理机构，相关的成本规划、计算、控制等仍停留在传统方式，只是简单地由财务部门负责，但同时又没有赋予财务部门公司层面的成本管理水平。公司总体成本预算由财务部门制定，部分成本控制的规章制度也由财务部门制定，财务部门没有设立专门的成本控制团队或人员，而是设立了成本计算小组。成本计算小组负责收集、计算、分配和记录公司各部门以及各流程的工作，也就是说，它仅仅起到记录的作用，而没有起到监督的作用。公司还成立了一个内部审计部门，其职能不是对成本的全面规划统筹，而是对已制定的成本管理制度进行审核。总的来说，公司没有专门的机构来统筹管理成本，财务部与内部审计部只是公司的中层管理部门，其规格级别甚至比其他部门还要低。因此，这种由财务部和内部审计部对成本进行管理的方式只能停留在部门层面，不能达到公司层面（见图 4）。

（4）成本预算制度不健全。Z 公司首先制订公司整体年度销售计划，然后将其分解为每个部门的业务计划。与年度计划相对应，财务部门将为企业和各部门设置总体成本预算。但是，这些成本预算通常都是范围很宽泛的大项目，在实际操作应用中不够详细，即项目、流程（环节）不够详细，如办公预算、工资预算、差旅预算等，这些预算只是将项

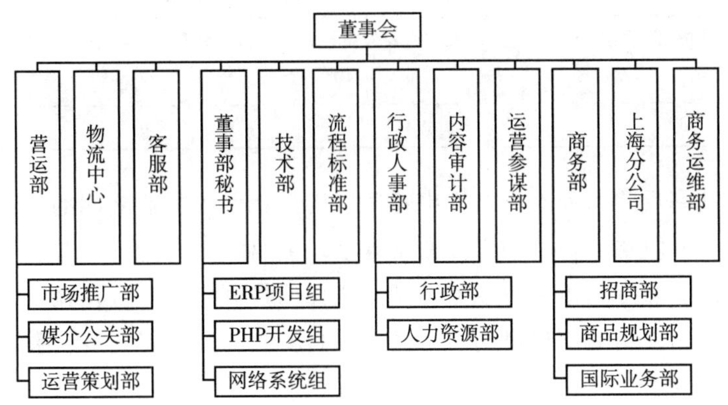

图4　Z公司与亚马逊的成本收入比

目分为大类，并没有将各部门和环节的成本细分到团体或个人，即成本职责不够明确。简而言之，公司的成本预算没有与销售预算相结合，而是首先制订销售计划，然后根据销售计划制订成本预算。这便导致了一种恶果：销售计划一旦发生变化，成本预算便失去意义。

2. 成本控制方面。

成本收入比率是企业营业成本与营业收入的比率，反映每单位的收入需要支付多少成本。比率越低，说明企业收入的成本支出越低，其获取收入的能力越强。通过计算可以看出，Z公司成本收入比稳定在0.77左右，而亚马逊的成本收入比在0.62～0.67且近三年来在稳步下降，说明Z公司在成本控制方面与亚马逊存在差距，Z公司自身还存在许多不足方面。

（1）营业成本控制。

Z公司销售的名牌折扣商品售价低于品牌的市场销售价格，具体定价高低要根据双方谈判结果以及商品具体状况，因此不同批次的商品价格可能有较大差别。企业要有效控制商品的进价价格，否则很容易出现较高的采购成本或采购人员吃回扣的现象。公司目前在这一领域还没有一个全面有效的制度，只凭采购人员与商家谈判并将结果上报部门主管来审核决定，主管没有准确的判断依据，只能由经验或感觉来决定，主观色彩浓厚。采购员的谈判技巧、业务能力、成本意识和沟通反馈技巧等都会影响采购商品的购买价格。在公司发展初期，为了迅速扩大业务，Z公司通过增加员工数量来推动业务量的增长，导致采购人员相对不稳定。但由于公司规模的稳定，供货商数量达到一定水平，经营业务状况也基本稳定，2015～2017年采购人员数量稳定在190人左右。

（2）行政管理支出过高。

Z公司2016年与2017年度的行政管理支出分别为280和376百万美元，对应年度的净利润分别为1 896和2 411百万美元，由公式：期间费用净利率＝净利润÷期间费用×100%，可得出Z公司2016年和2017年度的管理费用净利率分别为6.77和6.41。同理，可算出亚马逊2016年、2017年的管理费用净利率分别为19.62和17.95（见表2）。

表 2　　2016～2017 年度 Z 公司与亚马逊部分财务数据表　　单位：百万美元

年份	行政管理费用（Z 公司）	净利润（Z 公司）	行政管理费用（亚马逊）	净利润（亚马逊）
2016	280	1 896	2 432	47 722
2017	376	2 411	3 674	65 932

管理费用净利率反映企业经营过程中管理费用与获得的收益之间的关系。这一比率越高，说明企业为获取收益而付出的管理费用越小，企业的获利能力越强。因此，通过数据对比可以看出 Z 公司较亚马逊在行政管理费用方面的控制能力上还存在不足，经营管理水平也有待提升。管理费用的支出过高与企业内部制度的不健全有直接关系。

3. 绩效评估方面。

公司成本考核体系建立存在较大缺陷。由于前期成本规划及控制制度不健全，导致经营过程中的成本耗费无法精确到部门或者个人。一旦出现成本异常，部门之间会互相推诿，无法准确找到责任人，也就无法实施相应的改正以及惩罚措施。例如，以前在验货环节曾经出现验收不严从而导致发货数与订单数差异的情况，导致退货成本异常增加，因为不知道具体哪一环节出现差错，所以这个问题迟迟未能解决，造成了极大的成本浪费。同样地，当成本较往期得到明显控制时，也无法得知具体哪一方面得到了优化，各成本相关责任人都认为自己“有功”而又没有得到应有的奖励，久而久之便会减少员工成本管理的积极性，不利于公司发展。

（四）Z 公司成本管理存在问题的原因

1. 缺乏成本管理意识及成本总体规划。

Z 公司的高速发展以及短短几年来取得的进步使成本管理意识淡薄。Z 公司管理层关注短期业绩而忽视长期发展。高层管理者没有重视成本管理，上行下效，各部门总监便不会主动布置一些成本管理指标来约束自己和员工，全员都没有形成开源节流的成本管理意识。Z 公司的成本制定完全取决于销售计划情况，公司的销售计划流程是自上而下的传达式沟通，即公司制订年度总体销售计划，然后将其分解到相关部门，根据各部门的销售任务，可以确定各部门的成本预算。由于成本预算是根据上一年度的经验计算出来的，而不是基于每一环节和流程的科学计算，因此，企业成本预算缺少总体预算（即总成本），使分解到各部门的成本不够科学，与实际有着一定的差距。

2. 组织结构的影响。

虽然财务部下设了成本核算小组，但成本核算范围过于广泛，无法为高层管理人员有力的数据来降低成本，不能起到成本核算的目的。

Z 公司的组织机构设置比较复杂，共有 12 个事业部，且各部门过于细化且人员拥趸，缺乏高效的运作机制，由此导致各部门之间的信息沟通与共享极不协调，权责区分不明确且有交叠，成为企业成本管理的极大障碍（见图 5）。

3. 内部控制制度不健全。

内部控制制度是成本管理的保证，如果想让成本控制功能发挥作用，则必须有全面的

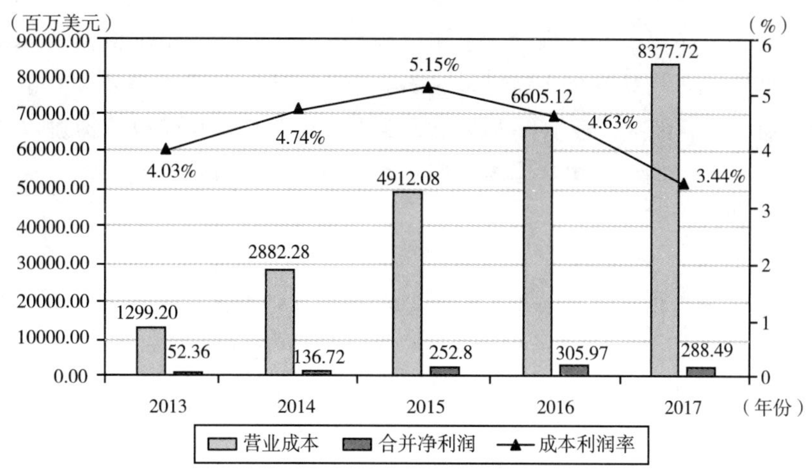

图 5　Z 公司组织结构

企业预算和详细的成本预算，以及监督预算的内部控制体系。

Z 公司自成立至今，内部控制制度还并不是十分完善，各部门管理参差不齐，缺乏前瞻性。公司缺乏总体的成本计划与协调，目前公司与成本控制相关的制度分为各小部分，有采购制度、差旅报销制度、加班就餐审批制度等。公司既没有总领性的、针对各部门及各环节的成本控制制度，也没有全面系统的成本控制考核制度。

综上所述，Z 公司成本管理中存在的主要问题是：公司上下成本管理意识薄弱，成本管理制度不够健全，并且缺乏有效的实施，所以企业成本管理方面存在诸多漏洞。针对这一情况，笔者将从几个方面对 Z 公司的成本管理问题进行给出一些建议。

四、Z 公司成本管理问题对策

（一）企业层面的成本管理对策

1. 树立企业成本管理的系统观念。

Z 公司应该建立成本的系统管理观念，将公司的成本管理工作视为一项系统工程，强调整体与全局。通过研究各种成本管理方法的优缺点及实用性，构建出适用于 Z 公司 B2C 电子商务模型的成本管理系统。成本管理不应过于局限，一方面，应将视野向前延伸到市场需求和技术的发展趋势分析，向后延伸到顾客的购买、使用、售后及报废处理。应按照全面成本管理的要求，广泛涉及产品的采购成本、技术成本、库存成本、物流成本、销售成本以及售后服务成本、报废处置成本等成本项。另一方面，非物质产品越来越商品化。与此同时，人力资源成本、资本成本、服务成本、环境成本等非物质成本也应视为成本管理的关键管理部分。

2. 提高物流自动化程度。

2012 年，亚马逊斥资 7.75 亿美元收购机器人研发公司 Kiva Systems，以期提高亚马逊仓库中的自动化水平。2012 年 5 月，亚马逊仓储物流线上已经有 1 400 台机器人在运行。这些机器人可以识别条码，然后将货架上相应物品移送至员工。Kiva 机器人可以帮助亚马逊缩短送货时间，避免亚马逊再次经历圣诞购物季快递运载负荷的噩梦。对于这一成功案例，Z 公司可加以学习借鉴，前期投入部分成本用以企业自动化建设，构建成功后将大大提高发货、交付速度，提高公司整体的工作效率，节约公司成本开支。预计这可以减少约三分之一的物流和人力资源成本。

3. 运用现代化成本管理手段。

成本管理手段现代化是提高企业成本管理水平的重要条件。随着 Z 公司的发展，公司的日常活动越来越复杂，管理也越来越困难，对信息处理的准确性和时效性的要求也更高，传统的手工操作显然已不能满足这一要求，必须运用现代化的成本管理方法，为成本管理提供及时的信息，加快信息处理和反馈速度，提高成本管理人员业务处理水平。

（二）部门层面的成本管理对策

1. 简化现有调整工作流程。

Z 公司下设了 12 个事业部，人员多且部门之间沟通不紧密，一些工作流程较烦琐。由于权责认定不清，同一项业务可能由 2～3 个部门负责，这就很容易导致各方均以为由对方处理而导致事务空置或事情重复处理的现象，由此造成了一些紧急事务未处理或成本的浪费。公司必须认真分析现有的工作流程，并减少与此不相关的环节。此外，企业还可以建立科学的企业信息渠道，使信息能及时到达必要环节并缩减的停滞时间，保证信息技术的通畅有效。

2. 强化财务部门和审计部门的监督职能。

Z 公司有关成本的计划、预算、控制等基本由财务部门负责，对已制定的成本管理制度进行审核由内部审计部负责，但是，财务部门和审计部门并没有被赋予在公司层面进行成本管理的水平。财务部与内部审计部只是公司的中层部门，其规格级别甚至低于其他一些平级事业部。因此，由财务部和内部审计部对成本管理的这种方式只停留在部门层面，不能达到公司层面。

在企业成本管理中，会计部门和审计部门起着重要作用，既可以加强资金管理，鼓励企业合理降低资金成本，同时发挥监督作用，促使企业有效控制人力资源成本。因此，企业应充分发挥会计人员和内部审计人员的职能，加强监督，确保目标成本的实现。

（三）员工层面的成本管理对策

1. 实行全员成本管理理念。

在进行成本管理时，企业首先应将管理层视为成本管理的主体，使其充分认识到自己的主观能动性在成本管理中的重要作用，从而带头树立起成本意识和效益观念。这种模范行为是一种无声的宣传，对下属具有重要的示范作用。对全体职工进行成本意识的宣传教育，提高全员成本意识，还应提高广大职工对成本控制的认识，增强成本观念，使他们充分认识到成本与收益的密切关系，将成本管理理念灌输到每一个员工的思想中。

2. 加强员工服务管理。

员工是展示企业产品质量、公司文化的重要媒介，员工的服务态度直接影响消费者对一个商家的认可度，如客服人员和快递人员。对客服人员进行专业培训，制定规范的客户服务指南，应对收到货物的消费者进行跟踪服务，询问顾客对产品的使用体验，及时解决顾客的问题；快递人员在配送过程中的服务同样重要，可以在服务上赢得客户的满意。顾客的满意可以提高 Z 公司的好评率，吸引更多的消费者，是一种潜在的广告营销手段。员工的质量，不仅可以提升公司信誉度，还可以为公司节约大量营销成本。

（四）对成本管理的监督及考核机制

1. 监督机制。

要建立成本管理的监督机制，首先，企业应完善内部控制制度，从规章制度上对成本管理进行规范与肯定，而非仅是空喊口号。企业还要建立有效的监督体制，严格按照规章加强对各部门和资金使用情况的监督与管理。其次，应给予财务及内部审计部门充分的监督权，财务部门可以设立支出监督小组，主要负责对不同部门的财务支出进行跟踪和监督，从而高效管理和控制企业资金的资金流向和用途。内部审计部也应对成本进行全面的规划、统筹、检查、监督，而不是只对成本制度进行简单审核。在实际的管理过程中，就要落实到每一个环节，如果某一个部门出现资金流动不明的情况，则一定要查明原因并严肃处理，避免出现挪用公款的不良事件。

2. 考核机制。

成本评估是指定期或不定期通过成本指标的比较与分析，对目标成本的完成情况和计划指标的完成结果进行的全面审核和评估，是成本管理的重要组成部分。传统的成本指标通常使用财务指标作为评价标准，而随着近年来的研究，越来越多的学者认同非财务指标与财务指标同样对企业的长远发展具有重要意义。考核主要有三个目的：第一，评价企业目标成本的完成情况；第二，评价有关财经纪律和管理制度的执行情况；第三，激励各事业部与全体员工的积极性。建立健全合理的考核机制，既要能够正确地对成本管理活动进行考核，还要对分析出的不同的结果进行奖惩，例如，Z 公司在期初成本预算中对退货率的预计情况为 20%，期末时，如果实际退货率在 20% 上下波动不超过 1% 时，属正常范围，由各部门自行对其进行总结；如果实际退货率较高或较低，要着重分析其原因，情况特殊时要找出责任部门，进行适当的奖惩，并针对这一情况对下一经营期间的工作进行指导与规划。

参考文献

［1］纪彩峰. B2C 电商零售企业成本控制研究［D］. 首都经济贸易大学，2016.

［2］李思慧，郑腾腾. B2C 电商平台配送模式研究——以唯品会为例［J］. 中小企业管理与科技（中旬刊），2017：63 -65.

［3］王广宇，丁华明. 作业成本管理——内部改进与价值评估的企业方略［M］北

京：清华大学出版社，2005.

[4]（日）水野滋著，宋永林，陆霞译．企业综合质量管理 TQC 的引进和推行 [M]. 第一版．中国计量出版社，1989.

[5] 刘红霞．企业成本管理前沿问题研究 [M]. 中国工商出版社，2008.

[6] 杨秋华．基于价值链分析方法对企业成本管理体系构建的思考 [J]. 当代经济，2009 (20)：136－137.

[7] 黄萌萌，高盈琦．价值链成本管理应用浅析——以电商为例 [J]. 经济师，2015 (8)：50－51.

[8] 沙裕杰．企业财务管理目标成本管理与控制探讨 [J]. 经贸实践，2017 (8)：224－225.

[9] 杜文飞．企业经济管理中目标成本管理．现代营销（下旬刊)，2018 (3)：152－153.

[10] 李叔波．加强成本管理提高经济效益．中国经济出版社，2002.

[11] 周立昶．企业集团成本管理的思考．会计之友，2002 (11).

[12] 尚忠民．企业加强成本管理浅谈．南京出版社，2002 (9).

[13] 小华，高为柄．非线性系统控制及解耦 [M]. 第 2 版．北京：科学出版社，1997.

[14] 付冰仪，张学义．如何加强对电商企业成本的有效管理 [J]. 农场经济管理，2017 (8)：27－28.

[15] 唯品会官方网站 [OL]. 2018. 04.

[16] 乐艳芬．战略成本管理 [M]. 上海：复旦大学出版社，2008.

[17] Kenneth Simmonds. Strategic Management Accounting, Management Accounting [C], 1981, 59 (4).

[18] Wilson R S. Management Accounting: Method and Meaning. London: Chapman & Hall, 1993.

[19] Ostrenga M R, et al. The Ernst & Young Guide to Total Cost Management. New York: Jonh Wiley & Sons, 1992.

浅谈施工企业项目预警管理的思考

杨　晓　许家祯

摘要：竞争激烈的市场经济，一方面为企业提供了广阔的经营舞台，另一方面又暗藏了无数急流和险滩。新形势下，如何有效防范各种风险因素，避免企业在发展过程中陷入困境，成为当前企业管理的重要课题。建立一套完善有效的财务危机预警系统，及早诊断出危机信号，采取有效措施，将危机消灭于萌芽阶段，是现代企业财务管理工作的重要内容。本文旨在分析建立财务预警系统必要性的基础上，提出构建项目预警管理的相关建议。

关键词：预警　风险　管理

引言

企业是以盈利为目的的经济组织，市场经济竞争激烈，机遇与风险并存，企业只有抓住机遇，管理好风险，才能在激烈的竞争环境下生存下来。企业面临的风险可划分为内部风险和外部风险，包括政治风险、法律风险、技术风险、市场风险、产业风险、运营风险、财务风险等风险。外部风险企业无法掌控，而内部风险，企业则可以采取一定措施进行风险预警，制订风险管理策略，从而能够很好地应对和管理风险，企业管理者对财务风险只能采取有效措施来降低风险，不可能完全消除风险。建好一整套适合企业自身发展需求的财务预警管理系统，对企业生产经营活动可能出现的财务危机做出预警，是企业目前经营管理的一项重要工作。

一、施工项目财务预警管理系统的现状及存在问题

（一）施工企业项目财务资金预警管理的现状及存在问题

资金管理专门化制度的缺失带来资金管理失控风险，施工项目资金管理较为混乱，若资金使用没有合理的安排，资金收支将存在较大风险。

1. 从应收账款来看，目前在我国的建筑施工企业中，很多企业主营业务收入连年增长，但是应收账款数额增长的比例更大。同时，很多应收账款的账龄已经超过合同或协议

作者简介：杨晓，财务负责人，中国建筑一局（集团）有限公司华南区域公司项目；许家祯，项目财务，中国建筑一局（集团）有限公司华南区域公司。

规定的期限，使账龄结构趋于恶化，企业收入增长带来的只是财务报表数据的增长，不能给企业带来维持经营、扩大生产规模所必需的现金流入，而且随着应收账款数额的持续增加，平均账龄不断增长可能出现的坏账损失也越来越大，给建筑施工企业的生产经营带来了巨大的现金流风险。债务违约成为很多建筑施工企业所面临的问题，不少企业甚至存在三角债关系，难以回收的长期拖欠应收账款严重影响了建筑施工企业的正常运营，大大限制了建筑施工企业的健康可持续发展。如果这些款项不能在企业的财务管理和生产经营中得到科学合理的控制和处理，将对企业的经济效益造成恶劣的影响，进而制约企业可持续发展，因此应收账款缺乏预警机制将影响企业的可持续发展。

2. 从应付账款来看，施工企业资金支付缺乏整体筹划，计划执行率较低。由于缺乏预警机制，施工企业或因资金短缺等问题压缩支付款项，影响企业的信誉和资产负债率等。

3. 全面预算管理和全期现金流管理不到位，施工企业在过程中，预算和实际现金流差异较大，无法起到预警作用。由于缺乏约束机制不能定期进行滚动调整和约束，使预算管理和现金流管理流于形式。

（二）施工企业项目费用成本预警管理的现状及缺失带来的问题

1. 前期投标人员的成本测算与实际施工成本的偏差缺乏预警带来成本管控风险。

由于建筑市场机制不够完善，工程招投标价格偏低，并且存在投标团队与实际施工团队不一致的情况，虽然前期入场会有对项目成本进行测算，但很多只是流于形式，预警机制的缺失，会使后期对成本的投入和管控不到位，从而面临成本超支的风险。

2. 施工过程中对成本的分析和比较缺乏预警带来成本管控风险。

施工企业的成本主要包括分包成本、材料成本、机械成本、人工成本等，目前很多施工企业因为管理不完善，并未按月或者定期召开成本分析会，对于项目实际成本与预算之间是否存在差异，过程中缺乏跟踪，等到工程结算时才找出差异，无法起到管控的作用，从而带来成本超支的风险。

3. 施工过程中对成本的分析和比较缺乏预警带来成本管控风险。

工程结构封顶后何时完成主体结构之前的项目成本锁定、结算资料整理、收益分析及创效策划调整；项目竣工验收或交付前何时完成项目的成本预估、结算资料整理、收益分析；竣工验收或交付后何时内报出结算书，签订项目竣工结算责任书；项目竣工或交付后何时完成项目竣工结算；项目竣工结算后何时完成项目成本复盘和项目结算责任书的考核、奖罚兑现。这些约定如果没有明确的时间节点要求，或要求后仅停留在书面，没有实际执行，没有行之有效的预警系统，那么结算工作将一直滞后，影响整个项目的成本。

（三）施工企业项目税务预警管理的现状及缺失带来的问题

1. 发票开具和管理不当引起的涉税风险。

依据国税发〔1995〕192 号第一条第（三）项规定，“购进货物或应税劳务支付货款、劳务费用的对象；纳税人购进货物或应税劳务，支付运输费用，所支付款项的对象，必须与开具抵扣凭证的销货单位、提供劳务的单位一致，才能够申报抵扣进项税额，否则不予抵扣。”因此建筑施工企业务必要有票货款“三流”一致的意识，在采购物资时票货款要一致，否则增值税进项税就可能无法抵扣。此外，如果取得的增值税发票未在限定的时间内进行认证抵扣或者增值税发票保管不善，都将有可能给企业带来纳税风险。

2. 一般计税核算缺乏预警机制带来的涉税风险。

与营业税下的会计核算相比，“营改增”以后的会计核算不仅是会计科目的增加，也在开票、报税、抵扣、缴纳等环节发生了重大变化，核算难度大幅增加。此外，增值税核算时要求价税分离，不可抵扣项目还需做进项税转出，增加了会计核算的难度，也对财务人员业务水平提出了更高的要求，财务人员稍有不慎，便会给企业带来巨大的损失。缺乏预警机制，会给企业带来很大的涉税风险。

二、施工企业项目财务预警管理系统构建的建议

（一）施工企业项目财务资金预警管理系统构建的建议

1. 通过业主合同约定付款条件，根据产值，建立应收账款预警系统。

业主合同有约定月度付款和节点付款的，根据付款条件和现场的状况等，一旦达到付款节点时需要发起付款流程，再根据合同约定的付款审批流程及时间，进行过程中的预警，从而使整个付款流程不会因为人为原因而滞后，通过预警系统可以将整个催收系统制度化、流程化。

2. 通过分包、分供合同等约定，建立应付账款预警系统。

分包、分供在合同签订时约定付款条件和付款时间的，根据供货量和产值完成量，在预警系统里对金额以及相关附件进行审核，达到合同约定付款时间时，预警系统应该根据资金状况对应付账款进行预警。

3. 根据施工企业管理要求，建立现金流预警系统。

现金流管理是施工企业的重点工作，但许多项目未重视，施工结束后发现还没有现金流策划，所以我们建立一个预警系统，项目开工一个月后，必须导入全期现金流，根据项目每月的辅助余额表进行对比，进行实际与计划对比的预警分析，后期将根据实际情况进行滚定调整，从而更好地进行预警和指导项目的现金管理。

（二）施工企业项目成本预警管理系统构建的建议

1. 项目招投标与实际施工的成本要有对比和预警。合同管理从工程投标报价开始，直至项目竣工结算完成为止，贯穿于项目实施的全过程。在施工中通过对人工费、材料费和施工机械使用费及工程分包费用进行控制。要在保证工期和质量满足要求的前提下，采取相应管理措施，包括组织措施、经济措施、技术措施、合同措施等，把成本控制在计划范围内，并进一步寻求最大程度的成本节约。施工阶段是控制建设工程项目成本发生的主要阶段，它通过确定成本目标并按计划成本进行施工资源配置，对施工现场发生的各种成本费用进行有效控制，主要管理控制点为人工费的控制、材料费的控制、材料用量控制、

定额控制、指标控制、计量控制、包干控制、材料价格控制、施工机械使用费控制、施工分包费用的控制。在确保上述控制点达标的前提下进行合同签订，保证成本费用的合理合规。

2. 建立成本分析预警系统。对比预算量与实耗量的差异。每月通过预警系统对比预算量与实耗量的差异，找出超耗的原因，从而进项控制，如果有节约，就找到方法，为之后做出指导。

3. 项目达到竣工验收条件之后，需要根据“21162”节点进行预警，一旦超过节点，则系统自动提醒。

（三）施工企业项目税务预警管理系统构建的建议

1. 实现动态控制和相互制约。

建筑企业税收专业化管理和动态控制要求，税务机关专人、专职、专责地对建筑项目施以跟踪管理方式，其目的在于监管建设单位代扣税款是否合法、建设项目施工进度如何、涉税动态信息是否可靠，并及时发现问题、解决问题，确保税款从开工到项目竣工验收均能够及时足额入库。企业内部机构应相互协调、彼此制约，如施工单位机构所在地税收征收机构、建筑项目所在地税收征收机构共同、定期对比分析纳税申报详情，及时查找漏项工作、申报不及时等问题。

2. 构建信息化管理平台。

随着计算机技术不断翻新，建筑业信息化水平日益提高，其信息化管理诉求也日渐提高。比如借助于平台信息集成功能，对建筑企业内外信息资源有效整合；再如以信息化管理平台的比对预警功能，实现税源智能化管理；或者以平台多元化查询功能，提升税收管理效能，这最利于建筑行业企业各个职能部门与税收管理员的沟通，以全面及时地监控和了解税源情况。

三、结论与展望

简而言之，建立项目预警管理并加以有效运用，可以及时为各级管理层提供可靠的财务决策信息和依据，强化项目及企业的过程纠偏管理，确保企业形成良性的内部管理。预警管理机制的建立有利于提高项目的风险防控能力及盈利能力，促进企业的持续健康发展。

参考文献

[1] 范莉．建筑工程项目财务管理风险及其规避措施分析［J］．企业改革与管理，2019（22）：117－118.

[2] 鲁帆．建筑施工企业财务风险控制与防范研究［J］．商业会计，2012（19）：106－108.

论建筑企业成本控制

龚　杰

摘要： 本文通过对建筑企业总体情况的了解，运用成本控制理论知识分析了该建筑企业的成本控制现状。通过分析找出建筑企业在成本管理中存在的问题并提出了具有针对性的解决对策。以目标控制理论、全面成本控制理论等一系列成本控制基础理论为引导，利用成本控制方法来进行逐项研究分析，为企业成本控制提出建议。

关键词： 建筑企业　成本控制　建筑施工项目

建筑业作为我国的重要支柱型产业之一，伴随着我国建筑行业管理体制的不断改革与进步，建筑企业的生产方法和组织布局发生了深刻的变化，逐渐形成了以管理为中心的经营模式，而工程项目的成本管理与控制则是中心内容，因此成本控制是建筑工程竞争力的主要内容之一。目前施工企业，在竞争激烈的市场环境中，要想效益最大化，成本控制就是企业的首要任务。

虽然建筑行业发展迅速，但有很多施工企业存在着发展前景不佳或经营恶化的问题，其中成本控制不佳作为突出的主要问题之一长期存在。本文通过对建筑企业的成本控制存在的问题进行深入分析，希望能找出影响企业成本控制的根本原因，提出相应建议并进行改进办法。

一、建筑施工项目成本的定义

施工成本是指在建设工程项目的施工过程中所发生的全部生产费用的总和。建设工程项目施工成本由直接成本和间接成本组成。直接成本是指施工过程中耗费的构成工程实体或有助于工程实体形成的各项费用支出，是可以直接计入工程对象的费用，包括人工费、材料费、施工机械使用费和其他直接费等。间接成本是指为施工准备、组织和管理施工生产全部费用的支出，是非直接用于也无法直接计入工程对象，但为进行工程施工所必须发生的费用，包括管理人员工资、办公费、差旅交通费等。

作者简介：龚杰，高级会计师，中建一局集团第五建筑有限公司。

二、建筑施工项目成本的分类

根据施工企业的生产经营特点和成本管理的要求，可以根据不同的标准对施工项目成本进行分类：

（1）预算成本，是指根据企业项目的实际用量和国家、各省区市或有关地区所制定的定额标准进行计算而得出的具体成本数据，是以施工图纸为基础进行的具体参数的计算方式。预算成本包括直接成本和间接成本两部分，是进行企业成本控制考量的重要参考指标。

（2）计划成本，是指在预算成本的基础上，根据企业的自身要求，在综合考虑企业自身的实力情况、施工的技术水平以及施工所在地地理环境与气候等多方面情况后所制定的目标成本。计划成本是企业作为严格把控项目成本支出的重要标准，也是管理目标的重要参考。

（3）实际成本，是指项目在实际施工过程中所发生的各项支出费用的总和，反映了实际施工过程中的全部生产活动要素。

按项目成本对象的范围分类，可分为建设项目工程成本、单项工程成本、单位工程成本以及分部分项工程成本。

按施工生产费用与工程量的关系分类，可以分为固定成本、变动成本和混合成本。

按成本的可控性，可分为可控成本和不可控成本。

以上为建筑企业在日常项目工程中的成本分类方法，本文着重以第一种按定额分类的方法对企业的成本控制进行分析。

三、建筑施工项目成本控制的主要方法

偏差分析法是建筑企业对评价工程项目成本的一种常用方法。它是一种评估项目实际成本和进度的方法，也称为净值法。主要是根据已完成施工的预算成本为基础数据，分析项目已完成施工实际成本同计划成本的差异程度，具体分析差异形成的原因及存在的问题所在，进而有针对性地制定成本控制手段，具体的计算步骤如下：

第一步，确定参数。

（1）预算成本，是指根据企业项目的实际用量和国家、各省区市或有关地区所制定的定额标准进行计算而得出的具体成本数据，是以施工图纸为基础进行的具体参数的计算方式。预算成本包括直接成本和间接成本两部分，是进行企业成本控制考量的重要参考指标。

（2）计划成本，是指在预算成本的基础上，根据企业的自身要求，在综合考虑企业自身的实力情况、施工的技术水平以及施工所在地地理环境与气候等多方面情况后所制定的目标成本。计划成本是企业作为严格把控项目成本支出的重要标准，也是管理目标的重要参考。

(3) 实际成本，是指项目在实际施工过程中所发生的各项支出费用的总和，反映了实际施工过程中的全部生产活动要素。

第二步，计算指标。

费用偏差(CV) = 计划成本 - 实际成本

进度偏差(SV) = 计划成本 - 预算成本

当 CV <0 时，项目成本处于超支状态；当 CV >0 时，项目成本处于节约状态。

当 SV <0 时，项目施工进度处于滞后状态；当 SV >0 时，项目施工进度处于提前完成状态。

由此我们可以知道，偏差分析法不仅可以用来评价项目的成本效益，还可以用来评价项目工程进展的进度。

四、目标管理理论

目标管理，主要是指逐一分析成本产生的各项过程，进一步具体要求将向所有部门和个人提出和执行。其主要包括：目标设定、目标实现以及检查结果等。通过目标管理理论进行有效分析，对企业管理者提出建议：制订切实可行的成本控制目标、正确引导员工合理利用资源、互相协作，并建立适当的奖惩机制，促进目标的实现，进而解决建筑企业项目成本控制中存在的问题。具体从以下几个方面建立全面成本控制理论。

1. 项目成本的全员控制。

项目成本综合性较强，涉及项目中的各个部门以及每一位员工。施工项目的成本控制不仅取决于项目经理和项目主要责任担当成员，而且需要项目全体管理人员的共同参与，他们对施工项目的专业看法和他们所提出的宝贵意见都会对项目成本的控制与降低起到至关重要的作用。

2. 项目成本的全过程控制。

项目成本的全过程控制，是指无论施工前、中、后都要进行系统的成本控制，要随着施工项目进展的各个阶段连续进行，可以令整个项目过程都得到成本的严格把控。

3. 约束控制理论。

约束控制理论，为企业的成本控制提出了新的观念。企业的成本控制出现问题，有一部分原因是企业内对成本支出过程中的资源利用率较低、物资消耗过度造成的损失及浪费，或者就建筑企业来讲有可能是施工过程中工程技术人员的能力不足、责任心不强，或者机械设备科技程度不高所带来的一系列约束项目成本控制及工程顺利发展的行为。针对项目存在的问题，企业需要及时调整项目履约团队成员，减少人为因素给企业造成的不必要损失。

五、建筑企业内部管理体系不完善对成本控制的影响

建筑企业的内部管理制度不完善，内部管理制度的不健全，导致项目员工不知道如何

做才能完全符合企业的要求。同时项目班子成员整体领导能力有限，容易给企业发展造成不良的影响，具体体现以下几个方面。

1. 人员配置不达标，组成结构不合理。

良好的施工企业的项目人员应由企业的人力部门先制订方案，再根据企业实际所需提出方案，并筛选与本工程相匹配的技能型人才。但由于企业在组织规模上没有相对完整的人员选择方案，大多都是由企业及项目领导直接决定人员的任用，相对于本企业的人员配置不达标的概率就越大。由于人力部门往往不太熟悉建筑施工项目的具体施工环境和条件以及施工项目需要的人员的基本素质，人才储备欠缺，导致企业在人员的选择上达不到项目经理的要求，管理人员综合能力不高往往又会增加人员数量，进而会增加费用支出，项目管理人员的费用超标又会导致项目管理费用一直居高不下。

2. 员工缺乏成本控制意识。

企业没有能够形成一个非常好的内部控制环境从而造成员工的素质不足、企业在文化发展上也不够明确、企业能为员工提供的所有方面的发展空间很有限，同时很多建筑企业为员工提供的一些必要的培训机会和次数也十分有限，因此会导致员工的积极性较弱，从主观上就未能使员工自觉地时刻提醒自己所完成的工作要为企业的成本尽可量地进行科学的控制，客观上企业不能积极为工作人员提供学习和提升的机会也是导致员工缺乏成本控制意识的一大主要因素。

3. 工作沟通及时性差。

企业的内部各个部门之间自成体系，平时不能主动沟通，所以造成建筑施工成本的控制也没有效力。不善于沟通导致人员在工作上沟通性差，往往会影响工作的效率。职责分工不明确，操作流程不规范造成信息传递不通畅，会直接导致许多工作在成本控制的问题上不能有效、及时的解决，给企业造成损失。

4. 合同意识淡薄。

合同管理是合同意识的核心内容。同时，合同管理也是建筑施工企业成本管理的重要发展方向，是降低企业建筑工程成本的重要途径之一。虽然企业对合同的制定已有了充分的认识，但总的来说，本企业的合同管理仍然处于一个较低的水平。主要存在以下方面。

首先，对于《合同法》《建筑法》等较为重点的建筑业法制学习还不够完善，由于工作量较大，导致企业管理人员未能进一步学习与深造，未能很好地把合同管理融入经营成本管理中，导致减慢了本企业建筑施工进一步发展；其次，企业内部管理人员的合同意识整体匮乏，并没有重视签订的合同所需参照的管理制度，这就导致了涉及的成本项目中不能通过合约来达到成本支出最小化的问题。

企业在正式签订施工合同后，没能做到在项目进行中继续研究合同的内容以及具体的项目条款，没能对合同内容进行集中学习及宣贯，不能够很好地结合到实际工作中，直到发生事故、意外，需要进行赔偿时，才将合同拿出来研究。

5. 人工费过高。

人工费的居高不下与整个行业状况相比还是非常明显的，主要是由于人工费的上涨以及工程进度延误，需要增加工人所导致的费用支出增多，另外劳务结算时劳务队伍的过度索赔是劳动力管理不到位造成的。

6. 机械费用消耗大。

首先，企业的设备管理不到位导致机械费用消耗过大；其次，由于工期延误导致大型设备占用时间长，租赁费用支出较大；最后，现场管理不善，施工进度计划往往不能如期完成，导致工期延误，从而造成费用支出加大。

7. 材料采购体系不完善。

（1）供应商选择不正规。

供应商的选择是把控采购成本的基础，也是对采购成本进行管理的前提。企业选择供应商，应该公平、公开地进行招标，同等行业相比之下择优选取。建筑企业有很多的供应商在选择上很不正规的现象，具体表现为：不进行公开招标、不查看供应商的资质、不对所采购材料进行质量检测等。同时，无计划的选择材料采购供应商或者对供应商选择的计划非常随意也是导致材料采购成本能力较弱的因素之一。

（2）价格管理混乱。

企业在进行材料采购时应该有一系列的价格规范表，还应对每一年度的定额进行准确、深入的分析并提供切实有效的采购价格方案。企业在进行材料采购时并未明确价格界定，而是由于供应商选择的不规范进一步导致了材料采购的价格没有一个明确的范围界限，导致了企业对材料采购成本控制的能力越来越差。同时，采购材料的控制权以及掌控权、选择权都在采购部门的采购人员以及经理手中，更容易导致采购材料的价格混乱、上涨严重，这也是导致材料采购成本能力较弱的因素之一。

8. 企业项目进度计划不佳。

企业在施工过程中对成本影响最重要的一点就是工程进度需要严格按计划进行，而企业在项目进度实施上经常因为施工现场出现的各种原因未能及时按照项目进度计划流程走，因此就会导致成本不能从计划上进行严格无误的控制。

无法严格按照进度计划进行施工，就会导致计划的工程量以及工期也不够准确。因此，企业应该重新制订行之有效的进度计划，避免因进度控制不佳而造成的成本损失。

六、解决成本控制问题的对策

1. 加强企业内部管理体系控制。

建筑施工的企业应将现代的管理科学中的 ABC 管理法、价值工程管理法、量本利分析法、目标管理法、数学模型等应用到成本管理工作中来，进而使建筑企业内部的成本金额的预决策、计划、控制、核算、分析、考核等重要因素尽可量地变成一个相辅相成的完整有机体，从而使企业的成本管理这一部分实现从被动、只依靠经验向持续对企业进行经营科学规范型、经济与技术相结合型进行重要的转变。

如果企业一直保持成本管理粗放状态，难以有效地实现企业的成本控制，进而难以实现建筑企业内部的利润最大化。基于此，我们希望能够通过以下几点来完善该建筑企业内部的管理方面的体系内容。

（1）优化企业人员配置。

人员配置不规范造成的一系列损失将给企业带来严重的影响，因此要想优化企业人员配置，首先，企业内部人员应该进行完整的、系统的知识培训，同时参加岗位资格证书的考试，企业相应建立奖罚制度以调动员工的积极性；其次，企业内部人员应该定期组织开展经验交流会，定期组织生产例会、经济活动分析会，把在施工过程中遇到的问题以及解决的思路和具体方案同大家共同学习与讨论。

（2）加强员工沟通意识。

企业内部要加强员工之间的沟通，并且帮助建立员工之间的合作才能共赢的思想文化意识。企业内部应该多定期举办一些联欢活动、出游活动，在活动中增进员工彼此之间的友谊，进而加强每一位员工之间的沟通能动性。

（3）提高员工成本控制、提高项目收益思想意识。

加强企业内部员工对现代项目成本管理意识，通过以下几点来树立员工成本控制的效益思想：首先，需要我们建立一个健全的成本控制的教育方面的一般体系，进而来提高员工的成本方面的意识；其次，要培养员工的主人翁意识，让员工能够发自内心地做到在做任何决策时都时刻以企业内部的成本支出最小化、效益最大化为主要目标；最后，要实施企业内部全员成本管理责任工作体系，真正做到能够明确每一位员工的自身成本管理职责，要真正做到员工心中有成本、肩上有指标。

（4）增强员工的合同意识。

增强企业内部员工合同管理方面的意识，可由以下几个方面进行提高：首先，定期进行学习最新的合同管理办法及方案；其次，定期开展学习讨论会，企业可定期请专业的合同讲师来给全企业有关合同制定工作的参与者举办讲座培训。建设工程合同管理的严格执行是严格遵守法律法规的重要表现，在工程建设中的参与人数众多，各种关系相对较为复杂，因此需要时刻铭记严格按照法律的规范体系来完成合同的签订，进而能够保证建筑施工工程项目在这一完整工程中顺利实施；加强企业内部工作人员法律法规知识和专业技能的学习以及企业的培训和需要进行的考核。同时，企业在签订合同时还要注意，合同措施除了企业要参加合同的谈判、合同的修订与签订条款、处理合同的执行过程中的各项问题之外，还需要提前准备并分析其他各种能够影响到的因素，并对每一份合同进行全面的并且相对具体又合适的分析。

2. 加强企业项目成本的过程控制。

（1）合理控制人工费用。

施工中人工费用的分析一般是根据人工的单个价格、数量以及工期时间来进行对比的，由此找出人工费用上下变动的原因。因此，要合理控制人工费用，就要做到以下几点。

首先，尽可能地采取新的施工措施以及先进的大型机械设备来提高施工的生产效率，从而降低人工的用工量；其次，尽可能地在实际施工环境条件下，缩短人工费用与省内定额的实际差距；最后，尽可量地将施工的工期与定额工期相一致。因此，一定要充分发挥监管作用，提高工人的工作效率。做到合理的规划，尽可能地缩短差距，并严格遵守规章制度，一定要充分发挥机械与人工的长处，进而有效控制人工费用。

（2）加强机械费用的控制。

机械费用通常包括大中、小、型机械的租赁费，机械维修、折旧费、安装以及拆卸费还有人工费等。因此企业的机械费用的控制需要施工企业与项目管理人员的严格管理和使用才能达到理想效果。

（3）合理物资采购费用，严格控制材料费用。

材料费一般会占到工程成本的工程价值的65%左右，所以说材料采购这一部分的成本控制也是建筑行业中成本控制内容的其中一项。而影响材料成本的因素是材料的价格与用量，同时在材料的选择上也颇有影响。

企业应从用量、价格及选择上进行控制。事先根据工作量准确计算材料用量，提出合理的材料采购计划，然后进行合理的材料用料计划，通过科学有效的方法进行用料，杜绝盲目采购用料量从而导致的成本大幅度提升以及在数量的使用上无计划、无目的的浪费。在选择材料时要提前做好价格分析，根据不同商家提供的价格择优选取进行购进，如果能用科学的方法建立价格的档案和价格的整体评价体系，就能争取在购进环节上对价格的把控更进一步，也可以省出一笔价格差额费用。同时，采购部门要能够大胆凭借想象力和专业经验，以尽可能低的价格采购施工过程中的所需材料，进而实行价格控制。企业在采购的选择问题上要注意以下几点：一是是否符合施工条件所需；二是是否符合质量标准；三是是否能够达到施工所需的目标。还要在选择上注意材料的通用性，如果材料的通用性强，那么很有可能剩余的材料能够替补为其他作用的材料，这样在选择上就能从侧面节省一定的费用，积少成多。除了材料的性能外，还需要注重材料的质量，质量过关，也就意味着后续的额外开支费用相对较少，也能为成本控制提供一定的帮助。

（4）加强企业的项目施工进度。

企业施工进度的滞后，会直接导致成本损失。因此，企业的施工进度控制迫切需要改进。为了更好地实时检查目标执行情况，优化企业的进度控制，可从引入科学有效的解决方案来进行完善。

企业可以引入偏差分析方法，对目标执行情况进行分析，掌握成本和进度的实际情况。由于实际施工项目实施过程环境、条件不断变化，实际情况与施工进度并不完全一致，提前进行较为符合意外情况发生的目标执行计划做好预算工作。

若企业在评估过程中想知道项目的目标实现，如果有实际情况和施工计划之间的偏差，那么我们可以接收偏差在允许的范围和其他问题，需要继续了解项目的实际情况和施工进度的比较分析，如果有偏差的存在，那么我们应该分析偏差的原因，并制订纠正措施确保施工进度不偏离进行。

参考文献

［1］徐新华．浅谈建筑施工企业成本控制中存在的问题及策略［J］．四川水泥，2016（2）．

[2] 曾强．精细化管理在制造企业成本控制中的应用策略探讨 [J]．企业改革与管理，2019 (22)．

[3] 毕爽．工业企业成本控制研究 [J]．中国乡镇企业会计，2020 (3)．

[4] 姜林．会计信息化环境下的建筑企业成本控制 [J]．居业，2015 (2)．

[5] 黄平．成本控制问题在建筑施工项目的研究 [J]．工程建设与设计，2017 (2)．

[6] 王晓洪，王朝峰．浅析建筑施工成本控制 [J]．科技创新与应用，2013 (31)．

[7] 邓文静．浅述建筑施工成本控制 [J]．科技资讯，2011 (17)．

[8] 王勇．建筑施工成本控制的必要性及策略 [J]．科技与创新，2014 (7)．

本量利分析在工程项目资金管理方面的应用

王　磊

摘要： 建筑业作为国民经济支柱产业，从经济贡献到尖端建造，从产业带动到生活改善，从解决就业到管理升级，高速发展中取得了傲人的成绩，亦涌现了大量世界级集团企业，但也有不少建筑企业在大浪淘沙中折戟沉浮。随着市场竞争日臻白热，行业门槛逐步提高，深谙利润最大化目标的建筑企业都在通过 ERP 应用、一体化实施、共享中心建立等手段改善、提升企业管理能力，以实现持续发展。本文以影响建筑企业兴衰成败愈发直接的资金管理为切入点，引入本量利分析原理对建筑企业工程项目进行资金分析，结合实例进行盈亏平衡与资金余缺测算，探讨资金管理对建筑企业生存、发展的支撑价值与管理意义。

关键词： 本量利分析　工程项目　余缺平衡　资金管理

改革开放 40 余年，中国经济高歌猛进，建筑业更是传唱时代劲歌！近十年来，建筑业总产值从 2010 年的 9.6 万亿元增长到 2019 年的 24.84 万亿元，年均增幅 11.1%；从业人数从 2010 年的 4 160 万人增长到 2019 年的 5 427 万人，年均增幅 3%；企业数量从 2010 年的 7.19 万家增长到 2019 年的 10.38 万家，年均增幅 4.2%。行业的蓬勃发展必然孕育豪横的企业，其中中国建筑股份有限公司异军突起、独树一帜，合同额、营业收入和利润总额三大经营指标持续领跑于全球建筑企业，助力国民经济发展，但行业与企业辉煌背后仍有太多不确定性，2020 年 4 月名扬四方的南通一建集团有限公司悄然宣告破产清算，让建筑业“为之一震”！虽然国家经济告别高速增长进入新常态阶段，但我国常住人口城镇化率仅为 60.60%，距离美、欧西方发达国家 80% 以上的水平仍有较大差距，由此可以断定建筑业发展远未达到天花板，至于国企兴盛、民企衰退的“国进民退”之说更是管中窥豹。行业与企业的生存、发展都受客观规律和主观决策影响。当今建筑业仍为劳动密集型不错，但建筑企业生死存亡的救命稻草随着行业发展俨然变成了资金，2009 年中建上市为的是利用资金加速壮大，而 2020 年南通一建宣告破产清算则是无钱还债。建筑业资本密集型与否尚待讨论，但资金管理对于当下建筑企业尤为重要，下面将本量利分析理论应用于建筑企业工程项目，围绕资金管理进行分析与应用。

作者简介：王磊，财务总监，中国建筑一局（集团）有限公司北京分公司。

一、本量利分析原理

（一）基本概念

本量利分析是成本、业务量和利润三者依存关系分析的简称，是指在变动成本计算模式的基础上，以数学化的会计模型与图文来揭示固定成本、变动成本、销售量、单价、销售额、利润等变量之间内在规律性的联系，为会计预测、决策和规划提供必要财务信息的一种定量分析方法。

（二）重要假设

1. 线性关系存在。

本量利分析基于成本性态分析，在一定范围内企业发生的成本可以区分为固定成本和变动成本，变动成本伴随业务呈线性变化，即销售额也随业务量呈线性变化；固定成本在一定时间、空间内不随业务量增减而变化。

2. 品种结构稳定。

生产和销售多种产品的企业，每种产品的销售收入占总销售收入的比重不会发生变化，即销售结构持续稳定。

3. 生产销售平衡。

企业生产的产品与销售是对应的，生产出多少产品就能销售多少，即生产量等于销售量。

（三）基本公式

利润 = 销售收入 - 总成本

= 销售价格 × 销售量 -（变动成本 + 固定成本）

= 销售单价 × 销售量 - 单位变动成本 × 销售量 - 固定成本

=（销售单价 - 单位变动成本）× 销售量 - 固定成本

边际贡献总额 = 销售收入 - 变动成本

=（销售单价 - 单位变动成本）× 销售量

当公式中的利润为零时，便可得出本量利分析的关键点——盈亏平衡点，这时的销售量可以实现边际贡献总额正好抵消固定成本。企业的盈亏就在这一“点”之差。

二、工程项目应用

（一）应用优势

本量利分析原理应用合理性、有效性取决于假设条件是否满足，对于工程项目来说中标至开工和结算至质保金收回这两个阶段属于非直接投产阶段，固定成本支出非满额状态，且变动成本几乎不发生，除此之外工程项目在施状态的应用具有天然优势。

1. 成本性态划分简便，投入产出线性关系清晰。

工程项目成本支出主要构成为人工、材料、机械等，按照成本会计科目列示一般为分包工程支出、直接人工费、直接材料费、机械使用费、安全生产费、其他直接费和间接费。以成本性态划分方面，除间接费外其他六个科目均与建筑产品实体直接相关，并与产量呈线性关系，其中，分包工程支出、直接人工费、直接材料费和机械使用费根据名称即可判定与建筑产品直接相关，不做过多解释；其他直接费核算内容为安全网、脚手架、试验费、二次搬运费、工程用水电费等，基本随着建筑产品形象进度发生而增加相应支出，可判定符合变动成本条件。间接费主要为工程项目管理人员发生的工资薪金、管理费用、房租、规费、保险等，该费用在一定时期内、一定范围内不随产量发生变化，即使没有产量发生，也需要对外支出。

2. 建筑产品独有特点，带来独立产品独立管理。

由于建筑产品不同于普通工业产品，其具有固定性、多样性、复杂性等特点，并且施工周期长。工程项目一般情况下，都要经过招投标，订立中标单位，签订施工合同，这就为会计管理确定单一会计主体奠定了基础，不会出现品种结构多样、变化的问题。

3. 收支有效配比原则，实现产销同步达成。

会计上，建筑企业根据一段时间内完成履约义务发生的支出归集建筑产品成本，通过计量履约进度在相应的时间内确认收入实现。造价上，建筑企业根据工程完工进度情况，向建设单位报送结算，取得阶段或最终确认。营业收入与合同结算在履约过程中会存在差异，但最终结算完成后会达成一致，则实现了动态产销平衡。

（二）概念匹配

1. 销售收入指工程项目营业收入、合同结算；销售价格指合同约定或业主确认总价；销售单价指生产建筑产品的具体人工、材料、机械等对应合同约定或业主确认单价（清单价格）；销售量指合同约定或业主确认工程量、完工进度对应工程量。

2. 变动成本指建筑企业采购人工、材料、机械等对应的成本支出；单位变动成本指建筑企业采购人工、材料、机械等具体单位成本支出。

3. 公式应用。

（1）盈亏角度公式。

项目利润＝营业收入－总成本

＝业主确认总价×工程量－（变动成本＋固定成本）

＝业主确认单价×工程量－单位变动成本×工程量－固定成本

＝（业主确认单－单位变动成本）×工程量－固定成本

边际贡献总额＝营业收入（合同结算）－变动成本

＝（业主确认单－单位变动成本）×工程量

（2）资金角度公式。

资金盈余＝收款－付现支出

资金边际贡献总额 = 收款 - 付现变动成本

（三）盈亏变现

本量利分析原理基于权责发生制预测、分析企业盈亏，实际上企业实现利润的真金白银往往受普遍存在的赊销、赊购业务影响而持续在路上。为更好诠释资金对企业运营的深刻影响，本文以收付实现制为基础从资金角度应用本量利分析原理对建筑企业工程项目进行预测、分析，进行资金管理创新尝试，旨在探寻工程项目资金余缺轨迹与平衡点。

（四）工程实例

考虑到建筑产品多样性特点，并有利于理解原理一般性应用，本文以较为常见的高层住宅工程为例进行本量利分析原理应用。为了进一步体现本量利分析原理本质，实例中进行简化处理和假设安排。具体如下：一是工程项目为增值税一般计税项目，成本支出均可及时取得进项税发票，最终为进项税留抵，并且考虑项目当地预缴 2% 对应的税金及附加较小则在该案例中忽略其影响；二是项目资金运营周期为 5 年，期间为项目中标到最终质保金全部收回，对上游企业款项全部支付完毕，为了便于分析应用，以具有代表性的中标至开工阶段、在施阶段、竣工阶段、结算阶段及结算至质保金收回阶段五个节点进行重点分析；三是项目资金收付均执行合同约定，现金收付，不考虑工程预付款、质保金保函替代等回款安排，并且为了便于应用工程项目资金管理，实例中对应的收入、成本均为含增值税数据。

〔实例〕工程项目签订合同额与最终结算合同额 2 亿元，合同约定施工过程按月付款 70%，竣工后支付 85%，结算完成后付 95%，质保金 5% 三年后无质量问题如数支付；建筑企业测算收益 5%，含增值税工程成本为 1.9 亿元，工程项目管理所需的间接费发生占造价 3.5%，具体变动成本构成和相应阶段付款条件详见表 1。

1. 盈亏角度静态分析。

根据本量利分析原理，按照工程项目成本性态划分后，作为固定成本的间接费在匹配业务量发生的期间内合理开支情况下，正常施工工程项目随着完工进度增加，边际贡献总额会逐步覆盖固定成本并超过，实现项目利润；反之，工程项目注定亏损。从一般意义来说，工程项目实现边际贡献总额等于间接费时对应完工进度的工程量就是盈亏平衡点。该项目完工进度对应的工程量达到 5% 时，即可实现盈亏平衡，之后的收益状况如无特殊情况将呈线性增长。

2. 资金角度动态分析。

考虑到建筑产品生产周期长的特点，工程项目资金流入、流出处于频繁动态波动中，不同阶段会出现资金亏空与富足，而且由于具体资金支付条件的影响会在达到余缺平衡点后再次出现资金亏空的情况。下面结合表中信息分阶段进行分析。

（1）中标至开工阶段。建筑企业无完工进度工程量，无资金流入，但工程项目启动相应的管理人员薪资费用、工程保险、规费、办公支出等间接费用已开始发生，即存在启动期的资金缺口。

表 1　高层住宅工程实例本量利分析数据明细表　单位：万元

序号	成本习性分类	成本项目	造价收支	盈亏角度静态分析（不考虑增值税）		资金角度动态分析												
						中标至开工阶段		在施阶段			竣工阶段		结算阶段		结算至质保金收回阶段	
				完工进度	金额	支付比例	金额	完工进度	支付比例	金额	支付比例	金额	支付比例	金额	支付比例	金额
一	营业收入		20 000	5%	1 000	0%	0	45%	70%	6 300	85%	17 000	95%	19 000	100%	20 000
二	变动成本	分包工程支出	2 500	5%	125	—	—	45%	70%	788	85%	2 125	98%	2 450	100%	2 500
		直接人工费	3 000	5%	150	—	—	45%	75%	1 013	90%	2 700	100%	3 000	100%	3 000
		直接材料	10 500	5%	525	—	—	45%	75%	3 544	87%	9 135	100%	10 500	100%	10 500
		机械使用费	1 000	5%	50	—	—	45%	70%	315	90%	900	100%	1 000	100%	1 000
		安全生产费	400	5%	20	—	—	45%	70%	126	95%	380	100%	400	100%	400
		其他直接费	900	5%	45	—	—	45%	80%	324	100%	900	100%	900	100%	900
三	边际贡献总额		1 700	—	85	—	0	—	—	191	—	860	—	750	—	1 700
四	固定成本	间接费	700	—	84	100%	56	—	100%	191	100%	630	100%	700	—	700
五	项目利润		1 000	—	1	—	-56	—	—	—	—	230	—	50	—	1 000

（2）在施阶段。本量利分析直接应用在该阶段，随着完工进度工程量实现，相应营业收入和变动成本逐步发生，形成资金边际贡献总额，进一步度量持续发生的间接费，在该阶段可找到资金余缺平衡点。实例中，完工进度达到45%对应的工程量为项目资金余缺平衡点。该平衡点工程量远超过盈亏平衡点对应工程量，一方面工程项目工程量达到5%时收益开始实现；另一方面工程项目资金持续存在缺口，直到完工进度达到45%。建筑市场中工程项目收益与资金的错配，受建筑市场赊购、赊销交易情况影响，同时也与建筑企业自身市场竞争力、对上游供应商议价能力等因素左右，如果建筑企业在工程项目投标阶段、实施阶段只关注收益测算，而忽略资金余缺分析将误导企业决策方向，给工程项目个体实施和企业整体运营带来巨大困难，甚至影响企业其他工程项目的顺利实施，整体资金出现断流的不利局面。

（3）竣工阶段。完工进度在该阶段达到100%，工程项目已实施完毕，对应收益应大部分实现，但资金方面虽然工程项目整体收款依照合同约定比例提高到85%，但对外支付安排同样要按照合同约定提高比例支付，此时的资金边际贡献总额并未达到最大值。

（4）结算阶段。工程项目造价在该阶段得以最终确认，完工进度100%的工程量形成最终营业收入，间接费得以锁定，项目利润最终确定。本量利分析应用到此最终结束，但上下游资金收付仍未完成，资金边际贡献总额与间接费的此消彼长受结算收益水平和合同收付款比例直接影响，实例中该阶段资金边际贡献总额低于竣工阶段。

（5）结算至质保金回收阶段。该阶段由于合同约定质保期影响，持续时间会很长，质保金收取是核心事项，完成全部回收后，资金边际贡献总额最终达到最大值。

三、应用价值与意义

犹如“幸福的家庭都是相似的，不幸的家庭各有各的不幸”反向释义，良性发展的企业各有各的专长，但破产清算的企业都是资金断裂直接受害者。资金管理的运筹帷幄对于当下建筑企业尤为重要，本量利分析原理应用于工程项目资金管理具有预测、分析意义，在一定程度上解决工程项目资金前瞻性筹划与过程收支平衡问题。

（一）高度重视投标阶段资金研判

建筑业市场竞争白热化体现在投标阶段，刀枪拼搏最直接体现就是工程中标价格，高强度竞争必然带来工程项目的低收益，此环节建筑企业应结合自身资源状况，充分分析、研判工程项目未来资金走势，特别是资金缺口较大的项目，利用好本量利分析原理找到资金余缺平衡点，进行量体裁衣，判断整体资金可行性，并做好举措安排，为投标决策与后续实施提供有力支撑。

（二）有效实施全周期现金流预算管理

工程项目实施是投入产出的动态过程并且周期长、变化多，应强化资金策划意识，建立项目全周期现金流预算管理机制，将工程项目资金收支管理颗粒度缩小到月度，立足实施阶段实际情况应用本量利分析逐月滚动预判余缺平衡点，结合投标阶段资金优化方案，开展实施阶段工作计划与安排。

（三）持续提升工程项目管理效益

从本量利分析角度可以看出，工程项目固定成本，即间接费主要组成部分为管理人员薪资等刚性支出，无法通过压降单位成本来实现改善，而通过强化工程项目过程履约管控缩短实施工期，可以实现固定成本的减少。另外，加大科学技术应用，减少变动成本支出，提升商务合约管理创效能力，扩大营业收入规模等措施，可以实现盈亏角度和资金角度两类边际贡献总额提早要跑赢固定成本。

（四）有利于公司资金管理应用延展

建筑企业所辖工程项目全部应用本量利分析原理基础上，可以进一步结合公司层面成本性态做好成本划分，以年度为单位确定公司整体固定成本，计算公司整体资金余缺平衡点对应的工程量，作为公司年度生产经营管控重要底线指标。公司可以围绕这条底线开展资金管理工作，进而有针对性地实践战略规划、经营决策等工作。

四、结束语

当前，随着信息化、数字化科学技术广泛应用，货币在生产生活中的符号意义愈发凸显，而在经济世界以货币为表现的资金如同“血液”愈发根深蒂固，为企业发展供应必备的养料，决定企业的生死存亡。企业如何重视、强化资金管理都不为过，管理中无论以哪种理论方法付诸实践都有各种道理，但都应该做到事前有筹划、事中有管控、事后有评估，战略上、战术上拿捏好资金管理应有的分寸。

参考文献

［1］魏永宏．管理会计学．电子工业出版社［M］，2018.

新冠肺炎疫情背景下建筑房地产企业财务管控及风险防范问题研究

郝硕磊　杨进兴

摘要： 新冠肺炎疫情对各行各业都产生了或多或少的冲击，其中对建筑房地产企业产生了较大影响。在此背景下，建筑房地产企业的财务管控和风险防范显得尤为重要，本文基于新冠肺炎疫情背景下探讨建筑房地产企业内部的财务管控措施及如何防范和化解面临的风险。

关键词： 新冠肺炎疫情　房地产企业　风险　财务管控

一、研究背景

企业若在财务管控和风险防范方面存在不合理的应对策略及措施，会对企业的运营造成重大影响。在实际经营管理过程中，众多企业都有着很高的财务风险，特别是表现在建筑房地产业当中，由于我国中小型建筑房地产企业总量的不断增多和规模的持续扩张，因而这类企业在运行中要高度关注财务管控及风险防范工作。2020 年初，新冠肺炎疫情席卷中华大地，对各行各业都造成了严重的冲击，对建筑房地产业也造成了重大影响，如新冠肺炎疫情下采取的隔离措施会对企业的项目工期产生影响，隔离解除后，企业为了赶工期会增加额外的成本，进而增加企业财务管控的难度，也会产生上下游支付款不能及时到位产生的资金支付风险；另外，缺少多样化的融资渠道，面临着比较高的债务风险，资金回流比较慢，这些都会导致企业风险的增加，会加大企业的资金链条断裂的风险，从而影响整个企业的发展。

二、建筑房地产企业面临的财务管控问题

在新冠肺炎疫情背景下，建筑房地产企业的财务管控工作会面临许多挑战，为了应对可能出现的财务管控问题，我们需要制订相应的策略以应对财务管控措施不当给企业带来的影响。由于建筑房地产企业是资金密集型行业，对它们的财务管控可分为筹资、投资和资金回笼三个方面。

作者简介：郝硕磊、杨进兴，中国建筑第八工程局西南公司重庆分公司。

首先，我国房地产开发其主要动因是资金驱动型，在现行模式下，房地产企业的自有资金比例一般较低，主要用于解决土地成本问题，而对于后期开发，则较多的是通过各种融资手段和前期销售款回收予以解决；新冠肺炎疫情下，人员流动的限制一方面会使地产开发商的房屋销量下降，另一方面减少了投资方对该企业的全方位了解，会降低企业的融资成功率；融资手段单一和房屋销售款降低加深了房地产企业在筹资方面的困境。

其次，在房地产较长的开发周期中，存在着很多不确定因素，它们对开发企业投资项目的成败和企业的经济效益起着决定性的作用；由于不确定因素的影响，导致房地产项目不能达到预期效益，从而影响盈利水平和偿债能力的风险即为投资风险。在新冠肺炎疫情背景下，部分企业会由于房屋销售量下降和筹资困难而更多注重资金筹集、投资产品追求高收益，以合同额大的项目为目标，并在进行房地产开发投资过程中忽略了对市场以及项目等的可行性分析评价，从而表现为：投资项目在技术上不可行或尚不成熟；市场调研有误，产品上市后滞销、落后；投资项目规划过大或过小，行业过度扩张或无力控制管理；负债率过高造成债务负担沉重；技术、市场等情况发生变化导致企业投资项目的实际收益与预期收益相差过大等，时间上的跨度与空间上的广度必然给财务活动与未来的发展增加了不确定性。

最后，资金回收是建筑房地产企业需要关注的重点领域，资金回收风险是建筑房地产企业开发的又一财务风险表现形式。房地产开发产品达到可出售状态后，由于新冠肺炎疫情的影响，使销售状况欠佳导致回款缓慢，因企业本身资产负债水平高，若资金回收不能与资金需求同步，就会造成企业的偿债能力急剧下降，现金支出压力陡升，进而陷入财务困境，使企业的形象和声誉遭到严重损害，甚至导致破产。

二、财务管控中出现风险的防范措施

在新冠肺炎疫情背景下，对于建筑房地产企业在财务管控中出现的风险需要制订相应的措施来防范应对，以促进建筑房地产企业的健康运营。针对出现的风险，可采取的措施如下。

（1）合理实施财务预算。

由于财务预算在实施过程中存在很多的不确定性因素，致使建筑房地产企业在开发经营周期过程中可能会出现很多问题，这直接关系了企业投资项目的成功与否，也给企业的经济效益造成相当大的负面影响。建筑房地产企业财务部门应该把项目预算和资本预算当成前提条件，合理具体地安排好企业资金的投资项目、收支比例、利润获取及资金调整。在日常工作管理方面，可采取月度考核、季度审查、年度小结等各种方式结合起来，充分发挥企业的财务职能。

（2）实施资金流动性管理。

建筑房地产企业的开发项目通常需要很长一段时间才能结束，由于开发周期长这一特点常常会给企业的资金使用带来困难，若资金链条在某一环节出现异常，就会造成资金链的断裂，甚至导致企业破产。这就需要企业加强对资金流动性的管理，在财务收支中要进行严格的估算与审查，对资金调度合理安排，以保证建设项目施工运营和营销资金满足具体需要。还要不断加快支出资金的周转，优化库存结构，尽可能减少存货资金的数额，让企业在经济方面的支付能力得到加强，促进企业信誉度不断增加，给下次融资铺设打下良好的基础。

（3）实现资金结构的优化。

建筑房地产企业应该不断完善自己的资金结构，对于负债经营适当控制，在充分估算企业偿债能力的情况下，通过合法途径筹集到能够满足企业发展的资金。在采用传统方式筹集资金时可以按照融资渠道多样式的原则，科学合理地分配外部多的储备资金，在协调资本权益比率方面要保证比例的有效性，将资产负债率降至最低，这样能够避免企业在资金筹备方面面临较大的压力，大大降低财务风险。这就要求相关部门对预售房款、银行回款等传统的融资渠道加强管理，还要确保资金的回收能按时到位，避免资金的浪费；企业还可以利用股票、债券、合作经营等方式不断提升自己的资金储备，让企业的运营规模得到扩大，使更多投资者与企业实现合作交流，不断扩展投资者与企业合作的项目。对于降低财务风险的控制能够发挥良好的效果。

（4）提高房地产企业管理人员综合素质。

作为决策者要增强对财务管理工作的责任感和使命感，要不断提高自身的决策能力；不断学习和掌握新的管理技术和方法，提高自身的政治素质修养。通过经验和自身能力进行科学的判断决策，最大限度地降低财务风险。同时，还要根据现代企业制度对高效率科学管理的客观要求，改变过去重视楼盘销售轻视财务管理的陈旧管理方式。增强财会人员的监管意识，督促财会人员依法进行会计核算和会计监督。

（5）加快监管信息系统建设步伐。

财务报表体现了建筑房地产企业的经营业绩、财务状况和经营风险，保障房地产企业财务信息的真实性可以为投资者等利益相关者提供有效参考。建立健全信息披露制度可以保护利益相关者的权益，建筑房地产企业可以定期公布公司的各项财务信息，增强社会公众对建筑房地产企业的了解；利用大数据平台有针对性的研究客户的需求、优化服务流程，为上下游客户提供专业、便捷和差异化服务。

（6）在企业内部实施有效合理的实施保障措施，保障企业流畅高效的运作。

在制度方面，一方面建立合理有效的风险管理制度，加强对房地产企业面临的财务风险监控，追踪企业发生风险状况；另一方面强化建筑房地产企业的内部审计制度，企业可以建立风险管理委员会，旨在评价风险管理部门的工作，判断风险管理体系的合理性和有效性，每年定期对企业财务风险管理体系运行状况进行检查评估，并将检查评估的结果制成报告，交董事会审议，进而通过风险管理委员会的检查监督发现财务或内控的问题，从而加强财务监管和内部控制。在组织方面，首先，强化建筑房地产监管机构对房地产企业的主管、监管职能，房地产监管机构需要依据法律法规对房地产企业的经营管理活动进行全方位的监督检查，促使企业改进经营管理活动中存在的问题和困难，以便公司更好地持续经营。其次，可以建立健全扁平化组织结构，减少了决策层与操作层之间的层级，可以将决策层形成的决议传达到公司最底层，有利于基层员工领悟政策方针。最后，强化权责统一、岗位不相容规则，建筑房地产企业的营销人员较多，强化员工的服务意识和责任意识、明确权责边界显得尤为重要。建筑房地产企业可以定期开展培训，建立适合企业自身的责任追究制度。具体来讲，需要高级管理人员遵守法律法规和公司章程，对公司尽忠实、勤勉义务，高管人员做出违法违规事件，给公司带来重大损失时依法追究责任。内部审计和内控人员定期检查是否出现岗位不相容现象，如出现需要根据实际情况制订相应的措施来解决这类情况，如把其中一个员工调离该岗位，根据工作能力和意愿安排至其他岗位。

（7）建立健全高管任职资格审查规则和薪酬激励机制。

高级管理人员在建筑房地产企业发展中扮演极为重要的角色，是因为房地产企业有着复杂的股权分布和众多关联的机构，正因如此，建筑房地产企业的发展对高管的能力、品质提出了严格的要求，因此对高管，建筑房地产企业可以建立严格的品质能力考核机制和奖惩机制。建筑房地产企业在薪酬激励机制中存在薪酬激励只在短期进行，随着公司经营期限的延长，这项机制未能更好执行，若实际执行也缺乏相应的考核机制，建筑房地产企业可以设立激励指标、规范薪酬发放环节的流程，设计以绩效和风险管理相结合的激励机制。

参考文献

［1］赵敬敬．房地产企业财务风险管理与控制对策分析［J］．财经界（学术版），2020（16）：152－153.

［2］王纯荣．论房地产企业财务风险的防范与控制［J］．中国市场，2020（19）：160－164.

［3］孙莹．浅谈房地产企业财务管理内控建设及风险防范［J］．现代商业，2020（18）：181－182.

［4］朱艳芳．房地产企业财务管理风险与防范［J］．中国市场，2020（18）：157－158.

［5］张正．房地产企业财务管理风险的防范与控制［J］．企业改革与管理，2020（12）：159－160.

［6］吕一奇．房地产企业财务风险控制现状及优化策略［J］．产业创新研究，2020（11）：53－54.

［7］陈自明．加强房地产企业财务内控措施的分析［J］．中外企业家，2020（15）：16－18.

［8］何畅．基于风险管控的企业财务战略思考——以房地产企业为例［J］．商业文化，2020（8）：72－75.

建筑施工企业会计核算问题研究

张　恒

摘要： 我国的建筑施工企业基本都是国有企业，资金雄厚，规模庞大，对于国民经济的带动具有重要作用，如果存在核算问题后果严重，所以对于建筑施工企业的会计核算要尤为关注，采用科学方法对我国现阶段建筑施工企业会计核算整体情况进行分析，可以确定的是建筑施工企业对于会计核算运用的效果不佳，其中存在很多需要控制和处理的问题。而如何有效的解决和处理建筑施工企业会计核算中存在的问题是一个值得深思和考虑的问题。本文就此问题展开深入的分析和探讨，希望能够对这些问题更加深入的了解，从而找到有利于未来建筑施工企业发展的会计核算优化策略，找到合理的内部、外部监督机制，使建筑施工企业健康发展，为国家的发展做好保障。

关键词： 建筑施工企业　会计核算　内部监督机制

一、导言

（一）本研究的目的与意义

1. 本研究的目的。

当前，我国建筑施工企业的会计核算存在的问题较多，如会计信息不畅、会计核算不准、会计核算人员综合素质不高、内部控制制度不合理等问题普遍存在，导致企业管理者往往不能及时有效地获得真实准确的会计信息，对建筑施工企业的生产经营产生不利影响。因此，为了解决上述存在的问题，我们需要加强对会计核算工作的重视，找到对于此类问题的解决方法，提升会计核算的效率和效果，完善会计核算的体系，为未来建筑施工企业的科学、有效的核算奠定基础。

2. 本研究的意义。

建筑施工企业相对于其他企业而言具有规模性、特殊性，随着信息时代的到来，建筑施工企业应当做出表率，率先进行改革，其原因在于传统的会计核算方法已经和现代企业不相兼容，矛盾尖锐，而具体的问题所在和解决对策就是本文的意义所在。

会计核算在建筑施工企业的财务工作上具有重要地位，并且建筑施工企业的会计核算具有其特殊性，保证其准确、完整具有重要意义。如果不能够保证其准确、完整，企业将

作者简介：张恒，财务管理员，中国建筑第八工程局有限公司华北公司基础设施分公司。

无法进行下一步的工作，这会大大降低工作效率。此外，本文还系统地对建筑施工企业会计核算进行研究分析，希望通过本文能够改善企业的相关问题，从而有利于企业经济效益与社会效益的提高。

（二）国内外研究文献综述

1. 国外研究文献综述。

Mitchen（1996）提出了企业会计核算的概念。Alexandridis（1998）分析了建筑施工企业的三次发展浪潮。Nguyen（2002）认为建筑施工企业应该因地制宜，在不同的国家采取不同的核算方法，与本国实际相结合。Shleifer（2014）提出建筑施工企业存在的共性核算问题。Berkovitch（2016）针对现代化建筑施工企业，提出科学的会计核算方法，并提出财务信息共享的概念。

2. 国内研究文献综述。

王亚彬（2006）总结并完善了会计核算的意义，认为通过会计核算对企业的资源整合具有重要作用，可以加强对财务工作的监督并提高财务工作的效率。李建伟（2010）提出如果继续采用现有的会计核算体系会出现某些问题需要加强对会计核算的关注。栗友华（2016）针对建筑施工企业会计核算存在的问题，对可能的解决方法进行了全面分析。叶会（2008）对国有企业与建筑施工企业进行了全面对比。

（三）本研究的主要内容

本文的主要研究内容是通过对建筑施工企业的会计核算进行全面调研，对其中存在的问题进行分析，从而得出有效结论，找到解决对策。本文共分为五个部分来研究会计核算在建筑施工企业中的应用。第一部分为导言，介绍了本研究的主要内容以及国内外学者在此领域的研究成果。第二部分为相关概念综述，主要介绍了一些相关概念的含义。第三部分主要介绍了建筑施工企业在会计信息的获取和处理方面存在的问题和建筑施工企业在会计核算方面存在的问题。第四部分主要介绍了针对以上部分存在的问题可以采取的措施，包括治理措施和监督措施。第五部分通过分析最后得出本研究的结论。

二、相关概念综述

（一）会计核算的概念

在日常工作中，会计核算也被称为会计反映，它是以货币为计量单位，通过确认、计量、记录、报告等环节，对特定主体的经济活动进行记账、算账和报账，为相关会计信息使用者提供决策所需的会计信息。

建筑施工企业的会计核算包含在会计核算之中，相对而言它具有特殊性，是将建筑施工企业的会计信息进行确计、计量、记录、报告的过程，在此过程中还要保证其真实性、可靠性。此外，在会计科目的设置上也具有其特殊性，如“内部往来”“临时设施摊销”

“工程结算”等。

在新的收入准则当中，并没有把建筑施工企业收入单独列示，而且也没针对建造合同进行实例讲解，甚至很多建筑施工企业把成本“分拆”成人工费、材料费和机械使用费等多方面进行核算。

（二）会计核算的特点

1. 分级核算。

由于地点不固定、生产分散和流动性大等特点是施工企业生产所特有的，因此，为了更科学准确地反映施工生产的经济成果，更好地将施工生产与会计核算进行结合，我们需要将分级核算方法应用到建筑施工企业中。分级核算包括两种方式，即集权式和分权式。集权式的会计核算是将企业所运用的资金合理、完整地记录在一个账套当中，统一整理账套，从而清晰明了地说明企业资金去向、来源。分权式的会计核算是各个项目单独开设账套，企业在各个项目上所运用的资金记录在相应的账套上，在进行会计核算时对各个账套进行详细的核算，最终统一汇总各项目的财务报表，以此作为企业决策的重要依据。

2. 单位工程成本单独核算。

工程成本的核算就是施工企业对一定期间费用支出的归集、分配、再归集、再分配和工程成本形成的核算，它是施工企业会计核算的主要内容，具体项目分为人工费、材料费、机械使用费、其他直接费、间接费用。

一般情况下，单位工程的造价是工程造价的基础，首先需要先进行单位工程造价再进行工程造价，所以单位工程成本需要单独进行核算，而某个时期内各项工程的单位成本不能简单地采用工程总费用和相应的工程量进行计算，应该选择订单成本计算法，分别进行每项成本的计算，实现实际成本和预算成本的统一口径。

凡是有几个单位工程而且是单独进行成本核算的施工项目，其竣工成本的综合分析应以各单位工程竣工成本分析资料为基础，再加上项目经理部的经营效益，进行综合分析。

3. 分阶段进行工程成本核算与工程价款核算。

首先，分阶段进行工程成本核算与工程价款核算不需要预先垫付大量资金，不会导致资金供应问题，可以科学合理地反映各阶段的经营成果，提高资金周转率，有利于企业管理者进行正确决策，确保企业健康发展。其次，如果不采用分阶段核算，而选择全部竣工后进行核算，周期过长，投资不易收回，不利于资金周转，会产生诸多问题。

（三）会计核算的工作对象

企业的各个部门对于企业的经济效益都有着至关重要的作用，建筑施工企业的会计核算对象包括财务部门、营销部门、生产运营部门、管理部门等，想要保证会计核算的准确，就需要会计工作对象之间的信息共享。

三、建筑施工企业会计核算存在的问题

（一）会计核算不规范

1. 会计核算不规范现象的表现。

相对于普通企业而言，建筑施工企业会计核算不规范的现象表现在：在项目整体竣工之后才进行会计核算，这可能会使工程价款变成坏账，所以我们需要分阶段、分项目进行核算；建筑施工企业核算时可能采用错误的核算方法，而财会人员并不能使每个项目对应正确的核算方法，这可能会导致工程价款虚增，所以我们需要科学的核算方法，面对不同情况采用不同的方法；原始凭证的记录混乱，多个项目之间乱记成本，导致结余资金造成虚假性；还有可能表现在购买办公用品等未付购货清单也无相关入库登记，购买实物缺少签收手续，发放物品无发放明细；会计记账随意性大，对同一件经济业务甚至有不同的处理方式，致使财务核算口径不一致。

2. 会计核算的方法不科学。

规范的会计核算制度需要科学的核算方法做支撑，然而建筑施工企业会计核算手段落后的现象普遍存在，主要体现在账户设立不准确、复式记账法的应用不正确、填制和审核凭证不仔细、项目支出与现场支出进度不同步等，另外，由于建筑施工人员繁杂，部门众多，涉及内容广泛，如果不能将各个项目的资源利用及资金回报率及时反映出来，有效进行核算，就会导致企业收益受损，所以在以上方面规范会计核算方法会提高核算效率，提升企业的社会形象。

3. 会计核算记录数据不详细。

由于建筑施工企业规模庞大，人员众多，涉及的企业与企业之间的钱款往来密切，各项支出众多，资金流动性大，所以导致会计核算需要记录的数据很多，工作量大导致数据记录不详细，如对于资金的投入、成本的消耗以及设备费用等没有详细的数据记录，资金去向存疑。由于数据记录不完整，也使在最终核算时存在烂账、死账，实际资金投入与记录资金数目不相符，造成资金的浪费与流失，严重损害建筑施工企业的利益与发展。

4. 会计核算制度落后。

随着信息化技术的发展，会计工作也有了新的变化，更多依靠信息化技术而非传统的人工是必然趋势。但部分企业对此趋势认识不足，仍旧采用传统的会计核算方法，虽然这样的记录方式没有大问题，但却很难满足会计核算中及时更新数据的要求。由于建筑施工企业的工期较长，如果会计核算数据不能得到及时更新，则在后期核算中容易造成资金流向不明等情况，阻碍企业发展。引入信息化管理制度，保证数据的及时更新，为企业决策提供依据。

5. 缺乏健全的成本控制和成本核算制度。

建筑施工企业中成本核算应该是会计核算工作中最重要的一环节，是企业生产经营中必须关注的，关系到企业的竞争能力和盈利能力，从而影响企业价值。当前，我国许多建

筑施工企业中的成本核算工作做的却并不理想，例如，许多成本核算工作仅停留在表面，很多会计核算人员并不深入了解每个阶段每个环节各成本的实际支出，甚至有些企业都不根据建造合同来设置成本核算对象，不考虑成本考核要求，因此也提供不了正确的成本数据。没有健全的成本核算制度意味着这些建筑施工企业将无法宏观把握企业的财务信息，也无法确定自己企业的经营状态，也因此影响了企业未来的规划与健康发展。

（二）会计人员素质有待提高

1. 企业未做到专人专职。

建筑施工企业会计核算人员任职方面应做到专人专职，而部分企业未做到这点，仍选择派遣其他部门员工进行兼任，这类企业未做到明确分工，明确各方责任，这会导致会计核算工作混乱，易造成资金流向不明以及数据填写错误，在追溯资金流向以及恢复数据时会造成很大困难，所以企业的财务部门一定要做到聘用高素质的财务人员，做到专人专职。

2. 企业未做到任人唯贤。

建筑施工企业的会计人员需要具备相关资质，如初级会计职称、中级会计职称、高级会计职称，这样做的目的在于，高素质的财务人员能发现工作中的各项问题并且有能力去解决这些问题，然后部分企业管理者运用自身权力，将不具备相关资格的人带入企业任职，这样做就是企业未任人唯贤，并且这些人不具备相关能力，进入企业是严重的隐患，未来可能造成企业利益的损失，为了避免这种情况的发生，我们应该制定严格的人才选拔制度，避免“关系户”的进入。

3. 企业会计人员未能及时学习最新的法律法规。

由于国家的法律法规随着时代的发展不断完善，法律推陈出新速度很快，这就需要会计人员进行不断地学习和研究，以顺应时代的发展，为企业的财务工作扫清法律保障，然而，部分会计核算人员对国家相关法规政策等不够了解，对会计信息的记录不准确、不及时，对最终的企业会计核算造成困扰。

（三）会计内部控制力度不足

1. 企业不重视内控及核算。

企业发展过程中，不应该只追求利益，同样应该重视内部控制对会计核算的约束，否则会造成资金管理、财务管理等多方面的缺陷。首先，建筑施工企业应该重视会计核算的作用，不应只注重表面工程，否则会缺乏准确性与完备性，不足以成为企业决策的依据。其次，还会导致连锁反应，由于建筑施工企业不重视会计核算，导致企业不重视内部控制，从而造成会计核算制度的缺失，不能及时监督与跟进资金的流向，会计支出资金没有统一的制度，使资金使用得不到明确反馈，容易造成企业资金损失，严重阻碍了企业的发展。

开展会计核算的过程中建筑施工企业就存在不重视内控的现象，具体表现于未制定完善的会计内控制度，导致出现记账、对账混乱，账实不符的问题，如果建筑施工企业足够重视内部控制，就应当做出实际行动，将规章制度完善形成纸质文件，以杜绝此类问题的再次发生。

2. 内控体系不健全。

健全的内部控制体系，对于企业经营目标的实现、企业各部门的相互配合及企业各项工作的改善，都具有积极作用，但很多建筑施工企业对内部控制工作的重视程度明显不足，内部控制体系不健全和内部控制制度执行不力的现象十分常见，导致企业的经营管理中经常出现损害企业利益的行为，例如，偷税漏税、瞒报晚报，或者做假账，资金管理不善，此外，还有些企业在项目转包等合作经营过程中，出现会计核算标准不一。这些由于内部控制不力而出现的问题，使真实有效的企业会计信息的获取十分困难，最终导致会计核算沦为了形式化的流程。

（四）会计核算信息不规范

1. 会计核算信息失真。

在会计核算的过程中，需要使用大量的会计信息，因此企业会计信息的真实性对会计核算的效率和效果具有重大影响，然而，现实中由于诸多因素的限制，使建筑施工企业往往无法获取真实的会计信息，这就会导致会计信息失真。

会计信息失真通俗来说就是会计信息失去真实性，即财务报告反映的情况与原始凭证不符。会计信息失真可以分为无意失真和故意失真两种。无意失真可以接受，而故意失真性质恶劣，不可接受。

会计信息失真的危害众多，可能包括企业利益受损，会计核算工作受到影响，国家可能会损失税收。

2. 会计核算信息滞后。

会计信息滞后是建筑施工企业难以处理的问题之一，目前，建筑施工项目都分布在全国乃至世界各地，所以数据收集困难，易造成会计信息滞后。随着竞争的逐渐加大，如果再不加强建筑施工企业的内部管理，使会计信息及时有效传递下去，那么就很有可能被市场淘汰，所以即使会计信息完整、会计信息不失真、会计核算体系健全，但是会计信息传递不及时，依然会造成严重后果，如会造成管理者做出错误的决策，从而影响建筑施工企业的发展。

3. 会计核算信息不完善。

会计信息是建筑施工企业进行会计核算的基础所在，所以会计信息必须完整准确，会计核算才会完整准确，但是很多时候会计信息并不完整，体现在以下几个方面：首先很多施工单位的工程项目分布于全国乃至各个地域，导致出现集中核算与现场脱节的现象，会计核算不能真实、及时地反映出工程的实际成本及资金状况。其次，票据在传输的过程中可能会发生丢失遗漏等非人为现象，信息统计过程中出现遗漏都会导致信息不完善。最后，即使会计信息及时有效到达了财务人员手上，但也可能因为人为原因故意伪造成会计信息不完善的情形以获取某些利益，所以只有杜绝以上现象的发生才会保证会计信息完整准确地到达财务人员手中。

四、加强建筑施工企业会计核算的对策

（一）完善会计核算制度

1. 加大应收账款管理力度并完善应收账款制度。

完善的会计核算制度很大部分依赖于完善的应收账款制度，但是很多建筑施工企业没有具体的对应收账款采取有效的解决方案，以目前来说，最好的办法就是加大应收账款的管理力度，通过完善应收账款制度，确保所有的应收账款都能追回。

首先，完善的应收账款制度应该包括事前、事中、事后三种不同时间段的管控制度，事前：需要调查对应企业的信用资质，如果信用良好就可以进行业务往来，如果信用不好就应该选择评估企业风险，根据评估的风险来选择下一步的行动。事中：应对赊销的申报制度加大管控制度。事后：需要创设科学合理的催收账款程序，依据签订的合同条款，依据创设的程序进行应收账款的追回。

其次，在事前、事中、事后的管控基础上，还需要进行全局管控，在出纰漏的环节采取应急处理措施，所以完善应收账款管理制度需要将微观制度与宏观调节相结合，这样才能达到理想的效果。

2. 保证会计核算流程的准确性。

为了完善会计核算制度，还需要保证会计核算流程的准确性，而建筑施工企业具有一定的特殊性，具体表现在：工程项目范围广、种类多、时间跨度广，这些因素都对会计核算流程的准确性提出要求，所以想要保证准确性就必须根据以上工程项目特性，设置合理的流程规范，加上专业的管理指导。某些重要细节表现在：往来款项需要及时进行记录，还要有复核人员进行筛查，争取做到万无一失。最后还可以采取会计信息透明化的策略，公开收支，也可以加大对会计原始资料的管理力度，从源头上做到会计信息的准确等。会计信息的准确、会计核算流程的准确，是完善会计核算制度的基础。

保证会计流程的准确性不仅与内部管理相关，还与大的外部环境有着不可分割的关系，政府对于会计准则的制定、先进的财务理念的传入等都会对会计流程的系统性和整体性产生影响，所以作为一名财务人员要时刻关注外部环境的变化，时刻保持警惕，专注于理论与实际的结合才能保证会计核算流程的准确性，才能完善会计核算制度。

3. 重视成本控制与成本核算问题。

完善会计核算制度就需要重视成本控制与成本核算问题，而所谓的成本控制和成本核算就是对项目投资前所必须开展的工作，目的在于确保资金投入的科学性和合理性，避免对企业造成不必要的损失，而成本控制与成本核算具有动态性和全方位性，这就需要我们将其纳入规范化的管理当中。

我们需要更新成本的管理理念，强化成本控制意识；实行统一领导，分级管理，确保预算成本大于支出成本；需要实行网络的系统化管理，把财务人员从繁重的工作中解脱出来；需要根据具体情况设置核算对象，不能对施工项目随意核算，要考虑成本核算的

要求。

（二）加强财会队伍建设

1. 提升财会人员的综合素质。

提升财会人员的综合素质不仅体现在会计人员专业知识的提升上，也体现在会计人员对财务相关法律法规，职业道德方面的了解上。只有综合素质的提高，才能加强财会队伍建设，才能更好地应对更为复杂的外部环境，才能更好地遵守会计准则，在不违反准则的前提下提高企业的经济效益。

总之，提升会计人员的综合素质要从多方面入手，这是一个漫长但是行之有效的过程，企业需要将提升会计人员的综合素质、加强财会队伍建设重视起来，只有如此，才会为企业提供源源不断的会计人才，企业才会长盛不衰。

2. 加强对会计核算人员的引进和培养。

会计人员具备较高的综合素质是完成会计核算工作或者其他工作的前提条件，但并不是所有的建筑施工企业都适合或者有能力将本单位的员工培养成综合素质拔尖的财会人才，所以需要另一种解决方法，即对具有较高综合素质的会计核算人员的引进和培养。

首先，在引进环节上，企业需要加强对优秀会计核算人员的引进，尤其是对具备建筑施工、财务管理、计算机应用等多学科知识的综合性人才的引进，提升企业的整体核算水平，促进会计核算工作的顺利完成。其次，在培养环节上，企业需要对引进的人才进行二次培养，通过交流学习、继续教育等方式，使引进人才与本企业人才进行“融合”，将先进的东西应用到实际工作当中，实现“1 +1 >2”的效果，同时也需要对引进人才进行思想教育，将本企业的文化渗入平时当中，形成文化认同感、企业荣誉感、最后形成企业优势、促进企业发展。

（三）创新会计核算工作方式

1. 创新会计管理信息平台。

随着时代的发展，信息技术变得越来越重要，所以对平台的创新也迫在眉睫。企业可以通过建立会计管理信息平台来解决会计信息不准确、会计信息滞后、会计核算不及时等诸多财务问题，还可以通过创新会计管理信息平台来实现信息共享，通过共享财务、管理信息来提高会计核算效率、管理效率。同时，在开展会计管理信息平台之后，还要对使用人员进行培训，做好对系统的升级、维护工作，从而为企业实现信息化管理奠定良好基础。

2. 创新会计核算对计算机技术的应用。

工作方式的创新，有利于提高会计核算工作质量和工作效率。一方面建筑施工企业应该注重对计算机技术的应用，推进会计电算化的实现；另一方面应该对计算机技术的创新，开发更适合中国本土企业使用的财务软件，从而推进会计核算工作方式的进步。

加强会计核算与计算机技术的结合，做到每一组数据都有据可查、有据可依，并且对于最新计算机技术的应用不代表会计人员作用变小，归根结底还是会计人员对于计算机的操作至关重要，所以也不能完全依赖计算机技术，要做到有的放矢，完美地将人机结合，才能加强会计核算的效率。

（四）加强会计内部控制制度

1. 加强企业内部管理。

加强企业内部管理的原因在于：完善的内部控制制度前提是拥有完善的内部管理，内部管理是企业管理层乃至治理层的工作内容之一，是关乎企业能否健康发展的因素之一，完善的内部管理体现在多个方面，如完善的晋升机制、完善的管理制度、完善的职能部门建设、高素质的管理人才、系统的员工培养方法等。

加强企业管理是做好企业一切工作的基础，企业特别是领导应当对这些做到足够重视，起到带头作用，努力把企业管理提高到一个新水平。

2. 完善企业内部监督机制。

完善的内部监督体制对于加强会计内部控制制度具有重要作用，首先，内部监督体制需要作用于治理层、管理层和每位公司员工；其次，需要加强内部审计部门的独立权威性的建设，加大对会计核算工作的质量要求，杜绝以权谋私、徇私舞弊、违法乱纪现象的发生；最后，企业需要一个设计合理且能得到实际执行的内部监督体制，因为财务报表层次的重大错报风险通常与薄弱的控制环境相关，所以完善的内部监督体制将会大大降低重大错报风险。企业内部监督机制的建立还要依赖外部法律环境，在符合国家法律法规的前提下，进行一系列监督体制的建立和完善。

五、结论

综上所述，本文的整体结构是：“提出问题—分析问题—解决问题”。首先，通过提出建筑施工企业会计核算存在的问题，引起人们的关注与思考；其次，进行了分析与探讨，证明了问题所在以及此类问题的危害；最后，得出结论即上述问题的解决方法和对未来的一些设想。

为了建筑施工企业能够健康、持续发展，企业需要克服会计核算存在的问题如会计核算不规范、会计人员素质不高等，运用一系列的解决方法如提升会计人员素质、规范会计核算方法等，来实现会计核算的科学化、合理化，企业还需要不断引进新理念、新人才来充实财会队伍，保证企业的效益。

除此之外，我们还需要进行创新，创新是一个企业的活力源泉，如创新财务共享平台、创新会计核算工作方式等，这些都是建筑施工企业未来需要着手的地方，同时做好内部控制，包括公司层面的控制、业务流程和应用系统的控制、信息系统的控制，保证一个公平、公正没有舞弊风险的控制环境，从而保证建筑施工企业的健康发展。

参考文献

［1］王兆楠．建筑施工企业成本核算与管理中的常见问题．财会学习，2018（27）．

［2］杨世卫．试论当前建筑施工企业会计核算存在的突出问题．时代金融，2018（15）．

［3］罗兴慧．新会计准则下如何加强施工企业会计核算．科技创新，2012（6）．

［4］郑伟红．施工企业会计核算存在的问题及改进策略研究．现代经济信息，2011（8）．

［5］陈桂林．浅谈新形势下建筑施工企业财务管理工作模式．广东土木与建筑，2007（9）．

［6］崔庆龄．建筑施工企业集团项目会计核算研究．中国外资，2013（8）．

［7］何剑英．刍议建筑施工企业会计核算中存在的问题及对策．中国外贸，2013（23）．

［8］王月基．浅谈建筑工程施工会计核算．中国商界，2010（3）．

［9］张鹏．略论完善会计核算作业文件管理体系．北方经贸，2010（9）．

［10］Nguyen. Motives for Mergers and Acquisitions. Journal of Business Finance and Accounting，2016（39）．

［11］Alexandridis. The Effect of Reference Point Prices on Mergers and Acquisition. Journal of Financial Economics，2016（1）．

［12］Shleifer. Stock Market Driven Acquisitions. Journal of Financial Economics，2018（3）．

国际化发展篇

“一带一路”背景下建设类企业的税务冲突与协调

谭　宇

摘要：“一带一路”沿线国家大多为发展中国家，基础设施尚不完善，限制了当地经济发展。中国建筑股份有限公司（以下简称中建集团）作为国内最大的建设类企业，在建设领域的经验和技术均居世界前列，这种输入与输出需求的无缝对接，促使中建集团与“一带一路”沿线国家在房建、公路和机场等基础设施建设领域开展了大量合作。但是由于不同国家的国情不同、投资环境不稳定、税收协定不完善以及企业缺乏国际税务风险管控人才等原因，中建集团在对外投资时可能面临较大的税务风险。本文通过分析近年来我国建设类企业与“一带一路”沿线国家发生的税务冲突相关案例，为中建集团投资“一带一路”沿线国家提供税务参考，为国际税务冲突协调机制的构建提出合理建议。

关键词：“一带一路”　国际税务风险　中国建筑　税务协调

一、绪论

（一）研究背景

“一带一路”倡议是2013年我国国家主席习近平访哈萨克斯坦纳扎尔巴耶夫大学时首次提出的，并在2015年达成的一项既符合中国国情有助于实现中国梦，又能带动全球经济复苏，且具有重大时代意义的重要举措。

“一带一路”沿线国家大多为发展中国家，基础设施尚不完善，限制了当地经济发展。中建集团作为国内最大的建设类企业，在建设领域的经验和技术均居世界前列，这种输入与输出需求的无缝对接，促使中建集团与“一带一路”沿线国家在房建、公路和机场等基础设施建设领域开展了大量合作。

自2013年“一带一路”倡议被正式提出以来，中建集团结合公司战略，以海外事业部为载体，持续推进构建“大海外”事业平台，对海外市场开拓、管理和风险管控进行了全方位整合，取得了良好成效。

目前中建集团已设立9个营销中心和30个国别组，初步形成了覆盖非洲、东盟及周边、中亚、中东欧、拉美地区重点和热点国家市场的营销网络，建立了跟随中国资金海外

作者简介：谭宇，财务主管，中国建筑第八工程局西南公司重庆分公司。

投向、搜集项目信息并快速反应的机制。

在“一带一路”涉及的65个国家中，中建集团已在45个国家布局布点，承建了一大批国际性地标建筑，包括东南亚第一高楼印度尼西亚雅加达标志塔、马来西亚吉隆坡标志塔、欧洲第一高楼俄罗斯联邦大厦、非洲第一高楼肯尼亚内罗毕哈斯塔、世界最高宣礼塔阿尔及利亚大清真寺等。

2015年，中建集团海外新签合同额174亿美元、营业额88亿美元，均创历史新高。“十二五”期间，公司新签合约额、营业收入年复合增长率分别为22%、15%，利润总额年复合增长率38%。

在公司海外业务蓬勃发展的同时，公司仍面临“一带一路”沿线部分区域政治风险高、法律环境差、汇率风险大、税务风险高以及宗教和民族问题关系复杂等挑战。此外，一些项目的前期科研、论证、设计还不到位，落地仍需时间，商业模式也需要不断探索和丰富。

（二）“一带一路”沿线国家中建筑企业的税务问题

据国家税务总局统计，2014年，国家税务总局国际税务司受理备案类的协定待遇申请4694件，审批类协定待遇申请4933件，双边协商案件100多件，双方预约定价45例，转让定价调整69例，其他案件85例。

目前已知建筑类企业在沿线国家进行投资或业务往来面对的税务风险主要有六种风险：一是企业进行海外并购过程中可能面对的被收购企业存在历史遗留税务问题、未按照投资地税法规定进行相关纳税工作和产生税收争议的风险；二是双重征税的风险；三是遭遇税收待遇歧视的风险；四是税收协定优惠未能应享尽享的风险；五是未能享受税收抵免的风险；六是受到反避税调查的风险。

从国家的国际税收管理角度看，建筑类企业发生税务冲突、税务损失的主要原因一是我国目前自身税收体系不够完善，特别是国际税务方面不够完善，与“一带一路”倡议的推进步调不协调；二是沿线国家中大多都是发展中国家甚至是低收入国家，经济政治环境可能不太稳定，法律体系可能不完善，文化方面与我国也存在差异，且其税制本身及执行上可能存在不透明、不稳定、法定化程度低或者规范化程度较低等问题；三是在投资过程中，建筑类企业存在税收管理理念落后、不重视税收国际化管理人才、忽视被投资国经济政治环境而直接采用国内惯性思维、缺乏解决税收争议的经验、未遵守相关法规等问题。

（三）研究意义

虽然我国税务总局国际税务司在不懈努力着，为跨境纳税人减免税款、消除重复征税，但仅靠国家力量是不够的，如何在“一带一路”背景下减少税务冲突，完善国际税收协调机制，提高国内企业在对外经济活动中的收益，也应当成为众多国内学者研究的课题。

目前在“一带一路”税务冲突与协调方面大部分学者的研究偏重理论，较少联系实际案例进行分析，同时，外国学者又大多着眼于税收制度与对外直接投资之间的研究，而未在“一带一路”框架下开展针对不同行业的研究。

现阶段，建筑类企业作为“一带一路”投资的主要力量，却少有文章分析建筑类企业在“一带一路”背景下遭遇的税务风险问题，即使近些年来建筑类企业在走出国门时多次遭遇税务冲突，也少有专家学者研究建筑类企业发生税务冲突的原因，提出切实可行对策的研究更是少之又少。

因此，本文拟选取具有代表性的国内建筑企业国际税务冲突相关案例进行分析，探究我国建筑企业在对外进行投资时发生税务冲突的原因，并就构建完善税务冲突协调机制提出建议，为投资于“一带一路”的中建集团提供税务参考，为国际税务冲突与协调机制的构建提供建议。

二、案例分析

（一）案例简介及分析

1. 未能享受税收协定优惠。

2016 年，建筑企业 Y 在马来西亚投资建设了一家分公司 Z 企业，Y 企业和 Z 企业均是中国居民企业。当年，由于在马来西亚的项目建设需要一大笔投入，Z 企业遂向中国国家开发银行贷款了 8 亿元。在 Z 企业准备向中国国家开发银行支付贷款利息时，马来西亚税务主管当局要求按照马来西亚国内税法对此利息按照 10% 的税率征收高达 3 400 万元的利息预提所得税。企业与马来西亚税务部门交涉未果，遂联系国内税务部门。启动相互协商程序后，经过多方努力和沟通协调，最后双方对 1985 年签订的中马税收协定进行了补充完善，各自增加了 7 家机构，国家开发银行也被囊括在内，并免除了该公司的 3 400 万元税款。

该案例中，由于中国国家开发银行并未在这份签订于 20 世纪 80 年代中期的税收协定规定的适用利息免税条款的中方银行的行列中，且两国仅在 2000 年进行了关于“海运和空运”条款中免税内容的补充，因此，企业不能享受到利息免税的优惠。虽然最后该公司也可获得减免税款的优惠，但该案例也仍值得税务部门注意，避免以后再发生类似的由于税收协定未能及时更新而导致的税务争议。

2. 常设机构认定偏差导致重复征税。

中建某直营分公司 X 公司在 2006 年成功以项目最大承包商的身份承建 L 国境内最大建设项目，为方便公司顺利实施该工程，2007 年在该国境内注册成立了子公司 Z 并 100% 控股。2012 年伊始，X 公司向 Y 市地税局反映在 L 国出现了涉税纠纷。其称，L 国税务部门在本国税法允许居民企业境外合法支付凭证税前扣除的情况下，不承认其子公司 Z 取得的境外合法支付凭证，不允许公司 Z 在税前扣除，对中国企业存在税收歧视，故意刁难中国企业。然而，实际情况却是该母子公司之间签订了一份工程分包合同，尽管 X 公司辩称实质上合同事宜未能得到执行，但根据实质重于形式原则，X 公司在 L 国已形成常设机构，需补缴相关税款。

在 L 国下发税务稽查令后，Y 市地税局立刻启动相应的处理应急机制，与专家团队就该案件与相应的税收协定条款进行深入研究，最终在多方的合力协作下，该企业得以免受 L 国的税务处理，同时也避免了国家税收权益和企业经济利益的损失。

该案例中，X 公司对常设机构的认定存在偏差，忽略了母公司实际因实施项目原因已在 L 国停留超过 183 天已符合常设机构认定标准的事实，而认为没有执行分包合同、没有以母公司名义承接该项目，就不构成常设机构。而且其在与国内税务部门沟通时故意隐瞒事实的行为也给此次税收争议的解决制造了一定障碍。

3. 海外派员个人所得税申报及风险管理。

企业 C 是我国大型国有建筑企业，在海外成立多家分支机构和合资企业以拓展海外市场，并经常派遣总部员工入驻上述分支机构或合资企业以负责企业管理、施工管理与市场份额拓展。被派遣员工薪资主要由境内公司总部和境外所任职的企业共同发放，但仅就收到的来自境外任职公司的收入在任职地缴纳所得税，这一薪资管理制度也为 C 企业留下了税务隐患。某年，C 企业的某外派人员从 C 企业在印度尼西亚的企业离开返回公司总部而向印度尼西亚税务部门申请注销其税号时，印度尼西亚税务审计官员通过比对同行业平均薪资水平，对其过低的薪资产生了怀疑，并进一步调查发现其在国内发放的工资部分未在印度尼西亚进行纳税申报。而按照印度尼西亚的税法规定，印度尼西亚的个人所得税是按照收入来源地征收的，也就意味着只要是由于在印度尼西亚境内提供劳务或服务而获得的收入，即使收入不是在印度尼西亚发放的，就应当在印度尼西亚缴纳个人所得税，于是企业依法补缴了该部分税款。但是因为 C 企业未明确其与外派员工间的权责与税负比例，所以企业不仅需要补缴企业应付的个人所得税部分，而且承担的个人应付部分的税款也无法要求补偿，造成了较大的经济损失。

该案例中，企业 C 显然并未事先了解驻派国当地的税收政策与税法规定，因而制定的派遣员工的薪资管理制度和税收管理制度不够全面合理，导致不仅因漏缴了个人所得税而受到当地税务局处罚，而且补缴的个人所得税中应由个人承担的部分无法向海外派员收回。

（二）案例启示

1. 建筑类企业应当树立税收风险防控意识。

从以上三个案例都可发现，一些建筑企业不仅对东道国的税收规定与政策以及与我国的税收协定内容不了解，而且对于国内的税收优惠政策，包括抵免规则、税收优惠等也不了解，导致未能制订合理可行的税务筹划方案以规避风险，避免蒙受经济利益损失。根本原因在于建筑企业的税收风险防控意识淡薄、对涉税风险预判不足，大部分建筑企业在竞标国外项目时，缺乏对投资国相关税法的了解。据我国国际税务司调查，有接近八成的建筑企业未提前了解投资国的税收政策、是否签订税收协定等税务信息，自然也就未制订国际税务筹划方案及相应的防控措施方案。

随着“一带一路”倡议的深入发展，完善沿线国家的基础设施将会越来越重要，我国建筑类企业将会更多地开展海外投资建设，而“一带一路”沿线国家税收政策各不相同，若建筑类企业忽略各国国情，仅以中标工程项目为导向，可能会让企业蒙受损失，因此建筑类企业应当转变以中标项目为导向的传统思维，树立并加强税收风险防控意识，充分认识到国际税务防控在公司国际化进程中的重要性。

2. 建筑类企业应加强税务人才的培养。

从案例二可以看出，中建海外直营分公司对国际税法研究不到位，对于常设机构标准认知存在偏差。不难看出，造成这种情况的背后原因就是中建海外直营分公司缺乏国际税法研究的人才，导致对国际税法的规定不了解。

当下，我国对外投资的建筑类企业数量与日俱增，规模日益庞大，海外市场竞争日趋激烈，但是国内目前国际税务研究的高层次人才紧缺，相关人才培养与建筑类企业国际化进程不同步，加上建筑类企业不够重视职能类人才的培养，导致建筑类企业缺乏对项目所在地税法与我国税法的研究。因此，建筑类企业应当引进并培养国际税务人才，在投资前，对国内外税法进行研究分析，并据此制订项目投资方案，避免企业利益遭受损失。

3. 建筑类企业与国内税务部门之间应加强沟通。

当下，我国对外投资的建筑类企业数量与日俱增，规模日益庞大，海外市场竞争日趋激烈，导致建筑类企业过多地关注海外项目本身而缺乏对项目所在地税法与我国税法的研究，但一方面我国国内的境外税收抵免规定、税收政策较为复杂，容易发生申报不准确等问题；另一方面“一带一路”沿线以发展中国家为主，各个国家的经济法律环境、税收政策与国内差异较大且复杂不稳定，容易遭遇税收争议问题，给企业经济利益与国家税收利益造成威胁。而企业遇到相关税务问题时，更倾向于寻求第三方事务所等中介机构的帮助，主动求助国内税务机关的意识不强，且在遭受经济损失时，较少企业会选择维权，更多的是选择自担风险。

因此，企业应当改变以往对税务部门的不友好印象，加强与税务部门的沟通，及时向税务局报备必需的资料，如《居民企业参股外国企业信息报告表》等；在遇到税务争议时，如实向税务局反映情况，争取争议的早日解决；同时，税务部门也应当构建更为畅通的沟通渠道，提高税务局人员的税收知识与实践水平，提供更优质的税务咨询、税收争议解决服务，并积极开展税收知识普及活动，制作税收知识手册、更新国别投资指南或举办税务知识小学堂等，为企业提供多元化的税收知识学习渠道，提高企业税务风险防控意识和水平。

4. 政府应当完善税收协定网络建设。

由案例一可发现，税收协定未能及时更新可能导致税收争议的发生，损害企业经济利益。实际上，通过对我国已签订的税收协定进行整理分析可发现，我国已签订的税收协定的时间大多在1980～1990年，很多内容并未进行及时更新，而且还有10个“一带一路”沿线国家尚未与我国签订税收协定。此外，在“一带一路”沿线上有33个国家未与我国签订税收饶让条款，这也就意味着，建筑类企业在这些国家投资时享受的减免税税收优惠在国内得不到承认，回国仍然要补税，显然这并不能让“走出去”建筑类企业真正享受到有效的优惠效果。另外，税收情报交换工作的展开也应被提上日程，否则我国税务部门难以获得企业在该国的税收情况，加大了企业被重复征税的风险。

因此，我国应当加快完善税收协定网络建设的步伐，对已签订的税收协定进行更新，与未签订税收协定的国家尽快展开签订工作，并适当增加税收饶让条款，构建税收情报交换网络，及时更新沿线国家的税收政策变化，为对“一带一路”沿线国家投资的企业保驾护航。

三、结语

在“一带一路”背景下，我国大量建筑类企业走出国门，由于“一带一路”沿线国家大多为发展中国家甚至是不发达国家，其经济、政治、社会存在不稳定性，法律制度不够完善，文化及税收政策与我国差异较大，加上国内许多建筑企业缺乏对外投资经验，不重视跨境税收风险，与国内税务部门缺乏沟通，不重视国际税务人才培养，不了解境内外税收抵免等税收优惠政策，因而存在未能充分利用税收优惠政策、海外派员个人所得税申报有误、重复征税等税收风险。

中建集团在“一带一路”倡议下，积极拓展海外市场，发展速度与规模在同类建筑企业中位列前茅，但是依然可见其在税务风险防控方面还有待加强。对此，中建集团在未来国际化进程中，应当树立税收风险防控意识，在投资前开展尽职调查，识别税务风险、制定税收筹划方案和税收管理制度，并与当地税务局及时沟通，做好备案工作；在发生税收争议时，及时向税务部门求援，并搜集准备好相关的材料证据等，配合税务部门解决税收争议；在解决税收争议之后，应当重新审视内部税务风险防控制度与管理制度，加以反思与完善，并加强企业税务部门人员的业务水平与业务素养培训。

政府也应当完善税收协定网络，改进相互协商机制，建立多边税收征管合作平台与机制，并加强与“走出去”建设企业之间的沟通，积极开展税收知识宣传活动，为建设企业“走出去”保驾护航。

参考文献

［1］王素荣，付博．“一带一路”沿线国家公司所得税政策及税务筹划［J］．财经问题研究，2017（1）.

［2］陈延明．“走出去”企业国际税收争议解决方案初探［J］．国际税收，2017（6）：52－55.

［3］曹明星，杜建伟．求本溯源存异求同：国际税收竞争与协调的最新发展与完善路径［J］．国际税收，2019（1）：31－34.

［4］庞羽华．建筑企业增值税税务风险管理研究——以J集团为例［J］．中国总会计师，2019（7）：165－167.

［5］马蔡琛，桂梓椋．丝绸之路经济带沿线各国税收政策的国际协调［J］．湖南财政经济学院学报，2019（5）：5－16.

［6］杨莞平．跨国公司风险管理的财务对策分析［J］．纳税，2019（24）.

[7] James R Hines. Credit and Deferral as International Investment Incentives [J]. Journal of Public Economics, 1994, 55: 323 - 347.

[8] Joosung Jun. How Taxation Affects Foreign Direct Investment [J]. The World Bank, Policy Research Working Paper 1307. 1994.

[9] 杨阳. 试论信息化推动建筑企业税务管理的创新发展研究 [J]. 纳税, 2019 (34).

[10] 周星. 建筑施工企业税务风险识别及应对措施分析 [J]. 环球市场, 2018 (36): 58 - 60.

[11] 谭昌文. 建筑企业国际化进程中的税务风险管理 [J]. 大众投资指南, 2019.

“一带一路”背景下建筑施工企业跨国经营税务风险研究

郝振亨

摘要：“一带一路”倡议的实施推动了越来越多的境内企业加入了“走出去”企业的行列，参与到国际市场的竞争中，使我国境内企业的海外投资飞速增长。然而，“走出去”企业的境外投资和跨国经营也存在着不可预测的税务风险。因此本文以建筑施工企业为例，通过对“一带一路”背景下建筑施工企业业务形态的分析及整理，为“走出去”建筑施工企业如何在海外投资中把控税收风险，提出相应的税收风险防控策略。

关键词：“一带一路” 建筑施工企业 税务风险管理

一、研究背景

2013 年，习近平总书记在访问中亚和东盟期间提出了“一带一路”的伟大战略构想，即“丝绸之路经济带”和“21 世纪海上丝绸之路”。基于“走出去”政策及“一带一路”发展蓝图的广泛影响，越来越多的企业加入了“走出去”企业的行列，参与到国际市场的竞争中，使我国境内企业的海外投资飞速增长。根据商务部的统计数据，2020 年我国企业对“一带一路”沿线 58 个国家非金融类直接投资 177.9 亿美元，同比增长 18.3%，占同期总额的 16.2%，较上年提升 2.6 个百分点。在沿线国家新签承包工程合同额 1 414.6 亿美元，完成营业额 911.2 亿美元，分别占同期总额的 55.4% 和 58.4%。2020 年我国对外劳务合作派出各类劳务人员 30.1 万人，其中承包工程项下派出 13.9 万人，劳务合作项下派出 16.2 万人，年末在外各类劳务人员 62.3 万人。

“走出去”企业借助海外投资，不仅能够开拓海外市场，寻找新的利润增长点，还能获取先进技术、学习先进经验、提高生产力，从而促进产业结构转型，进一步提升国际影响力，这对境内企业的长远发展具有十分重大的意义。然而，与此同时，“走出去”企业的境外投资和跨国经营也存在着不可预测的风险，而风险之一就是税务风险。

“一带一路”倡议提出后，国内不少学者对“走出去”企业的财税问题开展了很多思考和研究，但多偏重财税政策和税务监管领域，而对“一带一路”背景下税收风险的研究内容不够深入，尤其是缺少对“走出去”企业海外投资过程中税收风险控制体系的系统性研究。本文则是针对这些研究领域的空缺，以建筑施工企业为例，通过“一带一路”业务

作者简介：郝振亨，初级会计师，中建市政工程有限公司。

形态的分析及整理，为“走出去”建筑施工企业如何在海外投资中把控税收风险，提出相应的税收风险防控策略。

二、“一带一路”背景下建筑施工企业税务风险分析

近年来，我国建筑施工企业“走出去”规模逐年扩大，随之而来的税务风险显著增加。通过对“走出去”建筑施工企业的业务模式进行分析后，总结出境外投资三个阶段中可能产生的税务风险，具体如下。

（一）境外投资准备阶段的税务风险

1. 不了解税收环境差异的风险。

“一带一路”参与国多为发展中国家，在税收立法、征管政策等方面差异较大，使得我国建筑施工企业在“走出去”的过程中将会面临陌生和复杂的税收环境。在境外投资的初期，企业首先应充分了解拟投资国家的税收环境，包括流转税政策、所得税政策、预提所得税政策以及税收优惠政策等，只有在充分掌握投资国当地税收法律法规的基础上，才能提高企业的纳税遵从度，从而规避税务风险。本节主要从所得税税率差异、亏损结转方面的政策规定、税收优惠政策这三个方面分析不了解税收环境差异所造成的税务风险。

（1）不了解所得税税率差异带来的税务风险。境外投资所产生的利润均需要在受资国缴纳企业所得税，从所得税税率差异来看，公司所得税税率的高低在一定程度上决定了企业税负的高低，因此，在投资之前，对“一带一路”沿线国家的企业所得税税率需要予以充分的掌握，才能在诸多投资方案中选择税负最低、风险最小的方案。

（2）不了解各国所得税亏损结转规定带来的税务风险。从亏损结转政策规定来看，税前弥补亏损和税后弥补亏损是企业用经营利润弥补亏损的两种方式。税前弥补又有亏损前转和亏损后转两种方式，允许亏损前转的国家会按照企业当年的亏损额退还企业以前年度的税款，允许亏损后转是将企业前期的亏损用以后的税前利润弥补。如果建筑施工企业投资于亏损前转的国家，一旦对该亏损结转政策不熟悉，没有及时办理亏损前转的相关手续，就不能从税务部门获得相应的退税款，从而给企业带来多缴税款的风险。

（3）不了解税收优惠政策带来的税务风险。“一带一路”沿线国家众多，各国税法的优惠政策大不相同，与中国签订的税收协定中所规定的条款也千差万别，如果建筑施工企业在境外投资的初期未深入了解这些优惠政策，企业在后续经营过程中就难以对这些优惠政策加以利用，从而承担不必要的税收负担。

2. 选择组织形式的税务风险。建筑施工企业在境外投资的过程中，必然会涉及组织形式选择的问题。从税务角度来看，企业在选择组织形式上有三个方面的区别：

第一，企业在境外成立法人子公司则成为受资国的税收居民公司，应就其全球经营所得缴纳公司所得税，另外，还要按照受资国税法规定，缴纳增值税和财产税等，子公司分配给境外母公司的利润或股息，还要缴纳预提所得税。如果设立分公司等机构，其境外所得视同法人所得，也需要缴纳增值税和财产税，但只就来源于受资国的所得缴纳所得税，

分公司汇回境外总公司的利润，一般不需要缴纳预提所得税。

第二，居民子公司适用所在国的正式税率，非居民的分公司等在大部分国家与居民公司适用同一税率，也有一些国家另设较低或较高的税率。

第三，子公司与分公司等机构在回中国纳税的抵免方式不同。境外子公司若不把股息收益汇回母公司，则不必向我国纳税。而分公司无论其利润是否汇回国内，都要由总公司合并纳税，其在境外缴纳的公司所得税实行直接抵免，但若分公司发生境外亏损，则不能抵免境内总公司的利润。

以上三点区别说明境外投资不论是设立子公司还是分公司均会产生重复征税的问题，为避免重复征税，我国税法及与其他国家的税收协定均有不同的处理方式，不同选择将会给企业带来不同的税务成本，如果在境外投资初期不进行税务筹划，将会产生额外的税务负担。

（二）境外投资运营阶段的税务风险

企业境外投资在运行过程中将会产生各种税务风险，其中主要是重复征税风险和反避税调查风险。

1. 重复征税风险。

境外投资企业可能面临同一笔收入均需在中国和受资国纳税，这就产生了重复征税风险，从而造成集团整体税负增加。为了规避双重征税，我国实行限额抵免政策，即中国居民企业来源于境外的收入，在境外缴纳的所得税可在中国应纳税额中作相应抵免，但即便有这一规定，仍然不能完全消除重复征税风险。

2. 反避税调查风险。

随着世界各国税收法规的不断完善，很多国家对转让定价和资本弱化等行为作出了具体规定，对其加以限制，以达到维护本国税收权益的目的。目前，企业在境外投资过程中，要履行企业所得税关联业务往来报告义务和企业所得税、个人所得税境外申报义务，只有熟悉当地税法，才能依法纳税、依法办理涉税事务、依法享受税收优惠，若出现税收筹划不合理的行为，可能使企业面临税款的补缴和滞纳金的处罚等税务风险。

（三）境外投资退出阶段的税务风险

在退出方式的选择上，无论是出售海外资产还是股权转让，或是对境外成立的公司进行清算等。不同退出方式的税务风险不尽相同。

1. 股权转让。

以股权转让形式作为退出方式的企业，除了在中国应就股权转让收入缴纳所得税外，还可能被项目所在国要求其缴纳资本利得税。资本利得是指企业处置不动产和股权等长期资产所取得的收益。对于资本利得的税收规定，有的国家设置了单独的资本利得税，也有国家将其看作是经营所得，按照企业所得税的规定来征收。

2. 资产转让。

对于以资产转让方式作为退出方式的企业，母公司应当在中国缴纳企业所得税，在项目所在国还可能就转让不动产的收益或损失缴纳财产税、资本利得税以及流转税。

3. 注销海外子公司。

如果企业准备通过注销海外子公司的方式来退出，注销前当地各类税款的清算和缴纳工作是否到位将直接影响其能否注销，不仅是企业自身的税款，是否正确履行对债权人、股东、员工等税款的代扣代缴义务也很重要。

三、“一带一路”背景下建筑施工企业税务风险应对

（一）充分了解受资国税收环境

从税务角度看，建筑施工企业在境外投资启动阶段的首要任务就是通过市场调研，充分了解受资国的税收环境，熟悉受资国的所得税税率差异、亏损结转规定、资本利得征税规定、税收抵免规定、反避税规则以及税收优惠等政策，只有熟悉税收环境，才能在后续的生产经营过程中做到合理安排，从而规避税务风险。

（二）建立低税负的公司组织形式

建筑施工企业在境外投资初期选择公司组织形式时，主要应考虑受资国对外国分公司征收所得税和预提税的相关规定，以及我国与受资国之间的税收协定中是否存在关于间接抵免规定和预提税限制税率的规定。例如，在选择设立境外子公司时，若不满足持股比例或层级要求，就不能享受五层间接抵免，这种情况下选择设立分公司则对汇回的利润可以进行直接抵免，从而使企业税负减少。

（三）建立有效的税务风险控制体系

“走出去”建筑施工企业必须建立一整套完善的内部控制体系，其中税务风险控制体系是不可或缺的一部分。具体而言，企业在做出境外投资决策前就要对企业可能面临的税务风险做到心中有数，在决策阶段，通过税务风险的识别和评估，逐项分析可能引起税务风险的因素及其严重程度，并以此为基础，建立完善的税务风险控制体系，在遵循我国及受资国税法的前提下，对可能出现的风险及时有效应对，从而降低税务风险对企业的影响，谋求税收利益最大化。

（四）选择低税负的融资方式

“走出去”建筑施工企业在选择融资方式、设计债权融资架构时，要重点关注投资所在国税法中对资本弱化的规定，因为资本弱化规定就是对母公司以负债形式向项目子公司提供资金的限制规定，即限制了关联方债权的税前利息扣除；“走出去”企业同时也要关注我国与“一带一路”沿线国签订的税收协定中对利息限制税率的规定。

（五）善用国民待遇和协商程序解决税收争议

由于“一带一路”贯穿亚欧非大陆，沿线国家发展水平差异巨大，政治诉求各异，税制设置不一，这些都使税收争议更为复杂多变，需要引起对外投资企业的足够重视。另外，虽然税收争议在境外投资的退出阶段发生频率最高，但是在启动阶段和运营阶段也常有发生，此处的应对策略对无论哪一阶段发生的税收争议都适用。应对税收争议风险，可以从税收协定中的国民待遇条款和申请相互协商程序两个方面加以考虑。

参考文献

[1] KPMG. 警惕走出去的税务风险 . 中国外汇，2014，23 – 25.

[2] 肖杰 . 基于 BEPS 环境下我国“走出去”企业常设机构税务风险研究［J］. 中国国际财经，2018：269 – 270.

[3] 杨志勇 . 实施“一带一路”的财税政策研究［J］. 税务研究，2015（6）：16 – 21.

[4] 张友棠，杨柳 .“一带一路”国家税收竞争力与中国对外直接投资［J］. 国际贸易问题，2018（3）：85 – 99.

[5] 王文静 .“一带一路”下的跨境税收问题初探——基于公司所得税法和国际税收协定的比较［J］. 财经法学，2016（2）：20 – 30.

[6] 朱桉，周颖 . 走出去企业如何加强国际税务合规管理［J］. 中国税务，2015（7）：19 – 20.

[7] 霍军 .“走出去”企业税收管理：税收服务和税收执法［J］. 涉外税务，2013（5）：33 – 38.

[8] 深圳“走出去”企业税收服务研究课题组 . 对“走出去”企业税收服务现状及需求的调查与思考［J］. 国际税收，2010（4）：65 – 69.

[9] 朱青 . 鼓励企业“走出去”与改革我国避免双重征税方法［J］. 国际税收，2015（4）：6 – 10.

[10] 田雯琦，高阳 . 观察 BEPS 探索国际税收新秩序——专访安永转让定价合伙人田雯琦女士［J］. 国际税收，2014（10）：50 – 53.

[11] 李旭红，郑鹏，赵倩 .“一带一路”背景下中国境外所得免税法研究［J］. 国际税收，2017（10）：48 – 52.

[12] 鹿智慧 .“一带一路”建筑企业境外的财务风险研究［J］. 当代会计，2020（4）：37 – 38.

[13] 周歌 . 试论“一带一路”背景下建筑施工企业税收风险及应对策略［J］. 财会学习，2019（29）：151 – 152.

[14] 于真真 .“一带一路”背景下建筑企业“走出去”财税风险应对探究［J］. 会

计师，2019（15）：6－7.

［15］马兰．“一带一路”背景下建筑施工企业税收风险及应对策略探讨［J］．纳税，2019，13（21）：184.

［16］郭建封．浅谈“一带一路”背景下的建筑施工企业税收风险管理［J］．税务研究，2019（6）：106－110.

［17］王红顺．“一带一路”建筑企业境外财务风险分析［J］．新会计，2019（4）：57－58.

［18］王春波．“一带一路”建筑施工企业税收风险及应对策略［J］．现代营销（创富信息版），2018（12）：12－13.

［19］陈斌．“一带一路”背景下建筑企业“走出去”的对策分析［J］．纳税，2018，12（22）：167－168.

［20］刘小勇．“一带一路”倡议中建筑企业“走出去”的财务风险防范［J］．财政监督，2018（13）：107－111.

境外施工项目财务风险浅析

龚劲风

摘要：近年来，随着我国“一带一路”倡议全面实施，越来越多的施工企业都走出国门，去开拓海外市场，承接国外项目。由于国际政治经济环境的复杂多变性，使得境外项目都面临着如何加强项目管理，规避财务风险等问题。本文主要分析境外项目存在的几类财务风险，并从不同角度分析，为境外项目防范此类风险提供一些参考。

关键词：财务风险识别　应对防范措施

财务风险存在于境外项目的整个施工阶段，由于境外环境的复杂和多变，工程所在地的政府政策、法律法规、宗教文化等因素都有可能成为工程施工的雷点和盲点，与国内情况迥异的税务制度、原材料价格波动、汇率震荡等问题均会造成财务风险恶化加剧。为实现利益最大化、降低风险和提高国际竞争力，财务风险的识别与防范已经成为境外项目的重点，也是本次论述的意义所在。

一、目前境外项目存在的主要财务风险

（一）资金风险

这里的资金风险主要包括资金支付风险、资金回收风险和核算风险。

（1）资金支付风险涉及点较多，如银行开户的选择、资金账户的使用、分供商大额预付款的支付、分供商借款或代付、质保金的管理以及可能遭遇的境外财务欺诈陷阱等。此处以材料商分包商的支付来举例说明，境外项目由于面临钢材、混凝土等原材料的国际价格波动，经常会用大额预付款来进行原材料的价格锁定，而境外项目一般施工周期长，材料成本占比巨大，预付款占压时间又比较久，若是不把控好预付款占用的比重，或在过程中超额付款，那么当材料商、机械设备商或施工方出现质量问题或经营风险，将会给项目酿成巨大损失和风险；除了材料款支付外，境外项目分包商的各种工作交叉也是纷繁复杂，对分包商的付款具有频次高、商家多、金额大等特点，且付款类型繁多，如预付款、进度款、工资代付、垫资借款、质保金等，加上分包商来自国内国外，支付币种都可能是好几种，管控到每一家分包商的资金支付相当复杂，一不小心就会出现超付。

作者简介：龚劲风，现任中建八局一公司海外事业部财务部业务经理。

（2）资金回收风险是指随着项目逐渐收尾，应收账款能否及时回收的风险，它直接影响着项目和企业的资金流。境外项目施工时间往往跨度较大，不少发展中国家经济发展滞后、业主实力不足、支付能力差且法律意识淡薄，同时由于跨国际的司法管理和惩戒严重不足，缺乏强有力的法律约束，所以业主违约或延迟结算款的事情比较普遍。

一是在项目施工的过程中，业主可能遭遇资金链断裂，拖欠大额工程款，由此造成施工进度迟缓甚至全面停工，这会给项目工期和效益造成严重损失；二是在项目进行工程结算时，业主拖延结算进度或者变更结算方式，如原定按施工进度进行节点结算，改成完全完工且验收后再结算等，也会带来资金周转困难和风险；三是在工程竣工后，业主方要求保留高比例、长时间的质保金，进一步增加资金回收风险；此外，不同国家、地区由于政治经济文化等原因，在信用政策、催收政策和法律维权等方面的不同，都能给资金管理带来隐患。

（3）核算风险主要有两个方面：一方面，由于不了解国别制度等原因，财务进行的会计处理方法可能不当，例如，多确认了当期收益，少计入成本费用，从而造成利润虚增，无法真实反映项目现金等经济情况。另一方面，由于国别的不同，境外项目一般会按照所在国的相关财税制度要求，设置外账进行核算，以此应对当地纳税申报及专项审计。项目内账外账相互独立，外账以内账为基础来建立，此时内账、外账互相穿插，若财务核算内控不严，发生舞弊及重复支付的风险则较大。

（二）税务风险

项目作为中方企业的海外“桥头堡”，能否解决好所在地的税务问题，直接影响中方企业在当地的经济效益、社会信誉及市场份额。由于语言、政治经济生态的不同，项目对当地税制、涉税主体、征税对象、缴税依据，以及如何在当地缴税、缴多少税、减免税条件等相关知识不易快速理解掌握，弱化了项目的税务筹划能力。而平日里纳税申报是否能够按时完成、税种和金额是否准确申报、税收减免优惠政策是否把握应用、都关系着企业税收权益、影响着项目的有序经营。

我国当前的境外项目主要分布在亚非拉等国家和地区，这些地区经济制度整体上较为落后，税收政策复杂又多变，而且不少管理部门内腐败横行，征收和管理混乱。近年来出现的税务及外账管理问题也在增加，所在地对中资工程项目的审计力度不断强化，这些都能导致企业成本上升，利润流失，若是项目无意间触犯当地税务法律法规，会招致所在地区司法惩戒，轻则罚款，重则项目停摆，导致前期投资完全损失，造成的损失更是难以估量。

（三）外汇风险

境外项目经常会涉及各种贸易、非贸易外汇收支业务，外汇管理比较复杂。目前境外项目的合同一般是由外币签订，且合同期限较长，在履约过程中，用外汇进行计价、交易支付和结算时，汇率突然发生变化，由此会造成不可预料的汇兑损失，可以说，外汇风险是境外项目诸多财务风险中最难预测、最难控制的风险。不少项目所在国别地区还有严苛的外汇管制政策，导致项目不能使用抗风险能力强的国际流通币，只能使用当地币种进行经济活动，当地币种抗风险能力低，一旦项目所在国发生政治动荡或金融危机，造成汇率大震荡、大波动，汇率将疯狂贬值。另外，严格的外汇管制政策之下，想要把项目的利润汇回国内也存在不小的难度和风险。

二、如何应对境外项目财务风险

（一）资金风险防范对策

（1）境外项目必须做好项目投标前的调研。对业主的资金来源、支付能力及企业信誉进行调查评估，杜绝高风险项目的投标；签订合同时，重点谈判有关资金支付条款，避免资金的收付的合同性风险；在过程中应加强应收账款追踪管理，做好相关资料的归集，做到有据可依；在质保金问题上则与业主谈判采用银行保函或其他形式担保，防范资金回收风险。

（2）完善财务管理机构，采用类似国内结算中心的模式，资金进行统一调配、集中管理。健全境外财务管理制度，因地制宜不断进行更新完善并切实执行，对项目各类款项的支付进行严格的管理。项目初期做预算管理，平时制订好收付款计划，并时常对支付情况进行检查，规避超付等风险。在海外项目刚开展时，选派外语基础好且有经验的财务人员，并雇用当地财务人员协助完成税收申报等业务。

（3）采取一套合格分供商的准入制度，建立一个优质分供商资源库，选择资质好、性价比高的分供商、设备商，以此降低预付款的风险。结合总包收款条件对分供商的付款时间、比例进行适当调整，确保成本付现率不会离谱。

（4）在项目初入异国市场时，可以采取与当地企业组成联合体的方式来进行运营，一方面可以分散风险，因为当地企业熟知所在国的政治、经济、宗教等相关政策和“雷区”；另一方面还能利用当地企业的分供商等属地化资源，与中方的技术结合进行优势互补，也助于转变项目管理思路，尽早适应并融入当地环境，最后还能提供一个属地化员工培养和吸纳的平台。

（二）税务风险防范对策

（1）做好项目前期的税务调研，向中资机构、当地有名的税务事务所等单位了解项目所在地的财税政策，做好税务筹划。知晓当地各税种的优惠政策后，要积极与当地财税部门沟通，以取得最大额度的税收减免效果。此外还要充分利用我国的出口退税优惠政策，降低项目的税负。

（2）做好税务管理基础工作，妥善保存好各类税费票据，根据当地法规政策设置账簿，合法、有效地进行凭证记账，避免因资料不全、凭证无效、核算不实而无法通过当地税务机关审查，造成损失。

（3）聘请信誉可靠、素质较高且与当地税务机关具有良好合作关系的税务代理机构或人员协助项目财务报表和纳税申报，便于项目通过税务机关的审查。

（三）外汇风险防范对策

（1）在承接项目之前，应当充分调研项目所在国的经济、汇率趋势和走向，以及外汇管制的程度和相关政策。签订合同时尽量选择汇率相对稳定且国际结算支付通用币种。在合同谈判时必须考虑汇率管制和汇率变化造成的潜在风险，强化合同里的保值条款和汇率波动条款，对超过的合同汇率变化造成汇兑损失的部分进行补偿。

（2）建立汇率风险预警机制，通过专门机构关注并研究国际汇率变动情况，为外汇资金兑换提供参考。当出现国际汇率的剧烈震荡时，就采取措施规避风险，如选择稳定币种避险，或者通过款项支付、工程分包结算、专业保险机构等方式转移汇率风险。

（3）企业应该合理运用金融衍生工具，规避汇率市场的变化给企业带来的资金风险。企业应该和银行及时沟通，了解各种金融衍生产品的细节，合理判断国际货币汇率走势，选择合理的金融保值工具。

三、结语

随着经济全球化的不断深化，机遇与挑战并存。在国家“一带一路”倡议的引领下，中国施工企业必将不断深入国际市场，参与到更多更广泛的竞争中去。这也就要求施工企业必须加强对海外项目管理，更加重视识别和防范境外各类财务风险，不断增强抗风险和盈利能力，为企业创造更多的经济效益和国际影响力，乘风破浪会有时，直挂云帆济沧海。

参考文献

[1] 徐定．浅谈境外工程项目财务风险及其应对策略［J］．财政监督，2013（1）．

[2] 张志刚．海外承包工程财务风险的防范与控制［J］．企业改革与管理，2015（8）．

[3] 周燕．海外承包工程财务风险的防范与控制［J］．建筑，2013（8）．

[4] 徐萍．海外承包工程项目的财务风险防范［J］．中国农业会计，2013（5）．

[5] 高维科．对外承包工程财务管理存在的问题及对策［J］．国际商务财会，2013（3）．

“一带一路”税收协定的问题与思考

郝　秀

摘要：2013 年提出“一带一路”倡议，主要是为了中国和全球的发展能够相结合，既能提供新机遇，也能提供新动力。经过这些年的发展，“一带一路”效果颇为显著，但是经济的合作与发展是与税收相关联的，不同国家有着差异较大税收制度和政策，不同的税收政策势必会造成冲突。因此，本文以我国与“一带一路”沿线国家和地区的税收协定做研究，分析特点及问题，并提出相关的建议。

关键词：“一带一路”　税收协定

一带一路的概念最早是由习近平总书记在访问哈萨克斯坦和印度尼西亚时向全世界提出了这一重大的倡议。经过这 6 年艰苦卓绝的奋斗，“一带一路”已经逐渐成为我国和世界经济体系中不可或缺的一环。

根据相关数据显示，截至 2020 年 1 月底，我国已经和周边的 138 个国家以及 30 个国际组织共签署了 200 份有关于“一带一路”的合作文件，而在这 138 个国家中既有发展中国家，也有发达国家。

在新的国际形势下，我国创造性地提出“一带一路”倡议，国家之间签订税收协定有助于此倡议充分发挥其重要作用，通过研究税收协定条款本身以及协定在实际执行中出现的问题，来完善税收协定中的某些不适用条款，使协定更好地发挥协调作用。通过使用税收协定，我国“走出去”企业能够避免双重征税的风险，充分利用优惠条款来降低企业税收负担，有利于我国减少偷税漏税行为的发生，实现税收利益的合理分配，促进我国与沿线各国的繁荣发展。发达国家经济发展快、经济水平高，发达国家间的经济合作也普遍早于发展中国家，其针对国际合作中出现的税收矛盾提出了通过签订税收协定的方式来约束缔约国双方税收行为，减少税收冲突。但是，由于经济发展水平不同，发达国家间签订的税收协定对于“一带一路”沿线各国签订税收协定的借鉴是有限的，其研究的经验成果不能完全适用于“一带一路”沿线发展中国家间所签订的税收协定。

一、国内学者对税收协定条款的研究

黄靖珊（2017）认为，我国与“一带一路”沿线国家签订的税收协定中没有对合伙

作者简介：郝秀，助理会计师，中建新疆建工集团第三建设工程有限公司。

企业是否是居民企业身份做出明确的规定，也没有关于合伙企业所得的明确解释，造成很多合伙企业在对外投资过程中无法享受税收优惠政策。而刘瑞玲（2018）则指出，我国与沿线 54 个国家签订的税收协定中，大部分国家的利息、股息、特许权使用费的优惠税率都小于 10%，但仍有一些国家的预提所得税税率较高。例如，中国与泰国的股息税率为 20%，中国与马来西亚的特许权使用费率为 15%。赵杨（2006）提出我国对"一带一路"国家的投资越来越集中于知识和技术层面，涉及许多特许权使用费的问题。但企业在适用税收协定中发现其对特许权使用费的预提所得税问题没有明确规定，因此税收协定在执行中缺乏指导性。由于"一带一路"大部分沿线国家是发展中国家，税法制度不完善，税法环境较差，使对外投资企业在东道国使用税收协定时遇到众多挑战。例如，老挝、缅甸国内税收制度频繁变化，税收条款不断修改，孟加拉国国内税收信息获取难度大。同时，我国对外投资企业在收入来源国投资的过程中，大多数都是在投资过程中才开始分析研究东道国的税收政策，以至于没有享受到很多的税收优惠，产生税收协定事后适用矛盾。

二、国际税收协定的概念

国际税收协定的概念主要包括三个方面：第一，国际税收协定签订的主体是主权国家，而且其是具有法律效力的国际税收条约；第二，国际税收协定的签订旨在避免重复征税、逃税漏税现象的发生，以协调各国税收权益；第三，国际税收协定不仅仅协调各国之间的税收关系，还为缔约双方国家征收跨国纳税人税款时产生的矛盾提供解决的办法。

我国与"一带一路"沿线 55 个国家签订的税收协定均属于双边税收协定，双边税收协定即只有两个国家签订书面协议，并约定共同遵守，意在协调双方的税收权益，双边税收协定较于多边税收协定更具有灵活性和方便性。因此，我国与世界上其他国家签订的协定大多是双边税收协定，其他国家间签订的也大多是双边税收协定。国际税收协定的作用是调整国家间进行贸易往来时出现的税收分配关系，而贸易往来多在两国之间发生，所以双边税收协定的应用更加广泛。但是，随着经济全球化的发展，一项贸易活动就不仅只发生在两个国家之间，双边税收协定可能就无法满足多样化的贸易需求。因此，多边税收协定将是未来经济活动的趋势。

从签订的内容来分析，我国与"一带一路"沿线 55 个国家签订的税收协定大多是综合性税收协定。单项性税收协定只涉及单一方面，我国与沿线部分国家在交通运输海运、河运领域签订了单项协定。综合性税收协定旨在调整缔约国各个方面的税收关系，具有全方位性的特点，内容涉及居民和企业身份的认证、税收管辖权的划分、营业所得的划分、避免重复征税等一系列问题。

签订税收协定的主要内容，我国与"一带一路"沿线国家签订的 55 个税收协定中共有 29 ~ 30 个条款，主要可以分为四个方面：基本概念的界定、企业的各项所得、对个人所得的规定以及与税收协定相关的税收程序规定。基本概念的界定包括：人的范围、税种的范围、一般定义、居民和常设机构；企业的各项所得包括：不动产所得、营业利润、投资所得、财产收益和关联企业；对个人所得的规定包括：独立与非独立个人劳务、受雇所得、董事费、演艺人员、运动员等条款；与税收协定相关的税收程序规定包括：消除双重征税办法、相互协商程序、信息交换、非歧视待遇等条款。

三、税收协定条款存在的问题

1. 根据我国与“一带一路”沿线国家签订的税收协定中第五条常设机构条款的规定，常设机构是能够固定的、持续的进行生产经营的场所。而在互联网经济下，越来越多的对外投资企业不再通过在收入来源国建立固定营业场所的方式进行贸易活动，而是进行线上交易。显然我国在与“一带一路”沿线国家签订的税收协定中对常设机构条款的认定标准已不适用于互联网经济日益发展的国际新形势。

2. 税收饶让主要指资本输出国政府应收入来源国政府要求，将其居民企业的境外所得由于享受收入来源国给予的税收优惠而实际未缴纳的税款，视同已缴税款并在居住国应缴纳的税款中给予税收抵免。在国际税收协定中，对税收饶让的规定有两种形式：一种是缔约国双方互相给予对方国家对外投资企业税收饶让抵免；另一种是一个国家单方面给予另一国对外投资企业饶让抵免。随着我国企业在“一带一路”沿线各国直接投资额的逐渐增加（2017 年 143.6 亿美元，2018 年为 156.4 亿美元，2019 年为 150.4 亿美元），为降低我国居民在沿线国家的投资税收负担和对外投资成本，提高我国对外投资企业的所得利润。因此，我国应合理给予沿线国家在我国投资的企业税收饶让。

3. 随着“一带一路”沿线各国贸易往来的增多，贸易摩擦不断地发生，涉税争端也逐渐增多。我国在与沿线国家签订的税收协定中处理税收争议的解决方式只有一种——协商程序条款。简单来说，协商程序条款就是处理投资者在跨境交易时遇到的税收争议，由居民所在缔约国税务主管当局与涉及税收争端缔约国另一方税务部门通过相互协商来解决税收争议的条款。例如，我国“走出去”企业在与我国签订税收协定的沿线国家进行贸易活动时发现有不符合税收协定规定的征税行为时，可以提请我国税务部门启动相互协商程序来维护企业的正当权益。经我国税务部门当局判定该申诉问题部分或全部是由缔约国另一方税务部门造成的，则我国税务部门有义务与缔约国另一方税务部门启动相互协商程序。相互协商程序旨在以和平对话的方式解决税收争端，在一定程度上为两国解决税收矛盾提供了一定的帮助，但它也存在一些潜在的问题。首先，此协商程序条款只涉及与我国签订税收协定的国家，如果我国企业在马尔代夫、缅甸等 10 个没有与我国签订税收协定的国家发生税收争议，相互协商程序则无法适用，这在实践中存在空白。同时，纳税人作为税收争议的当事人却不是相互协商程序的主体，相互协商程序只在居民国和收入来源国税务机关之间进行，使该协商程序缺乏透明度。还有就是“一带一路”沿线国家大多都是发展中国家，税收征管水平不高，税务主管机关协商能力有限，这就不可避免地使我国税务机关在与其税务机关相互协商时造成效率低下、效果不佳的后果。

四、税收协定条款的建议

1. 面对如今互联网经济高速发展的国际新形势，其在互联网电子信息技术新浪潮下逐渐显现出巨大的不适应性，要推动“一带一路”倡议的顺利进行，我国与沿线各国所签订的税收协定必须对那些不适用的条款加以调整改进，以迎接新的机遇。其中，在中外签订的税收协定中对常设机构认定标准的规定，没有对电子商务平台下常设机构问题的说明，因此在中外税收协定中要补充在电子商务的贸易往来中对常设机构认定标准的内容，更好地推动线上交易，实现双边共赢。

2. 我国的国际税收框架自改革开放时期才逐渐建立起来，由于当时我国经济发展水平不高，在国际市场上我国企业更侧重于“走出去”。但随着我国对外投资水平不断提高，对外投资金额不断增多，尤其在与“一带一路”沿线国家的贸易往来中，我国日渐成为资本输出大国，而我国对于“走出去”企业的相关税收优惠政策显现出不足，尤其体现在税收饶让条款的缺少。因此，我国应完善税收饶让体系，根据“一带一路”国家的实际情况，尤其是中国居民企业对外投资较多且与签订的税收协定中没有税收饶让条款内容的国家，适当给予沿线国家对外投资企业税收饶让，减轻我国“走出去”企业的境外税收负担，提高盈利水平。与沿线国家签订的税收协定中增加税收饶让条款，以增强企业在沿线国家投资的动力，使我国“走出去”企业真正享受到税收政策的优惠，落实税收优惠措施。

在税收协定中增加税收饶让条款时我们可以细化条款内容，充分考虑我国产业的实际情况，适当鼓励我国的一些过剩产能和非重点产业到外国投资，严格控制税收饶让条款的适用范围和适用条件，限制条款的使用期限。我们在与其他国家签订的税收协定中增加税收饶让条款时应该事先规定使用期限，待期满后再根据双方国家的资本贸易情况决定是否延长使用期限。

设置税收饶让最高额度。为避免我国因给予税收饶让而流失大量税源，我国可以借鉴税收抵免条款的内容，为饶让条款设置最高额。简单来说就是根据我国与收入来源国的具体投资情况，有针对性的规定得到我国给予税收饶让的在我国投资企业的最高优惠额，超出部分不允许饶让抵免。此方法就使我国将给予的税收饶让抵免额度控制在可承受范围内，并且也兼顾了我国作为居住国的税收管辖权。

3. 目前，相互协商程序依然是处理跨境税收争议最主要的手段，因此，在处理同“一带一路”沿线国家的税收争议时，还应依赖相互协商程序，但要针对原有相互协商程序存在的缺陷加以改善，并结合“一带一路”国家的税情，对协商条款加以细化。首先，在处理跨境税收争议时应明确先协商、后仲裁的原则。当我国与“一带一路”沿线国家发生税收争议时，应当先遵循税收协定中的相互协商程序就税收争议进行协商，争取解决税收争议，当税收争议无法在规定时限内解决，提交该提案的人员才能对未解决的问题提请仲裁手段加以解决，此时应当引入第三方进行仲裁，且仲裁过程处于各方的共同监督之下。其次，适时引入强制仲裁。相互协商程序是一种“温和”的协商手段，在处理复杂的税收争端时往往效果不佳，而强制仲裁是解决这一问题的重要手段。我国也应当借鉴美、德等国家的做法，在税收协定中明确引入强制仲裁条款，并将此条款纳入我国双边税收协定范本，使强制仲裁在处理税收争议时成为常态。

4. “一带一路”倡议涉及国家众多，我国应优先选取同我国贸易往来频繁的国家和地区开展税收协调示范工作，例如，中国和白俄罗斯合作建立中白工业园区，在园区内推行企业所得税、房产税、土地税“十免十减半”政策、个人所得税实行低税率政策，园区建成后吸引了多国企业入驻，我国可以依托该工业园开展税收协调工作并进行经验总结，形成税收政策加以推广。目前，我国“一带一路”沿线涉及中亚、南亚、东南亚、西亚、北非、中东欧等不同地区的众多国家和地区，短期内落实同每个国家和地区的税收协调工作并不现实，难度巨大，因此，我国可以采取建立税收协调示范区的模式，在不同地区选取一到两个与我国贸易往来密切的国家，积极与当地政府合作建立工业园区，协商该园区的税收政策，这样既可以减小开展税收协调工作的阻力，还可以为周边国家和地区提供经验借鉴，促使其他国家和地区自愿同我国开展税收合作。

五、结论

综上所述，我国与“一带一路”沿线国家的税收协调工作任重道远，目前，虽然我国已具备同“一带一路”沿线国家开展税收协调工作的必要基础，但各种配套机制还不完善，我国税务机关在处理国际税收协调方面的实践经验也并不是十分丰富，这都为我国与“一带一路”沿线国家的税收协调工作带来了挑战。因此，为了加强同“一带一路”沿线国家的税收协调工作，本文在税收协定的签订、加强税收情报交换工作以及完善跨境税收争议机制方面提出了改进措施，并从长远考虑提出我国税务应不断加强国际税收征管和服务水平。但是，国际税收协调并不是一个简单的问题，这之中涉及多方利益，如何在利益的博弈之中找到最佳的平衡点，才是国际税收协调面临的重点。

参考文献

［1］黄靖珊．“一带一路”视角下中外税收协定研究［D］．武汉市：武汉大学，2017.

［2］刘瑞玲．我国与“一带一路”沿线国家税收协定研究［D］．北京市：首都经济贸易大学，2018.

［3］胡亚文．“一带一路”倡议下国际税收协定问题研究［D］．郑州市：郑州大学，2018.

［4］崔晓静．中国与“一带一路”国家税收协定优惠安排与适用争议研究［J］．中国法学，2017（2）：194－214.

［5］何杨，孟晓雨，刘曦琳．BEPS 多边公约与我国双边税收协定［J］．国际税收，2018（1）：45－50.

“一带一路”背景下建筑行业跨国经营财会问题研究

——以澳大利亚维多利亚州为例

康婧琳

摘要：“一带一路”倡议，是中国放眼世界的伟大布局。随着“一带一路”建设的持续推进，我国对“一带一路”沿线国家投资合作也快速增长。众多建筑企业在“走出去”的同时，既享受了“一带一路”倡议为中国建筑业带来的难得的历史性发展机遇，又要克服跨国建筑企业的面临的众多难题。澳大利亚维多利亚州的加入将进一步扩大中国基础设施建设企业在维州的参与度，将中国“一带一路”倡议推向一个新的高度。本文通过分析维州背景下的“一带一路”倡议带给中国的机遇与挑战，从国家角度提出了要与东道国签订政策税收等优惠协议，并为企业提供融资帮助；从企业角度提出了培养国际化财务管理人才并建立国际化财务管理制度的建议策略。

关键词：“一带一路”　机遇　挑战　维多利亚州　建筑行业　国际化

一、背景

“一带一路”倡议，是中国放眼世界的经济发展布局，对我国对外开放，落实四个全面均起到了重要的推动作用。国家大力推进“一带一路”倡议，为中国建筑业带来了难得的历史性发展机遇。据测算，未来10年每年亚洲基础设施的投资规模约8 000亿美元，这为中国建筑企业大规模进军国际建筑市场创造了有利条件。面对“一带一路”倡议，中国各大国有建筑企业纷纷响应：中国建筑提出了“大海外”战略，中国交建提出了“大中交、大海外”战略，中国铁建提出了“海外优先”战略。面对机遇，中国建筑企业要以国际眼光、全球视野，乘机而上、顺势而为，加快推进全球战略布局，开启中国建筑企业国际化的新纪元。

早前“一带一路”的辐射范围主要涵盖东盟、南亚、西亚、中亚、北非和欧洲。而在2018年10月25日，中国与维多利亚州签署了《中国国家发展与改革委员会与澳大利亚维多利亚州政府关于共同推进丝绸之路经济带和21世纪海上丝绸之路建设的谅解备忘录》，打开了中国与澳大利亚开展“一带一路”合作的大门，维多利亚州也成为首个同中方签署

作者简介：康婧琳，中建一局集团第三建筑有限公司财务。

该文件的州级政府。根据维州政府公布的信息显示，这项新签署的框架协议将推动维州与中国在基础设施、创新、应对老龄化和贸易及市场方面展开合作。

二、机遇

自从加入了中国的“一带一路”，维州加速了其经济目标的实现，维州政府制定的2026年目标预计都能超额完成。例如，维州预计2026年对华出口达到115亿澳元，目前已达到100亿澳元；维州预计2026年在校中国研究生人数达到18 125人，目前已达到20 700人；维州预计2026年中国游客赴维州消费达到34亿澳元，目前已达到27亿澳元（维多利亚州政府2018年进展报告）。由此可见，澳大利亚主要的经济收入来源，贸易出口、教育和旅游收入都随着“一带一路”的倡导加速增长，使其当地经济、文化获得了长足的发展。而中国对维州也有着非常广阔的愿景，希望维州能够成为中国“一带一路”进入澳大利亚的门户，实现共赢的局面。

在2018年谅解备忘录的签署仪式上，安德鲁斯曾提及了数个正在实施的基建项目，维多利亚州正在建设包括墨尔本地铁隧道（Melbourne's Metro Tunnel）、西门隧道（West Gate Tunnel）和东北连接路项目（North – EastLink）在内的有史以来最大的基础设施建设项目，这些项目都需要寻求中国在专业知识、设计技能和工程交付能力方面的协助，州政府盼望这些能够成为中国“一带一路”计划的一部分，通过与中国合作为维多利亚州带来更多的贸易、投资以及就业机遇。这些价值1 070亿美元的基础设施“大建设”将让更多中国企业参与，同时让维多利亚州的企业参与世界各地的“一带一路”项目。这对于中国建筑业开拓更广阔的海外建筑市场，提供了一个良好的契机。

三、挑战

我国建筑施工企业为经济建设和社会发展做出了重要贡献，然而面临的诸多问题和挑战也十分严峻。长期以来，我国的建筑企业大多是随着国内房建和基建的发展而在国内高速发展，而对于开展海外业务则是经验不足。以澳大利亚为例，我国的建筑企业在跨国经营中主要面临以下几方面的问题。

（一）政治环境

之前的“一带一路”沿线国家范围几乎囊括了世界上政治环境最复杂的几个地区，很多国家本身具有独特的政治、宗教、民族环境，甚至有一些国家对内处于政治动荡期。而维多利亚州作为澳大利亚第一个也是唯一的一个与中国达成“一带一路”合作协议的州，其重要性与独特性不言而喻。澳大利亚属于发达国家，与之前和中国建筑业合作的发展中国家在政治经济方面的政策截然不同。而澳大利亚的联邦制度使维多利亚州可以越过澳大利亚联邦政府，以“州”的形式与中国签订合约。这些差别使中国企业先前积累的经验在澳大利亚容易“水土不服”，需要我们顺应事实去摸索应对。

（二）外汇汇率变动

外汇挑战是不论在澳大利亚还是其他地区，只要进行国家间不同币种的货币转换都会遇到的问题，具有普遍性。澳元汇率主要受到以下几个因素的影响：（1）中国经济。中国目前是世界第二大经济体，同时也是澳大利亚最大的贸易合作伙伴，中国的经济贸易或多或少都会影响到澳大利亚。（2）大宗商品价格。澳大利亚的煤矿业是主力工业，大量出口至世界上各个国家。贵金属、煤炭的价格波动也会因澳币的价值的增减。（3）国际危机影响。在国际经济共同体的现代格局背景下，澳大利亚作为小而开放的经济体极易受到全球金融波动的影响。（4）澳联储决策影响。澳联储通过调整现金利率来影响澳币的汇率。投资者投资澳大利亚能获得多大的收益也与此有关。（5）澳大利亚政局波动影响。每一次新政府上任，新的政策会被执行，因此决策的执行力度、持久性，都面临很大挑战，也会影响到澳币的价值。（6）本土经济和其他国家经济的影响。经济全球化趋势下，任何一个国家都与他国有着十分紧密的联系。例如，2020 年疫情暴发，世界多国紧急降息，澳元汇率而不可避免地下跌。外汇汇率的波动很多都属于不可控因素，如何应对，如何尽最大可能对冲掉汇率波动带来的风险，是我国建筑企业需要思索的。

（三）投资经营方式

原中国建筑第八工程局有限公司副总裁曾在“中国建设：全球基础设施建设的主力军”平行论坛上指出，对于建筑企业来说，“一带一路”中存在的挑战之一是融资模式存在问题。中建以前单纯做工程总承包，现在还要做融资、投资，甚至做“建设—经营—转让”等各种类型。由于建筑工程资金需求大、周期长，又受到国外市场的不确定性影响，导致此类问题普遍存在于建筑类企业之中。企业需要通过战术的调整，找到一些更有利于产生明确经济效益的项目。

而投资国外的金融市场，由于政策和国际经济市场的不确定性导致跨国投资具有极大风险。香港证券市场久负盛名的老牌蓝筹公司中信泰富就曾遭受过外汇融资重创。中信泰富当时正在澳大利亚建一个铁矿石项目，需要用到美元和澳元，管理层期望的锁定澳元成本、降低交易风险从而签订了高达 94 亿澳元的杠杆式澳元衍生品交易合约。中信泰富在签订这项合同时，对澳元的走强是抱着绝对信心的。然而澳元的大幅下跌这一当初认为不可能发生的事件的发生酿成了巨亏。

跨国融资本身风险高，且又受到汇率、政策等多方面影响，企业不能抱着投机或者试试看的想法去投资，尤其是建筑企业需要大量现金流来支撑整个项目的运转，不可盲目投资。

（四）税务问题

“一带一路”涉及国家众多，且大多为发展中国家，税收体制可能不健全。税收政策的不同，国外市场的不熟悉，企业遇到税收风险的可能性也随之加大。

中国企业赴澳大利亚需要关注以下常见税务问题：（1）投资架构的税务考虑。在澳大利亚建立商业运营时，需要指定恰当的投资架构。从税务角度来说，企业需要结合中国，澳大利亚以及有关的双边税务协定，考虑从收购和建立投资，到运营过程以及撤回转让投资的各个时段的税务影响，权衡比较可选模式和架构的优势。（2）融资方面的税务考虑。澳大利亚对债权和股权的划分有特殊的规定。例如，债权收益可以在所得税前抵扣，而股权收益则不能在所得税前抵扣。澳大利亚税法规定了若干方法来确定某个金融工具应划分为“债权”还是“股权”。如果一项借款被认定为权益，那么其产生的利息将被视为股利，不可在所得税前抵扣。企业需要在确定最终的融资架构前寻求具体的咨询建议和意见。（3）转让定价的合规要求。澳大利亚建立了专门的转让定价法规以确保澳大利亚企业在与国际关联方交易时，将依照独立交易条款和条件进行。此法规适用于所有澳大利亚企业，包括分支机构和子公司。（4）国际重复征税与税务系统差异。澳大利亚税务体系繁杂，若财务人员没有充分的知识储备，处理账务时很容易无意识漏税或者被重复征税，给企业带来很多不必要的损失。

与上文的政策和汇率融资所遇到的问题相比，税务的问题比较容易克服且没有太多不确定性，只需要相关财务人员掌握相应知识并灵活无误的运用，便可以大体解决。

（五）财务管理国际化重视程度

在我国企业积极响应“一带一路”倡议倡导，加快步伐“走出去”的过程中，有很多企业没有意识到财务管理国际化的重要作用。缺乏专业的国际化财务管理人才和健全的财务管理国际化制度都使企业在“走出去”的过程中如履薄冰。以中海油为例，在其并购尼克森的过程中，并没有对尼克森的财务经营状况进行内部和外部的严格审核，导致以60%的溢价购入，给中海油带来过高的经营风险。

建筑行业作为国有企业的主力军，也顺应时势地投入国外的投资建设中。对于建筑企业来说，“一带一路”现在锁定的更多的是基础设施建设的项目，这些项目投资大、周期长。很多项目前期的科研、论证甚至设计不到位，虽然两国领导人签了谅解备忘录，但是最后无法落地。在企业进行对外投资和合作经营活动的过程中，财务管理是最为核心的一点。如果财务管理得不到完善，也就不能实现国际化，极易造成财务风险，更甚者会造成企业对外投资的失败。澳大利亚的各种政策、法律和财务处理方式都和国内截然不同，若想较为平稳地打入澳大利亚市场企业需要引进一些优秀的国际化人才来提前规划，以规避风险。

四、对策

基于上文提出的建筑行业在对外拓展业务的过程中可能会遇到的政治环境变动、外汇与融资风险、税务系统差别以及缺乏培养财务管理国际化重视程度等风险，本文提出了以下对策。

（一）国家层面

国家应该出台更多有利于国有建筑企业拓展业务的政策，以国家的身份去和合作国家进行洽谈，争取在签订的合同条款中规避一些政策不稳定涉及的风险因素，把当地政策变动对我国国有建筑企业的影响降到最低。澳大利亚属于发达国家，政治局面较为稳定。政策方面，虽然维多利亚州越过联邦政府直接与中国签订了“一带一路”的协议，但值得注意的是，澳大利亚实行的是联邦制，且澳联邦政府和州政府在“一带一路”问题上长期存在争议。若国内建筑企业准备进军澳大利亚市场，一定从各方面评估政策环境与风险，避免一些的不必要麻烦。

从税务角度来说，国家也应与东道国签订相关的税收协定，避免在税收管辖权重叠的情况下使企业被双重征税。如中国与澳大利亚于 1988 年签署的《中华人民共和国政府和澳大利亚政府关于对所得避免双重征税和防止偷漏税的协定》，双重征税的解决办法所占篇幅最大，体现税收协定把消除双重征税作为核心目的和宗旨。在公平交易的前提下，合理分配税收收入，为国际税收争议提供了解决和协商机制。

同时，基于跨国建筑企业的特殊性，需要长期大量的不同币种的现金流来维持运转，国家也应出台一些政策来支持企业融资。例如，现在国家推行的 PPP 模式，是一种政府参与全过程经营的公私合营模式，旨在与沿线国家在基础设施等领域加强合作，积极推广 PPP 模式，鼓励和帮助中国企业“走出去”，推动相关基础设施项目尽快落地。PPP 模式将部分政府责任以特许经营权方式转移给社会主体（企业），政府与社会主体建立起“利益共享、风险共担、全程合作”的共同体关系，政府的财政负担减轻，社会主体的投资风险减小。国家应多推行这类经营模式，帮助企业更快更放心的“走出去”。

（二）企业层面

从企业角度来说，国际化财务管理人才的培养和财务管理国际化制度的建立是在开拓海外市场过程中必不可少的。跨国企业的国际财务人员需要掌握多种综合技能。为了在今后合作中能够进行良好的沟通，并合理地规避各种风险，国际财务人员不仅需要有较高的外语水平，同时也要对当地的财务政策有一个全面的了解。澳大利亚是英语为母语的国家，财会人员的英语水平需要达到能正常交流的程度。同时，为了规避跨国经营中存在的税率、汇率的风险，财务人员也应了解当地的法律和财务会计制度。例如，澳大利亚的商法和公司法都是案例法，和我国的成文法完全不同。若是遇到当地的商业纠纷，需要外聘当地的经验商务律师来协助。同时，澳大利亚是一个多税种、高税负的国家，其实行分税制，即联邦、州和地方三级政府都会相应行使不同的税收权力。若是对当地的税法只是掌握不完全，很容易造成无意识漏税或者交错税的困境。中澳两国的税制不同也会导致抵扣税的困难并造成双重征税。为了减少并解决这种问题的发生，除了上文提到的国家出面来签订一些税收协定，公司财会人员也有相应的知识储备来应对。全体财务人员还必须对国内和国外的财务会计制度所熟悉。中国和澳大利亚的会计制度都和国际会计准则非常接近，只有一些细微的差别。我国财务人员只需要稍加学习澳大利亚当地的会计制度就可以融会贯通。建筑企业的国际财务人员遇到的主要难点是语言困境和不熟悉当地的商业法律政策，除了自身需要不断学习新知识外，企业方面也需要对员工进行定期的培训，以便时刻巩固财务管理国际化方面的知识理论。

国际化财务管理人才的培养与财务管理国际化制度的建立休戚相关，没有健全的财务管理国际化制度，国际化人才也无法充分发挥其作用。企业需要根据国外的具体情况去制订一个有针对性的财务管理制度，建立一个具体的财务分析体系和预警模型，以便在并购前期做出资产质量分析和评估，保证现金与价值的对等，实现对资金全面的管理和控制。同时，企业应该搭建内部财务共享系统平台，降低重复性工作提高效率，且实时监控企业各地区子公司的财务情况和经营成果，最后推动企业经营战略的实施。跨国经营的国有企业常常具有分布十分广泛的经营布局，财务共享模式的运用可以高效而有针对性地体现出财务管理链，合理分配财务资源，使企业把握各子公司的财务情况，减少经营成本，优化人力资源配置。

五、结论

国家“一带一路”倡议对中国建筑企业来说是个大好机遇，但风险与机遇并存，企业在把握好历史性机遇的同时，应更加重视财务风险。国家层面，应多推行支持政策，优化融资模式，提供更多“一带一路”基金，开放跨国企业外汇管理政策等来为跨国企业开绿灯；企业层面，应着重财务人才培养，有经验的优秀财务人员会做好前期项目调查工作，降低外部风险；进行合理外汇管理并预防汇兑损益风险；采取适当的融资方案，降低融资成本。总的来说，建筑企业在“走出去”的同时不仅要着重培养优秀财务人员，同时也要建立完整的财务管理国际化制度，使财务人员与财务制度相辅相成，优化企业的内部财务制度。国家支持，企业改革广纳人才，才能相互促进，迎来建筑企业的春天。

澳大利亚维多利亚州加入“一带一路”且致力于发展基建，对于我国建筑企业来说是很难得的一次机会，我国建筑企业应紧抓此次机会，在合作的同时不断提升企业内部财务能力，培养国际财务人才，为之后建筑业“一带一路”发展壮大人才队伍。

参考文献

[1] 安永．中国企业“走出去”重点国家之系列介绍——澳大利亚中国“走出去”网站（CGA）http：//www. chinagoabroad. com/zh/guide/19577.

[2] 卞杨．基于“一带一路”背景下建筑企业“走出去”的对策［J］．工程技术（文摘版）·建筑，2017（5）：176－176.

[3] 陈咏英，尹美群，李伟．汇率波动下跨国企业避险研究——基于中信泰富澳元巨亏事件的思考［J］．北京：财会通讯，2009：107－108.

[4] 李垚林．国际税收中可能遭遇的税收风险及应对策略——以“一带一路”下中国企业“走出去”为例［D］．法制与社会，2016.

[5] 梁宝丹．“一带一路”背景下的国有企业财务管理国际化［J］．环渤海经济瞭望，2019（4）：115－115.

[6] 刘小勇．“一带一路”长一种建筑企业“走出去”的财务风险防范［J］．财务监督，2018（13）：107－111.

[7] 王红顺．“一带一路”建筑企业境外财务风险分析［J］．新会计，2019（4）：57－58.

金融资本篇

PPP 项目公司社会资本方股权转让的实务分析

——以可行性缺口补贴项目为例

赵 铭 叶俊鹏 张 鋆

摘要：由于 PPP 项目体量巨大、超长期限，已落地 PPP 项目形成大量沉淀股权资金。随着项目进度的推进，项目经营风险逐渐可控，社会资本方退出前期股权投资的诉求具有一定合理性。本文结合相关政策，对社会资本方以股权转让方式退出前期投资的融资模式进行详细梳理，对转让标的、转让定价、潜在风险进行分析，结合具体案例，对股权转让路径设置提出如下建议：

（1）针对监管层，建议加快出台股权退出路径的细化准则，为社会资本方股权转让具体方式和程序提供规范和依据。

（2）针对社会资本方，应当在 PPP 合同条款的设定上，尽可能减少有关股权变更的限制性约定，设置合理的政府补贴调价机制，保障项目现金流稳定性，才能有效吸引保险资金、股权基金等潜在受让方。

关键词：PPP 项目　社会资本方　股权转让

引言

根据全国 PPP 综合信息平台管理库统计数据显示，截至 2020 年 4 月，全国累计入库项目 9 498 个，投资额 14.55 万亿元，累计签约落地项目 6 436 个，投资额 10.16 万亿元。根据《国务院关于固定资产投资项目试行资本金制度的通知》（国发〔1996〕35 号），资本金比例根据行业属性各有不同，以资本金比例 20% 粗口径估计[①]，已签约落地 PPP 项目资本金预计约 2.03 万亿元，投资方向主要集中于投资规模大、回收期长的高速公路、轨道交通及城市基础设施等重大项目。由于建筑类企业的负债率较高，在“降杠杆、减

作者简介：赵铭，初级会计师，中建丝路建设投资有限公司；叶俊鹏，高级会计师，中建丝路建设投资有限公司；张鋆，中级会计师，中建丝路建设投资有限公司。

① 港口、沿海及内河航运、城市停车场项目以及经国务院批准的核电等重大建设项目可在 20% 最低资本金比例要求的基础上适当降低。

负债”的大背景下，极度压缩外部股权融资空间，形成长期限、大金额的沉淀股权资金（见图 1）。

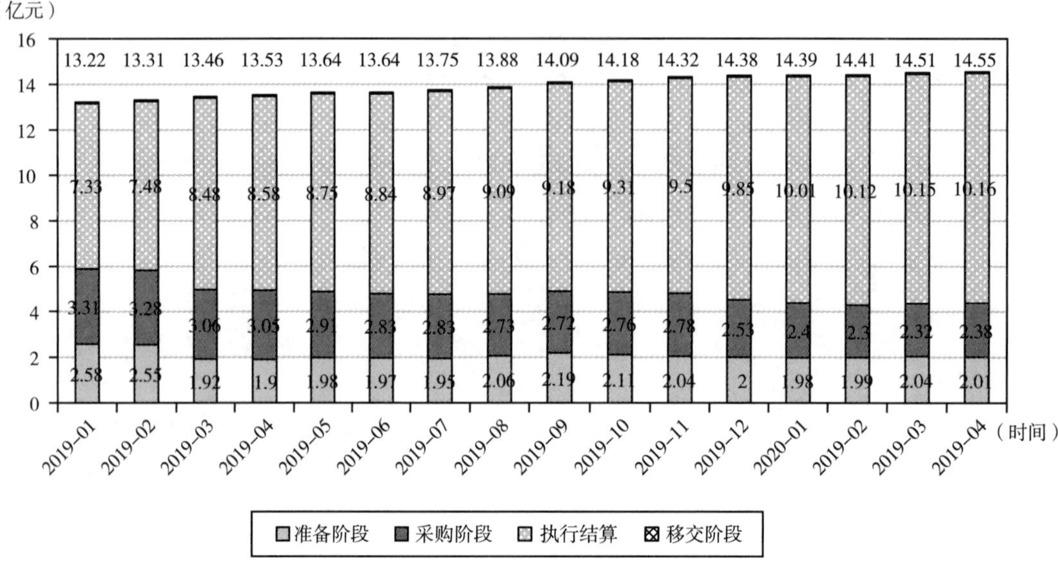

图 1　各阶段 PPP 项目投资额累计情况

随着项目进度的推进，项目经营风险逐渐可控，社会资本方退出前期股权投资的诉求具有一定合理性。但自 2017 年下半年以来，财政部、发改委、国资委、人民银行等相关部委相继发布配套性政策文件，明确 PPP 项目股权融资的合规性要求，目前社会资本方盘活沉淀 PPP 项目资本金的模式主要有两类：一是引入保险资金、政府引导基金、政企基金、理财子公司等长期资金进行股权转让；二是尝试项目股权资产证券化及基础设施 RE-ITS，盘活存量股权投资，但后者由于发行条件较为苛刻，相关市场建设暂不完善，作为一种新型融资及退出机制，在未来有可能成为一种适宜的退出路径，但目前阶段较难实际落地。

股权转让是目前社会资本方盘活存量股权融资的重要方式之一，但现有 PPP 项目股权融资研究多集中于理论阐述上，如李英攀等（2017）通过分析当前常用 PPP 项目的融资渠道，如银行贷款、资产证券化（ABS）、保险资金、信托产品融资以及产业投资基金五大融资渠道，基于 TOPSIS 理论和国内环境，为 PPP 融资渠道的选择构建提供依据；刘蕾、张邓斓（2018）在 Cumming 理论模型的基础上，构建 PPP 政府投资基金退出时机的一般理论模型。国内专家、学者已经对 PPP 模式进行了系统性的研究，并取得了大量成果，但多集中于前期 PPP 项目股权融资路径设计，较少关注 PPP 项目后期如何通过股权转让盘活存量股权资产，难以指导实务落地。

本文选取 PPP 项目股权转让这一视角，就如何利用外部资金盘活社会资本方存量股权资产、如何确定股权转让路径、如何进行股权定价估值展开探讨，以可行性缺口补贴项目为例，对 PPP 项目股权转让的核心问题进行剖析，以期对社会资本方通过股权转让进行股权退出有所启示，本文具体框架如下：

第一部分　PPP 项目社会资本方股权转让标的确定；

第二部分　PPP 项目股权转让估值方法的选择；

第三部分　可行性缺口项目现金流分析；

第四部分　PPP 项目股权转让操作案例；

第五部分　总结及展望。

一、PPP 项目社会资本方股权转让标的确定

对于股权转让方案，按照一般 PPP 项目竞争性磋商文件的要求，多约定未经政府方书面同意，项目公司股东不可转让项目公司股权，或转让存在诸多限制。相关限制大致分为四种：变更期限限制、变更股权比例限制、变更条件限制、变更程序限制（见表 1）。

表 1　项目公司股东股权转让限制

类型	条款表述列举	条款目的
变更期限限制	在缺陷责任期届满前，未经政府批准，项目公司不得发生任何股权变更的情形	保证社会投资人履行主要 PPP 合同义务之前（包括出资义务、建设义务等）不得轻易退出项目
变更股权比例限制	在运营期前 X 年内，社会投资人实缴股比应始终保持在 51% 以上	保证 PPP 项目采购时确立的社会投资人对项目公司持续持股，但保留了社会投资人一定比例的退出权限
变更条件限制	股权转让的受让方应具备相应的履约能力及资格，并继承转让方在 PPP 合同中的权利义务	保证 PPP 合同持续有效履行
变更程序限制	社会投资人对外转让项目公司股权，需要经政府方同意	保证政府方对股权受让人的审查权利

针对此类限制，可 PPP 合同签署早期，在招标文件对明确项目允许以联合体投标的前提下，投标人可在投标文件的融资方案中明确以产业基金的形式进行出资。设置合理出资结构，设计项目层、平台层、基金层三层结构，以第二层的平台公司作为社会资本方出资代表，以第三层的私募股权基金作为社会资本方实际出资人，通过认购基金份额，间接持有 PPP 项目公司股权。由于基金份额转让限制较小，社会资本方可以在基金层面将股权转让至符合条件的保险投资计划、政府引导基金、政企基金和理财子公司等，以满足相关监管要求（见图 2）。

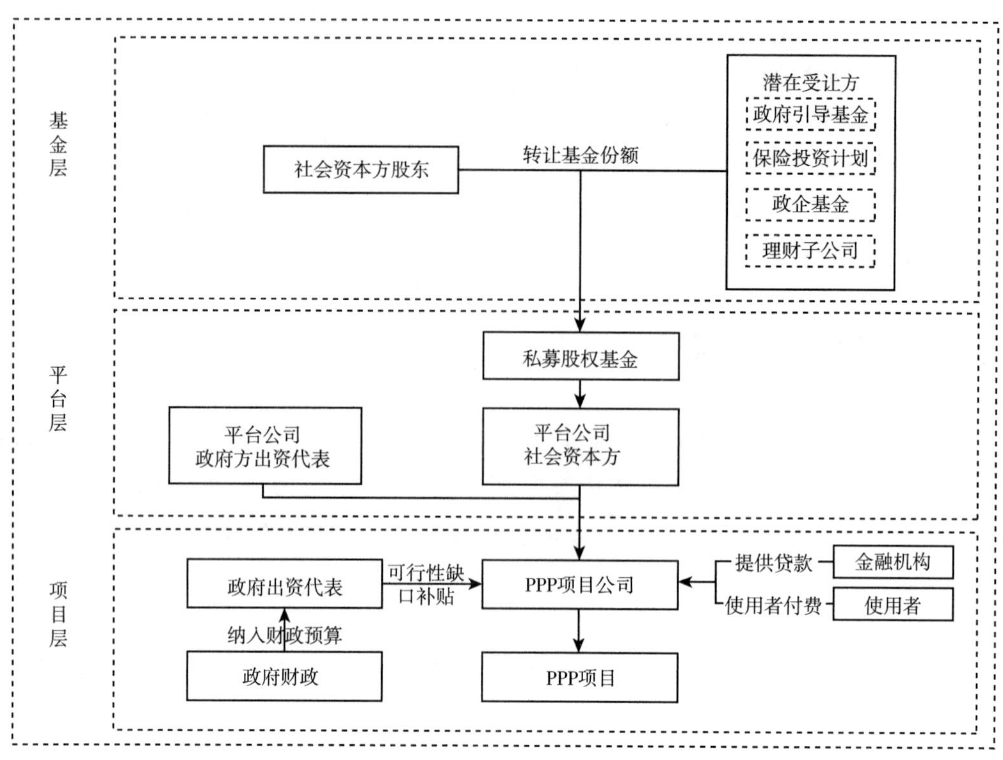

图2 项目公司股权出资架构设计

二、PPP 项目股权转让估值方法的选择

股权交易估值方法大体上可以分为现金流贴现法、会计估计法、相对价值法、期权估计法四类（见表2）。

表2 股权转让估值方法

方法分类	具体模型	适用对象
现金流贴现	股利贴现模型（DDM） 股权自由现金流模型（FCFE） 公司自由现金流模型（FCFF）	适用于企业未来现金流及贴现率可预测
会计估计法	剩余收益估价模型（RIM） 经济增加值模型（EVA）	依托企业账面价值，适用于企业会计信息真实有效
相对价值法	市盈率模型（PE） 市净率模型（PB） 增长比率模型（PEG）	适用于企业处于完备的交易市场中，利用可比公司进行比较后确定估值
期权估值法	二项式模型 B－S 模型	依托期权定价，考虑未来不确定因素，但实际应用受限条件较多

与一般企业不同，PPP 项目在公司运营过程中能够产生比较稳定的现金流，且为保证

社会资本方具有“合理利润”，一般在特许经营协议中会对社会资本方的内部收益率进行约定，即 PPP 项目未来现金流及贴现率可预测。由于上述两个特征，建议采用股权自由现金流模型（FCFE）作为估值模型①。

股权自由现金流模型（FCFE）将股东未来自由现金流以某个贴现率进行贴现，具体公式为：

$$V^e = \sum_{i=1}^{N} \frac{FCFE_i}{(1+r)^i} + \frac{V_N}{(1+r)^N}$$

其中，V^e为公司股权价值，$FCFE_i$为第 N 期股东自由现金流；r 为股权投资收益率；N 表示公司股东持有股权总期数；V_N为清算价值。

三、可行性缺口补贴项目现金流分析

（一）项目公司现金流分析

准经营性项目采用“使用者付费 + 可行性缺口补助”的付费机制，在公司提供经营服务收费低于某一限额的情况下，政府方按照合同约定将相关差额补偿给项目，通过政府补贴的可用性服务费和运维绩效付费，保证社会资本方享有“微利但不暴利”的合理收益。在项目公司可无条件自合同授予方收取确定金额补偿的前提下，项目公司采用金融资产模式进行会计核算。政府可行性缺口补贴计算公式为：

$$A \times N = \sum_{i=1}^{N} \frac{I_i + Y_i + C_i + T_i + R_i + V_N - P_i - D_i - U_i}{(1+r)^i}$$

其中，A 为政府可行性缺口补贴年付费金额，N 为项目建设期及运营期的总年限，I_i第 i 年项目静态投资支出，Y_i为第 i 年还本付息支出，C_i为第 i 年运营维护成本及合理利润，T_i为第 i 年税金支出，R_i为留存收益分配，V_N为公司清算分配，P_i为第 i 年资本金流入，D_i为第 i 年银行贷款，U_i为第 i 年使用者付费，r 为社会资本方合理收益率。具体而言，项目公司现金流如表 3 所示。

表 3　PPP 项目公司现金流概况

序号	现金流入	现金流出
1	股东注资P_i	建设期项目投资支出I_i
2	D_i银行贷款流入	年度还本付息支出Y_i
3	政府可行性缺口补贴A_i	运营期维护成本C_i

① 鉴于：（1）PPP 项目公司一般较难上市，无股利分配，且跨区域 PPP 项目利润率差异较大，难以从公开市场找到可比公司，无法采用股利贴现模型（DDM）及相对估值模型进行估值；（2）会计估计法相较于现金流估计法，存在更多可操纵的空间；（3）公司自由现金流模型（ECFF）用于衡量所有投资者（含债权人）的收益，因此股东自由现金流模型（FCFE）更加适用。

续表

序号	现金流入	现金流出
4	使用者付费U_i	税收支出T_i
5	—	留存收益分配R_i
6	—	剩余资产清算V_N

（二）社会资本方现金流分析

项目公司社会资本方股东现金流主要包括：（1）现金流出：股东出资；（2）现金流入：留存收益分配和剩余资产清算（见表4）。

表4　　PPP项目公司股东现金流概况

序号	现金流入	现金流出
1	留存收益分配R_i	社会资本方P_i出资
2	资产清算分配V_N	

四、PPP项目股权转让操作案例

（一）项目基本情况

S项目特许经营权经营期限30年，经营方式BOT（建设—经营—转让），付费机制为可行性缺口补贴。通过设立S项目公司进行项目建设，项目公司股东为政府方出资代表（持股30%）及社会资本方出资代表（持股70%，以下简称“平台公司”），平台公司股东为私募股权基金。

S项目公司章程约定：经其他股东半数同意后，股东可将其持有的股权转让给现有股东之外的第三人，设置了“项目公司成立5年内不得对外转让股权”的限制条款，但对平台公司股东股权转让无相关限制。现有社会资本方可通过转让私募股权基金份额的形式，退出前期投资，盘活存量资产。S项目的主要情况包括：

1. 总投资100亿元，其中静态总投资90亿元，建设期贷款利息10亿元；

2. 资本金占总投资的20%，政府方与社会资本方出资比例为30%：70%，其中，社会资本方出资14亿元；

3. 采用BOT（建设—运营—移交）的运作方式，合作期30年，其中建设期5年；

4. 年度回款预计8.5亿元，包括使用者付费4.5亿元及政府可行性缺口补贴4亿元；

5. 年度维护成本为1亿元；

6. 所得税税率25%，建筑服务增值税税率9%，设备材料采购增值税税率13%，现代服务增值税税率6%，使用者付费按不动产租赁服务税税率9%征收；

7. 运营期结束项目无偿移交，清算金额 20 亿元，按照 30%：70% 对剩余所有者权益进行分配；

8. 贷款利率 4.9%；

9. 合理利润率为 6%，以该利润率为限，调整可行性缺口补贴。

（二）社会资本方现金流测算

根据上述信息，测算初始投资时社会资本方股东现金流，此时股权投资的内部收益率 6%，具体如表 5 所示。

表 5　PPP 项目公司社会资本方初始现金流概况　单位：万元

合作年份	股东自由现金流	合作年份	股东自由现金流
第 1 年	-14 282	第 16 年	7 669
第 2 年	-14 855	第 17 年	6 015
第 3 年	-29 729	第 18 年	5 023
第 4 年	-30 918	第 19 年	6 371
第 5 年	-32 154	第 20 年	4 444
第 6 年	21 877	第 21 年	5 068
第 7 年	18 669	第 22 年	6 475
第 8 年	14 220	第 23 年	7 905
第 9 年	13 537	第 24 年	8 787
第 10 年	15 647	第 25 年	10 296
第 11 年	5 341	第 26 年	11 821
第 12 年	5 712	第 27 年	13 373
第 13 年	6 720	第 28 年	14 949
第 14 年	5 480	第 29 年	16 566
第 15 年	6 576	第 30 年	5 232

（三）外部投资人现金流测算

假设项目建设第 4 年末，初始社会资本方通过转让所持 49% 的基金份额，引入符合监管要求的外部资金。项目公司运营初期处于亏损或者盈利较少的状态，为保证项目建设资金需求，前 4 年暂未分红。由于项目公司即将进入运营期，政府回款保证了稳定的分红资金来源，第 4 年末引入外部投资人后开始分红，外部投资人内部收益率 6.61%，高于初始投资人收益率，具体现金流如表 6 所示。

表 6　外部投资人投资现金流概况　单位：万元

合作年份	股东自由现金流	合作年份	股东自由现金流
第 4 年	-43 994.29	第 18 年	2 461.39
第 5 年	-15 755.47	第 19 年	3 121.90
第 6 年	10 719.88	第 20 年	2 177.75
第 7 年	9 147.95	第 21 年	2 483.08
第 8 年	6 967.98	第 22 年	3 172.86
第 9 年	6 633.16	第 23 年	3 873.50
第 10 年	7 666.97	第 24 年	4 305.85
第 11 年	2 617.25	第 25 年	5 045.22
第 12 年	2 798.90	第 26 年	5 792.28
第 13 年	3 292.61	第 27 年	6 552.84
第 14 年	2 685.05	第 28 年	7 325.08
第 15 年	3 222.48	第 29 年	8 117.30
第 16 年	3 757.90	第 30 年	2 563.92
第 17 年	2 947.57		

假设截至第 4 年末，社会资本方按照投资进度已出资 89 784 万元，外部投资人应支付已出资资本金的 49%，即 43 994 万元，将第 5 至第 30 年外部投资人股权自由现金流（FCFE）以 6% 的贴现率进行贴现，代入公式：

$$V^e = \sum_{i=1}^{N} \frac{FCFE_i}{(1+r)^i} + \frac{V_N}{(1+r)^N}$$

可得，股权价值 V^e 为 47 107 万元，相较于无溢价出资额 43 994 万元，高出约 3 113 万元。由于项目早期公司具有更大的不确定性，根据风险收益共担的原则，此时社会资本方可向外部投资人收取股权溢价 3 113 万元。

影响上述测速现金流稳定性的因素主要包括：（1）项目超概；（2）工程延期；（3）运营维护成本超支；（4）PPP 项目收入税率未明确；（5）项目贷款利率变动及还贷安排调整；（6）使用者需求变动；（7）政府补贴实际到位进度，可在转让协议中明确交易双方对变动因素的风险分担责任。

（四）股权转让交易流程

根据《中华人民共和国公司法》及相关产权交易规则，为防止股权转让发生的国有资产流失，需委托专业律师、会计师公平确定各方应承担的风险和责任，具体股权转让步骤如图 3 所示。

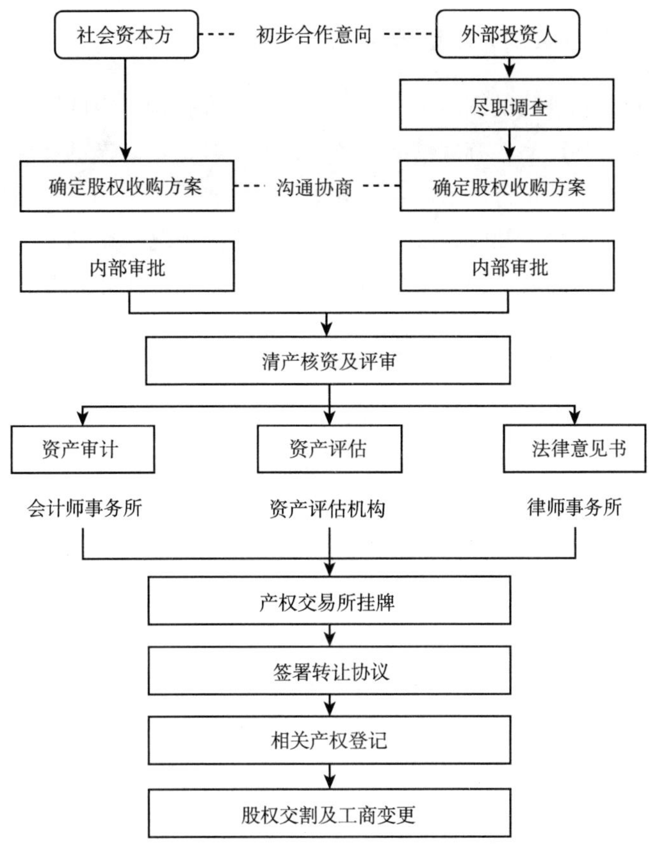

图 3 私募股权初始投资人股权转让主要流程

五、结论及展望

综上所述，本文认为 PPP 社会资本方股权转让应注意如下事项：(1) 协议签署早期设计出资结构，合理规避股权转让限制；(2) 选取股权自由现金流贴现模型（FCFE）作为股权转让定价的基础；(3) 由于项目早期风险较大，优质项目可向后进入投资人适当收取股权溢价；(4) 明确双方对于影响未来现金流稳定因素的风险分担机制。

此外，由于 PPP 项目特许经营期一般较长，宏观环境、社会环境、地方政府人事变动、产品需求变化都会对项目产生重大影响。为促进 PPP 项目更加合理健康发展，建议进一步完善 PPP 项目股权融资环境，创造合理的社会资本方股权转让路径。

（一）提高 PPP 立法层级，细化退出机制内容

目前我国相关法律规章体系已初具雏形，但多以指导意见的形式，应当出台专门的《政府与社会资本合作法》，提高立法层级，实现各类规章制度的统一协调。此外，实操层面的操作性准则尚不完善，建议加快出台国家层面的 PPP 退出路径细化准则，为社会资本方股权转让的具体方式和程序提供规范和依据。

（二）设置合理定价机制，明确政府补贴义务

由于可行性缺口补贴项目的现金流往往和合理利润率挂钩，定价机制是 PPP 模式运行的核心和基础，为实现公共产品的有效供给，应当设置合理的、动态的社会资本回报机制，建立更加独立、专业、科学的定价体系。对于竞争性公共产品，采用市场化定价，对于垄断性公共产品，采用激励性定价。同时，根据项目运营的实际情况，在 PPP 合同中预留一定调整和变更的空间，才能既提高公共服务质量和效率，又充分调动社会资本的积极性。

（三）早期研判阶段，明确转让限制条款

结合 PPP 现状，建议社会投资人在 PPP 项目谈判阶段，尽可能减少 PPP 合同中有关股权变更的限制性约定，尽力设置社会投资人股权变更的实质性条件，而非形式性条件，可在合同中约定股权受让人继受原股东在 PPP 项目项下的全部权利义务，以保证政府方的相关权益。

参考文献

[1] 李英攀，刘名强，王芳. 基于 PPP 大型建筑企业项目运作模式研究［J］. 施工技术，2017，46（9）：107－112，130.

[2] 刘蕾，张邓斓. PPP 政府投资基金退出时机选择研究［J］. 统计与决策，2018，34（5）：163－166.

[3] 曹启立，郑健壮. PPP 股权流转体系框架构建研究——基于 PPP 项目实施效率视角的分析［J］. 价格理论与实践，2020（7）：1－4.

[4] 汪璇. PPP 融资模式下的项目成本分析［J］. 会计师，2020（9）：41－42.

[5] 刘鸾鸾. PPP 项目涉税问题探讨［J］. 会计师，2020（7）：85－86.

[6] 杨学平，盛洁，刘宇. 基于现金流的 PPP 项目社会资本方收益研究——以缺口补助项目为例［J］. 会计之友，2020（4）：66－71.

[7] 曹启立. PPP 股权投资估值：理论分析与应用举例［J］. 价格理论与实践，2019（3）：113－117.

[8] 路子强. 私募股权基金项目投资估值研究［D］. 首都经济贸易大学，2019.

[9] 张炳根，袁竞峰，贾斯佳. PPP 项目收益内涵与特征分析［J］. 项目管理技术，2018，16（5）：18－25.

[10] 卢银飞. 公司估值常用方法探讨［J］. 山东纺织经济，2016（6）：19－21.

[11] 兹维·博迪，亚历克斯·凯恩，艾伦·马克斯. 投资学［M］. 机械工业出版社，2017.

PPP 模式采用金融资产核算的问题研究

高　倩

摘要： 近几年，PPP 模式在我国公共基础设施建设领域得到深入推广，对国家的经济建设起到了重要的推动作用，但目前相关会计核算规范尚有缺失。本文通过案例分析，具体介绍了 PPP 项目中采用金融资产核算模式的会计处理，并对项目后期现金流量变化分情况进行了探讨，以期为 PPP 项目核算提供参考建议。

关键词： PPP 模式　金融资产核算　财务管理

一、PPP 模式特点

PPP（Public－Private Partnership），又称 PPP 模式，即政府和社会资本合作，是近年来公共基础设施中一种常见的项目运作模式。该模式通过政府部门和社会资本合作的项目实践，有效缓解政府融资及管理方面的压力，多适用于公益性较强的基础设施领域，如市政工程、交通运输、生态环境等。PPP 项目运作模式主要包括建设—运营—移交（BOT）、建造—拥有—运营—移交（BOOT）、建造—拥有—运营（BOO）等，就我国目前落地的 PPP 项目中，BOT 模式最为常见。实务中，PPP 模式多为政府方作为甲方，与中标单位乙方组成项目公司，由项目公司负责项目的具体工作。

二、PPP 会计核算现状

虽然近年来 PPP 项目在我国落地不少，但相关的会计规范存在滞后。PPP 模式定义相对宽泛，界定范围较为模糊，本身核算难度大，加之未及时出台专门的会计核算制度进行规范说明，导致实务中 PPP 项目核算无统一参照标准。

目前，核算参照适用依据主要是企业会计准则解释第 2 号（简称“第 2 号解释”），把项目核算方式分为金融资产模式和无形资产模式。根据第 2 号解释，建造合同收入应当按照收取或应收对价的公允价值计量，并分别以下情况在确认收入的同时，确认金融资产或无形资产：（1）合同规定基础设施建成后的一定期间内，项目公司可以无条件地自合同

作者简介：高倩，中级会计师、注册会计师，中建丝路建设投资有限公司。

授予方收取确定金额的货币资金或其他金融资产的；或在项目公司提供经营服务的收费低于某一限定金额的情况下，合同授予方按照合同规定负责将有关差价补偿给项目公司的，应当在确认收入的同时确认金融资产，并按照《企业会计准则第22号——金融工具确认和计量》的规定处理。(2) 合同规定项目公司在有关基础设施建成后，从事经营的一定期间内有权利向获取服务的对象收取费用，但收费金额不确定的，该权利不构成一项无条件收取现金的权利，项目公司应当在确认收入的同时确认无形资产。

由第2号解释可知，根据是否有无条件收取确定金额回报将项目核算分为金融资产模式与无形资产模式，本文重点探讨前者。按照《企业会计准则第22号——金融工具确认和计量》（简称“第22号准则”），企业应当将金融资产划分为以下三类：(1) 以摊余成本计量的金融资产；(2) 以公允价值计量且其变动计入其他综合收益的金融资产；(3) 以公允价值计量且其变动计入当期损益的金融资产。

综上所述，现有会计准则及解释仅规定PPP项目在一定条件下采用金融资产模式核算，但对如何参照金融工具准则并没有详细说明，也未提供相关案例作为参考，包括是否同样适用金融工具预期信用损失及减值等规定。在现有的相关研究中，主要是对当前准则的理论分析及对完善PPP项目核算提出补充建议，通过详细案例对金融资产模式核算解析的文章不多，对后续项目波动如何影响核算的讨论更少。本文通过案例介绍，从前期会计核算准备到建设期、运营期的会计处理进行说明，然后对后期现金流发生波动时分情况进行探讨分析。

三、案例分析

（一）案例介绍

为构建高效的城市交通设施系统，某市高新区管委会（甲方）引入社会资本乙方，签订了《高新区城市交通基础设施系统PPP项目合同》。合同相关条款内容如下：

1. 项目背景。

甲方与乙方按合同要求，共同出资设立项目公司，由项目公司负责本项目的投资、建设、运营维护及反向移交工作。本项目采用的运作方式为“建设—运营—移交”（BOT）模式。

2. 合作期限。

本项目合作期为二十年，包括建设期和运营期，其中建设期两年，自20×0年1月1日起至20×1年12月31日竣工；运营维护期八年，自20×2年1月1日起至20×9年12月31日止。

3. 项目总投资。

本项目总投资包括静态投资和动态投资，其中静态投资为工程费用、工程建设其他费用和基本预备费等，动态投资包括建设期贷款利息和铺底流动资金。根据本项目的立项批复，估算静态总投资为53.8亿元（具体项目预计建设期投入见表1），最终投资为经财政局财政投资评审认定的项目投资数额为准。

表 1　　项目预计建设期投入　　单位：元

时间	计划投资进度
20×0/1/1	项目开工日
20×0/3/31	630 000 000
20×0/6/30	710 000 000
20×0/9/30	720 000 000
20×0/12/31	740 000 000
20×1/3/31	680 000 000
20×1/6/30	660 000 000
20×1/9/30	640 000 000
20×1/12/31	600 000 000
合计	5 380 000 000

4. 项目运营期及回报机制。

本项目回报机制采用“使用者付费＋可行性缺口补助”模式，根据本项目的运作方式，可以通过一定形式的开发经营（如停车服务、地下空间开发利用等）获得部分经营性收入，以弥补其对本项目设施的建设投资、运营维护成本；不足部分甲方按照本合同，对项目公司进行可行性缺口补助，可行性缺口补助额＝项目达内部收益率总收入（假设总收入为 72 亿元）－经营性收入。因此，项目公司的回报为经营性收入和可行性缺口补助。

项目自竣工验收合格备案的次日起正式运营，运营期每年支付 9 亿元。甲方在本项目进入运营期后每年度第六个月届满之日起支付当年数额的 50%（4.5 亿元），在完成每年度末支付剩余 50%（4.5 亿元），共 8 年 16 期。

（二）会计核算

1. 前期准备。

根据合同约定采用“使用者付费＋可行性缺口补助”及其他相关条款，判断该 PPP 项目符合第 2 号解释中应当采用金融资产模式核算的条件。根据第 22 号准则规定，金融资产满足下列两个条件时，分类为以摊余成本计量的金融资产：（1）企业管理该金融资产的业务模式是以收取合同现金流量为目标；（2）该金融资产的合同条款规定在特定日期产生的现金流量，仅为对本金和以未偿付本金金额为基础的利息的支付。

因此，项目公司采用金融资产模式核算 PPP 项目时可参照以摊余成本计量的金融资产相关规定。摊余成本的确认应当是初始确认金额经下列调整：（1）扣除已偿还的本金；（2）加上或减去采用实际利率法将该初始确认金额与到期日金额之间的差额进行摊销形成的累计摊销额；（3）扣除累计计提的损失准备。

2. 会计科目设置。

确定项目采用金融资产模式后，公司设置“长期应收款”核算该 PPP 项目，下设

“本金”“应计利息”“长期应收款减值准备”等明细科目。其中，“本金”明细反映项目可资本化成本，“应计利息”反映根据实际利率确认的利息收入，即根据长期应收款期初账面余额与对应期间的实际利率计算得出。鉴于项目公司业务单纯，仅服务于该 PPP 项目，因此，由项目产生的利息收入为公司收入主要来源，通过“主营业务收入”进行核算。

3. 制定长期应收款摊余价值表。

根据项目建设安排，开工日 20×0 年 1 月 1 日作为基准时点，每期现金流入及流出默认发生在期末，通过内插法或 Excel 等方式计算项目实际利率r_0，即当项目 NPV =0 时的折现率，计算得出项目（月化）实际利率为 0.4870%，（年化）实际利率为 6.0033%，据此编制长期应收款摊余价值表（见表 2）。

表 2　　长期应收款摊余价值表

r_0（月化实际利率）=0.4870%　　项目基准时点：20×0/1/1　　单位：元

时间	期间	期初长期应收款	当期增加	当期回购	当期确认利息	期末长期应收款
20×0/3/31	3	0	630 000 000	—	0	630 000 000
20×0/6/30	6	630 000 000	710 000 000	—	9 249 559	1 349 249 559
20×0/9/30	9	1 349 249 559	720 000 000	—	19 809 467	2 089 059 026
20×0/12/31	12	2 089 059 026	740 000 000	—	30 671 231	2 859 730 257
20×1/3/31	15	2 859 730 257	680 000 000	—	41 986 103	3 581 716 360
20×1/6/30	18	3 581 716 360	660 000 000	—	52 586 188	4 294 302 547
20×1/9/30	21	4 294 302 547	640 000 000	—	63 048 264	4 997 350 811
20×1/12/31	24	4 997 350 811	600 000 000	—	73 370 306	5 670 721 118
20×2/6/30	30	5 670 721 118	—	450 000 000	167 735 604	5 388 456 722
20×2/12/31	36	5 388 456 722	—	450 000 000	159 386 438	5 097 843 160
20×3/6/30	42	5 097 843 160	—	450 000 000	150 790 311	4 798 633 471
20×3/12/31	48	4 798 633 471	—	450 000 000	141 939 917	4 490 573 388
20×4/6/30	54	4 490 573 388	—	450 000 000	132 827 734	4 173 401 122
20×4/12/31	60	4 173 401 122	—	450 000 000	123 446 021	3 846 847 143
20×5/6/30	66	3 846 847 143	—	450 000 000	113 786 803	3 510 633 946
20×5/12/31	72	3 510 633 946	—	450 000 000	103 841 873	3 164 475 820
20×6/6/30	78	3 164 475 820	—	450 000 000	93 602 780	2 808 078 600
20×6/12/31	84	2 808 078 600	—	450 000 000	83 060 822	2 441 139 422
20×7/6/30	90	2 441 139 422	—	450 000 000	72 207 041	2 063 346 464
20×7/12/31	96	2 063 346 464	—	450 000 000	61 032 214	1 674 378 678
20×8/6/30	102	1 674 378 678	—	450 000 000	49 526 844	1 273 905 521
20×8/12/31	108	1 273 905 521	—	450 000 000	37 681 153	861 586 675
20×9/6/30	114	861 586 675	—	450 000 000	25 485 076	437 071 751
20×9/12/31	120	437 071 751	—	450 000 000	12 928 249	0

本文简化为建设期按季度，运营期按半年度核算，且未考虑相关税费。以下列举 20×0/3/31、20×0/6/30、20×2/6/30 会计分录：

（1）20×0/3/31，项目投入 6.3 亿元：

借：长期应收款——本金　　630 000 000

　　贷：银行存款/应付账款——工程费用等　　630 000 000

20×0/3/31 末长期应收款账面价值为 630 000 000 元。

（2）20×0/6/30 项目投入 7.1 亿元：

借：长期应收款——本金　　710 000 000

　　贷：银行存款/应付账款——工程费用等　　710 000 000

借：长期应收款——应计利息　　9 249 559

　　贷：主营业务收入　　9 249 559

20×0/6/30 长期应收款账面价值为 1 349 249 559 元。以此类推，理论上截止建设期结束时（20×1/12/31）长期应收款账面价值为 5 670 721 118 元。

（3）20×2/6/30 收到第一笔回款 4.5 亿元：

借：银行存款　　450 000 000

　　贷：长期应收款——本金　　450 000 000

借：长期应收款——应计利息　　167 735 604

　　贷：主营业务收入　　167 735 604

20×2/6/30 长期应收款的账面余额为 5 388 456 722 元。

理论上，随着最后一期甲方支付的回款，长期应收款的账面价值减至零。

（三）后期变化探讨

实务中，每期工程施工投入与初始安排存在差异，具体情况包括正常范围内的小幅波动和较预期存在大幅变动。分析如下：

情况 1：现金流正常范围小幅波动。

如果项目的现金流量仅是小幅正常波动，并未对现金流投入及回款的时间、金额、性质等方面产生重要影响。笔者认为，一方面，每期按照实际发生的费用或收回的回款如实增加及减少“长期应收款——本金”；另一方面，实际利率仍采用项目初始确认的内含报酬率（r_0）。采取前述处理的理由在于，一是保证“本金”根据项目结算进度及日常费用等实际开支反映；二是保持项目内含报酬率的稳定性，体现会计核算的可比性原则，且在一定程度上防范利润操纵的可能。

情况 2：现金流较预期大幅变动。

项目预期现金流发生较大变化的原因很多，如因不可抗力原因导致的工期延误、因甲方要求需要对建筑图纸进行重新设计、因项目公司法律纠纷导致的停工停产等，都会造成现金流与初始安排的金额、性质、时间等一项或多项发生重大变更。因准则对此未做更加详细的规范，下列对于上述重大变化的会计处理提供两种思路：

（1）计提减值准备。第 22 号准则第 42 条规定，企业与交易对手方修改或重新拟定合同，未导致金融资产终止确认，但导致合同现金流量发生变化的，应当重新计算该金融资产的账面余额，并将相关利得或损失计入当期损益。重新计算的该金融资产的账面余额，应当根据将重新拟定或修改的合同现金流量按金融资产的原实际利率折现的现值确定。对于修改和拟定合同所产生的成本或费用，也应调整修改后的账面价值，并在剩余期间内进行摊销。同时，准则提及由于预期信用损失考虑付款的金额和时间分布，即使企业预计可以全额收款但收款时间晚于合同规定的到期期限，也会产生信用损失。按该思路的账务处理，应借记“信用减值损失”，贷记“长期应收款减值准备”。

（2）调整实际利率。PPP 项目与一般金融工具最大的区别之一在于现金流的不确定性，一般金融工具的“本金”通常为期初一笔确定性金额构成，回款方式也基本确定，因此实际利率在整个金融资产存续期间保持一致。但 PPP 项目的“本金”明细科目根据工程进度等不断变化，众多因素都将导致每期现金流与初始确认时预期的金额不同，因此项目内含报酬率随之改变。在实务中，多数会根据项目实际进展及新的预期重新调整实际利率，更新摊余价值表，并将按新的实际利率重新计算的累计收入与已经确认累计收入的差额冲减。按该思路的账务处理，应借记“主营业务收入”，贷记“长期应收款”。

综上所述，对于现金流较预期发生大幅变动时，可以通过计提减值准备或调整实际利率两种途径处理。若根据第 22 号准则，偏重前者；若根据实践中多数方式，偏重后者。两种方式各有利弊，均有不足。计提减值准备一般体现预期信用损失，多数适用甲方单位出现财务困难，回款发生风险的类似情况，对因项目工期进度等因素不尽适用；而调整实际利率不利于利息收入计算的稳定性，可能导致当期的主营业务收入出现负数，且更容易对财务指标等进行人为干预。据此，建议核算中应当根据项目实际情况加以判断，至少于每年末（或每半年）对项目的现金流量进行重新评估，如果有现金流量的重大变化，则应当采取最为合理的处理方式，同时加大对项目最新进展情况的信息披露，提供可信材料作为支撑，保证财务报表使用者更加全面、客观掌握了解项目实际。

四、结语

本文通过案例介绍了金融资产核算模式的会计处理，并提供了项目后期现金流重大变化的处理思路。总体来说，与 PPP 模式在我国迅速发展的进程相比，相关会计核算制度存在滞后。项目采用金融模式核算时难度较大，特别对后期重大变化时没有统一规范，建议尽快出台相应参照案例或更为详细的准则解释，逐渐完善修订 PPP 模式的核算制度，提高我国 PPP 模式会计核算信息披露的质量。

参考文献

［1］财政部．企业会计准则解释第 2 号．

［2］财政部．企业会计准则第 22 号——金融工具确认和计量．

［3］关巧宁. 基于PPP项目会计核算存在的相关问题的探讨［J］. 现代商业，2018(25).

［4］肖坤明. PPP项目采用金融资产模式的会计核算探讨［J］. 知识经济，2019(33)：36-37.

［5］梅玉潘. 金融资产如何确认和计量——基于新金融工具准则的BOT会计核算研究［J］. 会计之友，2019（23）：72-75.

工程建设投融资实践案例研究

——以 PPP 项目投融资结构为例

武博华　杨静雅　叶俊鹏

摘要： PPP 模式是我国目前工程建设项目的主要模式之一，因可以有效调动社会资本方积极性，提高公共产品与服务效率，减轻政府财政负担而被备受行业青睐。PPP 项目投融资结构是 PPP 项目规避风险，保障投资方获得合理利润的关键。PPP 项目投融资结构一般包括投资结构、融资结构、资金来源与信用保障结构，其中尤以融资结构易受政策影响。本文以实际 PPP 项目为例，以资管新规等相关政策出台时间为线，研究政策出台前我国 PPP 项目投融资结构与现实困境，提出政策出台之后我国 PPP 项目可行的创新投融资结构调整建议，以期为相关从业人员提供借鉴。

关键词： PPP 项目　投融资结构　资管新规　案例分析

绪论

PPP 模式是现阶段我国工程建设的一种主要模式，该模式因可以充分发挥社会资本方的优势，提高公共产品与服务的效率，减轻政府财政负担而备受行业青睐。在该模式下，社会资本方与政府方共同设立项目公司，负责项目的建设与运营。社会资本方通过政府方授予项目一定期限的特许经营权而弥补自身在建设期间产生的各类成本与费用，并取得合理的利润回报。待特许经营期间结束，社会资本方再将项目的所有权移交给政府方。其中，项目的投融资结构设计是决定项目能够规避融资风险、确保获取合理利润的关键。

PPP 项目融资包括项目资本金融资与项目融资两部分。因项目资金需求普遍巨大，期限较长且合理利润回报固定等特征，社会资本方普遍选择提高融资杠杆比例来提高项目收益。同时较高的融资杠杆比例还可以在后期为企业在贷款利息免税与表外融资等方面提供额外的帮助。因此，实务中设计较高的融资杠杆比例在一些情形下往往成为社会资本方首要乃至唯一的考虑。但是在实践中，较高的融资杠杆比例普遍会诱发如流动性风险在内的各类风险，影响社会资本方后期对政府使用者付费的预判以及对政府财政履约能力的评

作者简介：武博华，中建丝路建设投资有限公司；杨静雅，高级会计师，中建丝路建设投资有限公司；叶俊鹏，高级会计师，中建丝路建设投资有限公司。

估，因此工程项目的融资杠杆比例并非越高越好。

本文以实际PPP项目为例，将PPP项目投融资结构划分为投资结构、融资结构、资金来源与信用保证结构等四个部分，从不同视角解读PPP项目投融资结构的内涵，以2017年出台的相关政策为时间界限，分析影响PPP项目投融资结构设计的关键因素与内在逻辑，以期为从业人员提供有益的借鉴。PPP项目的投融资结构的内涵与关键要素如表1所示。

表1　PPP项目投融资结构内涵与关键要素

名称	内涵	关键要素
投资结构	投资各方对项目所有权的拥有形式与控制程度	项目公司的组织形式、各投资方的持股比例
融资结构	项目融资模式	项目收益型、小股大债型、先后分配型与资产证券化型等
资金来源	项目所需的权益资金、夹层资金、债务资金（长、短期）等资金的来源与比例	项目整体资金来源可分为“股”与“债”两大类，关键要素包括资金性质、来源、规模、期限与成本等
信用保证结构	项目未来风险承担机制	内外部增信措施等

一、早期PPP项目投融资结构

PPP项目投融资结构中，尤以融资结构中的项目资本金融资受到政策的影响最大，进而影响到项目整体资金来源。其余如投资结构与信用保证结构受到政策影响则相对较小。

（一）投资结构

PPP项目的项目公司由社会资本方与政府方共同设立。在政府方出资的情况下，政府方在项目公司的持股比例一般低于50%。在实务中，这一比例通常为20%~30%。这一设计的初衷在于使社会资本方实际控制项目建设的重大决策，是出于优化项目公司治理结构的考量。在项目公司的法律形式上多以有限责任公司为主，其立意在于保护投资方的利益不会因项目公司的破产而承担债务清偿责任，做到PPP项目的有限追索，实现项目风险与社会资本方的实质隔离。

（二）融资结构

PPP项目资本金融资在早期政策宽松时多选择“小股大债”或“明股实债”结构，即以债务性资金充当PPP项目的资本金。这一结构在PPP项目的税收筹划、减资与清算等方面具有优势。在项目融资方面多以银行长期借款为主。PPP项目资本金融资结构如表2所示。

表 2 **PPP 项目融资结构**

项目	融资结构	内涵
1	项目收益型	以项目未来的收益或现金流作为还款来源进行融资
2	小股大债型	股东股权投资 + 债权投资
3	先后分配型	根据各投资方对风险偏好的不同，设计不同分配顺位的融资结构（债权融资 > 夹层融资 > 股权融资）
4	资产证券化型	根据资产池中的资产收益发行不同收益条件的证券进行融资

（三）资金来源

PPP 项目资金来源可分为权益性资金与债务性资金两大类。从政策分析角度，国务院最早于 1996 年发布的《关于固定资产投资项目试行资本金制度的通知》（国发〔1996〕35 号）规定了不同行业投资项目最低资本金的比例，该部分资本金必须为非债务性资金。此后该比例历经多次政策文件修改，但 PPP 项目的资本金来源中因政策规定必然需要一部分权益性资金。

从理论分析角度，资本结构理论如 MM 理论、权衡理论、优序融资理论、信号传递理论与治理理论都认为企业保持最优权益资金与债务资金比例可以在企业避税、释放信号、降低企业破产风险等方面获得优势。

在实务中，PPP 项目具体资金来源需要在满足政策规定的基础上，即保持最低比例的权益资金要求，结合项目本身的特征、风险与收益确定剩余债务资金的具体来源。PPP 项目具体资金来源如表 3 所示。

表 3 **PPP 项目资金来源**

项目	资金来源	资金成本	资金性质
1	企业自有资金	低	股/债
2	银行间市场资金	中	债
3	保险、养老等长期资金	中	股
4	证券等公开市场资金	中	股
5	政府专项资金（财政/专项基金）	中	股/债
6	信托等其他金融机构资金	高	债
7	私募等非公开市场资金	高	债

（四）信用保证结构

PPP 项目投融资结构在最终确定之前，还包括设计相关的内外部增信措施，如差额补偿承诺、差额支付承诺、担保措施、流动性支持和维好承诺等，通过具体的协议安排确定

PPP项目风险承担是由社会资本方、金融机构还是社会资本方与金融机构共同承担等三类。

二、早期PPP项目投融资结构的现实困境

（一）外部政策变更对投融资结构的外在约束

2017年11月以来，财政部、人民银行、国资委等先后发布了《关于规范政府和社会资本合作（PPP）综合信息平台项目库管理的通知》（财办金〔2017〕92号）[①]、《关于加强中央企业PPP业务风险管控的通知（征求意见稿）》（国资发财管〔2017〕192号）[②]及《关于规范金融机构资产管理业务的指导意见（征求意见稿）》[③]三大政策，对"PPP项目资本金充实"及"金融机构通过资管产品以理财资金参与PPP项目投资导致的债务性资金投资项目资本金以及由此带来的流动性不匹配、期限错配风险"等方面进行了严格监管。这些政策的出台要求PPP项目必须以权益性资金实缴至项目公司，不得以"股东借款""小股大债"等方式进入项目公司，且对项目资本金实施穿透核查，追溯至最原始资金提供方，以确定是否为短期债务性资金，其结果实质性限制了银行类金融机构资管产品参与PPP项目资本金投资，直接否定了PPP项目早期成熟的投融资结构。

（二）内部企业考核对投融资模式的内在约束

社会资本方倾向于选择更多的权益资金充当项目资本金，但是实践中PPP项目往往资金需求巨大，很难单靠社会资本方与少数机构完成项目融资。并且PPP项目大多具有较强的公共产品属性，普遍投资回报率较低，这也在一定程度上迫使社会资本方很难取得除自身以外的权益资金投入。因此，实务中社会资本方在PPP项目投融资结构设计中会被迫引入债性资金，这直接提高了社会资本方的经营成本，压降了合理利润回报。

与此同时，被迫提高债性资金比例会提高社会资本方的资产负债率，增加其经营风险，降低创效能力，并且过高的资产负债率也会使社会资本方难以通过内部经营考核。因此，社会资本方一方面由于PPP项目的特点不得不选择债性资金充当项目资本金；另一方面又迫于内部考核压力而想方设法进行降杠杆减负债。"两难"困境下如何破局始终是困扰社会资本方的重大难题。

---

① 《财政部印发通知规范政府和社会资本合作（PPP）综合信息平台项目库管理》在严格新项目入库标准、集中清理已入库项目以及组织实施上作出了相关规定，旨在进一步规范政府和社会资本合作（PPP）项目运作，防止PPP异化为新的融资平台，坚决遏制隐性债务风险增量。

② 《关于加强中央企业PPP业务风险管控的通知》在严格准入条件、严格规模控制与规范会计核算等方面作出了相关要求。

③ 《关于规范金融机构资产管理业务的指导意见（征求意见稿）》旨在将坚持严控风险与服务实体经济为根本原则，规范金融机构资产管理业务。

三、创新 PPP 项目投融资结构

面对以上困境，PPP 项目的破局之道唯有打通直接融资渠道，引入权益性资金充当项目资本金。这不仅符合已有监管政策的规定，同时又不会增加社会资本方的经营成本与相关风险，是解决社会资本方“两难”困境的可行方案。

可喜的是，自 2020 年以来，随着《保险资管产品管理暂行办法》（银保监会令〔2020〕5 号）①（以下简称“保险资管办法”）与《关于推进基础设施领域不动产投资信托基金（REITs）试点相关工作的通知》（证监发〔2020〕40 号）②（以下简称“公募基金 REITs”）的相继出台，为 PPP 项目资本金引入权益性资金提供了具体的实施路径。

（一）保险资管产品管理暂行办法

保险资金政策的放宽意味着数量更为庞大的保险资金可以投入市场，并且原先已有的保险资金中的债权与股权投资计划也会更为灵活，这为社会资本方在涉及交通、能源、水利等基础设施项目的投资建设中提供了更为广阔的资金筹集与置换的舞台。

保险资管办法鼓励保险资管机构通过发行保险资管产品募集资金支持社会资本方在大型基础设施类项目的资金使用。并且保险资金属于长期市场资金，这与 PPP 项目较长的期限较为匹配，在一定程度上减少了社会资本方的融资成本与融资风险。

（二）基础设施领域不动产投资信托基金

公募基金 REITs 是国际通行的配置资产，具有流动性较高、收益相对稳定、安全性较强等特点。对于社会资本方而言，待项目进入运营期后引入 REITs 可以有效盘活社会资本方存量资产，降低企业融资杠杆率，防范未来经营过程中的流动性风险，助力企业形成良性投资循环。

同时，对于已有投资项目引入 REITs 可以吸引更专业的市场机构参与项目的运营管理，提高企业已有项目的投资建设和运营管理效率，提升存续项目整体投资收益水平。

四、案例分析

某建筑类企业 A（社会资本方）最新中标一个工程项目 B，该工程项目 B 总投资额 100 000.00 万元，项目资本金按照政策规定为总投资比例的 20%，本项目资本金为 20 000.00万元。

---

① 《保险资管产品管理暂行办法》旨在规范保险资产管理机构开展保险资产管理产品业务，保护投资者和相关当事人合法权益。

② 《关于推进基础设施领域不动产投资信托基金（REITs）试点相关工作的通知》旨在进一步创新投融资机制，有效盘活存量资产，促进基础设施高质量发展。

（一）资管新规之前 PPP 项目的投融资结构

工程项目 B 的投资结构具有“双层”特征，即第一层为社会资本方与私募股权基金共同设立平台公司 C，社会资本方与私募股权基金的持股比例分别为 20% 与 80%，设立的平台公司 C 形式为有限责任公司。第二层为政府方与平台公司 C 共同设立项目公司 D，政府方与平台公司 C 的持股比例分别为 30% 与 70%，设立的项目公司 D 形式为有限责任公司。最后由项目公司 D 负责工程项目 B 的具体投资、建设与运营。

融资结构方面，社会资本方采取与银行资管计划共同设立私募股权基金的形式为工程项目 B 筹集资本金。在具体操作中，社会资本方 A 与银行资管计划按照 9∶1 的比例共同设立私募股权基金，两者出资无优先与劣后之分，实现对私募股权基金的共同控制。私募股权基金在对平台公司投资时，一部分资金以平台公司注册资本的形式实现对平台公司的出资，剩余资金以股东借款形式投入到平台公司。

资金来源方面，该 PPP 项目资本金主要来源于社会资本方自有资金、政府专项资金与银行资管计划，剩余项目资金主要来源于银行的长期借款。

信用保障方面，因社会资本方本身资信较强，属于行业内龙头企业，且该项目属于项目所在地重点项目，项目无内外部增信措施，未来风险由社会资本方、银行资管计划与政府方共同承担。此时该 PPP 项目的投融资结构如图 1 所示。

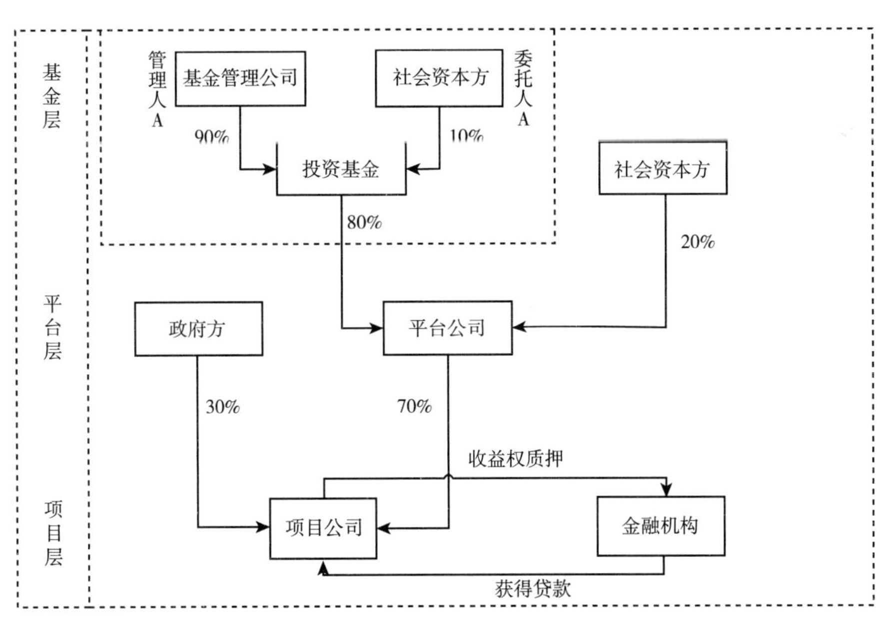

图 1　PPP 项目 B 投融资结构

（二）资管新规之后 PPP 项目的投融资结构

资管新规等政策出台之后，“小股大债”“明股实债”等方式被彻底否定，PPP 项目资本金筹集必须向纯“股权”方面找寻出路。并且在资管新规出台前借由“小股大债”“明股实债”筹集项目资本金的部分 PPP 项目将面临因政策变动而引发的后续项目资本金无法筹集的风险。此时社会资本方根据实际项目的情况，考虑转让 PPP 项目部分股权，引入保险资金或者公募基金 REITs，补足或置换 PPP 项目受政策变更影响的部分项目资本金。

在上述案例中，B 项目在资管新规之前设立的私募股权基金由于后续政策变更，导致私募股权二期基金无法继续出资，此时社会资本方考虑引入保险资金弥补后续 PPP 项目资本金不足的问题。理论上社会资本方可以在平台公司 C 与项目公司 D 层面转让部分股权给保险资金。但在实务中，从项目公司 D 层面转让部分股权可能会存在政府方的实质障碍，因此，实践中多选择从平台公司 C 层面转让部分股权，这在一定程度上也保障了社会资本方对 PPP 项目的控制程度。社会资本方引入保险资金具体操作途径如图 2 所示。

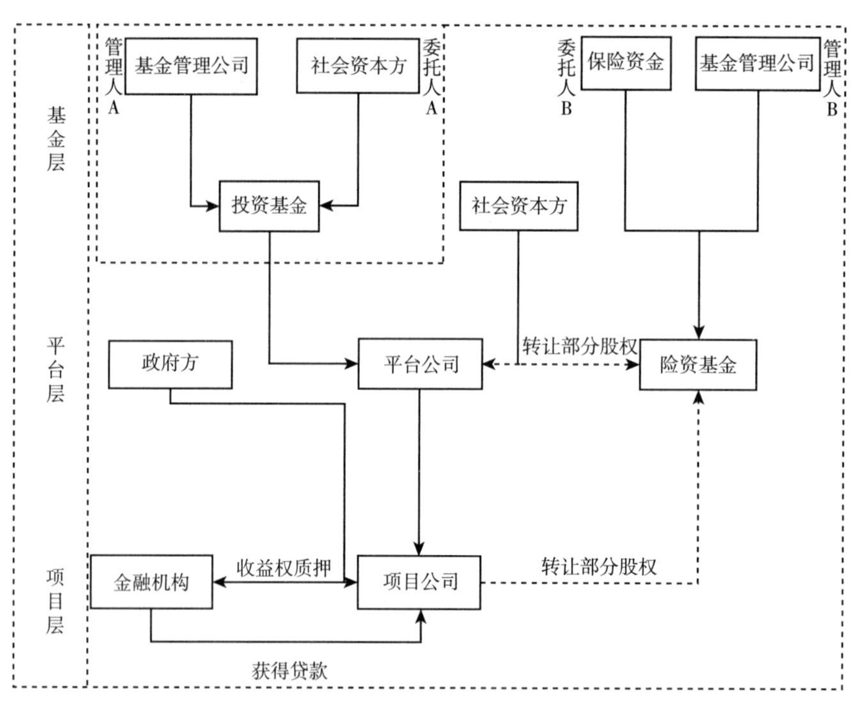

图 2　PPP 项目 B 投融资结构——考虑引入保险资金

同样在上述案例中，若 B 项目收益以使用者付费为主，且已产生了持续、稳定的收益及现金流，社会资本方可以考虑引入公募基金 REITs 实现项目资本金的补足或置换。此时基金管理人首先设立契约型私募基金，发起机构认缴基金份额实现出资，待成为基金份额持有人后完成实缴基金出资，此时该计划支付股权转让款完成项目公司股权收购，实现社会资本方与原资管计划部分资金的退出。社会资本方引入公募基金 REITs 具体操作途径如图 3 所示。

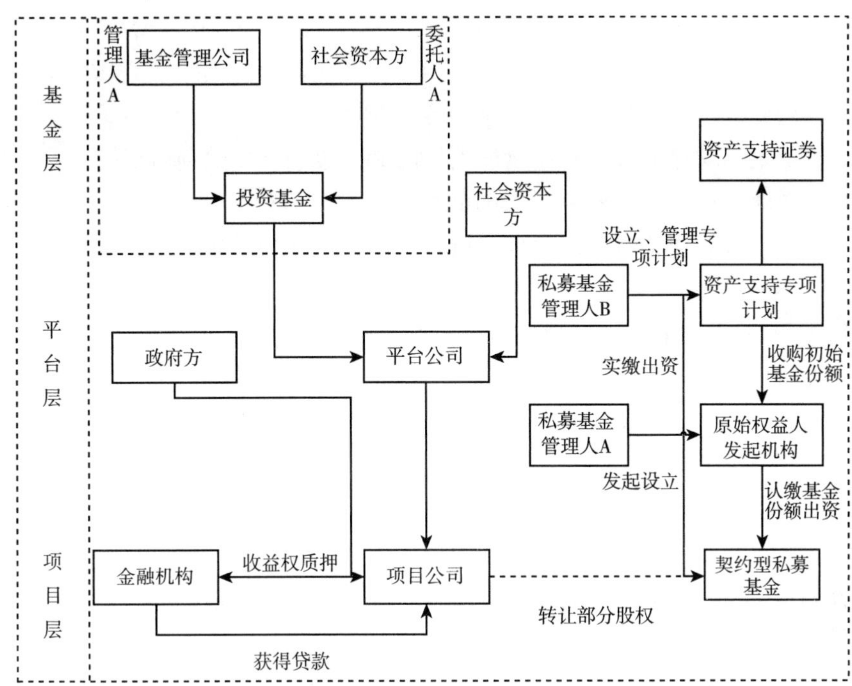

图 3　PPP 项目 B 投融资结构——考虑引入公募基金 REITs

五、结论与展望

资管新规等政策出台之后，行业内早期采用高杠杆投融资结构方案撬动重大项目的经验已不可复制。

首先，PPP 项目资本金充实性与资金匹配性面临严格监管。未来 PPP 项目投资资本金必须按照国发〔2015〕51 号文与财办金〔2017〕92 号文的规定，以权益性资金实缴至项目公司，不得以股东借款、小股大债等方式进入项目公司，且对项目资本金实施穿透核查，追溯至最原始资金提供方，以确定是否为短期债务性资金。

其次，银行类金融机构资管产品难以参与 PPP 项目资本金投资。按照央行资管产品指导意见，以前已落地 PPP 项目资本金的重要提供方“金融机构理财资金”难以突破监管限制，通过信托、基金等通道参与 PPP 项目资本金投资。

最后，中央企业参与 PPP 项目投资将会受到债务风险指标的严格管控。按照国资发财管〔2017〕192 号文，中央企业累计对 PPP 项目的净投资原则上不得超过上一年度集团合并净资产的 50%，不得因开展 PPP 业务推高资产负债率。

鉴于 PPP 项目领域不断趋严的监管趋势，社会资本方应当谨慎预计未来撬动投资项目所需的资金规模。无论是保险资管新规，还是公募基金 REITs 等政策，虽然提供了解决投资项目资本金的政策通道，但对于项目本身都提出了更高的要求。未来社会资本方在进行项目投资时，应当控制投资规模，理性择优进行投资，才是在 PPP 领域监管趋严的现实下实现破局的唯一途径。

参考文献

[1] 柯任泰展，陈建成．公益性建设项目的PPP投融资模式创新研究——以河南省水生态文明项目为例［J］．中国软科学，2016（10）：175－183.

[2] 王守清，柯永建．特许经营项目融资（BOT、PFI和PPP）．北京：清华大学出版社，2008.

[3] 柯永建．中国PPP项目风险公平分担［D］．清华大学，2010.

[4] Yescombe. 项目融资原理与实务（PrinciplesofProjectFinance）．王锦程，译．北京：清华大学出版社，2010.

[5] Grimsey D，K. Lewis M. 公司合作伙伴关系：基础设施供给和项目融资的全球革命（Public Private Partnerships：The World wide Revolutionin Infrastructure Provision and Project Finance）．济邦咨询公司，译．北京：中国人民大学出版社，2008.

[6] 盛和太．PPP/BOT项目的资本结构选择研究［D］．清华大学，2013.

[7] Stiglitz J E. A re－examination of the Modigliani－Miller theorem［J］. The American Economic Review，1969，59（5）：784－793.

[8] Andersen T M，Maibom J. The big trade－off between efficiency and equity—is it there?［J］. Oxford Economic Papers，2020，72（2）：391－411.

[9] Nguyen H M，Vuong T H G，Nguyen T H，et al. Sustainability of Both Pecking Order and Trade－off Theories in Chinese Manufacturing Firms［J］. Sustainability，2020，12（9）：3883.

[10] Clark J M，Cornwell T B，Pruitt S W. Corporate stadium sponsorships，signalling theory，agency conflicts and shareholder wealth［J］. Journal of Advertising Research，2002，42（6）：16－32.

[11] Pierre J，Peters B G. Governance，politics and the state［M］. Red Globe Press，2019.

[12] 张萌．新型城镇化PPP项目最优资本结构及其影响因素研究——基于合作共赢的一般均衡视角［J］．工业技术经济，2017，36（3）：89－97.

建筑企业融资及风险管理研究

赵婉莹

摘要：建筑行业是我国国民经济支柱性产业，在快速发展的同时伴随着越来越多的风险。随着国家对建筑行业的持续调控，面临承接任务难、资金投入大、融资成本高、还贷困难的局面。同时受融资渠道限制，建筑企业难以从银行贷款以外的渠道融通资金，这大大增加了建筑企业的融资风险，且融资风险伴随融资全过程。建筑企业快速发展对融资需求十分大，资金依赖性强，所以融资方式的多样性及融资风险的管理控制直接关系到建筑企业的持续发展，因此，如何优化建筑企业融资方式和渠道，做好融资风险管理成为目前需要引起重点关注和亟待解决的问题。

本文采用理论分析与实证分析相结合，对建筑企业的融资及风险管理进行分析，探讨建筑企业在融资过程中存在的风险，分析避免和消除建筑企业融资风险的有效办法，从而拓展建筑企业融资渠道及融资风险管理模式，保障建筑企业健康持续运行。结合融资风险管理基本路径，实现基于建筑企业全面风险管理基础上的融资风险管理，并研究采用融资风险减轻、风险转移、风险分散三大技术手段，结合建筑企业的融资现状特点，从拓宽融资渠道、加大应收工程款转换模式、运用金融衍生品等方面进行优化组合，从而实现融资风险管理，使建筑企业融资风险处于受控状态。

关键词：建筑企业　融资　风险管理

一、引言

建筑行业是我国国民经济支柱性产业，改革开放40年间，我国建筑行业快速发展。据有关数据统计，2017年，全国建筑企业完成产值213 953.96亿元，新签合同额439 524.36亿元，完成房屋施工面积131.72亿平方米，实现利润7 661亿元。截至2017年底，全国建筑企业88 059个，建筑从业人员5 536.90万人，劳动生产率347 462元/人同时，建筑企业快速发展也伴随着越来越多的风险。今年以来，国家宏观经济运行环境更加复杂、挑战更加严峻，国内外经济环境也纷繁乱象。随着国家对建筑行业的持续调控，行业内竞争进一步加剧，建筑企业也因此受到巨大冲击，面临承接任务难、资金投入加大、融资成本增加、还贷困难的局面。同时受融资渠道限制，建筑企业难以从银行贷款以

作者简介：赵婉莹，中建新疆建工（集团）有限公司华南分公司。

外的渠道融通资金，这大大增加了建筑企业的融资风险，且融资风险伴随融资全过程。

二、基础理论阐述

融资理论从早期著名的MM理论到优序融资理论研究，风险管理理论从传统风险管理—金融风险管理—内部控制风险管理—企业风险管理，为下文展开对建筑企业的融资及风险管理研究提供了理论基础，具有较强的指导意义。

融资理论

在西方现代融资理论研究中，由Modiglianis和Miller两名美国学者在1958年提出的《资本成本、公司理财和投资理论》论文中提到MM定理揭开了现代融资理论的序幕。MM定理（无税）认为在完全市场上，企业的融资方式与其市场价值无关，企业融资方式的选择不会对其市场价值产生影响。1963年，Modiglianis Miller又将公司税引入了MM定理。认为考虑公司所得税后，通过负债产生的利息可以抵扣公司所得税。若使公司资金成本实现最小，则理论上公司100%负债即可形成其最优资本结构。1977年，Miller对MM定理（有税）进行再次修正，研究公司所得税和个人所得税同时存在时对公司产生的影响。即个人所得税会抵消公司通过负债产生利息抵扣公司所得税的收益。综上所述，在均衡条件下，公司资本结构组成与公司价值无关。

三、建筑企业运营模式及融资风险

建筑行业作为我国支柱产业，有着自身独特的运营模式，面临国家政策宏观调控的大环境，建筑企业刚性融资需求增大，融资风险也在不断增加。

（一）相关概念阐述

狭义认为，融资是为了保证企业正常生产经营需要而向企业投资人和债权人融通资金的行为和过程。广义认为，融资可以看做货币资金的融通，企业通过多种渠道和方式在金融市场上筹集资金的行为。企业结合自身经营形势、资金状况及发展规划，通过科学的预测采用各种方式和渠道去融通资金，以保证企业生产经营正常持续运转。

（二）建筑企业运营模式

近年来，我国建筑企业在经济新常态下不断加快结构调整、转型升级、创新发展，主要经济技术指标不断攀高，产业结构着力优化。新常态下建筑行业有着五大新发展现状。一是PPP模式的快速推广。PPP模式作为一种新型投融资机制，鼓励社会资本与政府进行合作，参与公共基础设施建设。随着国家推进PPP模式，逐渐形成了巨大市场规模。据悉，国家发改委近年发布全国各省区市拟推介及已推介的PPP项目投资总额超过20万亿元，主要集中在市政公路、轨道交通、机场、地下综合管廊、医院和学校等多个领域。对建筑企业而言，传统项目任务占比在逐年减少的同时，PPP 项目的承接无疑给建筑企业带来发展新契机。二是装配式建筑比例的强制要求。装配式建筑是建筑行业的工业化革命，装配式建筑的发展无疑助推整个建造方式的大变革，装配式建筑就是工厂预制构件，现场组装成型的工业化施工模式。目前主要涉及的是预制混凝土和钢结构的装配式建筑施工，国家提出力争用 10 年左右时间，使装配式建筑占新建建筑面积的比例达到 30%。三是国家对特色小镇建设的大力推广。住建部、国家发改委、财政部发布《关于开展特色小镇培育工作的通知》中提出到 2020 年，要培育约 1000 个特色小镇，引领带动全国小城镇建设。四是"一带一路"倡议的快速响应①。"一带一路"倡议为建筑业企业"走出去"发展带来了机遇，在国内建筑市场中，2015 年由"一带一路"海外项目基建投资拉动的国内基建投资规模约 4 000 亿元；在国外市场中，截至 2015 年年中，已落实的跨国投资规模约为 524 亿美元，"一带一路"将极大提升我国建筑企业海外收入占比。五是特色区域的重点打造。粤港澳大湾区②打造世界级城市群，雄安新区③的建设引领建筑行业发展新趋势。

（三）建筑企业融资需求及方式

企业是经济发展最具活力的核心要素，资金则是企业体内的血液，是企业进行生产经营活动的必要条件。企业融资是企业战略实现和产业结构升级的强劲驱动力，企业融资主要以资产、权益和预期收益为基础，为承接项目、运营及拓展项目筹集所需资金的一系列过程。

衡量建筑企业综合实力的指标之一是建筑企业拥有的施工机械设备种类和数量。在招投标过程中，业主方会在资格预审阶段设置审查环节，查阅投标单位的施工机械设备能力；同样，建筑企业的施工工艺和施工技术同样是其占领市场的核心竞争力，通过购置增加先进的施工机械设备来提高工程质量和效率。然而购置大型施工机械设备动辄几十万元、上百万元，一旦购买就会占用大量资金，且短时间难以产生实际收益，同时还会使建筑企业资金链趋于紧张状态，进一步制约建筑企业发展。因此，建筑企业购买施工机械设备通常采取融资的方式获得。

（四）建筑企业融资现状及问题

1. 融资需求大，融资方式单一。

建筑企业有满足日常生产经营活动、购置大型施工机械设备、扩大企业生产规模的刚性的融资需求，建筑企业又主要靠外源融资、间接融资方式来融集资金。简单来说，我国建筑企业主要依靠银行贷款的方式进行融通资金，融资方式十分单一。有时甚至为了抢一

---

① 数据来源：新华网网站，http：//www. xinhuanet. eom/politics/2017 - 05/05/c_1120914645. htm，访问日期 2018 - 8 - 2。

② 粤港澳大湾区是指由香港、澳门两个特别行政区和广东省九市形成的城市群，是国家建设世界级城市群和参与全球竞争的重要空间载体。

③ 雄安新区是用于疏解北京非首都功能，探索人口经济密集地区优化开发新模式，具有重大现实意义。

笔银行贷款资金，没有进行融资成本及还款计划资金测算，一味盲目地扩张建筑企业融资额度，使融资风险不断积聚。

2. 融资结构不匹配，融资成本高。

建筑企业融资期限结构未与资金流动方向匹配，短期融资与中长期融资在融资结构上没有做总体部署，重额度轻成本现象普遍存在，导致资金还款计划出现错位、脱节的情况，甚至导致由于融资结构的不匹配，出现用高利息借贷的长期贷款归还低利息成本的短期借贷资金，使建筑企业的融资成本逐年增加。

3. 资产负债率高，融资门槛高。

首先，建筑企业盈利水平低下，近 10 年我国建筑业产值利润率都处于 3.5% 上下。2017 年，我国建筑业产值利润率为 3.58%，较 2016 年降低了 0.03 个百分点。从数据不难得出，建筑行业属于微利行业。其次，工程项目结算工作进度缓慢，也是导致建筑企业资产负债率居高不下的重要原因之一。加之，近年来国家对建筑行业的宏观调控，银行贷款更加审慎，条件更加苛刻，融资手续越来越复杂、回报条件越来越多，高资产负债率的建筑企业在银行融资的门槛进一步提高（见图 1）。

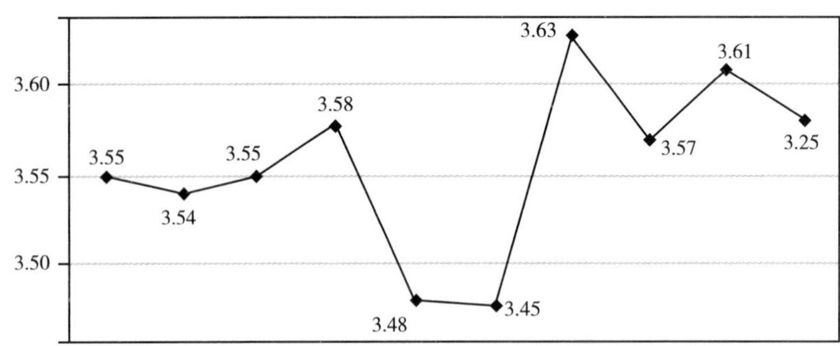

图 1　2008 ~ 2017 年建筑业产值利润率

数据来源：中国建筑业协会网站。

（五）建筑企业融资风险及形成因素

融资风险是指建筑企业负债经营后，不能按时偿还到期债务本金和利息或使股东权益遭受损失的可能性。它包括支付风险和财务杠杆风险。本质上融资风险是企业负债融资引起的，且负债在全部资本中的比重越大，融资风险越大，企业遭受财务损失甚至破产的可能性也就越大。

四、建筑企业融资风险管理现状及存在问题

（一）建筑企业融资风险管理存在问题

1. 融资风险管理意识淡薄。

建筑企业始终存在以生产经营为龙头、以项目管理为重点的企业管理模式和思想，觉

得企业融资行为是必须建立在有连续的经营任务、项目施工生产进度质量安全可控的情况下，为了满足企业施工生产经营正常运作而进行的，更没有站在战略的高度部署融资风险管理工作，融资风险管理意识十分淡薄。

2. 融资环境分析不深入。

建筑企业在经营管理过程中，主要把握的是建筑行业的走势情况以及建筑行业内的制度规范和要求，很少关注建筑企业的融资环境状况，如国内外经济形势、国际贸易关系、国家货币政策、财政政策等。对于所处的融资大环境没有进行详细了解和深入分析。

3. 技术措施研究不足。

建筑企业在融资过程中会面临诸多风险，但面临融资风险时能采取的技术控制措施很少，对于融资事项在事前、事中、事后可能存在的融资风险没有很好应对技术措施，在融资风险识别、评估、转移、减少、控制等技术措施上研究不足。

（二）存在问题原因分析

1. 评价指标设置问题。

对于建筑企业而言，衡量其是否具有行业影响力和核心竞争力，主要从生产产值、实现收入、营业利润、利润率以及新签合同额等一系列经济技术指标中去反映和体现。对于建筑企业的风险管理指标没有纳入考核体系，使其重要性在建筑企业生产经营过程中被不断弱化。

2. 与金融机构合作问题。

建筑企业作为建筑行业的重要组成部分，一直有行业内独特的发展模式和运营机制，相关的行业主管部门主要为建设管理部门、质量监督管理部门、安全生产管理部门等，而金融机构本身就存在行业壁垒高，金融机构分支细化等特点，建筑企业与金融机构融入度不够。建筑企业没有主动争取金融机构的支持，没有与金融机构形成良性互动，实现共赢局面，金融机构也没有针对建筑企业特点创新设计相关贷款产品业务，建筑企业与金融机构没有实现真正融入，没有形成战略联盟关系。

3. 风险管理成本投入问题。

建筑企业在生产经营工程中，由于行业利润率较其他行业都普遍偏低，因此建筑企业基本的管理思想一是加强经营工作，另外就是开源节流。在主营业务管理中都强调的是控制费用节约成本，更不愿意在融资风险管理上花成本，其认为这种成本开支是不必要的。

五、建筑企业融资风险管理实施路径

建筑企业融资渠道单一，融资刚性需求额度大，融资风险不断增加，建筑企业融资风险管理没有形成系统的管理体系，综上所述，建筑企业强化融资风险管理工作迫在眉睫，本章结合融资风险管理基本路径，实现基于建筑企业全面风险管理的基础上融资风险管理。

（一）总体思路

全面风险管理日渐成为建筑企业生产经营管理中的重要环节。当下，国内外关系错综复杂、联系紧密，建筑企业面临风险范围广、关系复杂，各类风险相互交叉、相互影响。建筑企业要站在全局的视野综合考虑风险管理工作，即实行全面风险管理进行科学有效的风险分析、风险评估，把风险控制在企业可以容忍的水平范围内。然而风险管理是结合COSO内控框架之上形成的管理概念，所以作为建筑企业，要从全面风险管理和内部控制体系建设两个方面入手，综合发展，共同建设，建立内控制度下的建筑企业全面风险管理体系。一是建立企业风险管理组织结构，设立拥有独立管理权限的风险管理部门及业务管理单位；二是构建全面风险管理信息系统，对建筑施工项目建设起到风险预测、监测、预警等；三是结合建筑企业特征采取各类风险控制手段，如投标评审①、合同评审②、投标保证金支付金额审核、进度款支付节点要求、项目机械设备购置计划、现金流与资金计划的统筹安排、工程项目的过程审计与结算审计等，保障企业经营目标的实现，通过对各类融资风险因素采取各类控制手段，且贯穿于各个建设项目全过程，保障建筑企业生产经营目标的顺利实现。

（二）融资风险管理基本路径

融资风险控制是融资风险管理的第三步，也是最重要的环节。建筑企业在对识别出来的融资风险进行分类评估其影响程度后，采取不同方式的控制措施去降低风险引起的损失程度。常用的控制措施可分为：融资风险回避、融资风险减轻、融资风险转移、融资风险分散、融资风险自留。融资风险回避是控制风险最根本的方法，是指建筑企业衡量融资风险损失程度后直接放弃其融资方案。融资风险减轻是指在发生融资风险损失之前或之后，采取各种控制措施预防或减轻其损失程度。融资风险转移是指建筑企业将可能存在或发生的融资风险通过不同方式转移给其他人承担的过程。融资风险分散是指在建筑企业融资总规模的既定情况下，通过对还款期限、融资渠道等方面优化组合，以达到分散融资风险的目的。融资风险自留是指建筑企业通过自身财力来承担解决可能发生的风险损失。

（三）融资风险管理具体实施路径

建筑企业承包境外工程时，往往伴随着为项目实施而进行的融资行为，不同的融资渠道会导致不同的融资货币形式，人民币或外币皆有可能，同时还存在还款币种与贷款币种的不一致，即便是同一种货币，仍存在贷款与还款之间的时间差，若在境外承揽工程项目

---

① 投标评审是对拟投标项目进行投标前信息处理，了解招标项目是否符合基建程序、招标单位资金筹措和资信情况等，对招标文件进行全面评审，对投标书的技术标、商务标进行审核，并决定是否参与投标。合同评审是对合同文本中提出的合同条件，如质量、工期、付款方式、索赔条件等重要条款进行评审，结合建筑企业自身能力，予以磋商签约，分为签约前评审和签约后评审。

② 工程项目过程审计即中期审计，主要围绕成本效益情况进行。通过对工程项目的事中监督，发现并纠正施工管理中存在的问题，及时堵塞漏洞，降低成本，提高效益。

期间汇率出现变化，建筑企业将会面临汇率的差价风险。例如，若美元走强态势持续增大，作为建筑企业实施境外工程的美元贷款成本就会相应增加。如果1美元兑6元人民币，1亿美元贷款等于获得6亿元人民币，假设汇率贬到1∶8，这个时候你就要用8亿元人民币还贷，中间存在2亿元的融资风险敞口，此时就可以采取远期外汇交易的形式规避汇率风险。

应收工程款资产证券化是指将可预见稳定现金流的应收工程款组建资产池后进行结构重组，形成可以在金融市场上流通的证券。其本质是运用未来的现金为权益方提供现金流，最终达到融资的目的。建筑企业应收工程款资产证券化的融资周期短，实行事后备案制度，可节约大量融资时间。流程主要涉及：一是确定符合相关规定的应收工程款作为基础资产；二是设立应收工程款资产证券化的专项计划载体SPV①；三是通过建筑企业与SPV签订的应收工程款债权转让合同进行转让资产；四是证券发行前的信用增级与信用评级工作；五是核定应收工程款证券的发行价格。

六、建筑企业融资风险管理案例分析

（一）企业背景

SCIC公司注册资本金1.5亿元，现有总资产27亿元，净资产8亿元，是省属大型国有企业下属子公司，具有独立法人资格。公司资质体系完备，包括子公司共有资质20余项，拥有境外承包工程资格，具有卓越的工程总承包、专业承包能力。拥有机电工程、市政公用工程、石油化工工程、建筑工程施工总承包一级，电力工程、冶金工程施工总承包二级，消防设施工程设计与施工一级，钢结构工程、起重设备安装工程、城市及道路照明工程、环保工程、机场目视助航工程、特种工程等专业承包资质，同时拥有压力管道、压力容器、锅炉、电梯特种设备许可证和无损检测机构核准证。公司还通过质量、环境和职业健康安全管理体系认证。

（二）融资需求

SCIC公司的2016～2020年度发展规划中提出要成为西部一流、国内先进的建筑安装总承包企业，由于公司始终坚持走总承包道路，实施大项目战略，承接大型PPP、EPC项目以及创新发展模式投资集团内部金融控股公司及装饰集团公司等原因，加之，SCIC公司受上级集团的直接管辖，融资额度在集团总额度下进行拆分，自行融资渠道少。主要融资渠道为银行贷款、银行授信、银行保函三种方式，渠道窄、额度低，再者，国家宏观调控原因，银行放贷规模收紧，银行审贷周期普遍增长。以上种种原因致使SCIC公司的融资需求非常大，特别在每年上半年，普遍存在资金净流出大于净流入现象，公司资金缺口

---

① SPV是指特殊目的的载体也可称为特殊目的机构或公司，指接受发起人的资产组合，发行以此为支持的证券的特殊实体。

非常大，资金链紧张，进一步增大了SCIC公司的刚性融资需求。

（三）融资风险及管理

目前SCIC公司融资额约3亿元，通过银行贷款融资的资金总额占到90%以上，且同时在5家以上的银行进行贷款。公司负债总额快速上升，资产负债率超过70%，偿债能力持续减弱，融资成本越来越高。公司每年支付的银行借款利息蚕食了公司全年净利润的半数以上，融资风险越来越大。

（四）经验借鉴

中建集团是我国大型中央建筑企业，全球最大250家国际承包商之一。随着国资委《中央企业全面风险管理指引》推出，中建集团也开展全面风险管理工作。主要经历三个发展阶段；一是全面风险管理工作探索阶段；二是纵向推进全面风险管理体系建设阶段；三是推进全面风险管理与内部控制、传统ISO贯标体系整合创新阶段。

七、全文结论

建筑企业融资状况平稳良好对公司的正常生产经营产生直接影响，而建筑企业融资风险管理水平影响着公司持续健康发展。目前我国建筑业面临复杂的外部环境和调整期的国家政策及行业规范，建筑企业对资金的需求有着高度的依赖，同时也在融资风险上存在较多问题。因此，本文通过分析建筑企业的运营现状、融资需求特点、融资方式渠道及面临的融资风险等，结合风险管理基本路径，从风险减轻、转移、分散等技术手段中提出相应融资风险管理实施路径，对建筑企业融资风险管理工作具有一定参考价值。

参考文献

［1］肖丽容．关于中小企业融资风险及对策分析．保险职业学院学报月刊，2008（5）：32－33.

［2］杜玉琴．国有大型建筑企业融资方式存在问题及对策．铁道工程学，2012（5）：97－99.

［3］王波．论企业融资及风险管理．财务与管理，2016（10）：32－33.

［4］赵蓿文．企业融资结构理论与中国企业融资模式的选择．世界经济研究，2001（5）：76－77.

［5］董海．探究我国建筑企业融资的需求和渠道以及改善措施．投资理财，2017（6）：68－69.

浅析建筑企业应收账款无追索权保理融资的会计处理

——以中建八局天阅海河项目为例

刘艳梅　何昭花　岳　峻

摘要：本文以中建八局天阅海河项目作为案例，浅析了应收账款无追索保理融资的会计处理，以供会计人员在探讨和处理相关业务时参考。

关键词：无追索权　应收保理融资　会计处理

一、应收账款无追索权保理概述

根据《商业银行保理业务管理暂行办法》（银监会令〔2014〕5号）所表述，保理指债权人以转让应收账款为前提，集应收账款催收、管理、坏账担保及融资于一体的综合性金融服务，而无追保理又称买断型保理，指债权人转让应收账款，向保理商融通资金后，保理商放弃向供应商追索的权利，独自承担供货商无力支付资金或者拒绝支付资金的风险。

无追索保理具有以下几点优势：

（1）企业可以获得提前融资，缓解资金压力。一般来讲，在企业不采用保理业务等特殊手段收回应收款项时，由于应收账款信用期限的存在，使应收账款在回收之前不可避免地占用了资金，如果部分客户延长付款期限，应收账款占用资金对企业造成的不利影响更为明显。如果采用了无追索权保理业务，不仅可以获得提前融资，而且与有追索权保理相比，企业也不用担心被保理商追索。因此，采用这种保理方式可以大大缓解企业资金压力，为企业正常的生产经营活动创造良好的融资环境。

（2）避免和减少坏账损失。只要有应收账款存在，就有发生坏账的可能性，坏账和应收款项如影随形，难以避免。在我国，正是由于大量坏账的发生造成的巨大损失，才使很多企业经营举步维艰，甚至破产倒闭。如果企业能够采用无追索权保理方式来管理应收账款，必然可以有效地避免坏账发生后给企业带来的损失，降低企业坏账成本。

（3）降低应收账款管理成本。通常情况下，企业应收账款的管理成本包括对客户的资

作者简介：刘艳梅，总会计师，中国建筑第八工程局有限公司华北公司天津分公司；何昭花，财务经理，中国建筑第八工程局有限公司华北公司天津分公司；岳峻，财务副经理，中国建筑第八工程局有限公司华北公司天津分公司。

信调查费用、应收账款账簿记录费用、收账费用及其他相关费用等。如果企业自行管理和收回应收账款，以上费用是不可避免的，尤其是对客户进行资信调查及收回账款过程中发生的费用，金额较大，两者是构成企业应收账款管理成本的重要项目。企业采用无追索权保理方式，不仅可以将这些成本中的绝大部分转嫁给保理商，减少自主管理的成本，还可以节省出大量的时间专心于生产销售等日常经营管理等工作，提高企业的管理效率和盈利能力。

（4）降低应收账款机会成本。如果企业大量的资金都投放在应收账款上而不能用于其他投资，那么其机会成本就无法避免，而且应收账款占用的资金越多，其机会成本就越大。当企业采取无追索权保理方式后，就可以及时收回大量占用在赊销款上的资金，有效地降低应收账款的机会成本。

（5）保理成本的税盾作用。按照现行的企业所得税实施条例，企业在进行保理融资，向保理公司支付的保理成本，可以在计算企业所得税之前进行扣除，企业保理成本的税盾作用参照于企业进行债权融资的利息的税盾作用。

二、应收账款无追索权保理的会计处理

在对于应收账款无追索权保理业务进行会计处理之前，会计人员应明确资产是否能出表，如何确定应收保理融资的损益计算。

（一）是否实现资产出表

根据《企业会计准则第23号——金融资产转移》，应收账款是否能够终止确认，应收账款能否最终实现出表，需要从三个方面进行考量。

1. 资产转移测试。

主体在出售资产后，将收取资产现金流量的权利转让给了另一方，及时转让了资产的合同权利（法定权利）。此时，转让方立即拥有了未来现金流的无条件使用权利，这种情况不需要进行现金流过手测试。

若在资产转让后，仍保留收取资产资金的权利，那么未来向保理商支付资金的义务，这种情况则需同时满足现金流过手的三个条件。

（1）无垫款原则。原始权益人从资产收到对等现金流量后，才有义务支付给保理商。

（2）无自主处置原则。不能出售资产或作为担保物（在系统与物理上均能够独立核算与记录）。

（3）无重大延迟原则。有义务将收取的现金流量及时支付给最终收款方。

2. 风险转移测试。

风险和报酬是否转移，也包括两种情形：一是“转移了几乎所有的风险和报酬”；二是“保留了几乎所有的风险和报酬”。准则规定企业应当比较转移前后该金融资产未来现金流量净现值及时间分布的波动使其面临的风险，所以相对金融资产是否转移，这一问题具有复杂性。

中建八局天阅海河项目于2020年1月17日与保理公司江铜国际商业保理有限责任公司，及业主天津城铁港铁有限责任公司签订保理三方合同。其中合同约定："根据本合同的约定，甲方向乙方转让的标的为甲方对债务人所享有的应收账款，包括该等应收账款对应的现有的及未来的金钱债权及其产生的收益，具体以各方为确定一笔或多笔应收账款债权转让而签署的附件一格式的应收账款债权转让信息表中所列为准""由乙方通过中国人民银行征信中心动产融资统一登记系统办理上述应收账款转让登记，且甲方对该等登记内容已确认无误"。根据以上列式的合同条款，中建八局天阅海河所涉及的保理业务已经满足了资产转移测试、风险转移测试。并且保理公司在合同中承诺，"本合同项下保理服务为无追索权的保理。自转让日起，乙方仅有权要求基础交易合同、付款确认书的债务人履行债务。"综上所述，天阅海河所涉及的应收账款保理业务为无追索权保理业务。

（二）会计处理意见

基于无追索权保理情况下收到保理公司的转让对价，对应风险已经终止转让确认，相当于这部分的应收账款终止确认。

借：银行存款（实际上从保理商处收到的款项）

　　财务费用（向保理商支付的手续费）

　　其他应收款（企业预计将发生的销售、退回、折让、现金折扣款）

　　坏账准备（原已计提的坏账准备金额）

　　贷：应收账款（所售出债权的账面余额）

天阅海河已于2020年1月转让应收账款5 000万元。根据合同约定，"保理预付款：指为满足甲方的融资需求而由乙方预先支付给甲方的款项。保理预付款金额=甲方向乙方转让的各笔应收账款债权本金账面价值之和×折价率94.00%，每笔应收账款对应的保理预付款金额=该笔应收账款债权本金账面价值×折价率94.00%"，天阅海河项目需要承担的保理成本比率为6%。天阅海河项目转让应收账款的业务处理如下：

借：银行存款　　　　4 700万元

　　财务费用　　　　300万元

　　贷：应收账款　　　　5 000万元

参考文献

［1］秦国勇．商业保理操作实务［M］．法律出版社，2013.

［2］财政部会计司编写组．企业会计准则讲解2010［M］．人民出版社，2010.

工程建设投融资实践案例研究

——以企业应收账款融资为例

武博华　杨　涛　张鸿雁

摘要： 建筑施工企业因市场竞争愈发激烈，为占据市场份额普遍采用信用销售方式，因此形成了大量的应收账款，降低了企业的资金使用效率，增加了企业对短期流动性资金的需求，提高了企业的经营成本，增加了企业经营风险。并且企业根据会计准则需要对应收账款计提减值损失，这也对企业的经营利润产生了侵蚀。因此建筑施工企业无论出于对提高资金使用效率，防范企业经营风险，还是减少对经营利润侵蚀的考虑，均应加强对自身应收账款的管理。应收账款融资属于应收账款管理中事后管理内容，也是企业在实务中应收账款管理的重点内容。因此，本文以案例分析为视角，重点诠释了应收账款转让融资的实务问题，以期为相关从业人员提供一些有益的借鉴。

关键词： 应收账款管理　应收账款融资　保理　资金管理

绪论

建筑行业始终是我国市场经济在各时期发展的重要助力，此次疫情，更凸显出建筑行业是我国经济的“压舱石”，是保证我国经济行稳致远的利器。但不可否认的是，我国建筑行业竞争程度愈发激烈，部分施工企业存在“市场至上”的观念，为了占据市场份额，盲目承接工程项目，一味地扩大合同总额，在部分工程项目承接过程中，不惜放宽合同施工条件和相应的信用保障措施，在增加企业产值和利润的同时，也造成企业应收账款总额巨大、企业自有资金无法回笼、账面“两金”居高不下的事实，给企业经营带来了巨大的风险。建筑行业本身具有资金链较脆弱、抗风险能力较低的特征，拥有过多应收账款无疑会减少企业流动资金，降低企业风险防范能力。并且应收账款作为建筑施工企业的重要资产，企业依据会计准则计提的减值损失也会对企业利润造成不可忽视的侵蚀。

因此，对于建筑施工企业而言，无论是出于减少减值损失对自身利润的负面影响，还是增加企业自身流动性、防范经营风险，都应当重视对内部应收账款的管理。

作者简介：武博华，中建丝路建设投资有限公司；杨涛，中建丝路建设投资有限公司；张鸿雁，中建丝路建设投资有限公司。

一、建筑施工企业应收账款的界定及形成原因

（一）应收账款的界定

现代商业的逐渐发展形成了基于商业信用的融资模式。在实践中，此类融资模式是企业正常经营过程中的重要活动。企业在提供货物与服务时基于对客户的信赖而允许客户延期付款，此时形成了企业的应收账款，在会计账目上表现为“应收账款”。

具体而言，根据中国人民银行在2019年出台的《应收账款质押登记办法》（〔2019〕4号）① 的相关规定，应收账款是指权利人因提供货物、服务等而有权获得接受货物与服务的一方（即义务人）付款以及依法享有的其他付款请求权。在该规定中，应收账款根据具体接受货物与服务而依法负有付款义务一方的属性以及提供货物与服务的种类，又可以具体分为以下五种类型：

1. 因销售货物、出租动产或不动产等而产生的债权；
2. 提供教育、医疗等服务或劳务而产生的债权；
3. 能源、交通运输、市政工程等基础设施建设和公用事业项目收益权；
4. 提供贷款或其他信用活动产生的债权；
5. 其他以合同为基础的具有金钱给付内容的债权。

本文所指的应收账款是指建筑施工企业与业主方办理工程结算时，按照建筑施工合同规定应收的工程款。

（二）应收账款形成的原因

建筑施工企业应收账款的形成主要源于企业与业主方的结算方式。建筑施工企业工程价款结算方式主要包括按月结算与分段结算。按月结算是指企业与业主方以月为时间单位对已完成的工程量进行确认、结算与支付进度款。这种结算方式能够大大缓解企业的资金成本，但是在实践中往往因业主方的原因而不被大范围采用。在实践中，分段结算则是更为普遍的一种结算方式，企业与业主方对工程项目进行约定，将整体工程划分为不同阶段，即以实际项目施工进度为依据，分段进行工程进度款的结算与支付。

由于建筑行业激烈的竞争程度，业主方与施工企业普遍存在地位不平等现象，因此，在双方签订施工合同过程中，业主方普遍会设立对其较为有利的合同条款，如在合同中设立投标支付保证金、以施工具体完成节点进行工程结算、复杂的竣工验收流程以及较长期限的质保期内保留部分已结算价款作为质保金等。施工企业出于对市场营销的考虑，在实践中也通常接受业主方的这类合同条款。但不可否认的是，分段结算方式本身会对施工企业的资金回流产生滞后效应，再加上这类对业主方存在明显有利的保护条款，更会进一步

---

① 《应收账款质押登记办法》（〔2019〕4号）为规范应收账款质押登记，保护质押当事人和利害关系人的合法权益，对应收账款质押登记与查询等内容进行了相关规定。

阻碍施工企业的资金流转，促使施工企业形成大量的应收账款。

因此，建筑施工企业无论是源于与业主方之间的结算方式，还是出于对市场营销的考虑，种种因素都会导致建筑施工企业结算进度滞后于施工进度，收到合同价款进度滞后于工程结算进度，企业在工程项目建设前期投入的自有资金，往往需要旷日持久的等待才能收回，这不仅会给企业带来经营风险，也阻止企业形成良性投资循环，限制企业快速发展。

二、建筑施工企业应收账款对企业的影响

建筑施工企业在日常经营中形成的应收账款会对企业产生多种负面影响，主要包括以下方面。

首先，应收账款的形成降低了企业自有资金的使用效率。大量的应收账款会占用企业的自有资金，导致企业日常经营过程中资金的使用与周转效率减少，降低企业资金的使用效率。同时有学者也指出，伴随着我国城镇化进程的稳步推进，建筑行业中各企业之间出现了不同程度的“羊群”效应①。部分企业在看到其他企业增加基础建设投资规模时，也增加对相同领域基础设施建设的投资，导致行业整体供给大于需求，同质化竞争严重，恶意竞争现象频发，形成大量应收账款。

其次，应收账款的形成增加了企业的财务费用。应收账款的增加会减少企业的日常流动性，增加企业对短期流动资金的需求，因此企业为了维持自身日常经营活动而需要金融机构的流动性支持，这会增加企业的财务费用，加重企业的经营成本，提高企业资产负债率，压缩企业的经营利润。

再次，应收账款的形成降低了企业短期偿债能力。企业确认的应收账款实质上是企业自有资金的一部分，但是该部分资金在投入项目建设后需要一定时间才能予以回收，因此该部分资金形成的应收账款将降低企业短期偿债能力。一旦企业出现暂时性流动性危机，可能因短期偿债能力不足而上升至经营风险，甚至会影响市场主体对企业信用能力的预期。

最后，应收账款的形成侵蚀企业的经营利润。企业在资产负债表日根据会计准则要对各类资产进行减值测试，当企业发现应收账款的可回收金额小于其账面价值时，需要对其计提减值损失，这些计提的减值损失会侵蚀企业的经营利润。

三、建筑施工企业应收账款融资方式

企业应收账款的积压不仅会侵蚀企业的经营利润，也会提高企业的经营风险。因此，应收账款融资作为企业管理应收账款的一种重要方式，在实务中具有重要作用。企业将积压的应收账款“卖给”市场机构与各类投资人，可以实现提前回笼资金的目的。具体而

---

① “羊群”效应是一种行为现象，表现为个人盲目追随群体行动，是一种从众心理的现象实体化。

言，企业应收账款融资模式可分为应收账款质押融资、应收账款转让融资与应收账款资产证券化三种模式。

（一）应收账款质押融资

应收账款质押融资是指企业将应收账款权利质押给资金提供方（如银行等）以此获得融资的方式。应收账款质押融资属于权利质押的一种类型。当期限届满债务人无法履行到期债务时，债权人（银行等资金提供方）有权通过应收账款实现债权优先受偿。目前，我国颁布的《物权法》与中国人民银行出台的《应收账款质押登记办法（修订征求意见稿）》对企业利用应收账款进行质押融资作出了详尽的规定，实质上促进了企业应收账款质押融资的健康发展。按照《应收账款质押登记办法（修订征求意见稿）》中的规定，中国人民银行征信中心是应收账款质押的登记机构，应收账款只有经过登记方才具有相应的法律效力。应收账款质押模式如图 1 所示。

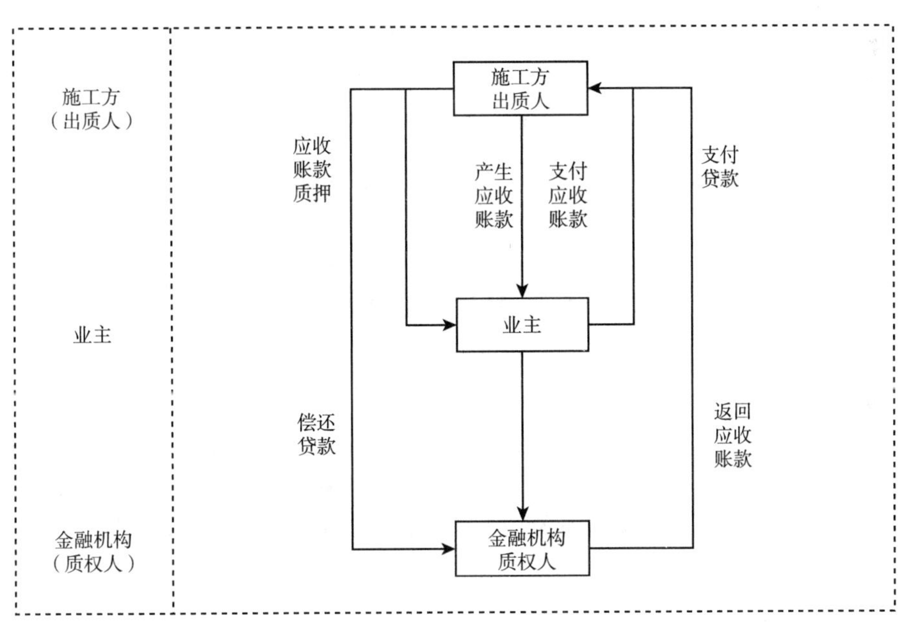

图 1　应收账款质押融资模式

（二）应收账款转让融资

应收账款转让融资是指企业将应收账款转让给金融机构，金融机构向企业提供贸易融资、应收账款管理、应收账款催收以及坏账担保等综合性服务。其中保理是应收账款转让融资中的一种主要方式。

根据应收账款转让主体的不同，可以将其分为正向保理与反向保理。根据应收账款转让信用保障方式的不同，可以将其分为有追索权的应收账款转让与无追索权的应收账款转让。其中，有追索权的应收账款转让是指在应收账款期限届满时，金融机构无法收回该笔应收账款而具有向债权人反转让应收账款的权利；无追索权的应收账款转让是指当该笔应收账款无法回收时，金融机构无权要求债权人就该笔应收账款进行回购。中国人民银行最新颁布的《应收账款质押登记办法（修订征求意见稿）》新设了关于以融资为目的的应收账款转让登记制度，对在实践中单笔应收账款既被出质又被转让的情形作出了实质的限制，有效预防了应收账款融资乱象，确保了交易双方的权利与义务。应收账款转让模式如图 2 所示。

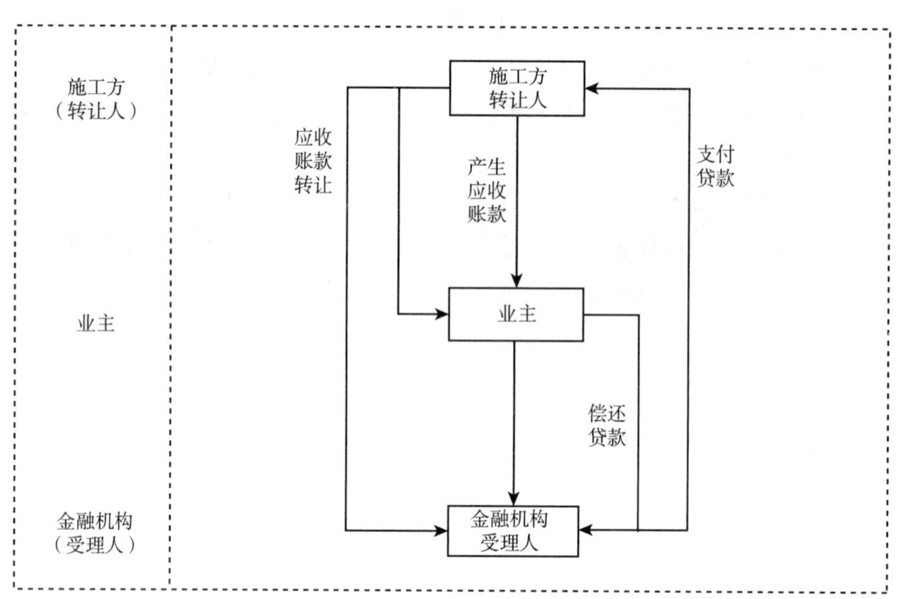

图 2　应收账款转让融资模式

（三）应收账款资产证券化

应收账款资产证券化是指企业将享有的应收账款及其附属担保权益作为底层基础资产转让给机构设置的资产支持专项计划。资产支持专项计划认购人将认购资金以专项资产管理方式委托管理人管理，认购人取得资产支持证券，成为资产支持证券持有人。管理人负责该项资产支持计划现金流的归集与管理，并按照一定规则将资金分配给不同层级的认购人。应收账款资产证券化模式如图 3 所示。

四、案例分析

（一）交易双方情况简介

A 公司是建筑行业某上市公司的直营二级机构，业务范围包括投资开发、工程建设与勘察设计等。B 公司是 S 省国资委监管的国有大型集团，主要业务范围为运输物流。20×8 年，B 公司经过公开招标最终确定 A 公司为工程项目 C 的第一中标人。20×8 年 6 月，A 公司与 B 公司签订了工程项目 C 的施工合同，该项目签约合同价 20 亿元，计划工期自 20×8 年6 月至 20×0 年 6 月，工期总日历天数 723 天，进度款付款比例：85%。A 公司自

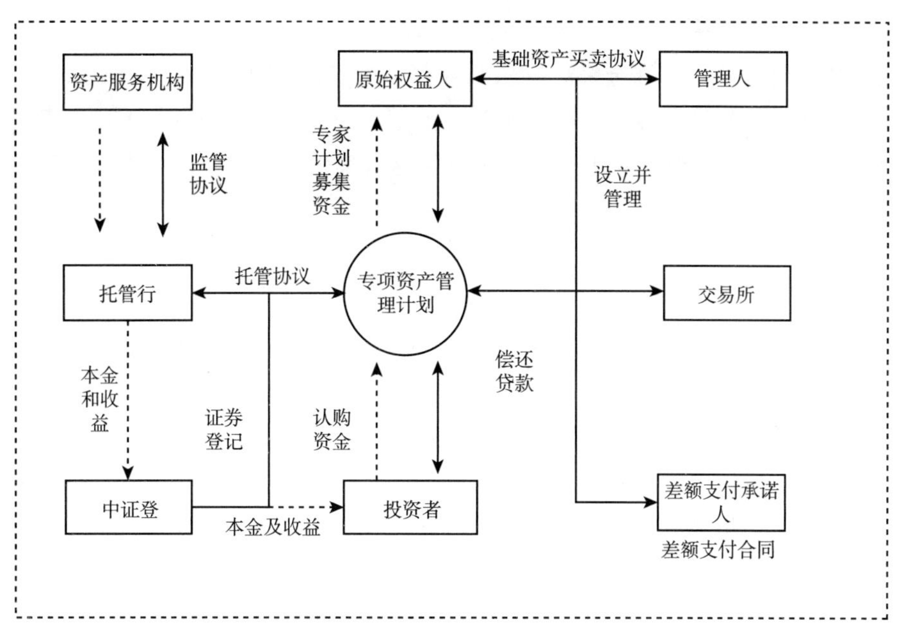

图 3　应收账款资产证券化融资模式

一切准备事宜办妥后按照计划进场施工。

截至 20×0 年 3 月底，项目 C 已累计完成产值 10.2 亿元，已收工程款 1.5 亿元，收款比例 14.71%。账面两金余额 7.6 亿元，实际两金余额 8.7 亿元。

（二）融资主体

1. 资产负债表方面。B 公司因过去 20×7 年开始加大对 S 省内物流资源的开发与整合，至 20×9 年，资产负债比例达到 77.79%（该比例在 20×8 年为 76.51%，20×7 年为 76.24%）。

2. 现金流量表方面。B 公司自 20×7 年以来，经营活动产生的现金流入增长稳定，但是随着经营业务规模扩大，经营活动的现金流出增长迅速，B 公司开始加强资金管理，经营活动现金净流量于 20×8 年由负转正。

投资活动现金流方面，B 公司投资活动产生的现金流持续为负，主要是近几年投资项目较多，且大多处于开发初级阶段，投资性现金流出较多，项目尚未形成收益，致使投资活动产生的现金流净额为负。

筹资活动现金流方面，B 公司主要依靠银行贷款、发行债券及融资租赁等方式进行融资。筹资活动的现金流出主要是偿还到期债务，由于公司投资规模较大，对外融资需求较大。

3. 财务指标方面。B 公司整体经营规模在近三年不断扩大，资产负债率随之提升，保持在较高水平，较同行业公司相比资产负债率偏高。并且从 B 公司的流动比率和速动比率指标也能反映出 B 公司的整体财务状况。B 公司在 20×9 年的流动比例与速动比例分别是 1.08 和 0.87，该数据相较于 20×8 年（1.20 和 1.01）以及 20×7 年（1.66 和 1.15）呈现逐步下降趋势，这也符合对 B 公司目前经营状况的判断。

除此之外，项目 C 目前资金来源主要为 B 公司全资母公司的划拨款，B 公司近期正在与各银行沟通进行项目贷款融资。由于项目 C 前期合规性手续不完善，A 公司预计项目贷款办理期限较长，在综合判断该事项后，决定使用自身作为融资主体的优势，帮助 B 公司进行融资，缓解项目 C 目前资金紧张问题。

（三）融资方案选择

A 公司母公司作为上市公司，对旗下子公司融资业务开展具有严格的审批与内控管理制度。A 公司在与金融机构进行沟通之后，初步拟定了三套融资方案。

方案 1：D 银行对 A 公司的应收账款进行买断，综合融资成本在 7%～8%；

方案 2：E 信托公司设立资金信托计划，受让 A 公司转让的应收账款，并要求 B 公司母公司进行连带责任担保与相应资产与权利的抵押与质押对该项交易提供增信；综合融资成本在 10%～11%；

方案 3：F 信托公司设立资金信托计划，受让 A 公司转让的应收账款，并要求 B 公司母公司进行连带责任担保，综合融资成本在 13%～14%；

A 公司在充分考虑到 B 公司自身财务状况的前提下，经与 B 公司沟通，最终在符合 A 公司内部合规条件的范围内，选择了综合成本最低的融资方案。

该方案中 A 公司将账面确认的应收账款转让给 D 银行，转让方式为无追索权应收账款转让。D 银行在考虑到 B 公司自身财务与经营状况下，引入 E 担保机构作为该笔交易的担保方。A 公司此次应收账款转让模式如图 4 所示。

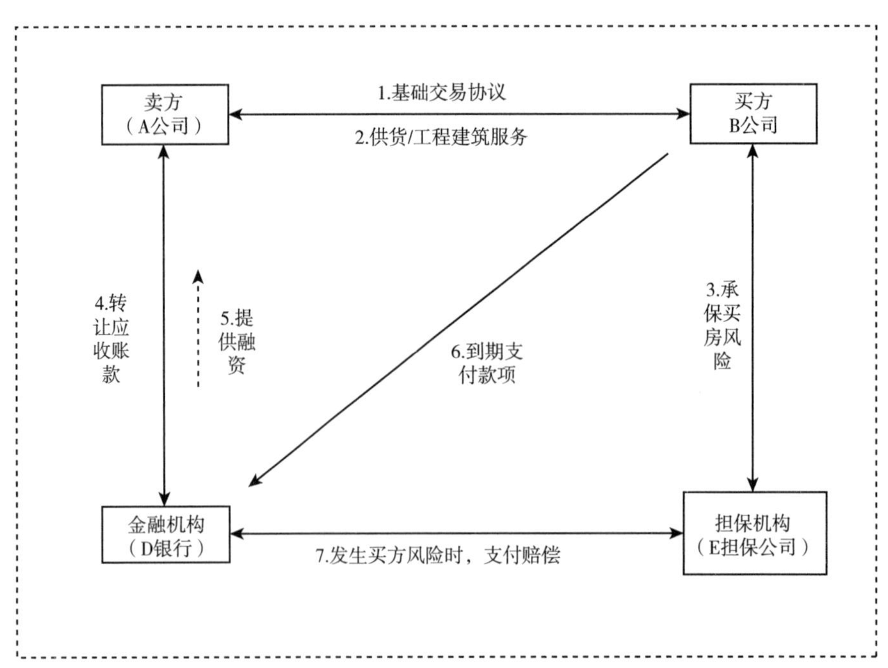

图 4　A 公司应收账款转让融资模式－引入担保机构增信担保

（四）具体步骤

A 公司此次办理该项应收账款转让的步骤包括：

1. A 公司提供项目基础资料；

2. D 银行对 B 公司基础情况进行调研，核实 A 公司提供的基础资料；

3. A 公司向主审事务所进行业务沟通，确认与 D 银行的该笔业务是否可以终止确认 A 公司的应收账款，以及出表的具体细节；

4. D 银行进行材料上报与内部审批。

5. E 担保公司对该笔业务进行承保申请并获得担保额度；

6. D 银行通过核实 A 公司与 B 公司的应收账款金额确定具体放款额度；

7. A 公司在 D 银行办理包括开户在内的相关手续；

8. A 公司与 D 银行签订应收账款转让合同，D 银行内部进行放款审核后，于约定时间进行放款。

五、结论与展望

应收账款作为建筑施工企业的重要资产，长期积压不仅会降低企业自有资金的使用效率，增加企业的财务费用，降低企业短期偿债能力，增加企业经营风险，更会侵蚀企业的经营利润。建筑施工企业无论是出于防范风险，还是增加利润的角度，都应当加强对自身应收账款的管理。应收账款转让融资作为应收账款管理的一种方式，不仅能帮助建筑施工企业提前回笼资金，更在于在该项资产收益与风险完全转移的基础上，实现企业应收账款的实质出表，帮助企业降低自身的资产负债率。

在实务中，建筑施工企业，无论是遇到业主方经营恶化，还是恶意拖欠工程账款，导致公司在持续施工后仍无法回收资金，致使公司账面积压大量的应收账款。建筑施工企业在与母公司与主审会计师事务所的充分沟通下，利用应收账款转让的融资模式，可以实现自有资金提前回收，账面应收账款实质出表与自身资产负债率降低的多重目标。相较于应收账款质押与应收账款资产证券化两种融资模式，应收账款转让无论是在业务办理时间，风险转移或者融资成本上，都具有一定优势。并且在应收账款转让融资模式中引入担保机构进行担保增信也是在实务中避免因业主方未来出现逾期，无法偿还拖欠工程款而致使金融机构向建筑施工企业进行反转让，实现建筑施工企业应收账款实质出表的创新举措。

参考文献

［1］方明月．市场竞争、财务约束和商业信用——基于中国制造业企业的实证分析［J］．金融研究，2014（2）：111－124.

［2］吕智宇．企业应收账款管理与清收［J］．财经问题研究，2014（S1）：76－78.

［3］周守华，房小兵．“羊群”效应与应收账款质量——来自我国建筑业上市公司的

经验证据 [J]. 当代财经，2016 (3)：107 - 119.

[4] 徐德顺，马军海. 企业应收账款类信用资产管理研究 [J]. 宏观经济研究，2018 (1)：129 - 145，155.

[5] 董国姝，田中俊. 融资平台应收账款融资模式演变及发展趋势——以合作融资模式为视角 [J]. 上海经济研究，2015 (6)：36 - 43.

[6] 李峰，王全弟. 美国应收账款担保制度及其对我国的启示 [J]. 复旦学报 (社会科学版)，2011 (4)：102 - 110.

[7] 江伟，姚文韬.《物权法》的实施与供应链金融——来自应收账款质押融资的经验证据 [J]. 经济研究，2016，51 (1)：141 - 154.

[8] 高圣平. 应收账款质权登记的法理——以《应收账款质押登记办法》的修改为中心 [J]. 当代法学，2015，29 (6)：86 - 97.

[9] 许建伟. 应收账款质押担保的法律风险及其防范 [J]. 云南民族大学学报 (哲学社会科学版)，2015，32 (1)：143 - 150.

[10] 赵万一，余文焱. 应收账款质押法律问题 [J]. 法学，2009 (9)：130 - 141.

[11] 田浩为. 保理法律问题研究 [J]. 法律适用，2015 (5)：94 - 100.

[12] 张文强. 论实体企业应收账款资产证券化的风险与定价 [J]. 金融研究，2009 (5)：194 - 206.

浅析四川路桥公司资本结构及其优化

黄俊杰

摘要：资本结构的合理性是影响建筑企业发展的重要因素之一。近几年来，四川路桥公司急于扩大规模，占领市场份额，导致资产负债率处于较高位置，并且有息负债和长期负债占负债总额的比重较大，增加了公司的运营风险，因此对四川路桥公司资本结构的分析优化研究极为重要。本文通过案例分析法对四川路桥公司进行资本结构分析，一共分为三大部分。第一部分为资本结构基本理论和优化理论的介绍；第二部分在对四川路桥公司的财务数据进行分析的基础上，与同行业公司进行横向对比，发现存在的资本结构问题；第三部分综合前述问题及成因，并且提出解决四川路桥公司资本结构问题的具体措施，并得出最优资本区间。

关键词：建筑资本结构　四川路桥资本结构

一、资本结构及其优化理论

（一）资本结构概念

企业的自由资本和债务资本的比例以及各种债务资本中各种债务的不同比例关系构成了公司的资本结构，也就是说，资本结构反映了企业各种资本的价值构成及其比例，既包括债务之间的比例关系，同时也包括债务内部和股权内部的比例关系，这些比例关系在很大程度上决定着企业的偿债和再融资能力，决定着企业的财务风险的高低，是反映企业财务状况的一项重要指标。特别是对于拥有大量非流动资产而导致运营风险较高的建筑企业来说，把握好企业资本结构是企业长远发展的必要途径。

（二）资本结构基本理论

1. MM 理论。

MM 理论的发展包括早期的无税 MM 理论和之后修正的有税 MM 理论。1958 年，美国经济学家莫迪利亚尼和米勒发表了《资本成本、公司金融以及投资理论》（Modigliani & Miller，1958）一文，奠定了现代资本结构理论的基础，也就是无税 MM 理论的由来。文章在没有税收、没有交易成本以及借贷利息相同等假设前提下，得出了资本结

作者简介：黄俊杰，中建新疆建工（集团）有限公司西南分公司。

构的比例与公司价值无关的结论。直到 1963 年他们发现无税 MM 理论存在不合理之处，当考虑企业所得税时，负债的利息支出存在的抵税效应就会降低债务的资本成本，导致加权平均资本成本降低，提高了企业的价值，从而获得了增加债务会提高企业价值的结论。

2. 权衡理论。

资本结构的权衡理论是指企业的决策制定者对可供选择的融资计划中对成本和收益的权衡。通常假定能得出一个内部决策使边际成本和边际收益得以平衡。权衡理论是在修正 MM 理论的基础上发展的。按照修正 MM 理论的结论，企业最优资本结构应该是 100% 负债，这很显然与现实相违背。于是有学者提出了权衡理论，过多的负债会导致公司再筹资变得困难，增加破产成本和代理成本，从而增加资本成本。根据该理论最优资本结构应该是一个税盾和过多负债导致的新增资本成本相等的点。

3. 优序融资理论。

1984 年，美国金融学家迈尔斯与智利学者迈勒夫提出了有序融资理论，该理论建立在企业经营者和投资者信息不对称的基础上。由于大多数投资者认为公司增发股票是一个不利消息，于是该理论提出，为了保证投资者认为的企业价值不降低，企业筹资应优先考虑使用内部盈余资金，其次通过发行企业债券，最后考虑发行股票。

（三）资本结构优化理论

1. 资本结构静态优化理论。

虽然在静态下最优资本结构的确定是资本结构静态优化研究的目标，但由于静态理论在未设立前提的情况下容易出现与现实企业资本结构情况不相符的情况，因而现在的静态资本结构理论研究需要假设条件的大框架下进行。同时，为了避免资本结构决策的失误，要综合考虑静态最优资本结构理论的假设和用于决策的财务指标。米勒和莫迪里安尼根据现代资本结构理论提出企业的最优资本结构就是使公司市场价值最大化时的资本结构，国内学者在综合研究该理论和其他西方有关的资本结构理论的基础上提出了一些决策标准和依据。

（1）平均资本成本最低。该观点认为理论上资本结构的最优点为债务筹资和股权筹资的加权平均资本成本的最低点。其观点的优点在于：容易理论且计算过程比较简单；缺点在于：在现实中要得到企业资本成本要受到许多环境因素的限制，得到的结果并不一定符合企业实际并且没有考虑企业的风险状况。

（2）总代理成本最低。该观点认为在税盾带来的收益大于等于债权代理成本时的负债都是合理的，适当的负债有利于提高企业价值，减少总代理成本。其优点：考虑了风险因素；缺点：在现实中难以运用，因为代理成本较为复杂，包含的方面较多。

（3）企业价值最大化。该观点认为最优资本结构点是，股权和债权比例变化中使企业价值最大的点，这种相对于前两种观点更合理，不仅企业价值最大化是财务管理的目标以及考虑了企业风险，得到的结果与实际更符合。本文将通过孟建波和罗林教授在共同研究最优资本结构时，得出的一个定量模型，来计算四川路桥公司静态资本结构。

该模型如下：

$$\ln(Vr-I)=\frac{F+I}{Vr-I}+\frac{Vr+F}{V}\cdot\frac{100b}{1-b}$$

其中，

V 表示公司的总资产；

r 表示资产收益率；

F 表示公司的固定投资成本；

I 表示公司的利息值；

b 表示企业的资产负债率。

二、四川路桥公司资本结构现状及问题分析

（一）四川路桥公司基本情况

四川路桥建设股份有限公司（以下简称公司或四川路桥）由四川公路桥梁建设集团公司发起创立于1999年，注册资本3.04亿元，2007年末总资产45.38亿元，公司于2003年3月在上海证券交易所挂牌交易。

公司具有国家公路工程施工总承包一级资质，通过ISO9001国际质量管理体系认证，主要从事公路、桥梁、隧道的承包、施工、投资、经营、开发等业务。下属5个专业化分公司、7个全资或控股子公司，从业人员3 000余人，专业技术人员2 000人，专业工程机械设备2 000余台（套）。年生产能力30亿元，年主营业务经营额25亿元。公司是四川和国内公路桥梁建设施工的主力军，工程遍布全国各省区市，并涉足海外市场，多项工程施工项目获取国家、省、部级的科技进步奖、鲁班奖、詹天佑奖、天府杯奖等。

（二）四川路桥公司资本结构纵向分析

1. 资本结构分析。

通过对资本结构的纵向分析有利于发现公司在哪些方面存在延续性问题，或者近两年是否有新问题产生。本节将选取四川路桥公司2014～2018年的财务数据对资本结构相关比例以及融资情况进行纵向分析（见表1）。

表1　　2014～2018年四川路桥公司资本结构分析

年份	2014	2015	2016	2017	2018
资产负债率	84.08%	82.19%	83.25%	80.28%	82.02%
流动负债/总负债	69.02%	59.13%	59.97%	57.26%	56.98%
非流动负债/总负债	30.98%	40.87%	40.03%	42.74%	43.02%
有息负债/总负债	41.41%	48.96%	48.17%	49.80%	47.49%

由图 1 可知，四川路桥公司在规模扩大的同时其处于高位的资产负债率并没能得到改善，导致其财务风险依然较高。

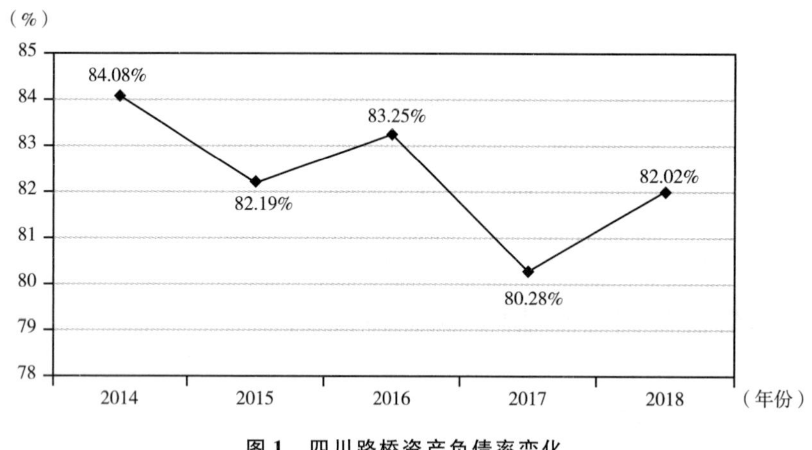

图 1　四川路桥资产负债率变化

在图 2 上可以看出，公司在 2014 ~ 2016 年非流动负债的比例上升了近 10%，原因是这两年四川路桥公司规模扩大加大了对非流动负债的获取，这种现象对公司并非有好处，由于长期资金的成本会高于短期资金，较大的非流动负债会加大公司的运营成本，一年到期的长期资金的增加，同样会给公司资金流形成冲击。

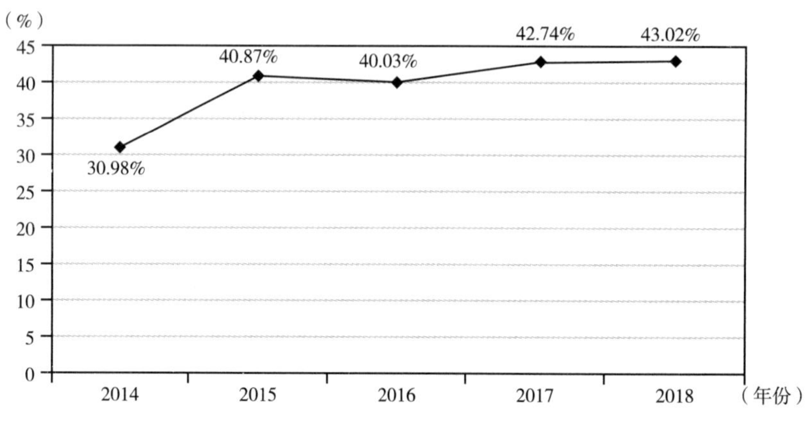

图 2　四川路桥非流动负债占比变动

由图 2、图 3 以及公司年报共同分析可知，四川路桥公司 2014 ~ 2016 增加的长期负债几乎全为有息负债，其大量发行的公司债券以及借入长期借款更加突出了公司在筹资方面的问题，大量的有息负债会给公司发展造成巨大压力，不能急于求成，一味扩大公司规模，要把握好有息负债与公司规模之间的平衡。虽然 2016 年开始有息负债比率较为稳定，但依然处于较高位置，跌幅不大。

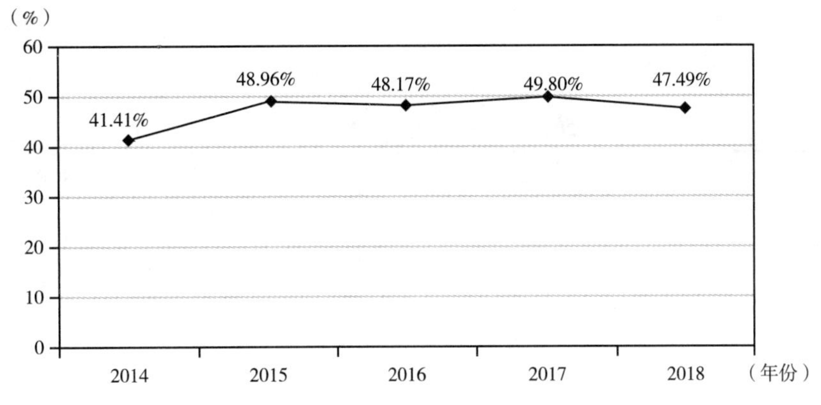

图 3　星湖中报公司有息负债占总负债比率变动

2. 筹资来源分析。

通过以公司各年份资产负债表项目为数据基础，对四川路桥公司资金筹资来源进行分析，特别对公司各年份内部和外部筹资比例进行分析，可以直接或间接地反映出公司在盈利以及筹资方式等方面存在的问题。

内部筹资是指企业在企业内部能够获得用于投资或日常经营的资金，在会计报表上的项目包括三个方面，盈余公积、未分配利润以及固定资产的折旧。由表 2 可知四川路桥公司主要靠外部债务获得资金，内部筹资平均仅 10% 左右，通过优序融资理论可知内部融资会被放在首位的主要原因就是其不存在筹资成本，不会给公司形成债务风险。同时，内部筹资和股权筹资相加也仅 25% 左右，由此充分说明了公司的筹资方面存在问题。

表 2　　四川路桥 2014～2018 年融资来源表

年份	2014	2015	2016	2017	2018
盈余公积	1.00%	0.89%	0.82%	0.85%	0.85%
固定资产折旧	0.04%	0.03%	0.02%	0.03%	0.03%
未分配利润	8.26%	7.13%	10.48%	11.92%	11.92%
合计	9.30%	8.05%	11.33%	12.79%	12.80%
流动负债合计	45.90%	40.18%	30.76%	30.07%	30.07%
非流动负债合计	26.81%	31.55%	42.95%	43.79%	43.79%
实收资本（或股本）	11.60%	10.25%	7.76%	6.93%	6.93%
资本公积	6.39%	9.97%	7.20%	6.42%	6.42%
合计	17.99%	20.22%	14.96%	13.35%	13.35%

（三）四川路桥公司资本结构与同行业公司对比分析

本节将把四川路桥公司的资产负债率、非流动负债与总债务的比率、有息负债与总负债的比率等方面与 2018 年建筑联合会所评选出的建筑行业前 10 位中的 5 家公司包括万科地产、保利地产、绿地控股、华夏幸福以及金地股份的数据进行对比，以此来进一步突出四川路桥公司的问题。

表 3　　2018 年建筑公司资本结构对比表

项目	四川路桥	万科地产	保利地产	绿地控股	华夏幸福	金地股份
资产负债率	75. 42%	84. 59%	77. 97%	89. 49%	86. 65%	76. 12%
流动负债/总负债	42. 06%	86. 77%	67. 41%	80. 55%	68. 34%	66. 37%
非流动负债/总负债	57. 94%	13. 23%	32. 59%	19. 45%	31. 66%	33. 63%
有息负债/总负债	58. 01%	13. 78%	33. 02%	20. 76%	32. 48%	31. 94%

由表 3 可知，

（1）在资产负债率方面：虽然四川路桥公司为 75. 42% 少于排名前 10 位的 5 家公司，但资产负债率的大小应该与公司规模大小、公司盈利能力、公司综合实力等方面相匹配，公司规模越大取得债权就更容易，所能承受的风险也越大。所以 75. 42% 的资产负债率对于四川路桥公司而言依然算偏高。

（2）在非流动负债与总负债的比值方面：四川路桥公司的非流动负债占比显著偏高，所带来的高成本是限制四川路桥公司发展，导致 2016 ~ 2018 年建筑业排名后退重要原因之一。

（3）在有息负债与总负债的比值方面：四川路桥公司显著高于其他公司，正如前文所述，较高的利息支出会冲击现金流，拉低利润，影响股市投资者的投资，对公司的发展不利，公司应寻找新方向融资。

（四）四川路桥公司资本结构分析中发现的问题

通过对四川路桥公司进行横向和纵向分析，得出了该公司存在以下问题：

（1）股权集中度较高，股份所占比重较大的四位股东为一致行动人，综合占比近 60%，其他股东占比都小于 5%，在公司重要事务的决定上，中小股东的利益得不到保障。

（2）资产负债率偏高，与公司现有规模不符，有下调的空间。

（3）非流动负债在负债总额中所占比重较大，造成营运成本高，有息负债在负债总额中所占比重较大，融资渠道相对单一。

（4）内部融资在融资总额中占比较低，排名前 10 位的建筑公司平均内部融资比例为 16. 45%，而四川路桥仅 9%，说明企业盈利能力不够强劲。

三、四川路桥公司资本结构优化方案设计

（一）四川路桥公司资本结构优化目标和方向

1. 资本结构优化目标和方向的总体介绍。

前文通过对四川路桥公司 2014 ~ 2018 年的各项财务数据进行横向和纵向的对比分析，

找到了该公司资本结构存在的问题在资本结构大方向上，下文将以四川路桥公司达到企业价值最大化为原则，通过静态和动态相结合的研究方式，得到最适合四川路桥的资产负债率，以最优资产负债率来作为公司资本结构优化大方向。在债权和股权的具体项目的比例方面，将针对存在的每一个问题提出具体的解决方案。

2. 四川路桥公司资本结构的静态优化。

由静态资本结构优化理论知，企业在发展过程中，必定存在一个资产负债率的值，在该值上，该公司企业价值达到最大化。在此引用上文提到的孟建波和罗林教授在共同研究最优资本结构时，得出的一个定量模型，该模型的使用假设：（1）资本市场是完全的；（2）测算的企业是上市公司，包含借入资本；（3）企业的负债率不随市盈率的变动而变动。具体模型如下：

$$\mathrm{In}(Vr-I)=\frac{F+I}{V-I}+\frac{Vr+F}{V}+\frac{100b}{1-b}$$

表 4 是计算静态资本结构的模型中需要用到的数据，其中，Vr 是指息税前利润（EBIT），I 是指负债的利息费用（此处用财务费用代替），F 是指固定资产折旧、无形资产摊销以及长期负债利息的和，V 是指企业总资产。由此可得出四川路桥公司近 5 年的静态最优资产负债率。

表 4　　计算四川路桥公司静态最优资本结构数据表　　单位：万元

年份	2014	2015	2016	2017	2018
Vr	149 567. 77	149 453. 58	606 551. 32	417 894. 70	352 817. 94
I	65 559. 02	87 799. 67	119 609. 97	149 329. 03	169 799. 72
F	147308. 92	227318. 89	336056. 63	336996. 00	372451. 51
V	7 084 923. 32	8 906 743. 93	11 157 161. 98	12 456 908. 30	13 987 114. 41

由表 5 可知，四川路桥公司资产负债率的变动趋势，实际资产负债率与最优资产负债率的插值从 2014～2016 年逐渐增大，并且在 2016 年达到最大差值 14. 19%，说明四川路桥公司在前三年扩大规模的同时资本结构越来越不合理。2017 年和 2018 年虽然有所降低，但差值依然较大。静态的资产负债率能够在一定程度上提供资本结构的借鉴依据，但是实际中的公司资本结构受到多方面的影响，不太可能完全符合上述静态模型的前提假设，因此还应通过考虑计算企业自身和外部环境和综合影响，得出合理的资产负债率区间。

表 5　　四川路桥 5 年静态最优资本结构相关数据表　　单位：%

年份	2014	2015	2016	2017	2018
实际资产负债率	71. 06	71. 48	73. 20	73. 59	75. 42
最优资产负债率	67. 75	58. 32	59. 01	63. 82	63. 84
实际与最优差值	3. 31	13. 16	14. 19	9. 77	11. 58

（二）四川路桥公司资本结构优化措施及建议

1. 四川路桥公司优化措施综述。

该小节将以前文所得出的四川路桥公司存在的问题及成因为基础，从两条线出发，提出具体优化方法，在解决四川路桥具体结构中存在的问题的同时，达到符合最优资本区间的标准。第一条线，从四川路桥公司发展历史的方面看，通过前文各个财务数据的分析可以看出公司2015～2016年发展较好，公司规模的扩大和债权的增加比例较为合适，因此可以深入挖掘，必然能得到一些可取之处，以此来调整今后的公司筹资策略。同时公司是要处于发展中的，不能因为存在资本结构问题而减少筹资放弃发展，不能阻碍公司规模的扩大。因此，具体优化方法可以从以下两个方面考虑：降低股权集中度吸引更多的合作者而不是债权人，以及提升盈利能力来增加公司对内部资金的使用。第二条线，从公司发展历史存在的具体问题与不足看，债权结构存在这些问题：有息负债过多、长期借款和应付债券与总负债比值较大，这些都直接或间接导致了四川路桥资产负债率偏高，因此，本小节的具体优化途径还将从以下三个方面入手：充分利用企业信用和品牌知名度降低有息负债占比并且通过引入战略合作者或非公开发行股票等方式减少长期债务的金额。通过发现历史优点改正现有缺点以及直面历史性问题两条线，相互配合，共同考虑得出优化措施，使优化方法与企业更贴合。

2. 四川路桥公司优化具体措施及建议。

（1）完善公司权力机制，扩大交易股权和员工持股，降低股权集中度，保护其他股东权益。

股权集中会导致公司的话语权掌握在少数人手中，特别是像四川路桥这样前几大股东为一致行动人的情况更需要建立完善的权力机制，保障其他股东的利益。可以通过以下两种方式来实现这一目的：第一，可以通过原始股东让渡股权或非公开定向发行股票的方式引入其他行业较优秀企业作为战略和合作者，并占有具有话语权的股份比例的同时，提高内部员工的持股比例，对于给公司带来较大贡献的员工加大股权奖励力度，在这一点上可以借鉴华为的员工股权激励计划。这样做的好处是，既可以降低股权集中度，让一致行动人的合计股份低于50%，又可以通过这种方式带来先进的管理理念，为公司发展增强动力，提高运转效率。第二，加入利益平衡机制，即当一部分中小股东不太认可大股东决定的一些方案或想法时，可以给中小股东更多的选择，可以将股权换成相等的利益，或者用话语权换成其他利益等。

（2）通过“开源节流”增强公司的盈利能力，增加内源资金。

可以从两个方面考虑达到目标。首先可以从减少支出的角度考虑，减少债权中长期债务和有息债务的比例，降低财务费用，从而增加利润；进行对标管理，与行业龙头进行成本费用方面的对比，找到自己的费用或成本超出的部分进行改正。然后，可以从增加收入的角度考虑，现在由于2016年开始的政策的宏观调控，一二线的房产价格已经相对稳定，购房限制措施较多，并且需求已经缓和。因此可以考虑进入三四线城市，进行全国布局，扩大业务范围，寻找购房限制较少，房产存在较大需求的城市，以此来获取更多的收入。

（3）通过提高企业品牌知名度，减少企业的有息负债。

首先，规模较大品牌知名度较高的企业更容易以更低的成本获取债务，获取更多银行的授信额度。因此，四川路桥公司可以适当增加优势项目，明星项目来扩大知名度和用户好评度，在上文的分析中得知 2018 年四川路桥公司有息负债为 58%，而其他 5 家公司最高也才 33%，该问题对四川路桥公司来说是一个亟待解决的问题。一方面，可以借鉴前面提到的将有息借款所筹金额改为股权融资或者通过不增加企业利息的信用融资等方式。另一方面，可以将部分有息负债的筹集金额通过增加预收账款来获得。这就需要公司在销售方面加大整改力度，提高销售能力，加快资金的回流速度。

（4）完善企业的内控机制，全方面提升企业效率，改善资本结构问题。

企业的内控会影响企业的多个方面，完善的内控可以加快存货周转、资金回流，减少债权融资，使资产负债率降低。四川路桥公司要自我检查公司内部是否存在部门职能交叉、权责不明晰的现象。如审计风控部门，但是也存在其他职能部门也承担了部分内控职能的现象，如财务部门、企业管理部门等。同时，公司要核查内部流程，看是否能简化没有必要的操作流程，达到加快效率的目的。

参考文献

［1］赖楠，刘一鸣．资本结构理论及研究综述［J］．营销界，2019（42）：56－57.

［2］丁晨静．资本结构理论与我国企业融资现状［J］．商讯，2019（4）：130.

［3］黄安琪．资本结构理论文献综述［J］．上海商业，2019（6）：34－35.

［4］杜兴阳．最优资本结构确定研究［J］．现代营销（下旬刊），2017（6）：74－75.

［5］詹旭．栖霞建设资本结构优化研究［D］．南京信息工程大学，2019.

国有企业可经营性资产运营管理平台建设分析

王　朗　李露露

摘要： 近年来，为提高存量国有资产运营效益，大型国有企业均设置了资产运营专业子公司或分公司，以中国融通资产管理集团有限公司为例，主要经营范围为管理军队移交的经营性资产及物业，致力于以专业化、规模化、精细化的举措力保国有资产的保值增值，提升资产运营管理的能力水平。本文结合中国建筑一局（集团）有限公司可经营性资产运营管理实践经验，通过对资产运营实际业务需求的分析，探讨信息化管理运营平台在资产运营效率、资产集约管理，以及财务管理前置等方面的优化促进作用，以期对其他大型国有集团的资产运营工作提供参考、有所裨益。

关键词： 资产运营管理平台　国有资产　运营盘活

一、国有资产与可经营性资产的概念辨析

国有资产运营涵盖范围较广：广义的国有资产概念仅强调资产的所有权属性，即资产最终控制权为国家；狭义的概念不仅强调该类资产的所有权归属应在法律上得到确认，同时还强调这些经济资源应在未来为国家带来经济效益，即经营性国有资产的概念。对于国有企业而言，尤其是竞争性国企，其资产都应属于经营性国有资产的外延范畴，必须带来真实的经济利益流入，以及实现保值增值的底线目标。

本文所讨论的可经营性资产，是指与企业主营业务无关，但可以为主营业务提供资源及经济支持，并且可以通过租赁、改造开发等方式取得经济利益的房屋及土地；相对于其他类型资产及项目运营，可经营性资产运营具有一定的独特性，在企业的运作中形成了独立的业务板块。

二、开展可经营性资产运营工作的必要性

中建集团的业务布局涵盖投资开发、工程建设、勘察设计等重要领域，深度参与中国

作者简介：王朗，高级会计师，中建一局集团资产运营管理有限公司；李露露，中建一局集团资产运营管理有限公司。

建筑建设行业的发展。自 1998 年我国全面推行住房市场化改革以来，房地产行业逐渐发展成国民经济的支柱产业，建设单位与施工单位通过自建、购置或抵债等方式不断获取房屋、土地等资产，长年积累形成了较为庞大的资产存量。

2020 年初，央行发布货币政策执行报告，支出将加大对疫情防控领域的信贷支持，不将房地产作为短期刺激经济的手段，稳定房价成为政策主导。在预期长期下行的市场环境中，势必导致房地产企业的淘汰与洗牌，进而导致建筑施工企业不动产存量规模的逐渐扩大。如何提升国有资产的运营效率，保证国有资产保值增值不留盲区，扎实推动资产运营工作高质量发展，应当成为国企集团着力做好的工作之一。

三、中建一局可经营性资产运营管理工作的实践总结

（一）成立中建一局资产运营管理有限公司

中建一局可经营性资产规模庞大，种类繁多，且地域上非常分散，全国多个省区市均有分布。造成这一现状的原因如下：中建一局的主业为建筑施工，施工项目遍布全中国，每一个施工单位或项目结束后，团队会转战下一个地区，由于人员有限，在当地自建、购置或抵债的资产因无专人进行维护和管理，部分资产处于闲置或运营效益低的状态，甚至发生产权关系纠纷等诉讼问题。

基于可经营性资产在管理中存在的问题，为响应国家及中建集团号召，以多种方式推进可经营性资产的盘活处理，确保国有资产保值增值，中建一局组建了专业的中建一局集团资产运营管理有限公司（以下简称“中建一局资产运营公司”）对集团内存量可经营性资产开展运营工作。

（二）运营管理中发现的技术问题

中建一局资产运营公司成立之初，为摸清中建一局可经营性资产具体状况，建立健全管理模式，成立可经营性资产调研专项小组，对中建一局所属资产进行了全面的清查，建立资产分类管理台账，设立考核管理指标并按月度进行数据更新。在清查以及后续的运营管理过程中，管理人员投入大量的时间以及精力，管理成效较好，同时也暴露了因数据庞大、人工核对导致工作效率低、更新不及时、数据错误率高等一系列问题。

1. 资产情况复杂，种类繁多。

经可经营性资产调研专项小组实地走访调研，发现中建一局可经营性资产情况复杂，种类繁多。首先是房产部分，按取得方式划分，可分为自建、购置、抵债、诉讼判决等；按产权关系划分，可分为有产权证、无产权证、待办理产权证、权属涉诉等；按管理权限划分，可分为上市资产、非上市资产；按房屋性质划分，可分为住宅、办公楼、写字楼、附属配套设施、门脸房、家属楼、宿舍楼等；按房产现状划分，可分为出租资产、自用资产、闲置资产、涉诉资产等。其次是土地部分，从取得方式划分，可分为转让取得土地、划拨土地；从土地使用状况划分，可分为自用土地、闲置土地；按性质划分包括仓储用

地、住宅用地、停车用地等。结合中建一局资产的实际情况，为便于管理，中建一局资产运营公司将资产分为上市（不含抵债）资产、抵债资产、存续资产三大类，每类资产再细分为自用、出租、闲置三小类，并按类别建立了资产管理台账。

2. 人工进行数据统计分析效率低。

资产归类的框架搭建完成后，下一步需要各子企业按月将分散在整个中建一局内部的所管辖资产进行分类信息报送，需报送的信息包括资产面积、原值、净值、年租金收入、成本、收益额、收益率、日租金单价等。在收集汇总各子企业的资产信息过程中，前期采用的人工搜集整理信息，无可避免地产生了数据信息不准确、人工校对用时过长的问题。主要原因是资产全方位信息涉及多个部门，需要两个或多个部门协同才能反映出资产运营的实际全貌，例如，资产运营部门掌握资产的出租合同收入，但因专业所限无法还原不含增值税租金收入。财务部门掌握资产的折旧、费用等成本信息，但又不掌握资产的实际出租状态。在实际运营管理过程中，资产运营的相关信息又需要实时更新，如资产用途、出租价格等都会不断变化，这就需要各个部门专门分配人力、物力，层层整理汇总数据，在此过程中，工作质量和管理效率都得不到有效保证。

3. 运营考核无法实时掌握准确基础数据。

为提高各子企业对资产运营管理的重视程度，切实提高资产运营效率，中建一局资产运营公司制订专项考核指标，设定年租金收入增长率、年收益额增长率、平均日租金单价增长率、空置率降低百分比、抵债资产抵出比率等考核指标，并将考核结果与各子企业主要负责人薪酬挂钩。但在实际考核过程中，因无法实时掌握资产运营数据，并且需人工套用公式进行考核计算，导致工作量大、效率低甚至还可能因为数据准确性、口径问题、人为因素等导致计算偏差。

综上所述，运用现代信息技术手段来增强资产运营管理能力已经迫在眉睫。

四、资产运营管理平台的开发与建设

（一）资产运营管理平台建设的意义

从宏观层面来看，国有资产保值增值是可经营性资产的运营目标，精细化管理是关键的过程要素，而信息化手段恰是践行精细化管理的手段与利器。利用信息化手段进行资产管理已是新时代经济发展的必然趋势，能够进一步提升管理水平，提高企业经济效益，同时减轻相关人员的劳动强度、提高工作效率、节约成本、提高绩效。

（二）可经营性资产运营管理的需求及平台建设目标

通过实践总结及对比市场上相关同类产品，中建一局资产运营公司确定了管理需求及资产运营平台建设目标。

1. 资产运营管理需求。

资产运营管理的需求，总体分为以下三个层次：

第一个层次，通过资产运营管理平台的开发和应用，实现中建一局不动产资产全周期全方位的信息留存、信息登记、信息初步筛选。其具体为：实现中建一局不动产资产（以下简称资产）信息审核、登记、管理；实现资产的多维度查询统计；实现资产信息的流程化管理；实现资产管理权调整，资产拆分，资产细化等；实现资产的运营管理，包括运营成本管理、运营价格管理、运营收入管理等；实现运营的合同管理、收款管理等。

第二个层次，通过资产运营管理平台的开发和应用，脱离人工对信息的处理和识别，真正实现资产信息的统计分析。基于资产基础信息，对决策相关信息进行智能化分析，包括资产基本信息分析、成本分析、变现能力分析等；通过搭建一局内部的资产运营数据库，逐步实现资产分级、资产流转、资产集中运营等；通过资产运营平台的数据分析支撑，形成相关研究报告，辅助公司业务拓展、业务复盘等。

第三个层次，以成熟的资产运营管理平台为支点，以一套组织化、制度化、具体化的国有企业可经营性资产运营方案为内核，响应中建集团关于加快建设世界一流企业的决定，不断提高资产运营管理平台的普适性，在中建系统内乃至其他国有资产运营管理平台，形成经验输出、服务输出、全套咨询方案输出等，逐步扩大资产运营管理平台影响力，提升整体资源配置效率。

2. 资产运营平台建设目标。

2019 年中建一局资产运营管理平台正式搭建成功并投入使用，通过细化资产统计、贯穿业务流程、抓取市场价格，大幅度提高了工作效率，实现了资产运营业务方向的精细化线上管理。

（1）基本信息维护与浏览。登记各子企业的资产信息，包括资产详细信息录入、资产信息审核、对资产信息进行基本的统计分析、生成各种报表。

（2）资产调整处理。处理资产管理权调整、资产拆分、资产细化等。

（3）资产运营管理。包括租赁合同管理、运营成本管理、底线价格发布管理、运营收入管理等。

（4）资产处置管理。记录资产的售出、抵出等信息，原出租资产转为售出、抵出资产的相关流程管理。

（5）报表与查询分析。多维度生成资产分析报表，针对收益额增长率、空置率减少百分比、年租金收入增长率、平均日租金单价增长率等指标进行实时分析，生成收益分析报表、资产可持有及变现能力分析等，方便管理部门掌握情况，分析收入成本情况，及时调整运营方案。

（6）资产租售价格体系。通过技术手段，实现定时自动获取公网（如链家、我爱我家）（我方资产周边）房产租赁、销售价格信息，同时对价格信息进行筛选及分类汇总，并在平台内展示，为我方资产租售提供价格参考。

（7）资产租售定价体系。根据资产租售价格体系形成参考价格与已确定价格测算模型自动生成资产租售定价，并将资产租售定价在平台推送。合同管理流程方面，以资产租售定价为限，自动识别高于或等于定价的合同按照常规流程发起审批，低于定价的合同在常规流程中增加领导或部门审批项。

（8）自用资产的管理。通过标记资产使用属性，可在系统内统计自持自用资产及在外租赁自用资产详细信息及使用人数，并可分自用办公、自用库房、自用宿舍、自用生产、自用其他等使用状态分类统计。系统可方便汇总人均自用面积（可实时更新）并形成各单位排名；各单位如新增资产自用，需要按照流程在系统内完成审批。

（9）资产信息发布、数据接口与平台集成。资产信息可在全一局范围内共享，或可发布相关网站；平台数据接口可以与其他业务平台传输数据，与企业微信集成。

（10）信息平台安全。按照信息安全的有关要求，采用设立病毒防火墙、防止黑客攻击、完善内部安全规章制度等措施。

（11）目前出租时不仅只是房屋设施自身，还有房屋内部或外部的一些附属设施及配套服务费，如办公用具、垃圾清运服务、取暖服务等。税法对这些设施及服务并不征收房产税。因此，在资产运营平台签订房屋租赁合同时，合理、有效分割租赁收入，将附属设施及配套服务费单独计算使用费收入，开具服务费发票，以减轻房产税的税负。

五、资产运营业财一体化发展展望

目前，业财一体化是各大型企业正在应用推行的发展要求，如何将资产运营业务与财务进行一体化融合，为财务在资产运营基础数据上进行深度加工搭建平台，更高效地完成业财对接，最大化地发挥信息化优势，提高资产运营质量和效益，将是下一步的发展趋势。中建集团于2019年上线的财务一体化系统，促进了业财相互融合的过程，业务与财务相互合作，相辅相成。

首先，在财务数据方面，以资产运营实体项目为管理维度，展现资产的全貌情况。与账务处理相关的信息，在业财一体化SAP模块中，拥有SAP权限的人员可以查看资产的相关财务信息如账面价值、折旧年限等，绝大部分财务信息都已经在前期录入完毕，与资产运营相关的信息，如资产状态、出租情况、租约合同、收款管理、处理登记等，同时在中建一局搭建的资产运营管理平台中，快速查找，便于两者直接相互链接，互相参照，减少数据差错。同时，财务部门利用业务部门根据资产运营管理平台出具的可视化分析结果，定期对资产进行清查盘点、减值测试、税收筹划、预算分析，保证财务人员能对全盘资产具备较为精准的把握，从而突出财务前置管理的需求与作用，为后续的财务预算、资金稽核、税务风险提示等提供决策依据。

其次，在财务分析方面，目前的财务一体化系统中，资产运营业务均存在相应的板块，如合同、税务、资金及核算板块。在实际工作中形成财务数据，财务数据汇总成为财务信息，最终结果是基于业务水平和管理水平之上的财务分析。目前，数据仓库可以对各个板块独立推送的数据进行分析，以满足不同管理层级人员的需求。

利用资产运营管理平台对整个中建一局存量资产进行专业化分析、规模化整合、精细化运营，不仅是中建一局2019年度资产运营管理提质增效的重要举措，更是现阶段国有资产保值增值的迫切时代需求。目前资产运营管理平台已完成其框架的初步搭建，正在运行中逐步完善其各项功能，在实际运用中发挥其更大的功用。我们应当清醒地认识到，任何业务几乎所有的创新、变革与发展，财务管理领域都是首当其冲。要想有效地支撑资产运营管理业务快速且高质量发展、及时了解其经营状况、优化企业资源、减少或避免经营风险，就应当充分将业务及管理流程、财务会计流程、业财数据紧密结合，使之形成一个完整的管理体系。中建集团业财一体化系统自从上线以来，以平均每月至少更新一次的频率进行升级换代，财务一体化系统中正在逐步融入资产运营相关功能板块，不断辅助推进资产运营管理高质量发展。

参考文献

[1] 熊凌云，陆昊扬，袁业虎．政府资产和国有资产的比较研究［J］．行政事业资产与财务，2018（15）：1－4．

[2] 邹凯芳．浅析企业财务业务一体化与财务管理职能转型［J］．财会学习，2016（21）：39－40．

[3] 财政部．关于全面推进管理会计体系建设的指导意见［Z］．2014．

刍议企业银行监管账户中棚户区改造专项债券资金属性

——以北京××棚改项目为例

王 刚 王 辉

摘要：为管控地方政府隐性债务，国家出台了地方政府专项债券，对地方政府债务“修明渠、堵暗渠”，地政府专项债纳入地方政府基金性预算，棚户区改造专项债券是地方政府专项债券的一个新品种，地方政府财政局代表地方政府发行棚户区改造专项债券筹集资金，并将资金拨付至实施主体（企业）开立的银行监管账户中，专款专用，封闭运行，聘请审计和造价中介机构和政府主管部门、实施主体多方共同监管资金收支情况。根据棚户区改造专项债券出台的政策背景，资金受托管理实际情况，依据《物权法》企业对该类资金无直接支配权和排他权，依据《民法通则》上对该类资金无占有、使用、收益、处分的权利，根据《企业会计准则》，即使该资金在企业的账户中，也不符合对资产定义，不应在企业的财务报表里列示，否则会造成企业资产负债“虚肥虚胖”，且不符合国有企业降杠杆减负债的精神要求，不符合地方政府出台专项债的初衷，不能以升高国有企业的债务和杠杆率为代价来降低地方政府的债务和杠杆率。

关键词：棚户区改造专项债券　资金监管　资产定义　降杠杆

一、文献综述

棚户区改造（简称“棚改”）是解决城镇危旧住房的重大民生和发展工程，是推动新型城镇化的重要举措，将显著改善住房困难群众的居住条件、提升城市整体形象。2017 年 5 月国务院常务会议确定，实施 2018～2020 年 3 年棚改攻坚计划，改造约 1 亿人居住的城镇棚户区和“城中村”。随着全国棚改项目大规模推出，地方政府的隐形债务风险日益突出，财政部、发展改革委、司法部、人民银行、银监会、证监会《关于进一步规范地方政府举债融资行为的通知》（财预〔2017〕50 号）、财政部《关于坚决制止地方以政府购买服务名义违法违规融资的通知》（财预〔2017〕87 号）、财政部《关于规范金融企业对地方政府和国有企业投融资行为有关问题的通知》（财金〔2018〕23 号）、《中共中央国务院关于防范化解地方政府隐形债务风险的意见》（中发〔2018〕27 号）等相关

作者简介：王刚，中级会计师，中国建筑股份有限公司；王辉，中建方程投资发展集团有限公司。

文件的陆续出台，不断规范地方政府融资和债务行为。在棚户区改造过程中，实施主体对外融资，地方政府用土地出让金返还企业的整理成本，继而偿还企业银行贷款的方式被定义为地方政府隐形债务。为控制隐形债务，降低风险，财政部出台了《关于印发〈试点发行地方政府棚户区改造专项债券管理办法〉的通知》（财预〔2018〕28号），规范棚户区改造融资行为，坚决遏制地方政府隐性债务增量，探索建立棚户区改造专项债券与项目资产、收益相对应的制度。2019年对于新开工的棚改项目，不得以政府购买服务的名义变相举债，而是要求以发行棚改专项债方式进行融资。2020年棚改专项债将继续发行，但需要满足三个要求；一是棚改专项债仅支持已开工项目，项目资金能够自平衡，项目整体收益对债券发行的本息覆盖倍数达到1.1倍以上；二是棚改项目必须纳入年度棚改计划任务、取得立项实施批复；三是棚改项目信息与债券发行申报相关材料要件一致。

对于我国棚户区改造项目融资模式很多学者进行了研究。施昌奎指出要保障性住房建设要创新市场运作方式，吸引保险资金进入，运用信托投资基金；盛熠指出在棚户区改造项目建设中积极推广特许经营等各种政府与社会资本合作（PPP）模式，建立健全财政收入与价格补偿统筹协调机制，深化政府与社会资本合作；刘方强指出有效引入私营资本参与项目建设，减轻政府财政负担，为解决公共租赁住房建设提供途径；陈凯、陈煦煦从博弈视角指出建立和完善公共政策与商业银行共同参与的、多渠道的创新体系，提高棚改建设的效率；高广春以辽宁棚改为例指出棚户区改造过程中政府要发挥强大的资金动员能力，构建适足的以商业性资金为主的资金池；刘博指出国开行定向支持棚改将成为经济稳增长的重要抓手；许鹏指出棚改专项债券具有明确的政策取向，在规范地方政府举债的北京下，将成为未来棚改融资的重要途径。

地方政府专项债作为一种显性、量化、可控的政府债务，是近年积极财政政策的重要内容，包括增加专项债规模、人大授权提前下达额度、允许部分作为项目资本金、允许跟进银行贷款等，都致力于发挥专项债化解隐性债、稳基建、稳增长、扩内需、保就业的重要作用，截至2019年8月中旬，全国各地发行的棚改专项债总额已经超过6 300亿元，额度已超出2018年总额的一倍以上。但目前学术界对实施主体收到的棚改专项债资金属性如何认定关注较少，且认定的结果将对实施主体的资产负债率产生重大影响，而更多的是探讨棚改专项债融资的优劣势。地方政府专项债是政府财政部门牵头，本意是降低政府的政务和杠杆率，而作为各类棚户区改造项目的实施主体大多是国资委旗下的国有企业、中央企业分支机构，国资委牵头国有企业的降杠杆、降负债工作，棚改专项债性质上属于代收转付的财政资金，若纳入实施主体企业表内核算，将会实施主体企业的资产和负债猛增、资产负债“虚肥虚胖”，企业资产负债率无限逼近99%，进一步推高上一级母公司资产负债率较快上涨，不符合国有企业降杠杆的精神要求，地方政府专项债的初衷也不是把地方政府的债务和杠杆率降下来的同时把国有企业的债务和杠杆率升上去。本文从法律视角和会计视角对实施主体收到的棚改专项债资金属性进行分析，旨在为实施主体会计核算提供有益借鉴。

二、××项目棚改专项债资金基本情况

棚改专项债资金由北京市财政局牵头开展发行和募集工作，资金募集完毕由市财政局国库账户，转贷各区县财政局国库账户，再由区财政局拨付给棚改项目实施主体企业开立的资金监管账户。区住建委、实施主体、全过程审计单位、全过程造价单位和资金监管银行签订了《资金监管协议》，该协议约定专项债资金应专款专用，封闭运行，不得开通网银业务、不得办理通存通兑，也不得以监管账户内资金用于任何形式的对外担保或与第三方合作。实施主体在收到区住建委的指令就监管账户中的财政资金终止使用或按时进行资金支付时，需按指令执行。从监管账户支取资金需得到严格审批，填写《资金监管协议》附件《拨款申请审批单》《付款通知书》由全过程审计公司、全过程造价公司审核签章后，提交资金监管银行。资金监管银行对监管资金的使用负有监管责任，对于不符合资金监管协议的支付申请有权拒绝支付。项目完结并付清实施主体全部管理费后，监管账户中的所有资金，由监管银行根据区住建委书面通知及实施主体结算凭证全部划转至区住建委书面通知的收款账户中。

同时，以实施主体名义开立的资金监管账户中产生的利息收入也不归属于实施主体，利息收入需不定期由区财政局下达上缴通知，实施主体按通知要求的时间节点将利息上交至区财政国库，用于抵减偿还债券利息。且若实施主体发生破产、清算等丧失履约能力的情形，监管账户中的财政资金需要移交给政府，不能作为实施主体的清算财产。

三、××项目棚改专项债资金属性

（一）法律视角

从《物权法》上讲，物权是权利人依法对特定的物享有直接支配和排他的权利，包括所有权、用益物权和担保物权，货币资金、银行储蓄都属于财产权，财产权也是一种所有权，适用于物权法，实施主体对监管账户中棚改专项债资金没有直接支配权和排他权，实施主体不能直接支配监管账户中的专项债资金，而是受到全过程审计、全过程造价和监管银行的监督，且区住建委可以直接决定中止支付，甚至将资金直接划拨至区财政，实施主体必须无条件配合，因此监管账户中的棚改专项债资金不符合物权法上对所有权的定义。

从《民法通则》讲，财产所有权是指所有人依法对自己的财产享有占有、使用、收益和处分的权利，从民法总则角度讲，民事主体依法享有物权，物权是权利人依法对特定的物享有直接支配和排他的权利。实施主体对专项债资金没有占有、使用、收益、处分的权利，资金只是存放在实施主体开立的银行监管账户中，实施主体不直接支配和排他的占有、使用和处分，且资金产生的利息收入由区财政局下达上缴通知，实施主体和监管银行按通知要求的时间节点将利息上交至区财政国库，用于抵减偿还债券利息。

从预算法上讲，地方政府发行债券时的债务人系地方政府；从信托法角度，受托人必须将信托财产与其固有财产分别管理、分别记账，并将不同委托人的信托财产分别管理、分别记账。

（二）会计视角

根据企业会计准则，资产是指由企业过去的交易或事项形成的、由企业拥有或者控制的、预期会给企业带来经济利益的资源。

首先，实施主体监管账户中收到的棚改专项债资金并非完全拥有和控制的。实施主体收到的棚改专项债资金，名义上存放在企业账户上，但使用时需要全过程审计、全过程造价、监管银行共同监督。在实施主体发生破产、清算等丧失履约能力的情形，监管账户中的财政资金需要归还政府，不能作为实施主体的清算财产。实施主体作为资金的受托管理单位，对资金的使用控制权较弱，甚至在有些情况下，将丧失对资金的拥有和控制。

其次，资金预期带来的经济利益流入绝大部分不属于实施主体。棚改专项债资金支出主要形成拆迁、征地以及安置房建设等实物工作量，形成的主要经济利益为平整后待上市的土地。实施主体取得的经济利益按照其与区政府签订的授权委托协议，过程中仅按实际发生成本的1%确认。

四、结论

棚户区改造项目实施主体银行账户收到政府拨付的棚改专项债资金，没有《物权法》上的直接支配权和排他权也尢《民法通则》上的占有、使用、收益、处分的权利，根据企业会计准则，即使该资金在企业的账户中，也不符合对资产定义，不应在企业的财务报表里列示，否则会造成企业资产负债“虚肥虚胖”，不符合国有企业降杠杆减负债的精神要求，不符合地方政府出台专项债的初衷，不能以升高国有企业的债务和杠杆率为代价来降低地方政府的债务和杠杆率。

参考文献

［1］施昌奎．北京吸引民间资本进入保障性住房建设的制度创新思考［J］．宏观经济研究，2011（6）：11－18.

［2］盛熠．PPP模式在棚户区改造融资中的应用探讨［J］．征信，2018（2）：90－91.

［3］刘方强．BOT模式在公共租赁住房建设中的应用探析［J］．北方经济，2011（2）：39－40.

［4］陈凯，陈煦煦．从博弈视角看开发商投融资决算——以温州市棚改为例［J］．中国经贸导刊，2019（12）：59－60.

［5］高广春．棚户区改造的融资模式研究——基于中国辽宁的案例分析［J］．财贸经

济，2014（2）：66－70.

［6］刘博. 棚户区改造模式与融资问题分析［J］. 中国物价，2015（3）：47－49.

［7］许鹏. 棚户区改造专项债券的政策内涵、优劣性分析及政策建议［J］. 中国地质大学学报（社会科学版），2019（1）：168－177.

税费研究篇

我国减税降费政策对建筑业的影响

龙　魏

摘要：本文对我国 2019 年减税降费政策的成效进行了分析。通过财政统计数据，可以看到我国宏观税负明显下降，说明我国 2019 年实施的减税降费政策当年就取得了初步成效。在此次大规模减税降费中，建筑业是“受益者”，建筑企业减负担，加快了迈向高质量发展的步伐。减税降费政策可以鼓励建筑企业加大生产投入，进而促进企业财务绩效提升。研究发现，我国目前仍面临着中央政府与地方政府财政收支的矛盾等问题。

关键词：减税降费政策　增值税　建筑企业　税收负担

一、研究背景

改革开放 40 多年来，我国顺应经济全球化发展趋势，建筑业取得了巨大的进步，国家建筑业总体规模已居世界前列。我国建筑业的巨大优势主要来自生产成本，调查显示，由于近年来国家经济的快速发展，商品价格上升，造成国民消费成本增加，同时我国的人均收入大幅度提升，因此劳动力成本明显增加，对应的生产效率却没有改进，导致我国依靠人力优势取得的竞争优势正在逐步减弱。此外，税收负担压力较高使建筑企业步履沉重，从宏观来看，2015 年中国的税收负担达到了 37.2%，这一数据明显超出很多国家税负水平。欧美等西方发达国家采取的减税政策实质是为了帮助本国建筑业发展，提高他们建筑业的国际竞争力，相比之下，中国建筑业成长速度较为缓慢。

现阶段，中国经济发展正处在经济高速增长向注重经济高质量发展的过渡时期，建筑业历来是国家实体经济的重要组成部分，努力发展成为世界一流的建筑业强国已经成为新时期下中国发展的方向之一。2019 年的全国两会上，李克强总理在政府工作报告中明确提出，未来会在国家的引导下实施大规模的减税降费，以促进经济发展，降低企业税收负担。同时进一步深化增值税改革，建筑业、交通运输业等行业增值税率由原来的 10% 的下调到 9%，加大对主要行业的税收扶持力度。

这也充分证明了国家对建筑业的扶持力度和重视程度，国内建筑企业要紧紧抓住这一机遇，在发展浪潮中急流勇进，提高发展质量的同时进一步提升国内建筑业的国际竞争力。

作者简介：龙魏，中建八局西南公司重庆分公司出纳。

二、减税降费的理论基础

（一）拉弗曲线

拉弗曲线作为供给侧理论的关键体现，主要反映的是政府税收收入随税率变化情况。图 1 表示的就是拉弗曲线，由图可知，税收水平确实受到税率的影响，也就是可以通过调整税率满足较好的税收收入，但是政府税收水平与税率并不呈现完全正比的关系，政府如果想获得最大的税收收入，不能通过单纯提高税收来实现，因为同一税收水平可能对应两种不同的税率，如图中的 A 和 B，C 和 D。

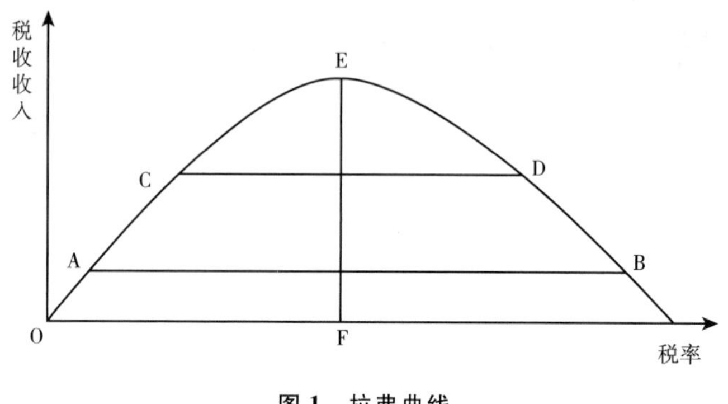

图 1 拉弗曲线

如图 1 所示，拉弗曲线的横坐标代表的是税率，纵坐标代表的是税收收入随税率的增减。当税率小于阈值 F 时，税收收入水平从 0 变化到 E，随着税率的增加，税收收入水平呈现增加的正变化趋势；当税率大于阈值 F 时，随着税率的增加而逐渐减小，税收收入水平呈现负相关的趋势。因此，供给学派的学者认为，为了达到政府税收和经济发展的最大平衡，最终实现共赢，税率必须调整到合适的范围，而不是越大越好。

（二）税收中性

税收中性包括两方面的含义：一是政府征税使社会所付出的代价以应征税数额为限，除此之外不能让纳税人或社会遭到其他经济牺牲或额外负担；二是政府征税应当避免对市场经济运行发生不良影响，特别是不能超越市场而成为影响资源配置和经济决策的力量，而使经济资源脱离其最有效的使用途径。

税收中性是西方税收学界倡导的税收原则之一，其理论基础在于确信市场机制在资源配置方面上有充分效率，倡导税收中性的目的在于避免税收对市场机制的干扰或扭曲，而让市场在不受干扰或扭曲的条件下调节整个经济活动的运行。

（三）减税降费对企业行为及绩效的影响

1. 减税降费政策对企业投资行为的影响。

企业投资行为受税收影响的变化主要有两种：一方面，投资行为会受到资本成本减小的刺激；另一方面，投资行为受到投资收益的影响，具体来说，公司的收益会因为真实税负的增加而减小，也就是说，过高的税负会直接导致投资收益的减小，最终对投资过程产生抑制作用。

2. 减税降费政策对企业研发人员的影响。

当前主要存在三种针对相关人才的税收优惠。

第一种手段是最普遍的，也是最直接的，就是给企业研发人员现金进行鼓励，这种方法可以对现有科研人员产生积极作用，使其更加专注地投入科研工作，为企业创新贡献力量，对于企业而言，可以吸引更多的创新人才，对企业的创新发展提供原动力。

第二种手段是通过减少企业培训费的相关应纳税所得额这种方式，促进企业有动力、有目的地培养更多的创新人才，一方面可以增加相关人员的专业素养和综合能力，另一方面也可以使企业的科研成本降低。

第三种手段是把与研发创新人员相关的费用，如工资、奖金等并入研发费用部分，也就是放在加计扣除的部分，这种降低税负的方式既促使企业更加注重创新能力，而且也能减少相关的创新支出，使企业资金流的使用更加高效，增加创新人才的收入水平，提高其工作热情，最终提升企业的整体创新能力。

3. 减税降费政策对企业绩效的影响。

减税降费政策降低企业成本，从而直接影响公司绩效。对个人所得税的优惠政策可以影响到人力资本成本，对企业所得税的优惠可以影响到企业整体的经济利益，企业固定资产加速折旧可以影响到设备的折旧额，而以上这些都是以现金的形式对企业产生影响，从而能在一定程度上降低企业投入成本，提高企业的盈利水平。减税降费政策提高企业预期利益，从而间接影响公司绩效。

创新是指企业发现行业战略定位空间中的空缺，填补这一空缺，并使之发展成为一个大众市场，形成自己的核心竞争力。但由于企业发展战略创新所面临的市场风险具有很大的不确定性，这往往成为制约企业进行战略创新决策的一个重要因素。在既定的风险条件下，人们往往追求较高的期望报酬率。而税收损失在税前能够扣除或者按一定比例能够减免，将减少企业战略创新风险，提高企业预期收入，企业就会积极进行战略创新，并且有向风险大的战略创新投资转移的倾向。

三、我国减税降费政策的实施及成效

（一）减税降费的必要性

1. 宏观税负现状。

宏观税负不同指标反映不同的经济现状。如果想了解我国真实、全面的税收负担水平，那么可以选取小口径指标；如果想了解政府对财政收入的管理和控制水平，那么可以选择大中口径指标。本文选择了小口径和中口径作进一步分析研究，具体如表1所示。

表 1　　2010～2019 年我国不同口径宏观税负情况　　单位：亿元

年份	GDP	财政收入	税收收入	中口径税负	小口径税负	中口径税负与小口径税负的差值
2010	410 364.1	83 201.51	74 210.79	20.23%	17.83%	2.42%
2011	483 382.8	103 574.43	89 638.39	21.48%	18.55%	2.91%
2012	537 339.0	117 153.52	100 514.28	21.83%	18.73%	3.10%
2013	588 151.2	129 309.64	110 630.70	21.96%	18.78%	3.17%
2014	644 370.2	140 270.03	118 175.31	21.76%	18.48%	3.26%
2015	686 245.7	152 369.23	125 922.20	22.18%	18.19%	3.97%
2016	743 418.3	159 504.97	130 260.73	21.46%	17.53%	3.94%
2017	831 371.2	172 492.77	144 569.87	20.75%	17.37%	3.38%
2018	915 877.3	183 459.84	154 402.86	20.03%	17.08%	2.95%
2019	988 468.0	190 282.00	157 992.00	19.26%	15.98%	3.28%

注：数据通过国家统计局整理得到。

由表 1 可以得出，2010～2019 年，国内生产总值一直呈现稳定的增长状态，而且国家财政收入和税收收入在这 10 年期间也是呈上升趋势增长的。数据显示，国内小口径税负和中口径税负有些许波动，均为先增长后减少，说明宏观税负水平有所降低，这几年政府实施一系列减税政策取得了一定的成效。对比中、小口径的税负差，发现两者之间的差异依旧存在，这种现象表示政府收入中还有很大的比例是由非税收入决定的，存在明显的“费挤税”，因此，必须进一步改进相关的财政税收体制。

2. 企业税负现状。

本文引用廖蔚根（2019）对中小企业税负研究的数据，选取国泰安数据库中剔除 ST 股票类型之后剩余的公司，提取样本是 901 家中小企业。通过对这些公司财务报表中的数据进行统计汇总，进而分析我国中小企业的税负现状，如表 2 所示。

表 2　　我国中小企业 2013～2017 年微观税负情况　　单位：%

年份	企业综合税收负担率	企业流转税负担率	企业所得税负担率
2013	22.78	1.00	19.30
2014	21.42	0.96	18.34
2015	23.15	1.08	19.45
2016	20.73	0.95	17.92
2017	19.36	0.84	15.33

由表 2 可知，在 2013～2017 年，得益于相关减税政策的实施，企业所得税的税收负担率大体上是下降的形式；而且，因为“营改增”的实施减少了之前可能出现的重复征税现象，结果出现了流转税的比率减小变化。由图 1 可知，因为税收减免政策的实施，尤其是针对中小企业的优惠，使中小企业税负水平与我国小口径宏观税负水平之间的差值逐渐降低。但是，从整体变化趋势来看，中小企业的税负水平一直高于宏观税负水平，且差值较大，其税负压力依然很大，需要政府加强减税力度，减轻中小企业相较大型企业之间的差距。

国内经济受各种因素的影响，市场缺乏活力，企业发展受阻。在此境况下国家实施减税降费政策有利于刺激市场活力、提高市场预期、刺激投资提升，从而逐步实现经济的振兴发展。现阶段经济的萎靡不同于金融危机导致的市场经济衰退，目前的关键问题在于市场主体对未来经济发展的预期不乐观，缺乏未来长久发展的信息，因此必须采取减税降费政策为企业创造良好的营商环境，实现企业减负，通过企业刺激和带动市场活力继而实现经济的发展。

（二）主要的减税降费政策

1. 大幅降低增值税税率和单位社保费率。

我国关于减税降费政策的实施分为很多方面，根据国务院常务会议部署，第一，降低相关行业增值税税率，建筑业、交通运输业等行业由10%减少到了9%，相应部分货物服务出口退税率、在买入农产品时产生的扣除率等都发生了相应的改变；第二，将进项税抵扣的项目进行扩大，如将以往不扣抵的旅客运输服务等加入抵扣的范围内，而且，将以前分两年抵扣的纳税人因不动产支出产生的进项税改为一次性全额抵扣；第三，针对一些服务业的纳税人，如邮政、电信以及一些生活性服务业，纳税金额以进项税额加计10%执行。2019年10月1日，生活性服务业的加计抵减比例由10%又提高了五个百分点，达到了15%。①

除了以上针对增值税的税率调整以外，还对由税收部门征收的单位社保费率进行了调整。由于我国加大了税收征管力度，以前本应缴纳但没有缴纳的社会保障费必须进行百分之百额度的缴纳，大大增加了以前没有缴纳足额社保费的企业成本。政府新出的政策对单位社保费进行了改进，通过减小单位缴纳的城镇职工基本养老保险的占比，从而减轻企业的负担，具体的比例从20%减少到了16%。2019年3月26日，李克强总理做出了关于“降费”的有针对性的部署安排，新的政策一方面要求对调低社保缴费基数进行核定；另一方面，为了降低企业，尤其是劳动密集型企业投入在人力上的成本，要求阶段性减少失业和工伤保险费率政策再持续一年。②

2. 对小微企业实行普惠性税收减免。

针对小微企业，政府也出台了相关的优惠政策。第一，将增值税的起征点提高，以前是月销售额3万元起征，现在的起征点增长到了10万元；第二，对可享受相关优惠政策的小微企业的标准进行了放宽，加大优惠范围，增强优惠强度；③ 第三，增值税小规模纳税人在50%的税额区间对“六税两费”进行降低，其中“六税”包括印花税、资源税、

---

① 《财政部税务总局海关总署关于深化增值税改革有关政策的公告》，财政部税务总局海关总署公告2019年第39号。

② 各地由过去依据城镇非私营单位在岗职工平均工资，改为以本省城镇非私营单位和私营单位加权计算的全口径就业人员平均工资，核定缴费基数上下限，使缴费基数降低。个体工商户和灵活就业人员可在本省平均工资60%～300%之间自愿选择缴费基数。

③ 对小型微利企业年应纳税所得额不超过100万元的部分，减按25%计入应纳税所得额，按20%的税率缴纳企业所得税；对年应纳税所得额超过100万元但不超过300万元的部分，减按50%计入应纳税所得额，按20%的税率缴纳企业所得税。

城市维护建设税、耕地占用税、房产税和城镇土地使用税，“两费”分别是教育费附加和地方教育附加，省、自治区、直辖市人民政府依照当地真实状况执行的；第四，对于一些初创型企业，将优惠政策的力度扩大。①

（三）减税降费政策的实施成效

1. 减税降费政策实施对宏观经济的成效。

2019 年，国家统计局公布的国内生产总值初步统计结果为 98.95 万亿元，按照可比价格计算比上年增长了 6.1%，与税收同口径按照现价计算比上年增长了 7.8%。当年全国税收收入达到了 1949 年以来的巅峰——15.80 万亿元，但是仅比上年增加了 1 589 亿元，增长率只有 1%，增幅比上年回落了 7.3 个百分点，是近年来我国税收增加额最少、增长率最低的一年。

从宏观税负水平来看，2019 年，我国的宏观税负不仅保持了近年来逐年下降的趋势，而且骤降至 15.98%，大大低于 2011 ~ 2015 年 18% 以上的水平，比 2018 年的 17.08% 下降了 1.1 个百分点，降幅为 6.44%，是近年来降幅最大的一年。宏观税负的下降，在一定程度上可以反映我国实施的减税降费措施已初显成效。

2019 年，减税降费政策的实施在增值税和个人所得税两个税种上效果明显。增值税和个人所得税都是我国税制中的主体税种，2018 年上述两种税收的收入分别居我国 18 种税收中的第一位和第三位，占全国税收收入的比重分别为 39.6% 和 8.9%。2019 年，国内增值税收入为 6.23 万亿元，仅比上年增加了 800 亿元；增长率只有 1.3%，增幅比上年下降了 7.8 个百分点，其中工业企业实际缴纳的增值税下降了 6%。进口环节征收的增值税也大幅度减少。个人所得税收入为 1.04 万亿元，比上年减少了 3 484 亿元，降幅高达 25.1%，占全国税收收入的比重也骤降至 6.6%，比上年的 8.9% 下降了 2.3 个百分点，收入规模从第三位降至第四位。

2. 减税降费政策实施对建筑业发展的成效。

（1）增强了建筑业发展实力。

减税降费政策对建筑业造成了很大的影响，根据税务部门 2019 年的数据，前三个季度，建筑业，交通运输、仓储和邮政业共新增减税 1 179 亿元，占新增减税总额的 7.8%，建筑业行业税负同比下降 0.63 个百分点。税务部门 2019 年相关数据显示，前三季度中，成为重点监测税源的 10 万户重点企业，其用于进行科研的投入同比增加了 19.3%，同比增加了 3.4%。

流转税的减少，在很大程度上为企业减小了压力，降低了税负成本，不仅使企业利润收入的增加，而且扩大了资本的范围，最终促进了企业规模的不断扩大。减税降费政策带给建筑业的优惠，一方面促进了我国建筑业的发展，内需扩大，也给市场供给提供了更大的平台；另一方面，也体现了国家对建筑业的重视程度，为中国建筑业更好的发展提供了有力的支持。

---

① 《财政部税务总局关于实施小微企业普惠性税收减免政策的通知》，财税〔2019〕13 号。

（2）增强了中国建筑业国际竞争力。

日本、韩国和泰国等亚洲国家的增值税税率均小于中国，分别是 8%、10% 和 7%。事实上，对商品而言，它的出售价格包括税收的成本，也就是说，同样质量的产品，增值税税率越高，那么它的成本越高，相应的价格也会越高。在大的国际竞争背景下，这种情况非常不利于中国本土商品的出口。而且，其他国家的低税率，如美国持续的税率调整，也会吸引国内一些企业迁移，不仅减少了国内的就业，而且也会造成中国资本流动损失。为了尽量避免以上事情的出现，我国也跟随国际形势，将增值税从 10% 降到 9%，这种税率的调整可以增加中国建筑业的优势，提高竞争力。

（3）促进企业投资，优化企业资产负债结构。

因为现在国内建筑业在进行融资时，其来源分布并不均衡，有的建筑企业融资是采用债务方式融资，而所有者提供融资的部分很少，所以导致资产负债率较高。这种情况对企业的发展而言是弊大于利的，甚至会导致很严重的恶性循环，具体的体现是：负债率增加导致更糟糕的偿债状况，对企业而言，它的流动资金不仅要用于高额的税费，还要应对债务和财务的大量支出，导致现金流出现短缺，资金链无法维持，债务还不上，最终破产。因此，对建筑业而言，同样的生产规模下，税率由 10% 降到 9%，可以减少运营成本、收入增加，可以进行支配的现金流也会变得更多，这部分资金可以用来进行投资，使企业短时间内的资本得到增加。

四、研究结论及政策建议

（一）研究结论及问题总结

1. 研究结论。

本文通过宏观和微观视角，对我国 2019 年减税降费政策的成效进行评述。在宏观方面，通过财政统计数据，可以看到我国宏观税负明显下降，反映出我国减税降费政策取得了初步成效。在此次大规模减税降费中，建筑业是“受益者”，建筑企业减负担，加快了迈向高质量发展的步伐。

2. 当前减税降费政策的不足。

（1）宏观层面。

国务院关于减税降费工作情况的报告指出，因为减税降费政策的实施，给国家财政收入也带来了很大的压力。有数据显示，2019 年前十个月，减税降费政策的程度超出预期，国内的一般公共预算收入提高了 3.8 个百分点，但税收收入的增长点仅为 0.4 个百分点，无论是中央财政收入还是地方财政收入都产生了一定的压力，地方财政收支面临困难。总体看，仅从税收收入（不含其他政府收入）看，我国宏观税负近年来长期维持 18% 左右，但政府承担着众多的公共品、公共服务以及经济建设任务，支出刚性很强，政府财政收支矛盾突出。尤其是市县以下政府，财政收入来源不稳定，各地财政收入增长呈下降趋势；政府刚性支出难以削减，民生工程、基础建设、精准扶贫等项目需要稳定可持续的财政资金支持。

（2）微观层面。

企业普遍认为，减税降费政策在降低企业税费负担方面效果明显。增值税改革方面，多数地区、大部分企业认为增值税减税有利于降低企业税负、增强企业承压能力；个人所得税改革方面，纳税人普遍反映本轮改革力度大、涉及的获益纳税人数量众多，但不同收入水平的人员受益程度存在差异，其中，中低收入人群受益感更强一些。社保费方面，企业认为社保费率下调幅度较大，企业能够明显感受到政策优惠。但是，不同行业对优惠政策的获得感有一些差异。

建筑、房地产、交通运输等行业总体获益，制造业、批发和零售业减税受益相对较大，但部分企业对增值税减税政策的获得感有所减弱。进项税方面，据部分建筑企业反映，在其购进的原材料中有一部分来自制造业等行业，购进这部分原材料的进项税率下调幅度大于销项税率的下调幅度，企业可抵扣的税额相对减少，需要缴纳的税额相对多一些，在一定程度上减弱了相关企业的政策获得感。进项税率的下调幅度，企业可抵扣的税额相对减少，需要缴纳的税额相对多一些，在一定程度上减弱了相关企业的政策获得感。

（二）政策建议

1. 合理调节财政支出。

对于财政支出，必须进行合理严格的把关。第一，所有与民生和经济社会发展有关系的支出都必须严格把控，为了防止“面子”工程和形象工程出现，每一分的支出必须保证合理合法；第二，对于“三公经费”的支出也要严防死守，尽最大的可能压缩行政经费支出，合理减小一般性支出得到比例，做到勤俭节约，坚决制止铺张浪费的情况出现；第三，对于工作人员的办公环境配置，必须严格按照相关的标准执行，保证新型节约型政府的建立；第四，为了提高居民人均可支配收入，增加人民群众的热情，需要合理提高民生支出的比例，尤其是与人民群众密切相关的教育领域、医疗领域以及扶贫领域。

2. 优化财政收入。

对于财政收入，应按照需要进行优化。第一，为了平衡地方财政和中央财政之间的关系，必须调整央地财政分配政策。“营改增”政策的推行，使中央的说话权远远大于地方政府，直接造成地方的收入来源减少，财政收入总额降低，这也导致地方政府在落实减税降费制度时，积极性不高。为了解决这个问题，可以调整中央和地方政府在各个税种，如所得税、增值税等中的占比，使地方的财政收入有所提高。第二，中央政府应该增加地方政府的财政收入的倾斜，这对当地的财政压力具有很好的减弱作用，尤其是一些贫困偏远地区。第三，地方政府对于过高的非税收入问题也应该引起关注，不能为了获取社保经费收入而再三对缴费基数进行提高，除此以外，必须以大局为重，从长远角度出发，自觉对内部不符合规定的行政性收费进行改进甚至消除。由拉弗曲线原理可知，当供给侧结构性改革达到了预定目标时，税基一定会增长，地方政府的财政收入也一定会有所改善。

3. 建议增值税税率继续减档。

除了3%的征收率外，还有13%、9%、6%三档增值税率对应不同的经营业务。增值税税率档级较多，一方面会给经营多种业务的企业带来税收计算困扰；另一方面会导致不同行业税率不同，从而致使进项税额无法足额抵扣的问题，所以建议优化税率档级，降低档级复杂度。

4. 改进完善税收征管机制。

企业之间有很大的差异性，对税收征管部门而言，必须详细了解各个企业的纳税情况，并且从实际出发，具体问题具体分析，对不同的征税来源采取不同的征税流程，进一步增加征税的效率。而且，税收征管部门还应该与其他部门有良好的沟通协作，对征管机制进行创新，减少纳税人的征管成本。除此以外，随着科学技术的发展，税务单位还可以引进很多被证明效果良好的税收征收管理系统，这不仅可以提高征税过程的效率，使管理的成本减少，而且也可以降低企业的纳税损失。

参考文献

[1] Daniel B. C., Gao S. Implications of productive government spending for fiscal policy [J]. Journal of Economic Dynamics and Control, 2015, 55: 148 - 175.

[2] Bressler M. S., Bressler L, Serrato D. Taxreform and small business: the potential impact of flat taxlegislation [J]. Researchin Business & Economics Journal, 2012 (6): 152 - 160.

[3] Knut L. Seip. Does taxreduction have an effect on grossdomestic product? An empirical investigation [J]. Journal of Policy Modeling, 2019, 41 (6).

[4] 闫怡芳. 供给侧结构性改革背景下减税降费政策实施研究 [D]. 内蒙古大学, 2019.

[5] 邓翠翠. 民营企业减税降费的分析与思考 [D]. 安徽财经大学, 2019.

[6] 廖蔚根. 我国中小企业的减税效应分析 [D]. 江西财经大学, 2019.

[7] 王乔, 黄瑶妮. 减税降费: 助力中国经济高质量发展 [J]. 税务研究, 2019 (10): 78 - 81.

[8] 倪红日. 全面减税降费背景下的税收经济增长 [J]. 国际税收, 2019 (9): 5 - 10.

[9] 闫坤, 蒋震. 实施战略性减税降费的主要着力点及政策建议 [J]. 税务研究, 2019 (7): 3 - 7.

[10] 庞凤喜, 刘畅. 论减税降费与税负结构优化 [J]. 税收经济研究, 2019, 24 (3): 13 - 19, 54.

[11] 张学诞, 梁季, 许文, 陈龙, 施文泼, 刘昶. 近年来我国减税降费政策效果评估 [J]. 地方财政研究, 2019 (3): 11 - 17.

[12] 蒋震. 关于近期减税降费政策的分析与思考 [J]. 地方财政研究, 2019 (3): 29 - 33.

[13] 周克清, 郑皓月. 新一轮减税降费如何增强企业与居民的获得感 [J]. 地方财政研究, 2019 (3): 34 - 40.

[14] 庞凤喜, 牛力. 论新一轮减税降费的直接目标及实现路径 [J]. 税务研究, 2019 (2): 5 - 11.

[15] 何代欣．实施更大规模减税降费面临的挑战及对策 [J]．税务研究，2019 (2)：18 - 20.

[16] 姜敏．减税政策效应分析及完善 [J]．税务研究，2018 (6)：109 - 112.

[17] 胡怡建．美国税改法案制度设计、政策导向和减税分析 [J]．税务研究，2018 (1)：13 - 17.

[18] 申广军，陈斌开，杨汝岱．减税能否提振中国经济？——基于中国增值税改革的实证研究 [J]．经济研究，2016，51 (11)：70 - 82.

[19] 王雅楠，杨晓雯，孙琳．所得税优惠对企业创新的激励效应 [J]．税务与经济，2019 (1)：101 - 105.

增值税税率降低对建筑企业的影响及应对研究

李　坤

摘要：增值税是中国第一大税种，在经济下行的情况下，减税被视作提振经济的最直接手段之一，它有助于提振企业投资扩张以及刺激居民消费的欲望。但是从企业的角度来看，由于处于产业链的位置不同，其抵扣和受益的规模也不同。本文旨在研究增值税税率降低对建筑企业的影响及应对，以达到在这次税改过程中享受到该有的政策红利。

关键词：增值税　税率降低　建筑企业　产业链

一、研究背景

（一）政策背景

2019 年 3 月 5 日，第十三届全国人民代表大会第二次会议上李克强总理在作 2018 年政府工作报告时提出，深化增值税改革，将制造业等行业现行 16% 的税率降至 13%，将交通运输业、建筑业等行业现行 10% 的税率降至 9%，确保主要行业税负明显降低；保持 6% 一档的税率不变，但通过采取对生产、生活性服务业增加税收抵扣等配套措施，确保所有行业税负只减不增，继续向推进税率三档并两档、税制简化方向迈进。

3 月 20 日财政部、国家税务总局、海关总署发布了《关于深化增值税改革有关政策的公告》（财政部、国家税务总局、海关总署公告 2019 年第 39 号）。

3 月 21 日国家税务总局发布了《关于深化增值税改革有关事项的公告》（国家税务总局公告 2019 年第 14 号）。

中国 4 月 1 日开始适用新增值税税率。其中制造业等行业增值税税率将从 16% 降至 13%，交通运输和建筑等行业增值税税率将由 10% 降至 9%，传媒、商贸、休闲服务继续适用 6% 税率，但增加抵扣税额项目，目标使所有行业税负只减不增。本轮增值税减税规模预计超 8 500 亿元。

增值税属于价外税，但中国消费者日常接触到的商品和服务价格却又都是含税价，吃饭、打车、住酒店、买东西，到手的价格都包含增值税。它是一种从上游不断往下游转移的税种，逻辑上增值税就是消费税，企业把东西卖给消费者，收到了钱，这里就包括所属

作者简介：李坤，业务主管，中建一局集团第一建筑有限公司。

行业对应的增值税。

在交易的过程中，上下游承担的是购销差价对应的增值税，只有最终消费者承担全部增值税。2018 年，中国增值税缴税规模达到 6.15 万亿元、占总税收的 44.6%，为中国第一大税种。

在经济下行的情况下，减税被视作提振经济的最直接手段之一，它有助于提振企业投资扩张以及刺激居民消费的欲望。

但由于企业所处的产业链不同，其抵扣和受益的规模也不同。降税后企业的营业收入增益取决于企业议价能力。即企业所在行业集中度越高，下游议价能力越强，最极端的情况是企业具有众多的客户，具有绝对的定价权，企业在降税时仍不会选择降低总报价，从而获得最大收益。目前中国行业集中度较高的有石油化工、非银行金融机构、建筑、通信等行业的议价能力更高。因此，这些行业也将在本次降税后获得利润最大增长的行业。

（二）理论基础

增值税是以商品（含应税劳务）在流转过程中产生的增值额作为计税依据而征收的一种流转税。从计税原理上说，增值税是对商品生产、流通、劳务服务中多个环节的新增价值或商品的附加值征收的一种流转税。实行价外税，也就是由消费者负担，有增值才征税没增值不征税。

由于增值税是价外税，税率的变动理论上并不会影响社会产品的不含税价格（包括收入和成本），因此，在不考虑附加税费的情况下，税率降低只会导致国家少征税，并不必然导致中间环节纳税人受益。增值税的税负终将由末端消费者承担，因此税率降低理论上会使末端消费者直接受益。包括：

（1）自然人，获取消费品的含税价格降低。

（2）适用免税和简易计税的纳税人，采购成本降低，利润上升。

含税预总收入 − 含税预总成本 = 项目收益 + 营业税金及附加

销项税 − 进项税 = 应交增值税

不含税预总收入 − 不含税预总成本 = 项目收益 + 税金及附加

但是，由于增值税是价外税，增值税税率的降低如果供应商价格和业主价格不随之改变，那么就会影响到公司的不含税收入和不含税成本发生改变，进而使项目收益发生改变。

二、案例分析

（一）理论分析

当增值税税率下降之后，会出现以下几种情况：

1. 供应商。

（1）供应商含税价格不变。

以供应商原税率 16% 为例，假设供应商含税价格为 Y，不含税价格为 X，因为 Y =

$X(1+$增值税率$)$，所以如果增值税税率16%不变，有：

$Y = X_1(1+16\%)$

如果增值税降低为13%，有：

$Y = X_2(1+13\%)$

根据以上两式可以得到$(X_2 - X_1)/X_1 = 2.65\%$，即成本会上升2.65%。

（2）供应商不含税价不变。

在这种情况下，$(1.16X - 1.13X)/1.16X = 2.59\%$，即供应商含税价应该下降2.59%，成本不变。

2. 业主。

（1）业主含税价不变。

以业主原税率16%为例，假设业主含税价格为Y，不含税价格为X，因为$Y = X(1+1$增值税率$)$，所以，如果增值税率16%不变，有：

$Y = X_1(1+16\%)$

如果增值税降低为13%，有：

$Y = X_2(1+13\%)$

根据以上两式可以得到$(X_2 - X_1)/X_1 = 2.65\%$，即收入会上升2.65%。

（2）业主不含税价不变。

在这种情况下，$(1.16X - 1.13X)/1.16X = 2.59\%$，即业主含税价应该下降2.59%，收入不变。

（二）案例分析

1. 以上海螺纹钢为例。上海螺纹钢网价人民币走势如图1所示。

图1 上海螺纹钢网价人民币走势

根据图1数据，我们可以做出市场上螺纹钢含税价和不含税价走势，如图2所示。

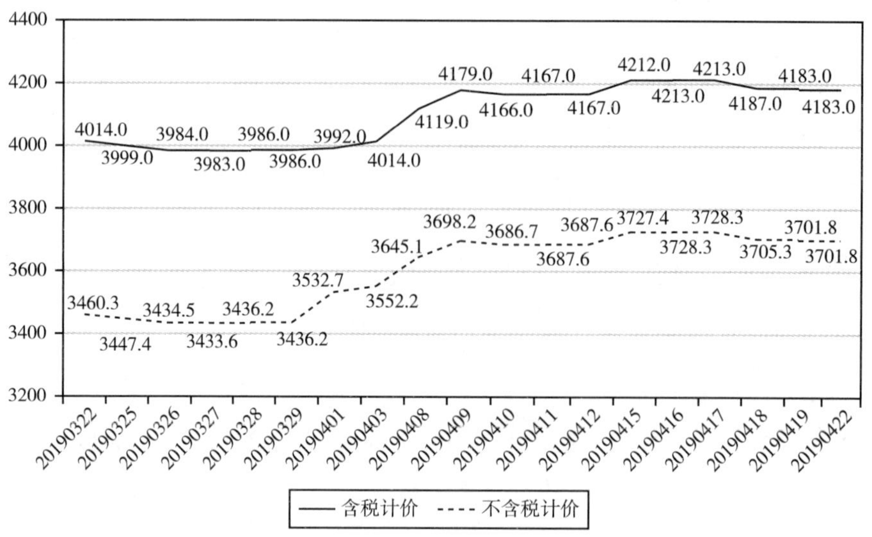

图 2　市场上螺纹钢含税价和不含税价走势

由图 2 可以看出，3 月 29 日至 4 月 1 日，由于增值税税率由 16% 降到 13% 的税收政策的实施，我们购入的螺纹钢不含税价会有明显升高，即我们的购入成本会升高，升高的比例为：[(1+16%)-(1+13%)]/(1+16%)=2.65%。

2. 综合考虑建筑行业平均成本水平、成本结构及利润水平等相关因素的前提下，我们作出如下假设：(1) 一般计税项目毛利率假设（含税）10%；(2) 附加税费率（城建税+教育费附加+地方教育费附加）12%；(3) 不考虑企业所得税的影响；(4) 成本结构如表 1 所示。

表 1　成本结构

项目	成本占比	原税率	新税率
成本费用 A	5%	0%	0%
成本费用 B	15%	3%	3%
成本费用 C	5%	6%	6%
成本费用 D	25%	10%	9%
成本费用 E	40%	16%	13%
可抵扣成本费用小计（A+B+C+D+E）	90%	*	*
不可抵扣成本费用（含未取得专票）	10%		

根据理论分析，我们可以计算得出四种情形下的毛利润和税前利润变动率，如表 2 所示。

表 2　　四种情形下的毛利润和税前利润变动率

情形	收入变动	成本变动	税金变动		毛利润		税前利润	
			增值税	附加税	变动额	变动率	变动额	变动率
1. 业主、供应商含税价均不变（下策）	0.83	1.01	0.18	0.02	-0.18	-2.07%	-0.2	-2.37%
2. 业主含税价不变，供应商不含税价不变（上上策）	0.83	—	0.3	0.04	0.83	9.73%	0.8	9.50%
3. 业主不含税价不变，供应商含税价不变（下下策）	—	1.01	0.1	0.01	-1.01	-11.81%	-1.02	-12.19%
4. 业主、供应商不含税价均不变（中下策）	—	—	0.23	0.03	—	0.00%	-0.03	-0.32%

我们再添加三种不同成本费用结构加以讨论，如表 3 所示。

表 3　　三种不同成本费用结构

项目	成本结构			原税率	新税率
	一	二	三		
成本费用 A	5%	5%	5%	0%	0%
成本费用 B	15%	15%	15%	3%	3%
成本费用 C	5%	5%	5%	6%	6%
成本费用 D	35%	25%	5%	10%	9%
成本费用 E	30%	40%	60%	16%	13%
可抵扣成本费用小计（A+B+C+D+E）	90%	90%	90%	*	*
不可抵扣成本费用（含未取得专票）	10%	10%	10%		
成本费用合计	100%	100%	100%	*	*

通过相同的方法计算得出结果，如表 4 所示。

表 4　　毛利润和税前利润

情形	成本结构	收入变动	成本变动	税金变动		毛利润		税前利润	
				增值税	附加税	变动额	变动率	变动额	变动率
1. 业主、供应商含税价均不变（下策）	一	0.83	0.88	0.05	0.01	-0.05	-0.57%	-0.05	-0.66%
	二	0.83	1.01	0.18	0.02	-0.18	-2.07%	-0.2	-2.37%
	三	0.83	1.27	0.44	0.05	-0.44	-4.67%	-0.49	-5.27%
2. 业主含税价不变，供应商不含税价不变（上上策）	一	0.83	—	0.15	0.02	0.83	10.24%	0.82	10.30%
	二	0.83	—	0.3	0.04	0.83	9.73%	0.8	9.50%
	三	0.83	—	0.6	0.07	0.83	8.86%	0.76	8.15%

续表

情形	成本结构	收入变动	成本变动	税金变动		毛利润		税前利润	
				增值税	附加税	变动额	变动率	变动额	变动率
3. 业主不含税价不变，供应商含税价不变（下下策）	一	—	0.88	-0.03	0	-0.88	-10.81%	-0.88	-11.07%
	二	—	1.01	0.1	0.01	-1.01	-11.81%	-1.02	-12.19%
	三		1.27	0.36	0.04	-1.27	-13.53%	-1.32	-14.10%
4. 业主、供应商不含税价均不变（中下策）	一	—	—	0.08	0.01	—	0.00%	-0.01	-0.11%
	二	—	—	0.23	0.03	—	0.00%	-0.03	-0.32%
	三	—	—	0.53	0.06	—	0.00%	-0.06	-0.68%

很明显，在四种情形下，业主含税价不变、供应商不含税价不变对我们最有利，而业主不含税价不变、供应商含税价不变对我们最没利。

3. 当我们业主为增值税税率是6%的企业时，如医院，因为它适用的增值税税率在此次税改中并未降低，所以在这次税改中它的增值税销项税额不变，但可抵扣进项税额减少，进而会影响其项目收益降低。如果它为弥补损失要求我们降价，这种行为实质是在剥夺我们在这次税改中的应得红利。

综上所述，虽然建筑业增值税适用税率下调，销项税有所减少，但同时成本费用对应的进项税也同步减少，且从行业一般成本结构来看，销项税减少的幅度普遍低于进项税减少的幅度，导致应交增值税有所增加。因此，如果应对不当，则税率下调对建筑企业而言并未实质降低增值税税负。

影响建筑企业增值税税负的主要因素包括以下两个方面：

一方面，建筑工程项目类型众多，成本结构差异较大，高税率成本占比高的建筑项目税负上升情况明显，导致毛利和税前利润下降幅度较大。

另一方面，由于建筑行业处于产业链中游，行业竞争激烈、整体议价能力较弱且普遍采用成本加成定价，增值税率下调后，业主调低合同价格的情况下，建筑业整体利润增长空间将被极大程度地压缩，很难从此次税制改革中获利。

因此，建筑企业应综合考虑以上因素，积极应对税率下调带来的影响，结合项目的成本构成及进项税取得情况，做好与业主和供应商的沟通，尽量降低税制改革的影响，争取享受政策红利。

三、增值税税率降低的应对策略

那么我们应该如何应对增值税税率降低才能使利益最大化呢？

1. 业主部分。

税率下调之后达到纳税义务时间的，按新税率开具发票。针对合同价格应与业主进行沟通：

（1）尽量与业主协商不进行合同价格的调整，也就是保持含税价格不变。

（2）如果业主要求按不含税价格和新税率对合同价格直接进行调整。则与业主沟通时，应强调成本构成中部分项目不能抵扣，或适用未调整税率，且不能保证涉及调整税率的供应商全部可以调价，这样会造成成本上升、项目的利润下降。因此请业主考虑相关实际情况，通过计算协商部分下调合同价格。

推荐合同条款如下：

①合同含税总价不因承包人开具发票的税率、缴纳的税收与投标时预料的有所不同而调整；

②若因国家政策原因导致增值税率调整，应根据最新的税率对未支付合同价款进行调整，最终使用税率以国家政策公布的适用税率为准，调整后含税价格 = 新税率下当前工程的单价 ×（1 + 调整后的增值税率），若无法明确“新税率下当前工程的单价”，可通过承包方列举新税率下不含税成本变动情况，调整后含税价格 = 原合同含税价格/（1 + 原合同增值税率）×（1 + 调整后增值税率）– 承包方列举新税率下不含税成本增加金额。

2. 供应商部分。

税率下调后，供应商按不含税价格不变进行调价，对于建筑企业来讲是在成本不变的情况下，减少进项税同时减少现金流；而如果不进行调价，建筑企业支付总价不变，但是税率下降了，则会减少进项税同时增加对应成本。因此，税率调整后，建筑企业应积极要求供应商进行调价。

针对提供专用发票（原税率）的供应商，建筑企业应在协商调价时，根据合同约定条款不同采取不同的谈判策略，具体如下：

（1）如合同条款已按价税分离约定，明确注明不含税价格及对应税率、税款，则此类合同可直接与供应商协商调价，即不含税价格不变，税率变动税款下降，按变动后的金额执行。

（2）如合同条款仅约定总价，未进行价税分离，直接注明含税总价。则此类合同需要与供应商进行谈判，只能从业主调价的影响及供应商税负降低的角度，要求供应商按不含税价格与新税率或适当进行价格下调。

（3）要求钢材等大宗材料，在不含税成本变动超合同约定调价（0.3%或其他）比例外，给予充分运用成本变动调价机制补偿。特别要强调，近期商议约定钢材信息价或者网价的，一定选在 2019 年 3 月 31 日之前：2019 年 3 月 31 日与 2019 年 4 月 1 日，两天的不含税价就相差了 2.6%！若钢材调价基期只能为 2019 年 4 月 1 日之后，请在投标报价中充分考虑该部分成本的大幅上涨。

3. 除了业主和供应商部分外，我们应该做的：

（1）新投标项目，必须在投标时充分考虑税率降低对合同成本的影响。

（2）完善所有分包、分供合同模板，学习借鉴增加类似条款，主动转嫁税率降低造成的亏损风险。

房地产行业成本管控

——基于税收筹划及资金成本管控

吴小寒

摘要： 近年来，不断攀升的房价给实体经济、产业结构及民生等方面带来了负面影响。政府部门展开了更严格的管控，党的十九大定下了“房住不炒”的主基调，房地产税立法加速。新常态下，房地产企业应当加强成本管控，拓宽利润空间。本文将从宏观政策、行业环境以及盈利能力三个方面总结房地产行业的发展现状，从资金成本管控、税收筹划两个角度提出成本管控的建议，旨在给房地产企业带来新的思考。

关键词： 房地产项目　成本管控　税收筹划　资金成本

一、绪论

1980 年 6 月，我国推出了住房商品化政策，完善了城镇住房政策。从 20 世纪 90 年代起，房地产行业占 GDP 的比例不断上升，2017 年房地产产业投资增长至 139 734 亿元，占全国固定资产投资的 21.80%，在经济发展中扮演着非常重要的角色。但是房价长期居高，一方面，阻碍了人们对美好幸福生活的追求，就成都而言，2017 年每人月均工资比上年增加 1 293.7 元，房均价增长 3 443 元，房价涨速显然远超于人均工资的涨速，让人们背上沉重的负担；另一方面，高房价还导致不健康的产业结构，就三亚市而言，2017 年房地产产业投资 549.76 亿元，同比增长了 34.1%，但基建等投资同比降低 14.7%。同时，一旦房地产行业的泡沫消失，将形成大量呆账坏账，给商业银行带来极大危机，数据显示，2006 年 6 月，个人的住房贷款金额是 21 000 亿元，2018 年 12 月个人房贷金额是 258 000 亿元，增长了近 11 倍，2011 年不良资产率为 0.9%，2018 年 12 月翻番为 1.83%。

房价居高不下带来了负面影响，党的十九大指出“坚持房子是用来住的、不是用来炒的定位，加快建立多主体供给、多渠道保障、租购并举的住房制度，让全体人民住有所居”。2018 年 10 月，142 个城市房价环比平均下跌了 0.296%。市场的观望情绪加强，投机投资热情降低。

一方面，房价受到管控；另一方面，由于近年来房产需求的攀升，建筑施工原料、化工、冶金等关联产业飞速发展，原材料价格也随之攀升，再加上紧缩的土地供给政策，房

作者简介：吴小寒，中建一局集团资产运营管理有限公司。

地产行业的利润被不断压缩。2019 年房企归属股东的净利润 6 636.62 亿元，同比下降了 3.33%。恒大的利润降幅令人惊讶，2019 年净利润为 335 亿元，同比减少约 50 亿元，毛利润同比减少 21.3%。

房地产行业面临新的挑战，降本增效，实现可持续发展，是亟须解决的重点问题。房地产企业因涉及房产、土地，税负较重。同时，还具有资金密集的特点，资金使用成本也不容忽视。因此，本文将着重从资金成本、税收筹划这两方面来讨论房企的成本管控，这对提升项目绩效、获取竞争优势起到了重要作用。

二、通过税收筹划管控成本

房企的经营性质使其需要缴纳的税种类多且金额大，如土地增值税、房产税等，虽然税法关于应纳税额有明文规定，但是对政策灵活运用，从项目全局上进行税收筹划，也能够为企业降低不少的开支。

（一）巧设售价

我国土地增值税实行四级超率累进税率，如表 1 所示。

表 1　　四级超率累进税率

档次	级距	税率	速算扣除系数	税额计算公式
1	增值额未超过扣除项目金额 50% 的部分	30%	0	增值额 30%
2	增值额超过扣除项目金额 50%，未超过 100% 的部分	40%	5%	增值额 40% - 扣除项目金额 5%
3	增值额超过扣除项目金额 100%，未超过 200% 的部分	50%	15%	增值额 50% - 扣除项目金额 15%
4	增值额超过扣除项目金额 200% 的部分	60%	35%	增值额 60% - 扣除项目金额 35%

另外，税法规定，建造售出普通标准住宅，增值额不超过扣除项目金额 20% 的，免征土地增值税。不同增值率对应了不同的税率，因此，在定价时不应只考虑增值额，决策时还应将土地增值税纳入考虑范围。

1. 商品定价。

在对商品进行定价时，并非定价越高收益越高，若将缴纳的土地增值税纳入考虑范围，有时售价高使企业需缴纳更多的土地增值税，反而使净收益变低了。例如，某批住宅相关可扣除项目为 2 000 元，若将其定价为 2 412 元，则房产增值率 =（2 412 - 2 000）/2 000 = 20.6%，对应土地增值税税率为 30%，应缴纳的土地增值税 =（2 412 - 2 000）×30% = 123.6 万元，税后净收益 = 2 412 - 2 000 - 123.6 = 288.4 万元。若我们降低售价，定价为 2 400 万元，房产增值率 =（2 400 - 2 000）/2 000 = 20%，按照税法规定，无须缴纳土地增值税，税后净收益 = 2 400 - 2 000 = 400 万元，这一定价的调整，为公司节约了 123.6 万元的税款，产生了 111.6 万元的额外收益。

2. 代收费用。

除此之外，代收费用是否计入售价也是值得关注的要点。例如，某一房产定价 2 500 万元，扣除项目为 1 460 万元，代收款项为 100 万元。方案一，将代收款项计入售价，则增值率 =（2 600 − 1 460 − 100）/（1 460 + 100）= 66.7%，应缴纳土地增值税 = 1 040 × 40% − 1 560 × 5% = 360.5 万元；方案二，代收款项不计入售价，则增值率 =（2 500 − 1 460）/1 460 = 71.2%，应缴纳土地增值税 = 1 040 × 40% − 1 460 × 5% = 343 万元。显然，方案二能为企业创造更大的效益。

综上所述，对房产定价和对代收费用的处理，房企应当结合土地增值税做出最优决策。

（二）增加扣除项目

1. 调整利息费用扣除方案。

房地产行业是资金密集型的行业，往往会涉及大量的贷款，对于借款费用，税法给出了两种处理方案：方案一，以商业银行规定的同类同期利率的标准为限，扣除利息成本；方案二，以项目开发成本的 10% 为限，将利息成本计入其他成本一起扣除。例如，某项目的开发成本为 2 200 万元，利息支出 200 万元，商业银行同类同期借款利率为 10%。若按照方案一，可扣除金额 = 200 + 2 200 × 5% = 310；若按照方案二，可扣除金额 = 2 200 × 10% = 220。显而易见，应当选择方案一，提供金融机构的相关证明，可以扣除 310 万元。

2. 增加可抵扣项目。

利用土地增值税的临界税率进行税收筹划，除了可利用改变定价来改变增值率外，还可利用改变可扣除金额来改变增值率。为增加可抵扣项目来控制增值率，将增值率降至低于 20%，以享受免税优惠，可采用如增加住宅装修费用、增加附属设备等方案。

3. 增加费用。

可通过与关联公司产生交易，增加本公司的开支，实现利润向关联公司转移。例如，房地产企业可向关联企业租用车辆或办公楼等固定资产、向关联企业借用资金，房地产企业支付租赁费、资金使用费等，这些费用形成房企的开支，能够减少应缴纳的企业所得税。另外，如果关联企业可享受税收优惠或者是免税企业，那么从整体上看，能够大大降低应交税额。

（三）改变经营模式

1. 转租赁为投资。

税法规定，房企若将商品出租，需要按规定缴纳土地增值税、房产税、教育税附加以及城市维护建设费，若将房产或土地作价转让至联营、合营企业，则可免征城市维护建设费、教育税附加和土地增值税。因此，在政策允许下，将房产对外租赁改为对外投资，能够免去一大笔税款。

2. 拆分商品售出。

在商品能够拆分销售时，可考虑多次售出以降低增值额，如将房产的建设和装修分开售出。例如，某房企现有商品房出售，定价是 1 000 万元，其中装修金额是 300 万元。可扣除项目是 400 万元，其中装修成本 100 万元。方案一，将商品房和装修一同出售，增值率 =(1 000 -400)/400 =1.5，土地增值税 =(1 000 -400) ×50% -400 ×15% =240；方案二，选择将房产和装修分开签订合同，房产增值率 =(700 -300)/300 =1.33，土地增值税 =(700 -300) ×50% -300 ×15% =155。应当选择方案二，因此，在售出房产时，我们把装修和主体分为两个业务签订合同，能够减少应纳税额。

3. 转出租为承包。

出租和承包这两种经营方式，需缴纳的房产税存在很大差异，税法规定，企业出租房产应当按照收取租金的 12% 缴纳房产税，而在承包方式下，按照原值扣减 10% ~30% 的余值乘以 1.2% 缴纳房产税。因此，企业可以测算两种经营方式下，考虑房产税之后的收益情况，选择更大效益的经营模式。若承包产生的收益更大，则可通过成立分支机构，使对方公司以承包的形式获得房产的使用权，以此来降低应缴纳的房产税。

（四）变更核算方式

1. 分开核算增加可抵扣进项税。

税法规定，若固定资产用在非应税项目上，那么买入固定资产的进项税不能予以抵扣；若分开核算，未用在不得抵扣项目上的固定资产的进项税则可以抵扣，减少了应该缴纳的增值税款项。对于免税项目和非免税项目也应当分开核算，实际操作中可在“开发成本—建安工程费”下设置“材料”科目，分开核算能够避免出现因没单独核算导致无法享受免税优惠的情况。

2. 调整对各处商品的核算方式。

房企往往会在同时开发不同项目，企业可以根据实际情况选择分开或合并核算，这就给企业留出了筹划空间，企业需要计算出不同核算方式下的增值率及需缴纳的土地增值税，选择更大收益的核算方式。

3. 分次确认收入。

房企可以在合同中约定分期付款的支付方式，一方面，分期付款能够减轻购买方一次性付款带来的压力。另一方面，对房企而言，可以按照合同约定的付款日期，分期确认收入，同时也分期缴纳税款，虽然总的纳税金额没变，但是考虑资金的时间价值，纳税金额的净现值变小了，也能够节省税务方面的开支。

三、通过缩减资金成本进行成本管控

房地产行业具有资本密集的特点，且施工周期长，市场不稳定性高，资金成本高，资金流动风险大。2020 年突如其来的疫情让中小房企措手不及，销售额下跌导致无法及时回收资金，难以偿还巨额债务，资金链断裂，面临破产或是被兼并。截至 2020 年 4 月 8 日，节后 65 天内共 84 家房地产开发企业破产清算，同比增加 25.3%。2020 年第一季度，房地产行业并购金额 368.6 亿元，同比增长 702.4%。由此可见，对房企而言，健康的资金链是重中之重，如何强化对于资金成本的管控，保持健康的现金流是值得深入探讨的问题。

（一）巧用无息借款

为了控制借款及债券融资规模，降低融资成本，房企可以凭借自身在价值链中对上下游合作方的影响力寻求“零成本融资”。对于下游客户，可以预收客户购房款项。对于上游供应商，利用商业信用，“借用”供应商的资金，以此获取资金。事实上，市场上的知名大房企万科就非常好地利用“无息借款”，对耗费大量财务费用的银行借款以及债券融资进行了控制，巧用无息借款，调整了资金来源结构，降低了融资成本，如表 2 所示。

表 2　　　　巧用无息借款

年份	2013	2014	2015
“无息借款”占比	69.67%	70.49%	70.53%
银行借款占比	10.14%	10.90%	9.04%
债券融资占比	2.55%	3.43%	4.81%
股权融资占比	6.72%	5.93%	4.94%

2019 年可以看出，万科强大的无息杠杆（经营杠杆）运作能力，净负债率为 33.9%，有息负债合计 2 578.5 亿元，负债率远低于行业平均水平，可以很好地降低杠杆风险，降低融资成本。2019 年为释放信贷资源陆续出台了管控房地产行业融资的政策，在这种情况下，同行“被迫”在海外高息发债，万科的资金优势和总体融资成本让同行们“羡慕”，也成为万科的独特竞争力。

（二）采用“轻资产”运营模式

1. “低股操盘”实现少量资金获取大额收益。

当房企寻求新的利润增长点、开拓新业务时，相比通过贷款融通资金运营新业务，采用“轻资产”的运营方式能够通过少量资金实行业务扩张，获取大量回报。在“轻资产”模式下，企业不再在新业务中保持控股地位，但是仍然主导项目的建设，利用自身的人力资源、出色管理、技术输出收取管理费用，利用少量股权投入得到资本回报，同时可以依靠品牌价值得到额外的回报。在这种模式下，借用其他公司的资本，能够实现自身资金的高效配置，减少大量资金占用，促进资本金的回收，减少新一轮融资的成本，减小规模扩张对股权型融资的需求。

2. 通过“去库存”管理减少资金占用。

在地产“寒冬”下，房地产企业的现金流是命脉，销售回款又是重中之重。若房企不注重库存管理，积压的存货无法变现，占用了大量资金，资金没法回收，不利于现金流的健康流通。目前销售放缓，土地整体溢价率回落，土地储存不再是香饽饽甚至会成为沉重的负担。因此，房企应当更加谨慎地拿地，对资产结构进行调整，逐渐削弱在“重资产”上的投资，转而投资可创造持续创造价值的“轻资产”，如塑造品牌声誉、自身管理体系建设、人才梯队建设、专业技能积累。绿地集团在2015年采用“轻资产运营”后，存货的周转天数同比减少201天，自由现金流增至206余亿元。可见，“轻资产”是更为持久的价值源泉，更不易受到市场环境影响，且不会产生“重资产”库存积压时资金占用的问题，能够盘活资产，加速库存与资金的流通，构建健康的现金流，减少融资需求，降低融资成本。

3. 精细化管理“受限”资金。

“受限”资金主要是指预售监管金及预存的资本金，最低预存的资本金占总投资的比例高达30%，再加上预售监管金，房企的“不可动”资金是不容忽视的一笔资金，然而该资金往往被公司所忽略。我们应当对“受限”资金进行精准的管控，增加资金的流通性。

（1）加深对政策的理解。

应当时刻关注政策，加深对政策的理解，在政策的规范下，尽可能地减少预售监管金及预存资本金。例如，在2017年政策提出，具备一级资质的开发商经核实后能够免除监管，信用在本市位列前30或是在全国位列前100的也可免除监管。首先，满足该政策的公司可准备好资料申请免除监管；其次，若本身不满足该条件，但所在集团公司符合要求，可在项目开展初期，通过符合要求的母公司建立子公司的形式，使项目达到要求，享受免于监管的政策优惠；最后，如果母公司也不符合该要求，还可考虑其他政策，例如，如果绿色建筑的开支小于项目增多的收益，可以只监管3%的预售金额。总之，房地产企业应当持续关注有关预售监管金和预存资本金的政策动态，尽可能地减少这部分资金的占有，提升公司资金的利用效率，减轻资金压力，降低融资需求，节约融资成本。

（2）设置台账，及时办理退回。

企业应当设置专门台账来管理此类“受限”资金，准确记录金额大小、受限时间、政策信息等，掌握监管进程。当监控到期解除，相关人员应当及时办理解除手续，避免出现资金已解除限制，却因未办理解除手续使资金被继续占用的情况。建立受限资金管理的考核办法，明确人员责任，建立奖惩机制，调动员工管理受限资金的积极性。

（三）全局管控资金需求，整体筹划借款方案

首先，项目实施前，应当站在项目整体的角度，尽可能精准地测算出项目可能产生的拿地成本、设计成本、建安成本、三项经费等现金流出，并测算出可能产生的现金流入，根据测算出的收支情况进一步分析各个期间所需的资金规模、投资期间的长短。结合各时期借款利率，选择成本最低的融资方式和金额，临近借款到期时，做好资金偿付准备，并计划申请下批所需的短期借款。其次，项目实施过程，应当及时了解工程进度，在保证工程质量的同时尽量缩短竣工时间，提前竣工给予施工方相应的奖励，虽然支付了奖励金，但却能够因为项目周期缩短而减少资金占用，加速资金流转，节约了利息费用。最后，强化合同管理，合同签订成功才拨付开工款，达到合同约定的工程进度和质量再继续拨付款项，严格执行拨付款规范，增加资金的利用效率。

了解项目进度、合同约定结算时间、项目全额控制点等，预估各时间段的资金需求，全盘筹划借款，不仅能够降低财务成本，管控财务风险，还能提升公司在银行的信用度，有助于提升授信额度。

四、总结

房地产行业面临着新的挑战，在“房住不炒”的新常态下，我们看到危机的同时，也应当意识到在成本管控方面仍大有可为。针对房地产企业的特点，本文着重从资金成本管控和税收筹划这两个角度分析房地产行业的成本管控。综上分析，在税收筹划方面，可通过巧设售价、巧用抵扣项目以及改变经营方式这三种方式来降低应交税款。在企业的资金成本管控方面，既可通过“轻资产”运营、精细管控“受限”资金来减少资金占用，提高资金使用效率，减少融资需求，降低资金使用成本，也可以通过利用无息借款、整体筹划借款方案来降低利息支出，减少融资成本。

对于税收筹划，房地产企业应当关注最新的税收政策，专人专岗在全局角度进行税收筹划，在财务核算、营销方案、合同订立、经营方案等各个方面都应融入税务筹划的思考，将税收筹划前置，统筹安排。除了笔者提到的这些筹划方案，房企还应结合自身业务特点，如涉及大量海外业务的，应当关注相关税收协定、与分包方的合同订立以及员工的个税筹划；如涉及 PPP 项目的，应在项目设立、融资、退出阶段全面统筹。

对于资金成本管控，房地产企业应当尽量采用多元化融资方案，融通保险资本、社会资本及产业资本等，避免单一融资途径带来的财务风险。另外，企业还应当结合实际情况作出决策，如文中提到的无息借款，若供应商给出较高的现金折扣，则可以选择享受现金折扣，选择不占用供应商资金。总之，不论是税收筹划还是资金管控都应切合企业的实际情况，做出最有利的决策。

参考文献

[1] 许宪春，贾海，李皎，李俊波．房地产经济对中国国民经济增长的作用研究［J］．中国社会科学，2015（1）：84－101，204.

[2] 朱梓菡．论房地产企业财务风险的生成机理与控制策略［J］．会计之友，2012（24）：77－79.

[3] 李大海．房地产业上市公司融资风险的成因及控制［J］．商业经济，2012（5）：31－32.

建筑企业财务管理中的税务筹划的问题及对策

曹丙林

摘要：随着市场经济不断发展与完善，我国税收状况与市场经济发展的联系愈发紧密。纳税是所有企业和个人必须履行的义务。随着我国税制改革的不断深入，企业在税收主体中的地位也随之提高，其中建筑企业地位的提升最为明显。建筑企业财务管理活动能否有效地进行取决于本企业税收筹划工作开展的效率，当前建筑企业税收筹划工作的好坏直接影响到企业的财务管理活动。目前，大多数建筑公司都在有效开展税收筹划，本文首先阐述了建筑业企业税收筹划的含义，剖析了税收筹划工作目前已有的障碍和问题，并以此为基础提出了建筑业企业税收筹划问题解决的思路和方法。

关键词：税务筹划　建筑企业　财务管理

一、研究意义

税务管理是企业管理的重要组成部分，它是指我国税收机构以我国税收相关法律制度为基础，通过各种措施和手段强化企业管理与经营，协调企业和税收机关的关系。税务管理涉及跨度大、方面多，主要有税务登记、账簿管理、税务申报等一系列活动。一方面，公司建立行之有效的税务管理机制可以将税务工作重视起来，员工可以根据公司日常经营业务及时整理汇总有关税务资料和信息并进行税务处理；另一方面，它可以根据税法来规范公司的业绩，各种涉税事项可以降低企业涉税风险，企业税务人员可以统筹安排各项经济运行，提高企业经济效益。财务共享模式正在成为税务管理发展的主流趋势，在这种趋势下，有效科学的税务管理的重要性日益凸显。

科学有效的税务筹划可以减轻建筑施工企业的税务问题，提高其经济效益，由于市场经济在不断发展中，建筑行业竞争越来越大，利润也逐年减少，同时，施工企业具有风险大、周转时间长、投资大、资质要求高、工期长、工程进度慢等特点。因此，建筑企业必须立足自身的实际业务情况，并以此为基础制定科学合理的税务制度，通过税务筹划与实际工作相结合，降低企业成本，使获得企业的长期发展，以确保实现长远战略目标。

作者简介：曹丙林，业务经理，中建安装集团有限公司华北分公司。

二、建筑企业财务管理与税收筹划的关系

1. 施工企业财务管理理念。

施工企业的财务管理是企业全面管理的重点之一，在企业管理中起着关键作用。财务管理主要分为预算和核算两部分，通过对建筑施工企业年度与季度各项预算的计划、决策、执行监督及事后评价与分析等，实现对建筑施工企业资金与财务税务状况进行全方位与全周期的管控，提高企业财务管理水平，增加企业经济效益。

2. 财务管理与税收筹划的关系。

税务筹划与财务管理环境存在依赖关系。财务管理环境是指能影响建筑企业财务活动的开展与管理的内外部环境，包括经济环境、法律环境等。建筑企业的财务管理活动是一个相对开放的活动，与财务环境的各个方面有着密不可分的关系，它会受到财务环境的影响与制约。税务筹划作为财务管理的重要参与部分，它只能在财务管理环境的条件下去运行，即要根据现有的税收法律制度在建筑企业开展税务筹划工作，这样才能合理合法地实现企业的财务目标。

税务筹划与财务管理内容存在融合关系。建筑企业开展财务管理大致涉及四个方面：投资活动、筹资活动、经营活动和股利分配。这些活动都会受到税务筹划工作的影响，如筹资活动中多种筹资方式的资金成本的列支方式会受到税法的不同而不同，由此导致的企业税收负担税前税后有很大的不同，这会影响到企业的收益，因而企业要科学合理地选择资本结构。投资时，为了最大化收益和最小化支出，可以充分利用政府的相关税收优惠政策，从各个方面进行税收规划。建筑企业在经营时可进行税收筹划的空间比较大，可从原材料采购、出售以及会计核算方法等方面开展。在股利分配时，也可以进行一些税务筹划。总之，在企业正常运行的各个阶段进行合理合法的税务筹划能最大化企业的经济效益。

税务筹划是企业财务管理过程的一部分。合理、合法且有效的税务筹划可以降低企业成本，使企业能充分有效地利用现有资源，在法律规定的范围内实现税务筹划的目标，这样不仅可以使企业的财务管理活动更加高效，还可以提高企业的经济收益，推动企业以更高效快捷的方式运行。

三、建筑企业税收筹划的意义

1. 建筑企业税收筹划的重要性。

从建筑企业的本质来看，企业存在的意义就是为了盈利，企业的财务管理最重要的目的就是使企业财富最大化。企业能不断发展，为了实现这一目标，就需要先进科学的财务管理体系。而在财务管理体系中，税收筹划又是当中非常重要的一环。同时，还要提高企业的管理水平和财务制度，这样可以提高财务管理和税收筹划的效率。

从国家角度看，建筑企业征税的主要目的是减轻税负，但实际上是国家税收经济杠杆

作用企业合理配置资源、优化组织结构的方式。国家分析税收过程中出现的问题，及时完善、补充和调整不合理的税收制度，完善税法，这不仅提高了税务工作的效率，保证了国民经济的稳定发展，而且促进了企业的健康和发展。

2. 建筑企业纳税筹划应遵循的原则。

建筑企业税收筹划必须遵循的主要原则如下：经济原则，税收筹划要求建筑企业根据自身发展情况进行合理调整，税法改变，企业必须及时调整计划以改变经营战略，确保税收科学合理；合法性原则，建筑企业的税收筹划必须以税收相关法律法规为基础，在此基础上进行相关活动筹划可以更为有效，若国家相关部门调整了税法相关规定，企业也要随之改变自身相关计划，保证计划的合理合法性；提前准备原则，在实施税收筹划工作之前，施工企业必须提前做好经营战略和资金准备，以降低不必要的成本，促进施工企业经济效益的提高。

四、施工企业财务管理中的税收筹划对策

1. 提高税制改革意识。

企业在开展税收筹划前，应让内部相关财务人员基于现行的税务体系掌握最新税制的相关内容，同时，可以定期开展最新的税务政策学习活动，使企业财务人员能及时了解到最新的税务资讯信息和改革信息，充分利用优惠政策，降低企业税收成本负担。例如，一些很少使用的稀有设备可以出租，在增加一些额外收入的同时，减轻企业的税负，要求相关财务人员掌握税收优惠政策，了解现行税制改革情况，合理进行税收筹划，降低企业税收成本。

2. 优化财务管理形式。

科学系统的财务管理模式是运作一个良好发展企业所必不可少的条件，科学系统的管理体系可以从多方面提高企业的财务管理活动和水平，减轻税收负担。从管理角度来看，企业应当结合现有的税收体系调整存货的计量方法，使用移动加权平均法计量存货的实际情况，这样可以防止因利润增长过快使企业承担较高的税负。

在一定的比例税率下，建筑企业要合理选择合适的存货计价方法。例如，随着市场原材料价格的不断提升，企业可以适当选择加权平均法计价存货，这样可以使后期存货的购入成本慢慢转移到当前存货中，提高当前销售成本，使应纳税所得额减少，进而减少企业所得税。相反，若市场原材料价格不断下降，企业可以选择其他合适的方法来计价存货，防止加权成本的出现，总之，通过科学适当的税收管理方法可以对企业进行合理的长期规划，维持企业稳定发展，提高企业竞争力。

3. 加强增值税专用发票管理。

施工企业可以建立全面的增值税发票管理系统，实现增值税发票与普通发票分开管理，并建立相应的发票台账，记录发票的申请和申请情况。在开具增值税专用发票的过程中，满足了对发票申请、审批、审核的理解，并根据合同约定，完成施工，项目验收计价开具增值税专用发票；在进项发票领用过程中，要核对发票真实性，并将发票数据与企业

实际情况进行比对。发票审核在提交增值税纳税申报表的过程中，也要模拟增值税的预测，尽量保证各期销项税与进项税的平衡，从而减少税收支出。

4. 运用对外捐赠法实施纳税筹划。

根据新的《企业所得税法》，企业可以适当向公益事业做出一定的捐赠，捐赠金额必须在税前扣除，这一优惠政策是鼓励企业捐赠。在税收筹划过程中，企业应合理运用优惠政策，使企业的捐赠行为不仅能够改善自身形象，达到减轻企业税负的目的。例如，我国的企业所得税法对境内企业的公益性捐赠有条件，规定捐赠可以占企业总额的12%，这样在计算企业所得税时可以根据税额全额扣除。

5. 提高相关财务人员的水平。

优秀的财务人员可以保证企业的税收管理，减少不必要的税收，为企业创造更好的效益。

考虑到企业税务经常受税务政策的影响，建筑企业要加大力度培养一支能力与素质并存的财务管理人员，定期为其开展相关技能和业务培训，邀请一些专业的税务师事务所相关人员不定期开展讲座，为近期相关税务政策的疑点进行答疑，这样不仅可以提高企业财税人员专业水平和素质，还可以降低企业的运营成本和税务成本，提高经济效益。

五、结语

随着市场经济的不断深入，我国税收管理制度的不断完善，建筑企业的财务管理能力也在不断提高，并且税收筹划在企业财务管理中扮演着越来越重要的角色。通过建立系统、科学的税收筹划，一方面不仅可以促进建筑企业财务管理制度的不断优化和改进，形成良性循环，以此促进公司财务系统与各系统的协同发展，最终实现企业系统化、科学化的战略目标；另一方面，发展和提高财务管理水平对建筑企业未来的发展至关重要，公司只有不断提高财务管理与资本管理能力，不断完善企业税收筹划，才能使公司健康、长远发展，为公司未来发展奠定坚实的基础，在市场竞争中占有一席之地。

参考文献

［1］刘德友．税收筹划在企业财务管理和会计核算中的运用［J］．纳税，2018（6）：48.

［2］周成全．现行税收制度下建筑安装企业的会计核算的思考［J］．现代经济信息，2019（10）：231.

［3］程兰．分析建筑企业财务管理中的税务筹划的问题及对策［J］．财会学习，2020（13）：169－170.

［4］郭迁．建筑企业财务风险管理现状及优化对策［J］．中外企业家，2020（14）：36－37.

新会计准则对纳税筹划的影响

赵文琴

摘要：为了引导企业规范化发展，国家有关部门对会计准则进行了革新与调整，企业开展税务管理、财务管理、会计核算等工作必须以会计准则为基础。本文重点阐述新会计准则对企业税务管理与筹划的影响，税务管理在企业整体管理工作中占重要地位，只有做好税务筹划工作，才能有效降低纳税负担、提高经济效益。

新会计准则的颁布，不仅会影响会计核算方式，还会对税收的征管产生直接影响，进而影响国家财政收入。目前，我国企业中会计核算与税收处理有着不同原则，对纳税进行调节是新会计准则和税收法规相互分离的必然产物。新会计准则的制定对会计计量、会计政策以及新会计业务做出了新的定义，对纳税筹划方面产生了巨大影响。本文对新会计准则制定后产生的变化和影响，以及新会计准则下的纳税筹划进行了分析。

关键词：新会计准则　纳税筹划　影响税收

随着新会计准则的推行实施，我国会计行业面临着重大改革。新会计准则的实施对增大我国开放程度，促进我国融入经济全球化的趋势有着重大影响。新会计准则不仅对企业中会计服务人员产生影响，还对企业的税收和纳税带来变动。新会计准则在长期股权投资核算方法、折旧核算以及存货计价方法方面产生了很大改变。

一、新会计准则的主要变化及其影响

会计影响着税收，会计准则对于企业中某会计事项是否被确认为收入或者费用、何时被确认，有着严格的规范。会计人员应当严格遵守会计准则，进行相关账务处理。企业中的纳税就是依据会计人员的账务处理展开，账务处理会对当前的损益乃至税收所得产生巨大影响。因此新会计准则的颁布对税收产生的影响十分广泛。

（一）会计政策选择的变化

新会计准则的颁布对某项业务提供了多种会计政策，不同的会计政策会对相关事项带来不同的经济影响，进而让税收产生变化。例如，新会计准则中存货计价方法产生了变

作者简介：赵文琴，会计初级职称，中建新疆建工集团第一建筑工程有限公司。

动。新准则因为存货进价法中后进先出不能明确反映货物流转情况，取消了其使用。从理论上讲，如果企业采用新的计价方法，对存货多且周转率低的来说会导致利润的不正常波动。一旦市场通货膨胀，企业当期的利润上涨对于税收也会产生一定影响。另外，新会计准则中对固定资产折旧方法也做出了改变，要求每年复核一次折旧年限和预计净残值等指标，如果这两项预期和估算之间有差值，允许企业对其进行调整。这种调整会让每期折旧费用以及利润产生变动，从而影响税收。

（二）计量基础运用的多样化

新会计准则引进了五种计量属性，包括历史成本，重置成本，可变现净值、现值、公允价值。计量属性的多元化会对当期的收入和损失产生影响。在这五种计量属性中，公允价值是其一大特点。公允价值的引进会让企业的资产和负债更为明了和公正，但同时也会对利润和税收产生影响。

（三）所得税会计处理方法的改变

新会计准则采用资产负债表债务法，这种方法比原来的应付税款法递延法和损益表债务法相比引入了暂时性差异的概念，通过计算暂时性差异确认所得税的资产和负债，并将其变化为收益，这会对税收意义上所得产生影响。

（四）收益计量方法变化

新会计准则将债务重组产生的收益进入资本公积转变为债务重组过程中，由于债权人让步导致债务人负债的豁免或减少作为利润进入利润表。一般情况下，债权人会根据债务人的实际偿还能力对其负债进行一定的减少，这就导致收益计量方法的变化对税收的影响是巨大的。

（五）借款费用资本化范围扩大

新会计准则中指出，企业的借款费用可以资本化，当其符合资本化条件时。允许对一些大型设备且生产周期长的出售物品所借入的款项发生利息资本化。

二、新会计准则下的纳税筹划

（一）长期股权投资

长期股权投资作为有效理财方式之一，对规避行业风险有着非常重要的作用，长期股权投资所带来的利润是企业收益的重要组成部分。新会计准则改进了长期股权投资核算方法。在进行长期股权投资核算时，通常会采用成本法和权益法，这两种方法是根据企业中所持股份比例以及对企业的经营决策产生影响的程度来划分的。方法不同，收益确认时间也不同，因此会对所得税缴纳产生影响。新会计准则对成本法的核算范围重新做了规定，将原先属于权益法中的“属于具有控制”的范围纳入成本法之中，这项变化对企业来说是有利的。成本法核算规则是：投资企业在被投资企业实现净利润时不做任何处理，在被投资企业进行分账时，投资企业才会确认属于自己的收益，并依法缴纳所得税。成本法核算在收益确认时间没有变动，并且没有复杂的纳税调整。在被投资企业进行收益分配时，投资企业才能确认收益，投资企业处于非常被动的状态，如果被投资企业保留一部分投资企业的利润，投资企业可以依据成本法将这一部分收益收回或者将其继续保留在被投资企业账面上，继续保留可以规避和延缓这一部分资金应缴纳的所得税。权益法在核算规则上让投资企业所得利益不论怎样都无法规避应缴纳的所得税，因此，成本法的改变对企业规避或者延缓纳税是非常有利的。

（二）公允价值变动

新会计准则对于债务重组以及非货币性交易采用了公允价值计量方式。新会计准则对未满足非货币性资产交易进行了规定，非货币性交易中如果满足公允价值能可靠计量与存在商业实质这两条，那么就要根据此项资产拥有的公允价值进行换入资产成本确认，同时还要计算损失和收益。税法对货币性资产交换进行了规定，同时对于企业重组也有规划，在企业进行非货币性交易投资时，不需要调整纳税可以直接按照公允价值评估后计价。

（三）存货计价

1. 存货入账成本新会计准则确定了成本，对存货购入成本、相关加工费、借债等也有相关规定。在新会计准则中存货准则和借款费用准则两者相互关联，按照新会计准则的规定对列入存款的费用进行处理，税法只是为了获得存货成本的实际支出，这样就导致了存货成本和计税方式产生差异。

2. 存货发出成本新会计准则之前的存货准则对于成本的计算是采用不完全列举法，新会计准则规定的成本计算有先进先出、加权平均法以及个别计价法，由此可见在计算方法上得到了改进。

（四）固定资产折旧

企业在对固定资产进行折旧时，对折旧方法的使用也是一个问题。新会计准则中提出的固定资产折旧方法有两种，分别是加速折旧法和直线折旧法。在这两种方法中，对固定资产使用期限内每年需要计提的折旧额不同，这样会对企业利润计算产生影响，进而影响税收。企业如果对利益的考虑偏多，应当结合实际情况对折旧方法进行选择。在比例税率下，如果企业每年的所得税波动较为平缓，应当选择加速折旧法；在同样的情况下，如果税率的波动非常明显，就应该选择直线折旧法。直线折旧法和加速折旧法在条件相同的情况下，对年利率的计算更为平均。

（五）利息支出

企业在资金不足、不能进行投资时，需要对生产经营规模进行扩大，为了撑起规模的扩大要进行借款，借款带来的利息需要在这几种情况下才能被列支，进行避税。一是企业因为资金不足无法完成筹建工作需要借款时，筹建期间支付的利息应当划分为资本支出，并将其归入资产原价中，通过固定资产摊销的方式列支。二是企业在投入生产、开始经营之前，要每年支付利息，并且按照当年的实际负担数额进行列支。三是企业在经营过程中，借款充当固定资金构建无形资产时，使用后形成的利息要归入该资产的原价中，如果出现需要继续支付利息的情况，则根据当年的实际负担数额进行列支。

三、新会计准则主要特点

（一）规范性与权威性

新会计准则相较于旧会计准则在存货期末计价、价值计量、债务重组等方面进行了重新定义，引入了“先进先出”“公允计量”等方法，同时将债务重组收益纳入当期损益，与国际财务准则之间趋同性较强，在极大程度上增强了新会计准则的规范性，有利于给予企业正确引导。新会计准则由我国财务部门等有关部门签发，具有极强的权威性，企业在开展财务管理等工作时必须将其作为行为标准，如此不仅能够提升信息报告的准确性与真实性，还能为监管税务管理与筹划工作开展提供强有力的支持。

（二）可靠性与相关性

新会计准则是在深入分析我国市场经济发展规律的基础上制定，以基本国情作为切入点，要求执行者始终坚持公平、公正、客观原则，秉承公允价值观念维护市场秩序，因而可靠性较强。新会计准则具有明显的相关性，基于此开展税务管理与筹划，企业需要先对政策、市场等方面的信息进行全面调查，在一定程度上保证了会计信息的及时性，有利于规避数据造假现象发生，对保障企业各利益方的合法权益具有重要作用。

（三）发展性与广泛性

新会计准则之所以呈现出鲜明的发展性，主要原因是其在充分考虑基本国情、市场经济、企业实际的基础上形成了系统性指导规则，现阶段的应用性与引导性较强，加上符合国际财务管理核心理念，因而具备良好的发展性。该准则借鉴了许多国际会计准则相关内容，如会计信息纰漏、公允价值计量、主要参数选取与估值等，相较于传统的会计准则，在覆盖范围与规范对象方面皆呈现出较强的全面性与广泛性。

四、新会计准则对企业税务管理与筹划的影响

（一）积极影响

1. 企业损益确定口径得到统一。

由于新会计准则对债务重组提出了新要求，将其产生的收益纳入营业外收入，不再归于资本公积，这种改变使债务重组收益可以被计入当期损益，企业基于此开展税务管理与

筹划，在一定程度上降低了成本核算风险。因为债务重组相关准则发生变动，所以企业在税务筹划时还对纳税流程进行了调整与精简，在极大程度上缩减了纳税时间周期，对提高经济效益、规避税务风险产生了积极影响。

2. 重新定义了无形资产。

新会计准则对无形资产包含的费用进行了细分，划分出“研究支出”与“开发支出”两个部分，其中“研究支出”产生的费用会被直接纳入当期损益，符合新会计准则要求的“开发支出”会被资本化处理。对于某些寿命得不到有效确定的无形资产，企业可以不遵循摊销原则，针对创新类企业提出了一些优惠政策，在极大程度上帮助企业降低了税负压力，提高了税务管理与筹划水平。

3. 重新规定借款费用明细。

相较于传统会计准则，新准则拓宽了可资本化处理的资产范围，将房地产、轮船、飞机等相关内容纳入其中，使可资本化处理款项由专项借款转变为一般借款，加上“先进先出”的存货管理方法的实施，切实增加了税务筹划空间，对降低缴税负担、提高税务管理工作质量与效率、保证财务数据真实准确具有重要现实意义。例如，某公司 2017 年 1 月 1 日正式动工构建新办公楼，预计 2018 年 6 月 30 日完工，工期约 18 个月，分别于 2017 年 1 月 1 日、2017 年 7 月 1 日、2018 年 6 月 30 日交付工程，具体预付款进度。

（二）消极影响

新会计准则的提出与实施不仅对企业产生了良好的积极影响，还给企业带来了一定消极影响，具体表现为以下几个方面：第一，新会计准则在某些规划要求方面具有较强的超前性。新准则中规定的某些要求不仅与我国大多数企业当前发展现状不相符，还与当前税法、制度、体系等方面存在一定矛盾，使新准则与税法制度严重缺乏一致性。企业在此背景条件下开展税务管理与筹划，必然会导致方案实施的不确定性大幅度提高，间接增加了税务筹划风险。第二，引入公允价值计量，使采用旧计量方法的企业不得不革新计量方式。由于两种计量方法在内容方面存在较大差异，贸然改变计量方法必然会产生大量变动损益，不仅会增加税务管理人员的工作负担，还加大了税务筹划成本，造成资源、时间等方面的浪费，尤其是投资类企业，公允价值计量方法在无形中增加了企业的税务筹划负担，容易造成严重的资金浪费。第三，增加税务管理与筹划部门的工作量，税务风险大幅度提高。新会计准则的出台，其涉及的相关知识与法律法规必然发生变动，税务管理与筹划人员必须全面了解、综合分析新准则中发生的变动，并基于此对已经制定好的税务筹划方案进行调整，这一变动使企业赋税压力增大、潜在税务风险加剧。

五、新会计准则下提高税务管理与筹划水平的措施

（一）树立新税务管理与筹划意识

税务管理与筹划是企业实现降低纳税负担的重要基础，企业若想有效提高经济效益、

保证会计信息真实准确，必须明确树立新税务管理与筹划意识的重要性，只有基于新意识形态与思想观念制订管理与筹划方案，方能为切实提高税务管理与筹划水平提供强有力支持。第一，树立税务风险防范意识，将其纳入企业管理战略规划中，在制订税务管理方案时，充分考虑政策、市场等各项影响因素，如此可实现在规避财务风险的同时促使税务筹划收益最大化。第二，将税务管理与筹划融入文化建设工作中，企业文化直接影响工作人员的思想观念，健康的且符合企业未来发展方向的企业文化对提高员工主动性具有积极影响，在极大程度上可以为营造良好的税务管理与筹划工作氛围奠定了坚实基础。

（二）积极提高工作人员能力与素质

税务管理人员和税务筹划人员是开展税务管理与筹划工作的主要执行者，其专业能力与综合素质直接影响工作效果，为了保证自身健康持续发展、降低税负压力，企业必须提高相关工作人员的能力与素质水平。新会计准则对相关工作人员提出的要求较高，面对竞争日益激烈的经济市场，企业必须保证工作人员具有较强的信息收集能力，这要求其明白信息资料的重要性，充分结合企业实际发展情况，给予税务管理与筹划中可能出现的各种风险高度关注。此外，工作人员自身要不断完善知识系统与素质结构，坚持终身学习理念，不断补充税务管理、税务筹划、法律法规等相关知识，为改善当前工作现状提供人力资源支持。

六、结束语

新会计准则的颁布，影响到了我国经济和政治的发展。新会计准则对会计核算方式以及核算内容都带来了变化，还对政府的税收产生了影响。新会计准则不仅对企业的财务人员带来挑战，还让企业充分认识到税收改变带来的变化。各地的企业不仅要积极消化新会计准则带来的改变，还要结合税法调整企业内部。综上所述，新会计准则具有明显的规范性、权威性、可靠性等特点，企业基于此开展税务管理与筹划工作，可以有效统一损益确定口径，对增加税务筹划空间、提高管理质量具有重要意义，在极大程度上降低了税负压力。因此，企业要以新会计准则立足点，树立新税务管理与筹划意识，提高相关工作人员能力与素质，从而保证切实提升经济效益、增强市场竞争力，实现长足稳定发展。

参考文献

[1] 袁雪竹．新收入准则下收入确认的税会差异分析 [J]．财经界，2019（32）：232－233.

[2] 王令晓．新收入准则下企业所得税的纳税调整和会计处理研究 [J]．经营者，2019，33（20）：157.

[3] 侯怡恬．新会计准则收入的确认与税法的差异及影响［J］．福建质量管理，2019(2)：69.

[4] 马钰．新会计准则对企业税务管理与筹划的影响探讨［J］．新商务周刊，2018(20)：71，73.

[5] 潘珺．新会计准则对企业税务管理与筹划的影响［J］．中国总会计师，2015(5).

建筑业增值税纳税筹划

张秋菊

摘要： 本文通过介绍增值税“营改增”的政策背景，结合建筑业自身行业特点，研究建筑业增税纳税筹划的新办法，从而达到规避风险，实现企业减轻增值税税负的目的。

一、研究背景

（一）建筑业发展前景

当前，建筑行业面临发展低迷和竞争加剧的双重压力，建筑行业产值利润率（利润总额/总产值）近10年一直在3.5%左右徘徊，属于微利行业，“营改增”短期对行业利润影响大；多个细分领域业务呈现萎缩状态，很多细分领域的传统业务日薄西山。眼下，许多城市的建筑行业并不景气，产能过剩、通胀、产出低效、政府负债过大，着实让调控部门对于整个行业束手无策，房地产的走势也令人费解。前三季度全国建筑业总产值为125 792亿元，与上年同期相比，仅增长6.7%，增速继续放缓。全国建筑业房屋建筑施工面积107.8亿平方米，同比仅增长1.6%。民间资本投资断崖式下跌，1～11月，民间投资仅增长2.9%，7～8月，一度跌至2.1%。建筑行业不景气，许多农民工面临失业潮；资金链断裂，不少民营建企不能如期开工，甚至面临破产潮。值得庆幸的是，年末基建投资大发力，仅10月14日至11月14日30天之间，国家层面共批复了17项交通基础设施建设项目，总投资额达3 536.3亿元。可见，作为国民经济支柱产业之一的建筑业也即将步入“严冬”时期。

（二）“营改增”对建筑业企业增值税方面的影响

“营改增”之前建筑业营业税率为3%，“营改增”之后新税制下增值税税率为9%。但从数字层面来看，税负有所增长，但因为存在抵扣进项税，所以税负未必一定上升。另外，如果是小规模纳税人或者是按简易计税方法的纳税人则仍按3%的征收率征收，虽然没有可抵扣的进项税额，但按营业收入/(1+3%)×3%缴纳，实际税率为2.91%，实际税负依然是有所下降的。但建筑业的普遍状况是不重视发票，难以取得增值税专用发票，不存在可以抵扣的进项税额，则所要缴纳税额远远高于营业税征缴水平，加重了税负，企业的

作者简介：张秋菊，中建新疆建工（集团）有限公司国际总承包分公司。

持续经营与发展受到阻碍。

（三）建筑业企业特点

（1）企业营业周期长，流动性强。

因为工程准备以及施工时间长，所以一个工程项目往往要长期占用大量的人力、物力和财力。营业周期长，会计核算跨度大，及时性、准确性受到一定的影响。随着项目坐落位置的变化，建筑业人员、工具以及整个机构都要随之转移，所以流动性强。同时，在这种情况下，手工作业多，小型机械多，便于流动，建筑企业普遍水平就不是很高了。

（2）物质资源消耗大，生产协作关系复杂。

建筑企业材料成本比重大，一般达到总成本的50%～60%，品种繁多差异大。材料的管理核算有一定的难度，此外，在建筑业的服务中，产业链长参与接触的企业众多，如设计、材料、承包、房地产。由于利益关系的问题，建筑商与各方关系往往是复杂、低效乃至对抗的，这就使生产协作尤为复杂。

（3）资产负债率高，现金管理复杂。

建筑企业一般在施工前需要支付一定比例的履约保证金，而其他收入需要等到工程完工验收后才能收到而且还经常遭到延迟。目前，由于市场不规范，才会出现这样的垫资承包，垫资工程。这样一来，建筑商经常出现在资金有限的前提下，大规模举债。增加了财务成本，增大了财务风险，导致资金链脆弱，资金流管理难度加大。

二、阐述建筑业增值税内容及相关政策

（一）征税对象

1. 建筑服务的征税范围，依照试点实施办法附的《销售服务、无形资产或者不动产注释》执行。

2. 建筑服务税目注释。

建筑服务，是指各类建筑物、构筑物及其附属设施的建造、修缮、装饰、线路、管道、设备、设施等的安装以及其他工程作业的业务活动，包括工程服务、安装服务、修缮服务、装饰服务和其他建筑服务。

（1）工程服务。

工程服务，是指新建、改建各种建筑物、构筑物的工程作业，包括与建筑物相连的各种设备或者支柱、操作平台的安装或者装设工程作业，以及各种窑炉和金属结构工程作业。

（2）安装服务。

安装服务，是指生产设备、动力设备、起重设备、运输设备、传动设备、医疗实验设备以及其他各种设备、设施的装配、安置工程作业，包括与被安装设备相连的工作台、梯子、栏杆的装设工程作业，以及被安装设备的绝缘、防腐、保温、油漆等工程作业。

固定电话、有线电视、宽带、水、电、燃气、暖气等经营者向用户收取的安装费、初装费、开户费、扩容费以及类似收费，按照安装服务缴纳增值税。

(3) 修缮服务。

修缮服务，是指对建筑物、构筑物进行修补、加固、养护、改善，使之恢复原来的使用价值或者延长其使用期限的工程作业。

(4) 装饰服务。

装饰服务，是指对建筑物、构筑物进行修饰装修，使之美观或者具有特定用途的工程作业。

(5) 其他建筑服务。

其他建筑服务，是指上列工程作业之外的各种工程作业服务，如钻井（打井）、拆除建筑物或者构筑物、平整土地、园林绿化、疏浚（不包括航道疏浚）、建筑物平移、搭脚手架、爆破、矿山穿孔、表面附着物（包括岩层、土层、沙层等）剥离和清理等工程作业。

(二) 建筑业增值税应纳税额的计算

1. 税率和征收率。

纳税人分为一般纳税人和小规模纳税人。纳税人提供建筑服务的年应征增值税销售额超过500万元（含本数）的为一般纳税人，未超过规定标准的纳税人为小规模纳税人。

一般纳税人适用税率为9%；小规模纳税人提供建筑服务，以及一般纳税人提供的可选择简易计税方法的建筑服务，征收率为3%。

境内的购买方为境外单位和个人扣缴增值税的，按照适用税率扣缴增值税。

2. 计税方法。

(1) 基本规定。

增值税的计税方法，包括一般计税方法和简易计税方法。

一般纳税人发生应税行为适用一般计税方法计税。一般纳税人发生财政部和国家税务总局规定的特定应税行为，可以选择适用简易计税方法计税。

小规模纳税人发生应税行为适用简易计税方法计税。

(2) 一般计税方法的应纳税额。

一般计税方法的应纳税额按以下公式计算：

应纳税额 = 当期销项税额 - 当期进项税额

当期销项税额小于当期进项税额不足抵扣时，其不足部分可以结转下期继续抵扣。

(3) 简易计税方法的应纳税额。

①简易计税方法的应纳税额，是指按照销售额和增值税征收率计算的增值税额，不得抵扣进项税额。应纳税额计算公式：

应纳税额 = 销售额 × 征收率

②简易计税方法的销售额不包括其应纳税额，纳税人采用销售额和应纳税额合并定价方法的，按照下列公式计算销售额：

销售额 = 含税销售额 ÷ (1 + 征收率)

3. 销售额的确定。

(1) 基本规定。

纳税人的营业额为纳税人提供建筑服务收取的全部价款和价外费用。财政部和国家税务总局另有规定的除外。

价外费用，是指价外收取的各种性质的收费，但不包括以下项目：

①代为收取并符合本办法第九条规定的政府性基金或者行政事业性收费；

②以委托方名义开具发票代委托方收取的款项。

(2) 具体规定。

试点纳税人提供建筑服务适用简易计税方法的，以取得的全部价款和价外费用扣除支付的分包款后的余额为销售额。

试点纳税人按照上述规定从全部价款和价外费用中扣除的价款，应当取得符合法律、行政法规和国家税务总局规定的有效凭证。否则，不得扣除。

(3) 试点前后业务处理。

试点纳税人发生应税行为，按照国家有关营业税政策规定差额征收营业税的，因取得的全部价款和价外费用不足以抵减允许扣除项目金额，截至纳入“营改增”试点之日前尚未扣除的部分，不得在计算试点纳税人增值税应税销售额时抵减，应当向原主管地税机关申请退还营业税。

(4) 视同提供建筑服务的处理。

下列情形视同销售服务、无形资产或者不动产：

①单位或者个体工商户向其他单位或者个人无偿提供服务，但用于公益事业或者以社会公众为对象的除外。

②单位或者个人向其他单位或者个人无偿转让无形资产或者不动产，但用于公益事业或者以社会公众为对象的除外。

③财政部和国家税务总局规定的其他情形。

纳税人发生应税行为价格明显偏低或者偏高且不具有合理商业目的的，或者发生单位或者个体工商户向其他单位或者个人无偿提供建筑服务而无销售额的（用于公益事业或者以社会公众为对象的除外），主管税务机关有权按照下列顺序确定销售额：

①按照纳税人最近时期销售同类服务、无形资产或者不动产的平均价格确定。

②按照其他纳税人最近时期销售同类服务、无形资产或者不动产的平均价格确定。

③按照组成计税价格确定。组成计税价格的公式为：

组成计税价格 = 成本 ×(1 + 成本利润率)

纳税人兼营免税、减税项目的，应当分别核算免税、减税项目的销售额；未分别核算的，不得免税、减税。

4. 增值税进项税额抵扣。

(1) 增值税抵扣凭证。

纳税人取得的增值税扣税凭证不符合法律、行政法规或者国家税务总局有关规定的，其进项税额不得从销项税额中抵扣。

增值税扣税凭证，是指增值税专用发票、海关进口增值税专用缴款书、农产品收购发票、农产品销售发票和完税凭证。

纳税人凭完税凭证抵扣进项税额的，应当具备书面合同、付款证明和境外单位的对账单或者发票。资料不全的，其进项税额不得从销项税额中抵扣。

（2）准予从销项税额中抵扣的进项税额。

①从销售方取得的增值税专用发票（含税控机动车销售统一发票，下同）上注明的增值税额。

②从海关取得的海关进口增值税专用缴款书上注明的增值税额。

③购进农产品，除取得增值税专用发票或者海关进口增值税专用缴款书外，按照农产品收购发票或者销售发票上注明的农产品买价和13%的扣除率计算的进项税额。计算公式为：

进项税额 = 买价 × 扣除率

买价，是指纳税人购进农产品在农产品收购发票或者销售发票上注明的价款和按照规定缴纳的烟叶税。

购进农产品，按照《农产品增值税进项税额核定扣除试点实施办法》抵扣进项税额的除外。

④从境外单位或者个人购进服务、无形资产或者不动产，自税务机关或者扣缴义务人取得的解缴税款的完税凭证上注明的增值税额。

（3）不得从销项税额中抵扣的进项税额。

①用于简易计税方法计税项目、免征增值税项目、集体福利或者个人消费的购进货物、加工修理修配劳务、服务、无形资产和不动产。其中涉及的固定资产、无形资产、不动产，仅指专用于上述项目的固定资产、无形资产（不包括其他权益性无形资产）、不动产。

纳税人的交际应酬消费属于个人消费。

②非正常损失的购进货物，以及相关的加工修理修配劳务和交通运输服务。

③非正常损失的在产品、产成品所耗用的购进货物（不包括固定资产）、加工修理修配劳务和交通运输服务。

④非正常损失的不动产，以及该不动产所耗用的购进货物、设计服务和建筑服务。

⑤非正常损失的不动产在建工程所耗用的购进货物、设计服务和建筑服务。

纳税人新建、改建、扩建、修缮、装饰不动产，均属于不动产在建工程。

⑥购进的旅客运输服务、贷款服务、餐饮服务、居民日常服务和娱乐服务。

⑦财政部和国家税务总局规定的其他情形。

本条第④项、第⑤项所称货物，是指构成不动产实体的材料和设备，包括建筑装饰材料和给排水、采暖、卫生、通风、照明、通信、煤气、消防、中央空调、电梯、电气、智能化楼宇设备及配套设施。

只有登记为增值税一般纳税人的建筑服务单位才涉及增值税进项税额抵扣。

三、建筑业“营改增”纳税筹划风险分析

（一）建筑业“营改增”纳税筹划风险分析

（1）税收筹划理念缺失。

多数企业的管理工作由项目负责人、项目部门来完成，重业务而轻管理。大多数负责人认为“营改增”不过是简单的税制变化，不存在纳税筹划的必要，不主动地寻求减轻降低税负的办法。但是我们知道，对于材料供应商的纳税人类别选择，工程设备的租赁以及直接购入选择都是纳税筹划的空间，以及是否重视企业混业经营筹划分类，这些事务涉及企业经营生产的方方面面，如果管理者依然按照固有的观念与习惯进行管理，那么企业难免会承担不必要的税负。

（2）发票管理环节的薄弱。

“营改增”之前，企业的营业税根据营业额以及税率直接计算，那么企业容易忽略发票的管理，依然是重业务、轻管理的体现。

只关注材料价格问题，不关注发票的种类和供应商的选择。那么在“营改增”之后，建筑业的发票由单一的营业税发票改为增值税专营发票、增值税普通发票、税务部门代开小规模纳税人增值税专用发票三种。且企业大多没有完整健全的发票管理保存机制，在后续工作中影响增值税发票认证，以及抵扣环节的进行。所以“营改增”之后，企业需要对发票的管理工作有所重视以及改进。

（3）成本中待抵扣税额较少。

建筑业施工项目普遍规模大、劳动力多，所以人工费用一直是建筑业成本中的重点。对于有施工劳务资质的“劳务分包”，按规定开具11%增值税发票资格；没有施工劳务资质的“劳务派遣”，开具5%或6%的增值税发票。这使企业施工成本中待抵扣额较少，不益于降低建筑业征缴税额。

（4）合同工作的不规范。

合同工作的不规范也是企业增值税纳税筹划的一大问题，多数企业认为合同是一种事务性工作，合同、分类、分级、授权都不健全，且具有随意性。建筑业涉及的合同包括建设、购销、用工、总分包合同。这就需要专业技术素养高，法律知识、造价管理知识具备的人员进行管理。“营改增”之后，合同文本内容将影响进项税的抵扣。例如，合同签订方与实际使用方名称不一，则进项税额无法抵扣。合同中有关价款是否含税如果不明确，则也有不必要的纠纷。因此，“营改增”之后合同不仅是企业盈利的重要环节，还影响企业税收负担。由于增税计算缴纳和抵扣环节较营业税有较大变化，若建筑企业不加强合同签订、审核等工作，则必定会对增税的筹划带来风险。

（二）具体的纳税筹划办法

（1）转变管理理念，注重筹划以及相关政策。

首先企业的管理层应该转变理念，重视纳税筹划，应该看到“营改增”不只是税制的

变化，更是一场机遇，是企业转型契机，从粗放型管理转向精细化管理。并且要认真学习“营改增”相关政策，主动提供良好环境以便于优惠政策的实行。此处我们举例企业不重视混业经营业务分类核算的问题。

【案例 1】

A 建筑企业具有混业经营业务，承接了“设计—采购—施工”总承包合同的项目，合同总价款 1 亿元，其中包含设计价款 3 000 万元、设备价款 4 000 万元、工程价款 3 000 万元。方案一，当企业未分开核算时，A 公司增值税的销项税额为 10 000 × 13% = 1 300 万元；方案二，当企业分开核算时，A 公司会计上设置采购施工总承包合同项目的设计、设备销售、工程施工的收入明细科目，分别核算，分别按照 6%、13% 及 9% 税率计算销项税。A 公司增值税的销项税额为：3 000 × 6% + 4 000 × 13% + 3 000 × 9% = 180 + 520 + 270 = 970 万元。相比方案一，方案二可以减少 A 公司增值税的销项税额 1 300 - 970 = 330 万元。可见，建筑企业在进行混业经营业务应当分别计算各种项目，从而达到减少增值税销项税额，降低税负的目的。

再如，有些建筑企业可以采取“设计—采购—施工”的经营模式，并且将经营转向提供税率较低的设计方面，只要企业在前期做好项目评项评审工作，准确地区分各项目金额，就能达到降低税负的目的。

【案例 2】

承接上个案例，方案三，A 公司与业主协商降低工程价款 500 万元，提高设计价款 500 万元，即设计价款 3 500 万元，设备价款 5 000 万元、工程价款 2 500 万元。A 公司增值税销售额为：3 500 × 6% + 5 000 × 13% + 2 500 × 9% = 1 085 万元。相比方案二，方案三减少了 A 公司增值税的销售额 1 085 - 970 = 15 万元。

（2）供应商选择的纳税筹划以及发票管理。

供应商的选择不仅关系到发票问题，其本身的纳税人身份也是重要的纳税筹划，所以合为一个案例进行说明。

建筑企业要想切实享受到“营改增”政策的红利，完善发票管理制度至关重要。建筑企业应充分理解增值税专用发票的特殊性，并从取得、开具、保管、认证、抵扣等各个环节加强管理。进项税额的抵扣是这次改革的亮点，也是“营改增”后企业降低税负的关键点。增值税发票的索取管理工作是建筑企业在进行进项税额抵扣中要特别予以重视的。对于符合税务规定的抵扣发票种类的熟悉和开票时间的把握，是“营改增”后企业在发票索取时关注的要点。建筑企业与供应方合作，采购大型机械设备、砂石、钢筋等施工材料时，应注重供应方纳税人资格，能提供增值税专用发票的供应商应优先选择，并督促供应商开具增值税发票。如果必须购买小规模供应商的货物时应慎重考虑其价格的优惠是否能达到进项税扣除的额度，并取得由税务部门代开的小规模纳税人增值税专用发票。只有认真做好发票管理的这些基本工作，才能及时对增值税发票进行认证和抵扣，避免不必要的损失。在含税报价相同的供应商选择中，如果供应商可提供的发票类型和适用税率均相等，则应比较供应商的经营规模、商业信誉等因素，选择经营规模较大、信誉好的供应商；如果供应商适用的增值税税率不同，则应选择增值税税率高的供应商。在选择含税报价不同的供应商时，由于不含税成本不同，同时成本相关的进项税抵扣直接影响计入损益的城建税及教育费附加，最终对利润也产生影响。因此，企业在选择供应商时应以利润最大化作为选择的标准。

【案例3】

某建筑公司在承建工程时，为完成该工程，计划外购一批建材。假设该工程含增值税工程款为100万元，其他相关成本为30万元。在购进建材时有下列两种方案，其中城建税税率7%，教育费附加3%，地方教育费附加2%。方案一，从增值税一般纳税人处购入，该批建材的含税价为58.5万元，增值税款为8.5万元，销售方开具增值税专用发票。方案二，从小规模纳税人处购入，由税务机关按3%的征收率代开增值税专用发票，含税价格为50.47万元，增值税款为1.47万元。

在选择的过程中，首先要计算各个方案中企业的应纳税款 及税后实际收益。在方案一中，增值税为1 000 000×9% － 85 000 =5 000元，城建税及教育费附加为5 000×(7% +3% +2%) =600元，应纳 企业所得税(1 000 000 －500 000 －300 000 －3 000) ×25% =49 250元，税后实际收益为800 000 －400 000 －300 000 －3 000 －49 250 =47 750元。

在方案二中增值税为1 000 000 ×9% －14 700 =75 300元，城建税及教育费附75 300 ×(7% +3% +2%) =9 036元，应纳企业所得税(1 000 000 －490 000 －300 000 －9 036) ×25% =50 241元，税后实际收益1 000 000 －490 000 －300 000 －9 036 －50 241 =150 723元。

经分析可以看出，方案二的税后实际收益大于方案一的税后实际收益。企业以利润最大化为选择标准，则应该选择方案二。可见，对于含税报价不同的供应商来说，不应只看价格高低与税率，而应考虑税后实际的收益。

（3）合同工作重视。

建筑企业必须从思想上真正意识到合同管理的重要性。如果是混业经营企业签订需要必要的分包合同，不论业务上采用哪种模式，都应做好谈判工作，规范合同签订过程，关注合同中对方资质、定价方式、发票开具方式、付款时限要求等影响企业增值税缴纳的条款的拟定。

【案例4】

甲工程承包总公司通过竞标，向业主承揽了一项价值2.4亿元的建筑安装工程（其中电梯等设备由业主提供，金额为4 000万元），甲公司又将该工程以1.92亿元（不含设备价值4 000万元）的价格分包给乙工程公司施工。甲公司与业主签订了工程总承包合同，同时又与乙公司签订分包工程施工合同。在签订这两份合同时，涉税事项是这样安排的：由于电梯等设备由业主提供，投标时就明确为4 000万元，因而甲公司与业主签订的总承包合同金额为2亿元（电梯等设备价值不包括在该合同内），则甲公司节税额计算如下：节约营业税 =4 000 ×3% =120(万元)；节约城建税及教育费附加 =120 ×(7% +3%) =12(万元)；节约印花税 =4 000 ×3‰ =12(万元)。甲公司与乙公司签订施工合同金额为1.92亿元。甲公司涉税处理有两种选择：一是双方签订建筑施工合同，即按建筑业征税，则营业税 =(20 000 －19 200) ×3% =24(万元)；二是签订承包合同，则应按服务业征税，营业税 =(20 000 －19 200) ×5% =40(万元)。显然按方案一可节税16万元。所以如何去选择去签订合理的合同，来降低税负也是我们值得考虑的问题。

（4）成本中待抵扣项目少，增加对待抵扣项目。

我们知道建筑企业因为实际情况问题，成本中的待抵扣项目是较少的，“营改增”之后税率的上升，更使企业税负增重。这个时候我们要考虑到如何在实际的经营活动之中增加我们的待抵扣项目，节约成本开源节流。我们可以考虑关于企业购进设备的纳税筹划，税法规定所有增值税一般纳税人都可以抵扣其新购进设备、固定资产所含的进项税额。因此，作为一般纳税人的建筑企业，当其涉及设备更新时，其购进的固定资产的进项税也可以合理抵扣。此时，如果购进设备，则建筑企业需要同时向销售方支付一定的技术转让费，不妨采取多支付设备费，少支付或者不支付技术转让费的做法。即将技术转让费隐藏在设备价款中，那么建筑企业就可以实现多抵扣设备进项税的目的，少缴纳增值税。

【案例 5】

甲企业为一般纳税人，主营业务为生产销售板房并附带安装，有专门的建筑资质。2010 年甲企业预计销售收入 5 000 万元，原材料价值 3 000 万元。甲企业管理层拟于 2010 年向乙企业购进国产化设备一套，价值 1 000 万元以扩大生产，另外甲企业需要向乙企业支付 500 万元的技术转让费。按照税收规定，2010 年甲公司应纳增值税 = 5 000 × 13% − (3 000 + 1 000) × 13% = 130(万元)。经过筹划，甲企业与乙企业协商，将技术转让费的 500 万元中的 400 万元作为设备价款支付，只支付 100 万元的技术转让费，这样对于乙企业而言，收入没有实质变化，但是对于甲企业而言，设备价款 400 万元可以成为进项税额购成部分抵扣。筹划后甲公司应纳增值税 = 5 000 × 13% − (3 000 + 1 000 + 400) × 13% = 78(万元)，经筹划后甲公司税金减少额 = 130 − 78 = 52(万元)。

四、结论总结

从上述问题我们可以看到，重视纳税筹划，学习如何进行纳税筹划是建筑企业当前需要面临的重大问题。同时也能发现，一些问题在于企业本身粗放型管理的模式的弊端，所以企业经营模式的转型也是至关重要的，我们所能提出的办法只是针对一些企业本身存在疏忽或者不予重视的地方进行的纳税筹划。但是针对企业本身经营制度运作模式的问题，我们的纳税筹划是没有比较好的解决办法的。例如上面提到的，建筑业本身存在的垫资承包、垫资工程的问题，这个时候只能依靠企业本身进行改革，优化经营模式，理顺与各合作商的关系，实现自揽工程，自筹资金，自主经营，从而将企业做大做强。总之，“营改增”是大势所趋，不可避免，企业应该顺应“营改增”浪潮，学习与掌握“营改增”的政策与内容，结合相关税收法规，加强纳税筹划，合理规避风险。这样企业才能在后来激烈的市场竞争之中，保持力量将自己的业务做大做好。

参考文献

［1］余美玲.“营改增”后建筑业增值税纳税筹划风险及其规避［A］. 福建广播电视

大学学报，2016.

［2］吴亚，李双星．我国建筑业增值税纳税筹划探析［A］. 河北地质大学，2017.

［3］柳复生．“营改增”背景下我国建筑业增值税纳税筹划研究［D］. 长安大学，2014.

［4］赵海艳．建筑业“营改增”后的纳税筹划［J］. 财经界，2017.

建筑施工企业税务筹划常见问题与应对

唐新梅

摘要： 随着国家经济建设的进行，建筑行业已经成为我国的重要行业，在进行建筑施工时，企业也应该重视先进设备和技术的引进，确保技术和设备能够很好地满足人们对于工程项目质量方面的需要。而随着市场竞争的加剧，施工企业发展时需要付出的成本也在不断增加，这也会给企业利润效益造成一定的影响。在这种情况下，建筑施工企业必须认识到企业税务筹划的重要性，正视企业税务筹划中存在的问题，切实提高税务管理和筹划能力，给建筑施工企业良性可持续发展奠定基础。

关键词： 建筑企业　税务筹划　应对　问题

与其他行业相比，建筑行业有其特殊性，其在前期运作时投入的成本比较高，必须保证施工设备和施工技术的完善。并且，建筑行业经营纳税方面也存在较多的差异，建筑施工企业不但需要遵守国家的相关税收政策，还应该根据企业发展战略来优化税务筹划工作，只有这样才能够保证其流动资金比较充足，能够更好地满足建筑施工和建筑施工企业发展的需要。

一、税务筹划的概念和特点分析

企业在进行税务筹划时，首先必须严格根据国家的法律法规进行，根据自身的投资情况和经营情况来有针对性地进行税务筹划，其目的是帮助企业降低其税务负担。当代企业进行税务筹划工作时，往往具有专业性、合法性、预见性的特点，这便要求企业的税务处理体系必须完善。并且，企业还应该重视企业税务筹划理念的完善，提高相关工作人员的素质，只有这样才能够帮助企业更好地强化其税务筹划工作。建筑企业进行税务筹划时，必须重视施工过程的优化管理，整改和解决存在的各种漏洞，不断完善税收管理体系，从而给企业更好的发展提供动力。

企业进行税务筹划管理时，其工作重点是帮助企业找到比较适合其发展的纳税方案，切实提高企业整体利润和效益，这对于企业现金流维系意义重大。所以建筑施工企业进行税务筹划时，必须进行较为详细的规划方案制定，在方案制定时首先必须保证方案本身的

作者简介：唐新梅，高级会计师，中建新疆建工（集团）有限公司财务资金部。

可行性和准确性，要确保方案能够得到很好的落实。建筑施工企业税收筹划工作开展时也比较复杂，在符合税法规定的情况下，需要通过多种途径来进行变更和调整。而想要做好相关的工作，必须提高税务筹划人员的综合素质和能力，将其与建筑施工材料成本问题更好地结合在一起。

二、建筑施工企业税务筹划存在的主要问题

（一）建筑施工企业税务筹划的意识比较差

通过分析我国当前建筑施工企业实际情况可以发现，很多企业的运营重点都是经济效益获取，对于税收筹划工作不够重视，没有真正认识到做好税收筹划工作给建筑施工企业带来的具体影响。建筑施工企业纳税会直接给建筑施工企业经济效益造成影响，很多建筑施工企业认为不需要过度地重视税收筹划工作，也没有必要针对税收筹划工作进行相应制度的制定，也不需要投入大量的人力财力资源。这种情况下，建筑施工企业税收筹划工作开展得不够合理和全面，也会给建筑施工企业的税收筹划工作更加顺利进行造成影响，甚至会导致建筑施工企业出现经济危机。

（二）相关工作人员自身的专业能力比较差

建筑施工企业对于税收筹划工作开展不够重视，企业没有能够给税收筹划的进行配备专业的人才，不但认为税收筹划不重要，也没有针对税收筹划进行主动积极的管理，甚至认为进行税收筹划时，不需要进行约束和管理，在这种情况下，建筑施工企业进行财务人员招聘时严格程度不够，很多税收筹划人员在工作开展时仅仅了解一些比较简单的法律和法规，在工作开展的过程中不但无法全面地根据建筑施工企业的情况来开展相关的工作，也无法将相关的理论知识很好地运用到实际工作中去，建筑施工企业纳税如果不够合理，则很容易导致建筑施工企业面临较为严重的风险。

（三）建筑施工企业税务筹划面临的风险比较大

税收是我国社会经济发展的重要组成部分，并且税收也具有明显的时效性和变化性，这也会给建筑施工企业更好地进行税收统筹造成极大的影响，必须有水平较高的税务筹划人员来对我国经济市场实际发展情况进行全面的了解。但是现在很多建筑施工企业并没有真正认识到这一点，相关制度没有得到很好的完善，其中存在的不稳定因素比较多，这也会给建筑施工企业税务筹划工作更加顺利地进行造成极大的影响，甚至导致其出现一些比较严重的问题，无法很好地落实税务筹划工作。即便是有些建筑施工企业对于税收筹划的重要性有了一个正确的认知，但是其运行时，技术水平和经验比较欠缺，这也会导致很多问题无法得到及时的解决，这种情况的存在不但会影响建筑施工企业的经济效益，还会导致建筑施工企业税务负担比较严重，甚至会给其造成非常严重的经济损失。

（四）信息系统建设比较的落后

随着社会科技发展，信息技术已经逐步运用到了各个行业中去，当前，当税收筹划时，信息技术也得到了很好的运用，其需要做好相关数据的整理、收集以及利用工作，将信息系统运用进去，能够切实提高税务统筹工作的水准。为了满足税收筹划的需要，建筑施工企业也应该主动积极地将信息系统引入进来，从而更好地满足税收筹划的需要。但是现在很多建筑施工企业并没有根据时代发展来对系统进行完善，依然通过传统的手段来进行税收筹划，在这种情况下，很多建筑施工企业的税务筹划比较混乱，建筑施工企业也很难通过税务筹划来帮助企业更好的发展。由此可见，建筑施工企业想要切实提高自身的税务筹划水平，解决税务筹划过程中存在的问题，便必须根据时代发展来进行税收筹划信息系统的建设，通过信息系统来做好数据的整理和收集工作，从而推动税务筹划工作更好地进行。

（五）内部监督管理不够有效

在实施新税收制度后，企业的税收筹划也发生了很大的变化，建筑工程的施工周期往往比较长，相关的细节也比较烦琐，这也会给税收筹划更好进行造成极大的不利影响。并且建筑施工企业平时的监督和管理存在较多的问题，没有很好地识别抵扣款项目，这也会给企业更加健康的发展造成极大的影响。导致这些问题出现的原因包含以下几点：首先，建筑施工企业的内部监督制度不够完善，企业监督管理没有制度可以作为依靠，从而给监督工作的正常进行造成极大的影响；其次，企业内部的监督管理部门不够有效，没有能够很好地监督企业税务工作开展情况，这也会导致税务处理出现一定的问题，导致税务管理风险的增加；最后，企业的内部控制流程不够完善，在监督时，很容易出现监督的死角，这不但会导致管理人员工作量增加，还会降低监督管理的效率，影响税务筹划工作的正常进行。

三、建筑施工企业做好税收筹划的策略分析

（一）真正地认识到税务筹划的重要性

建筑施工企业想要获得更好的发展，必须对税务筹划工作的重要性有一个正确的认知，真正认识到税务统筹工作和企业经济效益提高之间的重要关系，只有真正认识到这一点，建筑施工企业才能够重视税务筹划工作，从多个角度出发来进行税务筹划。建筑施工企业若是能够真正认识到税务筹划的意义，便能够从体系和制度等方面出发来深入地进行分析，将税务筹划的作用发挥出来，让其成为一项较为专业和独立的工作，确保税务统筹工作能够进行得比较顺利，保证其专业性，帮助建筑施工企业切实提高其税务统筹的水准。为了帮助建筑施工企业真正认识到税务筹划的重要性，便必须帮助管理层更新认知和思想，只有管理层对于税收筹划工作重要性有一个全面的认知，才能够将其更好地运用到企业发展中去。管理人员必须对税务筹划意义进行认真分析，深入了解其情况，建筑施工

企业领导必须主动积极讨论，找到税务筹划工作开展的策略，只有这样才能够帮助建筑施工企业更好地进行税务筹划。

（二）重视税务统筹工作人员专业素养的提高

建筑施工企业在工作开展时，必然会涉及税务筹划的相关内容，如进行重组并购、对外投资等，这些工作的开展对于专业性的要求比较高，在这种情况下，相关工作人员必须全面了解工作过程中的相关内容，只有这样才能够在问题出现时选择合适的方案和计划解决存在的问题，给企业更好的发展提供帮助。建筑施工企业必须重视高水平和高素质的税收筹划人员的引进，不但确保其专业知识比较出色，还必须确保其能够掌握相关的法律法规，能够很好地了解当前建筑施工企业和建筑施工行业的发展情况。在对建筑施工企业工作人员进行考核时，必须全面了解其专业水平和素质。此外，还应该做好新入职工作人员的培训，在培训结束后需要主动积极地进行考核，从而保证相关工作人员专业素质过关，能够满足实际的需要。通过这种手段，能够帮助相关工作人员找到其存在的问题，并及时地进行问题的纠正，帮助其养成学习的良好习惯。此外，对于税收筹划岗位的工作人员，建筑施工企业还必须给其合理的薪酬待遇，只有这样，才能够吸引更多的高素质专业人才。

（三）进行税务统筹管理制度的完善

建筑施工企业必须根据自身的情况来进行税收筹划制度的建立，并对制度内容进行明确，只有这样才能够保证建筑施工企业税务统筹工作能够开展得比较规范。首先，必须进行决策制度的建立，保证建设的税收统筹队伍真正的科学和专业，做好税务统筹工作的管理，帮助相关的工作人员更好地了解当前的法律和法规，保证税务筹划工作开展的合理性。其次，还应该重视各个部门之间的交流和沟通，保证税务筹划工作能够开展得比较顺利，切实提高税务筹划工作开展的质量。

（四）进行一体化 ERP 信息体系的建立

建筑施工企业为了能够更好地进行税务筹划，必须将信息技术合理地运用到税收筹划中来，进行一体化 ERP 系统的建立，在系统建立后，还必须根据企业发展和税收制度的变化来对其进行完善，通过这种手段更好地进行税务统筹信息的收集和管理，从而给建筑施工企业税务统筹方案的制定提供帮助。在这个过程中，还能够通过系统来进行数据的分析，更好地了解我国当前的税收政策，通过具体分析相关的数据，来解决建筑施工企业税务筹划过程中的主要问题，做好税务筹划方面的工作，降低其给建筑施工企业发展造成的影响，将其积极作用发挥出来。

（五）委托机构进行税收筹划

有些建筑施工企业本身的水平比较差，进行税收筹划时存在的问题比较多，很难确保方案真正合理，这种情况的存在很容易导致税务统筹工作无法较为顺利地进行。为了避免这种情况出现，建筑企业可以委托相关部门和机构来进行税收筹划。专业税务筹划人员无论是理论知识还是专业素质都比较强，其能够根据建筑施工企业的情况来做好税务的筹划，建筑施工企业税务筹划的质量也有保证，能够帮助建筑施工企业很好地解决其当前存在的税务筹划问题，也能够给建筑施工企业更好的发展奠定基础。

（六）做好内部审计和稽核工作

内部审计对于建筑施工企业更好的发展意义重大，也能够帮助其降低经营风险。首先，必须做好内部审核覆盖业务的复核工作、审核款项的支付和平时报销的情况。其次，在进行内部审计时，必须进行独立内审部门的建立，进行专业内部审计工作人员的配备，保证业务的合法性，避免出现错弊。此外，对于营利性质部门，还应该做好经济效益的审计，确保其投资的稳定性和真实性，做好风险的控制，只有这样才能够帮助企业更好地进行税收筹划，保证税收筹划的合理性。

四、结语

随着社会经济发展和税务制度的更新，建筑施工企业必须真正的认识到做好税收筹划的意义和重要性，认真地分析税务筹划中存在的问题，并从问题出发选择有效的措施来做好税务筹划工作，将其积极作用发挥出来，让其更好地为建筑施工企业的长远发展服务。

参考文献

［1］艾芳．“营改增”后建筑施工企业税务管理存在的问题及解决策略［J］．商讯，2021（11）：89－90.

［2］王超．“营改增”后建筑施工企业的税务风险与应对策略［J］．纳税，2021，15（9）：11－12.

［3］程龙．建筑施工企业税务筹划常见问题与应对措施［J］．中国集体经济，2021（8）：99－100.

［4］邱美圆．建筑施工企业税务筹划管理策略研究［J］．纳税，2020，14（31）：51－52.

［5］顾彩奇．浅谈建筑施工企业的税务风险管控体系建设［J］．财经界，2020（27）：235－236.

［6］周运．建筑施工企业纳税筹划工作存在的问题及解决办法［J］．财经界，2020（29）：236－237.

［7］刘永灿．建筑施工企业税务筹划问题分析及有效策略［J］．经济管理文摘，2020（17）：45－46.

［8］荣珊珊．建筑施工企业所得税的纳税筹划与减税增效探讨［J］．中小企业管理与科技（上旬刊），2019（7）：62－63.

浅谈 BOT 模式中的税务问题

朱克禄

摘要： 随着我国经济形势的不断发展，十八届三中全会提出全面积极推广 PPP 模式，PPP 模式作为一种新的项目发展模式在我国快速兴起，对近几年我国新型城镇化建设和地方公共基础设施的完善发挥了重要作用。随着 PPP 项目模式的不断发展，与之相关的税务问题也愈发突出，但我国目前还没有出台 PPP 模式系统性的税收政策，笔者就 PPP 模式中 BOT 模式的税务问题做了详细的探讨，希望对同类业务的项目模式起到一定启发和思考。

关键词： PPP 模式　税务　优惠政策

一、PPP 模式的内涵

PPP 模式是指政府和社会资本合作模式，是在基础设施及公共服务领域建立的一种长期合作关系，将政府与企业之间建起共享风险和收益的共赢模式。PPP 有多种模式，常见的有 BOT、TOT、BOO 及 ROT 等。通常模式是由社会资本承担设计、建设、运营、维护基础设施的大部分工作，并通过使用者付费、政府购买服务或者可行性缺口补助三种方式获得合理投资回报。其中 BOT 模式为“建设—运营—移交”模式，社会资本通过政府付费或使用者付费、可行性缺口补助实现投资运营，是一种比较常见的模式。

二、BOT 模式下的税收要点

要厘清 BOT 模式的税收要点首先要对 BOT 模式的资产核算模式进行确认，BOT 模式的项目公司核算可分为三种模式：一是合同约定项目公司无条件收取可确定金额的现金或其他金融资产的合同权利的，这种情况下企业应采用金融模式核算，项目公司根据自建的项目支出确认建造收入或通过发包的建造成本一般计入长期应收款，运营期收到可用性服务费时确认收入并冲减长期应收款；二是合同约定项目公司在未来特定期间特许运营已建成的基础设施并收取服务费用的权利，收取的费用不确定的且不是一项无常取得的收款时，该建设资产计入无形资产核算；三是前两种都涉及的混合式核算方式。下面笔者就从项目设立、建设、运营、移交这四个阶段涉及的税收要点做详细说明。

作者简介：朱克禄，会计，北京震环房地产开发有限公司。

（一）项目设立阶段

BOT 模式 PPP 项目设立阶段如果股东以非货币性资产出资，出资资产会视同销售计算收入，缴纳增值税及企业所得税，项目公司收到资产会按照资金账簿缴纳印花税。同时，根据《财政部、国家税务总局关于非货币性资产投资企业所得税政策问题的通知》（财税〔2014〕16 号）的规定，“以非货币性资产对外投资，应对非货币性资产进行评估并按评估后的公允价值扣除计税基础后的余额，计算确认非货币性资产转让所得”，该转让所得可在不超过 5 年的期限内递延纳税。此外，涉及项目融资的，融资部分的贷款服务费及相关费用产生的增值税在“营改增”后不得抵扣销项税额，不能形成留抵税额。如不动产权属变更的还会涉及土地增值税和契税。

（二）建设阶段

项目公司建设阶段一般期间较短，该阶段无项目相关收入，主要涉及的是勘察、设计、采购、施工等合同的印花税，建设阶段项目公司支付的各项成本开支，会产生大额的进项税留抵税额。由于前期项目无销项税额，大量的留抵税额相当于质押了公司的部分货币资金。前期阶段项目公司投资额巨大，且没有投资回报的情况下，会进一步增加项目公司的融资成本，这对公司是不利的。

（三）项目运营阶段

运营阶段是项目公司持续时间最长、取得投资回款、确认营业收入的阶段。这阶段如果项目公司对投资项目采用的是无形资产核算，当期的收入有相对应的项目特许经营权形成的无形资产摊销做成本费用税前扣除，能降低企业的企业所得税税负；如果项目公司采用的是金融模式会计核算且工程外包，当期确认收入后没有对应的成本费用抵扣，企业所得税税负比较大，加上前期投资额巨大，对企业的现金流是一个考验，也会降低企业的整体收益率。除企业所得税外企业确认收入时也会产生相应的应交增值税，其中以金融模式核算的项目公司当期确认的利息收入销项税没有对应的贷款利息进项税抵扣，从长远来看也会提升公司的税负率。这对促进民营公司进入 PPP 市场形成了阻力，提高了进入 PPP 项目的要求，打击了社会资本进入 PPP 市场的积极性，与 PPP 模式推行的初衷相违背，未能很好地起到整合社会资源、盘活社会存量资本、激发民间投资活力、扩展企业发展空间、提升经济增长动力的作用。

PPP 项目运营期间，我们可从已有的税收优惠政策中找出增值税与企业所得税可以享受的税收优惠政策，具体表现在以下四个方面：一是符合条件的公共基础设施项目及环境保护、节能节水项目可以享受“三免三减半”优惠（财税〔2008〕116 号）（财税〔2012〕10 号）；二是符合条件的环保、节能节水和安全生产专用设备可以按照设备投资额的百分之十抵免当期应纳税额（国税函〔2010〕256 号）；三是符合条件的固定资产加速折旧（财税〔2017〕75 号）；四是对符合资源综合利用产品，可享受增值税不同比例的即征即退优惠（财税〔2015〕78 号）。

河南省开封市民生养老院 PPP 项目就是典型的 BOT 模式（建设—运营—移交），该 PPP 项目建设期 2 年，运营期 28 年，项目回报机制采用使用者付费和可行性缺口补助模式，地方政府利用土地、中央专项资金等资源代替货币资金，既减轻了政府的财政压力，又让项目公司获得了政策优惠，免除了后期项目移交的土地增值税及契税，项目公司获得的中央专项资金支付的可行性缺口补贴免交企业所得税。

（四）移交阶段

在资产移交阶段，企业主要涉及的税种有增值税、企业所得税、与增值税相关的城建税及附加，由于在此期间增值税属于应交税费的大头，我们在此之前就应关注资产的移交是否发生权属转移，权属转移过程中是否会产生较大风险，把管理重点放在资产的风险管理上，对于资产移交政府的可实施风险转嫁策略，通过资金划转将风险降低，对于涉及权属转移的不动产或是机器设备等动产，可先按风险检测策略进行防范。

如果项目移交阶段只是将项目的全部资产及其关联债权、劳动力等一并转让给政府，将完工的项目按照合同约定的要求无偿移交给管理部门或政府，不涉及权属的变更，不作销售处理。

三、BOT 模式的税务建议

由于我国当前还没有系统性、体系化地针对 PPP 项目的税收政策，现存的税收优惠散落在基础设施、节能环保、安全生产等国家鼓励性行业中，零散的税收优惠不能对社会资本起到有效激励，也不利于税务机关管理。笔者对 PPP 项目的税务管理提出几点建议。

（一）对企业内部管理的建议

1. 做好全周期资金计划。

为了全面掌握项目全周期的税务情况，项目设立前期就应做好全面的税务筹划，税金的支付应按项目不同阶段分期考虑，因为不同期间的涉税税种重点不一致，需要考虑的因素也不一样，只有这样才能合理预估项目公司每个阶段应交的税费，合理安排项目公司的现金流出，使整个项目的筹资运营更准确，减少不必要的财务费用支出。

2. 合同签订预见性。

PPP 项目的合同期间一般比较长，有着前期投资额大、回款周期长的特点，PPP 合同条款对项目后续的发展做了尽可能详细的预估，但由于合同周期太长，随着我国经济形势的快速发展，国家税务及经济政策不断变革。例如，最近几年“营改增”及增值税税率的连续变化，对项目后续的核算方式及前期的税收规划可能会产生影响。PPP 项目合同中涉及政策变化的条款可能不再继续适用，投资者和政府可能会对是否适用新政策产生分歧，不利于后续服务的进行，双方应在合同条款中约定政策变更的应对措施，用来应对不断变化的经济形势。

3. 抓好税务监督管理。

做好 PPP 项目的税务管理首先要从公司的内部抓起，让公司员工树立起税务筹划的风险意识，把税务工作作为工作环节中的重点工作，在实际实施过程中仔细分析可能出现的税务问题，及时与公司领导沟通，制订相关的风险解决措施，及时发现并解决相关问题，尽最大努力规避相关风险。其次，组织公司财务人员学习税务相关知识，随时关注税务政策的更新变化，对与自身业务相关的新政策进行收集整理，定期在财务人员中宣贯学习，丰富财务人员的税务知识，提高财务人员的税务意识，及时发现并解决问题。最后，要做好税务工作监督管理工作，成立专门的税务管理人员，对公司的税务工作起到保质提效的作用，也让税务工作流程化、规范化，做到有法可依，有章可循。

（二）对顶层设计者的建议

1. 建立针对性的税收优惠政策。

近几年，我国税法体系发生了较大的变化，为了降低民营企业的经营成本，国家对增值税税率做了二次大幅调整，同时出台了许多有利于小微企业持续发展的优惠政策，《财政部税务总局关于实施小微企业普惠性税收减免政策的通知》（财务〔2019〕13 号），对增值税小规模纳税人减按 50% 征收资源税、城市维护建设税、房产税、城镇土地使用税、印花税等。2020 年疫情期间为了鼓励全国经济平稳发展，进一步降低企业经营成本，出台了关于小微企业单位社保部分的减免政策。这些政策体现了我国目前的税收法律体系和涉及企业经营的相关政策正在不断更新完善，以迎合当前形势下企业经济的发展。相对于 PPP 融资项目，当前的税收法律基本上针对的都只是一般性质的企业以及单位，PPP 融资项目的自身发展要求我国的税收法规体系根据 PPP 融资项目的实际情况，出台针对性的税收政策及税收优惠。

2. 完善 PPP 项目的激励政策。

建设阶段项目公司产生的大量留抵税额，提高了项目公司的资金需求，提高了 PPP 模式的准入门槛。为了更好地激励民营企业的参与度，实现真正的盘活社会存量资本，激发民间投资活力，笔者认为税务顶层设计者应该根据 PPP 项目这种特点出台相关的留抵退税政策，减轻 PPP 项目公司的现金流压力。

根据《财政部、国家税务总局关于专项用途财政性资金企业所得税处理问题的通知》（财税〔2011〕70 号）可知，企业从财政部门取得的财政补贴，在满足一定条件下，可以作为不征税收入，但是不征税收入用于支出所构成的费用不能再税前扣除，同时用不征税收入所购买的资产在后期计算的折旧和摊销也不能在税前扣除。实质上，不征税收入只是给项目公司带来一种延期纳税的优惠，体现的是资金成本时间价值上的一种优惠方式。在通常情况下，PPP 项目公司取得的财政补贴款都是来自地方政府，是对项目长周期运营的一种货币时间价值补贴，不能算作是与获得的服务无关的收款，是提供给政府服务取得的补贴，按照现有的税收政策是不能免交企业所得税的。但企业提供相关服务产生的而企业缴纳的所得税按照 4∶6 的比例分配项目在地方和中央，如果对该项补贴征收企业所得税会造成地方财政变相补贴中央财政，不利于地方公共基础设施项目的发展。对此，建议对项目公司取得的该类财政补贴，免征其企业所得税，当财政补贴用于构建资产在后期所形成的折旧额和摊销额或者用于支出所形成的当期费用时，在其计算应纳税所得额时允许扣除。

笔者主要论述了 PPP 项目增值税与企业所得税的问题，通过以上论述，我们可以看出，现阶段针对 PPP 项目体系化的税务政策还没有，还需要社会资本参与者不断实践，发现项目实施过程中的税务问题，顶层设计者根据实际情况，对我国税务体系及制度不断补充完善，为 PPP 模式的后续发展提供有力保障，促进我国经济结构的调整和转型升级。

参考文献

[1] 政府和社会合作中心 . PPP 项目会计核算方法探讨 . 经济科学出版社 [M], 2015.

[2] 王四春，吴凯 . PPP 项目全流程税务管理研究 . 中国总会计师 [J], 2020 (1).

[3] 杨志，冯臻，赵彬帆 . PPP 模式下的税务研究 . 中国工程咨询 [J], 2018 (9).

[4] 丁婷玉 . PPP 项目全周期税务风险浅析 . 消费导刊 [J], 2017 (18).

[5] 徐瑛辉 . CS 集团污水处理 PPP 项目税务风险管理模式优化 [J]. 南京师范大学, 2017.

浅谈建筑企业税控风险管理

任宗杰

摘要：建筑业实行“营改增”是大型的税制改革，它也是建筑行业发展的新机会，具有较为深刻的价值和意义。因为建筑业的特点是投资金额较多、业务量大、区域跨度较大，所以建筑业需要妥善处理好“营改增”背景下企业税务风险管理工作，本文先分析了“营改增”背景下建筑施工企业税务风险管理难点，然后针对这些难点找到一些有效的措施加以完善和解决。

关键词：“营改增”　建筑施工企业　税务风险

管理建筑安装企业是主要从事土木工程，房屋建筑和设备安装工程的企业，它是建筑业中在行政上有独立组织机构，在经济上施行独立经营和核算，自负盈亏的生产单位，具有以下几个特点：一是建设周期长。建筑施工企业的工程项目一般建设周期长，建设周期中的不确定因素较多。二是投资额较大。建筑施工企业的工程项目投资额较大，税收筹划的好坏对企业效益的影响较大且工程项目具有唯一性，任何两项工程项目都不可能完全相同。三是业务形式多样。有总承包、分包、转包等业务形式，不同的业务形式有不同的纳税义务。

税务会计是进行税务筹划、税金核算和纳税申报的一种会计体系，因建筑业自身的复杂性和长期性给税务会计核算带来了巨大的挑战，它的基本职能是对纳税人应纳税款的形成、申报、缴纳进行反映和监督。税务会计要对纳税人的纳税义务及其缴纳情况进行记录、计算、汇总，并编制出纳税申报表；要对纳税人纳税义务及其缴纳情况，进行控制、检查，并对违法行为加以纠正和制裁。这种反映和监督，只能在作为纳税人的企业单位里进行，并由纳税人的会计人员去实施。它的特点包括法律性、广泛性、统一性、独立性。

在建筑业“营改增”后有利于完善增值税抵扣链条，避免重复征税；实现税收监督，规范经济行为，有利于促进建筑行业的健康发展。我们可以将其划分为项目招投标阶段、合同谈判和签订阶段、合同执行阶段和项目竣工阶段来进行税务风险管理。

（一）项目招投标阶段税务风险管理

项目招投标阶段税务管理的主要目的：一是熟悉项目相关税收政策，了解项目可能发

作者简介：任宗杰，税务，中建一局集团安装工程有限公司。

生的税务成本，为合同投标阶段的报价提供依据；二是测算比较不同模式下项目实际税负，掌握纳税筹划空间，为合同谈判阶段项目的运作模式选择提供参考。因此，在招投标阶段大部分是准备工作。首先，了解工程总承包项目涉及的主要环节及涉税政策；其次，了解项目所在地个人所得税以及企业所得税的征管政策，特别是企业所得税的征管政策，部分地区按照合同总金额而不是按总分包差额征税，对项目的最终实际收益影响较大。

（二）合同谈判与签订阶段税务风险管理

合同谈判与签订的好坏在很大程度上决定了项目整体的涉税风险。在谈判过程中，可以考虑通过适当的税务筹划来降低项目的实际税负，通过明确合同条款来划分各自责任，规避风险。（1）通过适当的税务筹划降低项目的实际税负在目前建筑行业利润率普遍不高的背景下，需要在合同谈判与签订阶段做好税务筹划相关工作，并通过合同条款加以明确，以达到降低项目实际税负的目的。在可行的前提下，新建工程总承包项目采用清包工或甲供工程形式可选择采用一般计税方法或简易计税方法，通过税负测算比较两种计税方法下的税负成本，选择最优方案，以达到节税的目的。在不考虑其他费用进项税额的前提下，如果总包方自己采购辅料物资价税合计占工程价税合计比例超过48.18%时，采用一般计税方法项目实际税负较低。首先，可通过划分不同税率合同价款降低税负。为避免总承包合同被认定为混合销售或兼营，总包方可与业主分别对设计、采购和施工部分分别签订合同，通过合理分配不同部分的合同金额，增加设计部分的合同金额，减少采购或施工部分的合同金额，从销项侧控制项目的应纳税额；与分包方进行合同谈判时，在保持合同总价不变的情况下，尽可能增加采购和施工部分所占比例，降低设计部分所占比例，达到获取更多进项税额抵扣的目的。其次，可通过分拆合同优化税负。“营改增”后，因总包合同涉及设计、采购和施工等多个部分，因此，在合同总价不变的情况下，可考虑将采购部分与施工部分打包签订合同，从而降低采购环节的销项税额，增加项目收入。（2）通过完善合同关系规避“五流不一致”风险在营业税制下，建筑行业内普遍存在资质共享的情况。“营改增”后，在资质共享模式下可能因为“五流不一致”问题，导致取得的分包进项税额不能抵扣，增加项目税负风险。这方面的问题主要包括：合同施工主体不是合同签订主体，导致进项销项不匹配，进项税额无法抵扣；在内部分包工程中不开具发票，造成分包的进项税额无法抵扣；施工单位与中标单位无任何合同关系，缺乏增值税抵扣链条，进项税额无法抵扣；中标单位与施工单位未按总分包模式核算，缺乏增值税抵扣链条，进项税额无法抵扣。因此，“营改增”之后，需完善合同关系，规避“五流不一致"风险，建立增值税抵扣链条，做好进项税抵扣工作。可采用标准的总分包模式，中标单位与实际施工单位签订工程分包合同，并由实际施工单位向中标单位开立增值税专票，建立增值税抵扣链条；可由中标单位对总包项目进行集中管理，统一核算项目收入和成本，销项和进项都在中标单位体现，实现增值税进销项的匹配；在联合体中标模式下，可采取联合体各方与业主单独签订合同，分别开票，或者由业主和联合体牵头单位签订总包合同，牵头单位再与成员单位签订分包合同，完善增值税抵扣链条。（3）通过明细合同条款，规避涉税风险在订立合同条款时，一是要明确标示总包项目各部分金额，避免因界定不清而被认定为混合销售，影响税负；二是合同条款需按照“价税分离"原则，明确合同含税价款、不含税价款、税率以及税额等具体信息，避免后期纠纷；三是要明确收付款时间和条件、提供发票时间和条件等具体事项，避免项目执行过程中发生纠纷；四是要明确预付账款的拨付时间，预留时间便于落实项目分包相关事宜。

（三）合同执行阶段税务风险管理

虽然与项目有关的税务风险在合同签订阶段有较好的控制，但税务管理工作能否有效完成还取决于合同执行情况。因此，在合同执行阶段，需加强项目管理，规避税务风险。(1) 加强项目预付款管理，避免垫付税款在业主拨付预付款时，发包方并未取得分包方发票甚至尚未确定分包方、签订分包合同，导致发包方需按预收款全额预缴增值税。一方面，垫付税款占用项目大量的资金；另一方面，业主拨付的预付款可能大于总分包差额，导致在初期项目就存在多预缴税款的情况，对于多缴部分能否退回、如何退回目前并没有相关政策说明。针对项目预付款垫付税款问题，首先，在签订合同时需事先考虑，约定利于总包方的预付款拨付时间，或可直接约定在总包方提供相应发票后再拨付预付款，避免在毫无准备的情况下收到业主的预付款，造成无法取得分包方发票、全额预缴的局面发生。其次，需加强项目管理，总包合同一旦确定，迅速启动分包相关事宜，尽快落实分包合同。(2) 加强验工计价管理，避免滞验收、超验欠验业主验工计价滞后会导致付款滞后，存在一定的涉税风险，也会影响项目的资金。验工计价的不规律可能会造成工程计价与进度不相匹配，造成当期预征税额较大，增加资金压力。而如果业主要求超验工，则导致纳税义务发生时间提前，需要预缴增值税，如果业主并未拨付超验工款，项目需要垫付税款，如果当时没有及时取得分包发票，会导致超验部分无进项税对应。首先，在合同条款明确的前提下，要严格按照合同约定进行工程计价；其次，如果因特别原因出现滞验、超验等，本着利益共享、风险共担的原则，同步对分包进行滞验或超验，以保证足额的分包成本用来抵扣，减少垫付资金；最后，与业主磋商，根据工程进度按月或者季度验工计价并及时批复，避免跨期批复分摊项目税负负担。(3) 加强分包管理，优化项目运行效率在合同执行阶段，项目的税务管理主要集中在进项方面，优化分包管理的主要目的在于配比当期的销项税额和进项税额，做到足额抵扣，将资金流出时间尽量后延，缓解项目资金压力。首先，应考虑上下验工计价的时间差，做到工程结算和验工计价相匹配，有效降低当期增值税税负；其次，保证发票流从下往上，资金流从上往下，在获得分包方发票前不向业主开立发票，在业主拨付工程款前不向分包拨款，优化项目运行效率，减少占用资金。

（四）项目竣工阶段税务风险管理

项目进行到竣工阶段并不意味着项目税务管理工作的结束。首先，要加强项目清算工作，清理工程项目已开票和工程结算数，做好末次计价和开票工作；其次，及时关注质保金回款情况，建立质保金管理台账，如因工程质量问题等原因导致质保金不能足额收回，需开立红字增值税发票；最后，做好项目税务相关资料清理归档工作，建立地区税负资料库，为今后该地区的工程项目管理提供借鉴。

建筑业“营改增”对工程总承包项目乃至整个建筑行业影响巨大，结合工程总承包项目合同总金额较大、净利率较低的现状，优化项目管理特别是税务管理对提升项目效益至关重要。因此，需要项目财务人员不断提升自身专业胜任能力，积极参与到项目的管理工作中去，为项目税务管理工作提供参考性意见，在强调事前和事中控制的基础上，积极识别和应对各种风险，保证项目的良好运行。

参考文献

[1] 强秀兰 .“营改增”背景下建筑施工企业税务风险管理 [J]. 中国国际财经，2017 (23)：21 -26.

业财融合篇

供给侧结构性改革与企业经营绩效

——基于沪深建筑业上市公司的实证研究

马全伟

摘要：在经济新常态的背景下，中国政府适时开展以“去库存、降杠杆、去产能、降低制度性交易成本”为主要内容的供给侧结构性改革。本文通过研究去库存、降杠杆和降低制度性交易成本三者对建筑企业经营绩效的影响，旨在验证供给侧结构性改革对于建筑企业可持续发展的必要性和紧迫性。本文首先介绍了供给侧结构性改革的相关概念，分析了当下中国建筑业企业库存、杠杆和制度性交易成本的现状和变化趋势，结合国内外相关学者的观点进行文献回顾。其次，以沪深上市42家建筑企业为研究对象，通过建模对这些企业2017～2019年的数据进行了相关性检验和多元线性回归分析，证实了去库存、降杠杆、降低制度性交易成本与建筑企业经营绩效均呈正存在正相关关系。最后，根据研究结论，并结合中国建筑集团公司在供给侧结构性改革中采取的行动和取得的成效，提出建筑业企业应积极参与供给侧结构性改革，通过多种途径科学管理企业库存和杠杆的倡导；同时，也提出政府应进一步简政放权，降低企业的制度性交易成本，全面深化金融体制改革，拓展多元化金融，积极推动企业融资门槛和融资费用的降低，以此来共同促进企业及国家的可持续高质量发展。

关键词：供给侧结构性改革　经营绩效　建筑企业

引言

细数历史上泛及全球的每一次经济危机，在爆发前均有负债率奇高、产能严重过剩、通货膨胀等经济严重过热的迹象，而每次经济危机的爆发，都以大规模系统性负债无力偿还导致众多银行的破产为标志。在过去35年里，中国依靠改革开放的政策红利、人口红利和丰富廉价的资源红利，国民经济以15.5%的增长率迅猛发展，取得了举世瞩目的成就。但是在快速发展的过程中，行业发展结构性失衡，地产经济占比过大等问题日益显现。伴随着过热的地产经济，中国官方政府债、企业民间债及个人消费债体量激增，负债比例过高已成为中国经济发展的内在隐患，叠加美欧等国对中华民族复兴的觊觎和采取的一系列在各领域的制裁措施，中国经济正面临严重的内忧外患，系统性金融危机发生的风险已不容忽

作者简介：马全伟，融资主办，中建一局集团建设发展有限公司。

视。以地产经济为主要增长动力的发展模式日益难继，恰逢世界经济增长乏力和国际贸易保护主义抬头，淘汰落后产能，提高资源利用率，降低杠杆率，加快经济结构转型升级，增强金融风险抵御能力成为当前政府、企业和社会刻不容缓的责任。因此，中央政府于 2015 年在中央经济工作会议上提出供给侧结构性改革，以此来改变当前我们面临的困局。

供给侧结构性改革对建筑企业的经营绩效有显著的提高作用。去库存可以促进企业自身库存管理水平的提高，降低企业库存与流动资产的比率，提高企业的短期偿债能力和优化企业的决策，提高企业的资产回报率。去杠杆可以有效降低企业的利息支出和财务费用，优化企业的债务结构，降低财务风险，提高企业的权益经营绩效。降低制度性交易成本更是能直接降低企业的税负负担和未来的员工福利负担，激发企业与个人的投资热情，提高企业的净利润，大幅度提高企业的经营绩效。但供给侧结构性改革对于部分企业也会产生不利影响，如去产能、降低库存在短期内可能会让一些企业失去应变市场的快速反应能力，去杠杆会成为压垮部分“僵尸企业”的最后一根稻草，这些特点会使一些企业不愿意参与供给侧结构性改革或者有限度地参与供给侧结构性改革。无论何时，无论何地，无论采取何种措施，企业所有者关注的永远只有持续的利润，所以供给侧结构性改革与企业经营绩效的相关性研究有重大的理论意义和实践意义。

一、文献回述

（一）国外研究现状

国外发达国家的经济发展水平较高，政府对于企业的干预程度较低，国外学者对于供给侧结构性改革的综合研究较少。但由于发达国家企业很早就意识到成本管理和制度性交易成本对于企业发展的重要性，所以国外学者对于库存、杠杆和制度性交易成本等因素对于企业经营绩效的影响有深入的研究，这与供给侧结构性改革短期内的重点任务不谋而合。

1. 库存和企业经营绩效的关系。

在库存管理对企业经营绩效影响的研究上，国外学者的研究成果颇丰。White 和 Person（1985）对不同规模的企业进行区分研究后发现，无论企业资产规模如何，实施了精益化生产和库存管理的企业经营绩效明显优于高库存的企业。Fullerton 和 Mc Watter（2003）通过对 253 家美国企业的库存管理研究得出结论：库存规模低、库存周转率高的企业盈利能力明显高于库存管理不善的企业，并且精益化库存管理能为企业带来持续性回报。Jia Xir（2010）认为有效控制库存可以对企业综合竞争力的提高有显著的作用，建议企业应该采取一切合理措施有效降低库存。Hofer 和 Eroglu（2012）通过对企业库存水平对利润影响的研究，提出规模化企业的库存与经营绩效有负相关关系，降低库存能够有效提高企业的经营绩效。

2. 杠杆和企业经营绩效的关系。

“杠杆率”的概念最早在微观层面提出，指的是企业在经营过程中借入资本与企业自身权益资本的比率，用来显示企业的负债经营程度。企业通过负债管理用较小的权益资本来控制更大规模的资产，以获得更高的产出和经营收益。但杠杆本身是有成本的，杠杆的选择应以权益资本收益率的最大化作为目标（Kraus & Litzenberger，1973）。2008 年美国次贷危机进入高潮阶段，受此影响，去杠杆出现在各大经济文献中。Veld（2014）在通过对企业杠杆率与经营风险的研究后指出，杠杆率过高会严重危害企业的发展，加速企业的破产，同时发现与杠杆成本息息相关的财务杠杆与企业经营绩效呈负相关关系。根据现代企业经营管理经验，当企业产负债率长期高于 70% 时，即杠杆率超过 233.33% 时，会对企业的可持续发展以及风险抵御能力造成严重的不利影响。因此合理控制杠杆率，对企业抵御经营风险和提高经营绩效有显著作用。

3. 制度性交易成本和企业经营绩效的关系。

制度性交易成本是指因政府的各种制度工具所带来的成本，可以简单地理解成是企业在遵循政府制定的一系列规章制度时所需付出的成本，如各种税费、融资成本、交易成本等都属于制度性成本。Marsden（1983）通过对 21 个不同国家的企业经营数据与税负情况进行分析后指出，制度性交易成本的降低或者提高都会对企业收益的变化以及国家宏观经济产生重大影响。William Taylor（1984）通过对大量相关数据的研究，得出制度性交易成本降低 0.39%，企业收益可增长 1%，同时宏观经济也有显著增长的结论。Florin Dumite（2016）在对美国税收结构、制度、范围等进行全面研究后提出，政府要最大限度地采用科学的技术框架和最优的技术程序来降低制度性交易成本，达到刺激经济的最佳效果。上述这些研究对我国正在进行的供给侧结构性改革具有重要的参考意义。

（二）国内研究现状

自 2015 中央财经委员会十一次会议上习近平总书记提出供给侧结构性改革概念以来，国内学者关于供给侧结构性改革的研究如雨后春笋般出现，众多学者就供给侧结构性改革的实质、措施和效果做了不同程度的研究和预测。

吕凤勇（2016）在《供给侧改革的逻辑与路径》一书中指出，供给侧改革的实质就是提高全要素生产率，通过改革可以清理影响供给的各类障碍因素，提高企业全要素生产率以改善供给结构，提高供给效率。其认为去库存、去杠杆能促进资源的节约和流动，提升企业的交易效率，促进企业的产品结构调整，降低企业的经营成本和经营风险，提高企业的经营绩效。同时还提出促进国企市场化改革、优化市场环境和降低制度性交易成本能有效扩大企业供给能力的见解。郭威、胡希宁等（2016）学者通过对里根时代的美国、科尔政府时代的德国、撒切尔时代的英国三个国家的供给侧改革研究发现：这三国当时的经济发展状态与当前的中国有高度的相似性，都出现了企业库存过大，杠杆过高和经济增速放缓的现象。他们在对比了这三国的应对措施后，发现美国、德国和英国不约而同地选择了减少库存、降低杠杆和降低制度性交易成本的做法，这与我国当前供给侧结构性改革的重点高度相似，具有借鉴意义。

通过上述国内外文献的回顾，可以发现，虽然各位学者的研究对象和研究内容在时空上存在一定差异，但取得的结论比较一致。供给侧结构性改革的一系列措施对企业经营绩效的影响为正相关。

二、理论分析与研究假设

（一）供给侧结构性改革与去库存对经营绩效的影响

库存或存货指的是企业在生产经营过程中持有以备出售的商品，或处于生产过程中的半产品，或在生产过程或提供劳务过程中将要消耗的材料、物料等。其对企业经营绩效的影响有两个方面：从资产角度来说，在企业资产一定的情况下，高额的库存必然减少企业的速动资产份额，降低企业的速动比率，影响企业的短期偿债能力及其他短期决策。从利润的角度来讲，库存与企业的营业成本息息相关，根据陈峰涛（2016）对库存与成本的研究，显示企业库存与营业成本正相关，库存越多，生产物资和产品的出库成本越高，结转的成本也将同步增高，在市场环境稳定的情况下，企业的利润随之下降，直接降低到企业的经营绩效，若企业处在供过于求的市场环境中，对经营绩效的影响将更为不利，甚至造成企业的生存危机。提高库存管理水平，降低库存，是提高企业竞争力的重要手段。

（二）供给侧结构性改革与去杠杆对经营绩效的影响

杠杆或者“杠杆率”是衡量企业负债情况的指标，是企业负债和所有者权益的比率。杠杆对于企业经营绩效有利也有弊，对于企业来说，负债是一种借入资本，负债经营已成为企业发展的重要战略。其可以为企业解决发展资金不足的问题，可以有效地降低企业的税收费用，在遇到通货膨胀时还可以使企业获得更多的利益。但是杠杆过高，企业将负担高额的财务费用，降低利润。同时过高的负债会引发投资人和债权人的担心，造成债务危机，对企业经营造成严重的不利影响。根据国家发改委投资研究所研究员王元京（2014）的研究，从企业财务角度来讲，将资产负债率控制在70%以下是比较合理的，即杠杆率控制在233.33%以下。而根据相关数据显示，中国有较多建筑企业的杠杆超过了上面这个数值，企业和国家均面临着较大的风险。供给侧结构性改革中市场退出机制、行业协调机制、债务发行和管理体制以及信贷管理体制的优化改革将有力地推动企业通过破产、重组、债转股、上市融资以及应收应付款的管理优化等方法降低杠杆，提高经营绩效。

（三）供给侧结构性改革与降低制度性交易成本对经营绩效的影响

制度性交易成本指企业在经营过程中由于执行政府制定的一系列制度所付出的成本。根据相关的研究，目前我国企业在制度性交易成本方面的负担较重。对于企业来说，降低制度性交易成本可以降低企业的管理费用、财务费用以及各项税收费用，可以直接给企业带来利润的增长，使企业有更多的资金用来扩张生产规模、增强创新能力、提高员工福利，以此推动企业的长远发展。但是过去很长一段时间，作为发展中国家，我国政府存在职能划分不清晰、行政效率不高、审批流程过于繁杂等问题，导致我国企业承担的制度性交易成本远高于发达国家。财政部（2017）报告数据显示当前我国企业只综合税负率一项已达到40%，而学者们研究发现，制度性交易成本远远高于综合税负，已经对企业的经营绩效造成严重的负面影响。供给侧结构性改革要求进一步深化行政体制改革，简政放权，明确政府的公共服务职能，同时实施结构性减税和降低企业社保费用等措施来降低制度性交易成本，可以预见其对提高企业的经营绩效将起到显著的作用。

（四）研究假设

根据现有研究，供给侧结构性改革的相关措施可以有效降低包括营业成本、管理费用、财务费用、税收费用在内的企业运营成本，同时降低企业的财务风险，提高供给效率，增强企业综合竞争力，为企业所有者和投资者带来更高的回报。综合国内外众多学者的相似结论，本文提出下列假设：

假设一：供给侧结构性改革与建筑企业的资产经营绩效呈正相关，即去库存、去杠杆、降低制度性交易成本可以提高企业的资产收益率。

假设二：供给侧结构性改革与建筑企业权益经营绩效呈正相关，即去库存、去杠杆、降低制度性交易成本可以提高企业的净资产收益率。

三、实证研究

（一）研究样本与数据来源

以样本更方便、更全面和更具有针对性为出发点，本文选取了在沪深股市上市的42家建筑公司为研究对象。这些企业覆盖了全国多个地区，其各自拥有不同的发展阶段、发展环境和发展规模。样本具有一定的完整性、代表性和可分析性。样本数据来源于国泰安数据库、中国研究数据服务平台及国家统计局网站，在获得元数据后经过筛选，剔除了新进企业和近期退出企业、不在建筑业范围内的企业、ST企业以及相关指标数据严重缺失的企业，并对相关数据进行了缩尾处理。本文选用建筑企业所有相关指标2017~2019年的值，并用SPSS软件进行数据处理和分析。

（二）变量选取及其定义

本文研究的是供给侧结构性改革去库存、去杠杆、降制度性交易成本对建筑企业经营绩效的影响。根据王星洲（2013）等学者的理论，选取以企业的资产收益率表示的资产经营绩效和以股东权益报酬率表示的权益经营绩效作为被解释变量，来对企业的经营绩效进行评价。根据李双艳（2012）、李群（2017）、刘涛（2017）等学者的理论，选取用企业本年库存与流动资产比值、杠杆、税费负担的减少量来表示的去库存、去杠杆、降制度性交易成本作为解释变量，根据邵明伟、钟军委（2015）等学者的理论，企业的资产规模、成长能力以及所在地方经济发展水平也是影响经营绩效的重要因素，因此本文以企业资产总计的自然对数、营业收入的增加额与上年营业收入的比率和GDP的增长率所表示的资产规模、成长性和经营环境作为控制变量。相关定义见表1。

表 1 变量定义表

变量类型	符号	变量名称	公式
被解释变量	ROA	资产经营绩效	（营业利润 + 利息支出）/ 资产合计
被解释变量	ROE	权益经营绩效	净利润/所有者权益
解释变量	EI	去库存	上年存货净额/流动资产合计 - 本期存货净额/流动资产合计
解释变量	EL	去杠杆	上年负债合计/所有者权益合计 - 本期负债合计/所有者权益合计
解释变量	ETB	降低制度性交易成本	上年支付的各项税费/营业收入 - 本期支付的各项税费/营业收入
控制变量	SIZE	资产规模	资产总计的自然对数
控制变量	GRO	成长性	营业收入增加额/上年营业收入
控制变量	BEN	经营环境	GDP 增长率

（三）模型构建

本文根据国内外相关文献，通过研究构建如下模型，以此验证供给侧结构性改革去库存、去杠杆和降低制度性交易成本对企业经营绩效的影响。

模型 1：$ROA = \alpha_0 + \alpha_1 EI + \alpha_2 EL + \alpha_3 ETB + \alpha_4 SIZE + \alpha_5 GRO + \alpha_6 BEN + \varepsilon$

模型 2：$ROE = \alpha_0 + \alpha_1 EI + \alpha_2 EL + \alpha_3 ETB + \alpha_4 SIZE + \alpha_5 GRO + \alpha_6 BEN + \varepsilon$

其中，ROA 和 ROE 是被解释变量，反映企业的经营绩效；EI、EL、ETB 为解释变量，反映供给侧结构性改革中企业的执行力度，SIZE、GRO、BEN 是控制变量。α 是常数项，α_1、α_2、α_3、α_4、α_5、α_6为各个变量的回归系数，ε 为干扰因子。

（四）实证分析

本文运用 SPSS 软件进行以下数据分析，具体结果如下。

1. 建筑行业供给侧结构性改革参与度分析。

表 2 中数据显示，2017 ~ 2019 年 BEN 逐年降低，伴随着国民经济的下行，建筑企业经营绩效普遍承压，ROA 及 ROE 均呈现微降趋势。与此同时，EI、EL、ETB 指标总体表现较好，2018 年在成长性基本稳定的前提下，存货净额占流动资产的比率较 2017 年降低 7.64%，杠杆较 2017 年降低 16.41%。2019 年建筑行业总体营业收入大幅增长，但存货净额占流动资产的比率较 2018 年降低 1.01%，杠杆较 2018 年降低 22.72%，制度性交易成本也呈现下降趋势，2017 ~ 2019 年中国政府及建筑企业已积极全面地推进和参与供给侧结构性改革。

表 2 建筑企业供给侧结构性改革参与度分析表

年份	ROA	ROE	EI	EL	ETB	GRO	BEN
2017	3.59%	10.06%	-0.26%	24.71%	0.47%	10.75%	6.95%
2018	3.56%	9.54%	7.64%	16.41%	-0.01%	9.88%	6.75%
2019	3.44%	9.30%	1.01%	22.72%	0.15%	16.30%	6.11%

2. 变量描述性分析。

表 3 显示了相关变量的统计数据特征，根据表中数据进行分析。

表 3　　变量总体描述性统计表

	最小值	最大值	平均数	标准偏差
ROA	0.30%	14.30%	4.38%	2.49%
ROE	-3.06%	26.83%	8.78%	4.23%
EI	-27.66%	23.64%	3.45%	6.73%
EL	-311.02%	446.77%	13.96%	84.62%
ETB	-19.50%	8.38%	0.23%	2.99%
SIZE	20.10	28.25	23.72	1.98
GRO	-30.59%	469.57%	15.16%	47.45%

（1）被解释变量。ROA 和 ROE 的平均值为 4.38% 和 8.78%，就国际著名建筑企业及国内其他行业而言，我国建筑企业整体的经营绩效较低，同时其标准偏差较小，建筑企业经营绩效总体差异较小，这也说明了供给侧结构性改革的必要性。结合极值来看，不同的企业之间经营绩效存在着一定的差异。

（2）解释变量。EI 的均值在 3.45% 的水平上，表明样本企业在 2017～2019 年存货占流动资产的比例年均降低了 3.45%，样本企业去库存获得了较好的进展。从极值和标准差来看，建筑企业之间库存管理水平存在较大的差异，部分建筑企业在库存管理上有着显著的优势，另有部分建筑企业需要进一步提高库存管理水平。EL 均值为 13.96%，样本企业的杠杆率年均降低了 13.96%，金融改革效果显著，从标准差和极值来看，部分建筑企业降杠杆效果显著，另有部分企业债务违约依然成定局，严重影响企业自身的经营绩效。ETB 均值为 0.23%，2017～2019 年我国建筑企业制度性交易成本年均降低了 0.23%，政府需进一步深化行政改革，减税降负。

（3）控制变量。GRO 均值为 15.16%，表明 2017～2019 年，我国建筑企业的营业收入稳定稳速增长，但从极值和标准差来看，样本企业间差异较大，个别企业以 469.57% 的收入增长速度快速发展，而部分企业呈现收入断崖式负增长态势。SIZE 的均值在 23.72，通过标准差和极大极小值的对比，可以发现样本企业的整体资产都初具规模，随着供给侧结构性改革的深入推进，企业在相互竞争中将获得更大的经济效益。

2. 相关性检验。

本文运用皮尔森相关系数分析法分析各个变量间的关系，由表 4 可以看出，我国沪深上市建筑企业的资产经营绩效和权益经营绩效与供给侧结构性改革去库存、去杠杆、降制度性交易成本均呈显著的正相关关系，在选择的控制变量中，成长性、资产规模和经营环境与经营绩效呈正相关，可见，当企业所在地经济发展水平较高、企业的经营规模较大、发展前景较好时，经营绩效较好。

表 4　　变量相关性分析表

		ROA	ROE	EI	EL	ETB	EI * T	EL * T	ETB * T	SIZE	GRO	BEN
ROA	皮尔森相关性	1	0.937 **	0.880 **	0.771 **	0.767 **	0.615 **	0.519 **	0.792 **	0.813 **	0.571 **	0.700 **
	显著性（双侧）		0.000	0.000	0.000	0.000	0.000	0.000	0.000	0.000	0.000	0.000
ROE	皮尔森相关性	0.937 **	1	0.738 **	0.903 **	0.653 **	0.812 **	0.635 **	0.759 **	0.632 **	0.740 **	0.496 **
	显著性（双侧）	0.000		0.000	0.000	0.000	0.000	0.000	0.000	0.000	0.000	0.000
EI	皮尔森相关性	0.880 **	0.738 **	1	0.481 **	0.954 **	0.882 **	0.432 **	0.562 **	0.785 **	0.561 **	0.747 **
	显著性（双侧）	0.000	0.000		0.000	0.000	0.000	0.000	0.000	0.000	0.000	0.000
EL	皮尔森相关性	0.771 **	0.903 **	0.481 **	1	0.404 **	0.506 **	0.832 **	0.478 **	0.473 **	0.863 **	0.313 **
	显著性（双侧）	0.000	0.000	0.000		0.000	0.000	0.000	0.000	0.000	0.000	0.000
ETB	皮尔森相关性	0.767 **	0.653 **	0.954 **	0.404 **	1	0.802 **	0.603 **	0.752 **	0.656 **	0.495 **	0.629 **
	显著性（双侧）	0.000	0.000	0.000	0.000		0.000	0.000	0.000	0.000	0.000	0.000
SIZE	皮尔森相关性	0.813 **	0.632 **	0.785	0.473 **	0.656 **	0.705 **	0.856 **	0.496 **	1	0.405 **	0.958 **
	显著性（双侧）	0.000	0.000	0.000	0.000	0.000	0.000	0.000	0.000		0.000	0.000
GRO	皮尔森相关性	0.571 **	0.740 **	0.561 **	0.863 **	0.495 **	0.678 **	0.769 **	0.594 **	0.405 **	1	0.245 **
	显著性（双侧）	0.000	0.000	0.000	0.000	0.000	0.000	0.000	0.000	0.000		0.000
BEN	皮尔森相关性	0.700 **	0.496 **	0.747 **	0.313 **	0.629 **	0.842 **	0.861 **	0.568 **	0.958 **	0.245 **	1
	显著性（双侧）	0.000	0.000	0.000	0.000	0.000	0.000	0.000	0.000	0.000	0.000	

注：** 表示相关性在 0.01 水平上显著（双侧）。

3. 回归分析。

通过对表 5 和表 6 的数据进行分析，可以总结出以下结论。

表 5　　模型 1 的变量系数列表

系数[a]						
模型		非标准化系数		准化系数	T	显著性
		B	标准误差	Beta		
1	常量	-2.405	0.169		-14.236	0.000
	EI	0.138	0.006	0.405	21.702	0.000
	EL	0.068	0.000	0.616	167.734	0.000
	ETB	0.185	0.008	0.406	23.180	0.000
	SIZE	0.103	0.007	0.662	14.527	0.000
	GRO	0.017	0.000	0.245	46.029	0.000
	BEN	2.888	0.213	0.436	13.562	0.000

注：a. 因变量：ROA

调整后 R^2 为 0.352，F 值为 13507.537，显著性为 0.000[b]。

表 6　　　　模型 2 的变量系数列表

系数[a]						
模型		非标准化系数		准化系数	T	显著性
		B	标准误差	Beta		
1	常量	0.857	0.068		12.558	0.000
	EI	0.362	0.008	1.064	43.275	0.000
	EL	0.049	0.001	0.440	38.125	0.000
	ETB	0.204	0.008	0.449	24.498	0.000
	SIZE	0.032	0.003	0.206	9.766	0.000
	GRO	0.019	0.001	0.275	25.092	0.000
	BEN	0.155	0.117	0.023	3.322	0.000

注：a. 因变量：ROE

调整后 R^2 为 0.408，F 值为 9214.845，显著性为 0.000[b]。

从模型的回归结果看，我国沪深上市建筑业公司 ROA 与 EI 的 β 值为 0.405，与 EL 的 β 值为 0.616，与 ETB 的 β 值为 0.406，显著性分别为 0.000、0.000、0.000，均小于 0.05，表明样本企业的资产经营绩效和去库存、去杠杆以及降低制度性交易成本有显著的正相关关系，供给侧结构性改革对企业的资产经营绩效有显著的提高作用。同理，样本企业的 ROE 与去库存去杠杆以及降低制度性交易成本有显著的正相关关系，供给侧结构性改革对建筑企业的权益经营绩效也有显著的提高。

4. 稳健性检验。

根据周源（2017）关于杠杆率与企业经营绩效研究的相关理论，本文用企业的财务费用来替代利息支出，用营业利润替代净利润对模型 1、模型 2 进行稳健性检验。

从表 7 和表 8 的稳健性检验结果来看，回归结果中各变量数值和符号均无明显差异，总体回归结果基本相同，认为本文前面的回归分析结果是稳健的，结论是有效的。

表 7　　　　模型 1 的系数稳健性检验

系数[a]						
模型		非标准化系数		标准化系数	T	显著性
		B	标准错误	Beta		
1	常量	-1.468	0.081		-18.118	0.000
	EI	0.068	0.003	0.489	22.161	0.000
	EL	0.024	0.000	0.541	124.557	0.000
	ETB	0.070	0.004	0.381	18.398	0.000
	SIZE	0.064	0.003	0.415	18.834	0.000
	GRO	0.002	0.000	0.075	11.999	0.000
	BEN	1.469	0.102	0.546	14.382	0.000

注：a. 因变量：ROA

调整后 R^2 为 0.526，F 值为 13217.841，显著性为 0.000[b]。

表 8　　模型 2 的系数稳健性检验

系数[a]						
模型		非标准化系数		标准化系数	T	显著性
		B	标准错误	Beta		
1	常量	-2.886	0.203		-14.236	0.000
	EI	0.166	0.008	0.405	21.702	0.000
	EL	0.082	0.000	0.616	167.734	0.000
	ETB	0.222	0.010	0.406	23.180	0.000
	SIZE	0.124	0.009	0.662	14.527	0.000
	GRO	0.020	0.000	0.245	46.029	0.000
	BEN	3.465	0.256	0.436	13.562	0.000

注：a. 因变量：ROA

调整后 R^2 为 0.492，F 值为 10132.204，显著性为 0.000[b]。

四、研究结论及建议

（一）研究结论

通过相关性检验和多元回归分析，本文提出的两个假设均成立：

供给侧结构性改革与建筑企业的资产经营绩效呈显著正相关关系，即去库存、去杠杆、降低制度性交易成本可以显著提高企业的资产经营绩效，促进制造业企业的发展与升级。

供给侧结构性改革与建筑企业的权益经营绩效呈显著正相关关系，即去库存、去杠杆、降低制度性交易成本可以显著提高企业的权益经营绩效，为企业的所有者带来更高的收益。

（二）对策及建议

1. 发挥扩大供给和精益管理的去库存作用。

去库存必须政府和企业双方的共同努力，在政府层面，最有效的去库存措施是提高供给体系的质量和效率以及引导、扩展需求侧的市场，以增强经济持续增长的动力。通过完善基础设施建设，大力推动涵盖 5G、新能源充电桩、特高压、物联网、智慧城市在内的新基建以及中西部地区铁路、高速公路、机场、医疗、文体等在内的传统基建建设，在推动供给能力提升的同时，刺激社会总需求，推动社会整体的去库存。

从建筑企业层面，库存主要是建筑原材及合同资产。针对原材料库存的管理：首先，以工程项目为单位，严格执行项目成本总控计划，做好预算及物资采购计划，生产现场要及时进行建筑物资的出入库，定时盘库，保持库存在合理水平。其次，建筑企业要充分利用信息化建设带来的便捷性，与时俱进，运用大数据、云平台、人工智能等先进科学管理手段实现原材料需求端和供应链的一体化管理，打造供应链的精益化管理模式，建立供应商和经销商间的信息共享平台，形成高效的联合采购战略，按需订货，降低建筑材料的库存规模。同时，在工程项目优质履约的过程中，积极推动与发包方工程量的确认工作，充分依照建造合同，及时完成业主确认与结算，推动合同资产规模的科学管控。

2. 发挥多元金融对去杠杆的调节作用。

金融的本质就是适度的加杠杆，在去杠杆过程中不能盲目采取激进措施。在政府层面，要强调供给侧结构性管理，拓展金融资源有效配置的领域和空间，优化融资结构，进一步提升股权融资比重，引导社会资金转化为长期投资，发展多层次的股票市场，同时要推动企业破产和兼并重组，重点推动国有企业的市场化改革以及公司治理机制的改进，降低企业对银行等传统金融机构的高度依赖。

建筑企业层面，负债集中体现在供应商往来负债、合同负债及长短期借款三个方面。首先，提高经营性现金流的管理水平，注重应收应付等往来款的过程管理，通过健全的应收账款催收机制和客户的风险评价体系，降低坏账发生率，确保工程款的及时回收。同时定期清理供应商往来，遵循国家法规，在保证自身现金流安全的情况下，及时足额支付供应商款项，兼顾采用保理、三方抵债等多种措施收支工程款，以此降低往来款负债规模。其次，完善成本管理，各项履约成本按权责发生制做到应入尽入，避免因成本不足导致合同负债虚高的情况。最后，企业需丰富融资手段，开展多元融资，注重对除银行贷款外发债、上市、债转股、兼并重组等多种融资办法的应用，以权益换资金，共同做大“蛋糕”，有效降低建筑企业自身的杠杆率。

3. 以改革促进制度交易性成本的降低。

制度性交易成本的降低更多需要政府的行动，政府需要进一步深化行政体制改革，明确政府的服务职能，简政放权，提高生产要素的交易效率，要综合采取多种结构性减税措施，调整税收制度，通过降低税率，减少税收种类和数量以及降低社会保险费用等措施直接推动企业营业成本的降低。同时发挥税收对投资的引导作用，促进闲置资源的合理利用。企业要在符合法律规定的前提下，积极理解和运用各项优惠政策，通过对经营活动和财务活动的优化管理降低制度性交易费用，提高自身的经营业绩。

参考文献

[1] 吕凤勇. 供给侧改革的逻辑与路径 [M]. 北京：社会科学文献出版社，2016.

[2] 郭威，胡希宁，徐平华，董艳玲. 供给侧结构性改革：理论与实践 [M]. 北京：人民出版社，2016.

[3] 陈峰涛. 当前制造业库存管理存在的问题及应对策略研究 [J]. 财会学习，2016 (22)：181 - 182.

[4] 王星洲. 国有企业经营绩效评价研究——基于湖北省国有企业的实证分析 [D]. 武汉：武汉大学，2013.

[5] 李双艳. 装配型制造企业库存协同优化理论与方法研究 [D]. 长沙：中南大学，2012.

［6］李群，刘涛．供给侧结构性改革背景下企业经营状况与企业杠杆率关系研究——以重庆企业为例［J］．重庆理工大学学报（社会科学），2017（4）：51－57.

［7］程波辉，奇飞云．供给侧结构性改革背景下降低制度性交易成本研究——分析框架的建构［J］．学术研究，2017（8）：43－45.

［8］宗士皓．基于竞争战略的制造企业供应链伙伴关系模型研究［D］．哈尔滨：哈尔滨工业大学，2009.

［9］郭晋花．经济新常态下煤炭企业去杠杆研究——以 JCK 公司为例［D］．北京：首都经济贸易大学，2016.

［10］周源．制造业上市公司质量观察：宏观杠杆率与微观杠杆率［J］．改革，2017（9）：11.

［11］吕延荣，段玲．供给侧改革中实体经济企业降成本的措施分析［J］．会计师，2016（12）：35－36.

［12］程昱，陈琪，苏敏丽，蔡壮．钢铁行业资本结构与经营绩效分析——供给侧改革视域下［J］．现代商贸工业，2017（4）：35－36.

［13］李同刚．供给侧改革背景下企业财务管理理念的转变［J］．企业改革与管理，2016（21）：2.

［14］徐康宁．供给侧改革的若干理论问题与政策选择［J］．现代经济探讨，2016（4）：5－9.

［15］任泽平．供给侧改革去杠杆的现状、应对、风险与投资机会［J］．发展研究，2016（3）：8－13.

［16］吴群，侯祥鹏．供给侧改革中企业降成本的现实意义与路径选择［J］．现代经济探讨，2016（6）：15－19.

［17］Saravanan Kesavan, Vidya Mani. The Relationship Between Abnormal Inventory Growth and Future Earnings for U. S. Public Retailers［J］. Manufacturing & Service Operations Management, 2013（1）：31－35.

［18］Capkun, Vedran. On the relationship between inventory and financial performance in manufacturing companies［J］. International Journal of Operations & Production, 2009（8）：61－64.

［19］Leming Lin. Do personal taxes affect capital structure? Evidence from the 2003 tax cut［J］. Journal of Financial Economics, 2013（2）：42－45.

基于业财融合视角下的财务转型路径分析

——以中国建筑为例

陈　萍　朵海涛

摘要： 2016年10月，财政部关于印发《会计改革与发展“十三五”规划纲要》的通知，强调了管理会计体系的建设和会计职能转型。2018年4月10日，中国建筑财务一体化战略项目正式启动，经过蓝图规划、方案详设、系统开发、系统测试，现各家二级单位一体化平台已陆续上线。在社会经济转型和会计职能转型的双重要求下，财务转型已迫在眉睫。本文从业财融合角度出发，分析了财务转型的动因，并结合财务一体化平台提出了财务转型的路径。

摘要： 业财融合　建筑施工企业　财务转型

一、业财融合及财务转型综合概述

（一）财务转型的含义

财务转型，包括职能转型、组织转型、人员转型、技术转型四重含义。职能转型要求财务职能从核算监督向价值管理和决策支持转变，这是很多企业正在发生的不可逆转的趋势。受职能转型的影响，组织也需要实现相应的转型，财务组织向战略财务、专业财务、业务财务、共享服务分离的模式发展。同样受职能转变的影响，财务人员能力和思维也应随之转型。技术转型，大数据、区块链、物联网、AI智能等新技术的应用将对财务信息化产生深远的影响，财务将在预测、自动化工程等方面实现重大变革，数据计算分析能力也将进一步提升。

（二）业财融合

财政部发布的《管理会计基本指引》中明确指出，单位应用管理会计，应遵循融合原则。管理会计应嵌入单位相关领域、层次、环节，以业务流程为基础，利用管理会计工具方法，将财务和业务等有机融合。此后，业内将“业务与财务活动的有机融合”简称为业财融合。通过业务与财务的有机融合，业务部门与财务部门可以共享同一数据

作者简介：陈萍，中建八局第四建设有限公司，副总会计师兼财务资金部经理；朵海涛，中建八局第四建设有限公司，华东分公司总会计师。

源，财务人员可以全面、实时地掌握企业业务工作运行状况，提升事前、事中管控能力。

二、业财融合视角下财务转型动因分析

（一）传统分工协作理论的会计缺陷需要财务转型

亚当·斯密指出，人类经济发展的历程在某种程度上就是劳动不断分化的过程，也是分工的过程。但是分工带来的专业性使产品交易费用大大增加，生产链条间的协调成本以及资产的专用性问题暴露得尤为明显，这就导致了信息不对称问题。具体到财务工作中，分工的弊端表现在以下几个方面：

其一，财务部门内部组织结构呈金字塔状，即基层会计核算人员数量最多，而更具价值、更高级别的预算、分析、控制等工作寥寥无几，这些暴露了会计核算低附加值却占用大量劳动力的缺陷。

其二，传统会计工作采集到的信息仅为描述和保存企业经营过程中的事后数据，这就意味着会计职能中的监督并未得到充分发挥。

（二）“信息孤岛”现象仍然存在

当前的会计信息系统沿用了传统手工会计流程的分工理论，表面上看起来现代企业ERP系统的应用或者当前财务一体化平台的应用是将业务与财务结合在一起，实际上财务充当的仍然是事后角色，工程、商务、财务各自拥有关于产值、报量的数据，各个系统间看似通过现代系统融合在一起，可当管理层决策时，需要各归口部门反复核对数据，任何一方均无法真实反映业务数据。实则分工导致的“信息孤岛”仍然存在，信息反复存储、信息交换所付出的时间、人力成本依然存在。

（三）价值链管理要求财务职能的转变

价值链管理是通过协同合作来共同制定战略定位和提高运作效率的一些相互关联的企业组成的，以价值的视角实现对整个链条的管理，可以实现信息流、物流、资金流及作业流的协同优化。价值链管理首先要求以职能为中心的运作模式转向以流程为重心的运作模式转变，这就意味着财务人员需要积极与其他部门进行融合，重新构建扁平化的组织结构，这并不是说财务人员去进行招采、算量、负责现场施工，而是说财务人员不仅从项目筹建伊始在合同签订、项目预算制定执行等均能够反馈成本收益进度，实时获取项目数据，还要延伸到业务前端（分供商、业主），实现信息的集成与控制，并关注业务链条中的不增值环节和节点，积极消除并降低核算成本，提升反馈效率。

三、融合背景下的财务转型实施路径分析

（一）业务流程重置，财务职能向业务延伸

传统会计流程饱受诟病，原因在于分工形成的会计流程带来的弊端。目前通过财务一体化平台的推广使用，已将部分商务、物资、费用报销等数据纳入平台中，该平台的使用也仅是将数据完成了初步的整合，换句话说就是将饭都盛在同一个碗中了，下一步怎么吃、先从什么开始吃都需要进行构想，一体化平台是否会沦为单纯的核算平台取决于管理会计与一体化平台的融合使用。根据业财融合的思想，应重置会计流程，包括输入环节、加工环节、输出环节。

1. 改造输入环节，严防流程滥用。

改造输入环节是为了消除业务部门发生业务时产生的原始凭证及会计凭证编制过程，通过无纸化传递，财务人员可以直接从前端获取信息，避免从业务后端加工后提取。从目前一体化平台运行情况来看，无纸化传递基本可以实现，但需要防范电子凭证被篡改导致流程滥用的情况出现，一体化平台亟待开发 PDF、图片格式资料上传的限制，譬如通过专用 APP 扫描等方式上传，避免原始资料通过其他途径上传时被提前修改。另外，目前对于未制证数据并未及时统计，像报销款在审批通过待付款阶段的企业成本，是否可以对此类成本实现统计端口，在决策时对这部分必要成本进行考虑，有助于会计职能前置，实现对预计数据的分析。

2. 优化加工环节，提升核算效率。

目前财务一体化平台可以在业务单据基础上自动生成凭证，信息传输至核算系统后使最终数据传递至报表系统，这可以节约核算时间，但对于部分凭证是否可以采用批量制证方式，升级改造制证界面，通过批量预览后无误后制证过账，提升目前的制证效率。

3. 强化输出环节，充分挖掘数据。

输出环节的目标是运用各种数据挖掘和展示技术，根据需要分析生成数字化仪表盘等可视化的数据信息，这正是目前一体化平台尚未实现的部分，也是目前依赖人工计算汇总的部分。当然不仅仅是日常的财务指标、两金指标，还包括对于外部价值链的分供商、业主、同类型竞争单位信息，实现预测调整的功能。

（二）构建数据基础，建立智能技术引擎

大数据和人工智能技术离不开可靠的数据层，这个数据层既包括结构化数据又包含非结构化数据，使得结构化数据能在业务发生过程中的数据重新标记储存，并尽可能使用大数据技术存储非结构化数据。在数据存储基础上，通过技术引擎实现财务信息化架构的智能化，这些引擎包括图像文字识别、规则、流程、分布式账簿引擎等。这些技术的应用能够极大地提升计算分析能力，有助于实现财务工作向业务前端的延伸。

（三）释放核算资源，建立财务共享中心

财务共享中心并不是一个陌生的概念，当前很多大型跨国企业均采用财务共享中心来实现对流程性、基础核算等财务工作的处理。财务共享中心可以将财务人员从核算中解脱出来，集中精力完成业财融合，那么对于低附加值的会计核算等通过外包、内包等形式进行转移，并且财务共享中心不受地域限制，能够克服建筑企业项目地址分散、各地区均需委派财务人员的弱点，极大地降低核算成本。

（四）建立司库体系，提升资金管理效率

对于财务转型，除了财务核算以外，还包括资金部分的转型，资金部分的转型主要需解决出纳日常所从事的资金收支管理问题，最终实现以司库长为负责人的独立运作体系，即司库体系。司库体系的建立有助于实现对现金流、交易输入等的预测及分析功能，这可以大大弥补当前财务一体化平台的分析功能的不足。

参考文献

[1] 祝捷．大数据时代下建筑企业财务管理的转型［J］．管理观察，2020（1）：151－153.

[2] 黄河．“一带一路”背景下建筑企业基于财务共享的财务转型研究——以中国交建为例［J］．交通财会，2019（12）：42－46.

[3] 杜垚．业财一体化信息系统建设对财务转型升级的作用——以建筑企业“A 集团”为例［J］．广西质量监督导报，2019（10）：107.

[4] 陈志．基于业财融合视角的企业财务管理转型升级路径研究——以建筑业企业为例［J］．商业会计，2019（7）：4－7.

[5] 张庆龙，董皓，潘丽靖．财务转型大趋势——基于财务共享与司库的认知［M］．财会月刊（6），177－178.

论法务会计在我国经济纠纷案件中的应用

伏斐斐

摘要： 由于经济组织规模的持续扩大和全球经济一体化的迅猛发展，以及现代金融工具的不断创新，使当代社会的经济现象变得越来越错综复杂。在这背后也蕴藏许多经济纠纷，并且随着我国社会的发展，经济活动犯罪的方式越来越多，手段也越来越高明，经济利益纠纷更是趋于多样化和复杂化。由于社会主义市场经济本质上是法治经济，为了更好地解决经济纠纷，惩治经济犯罪，客观公正地衡量经济纠纷造成的损失，进而对经济纠纷案件做出合理的裁决，有时必须要求会计专家协助调查经济纠纷案件和经济犯罪。与发达国家相比，我国对法务会计方面的研究起步较晚，理论体系直至今日还尚不完善，法务会计的作用不明显。随着“一带一路”倡议的提出，今天的中国被认为是世界上推动贸易和投资自由化最大的“旗手”，我国迅速发展的同时也伴随着许多经济纠纷案件的发生，人民法院在受理这些案件的过程中，由于涉及会计报表与报告等作为证据而需求会计专业人员的职业判断，因此法务会计顺其自然地开始兴起并发展。本文对经济发展新常态下法务会计在我国经济纠纷案件中的应用现状进行了分析，有针对性地提出了一些建议，希望能够为其发展提供一些参考。

关键词： 法务会计　应用　问题　对策

公司在参与市场经营的过程当中无疑会出现许多经济纠纷。毋庸置疑，只有根据相关法律法规提供必要的、合法的财务数据，才能在经济纠纷中更好地保护好自身的经济利益。在这一需求的推动下，法务会计成为会计领域的一个重要分支，并被广泛应用到各种经济纠纷案件中。法务会计属于会计的一部分，涉及许多学科领域，包括会计学、审计学、法学、证据学、侦查学和犯罪学等，通过学习运用对原始材料和账目数据技术进行查验分析的方法，进行假账的筛查，也可以有效运用相关司法行政机关接受的形式，对作假证据和作假事实进行陈述，在保证账目管理有效性的同时，也可以对违法犯罪的事实情况进行进一步巩固，制裁经济犯罪行为。然而，从当前法务会计在经济纠纷中的应用状况来看，我国法务会计的发展还存在着很大的提升空间。因此，本文从法务会计的应用研究现状出发，探究其在经济纠纷案件应用中存在的问题，对于法务会计应用水平的提升具有非常重要的现实意义。经济新常态下，法务会

作者简介：伏斐斐，会计员，中建新疆建工集团第三建设工程有限公司。

计面临着新的机遇和挑战，需要有关人员进行深入研究，促进法务会计鉴定的进一步发展。

一、法务会计的概念及发展回顾

（一）法务会计的概念

法务会计是特定主体进行综合实践运用会计学与法学专业知识能力以及内部审计工作方法与调查数据技术，旨在研究通过调查获取有关公司财务证据资料，并以法庭能接受的形式在法庭上展示或陈述，以解决有关的法律问题的一门融会计学、审计学、法学、证据学、侦察学和犯罪学等学科的有关内容为一体的边缘科学。

（二）法务会计的发展回顾

1. 我国最早出现的法务会计文献。

中南财经政法大学会计学院喻景忠教授的《法务会计理论与实践初探》（1999）是目前在中国知网检索到的最早发表出来的法务会计文献。喻教授提出经济与法律结构的日益紧密产生了法务会计实践，随着经济业务多元化的发展，新型经济业务的不断产生，隐形经济业务的不断增加，会计理论与法律规定之间的差异将会越来越多，单凭会计知识或者法律知识都不能完整地解决这些问题。随着我国市场经济的不断确立和发展，法治建设的不断健全和完善，法务会计的环境会越来越好，人们也会日渐认识到法务会计的重要性，法务会计也必将成为我国 21 世纪的热门职业。为适应新时期的发展要求，高等会计教育要顺应潮流，培养大批“法务会计专业人才”。早在 1985 年我国检察机关就开展了法务会计鉴定工作。1989 年 8 月 24 日最高人民法院就“邓某、宋某贪污、偷越国境、诈骗案”出具的裁定书中涉及的法务会计鉴定文书是目前我们可以查阅到我国最早被刑事案件裁判文书采信的“法务会计鉴定意见”。

2. 法务会计相关学术文献的发表情况。

本文把中国知网作为数据来源，分别梳理了刊载在学术期刊上的与法务会计相关的硕博士论文、期刊以及与法务会计相关的学术著作与教材的出版发行情况。（1）刊载在学术期刊上的法务会计相关论文。继喻景忠教授之后，复旦大学的李若山教授先后发表了《我国会计问题的若干法律思考》（1999）、《法务会计——二十一世纪会计的新领域》（2000）、《论国际法务会计的需求与供给——兼论法务会计与新会计法的关系》（2000）和《法务会计的发展与实践——从人寿保险被美国投资起诉谈起》（2004）。法务会计理论的研究热潮由此拉开。根据统计，1999 年中国知网收录的法务会计文献有 3 篇，2007 年达到最大值 114 篇，随后出现逐年缓慢下降的趋势。另外，根据中国知网用户的下载量和被引用的数量统计，法务会计领域排名前 10 位的经典文献，有 7 篇论文发表在《会计研究》上。（2）硕博士论文的发表情况。在“中国知网”检索到 2003 ~ 2019 年有 197 篇与法务会计有关的硕博士论文发表。2003 年有 1 篇；随后论文的发表数量逐年增加，到

2007年发表量达到最高值20篇。2006～2016年，每年的硕博士论文都在10篇以上。法务会计相关硕博士论文中最常见的主题词是“法务会计”“专家证人”“会计师事务所”“诉讼支持”“财务会计资料”“法务会计鉴定”。这197篇与法务会计相关的硕博士论文出自全国六十多所高校。这些高校主要包括复旦大学、华东政法大学、东北财经大学、首都经济贸易大学、西南财经大学、云南财经大学、中南财经政法大学、中国政法大学和山西财经大学，并且这些高校也是我国法务会计研究水平较高的院校。

3. 法务会计专著出版情况。

二十多年来我国出版发行的与法务会计相关的学术著作和教材也非常多，我国出版发行最早的法务会计教材是中国政法大学王卫国教授主编的《法务会计基础教程》（2003）；我国出版发行最早的法务会计学术著作是黎仁华教授撰写的《法务会计概论》（2005）；撰写出版法务会计相关著作最多的作者是张苏彤。此外，中国的学术界还举办了多次有关法务会计的研讨会。首届法务会计学术研讨会2006年8月在北京举办，截至2019年末，已经成功举办了十一届法务会计学术研讨会，促进了我国法务会计的发展。但是，我国在法务会计方面与国际其他国家的交流比较少，有必要加大力度。

4. 法务会计的应用实践。

（1）国际“四大”及国内会计师事务所法务会计的应用实践。

国际“四大”会计师事务所都在我国建立了分支机构，提供全面的法务会计服务。国际“四大”和国内会计师事务法务会计的主要经济业务是舞弊行为调查、舞弊风险控制、计算机网络取证和反腐败咨询四类业务，代表了法务会计实践的趋势。本文以2019年业务收入排行前100位的国内会计师事务所为调查对象，通过访问其网站调查了会计师事务所应用法务会计的情况。在我国2019年排名前100位的会计师事务所中，只有35家会计师事务所应用了法务会计或法务会计相关业务。在这35家会计师事务所中，除了致同会计师事务所提供了类似国际“四大”较为全面的法务会计业务之外，其余的34家会计师事务所只是提供了单一的法务会计鉴定业务。由此可见，我国会计师事务所的法务会计业务还有很大的发展空间。我国的会计师事务所应该借鉴国际“四大”的有益经验，在舞弊的调查、舞弊风险管理以及计算机取证等非诉讼领域拓展新的业务类型。

（2）“法务会计鉴定意见”在诉讼案件审理中的应用——来自北大法宝案例库的数据。

为了解“法务会计鉴定意见”在我国诉讼案件审理中的运用情况，本文以“法务会计鉴定”为关键词，检索到了自2005～2019年“北大法宝案例库”收录的运用到法务会计鉴定意见的全部10 381个案例。①“北大法宝”案例库中运用到法务会计鉴定意见的案例情况。在2014年以前，样本案例中运用到法务会计鉴定意见的情况较少，2005～2014年，检索到470个案例运用到法务会计鉴定，占样本总数10 381的4.53%。从2014年起，运用到法务会计鉴定意见的案例数开始快速增长，至2019年，六年间年平均增长率达到32.68%。2014～2019年，检索到9 620个案例运用到法务会计鉴定意见，占样本总数10 381的92.67%。由此可以看出，自2014年以后，我国诉讼活动中运用到法务会计鉴定的案例较以前有了大幅度的提高。原因有三：一是经济纠纷案件大量出现，查办经济纠纷案件需要法务会计鉴定；二是以审判为中心的刑事诉讼制度改革的深入推进；三是2012年修订了《刑事诉讼法》，将“鉴定结论”改为“鉴定意见”。②运用到法务会计鉴定的案由。法务会计鉴定在不同案由的诉讼案件中运用的情况存在很大的差异。法务会计鉴定在刑事诉讼案件中运用的情况最为普遍，其案例数要占到样本案例总数的80.97%；民事诉讼案中运用法务会计鉴定的案例数占比为17.53%，这两类案由运用到法务会计鉴定的案例数占比达到了98.50%。法务会计鉴定在行政诉讼案、国家赔偿与司法救助案、执行案和强制清算与破产案中运用的情况较少，在这四类案件中的占比仅仅为1.50%。③刑事诉讼案中的法务会计鉴定。法务会计鉴定在“破坏社会主义市场经济秩序罪”“侵犯财产罪”“贪污贿赂罪”三类罪名的诉讼案中运用的情况最为普遍，占刑事案样本案例总数的90.11%，其中“破坏社会主义市场经济秩序罪”的占比为52.52%；“侵犯财产罪”的占比为19.59%；“贪污贿赂罪”的占比为18.00%。对“破坏社会主义市场经济秩序罪”做进一步细分，发现“破坏金融管理秩序罪”“扰乱市场秩序罪”和“金融诈骗罪”三类罪运用法务会计鉴定的情况最多，占该类罪名的比率达77.33%。④民事诉讼案中的法务会计鉴定。法务会计鉴定在“合同、无因管理、不当得利纠纷”“与公司、证券、保险、票据等有关的民事纠纷”“物权纠纷”三类民事诉讼案中运用的情况最多，这三类民事纠纷案例数占民事案例总数的88.49%。其中“合同、无因管理、不当得利纠纷”占比高达71.49%。对“合同、无因管理、不当得利纠纷”这类民事纠纷案运用法务会计鉴定的情况进一步分析发现，“合同纠纷”案运用法务会计鉴定的案例数最多，占该类民事纠纷案例数的88.56%，占民事纠纷案例总数的63.31%。“合伙协议纠纷”“借款合同纠纷”“买卖合同纠纷”“建设工程合同纠纷和房屋买卖合同纠纷”“与公司、证券、保险、票据等有关的民事纠纷”五类民事纠纷案运用法务会计鉴定的情况最多，占“合同纠纷”这类案例总数的72.18%。

5. 法务会计的应用现状。

法务会计的角色作为公司日常运营的重要组成部分，正在发挥出更大的价值。当前，法务会计在经济发展领域研究已经取得了非常大的进步，但是其在具体的应用技术方面还需要进一步完善。

首先，法务会计规章制度执行得不到位。法务会计准则是其平时会计工作的一个主要的引导原则和方向，尤其是对于一些生产及市场规模发展相对比较小的公司。但是，从具体的实施来看，一些小公司并没有完全地贯彻落实与执行法务会计准则中的相关细则，都存在着不同程度的折价现象。在这个过程当中，由于法务会计准则流程实施得不到位，为公司今后的财务会计工作的顺利进行与发展埋下了隐患。法务会计功能的发挥在这种在观念约束之下受到了极大的影响。

其次，法务会计概念理解不到位。目前，我国的法务会计工作准则正在与国际相关要求进行接轨。这种对接对公司的法务会计工作提出了较高的要求，公司在法务会计工作中的难度由于一些新的计算与统计公式的应用在客观上加大了。在某些关键步骤方面一些公司出现了一定的折扣现象，这些更是从侧面反映出了公司自身对法务会计概念理解的不到位。在制度层面进行不断的设计是法务会计的一个重要发展方向。例如，公司目前出现的许多制度层面的问题在一定程度上是一种制度的缺陷。其中就包括法务会计人员的专业胜任能力，关于会计行业的监管力度，会计领域的工作标准。

最后，公司法务会计工作者的专业知识水平面临新的挑战。目前，在很多方面都对公司法务会计工作人员提出了比较高的要求，尤其是工作内容方面和执行法务会计条款的标准方面。当前影响公司法务会计实施的主要矛盾正是这种高标准要求与公司法务会计工作人员现有的水平与素质之间的差距。同时，在法务会计改革方面，相关的人才是推动改革推进与发展的重要引力。如果要推动公司的发展向一个更高的水平就需要一定的人才，尤其是懂得将法学与会计结合起来的复合型人才。由于我国基本上没有专门的法务会计人才的培训机构，而且许多公司不设有专门的法务会计人才选拔及培训机制，法务会计改革亟须专门的人才。虽然每年有一些法务会计专业人才踏入社会并且走进公司，但是在进行工作的过程中面临着许多挑战。

总之，由于主观和客观等方面的原因，法务会计在进行工作的过程中，依旧面临着巨大的挑战。因此，今后公司管理与发展面临的主要问题是怎样从规章制度以及员工培训等角度来进一步促进法务会计更好地为公司服务。

二、法务会计在我国经济纠纷应用中存在的问题

（一）人才缺乏

由于法务会计在基本理论方面，既具有会计学的相关特征，也具有法学和审计学的相关特征，正是这种在基础理论层面的交叉，使在具体培养法务会计人才的过程当中，包括对于如何选择培养模式，如何设计教学方法以及如何实施教学评价等方面都处于一个比较被动局面。再加上目前，经济在运行的过程当中，与公司或者个人相关的经济纠纷案件不断增多。此时，就需要法务会计来为这些公司或个人来寻求解决纠纷的途径。同时，加剧了法务会计专门人才的匮乏。详细来说，法务会计人才的匮乏主要表现在两个方面：一是在数量上的不足；二是质量上的不足。即，目前培养的法务会计人才的整体水平和质量与社会需求之间还存在着比较大的差距。

（二）法务会计案例缺乏

从国内法务会计发展情况来看，单纯与法务会计相关的案例相对来说还是比较少。结合法务会计本身的学科特点来看，法务会计是源于会计学科发展需要而不断从实践中总结而来的结果。然而，由于我国在法务会计领域的理论研究的时间较短，因此在客观上造成了与法务会计相关的实践的案例还没有很多。与西方法务会计学科比较发达的国家相比，我国在总体的学科架构构建层面，还存在着一定程度的滞后性，所以，法务会计在案例方面的研究还有很大的提升空间。同时，因为法务会计在日常的具体实施过程中，某些新的管理问题与现象没有相应的理论支持，所以影响了法务会计案例的扩展。还有一个重要的原因就是法务会计领域的理论研究者，研究的重心被放在了对欧美相关国家法务会计理论

的文献综述研究上，这在很大程度上影响了法务会计理论与实践的结合，从而使与法务会计相关的实践案例还比较少。

（三）法务会计在公司的应用较少

我们还需要了解的是，目前运用到法务会计的业务领域相对来说比较少，这在客观上对法务会计应用水平的提升造成了比较大的影响。从法务会计兴起以来，其在发挥本身应有的功能的过程中，原本存在的某些传统观念束缚了法务会计作用的发挥。举例来说，从本质上来说，法务会计的存在就是为了公司更好的发展，然而，由于公司管理制度的约束，在日常的经营活动中，如果公司出现了某些违反与会计相关法律的行为时，作为会计的独立性准则就会受到约束，同时由于其他方面的原因，某些公司对法务会计存在的价值与意义的认识不到位，使法务会计在公司中的应用比较少。

（四）社会对法务会计在经济纠纷中的应用存在误区

从时间上来看，法务会计的发展还比较短。所以社会各界对于法务会计在经济纠纷中的应用还存在着一定的误区。例如，对于法务会计独立性的误区。某些公司在设置机构的时候会成立专业的法务会计人员组成相应的机构，在公司经营的过程中，如果出现经济纠纷，这个机构便会做出相应的处理。众所周知，公司发展的目标就是利益最大化，那么，出于公司发展利益的需要，管理层可能会利用自己的职位优势对法务会计进行施压，使其在相关的经济纠纷中进行统计数据时做出有利于公司发展的决策。因为，根据法务会计职业道德的相关规定，其在执行工作的过程中必须要保证所提供的资料具备客观性和真实性，所以如果法务会计因管理层施压而做出某种不符合法务会计相关准则的行为，就会造成法务会计在经济纠纷应用误区。更为重要的一点是，不具备客观性和真实性的会计资料会使公司陷入更大的误区，甚至可能背负法律责任。那么，法务会计的存在就变得毫无意义，所以法务会计在经济纠纷中的应用误区应该被重视。

三、法务会计在经济纠纷中的应用对策

（一）注重法务会计人才培养

注重培养法务会计人才是提高法务会计在经济纠纷案件中的应用水平的必经之路。首先，要确定培养法务会计人才的目标，就要了解目前法务会计在经济纠纷中应用的基本要求。确立法务会计人才培养目标，不仅要了解社会对于法务会计人才的基本需求环境，更要注重合理运用法务会计相关准则，使其在工作中保持独立性、客观性和公正性，同时，为了使法务会计在今后的市场经济竞争与发展环境中取得更好的生存与发展，就要为其培育良好的生存土壤。其次，法务会计的人才评价机制不完善，会使法务会计人才在经济纠纷领域的市场价值大幅降低。只有从制度体系上保证法务会计培养目标的可行性与科学性，才能使未来法务会计人才培养与发展的道路更加顺畅。具体来说，各高校在开展法务

会计教育活动的过程中，首先应该招聘专业的法务会计人才，不仅要考察教师的教育和学历背景，还要注重其能否将所学的理论知识恰当地运用到具体的实践教学活动中。其次，由于法务会计涉及较多的学科，学生在学习的过程中难以把握侧重点，很容易造成什么都懂一点皮毛但是无法在实践中具体应用的现象，因此，学校要制定符合学生发展需求的教学培养体系，做到教育有迹可循。最后，还要注重学生解决实际问题的能力，就要求相关部门更多地为学生提供参与实践的平台。

（二）丰富法务会计案例

目前，法务会计在经济纠纷案件中的应用水平无法达到本质上的飞跃和提升，一个重要的原因就是与法务会计相关的案例相对来说还较少。因此，持续不断地丰富法务会计的应用案例，是未来法务会计发展必须注重的方面。那么通过哪种途径才能更好地丰富法务会计应用案例，本文建议可以在以下两个方面来寻求突破点：一是在理论层面，在举办法务会计学术研讨会时可以加大关于当前在经济纠纷领域出现的法务会计案例的探讨力度，同时，在高校的教学过程中可以适当开展法务会计案例的讨论活动，加深同学们对案例的理解与应用。最重要的是，由于我国的法务会计在经济纠纷领域应用案例较少，因此可以建立国际法务会计交流协会，通过学习交流，吸收借鉴国外法务会计案例应用的精华，探索适合我国发展的具有中国特色的社会主义的法务会计发展道路，同时能将我国法务会计在经济纠纷领域的应用案例问题与国际层面进行接轨。二是在实践层面，各界法务会计工作者要通过在实际的应用中获取法务会计的应用案例，从而为法务会计的发展提供更多的参考案例，推动其发展进程。

（三）加大法务会计在公司中的应用力度

从以上的阐述可以看出，法务会计在经济纠纷领域的具体应用案例还是比较少。目前的这种状况无助于加强和改善法务会计本身的理论体系。而且由于法务会计实质性的应用案例较少，公司对法务会计的认识和信赖将在一定程度上降低。因此，在经济纠纷案件中，公司法务会计的适用与开发需要从以下两个方面加强。从组织构成的角度来看，法务会计工作的进行体现为正常的组织，包括法务会计人才的聘用和法务会计人员的培养。相反，在公司的文化建设、战略建设和调整中，要积极履行法务会计本身的价值和作用。只有不断改善法务会计的适用力度和水平，经济纠纷中法务会计的适用和宣传将达到一个新的高度。

（四）加大对法务会计的宣传

目前，无论是个人还是企业对于法务会计以及其在经济领域的应用的认知仍然存在很大的问题。今天，由于新媒体的不断开发，相关职能部门可使用多种信息传播媒介，可以使用科学易懂的表达，将法务会计的具体意义和要求事项在更大范围内进行说明。例如，通过将法务会计引入公司，使更多的公司和社会团体能够更好地理解务会计，颁布章程公开其基本的专业意义和相关责任，从而提高大众对法务会计的认识。在加大对法务会计宣传的过程中，应该慎重选择宣传内容和传播媒介，以避免理论宣传的过度，造成实际空洞的现象。有关政府职能部门应在特定的规章制度水平上体现有关法务会计的宣传效果。一方面，通过这种宣传法务会计在经济纠纷中适用的方法，在一定程度上可以将人们从法务会计的认识误区中抽离。另一方面，可以引导公司利用法务会计更好地保护经济纠纷中的法律权益，提高法务会计对经济纠纷的适用价值。

四、对我国法务会计未来发展的展望

法务会计也正在为中国的法治建设而努力，将为新时代依法治理国家的进程注入新的活力，带来更大的发展。

第一，中国的法治建设征程将为法务会计的创新发展提供更加有利的法律环境。三种主要诉讼法将进一步完善鉴定人的出庭规则和专家证人的出庭规则。越来越多的法务会计专家将在法庭上以专业人员的身份出具法务会计鉴定意见，允许法院对其他诉讼参与人发表的评估意见进行交叉审查。为了满足市场对法务会计的新需求，越来越多的会计师事务所将扩充法务会计业务的办理。在新的时代里，将会有越来越多的注册会计师和各类会计专家成为法务会计这种复合型人才。

第二，近年来，由于司法体制的不断改革，法务会计不再需要通过司法评估部门的“准入备案”，法务会计的市场空间拓宽，市场竞争日趋激烈，受“适者生存”的法律环境影响，法务会计评估工作将逐步集中在少数有竞争力、生命力顽强的评估机构手中。同时，长期困扰人们的低水平的法律会计评估意见将会发生根本性变化，经济案件中的司法案件质量将会得到大幅的提高。

第三，由于司法部门不再对法务会计鉴定领域实施准入备案登记制度，使法务会计鉴定领域缺乏技术指导与规则的局面会得到一定的改善。如今，法务会计鉴定行业实行财政部单方面管理，也避免了多方管理产生的推脱不作为现象。随着法治社会的不断健全，相信有关部门会加快制订符合我国国情的法务会计发展的规章制度，法务会计发展的环境也会越来越好。

第四，随着我国经济的迅速发展，经济业务的增多，“上市公司舞弊风险管理”成为法务会计在经济纠纷领域的核心业务，同时，也为法务会计的应用提供了新的机遇。舞弊风险不仅来源于企业内部也来源于企业外部。专业法务会计人员根据舞弊审计准则，通过全面剖析舞弊问题，精密制订舞弊攻略，从根源上防止舞弊的发生，进行有效的舞弊风险管理。主要目的是减少舞弊给企业带来的损失。当前，我国各类公司亟须“舞弊风险管理师”，然而专业的法务会计人员具备了公司所需要的舞弊风险管理能力，这无疑是法务会计人员发展的新途径。

第五，由于经济的高速发展，很多经济事项涵盖经济、法律的各个方面，法务人员的知识结构过于单一，很难针对经济纠纷做出准确判断，因此社会对既具备法律知识又懂得会计理论的复合型人才的需求不断扩大。正因为如此，越来越多的高校开始对攻读会计专业的学生提出新的培养方案，即尝试开设法务会计班级，许多学生也认识到学习法务会计知识的重要性，积极投入法务会计相关专业的学习，成为社会亟须的复合型人才。总之，经济发展越快，社会经济纠纷案件就会越多，对于法务会计人员的需求量也会随之增加。

综上所述，随着市场经济不断发展，企业在日常经营活动中需要相关的市场规则和法律制度来指导其更好的运行。同时，公司也会面临许多内外部经济纠纷。会计体系也应该随着社会发展进程不断完善。因此，本文首先主要探讨了法务会计在经济纠纷中的应用现状及存在的问题；其次，从人才培养、丰富案例、加大宣传与应用等层面来探究法务会计今后在经济纠纷中的应用策略；最后，希望本文能对法务会计理论研究的完善提供一点帮助。

参考文献

[1] 韦湘镁．法务会计在查处民事诉讼犯罪中的作用探究［J］．法制博览，2019（3）．

[2] 褚楠．法务会计基础理论与应用探析［D］．中国政法大学，2006．

[3] 张鑫蕊，刘雪晶．法务会计在经济纠纷中的应用研究［J］．现代经济信息，2016（2）．

[4] 马剑．实现审判服务经济社会发展的新常态．人民法院报，2015－05－14．

[5] 史倩倩．国际法务会计应用现状研究．商业会计，2016（15）．

[6] 刘辉．法务会计在我国经济诉讼案件中的应用探析［D］．江西：江西财经大学，2010．

[7] 吴芳泽．论我国法务会计人才的供需情况［J］．中小公司管理与科技，2016（12）．

[8] Hannan，M. &Turner，P. （2004）“The Last Mile：Applying traditional methods for perpetrator identification in forensic computing investigations” Presented at the 3rd European Conference on Information Warfare and Security，University of London，UK 28－29 June 2004.

[9] Darry Crumbley，Nicholas Apostolou. Forensic accounting：A new growth area in accounting. Ohio CPA Journal，2002，61（3）．

[10] 王春景．市场经济体制下法务会计行业发展方向，北方经贸，2015（2）．

[11] 李海娟．我国法务会计教育理论的本土化重构研究［J］．黑龙江科学，2018，9（3）．

[12] 李端林．法务会计在财务舞弊控制中相关问题研究会［J］．法治与社会，2018（4）．

[13] 史倩倩．法务会计服务在我国经济经济纠纷中的应用研究［D］．云南：云南财经大学，2017．

[14] 张苏彤．我国法务会计发展回顾、应用实践及未来展望研究［J］．商业会计，2019（4）．

[15] 张苏彤. 论法务会计的法律环境 [J]. 南京审计学院学报, 2012 (3).

[16] 张苏彤. 谈新诉讼法的实施带给注册会计师的机遇与挑战 [J]. 中国注册会计师, 2014 (2).

[17] 金泽男. 中美两国法务会计人才培养模式比较研究 [J]. 商业经济, 2019 (3).

工程财务、业务、税务融合问题研究

纪　艳

摘要： 在建筑体系建设推进过程中，业务与财务部门、税收部门融合与建筑施工质量有着密不可分的联系。文章通过建筑财务、业务及税务的融合做详细阐述，通过评价各个部门的联系，提出工程财务、业务、税务的融合策略。

关键词： 建筑财务　业务部门　税务管理　融合策略

建筑市场竞争激烈，经营环境也比较复杂，同行都在推陈出新，做出自己的特色。如何防控各类风险，将企业业务、税务相互融合，提升财务价值，以此实现提高质量的发展。

从分析施工企业会计信息质量方面，建筑施工工程项目造价较高并且较复杂，涉及的款项业务结算和财务的记账环节非常纷杂。例如，在业务部门中，具体的财务核算中不仅有款项结算、资金支付及筹措、材料及施工设备采购、员工薪酬等，还会涉及财务的税收计算，包括企业所得税税前扣除、增值税抵扣等业务，在以上复杂的工作中，很容易出现数据归集困难，跨会计期间入账处理业务，就会导致施工企业会计信息质量低下，而通过有效整合联动业务、财务、税务部门，那么业务部门会结合会计信息以及财务提供的财务数据，并做到相互复核勾稽对方数据是否准确，极大解决了跨会计期间、数据不准确问题，能够全面反映财务信息，从而使领导者快速、准确地做出判断。

分析会计信息数量方面，建筑行业在施工过程中，会面临施工项目资金耗用较大，施工的材料价格也是不停变化着，如大宗的钢筋和商混，业务部门的价格采集也是至关重要，原材料的价格会随着外部环境变化而变化，如果业务部门对原材料的采集以及价格传递有误等问题，就会使施工财务人员无法有效完成会计信息的反映，对财务工作很不利，势必会影响税务的核算。这样通过业务、财务部门及税务部门的有效融合，业务部门用敏锐的眼睛看紧原材料价格，财务部门整合业务部门数据，多一层筛查，减少漏洞，税收部门处理税收问题就会畅通无阻。

完善业务、财务、税收部门融合体系，建筑业要构建内部会计体系，并在体系中全方面融合各个部门联动，采取财务方法深入分析，促进内部管理精细化发展。集团推进业务

作者简介：纪艳，经济师，中建新疆建工集团第五建筑工程有限公司。

一体化上线，用体系来提高会计信息，加强了各部门的融合，是变革性的飞跃。

谈了较多的业务和财务部门，其实税收部门也是至关重要，在融合中也是关键，因此做好税收筹划也是更好地融合业务、财务部门。

“营改增”后，建筑业企业的建筑施工设备、材料和建筑施工费等采购成本可以抵扣进项税额。建筑企业特别是小型建筑企业存在大量的零星采购、预算不具体及选择供应商不规范，导致建筑企业大量零星采购无法获得正规的、可抵扣的增值税发票。建筑企业的零星采购在工程总成本中所占的比例越高，无法抵扣的进项税额越多，增值税税负也越高。

建筑企业购入的不动产或作为固定资产核算的工程设备可以抵扣进项税额，但在“营改增”之前，建筑企业可能就已经购入了工程施工所需要的必要的不动产和工程设备及其他耐用机械，这些不动产、机械设备的进项税额在“营改增”后无法抵扣，在短期内会造成建筑企业可抵扣的进项税额较小。另外，建筑企业为了工程项目在“营改增”之前储备的工程材料也无法抵扣进项税额，这都会增大企业的税负。“营改增”打通了增值税的抵扣链条，建筑企业由于其行业的特殊性质，采购成本中一部分支出无法取得增值税专用发票。中小型建筑企业的供应商很多为小规模纳税人，甚至很大一部分供应商为个体经营者和个人，对于这些供应商而言，要么无法提供增值税专用发票，要么自己开具3%的专票，这就造成建筑业企业在采购环节完全没有进项税额抵扣，或者只可以抵扣3%的进项税额，可抵扣进项税额的范围进一步缩小，增值税税负增加。“营改增”后我国的税收环境日趋健全，很多企业都意识到了税费筹划的重要性，但是多数企业在经营中仍然意识不到“营改增”前后增值税税负对企业的影响，对税收筹划重视不够。在很多情形下，企业主把逃税漏税作为企业节约税款的措施，增大企业税收风险的同时也造成企业财务核算无法准确反映实际业务。也有企业对税收筹划进行片面理解，只注重税收的显性影响因素，追求直接减轻税负的目标，而忽视税收筹划要从长远考虑，以实现企业节税最大化为目的。

综上所述，在建筑施工企业中，业务、财务、税务部门的融合对提高企业的管理水平，完善内部流程等发挥着重要的作用。施工企业必须有效结合多部门，才能实现节能增效，创造更大的经济效益，提升企业价值。

参考文献

[1] 梁楚婷. 探讨企业管理会计和财务会计的融合. 商场现代化，2019 (18)：102 - 103.

浅谈中建一局华江建设有限公司业财一体化建设思路研究

洪祥杰　彭燕芳

摘要： 随着互联网、大数据、人工智能、云计算、物联网等现代新兴技术在财税领域的广泛应用，智能财税是财税行业未来的发展趋势。在这一时代背景下，为了将财务人员从大量简单、重复性较高的基础财务工作中解放出来，促进财务人员从传统财务会计向管理会计转型，也为了提升公司的财税管理水平，中建一局华江建设有限公司在2019年全面进行业财一体化建设。公司在业财一体化的实施过程中取得了初步成效，但也存在一定的问题，业财一体化的系统功能、票据识别技术、业务和财务的融合度等方面的问题有待进一步优化和改善。未来在业财一体化下，项目上不再需要专门配备财务人员，这是华江公司甚至整个建筑行业未来可以探索的方向。

关键词： 智能财税　财税管理　业财一体化

一、公司背景

（一）公司简介

中建一局华江建设有限公司成立于1999年3月17日，是隶属于中国建筑一局（集团）有限公司的国有全资法人实体，拥有“房屋建筑工程施工总承包一级”“建筑装修装饰工程专业承包一级”及“机电设备安装工程专业承包一级”三项一级资质。

中国建筑的施工业务主要由股份公司及下属单位依据各自的建筑工程总承包特级或一级资质，承接房屋建筑及基础设施建设等各类施工项目。其中，房屋建筑业务范围包括住宅、保障性住房、商用写字楼、政府办公楼、文化设施、教育设施、体育设施、娱乐设施、福利设施、医疗建筑、酒店度假建筑、城市综合体、工业加工制造厂房、会议会展中心、仓储物流、宗教建筑、市政配套建筑等；基础设施建设业务范围包括交通运输工程、能源工程、石油化工工程、供水及处理工程、环保工程、邮电通讯工程、防卫防灾工程、水木工程、其他工程。

华江建设有限公司的业务模式是以中国建筑股份有限公司或下属单位名义独立或联合

作者简介：洪祥杰，华江公司宜春智慧小镇一中心两基地项目EPC总承包项目财务负责人，中建一局华江建设有限公司；彭燕芳，华江公司江西分公司财务总监，中建一局华江建设有限公司。

签订建筑工程总承包合同，按合同约定独担风险，对业主负责。如进行内部分包，总包方需与分包方签订施工分包合同，分包方根据分包合同承担相应的风险，对总包方负责。总包方与分包方各自按合同约定进行工程施工。业主与总包方进行验工结算，总包方就分包部分对分包工程进行验工结算。受行业特点的影响，公司承接的项目分布在海内外各个地区，每个项目都是在集团和公司的统一管理下独立进行本项目的业务处理和财务核算，因此，每个项目都需要配备物资部门、商务部等业务部门和财务部门进行相应的业务和财务处理。

（二）中建一局华江建设有限公司在业财一体化实施前的财务管理问题

1. 项目上的财务工作机械性、重复性较高。项目财务人员每个月的工作主要涉及以下内容：接收和审核外来单据；处理报销业务；录入发票；粘贴票据；凭证整理和装订；给业主开具发票；到税局进行税金预缴，税金清算等。简单重复的工作，尤其是报销业务及凭证整理和装订工作，会耗费大量的时间和精力。在这种情况下，项目财务人员的专业技能始终停留在传统财务会计的核算层面，关注税收筹划、资金管理和预算管理等的精力非常有限，这不利于其从财务会计向管理会计转型。正如中兴新云总裁陈虎所说，财务人员不能整日埋头于日常事务，要把自己从基础工作中剥离出来，从事管理类、预测类的工作，要把数据转化成信息、转化成知识、希望凝结成智慧，这才是财务应该做的事情。因此，如何将项目财务人员从简单、重复的日常财务工作中解放出来，这是华江公司甚至是整个建筑行业亟待解决的难题。

2. 公司与项目之间在财务核算上的分工不利于财务人员的全面发展。公司的财务管理模式是项目财务人员负责员工报销、原始凭证及票据的收集和整理等日常业务的处理工作，而各项目层面形成的财务数据会经分公司汇总传递到公司总部，最后由公司总部统一进行月末结账、编制财务报表和纳税申报等工作。这种分工会导致总部的财务人员不熟悉项目上的具体业务，而项目财务人员未能接触到报表层面的财务工作，这不利于项目财务人员形成全面的财务知识，不具备全盘会计的业务能力。

3. 现有的财务管理体制不利于税务风险的防范。项目上仅是对日常业务进行基础的财务核算，期末由公司统一进行公司层面的纳税申报。我们都知道在经济业务发生的一瞬间即形成纳税事项，如果因为经济业务发生和纳税申报环节衔接不紧密而导致逾期报税，会增加企业的税务风险。这样，受流程和时差的影响，公司方面平时没有对接项目上发生的具体业务，单纯依靠项目财务人员进行财务信息传递，就很有可能在交易发生时未能及时识别出税务风险事项。

（三）中建一局华江建设有限公司实行业财一体化的必然性

人类正在进入第四次工业革命带来的智能时代，互联网、大数据、人工智能、云计算、物联网等现代新兴技术在财务领域的应用越来越广泛，这些现代技术和财税领域的融合综合形成了智能财税这一智慧财经新业态。在这种新业态下，用传统的会计核算服务，加上新的财务共享平台可以为企业创造出新的价值。因而，财务工作的自动化、数字化和智能化是传统财税升级转型的方向。中建一局华江建设有限公司实施业财一体化，以发票数字化带动企业数字化转型是大势所趋。

从宏观环境来看，我国正在积极推动实施“互联网+税务”行动计划，致力于打造全天候、全方位、全覆盖、全流程、全联通的智慧税务生态系统。大数据技术在税务方面的应用将大幅提高税收风险识别的精准性，通过涉税数据的不断积累必将增强税收风险管理的智能化程度。另外，大数据加强了税务部门与其他部门的信息交流，通过广泛采集纳税人涉税行为信息来推动税收信用体系建设。这种税收治理现代化水平的逐步提升和企业税收信用体系建设的不断推进，要求企业具备更高的财税治理水平和数字化水平。

从建筑行业的发展趋势来看，智慧建筑是建筑业未来的发展方向，在BIM、大数据、物联网、云计算、人工智能、机器人等新技术的推动下，智慧建筑的发展将会实现建筑从设计、建造到运维全过程的数字化。通过将设计、业主、建造、供应链之间产生新的数据进行协同，将会更高效、更精细、更协同地为建筑服务。相应地，建筑行业的传统财务核算也要向智能化转型，才能更好地服务于建筑行业的智慧化发展。为顺应建筑行业未来的发展方向，业财一体化是中建一局华江建设有限公司转变的第一步。

二、华江公司业财一体化建设的实施

为了解决业财一体化实施前存在的突出财务管理问题，使财务更好地服务于业务，中建一局华江建设有限公司进行业务、票据、财务和税务的一体化建设。公司实施业财一体化的总体思路是构建中国建筑财务一体化平台，该平台包括主数据系统、核算系统、预算系统、报表系统、报账系统、资金系统、税务系统，企业可直接在平台上实现合同、报销、费用、收款、付款、纳税申报等工作，实现“一键出表”。SAP系统虽然作为单独的一个系统，但也是属于中国建筑财务一体化平台的组成部分。不同的系统有明确的分工但又相互关联，其中，比较核心和常用的系统是报账系统、税务系统以及SAP系统。报账系统主要处理前端采购、员工报销、付款和收款等业务和相关票据，将票据进行影像化，系统通过数据化票据的识别可以自动生成凭证，并推送到SAP系统，而报表系统则自动关联报账系统的票据和凭证数据分别生成报表数据，税务系统从报账系统一键取相关增值税进项和销项数据，进行纳税申报。SAP系统接收报账系统传递过来的凭证数据并自动关联生成总账、明细账和报表数据，实质上SAP系统相当于中国建筑财务一体化系统的数据池，所有的财务数据都会从中国建筑财务一体化系统直接传递过来或者关联后自动生成。

公司从2019年初开始着手业财一体化的建设，前后曾多次组织开展财务一体化线上研讨会。通过深入研讨，最终敲定业财一体化的构建主要分两个阶段进行。第一阶段是中建财务一体化平台的构建，该阶段为财务一体化建设提供了实施的载体。第二阶段是将原有NC系统的所有财务数据迁移到现用的SAP系统，这个阶段的主要任务是完成NC系统和SAP系统之间的数据切换，为财务一体化建设做好前期的数据准备。在2019年5月之前公司完成了全业务培训、流程梳理、UAT测试和静态数据收集，这个阶段的任务主要是为业财一体化的实施做好前期的简单准备工作。而在2019年6月至2019年8月，公司召集了全公司绝大部分财务人员统一在北京总部进行为期2个多月的集中办公，主要工作是整合、归集和梳理各个项目的NC财务累计数据，陆续完成了所有各级本部和项目的5月31日之前的核算动态初始化以及报账、资金和税务数据的初始化工作。例如，将NC系统上银行存款、应收账款、其他应付款等科目的明细、辅助项和客商等数据进行拆分并分别统计，再经过无数次审核和修改，最后将准确无误的数据全部导入SAP系统中，从而完成新旧系统的无缝衔接。在此期间公司又针对报账系统、税务系统、资金系统、主数据系统等模块内容组织了专题培训，最后在新系统中补录6月和7月的财务数据，在8月财务一体化系统正式上线，如期完成了集团下达的一体化上线任务。

在财务一体化建设的人员培训方面，公司后续跟进发布了《中建一局财务一体化平台管理手册》《报账常见问题用户处理指引V1－0819》等操作手册，为一体化平台上线提供指导。而项目层面，则由项目财务人员在项目上组织对商务部等其他部门进行报账系统培训的相关工作。另外，在系统上线的试运行阶段，公司聘请了多名财务一体化技术专家，协助解决一体化平台运行过程中遇到的系统问题、系统操作性能的优化问题、业务流程的精简问题、开发新的系统功能等。总的来说，公司的财务一体化建设主要围绕财务一体化平台的构建、数据的迁移、人员培训和专家维护这几个方面进行展开。

中建财务一体化平台投入使用后，项目上的日常财务工作发生了巨大变化。对于员工报销类业务，当业务实质产生后，员工本人直接将从外部取得的纸质票据通过扫描或拍照方式进行影像化，并上传至财务一体化系统，然后在该报账系统上提交报销申请，再流转到财务和项目经理等节点进行审核，审核无误后再由财务人员进行费用支付和自动制单，最后将自动生成的凭证推送至SAP系统。对于增值税进项和销项类业务，在取得增值税发票后，扫描成图片录入系统，系统自动识别后进行进项税和销项税的登记，月末再由公司统一进行发票的认证和汇总制证。而对于开票业务，项目的建造合同在达到纳税义务时点时需要开具发票，先办理税金的申请和预缴，再进行发票的开具申请，最后月末进行纳税申报工作。

公司实施财务一体化的创新点在于推行无纸化办公，将票据进行影像化，由票据数字化带动企业数字化转型。中建财务一体化平台贯穿中建股份、中建一局、各子企业、各项目这四个层级，各组织在财务核算上实现标准化，而在管理上能够实现精细化。

三、华江公司实施业财一体化后的成效

公司实施财务一体化后，可以将项目财务人员从大量重复、机械的财务工作中解放出来，例如，员工报销业务的处理，员工直接在系统中填列报销单，财务人员负责审核和支付就能完成，可以节省财务人员很多时间。这使财务人员的工作不再局限于传统的会计核算，通过参与资金管理、纳税筹划和预算管理等财务管理工作，来助力公司的财务决策和业务决策。公司全面部署财务一体化平台建设，构建公司战略财务、专业财务、业务财务、共享财务与智能财务为一体的“大财务”服务体系，可以促使财务人员从传统的财务会计向管理会计转型。另外，在税务风险防范方面，财务一体化强化公司对项目的财务管

理，将税务风险防范在业务发生的时点。而在信息共享方面，财务一体化平台可以实现财务数据的共享，这加快了财务信息在项目、分公司、总部和税局之间财务信息的传递，大大节约了信息沟通成本，提高信息利用率。

总的来说，中建财务一体化平台是股份公司争创世界一流示范企业的重要举措，也是股份公司将业财融合建设方案执行落地的体现。财务一体化平台是促进集团财务管理加快向精益财务、智能财务转型步伐，切实提升财务管理水平的重要举措，对集团实现高质量发展、创建世界一流示范企业具有重要意义。公司将深化财务一体化建设，扎实稳健推进各项工作，周密部署、攻坚克难，发扬创新。未来，公司的财务信息化管理水平将提升到一个新的管理高度。

四、华江公司财务一体化的总结及展望

公司能够成功实施财务一体化，是全公司上下一致努力的结果。公司于 2018 年就开始探索财务管理的转型方向，并于 2019 年初做了充足的前期筹备工作，从拟订实施财务一体化的计划方案到一体化的实施，公司领导层对财务一体化平台的构建、人员培训、系统运维体系建立、内部制度完善与适应性调整等多个方面做了周密详细的相关工作部署。另外，财务一体化的落地也得益于各项目、各分公司和公司总部的财务人员对财务一体化建设工作的快速响应和较强的执行力。

但是目前公司财务一体化建设仍然存在一些问题，系统不能识别定额发票、行程单和车票，这些发票需要进行人工查验，希望一体化平台的票据识别技术能够有所改进；在系统配置方面，财务一体化系统还缺少一些功能，挂量计划的审批和付款明细能否慢慢从 OA 平台过渡到一体化平台；而系统运行方面，在月末高峰时期，系统还是会卡顿，希望工程师能修复这样的问题。另外，虽然公司已经实施了财务一体化，但公司和项目财务人员负责的财务工作仍然是割裂开来的，项目财务人员仍然不能接触到公司的报表层面，并且业财融合不是很明显。

在智能财税新业态下，会计工厂下可以设置专门的票据处理中心、记账中心和税收处理中心。相应地，岗位分工方面，在会计工厂下面会设置专门的理票岗负责票据的接收和采集；记账岗负责核算、审核、记账，报税岗负责纳税申报每个月、每个季度、每年末，从增值税到企业所得税再到个人所得税；厂长岗综合管理各岗位，贯穿票据、记账和报税、档案管理各中心一条“线”。中建一局华江建设有限公司的财务体系可以设置相应的理票岗、会计岗和报税岗和财务共享中心负责人岗位。在这种岗位设置下，公司总部财务人员、分公司财务人员和项目财务人员可以集体办公，每个财务人员的晋升渠道是从基础的理票岗开始逐级过渡到会计岗等后续岗位，这样有利于培养财务人员的全盘账务处理能力，全面提升财务人员的专业能力。未来在业财一体化下，项目上不再需要专门配备财务人员，这是公司甚至整个建筑行业未来可以思考的方向。不管怎样，财务一体化的实施需要财务人员加强每个节点的审核和风险把控，因此对财务人员的要求只会越来越高，需要财务人员不断提升自身专业素养。

参考文献

[1] 中建一局．中建一局财务一体化平台管理手册［DK］. 2019.
[2] 百度百科．中建一局华江建设有限公司［OL］. 2019.
[3] 知乎平台．建筑行业未来五年的发展趋势［OL］. 2016.
[4] 土筑虎平台．2019 未来建筑行业的新发展趋势［OL］. 2019.

我国环境保护税实施的保障机制研究

王心悦

摘要： 我国在发展初期，环保意识薄弱，经济发展模式多为粗放型，如今我国经济发展模式不断革新，更加注重环境保护与绿色产业发展，在此过程中，我国不断研究发达国家环境保护税法的创建与改革经验，取其精华，去其糟粕，从而建立了适合本国的环境保护税收制度与实施办法。2018 年 1 月 1 日，《中华人民共和国环境保护税法》正式实施。环保税收在实施过程中，遇到了多重阻力，本文主要分析了我国环境保护税收制度的发展历程及意义，指出了环境税收制度在实施中存在的重要问题，总结出导致这些问题的核心因素，并对这些因素进行分析从而提出我国环境税收制度实施的保障机制。

关键词： 环境保护税　税制改革　可持续发展

引言

在生态环境不断恶化的情况下，环保意识逐渐普及，国际上，对“绿色”发展方式予以高度肯定，大多发达国家对环境保护税收制度不断进行改革与完善。改革开放 40 多年来，我国很多地方就发展谈发展，就环保论环保，并没有将发展与环保结合起来，甚至长时间走着“先污染、后治理”的传统之路，从而导致生态环境、经济社会都无法科学、长久地发展，甚至付出过大的环境代价。因此，立足我国的基本国情，合理运用宏观调控，创建出一条兼具效益与环保的可持续的发展新道路，是形势使然、出路所在。

目前，我国在经济快速发展的基础上，不断加强保护生态环境的引导，同时也不断研究并吸取国际经验，出台了《中华人民共和国环境保护税收法》并予以实施。环境税制的实施对于中国政府与中国企业均是发展过程中的重大挑战，在此过程中，也暴露出很多亟待解决的问题，本文针对部分明显问题进行因素分析，并试图从政府与企业两个方面分别进行研究，结合搜集材料及我国实际情况对宏观与微观因素进行分析，探索出相应的环境税实施的保障机制。

本文共有六个部分，具体结构如下：第一部分为引言，主要阐述了本文的理论意义与现实意义，同时介绍了本文的写作结构；第二部分为我国环境保护税制问题概述，针对当

作者简介：王心悦，业务经理，初级会计职称，中建市政工程有限公司。

前我国环境保护税收制度实施情况，归纳出四类问题；第三部分是根据以上问题，立足宏观与微观情况，总结出四类主要影响因素，即我国实情、税制实施经验、政府部门权责情况及企业改革成本；第四部分是本文的核心部分，根据以上问题及引起问题的因素分析，针对国家、实施部门及受影响企业等不同主体，总结并研究出一套较为完整的环境保护税实施保障机制，详细介绍了各主体在实施过程中的有效应对对策；第五部分为全文总结；第六部分为参考文献。

一、我国环境保护税问题概述

（一）我国环境保护税含义及实施意义

环境保护税是指为保护人类赖以生存的生态环境，对污水、废气、噪声等污染物而特定的税种。

当前我国环境污染问题十分严重，最为突出的是环境问题是污染物排放量超过各地环境承载能力，大多体现在空气污染和水污染：许多城市空气污染严重，常年持续雾霾天气，经常受到酸雨侵袭；流经城市的河段受排放污染物影响，各种污染物含量超标，影响河内生物生存，造成物种变异，破坏生态系统构成等。

税收制度是国家宏观调控的手段之一，能够引导民众、企业树立环保意识，并通过一些强制性手段控制生态恶化局面，从而促进我国经济朝绿色、可持续方向发展。同时，税收作为我国重要的经济杠杆之一，合适的税收水平、合理的税收范围、规范的税收实施政策，对于促进资源优化配置、加快生产要素流动、推动国民经济总值增长、调节国民收入和再分配、提供充分就业以及维持社会稳定等都具有举足轻重的作用。环境保护税收制度的实施，完美契合我国所倡导的创新、协调、绿色、开放、共享的发展理念，兼顾经济发展与生态保护，是可持续发展战略的有机体现。

（二）我国环境保护税发展历程

我国曾经实施过两种对环境管理进行宏观调控的制度政策，分别为排污费制度和环境保护税收制度，它们均基于价格，同时为并行政策。我国首次发布《征收排污费暂行办法》是在 1982 年。我国开始实施《排污费征收使用管理条例》等法律规章是于 2003 年，规定由单因子浓度超标收费改变为对多因子总量超标数额收费。2014 年，国家发展和改革委员会又发布了《关于调整排污费征收标准等有关问题的通知》，对主要污染物的排污费加以提高（王姝欣，2018）。

然而，排污费征收制度的发展过程中出现诸多问题，例如，经济惩罚力度不够，污染指标不够明确并难以测算，罚款收缴率不高和监督监察部门职责不明确等。与此同时，国家提出走可持续发展的新道路的新型绿色理念，为解决因传统治污政策的不足而引发的一系列社会发展问题，建立更加完善的环保税收制度也被提上日程。

2004 年，中国税制改革涉及排污费征收制度“强化税收优化资源配置，促进经济与社会之间的统筹协调”和“合理的但适宜采用税收形式的收费要加快创造条件改为收税”两个方面。2007 年，财政部、国家税务总局和原环保总局共同发起设立中国环境税收项目，并结合国内和国际的重要实践进行研究。2013 年，财政部和其他三个部委正式向国务院申请设立环境保护税。2015 年 6 月，国务院公布了《环境保护税（征求意见稿）》。2016 年 12 月 25 日，中华人民共和国第十二届全国人民代表大会常务委员会第二十五次会议同意通过《中华人民共和国环境保护税法》，并于 2018 年 1 月 1 日正式实施。

（三）实施细则

《中华人民共和国环境保护税法实施条例》共有五章，分别为总则、计税依据和应纳税额、税收减免、征收管理及附则（国务院，2017）。

中华人民共和国和中华人民共和国管辖的其他海域直接向环境排放应纳税的污染物的企业、事业单位和其他生产经营者为法律规定的纳税人。《条例》规定：如应纳税的污染物未直接排放到环境中，不得征收环境保护税；居民个人不属于法定纳税人，不需缴纳环境税；保护税的征税对象为四类应税污染物：大气污染物、水污染物、固体废物和噪声①，具体应纳税的污染物，依照税法规定的《环境保护税目税额表》《应税污染物和当量值表》的规定执行。法律规定，县级以上地方人民政府应当建立工作机制，建立税务部门、环境保护主管部门分工协作，加强环境保护税收的征管，并确保及时、全额支付的税收，同时，环境保护主管部门和税务机关应当建立税收信息共享平台和工作协调机制。

二、我国环境保护税实施面临的问题分析

（一）实施方法难以完全统一

我国幅员辽阔、人口众多，环境税制的法律法规必须统一标准，但实施情况却容易不相统一，实施与监管方法也难以统一。因为各个省份、地区的地形地势、气候特征、人口分布、产业发展重心不尽相同。正如西部与西北部及边陲地区，像新疆、云南等地区，其发展主要依靠农业，这对地区生态环境的要求也更高，因此农业化肥或养料污染则成为这些地区的关注重点；再如中部地区的山东省与河南省均为我国工业与农业发展大省，其工业、农业污染可能相互交杂，同时其人口众多，所产生的生活垃圾与污染也会随即增多，这样的省区市所面临的生态环境问题就较为复杂，所以其需要的环境税收制度的实施方法就更为多元与全面。由于各省区市发展起步情况、省区市特征及发展方向均有不同，因此贯彻和落实环境保护税制的方法也很难一致。

---

① 国家税务总局．中华人民共和国税收大事记（1949.10－2009.9）［M］．北京：中国财政经济出版社，2012（10）：77－78.

（二）实施过程难以全面协调

环境保护税收制度的创建与改革首先需要国家立法部门全面研究、细致规划，充分考虑我国国情从而制定出合适、有效的法律法规及实施办法。其次需要各地区各级别政府机关、相关单位和部门全面协调，明确职责与权利，根据各地不同情况与面临问题严格实施，并建立健全实施保障机制，保证新型环境税制长期有效运行。与此同时，还需要企业主动配合，积极应对，努力自主进行产业升级与转型，在变化万千的市场中，提高自身竞争力与应对风险挫折的能力。只有三管齐下，我国环境保护税收制度的创新才会得到可观结果。

但我国环境保护税制研究起步晚、经验不足，实际国情及各级地区区域性情况不同，无法统一实施；政府部门体系庞大、规则冗杂，在税制的实施办法研究与保障实施机制的建立健全方面的权责难以公平分配；同时我国经济体制是以公有制为主体，多种所有制经济共同发展的模式，在此创新模式下，我国企业发展经验不足且面临的发展情况复杂，很多时候都背负着市场与政府的双重压力，自身发展道路举步维艰，对环境税制的改革更是难以全心全意支持，这些都导致我国环境税制在实施过程中难以全面协调。

（三）实施结果难以一步到位

由于上述列举的环境保护税制在实施方法与实施过程中的很多问题，如环保税制中污染物的检测与评估专业性要求较高。首先，各省区市需要建立能够专业测评小组测验污染情况并公平裁决；其次，税收惩罚标准与税收优惠政策的制定和判别也需要相应的政府部门与人员科学研究和公平公开测评；最后，实施部门及监管部门的权责划分也需要国家科学研究、明确责任。这些都将成为我国环境保护税制在实施中核心问题。

环保税制实施的方法、过程与结果是有机统一的，其中任一过程的缺失都不能达到环境保护税收制度全面实施且取得良好效益的可喜结果。如果不能化解政府与企业、实施者与纳税人及各层次宏观与微观所面临的矛盾，则我国环境保护税收制度的实施结果也难见其效。

（四）大多企业难以主动支持

由于国家建立健全环境保护税制是为了保护民众赖以生存的生态环境、节约和限制各种资源的开采与利用，同时用强制的国家政策与手段对国家进行统治与整治，而企业的首要经营目的就是盈利，其遵从国家法规政策是国家性质的必然要求，由于这些性质的不同、目标的不一，环境保护税收制度的实施会自然会遇到很多阻力。

企业多以增加利润为目标，环境保护税的征收无疑使企业认为企业运营成本增加、应交税费增多、经营压力增大，从而使企业不愿主动支持环境保护税收制度的改革及实施，甚至利用各种违法违规行为偷税漏税，减轻自身税赋压力，而使环境保护税制难以发挥其真正效用。另外，部分企业高层环保理念的缺失，就会影响企业重大发展决策，从而难以引导企业向绿色健康企业升级发展，这也会对环境税收制度的推行带来阻碍。

三、我国环境保护税实施的影响因素分析

（一）我国实际情况复杂

从宏观角度来看，我国陆地面积约960万平方公里，领海面积约470多万平方公里，共包括34个省级行政区，各个地区的地理风貌、人口分布、发展水平有着较大的差别，这一系列差异也就对不同地方环境保护税收制度的实施标准和方式方法的统一造成了很大的困难。

各地政府要立足于统一的环境保护税收制度，但同时根据各地的实际情况来制定不同的环境税收执行方法，建立适合本地区的环保税制实施保障机制，并根据自身特点进一步细化实施细则，贯彻落实新型绿色环保税制。

（二）税制改革经验不足

近些年，我国环保意识强化，国家发展路线不断向绿色型、创新型发展转变，同时不断重视运用国家宏观手段调控和制止污染环境的行为，建立健全环境保护税制，改革和完善新型绿色税制的实施。但在创新过程中由于自身缺乏实践实施经验，难免延缓环境保护税收制度的执行与发展，同时激化政府与企业矛盾，造成大多生态环境污染问题和社会矛盾问题难以解决，因此，如何充分借鉴国际环境税收制度改革的经验，如何将国际经验与我国国情充分结合并加以运用，如何根据经验建立健全环保税制实施机制，如何利用国内外税制实施经验促进新型环保税制实施保障机制完善与优化，在我国环境税收制度的完善和改革中显得尤为重要。

（三）政府部门权责不明

从微观角度来说，我国环境保护税收制度在实施过程中可以分为实施主体与实施客体。实施客体即为我国环境保护税收制度实施办法，实施主体则是国家及各级政府税收相关部门和配合税制实施的各个纳税人。

实施主体一方面包括国家及各级政府税收相关部门，我国立法部门、执法部门和监督部门冗杂，很多时候在实施中出现互相推卸责任，不愿费时费力执行、不愿主动为税收工作负责，不能公平公正进行污染标准测评等问题，这主要归咎于：首先，国家和各级政府没有依据各地区情况建立健全环境税收制度实施保障机制；其次，在执行任务时分工不明确，实施过程中权责制度不完善，监督体制不够有力；最后，也没有建立完善实施结果预测与反馈机制，使各地区在实施后难以得到及时反馈从而改善实施办法。这使环保税制难以循环完善、持续革新。

（四）企业改革成本增加

实施主体的另一方则是我国环境保护税制的纳税人，我国大部分纳税人就是企业。改

革开放后，我国大量引进国外先进机器设备和生产方式，同时开始了粗放型经济发展体系，很多大型重工业企业拔地而起，高污染高排放型企业应运而生。为了加快发展经济，人们不惜牺牲生态环境，高污染产业发展长久不衰，国家对此也监管甚少。如今，国家环保意识不断提升，绿色循环发展理念也开始深入人心，传统的工农体系虽然在不断改革，但依旧占据着中国较大的产业市场。

环境税的实施无疑会对中国企业的发展带来影响，尤其对于污染治理投入少或排污费缴纳不规范的企业，不仅加重了企业的税收负担，还加大了企业的生产成本及各项财务支出，我国企业一向以价格为优势，生产成本及费用上升，势必会影响中国企业的整体发展。环境税收制度的制定与改革的目标就是改善生态环境问题，引导我国企业向绿色创新型产业体系转型升级，因此，强化企业环保意识的普及和加深企业对环境保护税制的理解，对环境保护税收制度的实施发挥着举足轻重的作用。

四、我国环境保护税实施的保障机制分析

（一）广纳经验并循序改革

生态环境社会各个群体都息息相关，生态环境的保护不分国界，不论种族，而环境保护税收制度的改革也是如此，各个国家都应该互相借鉴、互相帮助。对于中国而言，由于环境税收制度的发展与改革起步晚、任务重，更应该虚心采纳发达国家经验，建立和完善具有中国特色的环境税收实施政策。

与我国情况相似的日本在发展中期也遇到了环境恶化的问题，与此同时，日本也不断深入研究环境税收制度对解决环保问题的有利影响，日本环境税主要是根据对环境造成的负荷，即化石能源中的碳含量，进行纳税，从而激励纳税者和大企业自主研发，最终引导社会经济体系和产业结构进行变革。此外，还利用环境税的价格效应引导本国投资消费结构升级方面。

纵观他国现状与实施情况，环境保护税收制度实施还需要根据本国实际情况，因地制宜，不断完善与改革。这样才能发挥其调节经济发展模式、避免环境不断恶化的“双重红利”①作用。因此，我国在实施环境保护税收制度时，应当制订细致而统一的标准，细分纳税人及纳税对象，明确纳税水平和方法，分时分地分情况适时执行并不断完善税制改革，改变过往税收制度单一、一揽子式实施方式，而利用强制征收与减免税收优惠政策兼行的方式，双管齐下。

（二）创新实施模式与方法

我国经济是以公有制为主体，多种所有制经济共同发展的“中国模式”，只有充分尊重市场经济，并加以合理的宏观调控才可以兼顾公平性与效率性。而税收制度改革也是如

---

① 张传国，许姣．国外环境税问题研究进展［J］．审计与经济研究，2012，5（3）：107－108.

此，市场经济也可以刺激各企业公平竞争，而政府也可借此尽可能地降低建立及执行税收政策的成本；地方政府可以逐步增加资源和环境税在财政收入中的比重，并且逐步减少对流转税和企业所得税的征收，从而真正发挥税收杠杆的作用，不仅改善我国环境污染状况，还能促进社会资源与收入的合理分配。

同时，我国在实施环境保护税收制度时，可以不断革新实施模式与方法，如中央、地方将税种分类，进行分税制改革①。设置中央税、地方税和中央地方共享税，大气污染及水污染可划为共享税，而固体废物和噪声污染则由地方征收管理更为便利（杨璇、李兆铁、高凤勤，2018）。这样既可达到改善环境、保护资源的目的，又便于征收管理和明确实施职责，同时还能保持我国的就业能力与国际竞争力。

（三）充分发挥税收激励效应

税收是国家财政收入的主要来源，税收作为我国重要的经济杠杆之一，过重过多的赋税难免会给纳税人带来负担，不仅抑制企业发展继而影响我国市场经济发展，也会难以平定民心顺从民意，因而，政府制定税收制度的同时，应不断创新改革环境税补助、减免等优惠政策，充分发挥税收制度的激励效应。我国近些年也在不断创新与改革税收激励的措施，具体创新实施建议如下：

1. 给予免税期限。

初生企业总会遇到资金不足等诸多问题，实施免税期限，即规定对新办企业从开始获利年度起给予一定年限的免税，可以帮助公司减轻资金压力，同时为公司未来发展提供战略性转型创新发展方向。

2. 再投资免退税以鼓励资源循环利用。

20 世纪 90 年代，德国颁布生态法规，按照生态补偿原则，实施税收优惠政策，以吸收社会资金来回收和循环利用各种废旧资源。我国也可以针对企业再投资与绿色工业实施可减免税收政策，这也可以鼓励企业将利润用于扩大再生产，并支持绿色产业。

3. 新兴绿色产业给予税收照顾。

对绿色产业投资减免税收也可以促进公平同时兼顾效率。其具体措施有两种：一是对出口产品实行减税免税，尤其对发展绿色产业的企业和经济薄弱地区的企业，从而提升其出口产品在国际市场上的竞争能力，开拓更为广阔的国际市场，从而赚取更大利润，以鼓励更多企业对新兴绿色产业的投资与发展；二是指对这些企业出口产品的投资所获收益减税免税，以减轻企业负担。

（四）企业主动促进税制实施与改革

生态环境问题与每个人的生活都息息相关，建立健全环境税收制度的根本目的就是运用国家强制手段在不影响经济发展的基础上保护生态环境。然而，环境税的成功实施更需

---

① 杨璇，李兆铁，高凤勤．环境保护税的负担变化和分成机制研究——基于山东省企业排污收费数据的测算[J]．金融观察，2018（2）：35.

要各企业积极响应与配合。针对企业将会面临问题，列示以下应对建议：

1. 改变公司战略决策。

硬性的税收制度必定对企业的投资、筹资及生产、经营带来不利影响，尤其对原来的高污染高排放企业。环境税制的建立与实施，也要求企业从战略决策角度思考发展前景与方向，明确筹资目的，寻找正确的投资对象和适合的投资金额，避免因投资方向错误带来的风险。因为投资项目的优劣与投资金额的多少都直接影响了公司的收益、发展前景及现金流和其他财务活动。

企业的决策者需要考虑以下几个方面的决策：(1) 绿色项目投资。企业的经营与发展目的是盈利，利润所得在于收入与费用成本的差额。过去企业多依赖于高污染高排放的大型工业项目获得收益，环境税的实施使企业成本增加，迫使企业考虑投入与产出的价值，从而放弃高污染项目，转而关注创新式“绿色投资”项目，增加绿色投资项目的资金所占比重，促进企业结构化升级，向绿色健康企业发展。(2) 购进或更换低污染生产设备。进行生产设备的更新换代无疑为企业增加生产成本，短期内都会导致企业现金的流出，增加资金使用成本，但若不为之，则可能为企业带来更大的税赋负担或税收罚金，严重时势必会影响企业的正常运营。此时则需要决策者权衡利弊与损益，结合公司实际情况做出决策，决定是否更换设备、逐步更换或一次性更换等问题。(3) 购进原材料及加工工艺的选择与创新。原材料的采购成本是企业运营成本的重要组成部分，因此，原材料的质量与利用方法、对原材料加工的工艺和投入成本也成为企业管理者应着重考虑的问题。高品质原材料质量过硬，潜在污染物少，便于加工，但价格略高，低品质材料有价格优势，但可能潜在污染物多且不利于加工；传统工艺耗时耗力，各种成本投入过高且可能伴随着污染环境的问题，新式加工方法科技水平高，需要投入成本培训员工或购入附加电子设备增加企业成本，据此管理者应当考虑各项成本费用，科学决策，使企业在兼顾绿色发展的基础上尽可能多的盈利。

2. 优化企业内部控制。

企业的成本及税收的增加，使企业的利润空间越来越小，继而影响企业的可供分配资金，而企业的分配方式则会影响其融资难易与多少，这便会进一步抑制或阻碍企业发展。因此，建立良好的会计系统，优化内部控制，才能促进公司内部循环，使企业实现可持续发展。

内部控制要素有：内部环境、风险评估、控制活动、信息与沟通和内部监督①（年素英，2016）。优化内部控制需要企业管理者熟悉企业内部结构，在生产环节，大力宣传绿色生产，使绿色生产概念深入人心，打造清洁、循环的生产环境；在公司运营中，建立完善的风险评估体系，并设置专项环境风险基金，对风险进行预估预判，鼓励从源头抑制环境污染；同时，要保证有关环保方面的消息掌握、流通的及时性和有效性，在企业管理上，加强企业财务部门、税务部门及环保部门的沟通与联系，还可以设立专门的环保监督

---

① 年素英．环境保护“费改税”对企业财务管理的影响及对策——基于内部控制的视角［J］．绥化学院学报，2016（12）：45－46.

部门，监督管理按时缴纳环保税收、落实环保事宜等。

3. 促进自身科技创新。

环境保护税收制度创立的目的不单单是为了保护环境，还可以促进我国产业转型与升级，同时鼓励高新科技创新与发展。企业在这一大趋势下也应该加大对科技研发的投入，积极学习和推广新型生产技术，在生产过程中多加注意资源的利用与循环，建立原料加工、回收循环体系，加强内部资源的循环利用；人工劳动力与机器运作相结合，提高效率，节省时间与资源；同时通过物质奖励、股权激励等方式，鼓励员工创新生产经营方法，促进环保绿色营运模式的发展。

五、结论

本文首先对中外环境保护税收制度的建立与改革等相关问题进行资料收集、文献整理，通过对大量查阅文献资料与实际案例的深入探索，总结出我国环境保护税收制度在现阶段实施过程中所存在问题，这些问题主要包括：实施方法难以完全统一，实施过程难以全面协调，实施结果难以一步到位及大多企业难以主动支持。然后通过分析，得出导致这些问题的主要影响因素，如我国国情复杂、经验不足、传统高污染产业未能彻底转型升级等，这些因素对于推进我国环境保护税收制度的实施产生了不小阻力。为解决这些阻力，本文对各因素展开分析，结合国际环境税收实施经验和我国实际情况分析，提出一系列具有针对性的中国环境保护税收制度的实施保障体制——首先应吸收和采纳他国实施经验，其次应充分结合我国实际情况，如地势气候、政治体系及经济发展模式等，建立健全适合我国发展新思路的创新型绿色税制体系与实施细则，同时要注重政府强制监管与企业主动转型升级相结合，携手共同促进我国环境保护税收制度的实施与革新。这一保障机制，将为我国以后的环境税收制度的实施提供可借鉴性建议。

参考文献

[1] Steffen Kallbekken, Stephan Kroll, Todd L. Cherry. Do you not like Pigou, or do you not understand him? Tax aversion and revenue recy-cling in the lab [J]. Journal of Environmental Economics and Management, 2011, 62 (1): 53 - 64.

[2] Paul Ekins. European environmental taxes and charges: recent experience, issues and trends [J]. Ecological Economics, 1999, 31 (1): 39 - 62.

[3] Morley, Bruce. Empirical evidence on the effectiveness of environmental taxes [J]. Applied Economics Letters, 2012, 19 (18): 1817 - 1820.

[4] 王姝欣. 从排污费到环境保护税分析我国环境保护举措的演变 [J]. 综述与专论, 2018 (1): 15 - 17.

[5] 张月月. 从排污费到环境保护税的思考 [J]. 西部财会, 2017 (4): 16 - 18.

[6] 胡应泉. 财税体制改革与转变经济发展方式 [J]. 大庆师范学院学报, 2016

(1)：63－64.

[7] 李磊，李艳芝．基于内部控制视角的企业税务风险管理研究［J］．经济研究参考，2015（41）：32－35.

[8] 崔军，朱晓璐．我国税制结构转型改革：目标设计与路径选择——基于国际经验与现实国情的综合考量［J］．税务与经济，2014（6）：60－67.

[9] 浙江省国际税收研究会课题组，钱巨炎，单美娟．构建地方税体系促进地方经济发展［J］．国际税收，2014（10）：62－65.

[10] 张传国，许姣．国外环境税问题研究进展［J］．审计与经济研究，2012，5（3）：107－108.

[11] 龙凤，杨琦佳，葛察忠，董战峰．环境保护税对企业经济负担的影响分析［J］．观察，2018（3）：83.

[12] 广西桂林市国际税收研究会课题组．推动建立中国绿色税制体系的国际借鉴研究［J］．经济研究参考，2017（35）：140－143.

[13] 任雅娟，杨琦佳（中国环境规划院 环境政策部）．我国开征环境保护税的难点分析［J］．生态经济，2015（7）：44－48.

[14] 计金标，刘建梅．公平视角下环境保护税若干问题探析［J］．税务研究，2014（7）：64－68.

[15] 左锐，曹健，舒伟．基于内部控制视角的企业环境风险管理研究——以紫金矿业为例［J］．西安财经学院学报，2012（5）：86－90.

[16] 朱耘婵．我国环境税收政策的发展演进研究［J］．财税纵横，2017（10）：89－94.

[17] 国家税务总局．中华人民共和国税收大事记（1949.10－2009.9）［M］．北京：中国财政经济出版社，2012：77－78.

[18] 杨璇，李兆轶，高凤勤．环境保护税的负担变化和分成机制研究——基于山东省企业排污收费数据的测算［J］．金融观察，2018（2）：35.

[19] 年素英．环境保护“费改税”对企业财务管理的影响及对策——基于内部控制的视角［J］．绥化学院学报，2016（12）：45－46.

[20] 杨光忠，杨诚，胡金映．环境保护税法实施对企业的影响与对策初探［J］．科技创业，2017（6）：25－26.

智能财务篇

探讨中建财务一体化平台对财务闭环管理的应用

梁　园

摘要： 当前国内建筑企业财务管理模式往往重操作、轻管理，中建股份财务一体化平台上线，将业务拓展、财务管理、资源调配、合规要求、风险防控等业务流程和管控要求嵌入系统中，利用财务一体化平台的集中、共享和精细化管理，进一步提升财务管理水平。本文运用标准化建设中 PDCA 理念，结合中建财务一体化平台，探讨中建财务一体化平台从策划、预算、执行、合规、披露、分析、总结实现财务闭环管理的应用。

关键词： 建筑企业　闭环管理　财务一体化平台

建筑行业是我国国民经济的支柱产业，强化建筑行业的财务管理，对增强建筑企业的核心竞争力具有非常重要的意义。中国建筑财务一体平台的上线应用，将进一步提升财务管理水平。本文结合财务一体化平台，探讨财务闭环管理在一体化中的应用。

一、财务闭环管理的概念

什么是闭环管理？以 PDCA 理论，即 Plan（计划）、Do（执行）、Check（检查）、Action（处理）为基础建立财务闭环管理。Plan（计划），计划阶段明确所要解决的问题或所要实现的目标，并提出实现目标的措施和方法；Do（执行），制定阶段主要是贯彻上述措施和方法；Check（检查），检查阶段对照计划方案，检查贯彻落实的情况和效果，及时发现问题和总结经验；Action（处理），处理阶段是把成功的经验加以肯定，变成标准，分析失败的原因，汲取教训。建立一个闭环式的管理体系，能将战略和运营更紧密地结合起来。PDCA 不断循环，一旦达成改善的目标，改善后的现状随即成为下一个改善的目标，带动 PDCA 循环。本文认为财务管理闭环是从策划、预算、执行、合规、基础账务披露、分析总结、创新，到再策划的一个闭环过程。

作者简介：梁园，会计师，中国建筑土木建设有限公司。

二、财务闭环管理在一体化中的应用

（一）策划先行

闭环管理第一步是策划先行，一个施工建设项目从承接前到承接后要做好财务策划，包括控制策划、资金策划、税务策划等前期策划工作。

控制策划主要分为五部分，即，组织结构、账务控制、账户控制、人员控制、重点业务流控制，五部分要做到相互匹配，才能保证控制策划的合理性及可操作性。例如，财务一体化平台管理架构的设置、核算账套的设置、银行账户的设置需要与签订的合同相匹配，财务一体化平台管理人员的配置和审批流程的设置也是前期策划的一部分，尤其是业务流程，业务的先后顺序限定，业务的内容、方式、责任等必须有明确的安排和界定。

现金流策划，利用合同收款比、收款成本比、付款成本比、资金平衡线、资金结余底线对项目资金进行策划，合同收款比：指总包合同约定的收款比例。收款成本比：由累计收款除以成本税费总额得出。付款成本比：由成本税费性支出除以成本税费总额得出。资金平衡线=平均付现成本率×(1-利润率)。资金结余底线：由合同收款比例减资金平衡线得出。一体化平台中引入了项目全周期现金流预算任务，任务里有中标测算，中标测算代表项目前期投标阶段的资金策划，然后是目标策划编制，项目中标测算后，由负责项目的上级单位根据公司管理要求制定的项目全周期现金流的目标值并下达。以此目标值作为项目现金流累计结余的管理依据，各单位可根据实际情况进行相应的考核评价。最后是滚动预算，滚动预算季度根据实际情况与策划差异调整资金策划。一体化系统会按季度从一体化的资金系统、核算系统同步实际数至滚动预算，届时，滚动预测数据也会同步至一体化的资金系统，作为资金月度计划的编制依据。

税务策划，根据项目成本构成策划进项税取得情况，与项目所在地税务机构沟通尽量取得税收优惠及税收减免。建筑行业尤其是基础设施项目等线性工程，线路跨度大，同一个项目涉及不同地方的税务机构，做好前期的税务策划也至关重要，好的策划是成功的开始。但是一体化系统在税务策划方面仍需完善。

（二）预算引领

闭环管理第二步是预算引领，预算就是一把尺子，是参照物，没有预算就像无头苍蝇乱撞，公司的愿景和战略就无法落地。预算就是紧箍咒，将所有者和管理者的利益系在一起，管理活动以业绩、利润、现金流为导向。通过全面预算、资金预算、费用预算、投资预算、税务预算等可以进行整体管控。

1. 全面预算。根据施工企业的发展目标及规划，落实期间目标，制订好公司的年度预算目标，中建一体化系统里设置了年度预算和国资委预算任务，对整个中建系统起到了预算引领的作用；年度预算分为“三下二上”，“一下”是总部文件下达，可上传组织下达的通知或文件。"一上"是对年度预算进行全部数据的自动提取。然后进行运算、审核后完成上报 。"二下"是为上级单位的目标下达值。"二上"方法同"一上"。"三下"是《年度目标下达》为上级单位最终下达版。

2. 资金预算。通过月度资金预算，季度、年底资金计划保障企业安全稳健运营。加强资金预算的总盘控制。根据产值、未确权、收款权确定收款，根据成本支付比、收款成本比确定付款，建立收付逻辑，预测确定月末资金余额。前面资金策划里提到的项目全周期现金流预算中的滚动预算就是闭环管理中的资金预算部分。

3. 费用预算。费用预算是企业控本降耗，提高经济效益的重要控制指标。在一体化平台中设置了费用预算任务，从预算事项的维护，到预算的编制，再到预算的调整，预算的查询都设置了相关功能模块，为公司的费用管控设置了一道警示线。

4. 投资预算。无论是项目投资还是固定资产投资，都要有相关的投资预算，符合"三重一大"的决策。一体化将投资预算合并到年度预算中，使其成为年度预算的一部分。

5. 税务预算。税务预算被提到的不多，税务预算实际上对未来税务规划的一个全方面安排，为了实现税务的短期目标，实施长期税务管理的重要手段。反映企业应缴纳税金的一种预算情况，是一个企业在一定的时间段内，对税金的使用和计算的一种规划。与税务策划一样，税务预算在一体化中也要不断完善，从而使我们的财务管理环节更通畅。

（三）重在执行

闭环管理第三步是重在执行。前面无论多么周全的策划、多么精细的预算，如果没有不折不扣的执行，都如同空中楼阁。例如，费用预算的执行要做到严禁无预算、超预算开支。要加强过程监督，做到月度公示、年度考核。在一体化的操作中就加入预算的预警功能，将费用预算强控后，无预算超预算就无法报销了。制定的各项财务制度、发布的财务手册，要按照制度的要求去执行，执行过程中要不偏差、不走样。在实际应用中一体化平台已经设置了相关的执行控制点，使财务的实操更标准、更统一、更规范。财务人员只需要根据设定好的流程和相关业务表单去提单就能形成正确的会计科目从而减少随意做账的问题，根据一体化设置好的预算金额就能规避无预算、超预算支付的风险。选择添加好的具备统一社会信用代码的供应商，避免与不合格供应商产生往来。这些都是一体化在应用过程中强化执行的手段。

（四）合规托底

闭环管理第四步是合规托底。合规是企业永续发展的基石。建筑企业要像抓安全一样抓合规性管理。财务资金合规管理也是建筑企业合规管理的其中之一。要关注事项、流程、资料的合规，从费用报销、资金管理、资产管理、合同管理、税务管理、核算管理、预算管理、报表管理等各方面一体化都对合规性做了相应的设计。例如，费用报销方面一体化通过对发票的扫描能自动识别连号发票和带有敏感字眼的发票以及虚假发票，对发票增强了系统审核的功能。一体化的资金模块付款审批流程更加完善，只有通过层层审批后资金才能支付，规避了付款手续不全即进行资金支付的不合规情况。财务一体化里可以清晰地看到合同额、已开发票额、已付款金额，避免了超合同付款，以及发票收集不全等情况。合同管理方面将分供商的合同录入系统，结算和付款时可以进行勾选，系统强控后将实现无合同不付款。一体化税务管理实现了发票验真自动化，保证了开具发票的合规性，开票前需录入合同、开具跨区域涉税事项报告、增值税预缴制证，只有这三个步骤全部完成后才可开具发票。进项税发票一旦认证成功后，分供商等提供发票单位将不可私自作废红冲发票。核算管理方面通过各种表单生成相应的会计科目，避免会计科目的错误使用。通过一体化系统提升了体系化、自动化的合规与风险管控。

（五）账务清晰

闭环管理第五步是账务清晰。一切经济活动的最终反映都是会计账务，账务核算是财务的基础性工作。一套清晰明了的账务，有助于企业财务会计报告的出具，有助于查询各种信息，有助于披露和分析各种数据。一体化项目组下发了专门的核算手册，从主数据的设置到总账、往来、资产、工程施工收入成本结转、研发支出成本结转、月结年结都进行了规范化、标准化的设置，使我们的会计核算和账务更清晰。

（六）披露质量

闭环管理第六步是披露质量，会计信息披露是指企业将直接或间接地影响到使用者决策的重要会计信息以公开报告的形式提供给信息使用者，会计信息披露质量的关键在于披露是否真实可靠、披露是否充分及时以及披露的对象之间是否公平。会计信息反映企业财务状况、经营成果、现金流量及受托管理责任的履行情况，是企业财务决策的语言，财务报表是会计信息披露的重要内容，财务一体化报表系统可以实现 EFDC 一键自动取数、一键合并、一键稽核、一键上报的功能，从而实现一键出表。还可以从报表系统里对账务的穿透查询和溯源，通过自动化出表提高了信息披露的质量。

（七）分析实质

闭环管理第七步是分析实质，管理会计要将会计信息进行提炼分析，将分析的结果提供给决策者进行决策。财务一体化平台中增加了资金系统运行分析模块，进行资金计划执行分析，报表系统查询分析功能，对各项数据进行查询和分析，税务模块预警分析功能，对逾期未处理的业务进行预警分析。财务一体化平台中的各项分析功能仍在不断优化。

（八）总结经验

闭环管理第八步是总结经验，只有总结经验，才能找到成功和失败的原因，做到坚持正确的，改正错误的；才能把感性认识上升到理性认识，从个性中找到具有普遍意义的东西；才能将理论用以指导实践，获取一次又一次更大的成功。习近平总书记指出，工作中的经验是财富，工作中的教训也是财富，关键在于是否善于总结。

信息化的科学高效运用，提示了财务管理水平，在一体化上线的过程中系统也在不断的试错、不断的优化、不断的更新、不断的总结。一体化第一批推广单位的上线积累了丰富的经验和总结，为后续批次的推广工作打下了坚实的基础。第二批上线单位进一步考验了一体化平台的承载力、多规则的适配性、系统的容错性以及推广的可持续性。

（九）创新驱动

闭环管理第九步是创新驱动。通过策划引领预算，预算指导执行，执行匹配合规，合规提升财务基础工作，基础账务促进财务分析，通过分析披露提示问题和风险，助力企业发展。通过不断的总结提炼，驱动我们创新思维，有了创新的思维，才能做好下一步的策划，使策划能更有效的落地，形成整个财务闭环管理，并不断改善推进形成下一个管理循环，进而向策划要效益，向预算要保障，向执行要效率，向合规要安全，向账务要清晰，向披露要质量，向分析要实质，以创新助力发展。

三、中建财务一体化平台对财务闭环管理应用中的优点与不足

中建财务一体化平台实现了自动化、标准化、精细化、一体化的闭环管理，预算控制自动化、凭证记账自动化、发票验真自动化、一键出表自动化；流程标准化、合同标准化、核算标准化、管控标准化；预算管理精细化、报表指标精细化、管控审核精细化、账实一致精细化；预结决算一体化、内部协调一体化、集成应用一体化、数据联通一体化等多种好处。当然，中建财务一体化作为一个刚刚诞生的婴儿，还有很多不足需要完善，需要不断更新迭代。例如，闭环管理中的策划和总结分析功能仍需要完善，业财融合仍需进一步打造，流程的优化、平台的深度应用仍需改进和推广。

四、结束语

一个信息化管理平台、一个闭环管理手段，两者互相结合、相得益彰，更好地为中国建筑的管理提升服务，我们作为中建财务人，也要在实践中不断进步，为集团实现业财融合、财务共享，打造“数字中建”“智慧中建”贡献自己的一分力量。

参考文献

[1] 喻凯．基于 PDCA 循环对财政预算监管工作的思考．中国财经信息资料．

关于数字经济时代建筑央企财务管理转型的几点建议

代荣杰

摘要：为主动适应数字经济时代的要求，提高财务管理智能化和数字化管理水平，推动建筑业的转型升级，充分发挥财务对业务的服务和支撑功能，自2015年以来，我国大型建筑央企开始了智慧财务的建设，结合新冠肺炎疫情的影响，陆续实现了财务一体化平台的上线。随着财务一体化的持续深入推进和开发应用，建筑央企财务转型迫在眉睫，对每一位财务人员提出了更高的要求。

关键词：数字经济　智慧财务　转型升级

笔者认为，数字经济时代，加快建筑央企财务管理转型的路径可以从充分理解财务一体化平台上线的重要性，以深挖财务和业务数据、探索智慧财务管理、加快财务与业务的融合为路径，从队伍建设、运维服务、流程再造、持续培训、注重学习五个方面实现转型升级。

一、建筑央企搭建财务一体化平台的重要性

（一）有利于实现降本增效

建筑央企搭建财务一体化平台，有利于通过统一的会计核算标准、统一的业务处理流程、统一的信息处理系统，降低财务管理成本，提高财务管理的服务效率，克服新冠肺炎疫情对现场集中办公带来的挑战。在系统平稳运行一段时间和持续开发应用后，从长远来看可以缩减传统会计核算人员的数量，释放更多的高级财务人员去从事财务和业务管理工作。

（二）有利于提升财务信息质量

建筑央企搭建财务一体化平台后，企业财务数据都是来自第一手的业务数据，不仅保证了财务数据的真实性、准确性和可靠性，更有利于财务管理人员通过集中的数据仓库抓取有用的财务和业务数据，进一步夯实财务分析的基础，提高财务决策信息的质量。

作者简介：代荣杰，中共党员，东北财经大学研究生学历、财政学硕士，中国注册税务师，中央国家机关会计领军人才，高级会计师，现任中国中建设计集团有限公司财务资金部总经理。

（三）有利于促进流程再造

建筑央企搭建财务一体化平台后，客观上要求两级总部按照智慧财务的管理要求，重新梳理日常的业务工作流程，调整修订各项管理制度，通过财务管理制度和流程的再造，借助信息系统，实现财务介入业务前端，实现对业务前端原始数据的直接管控，实现业务真实数据的实施采集，进一步提升我们的精细化管理水平。

二、数据时代实现我国建筑央企智慧财务管理的三条路径

（一）深挖财务数据，为管理决策做好服务

笔者认为，各建筑央企应以数字经济时代新冠肺炎疫情对财务管理工作带来的挑战为契机，尽快在财务数据的管理上实现三个扩展：一是实现从财务数据到业务数据的扩展。要在财务一体化系统的基础上，将会计核算结果清晰可靠地追溯至生产经营业务交易的全过程，通过对经济业务信息的丰富记录，扩充财务核算的信息维度。二是实现从企业内部数据到外部数据的扩展。在 AI 时代，单纯的企业内部财务和业务数据已无法满足分析预测和风险管理的要求，要主动探索如何将市场数据、同业数据、舆情数据等外部数据引入一体化系统，探索搭建管控预测及风险管理模型，力争实现更多的应用场景。三是实现从结构化数据到非结构化数据的扩展。无论是财务还是业务，内部还是外部，在以往财务管理过程中财务决策的数据主要集中于结构化数据。但建筑业实际管理过程中，大量数据如发票要素、合同要素等是以非结构化的形态存在的，此次财务一体化系统建设过程中，充分发挥智能技术的应用价值，通过影响识别等技术工具将非结构化数据进行了结构化，将财务决策分析的数据基础提升到了新的高度，财务人员在今后的财务决策分析中应该注重用足、用好。

（二）探索智慧财务管理服务，为业务部门做好服务

笔者认为，各建筑央企财务负责人要在搭建财务一体化平台后，尽快按照数字经济的要求，加快财务机器人（RPA）开发、应用与管理，通过系统消灭大量低附加值的报账、审核、结算环节，要通过智能化的系统实时自动完成，充分发挥前台、后台的功能，有效利用中台系统大量的数据资源。此外，对财务人员现实的挑战还源于外部财务监管带来的会计档案管理，一体化平台上线后，各组织会计核算负责人，应该结合目前的一体化系统，按照财政部、国家档案局《关于规范电子会计凭证报销入账归档的通知》（财会〔2020〕6 号）文件的要求，做好档案管理工作。具体来说：

各央企下属二三级单位应以财务一体化为契机，财务管理工作要朝着智慧财务管理的方向发展。试运行前期，财务负责人和两级总部财务人员要做好服务，要悉心帮助和指导业务人员熟练操作财务一体化系统，录好单据、记好账、报销好款。在系统运行过程中，各单位要做好报账、资金收支、核算与报表管理、预算管控、税务风险控制；要立足自身

实际和业务发展需求，提出系统前台、中台和后台的改进建议，为财务决策的实现建立数据中心；要通过系统改变过去财务数据分散的现实，对财务数据、业务数据和其他相关数据进行集成，建立各单位统一的数据管理平台，解决数据传送、分析汇总、无法有效归集联查等问题；要通过数据链接把不同职能部门的工作流程整合起来，形成一个更高效的标准和流程，从而更好地管理自身的现金流，促进两级总部跨职能部门的协助，真正做到财务职能服务于管理层、职能部门、业务部门和项目部，通过财务数据发现的问题，帮助业务部门改进和提升管理工作。

（三）加快财务与业务的融合，为公司转型升级做好服务

笔者认为，财务与业务的分工协作是为了更好地发挥财务对业务的服务支撑作用，而不仅仅是为了核算和监督。财务核算本身是为了满足外部监管者对于企业报表数据的需求，监督不当往往会带来业务部门的反感。而现实中各单位不可避免地出现了财务主要为了监督，满足外部利益相关者的需求，不能很好满足内部管理者对于财务与业务相互协作需求的问题。而财务一体化平台通过前台—中台—后台，有机地将财务和业务结合了起来。系统上线后，首先，要求各单位财务人员在管理理念上，要顾全大局，提升与业务融合的主动性；其次，财务人员所掌握的专业技能不再是对于财务知识的认知能力，而是对于数据信息的搜索能力、加工能力和洞察能力，应该从对会计准则、税法、资金管理知识的掌握，延伸到对于行业政策趋势、商业模式、分包分供商、业主等信息的关注，应该学会从浩瀚的经营数据、财务数据中搜索和洞察出具有决策和管理价值的信息，并据此做好分析和管理，将其转化为对于企业经营管理决策有价值的财务建议；最后，系统上线后需要财务人员提高沟通协调能力，这种沟通不再局限于过去财务人员单纯发表自己的专业意见，而是要更加注重基于业务服务的思考，站在业务的角度，提高财务处理的效率，让业务人员从心底主动接受财务人员提出的意见和建议。

三、基于智慧财务管理做好财务管理转型的五点建议

一是尽快打造一支高素质的财务团队，尽快实现会计核算人员向业务财务和战略财务人员的转型，夯实财务数据质量，做好资本运作，提高全面预算分析管控和全流程税收筹划的能力。

二是立足自身实际和业务发展需求，建立运维团队，做好运维工作，确保平台上线后正常平稳运行。各单位在系统上线后要通过自主运维的方式来保障系统平稳运行，尽快组建运维团队，确保人员及时到位，确保运维团队职能落地，职责分工要明确到人，做好日常问题的收集和解决、系统资料的整理和编写、指导培训终端用户、梳理总结系统优化建议和需求等工作，带动自身财务管理水平的整体提升。

三是做好流程再造，此次财务一体化平台通过数据链接把不同职能部门的工作流程整合了起来，形成了一个更高效的标准和管控流程。为此，两级总部要按照一体化的思路重新梳理日常的业务流程，调整修订各项管理制度，通过制度和流程的再造，借助信息系

统，实现财务介入业务前端，实现对业务前端原始数据的直接管控，实现业务真实数据的实时采集，进一步提升我们的精细化管理水平，以标准化的管理进一步提升管理效率，打赢“防范风险攻坚战”。

四是做好财务管理服务和培训。系统上线后，两级总部财务管理人员要悉心帮助和指导业务人员熟练操作财务一体化系统，录好单据、记好账、报销好款。要做好各业务系统的培训，培训要覆盖全业态、全流程。

五是持续深入学习，提升专业水平，各单位财务人员应该在数字经济时代智能化财务管理过程中，转向更具有附加值的预算管理、财务分析决策、税务筹划、风险管理等方面，实现自身从会计核算人员向业务财务和战略财务人员的转型，做好资金运用管理、全面预算分析管控、全流程税收筹划等财务管理工作，通过核算和业务的标准化为未来 IT 审计奠定坚实的基础，为建筑企业高质量发展保驾护航。

总之，各建筑央企财务管理团队应该按照加快创建世界一流企业的目标，按照企业的整体发展战略，加快智慧财务的研究学习与应用管理，做好数据挖掘、分析与整合应用，提升财务管理的服务能力与水平，结合 AI 智能的应用有效降低财务管控的风险。

参考文献

［1］财政部，国家档案局．《关于规范电子会计凭证报销入账归档的通知》（财会〔2020〕6 号）.

［2］安永．会计档案管理转型趋势——数字时代会计档案：影响超乎预期．2019－08－06.

［3］张庆龙．企业应以财务共享构建智能财务决策的数据基础．2019－03－20.

［4］安永．建立规模化机器人部队：RPA 集团化部署的三个层面．2019－04－09.

［5］高金平．数字经济国际税收规则与国内税法衔接问题思考．税务研究，2019（11）.

会计信息化、财务智能化与建筑企业高质量发展研究

严志远

摘要：随着信息时代的到来，大数据技术被广泛应用到企业财务管理领域，会计信息化和财务智能化的浪潮推动企业向着标准化和一体化方向快速前进，为建筑企业高质量发展提供了契机，可以说，会计信息化和财务智能化的建设程度在一定程度上决定了建筑企业是否能够在未来激烈的竞争环境中立于不败之地，获得长足健康的发展。但会计信息化、财务智能化在发展的过程中也暴露出不少的问题。本文运用理论分析的研究方法，全面系统地对会计信息化、财务智能化推动建筑业高质量发展的路径以及在推动建筑业高质量发展过程的遇到的挑战进行研究，并进一步针对遇到的挑战提出合理的解决策略。

关键词：会计信息化　财务智能化　建筑企业　高质量发展

一、引言

改革开放以来，我国经济迅猛发展，呈现爆发式增长状态，但从近 10 年来看，我国 GDP 增长率持续降低，尽管增长率在走低，但人们的生活质量水平以肉眼可见的速度在变得更好，这表明我国社会经济正由高速增长向高质量发展方向转变，而信息时代的浪潮正席卷各行各业，建筑业由于其具有项目分散化、各项目跨度大以及建筑集团庞大等特殊性而深受信息化的影响，建筑企业试图建立起以信息化为导向的财会系统，将会计技术和信息技术深度结合，逐渐建立起流程标准化、财务共享化、业财融合化、决策智能化等一体化程序。对于建筑企业而言，推动会计信息化、财务智能化建设，能够有效控制财务管理成本，实现企业高质量发展。会计信息化和财务智能化必将是推动建筑行业高质量发展的强力“引擎”。

但是，目前建筑企业在享受会计信息化与财务智能化所带来的福利之外，也暴露出各种各样的问题，本文全面分析会计信息化、财务智能化对建筑业产生的影响，以及面对产生的影响提出合理的建议。

作者简介：严志远，中级会计师，中建八局西南分公司重庆公司。

二、会计信息化、财务智能化推动建筑行业高质量发展的路径研究

（一）会计信息化推动建筑行业高质量发展路径研究

会计信息化是会计与信息技术的结合，是信息社会对企业财务信息管理提出的一个新要求。建筑行业的所属单位具有较强的流动性，与其他企业不同，由于其特殊性也导致建筑企业各个项目的组地跨度较大，这便对建筑企业的信息传递与获取带来一定的困难，大型建筑集团旗下有很多下属公司，在现如今信息化时代，若建筑集团仍以传统手工会计为主，会造成效率低下、信息失真，财务报表数据的可靠性大大降低，集团与各下属公司之间的信息交流与传递不及时，严重影响企业高质量发展。

会计信息化的建设与发展为建筑企业高效发展提供了条件，建筑企业可以有效利用计算机网络系统，以实现会计信息的集中处理，快速准确地完成公司财会信息之间的横向纵向传递，实现信息资源的共享，极大地提高了工作效率，节约了资源，降低成本，会计信息的及时性得以充分保障，为集团以及集团下属各个公司的迅速决策提供了可能性，企业的核心竞争力大大提升，企业的高质量发展也将走得更加殷实（见图1）。

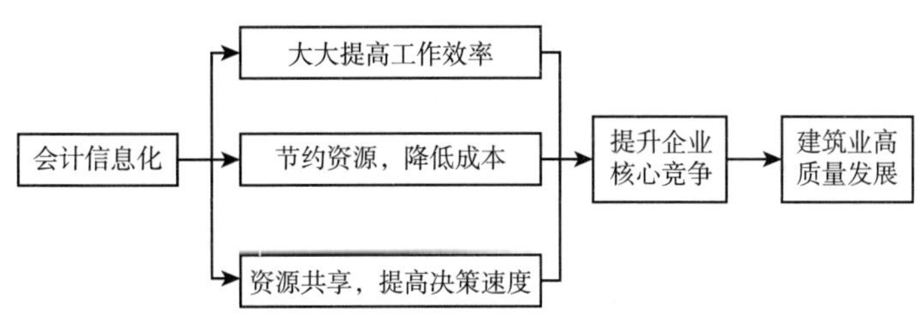

图1　会计信息化推动建筑业高质量发展路径

（二）财务智能化推动建筑行业高质量发展的路径研究

所谓财务智能化，是依托于先进的财务管理理论、工具和方法，借助于智能机器（包括智能软件和智能硬件）和人类财务专家共同组成的人机一体化混合智能系统，通过人和机器的有机合作，完成企业复杂的财务管理活动，并在管理中不断扩大、延伸和逐步取代部分人类财务专家的活动；财务智能化背景下，大大简化了财会人员的工作，解放了劳动力，例如，对发票的自动识别功能，简化了以往手工录入的工作，一键制证功能不仅准确性高，且大大提高了工作效率，通过智能化系统设置的登录账号，明确自己的业务板块，更容易明确每个人的职责权限。建筑企业项目较为分散，智能化软件的应用，大大减少了人为失误以及人为操纵会计信息，决策者根据真实的财会信息作出的决策才更符合企业的利益，从而增加了企业的核心竞争力，使企业健康高质量发展（见图2）。

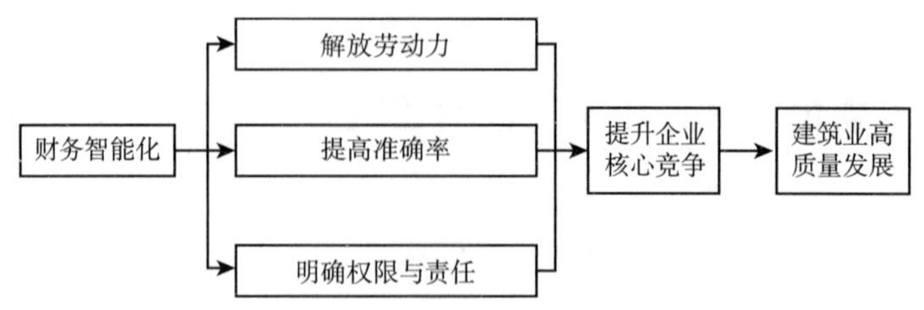

图 2 财务智能化推动建筑业高质量发展路径

（三）会计信息化协同财务智能化推动建筑行业高质量发展的路径研究

标准化是会计信息化发展的重要前提和基础，标准化的流程为财务智能化的发展提供了充足的养分，而财务智能化建设也使会计信息化的发展更加迅速高效，两者相互影响，相互促进。两者的共同作用力将建筑集团内各下属公司的某些重复性、事务性的功能（如账务核算功能）按照标准化流程进行人工智能化的集中处理，极大地提高了工作效率，系统全面地整合了企业资源，使企业达到规模效应、降低成本，更为重要的是极大提高了企业在会计实操中的合法合规性，众所周知，合法合规性是企业的生命线，在现如今信息传播速度极快的时代，一旦企业合法合规性出现问题，将是对企业致命的打击。对于建筑行业，每年来建筑公司进行审计的人员不论审查财务部什么项目，合法合规性必然是绕不过的话题，会计信息化和财务智能化能够大大降低人为违法违规的现象，从而提升建筑企业核心竞争力，促进建筑企业更加高效的发展（见图 3）。

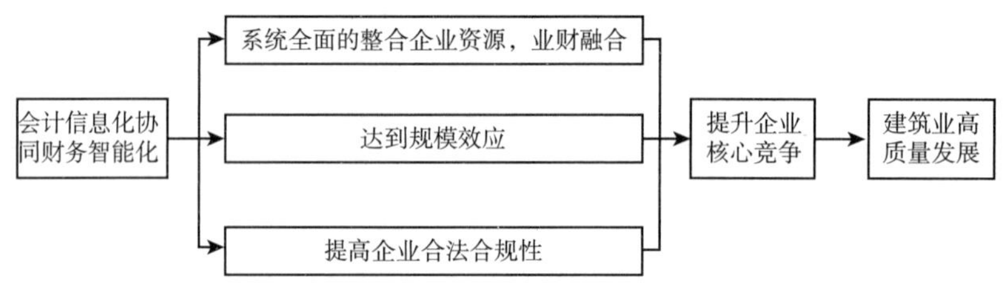

图 3 会计信息化协同财务智能化推动建筑业高质量发展路径

三、浅析会计信息化、财务智能化在推动建筑行业高质量发展中遇到的挑战

（一）会计信息化在推动建筑行业高质量发展中遇到的挑战

1. 财会部门在建筑企业中的重视程度不够。

我国建筑企业在迅猛的发展中，注意力大多聚焦于投标竞标，以及工程项目施工方面，企业在工程项目施工方面投入大量资金，相比之下，对于会计信息化建设方面的投入并不多，大多数建筑企业并没有形成适合自己业务的信息化系统。投入经费不足的直接后果就是在现如今信息化时代，会计部门没有与之相匹配的标准化流程，导致财会人员工作繁重，效率低下，出错不断。严重的会耽误施工工期，给企业的发展带来极大不便，混乱的财会系统将会严重影响建筑公司的高质量发展。

2. 高素质财会与计算机复合型人才比较匮乏。

随着信息技术的快速发展，建筑企业逐渐开始会计信息化，财会从业者没有很好地找到自己在公司中的定位，从业者可能财会专业知识很扎实，但不愿意进一步去学习更多的信息化知识，而企业也没有大力去培养或引进高素质复合人才，导致公司即使标准化流程做得很细致很标准，但在实际操作中无法达到预期的效果。

（二）财务智能化在推动建筑行业高质量发展中遇到的挑战

随着人工智能技术在财务领域应用的不断深入，建筑企业不断地推进业财融合，智能财务取得一定成果的同时也遇到一些挑战。

1. 财务智能化未被使用者充分利用。

财务智能化作为一种新型财务管理模式，它的出现增加了传统会计从业者的恐惧与烦躁，财务智能化作为一项新技术，学习它需要耗费大量的时间和精力，不少传统的财会工作者不愿意走出舒适圈，花费精力去学习该项人工智能技术。导致智能化未被充分利用，很多快捷功能未被使用者充分开发。随着智能化时代的到来，建筑行业的蓬勃发展，建筑公司的业务大大增加，若财会人员仍然用传统会计方式工作，必将影响企业的高质量发展进程。

2. 财务智能化软件开发本身的缺陷。

建筑企业的会计信息化系统软件并非企业投入大量资金自主研发而来的，而是从各大软件开发企业购买取得，开发企业设计的软件是根据建筑行业的特点制定出来的，但建筑行业内各个建筑企业之间的差距较大，软件公司开发的财务智能化软件无法根据特定企业所有项目流程设计与企业十分契合的财务智能化软件，可能会给使用者带来不便，同时，随着信息技术的发展，网络病毒、黑客的入侵都是财务智能化软件潜在的威胁。

（三）会计信息化协同财务智能化在推动建筑行业高质量发展中遇到的挑战

目前，我国会计信息化和财务智能化建设尚不成熟，且建筑行业内部对于智能化财务的应用参差不齐，有不少建筑公司考虑成本效益，可能尚未开展会计信息化和财务智能化应用，该类企业的信息化和智能化协同作用也就无从谈起。针对致力于顺应时代潮流，大力发展智能财务的建筑企业，在享受智能化的同时，也遇到了很多挑战，例如，如何将财会业务形成标准化流程？针对建筑行业财会专业的特色，有大量的地方需要凭借会计经验进行合理估计，如何将凭借经验所做出的估计进行标准化处理，人工智能如何胜任这部分的工作？这需要我们做进一步深入探讨。

四、针对上述遇到的诸多挑战的有效解决策略

（一）针对会计信息化在推动建筑行业高质量发展中遇到的挑战，提出有效解决策略

1. 大力扶持会计信息化建设，提升财会部门的地位。

由于建筑企业的性质，作为职能部门的财会部门并没有得到足够的重视，会计信息化

建设缓慢，严重影响企业高质量发展，针对这一现状，需要建筑公司转变思想，除了将大量的工作重心放在施工建设上，也需要对会计信息化建设大力扶持，逐渐提升财会部门在公司中的地位，匹配相应的资源。具体而言，建筑集团以及下属公司加大会计信息化建设的投入力度，包括财力、物力、人力各个方面，全面升级会计信息系统，加强财会人员相关培训，购买先进会计信息技术设备等。

2. 自主培养以及加大引进复合人才的力度。

随着信息时代的到来，建筑企业每天需要处理海量的数据，加之会计信息化的迅速发展，使传统会计在处理海量数据时候压力倍增，企业急需会计专业和计算机复合型人才，人才队伍的建设迫在眉睫。建筑公司可以从以下两个方面进行考虑：一方面自主培养，从财会部门选择优秀的技术骨干进行财务信息化方面的培训，公费送其去参加国际优秀讲座等。另一方面加大引进复合型人才的力度，需要注意的是，在选拔人才的过程中，要做到要求严格，层层选拔，宁缺毋滥。

（二）针对财务智能化在推动建筑行业高质量发展中遇到的挑战，提出合理解决策略

1. 建筑业应与高校开展战略合作，共同开展财务智能化人才培养。

建筑业应与高校保持紧密的合作关系，建筑业为高校学生就业提供保障，高校为建筑业培养财务智能化方面人才，具体而言，在人才培养方面，高校学院推出大数据专业培养方向的全日制研究生项目，在课程设置中增加数字化内容的比重。在与社会交流方面，学院可以成立智能财务研究中心，旨在汇聚行业中最优秀的企业资源和专家资源，通过优化治理架构，构筑高效率开放性的研究平台，通过产学研的合作，打造出具有引领性、示范性价值的理论研究成果和应用性的产品，用新的洞见、新的智慧，引领创新，引领未来。

2. 建筑业财务人员需转变思维模式，接受并学习财务智能化。

财务智能化是大势所趋，建筑业财务人员需转变思维模式，接受并学习财务智能化，这需要所有人的共同努力。从建筑集团以及下属公司角度看，各级公司领导应高度重视财务智能化建设，将财务智能化和公司战略发展相结合，给予财会人员学习智能化提供充足的信心。从财会从业人员角度看，财务人员应树立正确的职业发展观，顺应潮流，努力学习财务智能化，确保自己在多年以后能够跟得上智能化发展的脚步，甚至引领财务智能化建设。在大数据时代下，企业的财务人员应更加强调数据的最终使用效果，根据实际的业务场景，以目标为导向，培养数据获取能力，强化数据分析能力，进而为公司创造更大的价值。

（三）针对会计信息化协同财务智能化在推动建筑行业高质量发展中遇到的挑战，提出合理解决策略

会计信息化和财务智能化协同作用的难度很大，为了克服这种困难，需要建筑企业有坚定的决心，一方面需要投入大量的研究成本，更加细化人工智能的功能，不断升级改造，在建筑实务中遇到的问题及时记录在智能库中，寻求解决办法。另一方面，需要引进

财务信息化和智能化高端复合型人才，建筑企业可以开设一个专门研究会计信息化和财务智能化的部门。

五、结语

信息时代下，每个企业都要转变思维，积极求变，接受并学习新技术新理念。建筑这个特殊的行业，随着企业迅猛发展，业务流程越来越复杂，工作地点分散、建设工期较长，急需一个强大的财会系统支撑其快速发展，因此要加快财务信息化建设的脚步，将人工智能技术在会计信息化背景下的不断应用于建筑财务系统，才能使建筑企业不断增值保值，具体而言，建筑企业除了需要抓住外部机遇外，更为重要的是整合企业内部资源，形成严格规范的内部控制，优化资源结构，节约成本，提高效率，致力于所有实操均在合法合规的范围内进行，不断增强企业的核心竞争力，以期达到企业在未来激烈的竞争中仍然保持高质量发展的态势。

参考文献

[1] 蔡旭东．财务智能化趋势下财务人员能力培养的探讨 [J]. 国际商务财会，2020 (7)：44－46.

[2] 陈宏伟．中国建筑业高质量发展的路径与抉择 [J]. 建筑，2020 (12)：14－19.

[3] 唐海英．财务管理智能化的内涵、机遇及对策建议探讨——基于建筑施工企业视角 [J]. 当代会计，2020 (11)：115－118.

[4] 傅景秀．共享服务中心背景下的财务智能化探索——上海市政总院财务智能化平台简介 [J]. 经济师，2020 (6)：108－109.

[5]. 积极推进成渝地区双城经济圈建设 推动房地产业和建筑业高质量发展 [J]. 重庆建筑，2020，19 (5)：22.

[6] 张庆龙．下一代财务：数字化与智能化 [J]. 财会月刊，2020 (10)：3－7.

[7] 陈勇．高质量发展建筑业 奋力跻身全国一流“建筑强市” [J]. 建筑，2020 (9)：26－27.

[8] 陈荣．建筑施工企业会计信息化建设存在的问题及对策研究 [J]. 纳税，2020，14 (10)：19－20.

[9] 栗颖．业财融合背景下建筑施工企业会计信息化建设相关问题分析 [J]. 财经界 (学术版)，2020 (3)：128－129.

[10] 唐波．大数据时代下建筑企业会计信息化存在的风险及防范 [J]. 财经界 (学术版)，2020 (3)：189.

[11] 李闻一，于文杰，李菊花．智能财务共享的选择、实现要素和路径 [J]. 会计之友，2019 (8)：115－121.

[12] 李娜．分析建筑施工企业会计信息化的价值与实现 [J]. 现代经济信息，2018 (13)：242.

浅析 ZG 建筑施工公司财务数据

梁红静

摘要：以当前中国大型建筑公司的长期财务数据统计分析模型为主，对当前中国大型建筑公司的财务现金流包括盈利承担能力、偿债承担能力及建筑公司的长期运营风险管理保障能力等关键因素情况进行简单的统计分析，提出了关于加强建筑公司财务现金流的运营管理及其运营保障的具体措施。

关键词：建筑公司　现金流管理　现金流指标分析

一、公司基本业务情况简介

ZG 建筑施工公司（以下简称 ZG 公司）于 2007 年 12 月在北京市注册成立，2009 年 7 月在上海证券交易所（A 股）挂牌上市，2017 年 11 月，经国资委批准，由全民所有制企业改制为国有独资公司。

公司及其子公司的经营范围包括勘察、设计、施工、安装、咨询、开发、装饰、生产、批发、零售、进出口；经营范围中主营：承担国内外公用、民用房屋建筑工程的施工、安装、咨询；基础设施项目的投资与承建；国内外房地产投资与开发；建筑与基础设施建设的勘察与设计；装饰公司、园林工程的设计与施工；其他实业项目的投资；承包境内外资工程；境内外进出口贸易业务；主要从事建筑材料及其他各种非金属矿物质品、建筑用金属制品、工具、建筑工程机械和钻探工程机械的研发生产与进出口和销售；集团内部存贷款等境内外资金融业务。

二、公司组织架构

与大部分企业相似，ZG 公司的内部组织结构是纵横双向组织结构。纵向两层，即董事会和经理层；横向为董事会横向层级、经理层下设横向层级职能部门（见图 1）。

三、ZG 公司经营状况

出于客观分析 ZG 公司现金流质量的需求，笔者以 ZG 公司 2015～2019 年的财务数据

作者简介：梁红静，业务经理，中国建筑第八工程局有限公司东北分公司。

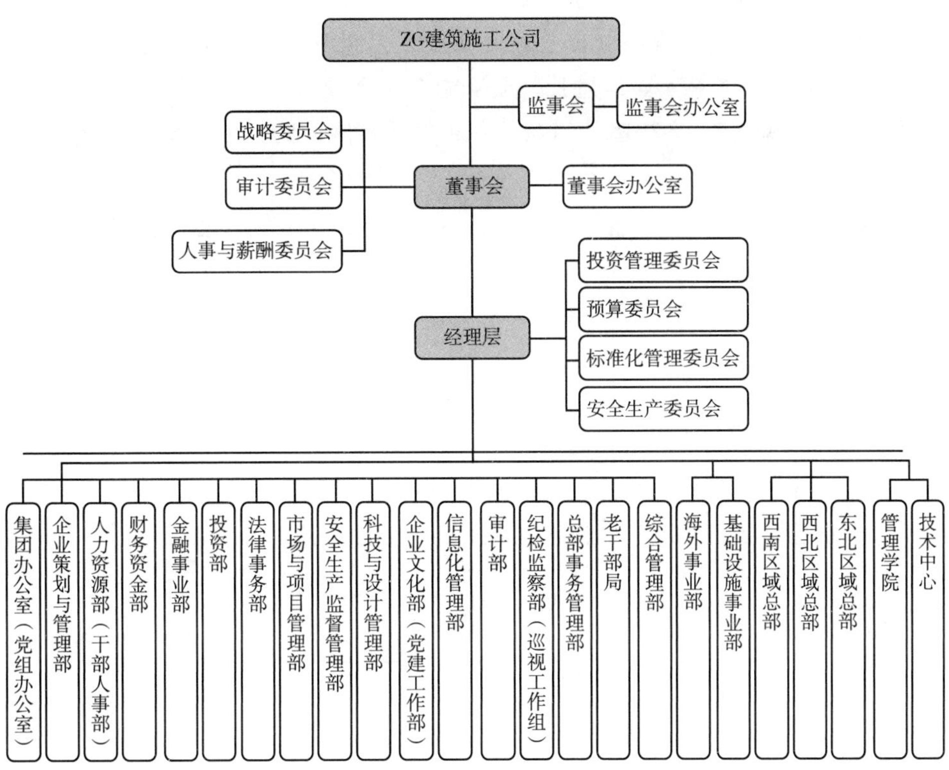

图1　ZG 建筑施工公司组织结构图

为基准，开展相应的分析。

（一）经营状况

首先从 ZG 公司的营业收入、净利润与公司应收账款的关系来具体分析公司的报告期经营业务发展状况（见表1）。

表1　　ZG 股份有限公司 2015～2019 年收入与净利润

年份	2019	2018	2017	2016	2015
营业收入（万元）	141 983 658	119 932 452	105 410 650	95 976 548	88 057 713
净利润（万元）	6 320 524	5 535 020	4 664 902	4 117 224	3 594 280
应收账款（万元）	15 396 187	16 755 294	13 771 366	13 864 931	11 555 690

根据图2，ZG 公司经营情况是较为乐观的，不论是在营业收入还是净利润方面，都一直保持较为平稳的快速增长趋势。公司营业收入和公司净利润的不断增长和提高，使公司主营业务的规模和净利润呈现出持续快速扩张的状态。近年来，公司业务结构向“房—基—地 532”目标稳步进行，基建总资产合同额较同期整体占比有所明显下降，但地产销售整体占比仍呈上升的状态，占比的提升大大优化了整体业务结构。公司房建总资产销售合同额、地产销售同比的上涨与伴随着我国新型城镇化的进程不断深入发展有直接的关系。但在营业收入和利润不断快速提高的背景下，应收账款的总体占比却呈现快速上涨的

趋势。近年来，企业应收账款订单的总额及应收账款业务范围逐渐进一步提升，如企业应收账款不持续增加，势必影响部分企业的流动现金，企业可能需要承担更高的风险和成本；如果企业应收账款的账龄持续过长，还可能会使企业面临新一轮“坏账潮”的风险，虽然2019年应收账款相较于2018年有所下降，但是整体仍呈上升状态。

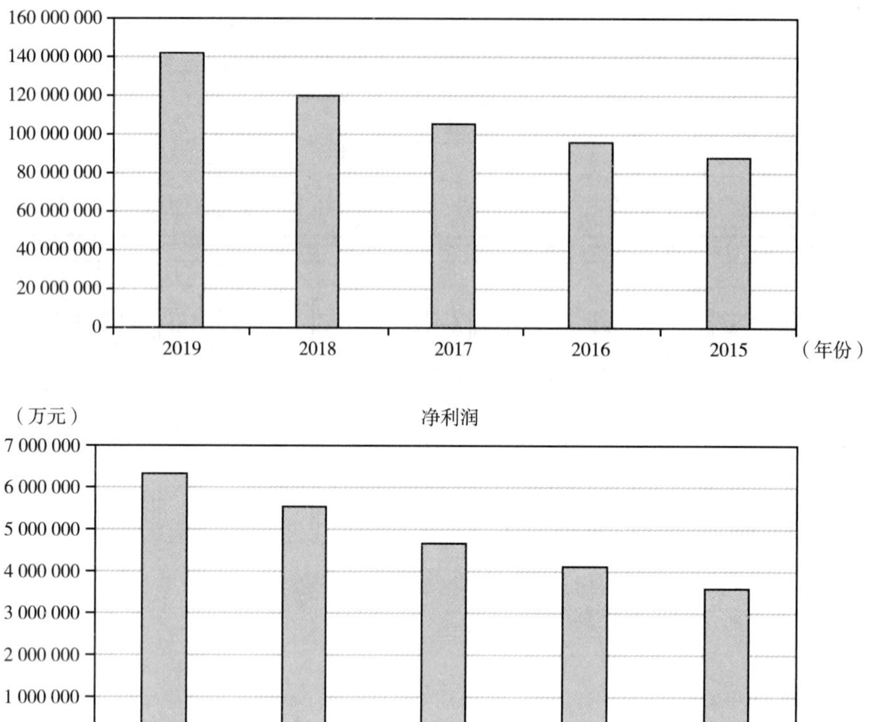

图 2　ZG 公司 2015～2019 年收入与净利润变化柱状图

（二）现金流状况分析

净资产的回现率越高表示公司收回的流动性资金占公司付出流动资金的比例越高，公司承受的损失越小；公司净资产的回现率越低表示损失越大。由表 2 可看出，2015～2019 年，虽然资产回现率降幅较小，但说明资产获现能力越来越强。

表 2　ZG 公司 2015～2019 年现金流盈利能力指标

年份	2019	2018	2017	2016	2015
净利润（万元）	6 320 524	5 535 020	4 664 902	4 117 223	3 594 280
净资产回现率（%）	12. 59	12. 89	13. 65	14. 14	15. 05
总资产利润率（%）	3. 24	3. 24	3. 17	3. 33	3. 62
净资产收益率（%）	15. 6	15. 87	15. 82	15. 87	16

总资产利润率，即自有资产利润总额与平均总自有资产利润之比，也可以说就是总资产利润与自有资产综合利用总额的非线性对比关系，体现出了企业公司对资产的综合利用的效果，并充分反映出了企业应用自有资产创造价值取得企业相应利润的综合能力。数据统计分析显示，2015～2019年，企业总自有资产综合利润率一直保持下滑的趋势，由此可见，公司以自有资产创造价值获取企业相应利润的综合能力明显地处于上升和走低的态势。其成因可能包括自有资产综合利用率平均水平偏低、经营策略设计有误、成本过高、资产配置的结构不科学等，总自有资产综合利润率的下降趋势，意味企业公司未能有效地实现资产的价值。

企业净资产收益率可以定义为总资产净利润与平均总自有股东利润和股东权益的利润之比。该收益率指标主要体现了企业公司以自有的资本创造价值获取利润的能力，指标与利润大小和投资收益率密切相关，能体现出股东投入资本在公司中应用效率如何。2015～2019年，公司保持相对较稳定的净资产收益能力。

（三）现金流偿债能力分析

流动比率是公司的流动资产比流动负债，是评价公司在短息债务清偿期限届满前变现偿还的能力水平。由表3数据可知，2015～2019年，公司的流动比率在1.3%上下浮动，与适宜比率2%略有差距，反映出公司到期清偿债务的概率偏低，很可能会出现债务超时清偿的情况，可能会影响企业健康发展。现金比率是公司资产变现能力的重要评价依据。上市公司的现金比率一直处于较低的水平，由此可见，公司在日常的经营管理活动过程中的现金流和债务对公司流动负债的抵偿性相对较差，但从另一角度来看，企业的现金流和债务利用率水平相对较好，闲置的资产较少。公司资产负债率2015～2019年始终保持在70%～80%，意味着公司在到期债务届满时，存在较大的偿还困难。

表3　　ZG公司2015～2019年现金流偿债能力分析

年份	2019	2018	2017	2016	2015
流动比率（%）	1.28	1.28	1.29	1.39	1.26
现金比率（%）	25.51	29.75	30.83	40.13	35.45
资产负债率（%）	75.33	76.94	77.97	79.09	77.97

（四）现金流营运能力分析

应收账款周转率即销售收入与平均应收账款之比，比值越高，其对应的周转次数和天数情况较为乐观，公司面临的坏账风险越低，公司具有较强的债务清偿能力。ZG公司近五年的应收账款周转率平均为7.7%，在同时期建筑行业中一直保持在行业平均水平之上。公司的存货周转率直接体现的是建筑公司对存货的流动性和资产管理经营能力的水平，进而也反映出建筑公司对生产施工经营资金流动性的管理能力高低。公司统计数据分析结果显示，ZG公司存货周转率较为稳定，但是并不理想。目前建筑公司在生产和施工经营方面仍然存在较高的资金流动性，存货在生产施工企业的运营和资金流动性中的重要程度和作用是毋庸置疑的，对于存货的有效使用和管理，对于公司整体资产的应用管理效率的影响也会很重要，所以应尽可能多地盘活公司存货的有效使用，促使企业进行存货的流转和总资产管理存货周转率的优化（见表4）。

表4　ZG公司2015～2019年现金流营运能力指标情况

年份	2019	2018	2017	2016	2015
应收账款周转率（次）	8.32	7.85	7.62	7.55	7.52
存货周转率（次）	2.07	1.8	1.83	1.95	2.09
总资产周转率（次）	0.73	0.7	0.72	0.78	0.88

四、现金流管理的优化对策与保障措施

（一）加强应收账款管理

公司需要继续加强在应收账款管理方面优化与改进，在事前、事中与事后三个资产管理阶段，及时予以介入。积极催收有效控制公司的坏账率，避免公司被财务风险冲击过重而导致营运资金周转不力的情况以确保公司稳定运营。

（二）强化现金流内部控制

公司需要保持相互制约、监督、审查的内部控制体系，财务各个岗位职责要予以针对性的改进和责任细化，岗位彼此之间相辅相成又相互制约。公司管理层和各下属部门在现金流量管理上负担的责任和职能等进行调整和明确。管理部门、资金管理部门、项目部门等现金流管理相关部门在日常现金流管理过程中，保持相应的配合与监督，确保公司内部能够在现金的收入、使用及管理上步调一致、彼此监督，促使ZG公司的现金流管理趋于更加合理化、科学化。

（三）优化现金流预算制度

ZG公司应当对公司未来一段经营期间内的现金流管理作出合理预判，并以此为基础，对公司现金流支出做出一定的调整。要达成公司现金应用效率的提升，需要在制订公司现金流预算时，对现金流出予以全方位的把握：制订公司未来一个经营周期的预算可参照同时期的费用支出、成本支出、经营支出等必要支出及未来期间有可能发生的现金流出。首先，层层上报各级预算汇总至公司财务；其次，财务部门对各层级预算进行归纳、审查；最后，汇总评估，制作公司整体的预算。开展预算规划，是保障公司运营和收益的必要手段。

五、总结

对ZG公司2015～2019年数据的简单分析，讨论的范围还是相对有限的，因此存在一

定的局限性。同时，本文还有许多不足，总体说服力有待加强。在未来研究时，笔者会整合同行业同期可比相关数据，力求实现更加科学有效的分析。

参考文献

[1] 吕清清. 公司现金流管理策略研究 [BJ]. 中国总会计师，2016 (10)：142-143.
[2] 何鹏蔚. GH 传媒公司现金流管理及改进研究 [D]. 长沙：湖南大学，2014.

费用报销走向 AI 的必然性分析

王　慧

摘要： 利用人脑的“意识”来完成审核决策的传统费用报销体系所耗费的长工时与其产生的低效益之间横亘着一条巨大的鸿沟，在历经各种技术手段和管理水平的优化后依旧收效甚微。而今天的 AI 技术却赋予我们一个巨大的机会，基于多层级神经网络的“深度学习”技术能够使“智能”与“意识”脱钩，“无意识高智能”的 AI 技术将会使费用报销工作焕然一新，无偏差的即时审核实时支付也许会让先垫付后报销的传统费用审核模式彻底退出历史舞台。

关键词： 费用报销　AI

随着 AI 技术在语音识别、机器视觉、数据挖掘等领域逐渐落地，人工智能迎来了产业应用的热潮。谷歌 AlphaGo 在围棋大战中战胜李世石，IBM 的医疗机器人沃森仅用 10 分钟确诊疾病，百度无人驾驶汽车通过路测，这些基于大数据平台和多层级神经网络的“深度学习”技术更是将 AI 的应用推向了高智能的场景。AlphaGo Zero 更是能够做到无师自通，不再依赖历史数据，而是通过自我博弈从最初的原则重新演化，并走出了全新的策略。可以想象，在可预见的将来，AI 技术必将给我们的工作和生活带来翻天覆地的变化。财务管理工作也会随着 AI 技术的深入，从而在工作内容、工作方式、工作效率、工作定位上大幅改进。在这个变化即将开启之初，最好的切入点就是在应用层面选择一个细分的垂直领域先行植入，而费用报销正是财务工作内置 AI 技术的最佳模块，原因是目前的费用报销体系存在着严重的投入产出不匹配、效率低下的现象，亟须通过新的技术得到一个根本性的突破。

为什么说传统的费用报销工作体系工作效率低下、投入产出不匹配呢？我们可以从某建筑施工企业一线分公司已结算项目费用报销的数据分析中略见端倪。从图 1 中我们可以看到，在近二十年的施工过程中，以报销形式进入项目成本的金额占项目总成本的平均比率是 1.25%。因报销所耗费的劳动占用与最终的劳动所得（利润）进行比较后可以得到，报销所产生的经济效益平均贡献比率是 0.13%。而报销业务所耗费的劳动工时在整个财务日常工作量中的占比徘徊在 44%①左右。

作者简介：王慧，高级会计师，中国建筑第八工程局有限公司东北分公司。

① 此数据来源于文章《从管理会计角度推进建筑施工企业费用报销网络化》。

序号	项目名称	开工日期	竣工日期	收入	成本	利润	报销金额	成本利润率	报销/成本	报销的效益贡献率
1	宝马大东工厂涂装车间	2014-04-05	2016-04-11	2.76E+08	2.72E+08	7.84E+05	3.35E+06	0.29%	1.23%	0.00%
2	深国际沈阳项目	2015-04-21	2019-12-02	2.29E+08	2.05E+08	2.14E+07	2.04E+06	10.45%	0.99%	0.10%
3	沈阳国际饭店	2005-10-11	2007-02-26	6.00E+07	5.22E+07	5.80E+06	1.62E+06	11.10%	3.09%	0.34%
4	沈阳万达广场	2008-08-01	2011-11-26	8.10E+08	7.06E+08	7.79E+07	6.22E+06	11.03%	0.88%	0.10%
5	星摩尔购物广场项目	2009-06-11	2012-11-09	4.70E+08	4.05E+08	5.25E+07	7.69E+06	12.99%	1.90%	0.25%
6	沈阳乐天世界	2010-06-13	2016-12-27	1.61E+08	1.57E+08	7.08E+05	9.84E+05	0.45%	0.63%	0.00%
7	沈阳北一路万达广场	2010-06-05	2012-10-05	4.76E+08	4.53E+08	1.32E+07	2.22E+06	2.92%	0.49%	0.01%
8	抚顺万达广场	2011-05-07	2015-05-22	1.92E+09	1.64E+09	2.29E+08	1.64E+07	13.94%	1.00%	0.14%
9	沈阳亿丰	2012-05-01	2015-12-31	3.42E+08	3.18E+08	1.58E+07	1.95E+06	4.99%	0.61%	0.03%
10	沈阳沿海国际中心	2013-05-08	2019-06-30	4.42E+08	3.98E+08	3.52E+07	5.43E+06	8.83%	1.36%	0.12%
11	沈阳盛京金融广场	2014-03-05	2016-06-25	2.54E+08	2.52E+08	2.06E+06	1.57E+06	0.82%	0.62%	0.01%
12	沈阳乐天世界项目(主体结构)	2011-07-05	2016-06-10	7.82E+08	6.06E+08	1.57E+08	4.59E+06	25.92%	0.76%	0.20%
13	宝马发动机工厂铸造车间	2013-03-20	2015-12-20	6.94E+08	6.10E+08	6.90E+07	6.26E+06	11.31%	1.03%	0.12%
14	恒大绿洲一期北侧地块主体工程	2007-05-03	2008-06-20	2.60E+08	2.47E+08	5.19E+06	2.99E+06	2.11%	1.21%	0.03%
15	阳光尚城四期-1	2011-04-10	2015-12-31	4.19E+08	3.44E+08	6.69E+07	2.67E+06	19.44%	0.78%	0.15%
16	沈阳中海国际社区	2008-03-16	2009-11-05	1.38E+07	1.24E+07	9.24E+05	2.56E+05	7.47%	2.07%	0.15%
17	沈阳加州阳光花园	2010-11-06	2018-12-31	1.62E+08	1.56E+08	3.28E+06	1.19E+06	2.11%	0.76%	0.02%
18	沈阳桃仙机场T3航站楼	2011-06-27	2019-12-31	5.22E+08	5.07E+08	3.87E+06	3.94E+06	0.76%	0.78%	0.01%
19	沈阳普利司通轮胎厂	2012-06-24	2013-09-23	6.21E+08	5.34E+08	7.33E+07	2.50E+06	13.73%	0.47%	0.06%
20	沈阳第四橡胶（厂）	2012-06-06	2015-12-31	9.80E+07	9.50E+07	8.39E+05	7.54E+05	0.88%	0.79%	0.01%
21	沈阳军区总医院	2009-04-08	2013-05-21	2.36E+08	2.10E+08	2.05E+07	1.41E+06	9.76%	0.67%	0.07%
22	北美家居广场	2005-09-01	2006-08-18	9.77E+07	8.02E+07	1.41E+07	1.10E+06	17.60%	1.37%	0.24%
23	协和广场	2006-06-06	2007-12-01	8.05E+07	6.60E+07	1.18E+07	2.28E+06	17.96%	3.46%	0.62%
24	实华新世界广场工程	2007-06-11	2008-12-23	1.40E+08	1.10E+08	2.54E+07	2.05E+06	23.14%	1.87%	0.43%
25	宜家家居沈阳铁西商场工程	2008-10-31	2011-08-31	2.25E+08	1.97E+08	1.98E+07	1.99E+06	10.03%	1.01%	0.10%
26	沈阳新世界会展中心	2009-09-07	2010-06-23	2.58E+08	2.27E+08	2.33E+07	1.51E+06	10.24%	0.66%	0.07%
27	TESCO沈阳北海工程	2009-09-18	2012-06-11	2.46E+08	2.07E+08	3.36E+07	1.64E+06	16.24%	0.79%	0.13%
28	先锋家园	2004-09-15	2005-12-30	1.03E+08	9.57E+07	4.36E+06	1.41E+06	4.56%	1.47%	0.07%
29	地王花园	2003-05-26	2004-07-15	1.03E+08	9.56E+07	4.25E+06	1.95E+06	4.44%	2.04%	0.09%
30	克莱斯特	2002-06-15	2004-12-31	3.13E+08	2.37E+08	6.53E+07	3.87E+06	27.55%	1.63%	0.45%
31	坤泰·新界	2007-08-10	2008-12-01	1.27E+08	1.19E+08	3.25E+06	1.28E+06	2.73%	1.07%	0.03%
32	沈阳幸福岛	2007-04-23	2008-09-17	7.09E+07	6.67E+07	1.16E+06	1.44E+06	1.75%	2.16%	0.04%
33	沈阳幻景家园工程	2009-05-01	2010-07-05	1.58E+08	1.33E+08	1.97E+07	9.19E+05	14.77%	0.69%	0.10%
34	梧桐雅居	2007-03-03	2007-11-26	7.91E+07	7.09E+07	5.57E+06	1.07E+06	7.85%	1.51%	0.12%
35	颐和丽园	2004-03-08	2004-12-21	4.71E+07	4.18E+07	3.74E+06	8.19E+05	8.95%	1.96%	0.18%
平均值								9.69%	1.25%	0.13%

图 1　某建筑分公司已结算项目报销数据分析

报销的劳动投入与效益产出这两组数据的差距之大，根本不在一个数量级别。而且从图 2 中能够看到报销占成本的比率随着企业管理水平的提高和成本精细的优化呈现逐年下降的趋势，这会进一步加深报销的投入产出不匹配鸿沟。为了平衡这种不匹配，我们必须

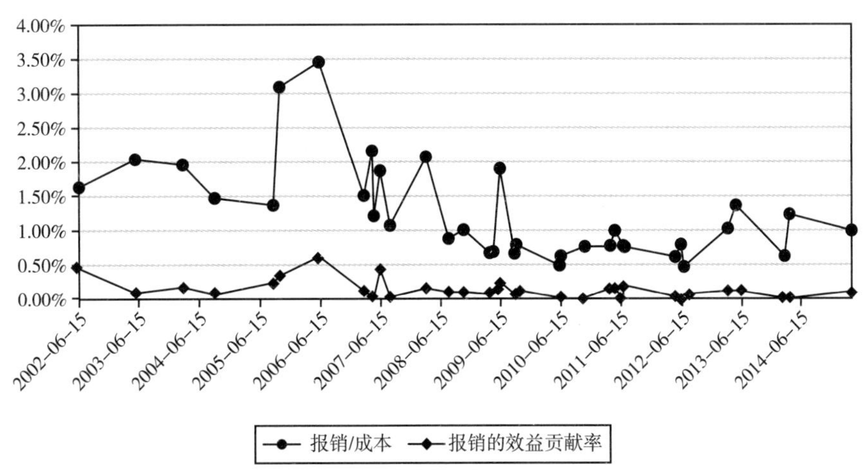

图 2　报销占比趋势

在报销审核的工作方式上寻找一个根本性的突破，如果仅仅是通过对传统报销审核的模式进行精进，即使再提高一倍的工作效率也是于事无补的。我们需要的是一种尖端科技的爆炸性介入，一种对现有业务流程、工作方式的革命性改造，拥有超强计算能力的AI技术无疑将会是一个行之有效的解决方案。

另外，合规性一直是财务管理的一项重要内容，尽管会计人员耗费了大量的时间与精力去处理费用报销事宜，但在合规性检查时，费用审核合规性方面总是不可避免地会出现或大或小的问题。这主要是因为从总体上看我们的确是耗费了很多工时去处理费用审核，但这个耗用并不是合理分配到了每笔业务上，在浩如烟翰的报销单中具体到单个报销单的审核时总会受到具体的场景、经验、情绪、理解力、知识水平等主观因素的干扰。AI费用报销审核系统将会大大改善这一情况。因为AI系统和传统人脑系统相比有一个截然不同之处，那就是“无意识智能”。以前我们总认为高度的智能与发达的意识是两个形影不离的概念，必须是具有意识的个体，才能执行需要高度智能的任务，如下棋、开车、诊疗。然而，科技的发展让我们看到了“智能”与“意识”的脱钩，“无意识智能”正在迅速崛起，无意识的算法在处理一些基于“模式识别”的任务上比意识智能做得会更好。传统的报销审核之所以需要耗费大量的时间和精力，最根本的原因在于它的工作原理和“意识”这个因素有关。传统的报销单审核过程实际上是一个大脑的“有意识回路”进行判断和决策的过程。大脑在捕捉到需要审核的单据后，首先要对信息进行识别分析，然后去调动储存在单个神经元中的相关性知识，接着再通过弱电流的刺激将各个有关的神经元连接起来，形成一个回路，完成一个判断和审核的决定。我们的大脑在处理事务时会有两种不同的处理回路：一种是需要耗费大量能量做出关键决定的“有意识回路”，另一种是只需要低能量但相对轻松省力的“无意识回路”。大脑为了更加有效的工作，会将很多重复性的活动都交由无意识回路来执行，如走路、吃饭等。所谓熟能生巧也就是这个道理，如打字或弹钢琴，在开始阶段，我们需要使用我们的意识脑来分析判断确认不同的按键位置，然后再指挥手指移动到正确位置按下按键，这个过程需要长时间的练习才能够熟悉，一旦我们熟悉了，意识大脑就不再参与确认按键位置和功能特点的思考了。每当输入文字时大脑就会自动启用无意识回路，然后轻松无感地完成输入。一旦我们的这个自动回路训练成熟，如果这个过程再让我们的意识介入的话，不仅不会提高效率，反而会严重地拖慢我们的行动。可以试验一下，如果你用电脑在打字时，每敲击一下键盘，都要先想清楚这个键盘在哪个位置，然后再去用手指按压，速度会慢到无法想象，甚至会比最初未掌握键盘位置时启用的有意识回路完成输入所需要的时间还要长。传统的费用报销审核工作就和这种情况很类似。审核必须全面保障报销单的合规性，每一笔的审核都要像是第一笔的审核一样，都必须通过“有意识回路”来做出判断和决定，这当然会耗费巨大的能量和时间。而糟糕的是大脑还会对这项重复性的工作倾向于选择“无意识回路”，而审核人的理智又强迫大脑选择“有意识回路”，结果在两种回路的来回穿插介入中耗费了更多的时间和能量，也更容易出现合规性判断的失误。这恐怕才是传统的费用报销审核耗时耗力的根源所在。这个悖论导致靠人脑的工作模式是无法来解决横亘在报销审核的巨大消耗和低微效益之间的巨大鸿沟的。而AI系统却能很容易解决这个问题，因为AI的实质就是最大可能地发展无意识的高级智能，在这一点上，AI 系统能够很好地弥补人脑无意识活动可靠性差的缺陷，把越来越多审核流程中的关键决定交给客观性的算法去处理，这无疑会大大提高费用报销审核的效率和合规性水平，从而实现投入产出的完美匹配。

现行的 AI 技术能够“井喷式”地走向实际应用，是因为其绕过了符合人类常识认知但却不适合机器智能发展的基于逻辑规则的专家理论系统，采用了杰弗里·辛顿提出的基于模拟人脑多层级神经网络的“深度学习”技术。所谓的深度学习，就是计算机通过对数据集进行分析，发现一类数据区别于另一类数据的不同方面的属性或特质，然后在“大脑”中总结规律的过程。简单地说，深度学习就是把计算机要学习的东西看成一大堆数据，把这些数据丢进一个复杂的、包含多个层级的数据处理网络（深度神经网络），然后检查经过这个网络处理得到的结果数据是不是符合要求——如果符合，就保留这个网络作为目标模型；如果不符合，就一次次地、锲而不舍地调整网络的参数设置，直到输出满足要求为止。深度学习大致就是这么一个用人类的数学知识与计算机算法构建起来的整体架构，再结合尽可能多的训练数据以及计算机的大规模运算能力去调节内部参数，尽可能逼近问题目标的半理论、半经验的建模方式。任何拥有大数据的领域，我们都可以找到深度学习一展身手的空间，都可以做出高质量的人工智能应用。

我们悉知，要妥善利用人工智能的能力，需要四大要素：大量的数据、优秀的人工智能算法、强大的电脑运算硬件设备以及对人工智能发展友善的环境。而现行的费用报销工作流程主要有三个重要的控制点：原始票据、合规性审核及资金支付。原始票据就是反映经济业务活动的纸质凭据，主要包括发票或类发票凭据。它们的本质其实就是一条条原始的数据流。合规性审核是用一些特定的规则来对原始数据流进行规范和分类。审核规则是基于国家相关法律法规和公司相关规章制度形成的数量有限且相对固定的约束条款。资金支付是最终的数据确认。我们可以看到，费用报销的实质就是用一些特定的规则来对一系列的数据进行甄别归类。这种工作特性提供了非常友善的发展 AI 的平台、提供了规模庞大且质量可靠的数据资源，我们只需要引入一套基于多层级神经网络的深度学习技术，就可以顺利实现 AI 审核。

所谓的未来，已经来临。医疗诊断已经离不开用专门算法处理的断层扫描成像分析，人脸识别除了可以登录和支付外已经在安防领域有所建树，虚拟个人助理 Siri、Cortana 会逐渐比我们自己还了解自己。那么，我们绝不能任由 AI 技术呼啸而过，而是要积极投入人工智能的场景开发中去，让费用审核 AI 机器人早日走向应用。

参考文献

[1] 吴军．数学之美（第二版）[M]. 人民邮电出版社，2014.

[2] 大卫·伊格曼．大脑的故事 [M]. 浙江教育出版社，2019.

[3] 李开复．人工智能 [M]. 文化发展出版社，2017.

[4] 李开复．AI·未来 [M]. 浙江人民出版社，2018.

[5] 尤瓦尔·赫拉利．未来简史 [M]. 中信出版社，2017.

建筑企业财务一体化平台的优化路径刍议

——基于新会计准则和财税改革环境

陈显东　吕碧娇

摘要： 随着大型企业陆续上线财务一体化平台系统，“中台”管理概念日渐普及，“业财融合”的财务一体化平台式信息管理对建筑企业财务管理转型的推进作用逐渐凸显。在当今会计准则和财税政策频频改革的环境下，对建筑行业的财务管理水平也提出了新的要求。本文结合新收入和租赁准则落地、企业所得税纳税调整、增值税税负分析、项目现金流管理和常见公司运营指标管控等财务管理要点，提出了完善合同识别、丰富核算标记、优化数据生成和增设管理层权限四大类优化路径，以望进一步推动建筑企业的财务管理升级。

关键词： 财务管理　新会计准则　税会差异　信息优化

一、研究背景

近年来税会政策多次改革，对会计要素和税前扣除的确认和计量等财务核算管理都提出了新的挑战。首先，从 2017 年起修订了多项会计准则，企业会计准则中收入、政府补助、租赁、金融工具确认和计量、金融资产转移、套期会计、金融工具列报和持有待售的非流动资产、处置组和终止经营都有重大调整。修订后的会计准则陆续开始实施，最晚于 2021 年 1 月 1 日起，此轮修订的准则都要求必须开始施行，将影响对资产、负债、收入、费用的判断与计量，从而进一步影响财务管理主要指标的一系列变化。其次，随着旅客运输服务抵扣、四大行业加计抵扣、“打包支出”分包扣除、固定资产一次性税前扣除以及新个税改革等一系列税收法规的颁布，增值税和个税的制度更为繁杂，企业所得税的纳税调整事项也有所增多。最后，目前常见的财务一体化信息平台可以通过自动生成凭证、报表和部分台账很好地替代了部分财务基础工作，但财务管理转的信息化和智能化绝不仅满足于“一键出表”，在建筑行业运营分析和风险管控方面都存在更大的空间。因此，不断优化财务一体化信息平台设计，使建筑企业能够适应会计和税务的最新政策变化，并推动财务管理信息输出“最后一公里”的智能化和自动化，是相当重要的。

作者简介：陈显东，财务资金部副经理，中国建筑第八工程局有限公司东北分公司；吕碧娇，财务资金部业务经理。

二、行业财务管理要点及相关平台优化需求

1. 新收入准则落实。

新收入准则开始实施以来，建筑企业在收入确认时点、应收账款与合同资产的区别与计量、预收账款与合同负债的区别与计量以及合同中是否存在重大融资成分等方面变化，将产生较为复杂的重分类事项和纳税调整事项。传统的信息化平台已对重分类事项进行相当有效的自动重分类设计，一般对纳税调整事项的自动调整还未有涉及，还属于设计盲区或者难点。

例如，企业所得税收入确认时点与会计收入确认时点不同时，会产生收入类的企业所得税时间性差异；或者总包合同中存在重大融资成分时，分摊的“未确认融资收益”会同时产生收入类和扣除类的企业所得税永久性差异。

2. 新租赁准则落地。

2021 年起必须开始施行的新租赁准则，通俗来讲，原经营性租赁的租赁支出作为费用成本支出，不计入资产、负债，也不计提折旧；而新准则要求除一年以内的短期租赁和低价值资产租赁值外，承租人应当对租赁确认使用权资产和租赁负债。建筑企业通常租赁各类设备，这将影响企业最受关注的资产负债率和资产总额指标。

建筑企业大量不动产、设备租赁，使用权资产初始计量包含因素复杂，租赁负债计量涉及折现，也难以轻易分析出租金高、周期长的租赁事项对关键指标的影响。现有的信息化平台尚未明确使用权资产和租赁负债的计量能否实现自动化，以及能否提供事前资产指标测算功能。如果财务一体化平台具有事前资产指标测算功能，对上市或国资企业的指标前期管控将有积极的意义。

3. 企业所得税纳税调整。

企业所得税年度汇算清缴中的纳税调整事项十分繁杂，即使如福利费、与收入无关的成本支出等很容易理解的调整项，也可能需要占用较多的梳理时间。例如，疫情期间购买口罩有时无法取得发票，在企业所得税税前不得扣除，应在次年汇算清缴时调增处理。但次年只能通过搜索摘要的方式查找需要调增的事项，若经办人再有所遗忘，产生的税务风险不言而喻，易形成税务管理的短板。

4. 增值税税负分析。

增值税作为价外税，只能间接通过附征影响利润指标，但作为资金压力重的建筑企业，研究增值税税金支出在现金流层面也颇具意义。一般计税项目的工程造价系统也要求采用价税分离模式，各费用项目均以不包含增值税可抵扣进项税额的价格计算，建立各类工程的成本费用的可抵扣进项比例数据库，有助于更准确地概算工程造价。

增值税税负分析的基础都蕴藏在所有的发票数据中，大多数的财务一体化平台还停留以月度申报为导向的初级功能，查询功能侧重时序和申报节点角度，尚未构建类似自动生成不同项目的数据小计功能，无法简便地获得以项目角度的税务数据。

5. 项目现金流管理。

项目现金流管理是建筑企业财务管理的重点，而应收账款和“已完工未结算”——“两金”管控是现金流管理的有力手段。在“两金”管控中“有收款权的应收账款”和“已开票未收款”均是主要关注指标之一，为满足管理层动态掌握指标变化的需求，往往要求建筑企业基层项目人员时常统计相关数据。

这需要财务数据真正地进行“业财融合”，若财务一体化平台中合约、核算和发票系统等口径不统一，则会难以同时查询项目的收付款条件、收付款金额和开票金额。

6. 公司运营指标管控。

作为财务职能转型后的“决策建议者”，在营销、签约、采购和风险管控等管理领域也应该提供财务专业分析和风险提示。结合杜邦分析法，建筑公司运营应关注资产周转率、资产负债率、净资产收益率等涉及盈利能力、资产质量、债务风险、经营增长等各项绩效评价指标。早期的财务平台设计大多停留在“一键出表”，没有走向“一键出指标”，如果能更有效率更统一地掌握各管理层级的指标情况，将更便利地开展项目间的指标对比、分析、分解，以及管理压力传导。

三、结合管理需求的平台优化路径建议

1. 完善合同识别。

（1）标准化合同要素录入。

新收入和新租赁准则都更强调合同要素对会计判断的影响，类似收入确认“五步法”，租赁的资产、负债确认也需要识别合同、识别单项或合并的义务、确认价格和分摊价格。优化平台可以从合同要素的标准化录入入手，要求主要合同条款分项录入。比如涉及重大融资成分判断条件和租赁激励的条款，增加部分选项式填报，为未确认融资收益（费用）、租赁项资产负债的自动生成和跨系统查询筛选奠定基础。

（2）增加合同模拟执行功能。

财务管理不仅体现在中期核算、管控和后期分析、评价，更需要应用于前期合同审议环节。研究优化合同模拟执行功能，大型租赁合同签约前可以根据草拟条款自动试算使用权资产、租赁负债，评估对资产负债率、资产总额等重要指标的影响。

2. 丰富核算标记。

（1）完善履约进度和涉税类标记。

针对收款管理，在核算系统增加相应便于统计查询的标记功能，可对收付款对应的履约进度或收付款条件做标记，同时关联该合同“付款条件方式”，以便组合查询合同欠款、有收款权的应收账款。针对增值税，可以在发票录入环节增设进项转出、分包扣除等标记功能，方便申报前进行相应操作。针对企业所得税，可以在记账环节增设涉及纳税调整的凭证标记，如税会折旧年限不同的固定资产、与收入无关的成本支出、无法税前扣除的营业外支出等，以便次年汇算清缴时可更快锁定需要调整的事项，还可设置做标记的凭证附件可批量查询下载，以便向税务机关提供。

（2）增加自动纳税调整功能。

根据企业的类型和常见业务，可以为企业所得税汇算清缴定制自动调整功能。如视同销售、分期收款、坏账准备、减值损失、折现、未确认融资收益（费用）、营业外支出（捐赠、税收滞纳金、罚没）、个人商业保险、税会折旧年限不同的固定资产计提折旧、未取得发票且真实合法相关的支出和与收入无关的成本支出等较为明确的纳税调整项，进行自动取数、批量查询和调整。

3. 活用中台数据。

（1）打破系统界限自动生成财管指标。

运营分析方面，关注上文所述绩效评价指标，建议以财务报表为基础自动生成指标结果；现金流方面，在收付款标记履约进度和收付款条件的前提下，建议联动一体化化信息平台内合约、核算和税务系统数据自动生成“有收款权的应收账款”和“已开票未收款”台账；税务方面，在现有销项发票、发票认证、旅客运输服务、增值税预缴等台账的基础上，建议依据增值税税负公式生成税负台账。上述生成指标和台账都可以结合建筑企业扁平化管理项目的习惯，从项目和公司分别形成统计数据，提高各层级的财务管理意识和能力，也有利于管理层锁定需要重点关注的项目和领域。

（2）以项目为单元集约生成管理报表。

生成指标和台账都可以结合建筑项目扁平化管理需求，从不同项目、管理节点分别形成统计数据，提高各层级的财务管理意识和能力，也有利于管理层锁定需要重点关注的项目和领域。打通数据纵向和横向对比的分析路径，以中台数据处理逐渐替代人工重复统计，甚至替代手工编辑 Excel 公式的初级数据加工工作。建立以不同项目或管理节点为统计单位的管理报表后，可以结合不同类型进一步积累经验数据库或者作为内部考核的依据。

（3）增加生成图表功能。

在生成财管指标和管理报表的前提下，还可以为数据末端处理增加生成简易图表的插件，直观形象对比不同期间或者不同下属单位（项目）的指标差异。建筑企业一般核算项目较多，通过系统自带插件，可省略每次导出数据利用 Office 软件生成简图的过程。减轻财务数据初级加工工作量，可以切实减轻财务一线工作者的统计压力，提高动态数据更新效率，留出更多的人力资源去分析和解决财务数据反映出的问题。

4. 增设管理层权限。

（1）增强管理层查询穿透权限。

目前采用财务一体化平台的企业大多为集团化大型企业，这类企业通常管理层级多，分支机构多。中高管理层在查询统计财务数据时，往往要面临层层传达、层层加总的缓慢过程，在优化平台查询统计功能方面，建议增加具有全面穿透查询权限的“超级用户”。例如，需要统计某类项目的合同额，管理单位的超级用户就无需再不断通知，可以自行筛选查询，将有助于对下属单位的集中财务管理。

（2）增设管理层指标查询权限。

各大企业上线涵盖业务线和财务线的庞大的信息平台，其初衷既是让财务更好地管理财务，业务更好地管理业务，更是让财务具有业务思维，业务获得财务专业力量。财管指标、管理报表甚至图表功能，主要是为领导层、中间管理层服务，可以结合服务对象的特点，优化查询交互页面的设计，力求简单友好，考虑建筑企业非财务专业管理层的查询需要。在为基层员工减轻重复统计负担的同时，也提高对财务基础工作的要求，从根本上夯实财务管理转型的基础。

四、结束语

“路漫漫其修远兮，吾将上下而求所。”正如电商经济不是简单地把销售地从商场改在网络，而是互联网思维下的销售体系变革。建筑企业提升财务信息化管理，推广财务一体化平台应用也不是为了简单地统一各业务系统的接口和口径，而是大数据信息化下的管理思维变革，随着建筑企业财务一体化平台的不断优化，必然将自身财务管理的效用最大化，更好地发挥财务信息价值，为企业发展激发更多潜能。

参考文献

[1] 祝捷．大数据时代下建筑企业财务管理的转型［J］．管理观察，2020（1）：151－153.

[2] 宋开慧．浅析业务财务一体化与财务管理职能转型［J］．财会学习，2019（25）：49＋51.

[3] 朱言志．施工企业“财务共享”环境下的“业务财务一体化”初探［J］．交通财会，2019（3）：55－58.

[4] 陈志．基于业财融合视角的企业财务管理转型升级路径研究——以建筑业企业为例［J］．商业会计，2019（7）：4－7.

[5] 毕永华．探究企业财务业务一体化与财务管理职能转型［J］．纳税，2019，13（8）：74＋76.

浅析财务智能化下企业财务会计的变革

王长庚

摘要： 随着科学技术飞速发展，人工智能技术开始渗入各行各业大时代背景。财务智能化也日趋成熟，传统会计行业迎来前所未有的冲击，企业财务转型迫在眉睫！本文旨在探究企业财务管理所面对的挑战与机遇。

关键词： 财务智能化　传统会计行业　财务转型

一、财务智能化出现的原因

（一）历史的趋势性

伴随着全球经济的发展、计算机行业日益火热，人工智能技术也在不断升级改造，出现在人们的视野中，尤其对于简单、繁杂、耗时的工作而言，人工智能的准确性、高效性逐渐被大众所认可，也为智能软件在现代化企业的使用提供了更多的可能。作为一直被人们认可的会计行业来说，可能仅仅停留企业历史经济活动的核算和监督，通过手工和人力去完成成本核算，耗时且易出错，而人工智能化财务软件恰巧已经完美解决这些问题。

从去年我局上线财务一体化平台到最近清华大学本科停止招收会计学，已经开始暗示会计行业发生了翻天覆地的变革，基于计算机软件和区域云数据库来说，不仅可以提供单一的记账以及单证录入功能，同时通过历史数据进行整合至数据库，借助于信息的实时传输与处理功能，从而能够将更多区域的财务信息自动进行整合、反馈，提升了传统财务会计的基础核算效率和质量，提升了企业财务数据可靠性、相关性、可比性等，为企业战略制定提供了保障。因此，相比较传统会计，财务智能化的出现是历史必然性。

（二）传统企业会计的现状

（1）财务人员没有得到管理者的认同。随着经济的飞速发展，与市场和营销相比，单纯熟悉于数据核算财务职能愈发薄弱，在老板的眼里财务会计也慢慢演变成资金的收付、每月企业财务分析报告等，停留在表面的营业收入、成本费用、利润税金等，没有深层的探究，脱离了企业实际生产和业务，对于企业资金的流向轨迹不清，月度资金流入与流出

作者简介：王长庚，项目成本会计，中建八局总承包公司。

还有和以前月度的对比数据基础真实性有待质疑，无法可靠制订以后月度资金的计划及企业管理者不能及时知悉资金状况。

(2) 财务管理没能发挥出管理效应。传统财务管理工作其实归咎于报销、记账、报表，当今我国职业学校创办火热，增加了会计行业从业人数，再加上会计从业资格证的取消降低了会计行业的门槛，也就解释了会计作为职能部门地位下降的原因，因为会计工作简单使企业为了节省人力成本可以随时更换会计，因此，伴随着职能地位下降，会计独立性降低，企业的内部控制就逐渐减弱，也失去了对基础的费用管控，造成资金流失，甚至于企业财务数据失去真实性，从而降低了企业对财务风险防范机制。

因此，从传统财务现状到现如今财务智能化的发展，我们不得不思考如何转型，如何发挥财务高附加值效用。

二、财务智能化对传统会计影响

(一) 对传统会计信息系统影响

我局财务一体化上线之后，财务信息化系统也不断扩大和变得更加精确，从中建集团财务一体化平台到所属二级、三级、四级等子公司之间的账务联系也更加紧密，同时，很明显感觉到对于相关科目的重分类等或者其他财务信息的重组也更加细化，更加便于以后财务工作，也为了财务信息的共享做好了铺垫。

(二) 传统企业会计的职能

首先是财务核算职能，用实际记录企业经营活动和最终反映企业经营结果为主。但是记录这些经营活动工作量极其繁重，当财务一体化平台上线之后，给我们最直观的感觉就是细化，同时也减轻了工作量，例如，以前对于企业日常费用的报销来说，在老的ERP里我们需要逐笔录入，认真仔细检查费用报销单的合理合规，以及相关账务的处理是否正确，但是当财务一体化软件上线之后，费用报销也就变得简单了，只要看见相关费用单子直接制证就行，无形之中使传统财务人员从繁重重复的基础会计工作中解脱出来，进而相应财务人员可从事附加值更高的财务管理活动。其次是会计监督职能，对特定主体和相关会计核算的真实性、合法性和合理性进行审查。财务一体化已经细化这些账务，从最简单的单子生成到凭证的生成是紧密相连、缺一不可的，这样就可以避免财务风险，保证企业财务的合理、真实。

(三) 完善企业经营活动的影响

就以我局来说，预算系统以及报账系统，从付款到预算已经紧密相连，无预算不付款，可以在一定程度上帮助企业去管理好资金的流出流入，控制好资金的结余，同时改变了会计成本的费用配置，提高了最终的资金分配效率、准确率，降低了负流项目数量。企业日常报销，通过对于项目的资金情况，更加严格把控项目的非生产性支出。

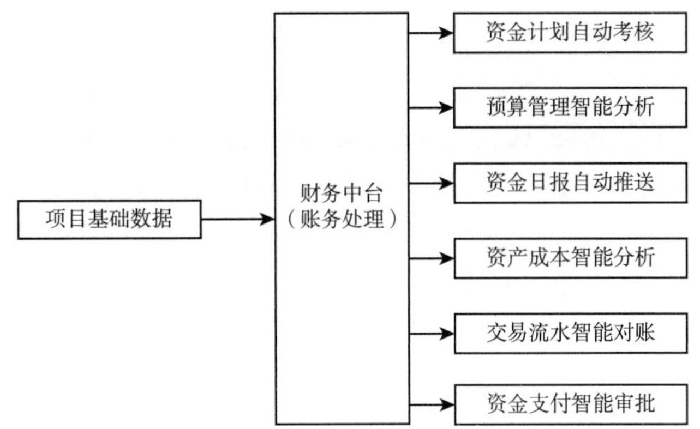

（四）财务智能化的不利因素

对财务一体化平台而言其实更多的是流程的操作，而开始失去对于会计科目间流转的关注，当操作人员进行账户处理时，往往不会关注生成的凭证的内容，就报销而言，可能一开始提单人对应科目选错了，财务审核也没有发现错误，生产凭证后就发现错误，其实也就反映出来我们对于会计科目的关注度在降低，等最后出报表时才能发现。财务人员审批单子时会因为单子量较大，没有纸质版的参考一时间无法适应，出现单子审批不够仔细，造成单子往复退回影响报销人及审批人的工作量。财务平台建设所花费成本较大，系统需要不断更新改成，这个时间往往很长，集团规模越来越大或者服务器出现问题，财务软件会直接瘫痪，影响企业财务日常核算。

三、应对财务智能化的建议

从企业角度来说，（1）财务智能化的推行，首先就是做好相应的培训工作，完善专业财务团队的建设，但往往这些培训工作效果不佳，因为平时对接项目或者上级财务机关，导致组织培训没有时间去参加，因此需要定期强制或者利用假期组织统一培训。（2）简化相关流程，推行财务一体化的目的就在于简化财务工作，但是有些其实往往适得其反，如项目发放农民工工资 10 家分包，以前需要一张支票可以解决，但是现在需要开具 10 张支票，使农民工发放流程更加烦琐化。（3）会计凭证增加，项目付工程款往往会在上级公司会增加借项目内行存款贷本部银行存款、工资凭证大幅增加。（4）通过定期收集反馈不断完善财务智能化软件，避免出现因为系统问题，尤其在月底导致账务无法及时处理。

从个人角度来说，我们在做好成本会计的同时更应该关注管理会计，不能只局限于扣成本，财务职能软件出来时会相对减弱成本，加强费用和资金，将业务与财务紧密联系起来，所以我们在做好相应成本流转科目的同时也应该不断提升自己，加强理论学习，同时磨合财务智能软件，知道问题出在哪里，流程如何发起，会计科目如何转化，同时对于项目资金预算也需要花费更多的精力去学习。

四、总结

科技发展不断加快，智能 AI 软件也在不断成熟，从 ERP 到更加大型的财务软件，会计行业不断发展，当我们享受了科技带来便捷的同时应该思考我们需要如何去面对，当成本会计注定是走不通而选择管理会计的道路时，我们需要的不仅是财务还有业务，两者不可分开，所以需要我们不断学习和反思，积极接受新知识，在面对智能化财务软件的冲击时我们才能游刃有余。

浅析大数据背景下建筑施工企业财务风险控制

董玉祥

摘要： 如今，人类社会正加速向数字经济过渡，在大数据信息化等新技术的冲击下建筑企业需要及时适应时代的变化，运用大数据技术为企业发展指明方向。大数据技术不仅可以提升企业财务数据的分析处理效率，还可以对企业潜在的财务风险进行提前预警，使企业能够及时调整经营战略避免损失。在“数字中国”和“数字经济”的双重背景下，企业必须不断变革转型才能在新常态下获取更强的竞争力，而数字化转型亦是企业在数字政策与经济推动下的关键之为，大数据技术的运用更是数字化转型的重中之重。本文首先阐述大数据发展历程与发展趋势，接着对现如今建筑企业的存在的财务风险进行分析，最后结合上述两者对建筑施工企业财务风险控制提出自己的意见及建议。

关键词： 大数据　财务风险　风险控制

建筑施工企业具有施工造价高、项目生命周期过长、成本开支受自然力影响、项目管理分散等特点，其决定了建筑施工企业会面临着更多的风险，其中财务风险可以说是首当其冲的，而且在大数据背景下数据处理速度快，时效性要求高，从一定程度上加剧了财务风险的发生，在当今时代下对企业财务风险的控制提出了更高的要求。

一、对大数据技术的概述

（一）大数据定义

大数据（big data）是指在新处理模式下具有更强的决策力、洞察发现力和流程优化能力来适应海量、高增长率和多样化的信息资产。大数据的 5V 特点（IBM 提出）是：Volume（数量）、Velocity（高速）、Variety（多样）、Value（低价值密度）、Veracity（真实性）。

大数据的发展经过三个阶段：萌芽期、发展期、成熟期。在 20 世纪末期，美国的 Worth 和 Cox 在研究中首次使用了“大数据”的概念。在进入 21 世纪后，大数据这一概念

作者简介：董玉祥，中建八局第一建设有限公司（基础设施）。

开始被广泛应用，2001 年，首个大型数据模型由美国 Gartner 公司研发完成。同年，Lenny 总结出大数据的 3V 特性。2005 年，数据分析的主要技术 Hadoop 技术随之出现。2008 年，"*Science*" 杂志推出了一系列大数据专刊，详细讨论了一系列大数据的问题。

在近十年来大数据成为盛极一时的焦点，2021 年全国两会完满落下帷幕。两会期间，"大数据" 成为最热门的词汇之一。3 月 5 日，国务院总理李克强在政府工作报告中提出，要"加快数字化发展，打造数字经济新优势，建设数字中国。" 大数据技术所推动发展的数字经济，如今与"数字中国"一起，放到了"十四五"时期经济社会发展主要目标和重大任务的高度。这也意味着大数据所代表的数字科技推动产业数字化转型升级等方面的潜能将得到进一步释放，成为"十四五"发展的新引擎。

（二）大数据的现实应用

近年来，大数据一词频繁出现在人们工作生活之中，历史每一次经济大发展都伴随着科技大创新大变革。当今社会正加速向数字经济过渡，大数据是支撑数字经济发展重要技术，其具有种类多样、获取速度快、获取和储存成本低、来源渠道广等特点。英国牛津大学网络学院互连网研究所教授 Enberg 认为，在大数据时代之前，人们的决策和构建的制度大多建立在简单遗留的经验数据上，而大数据时代体现在"更多""更乱"和"相关性"三个方面。简单地说，在过去信息不发达时，人们在作出一些决策行为和数据分析的过程中，更多的是凭借个人经验和直觉去做事。而现在，大数据时代来临，为人们提供了一种全新的思路，通过大量数据分析得出的结果将更加贴近现实。比如说与我们息息相关的快递行业，快递后台会根据以往的快递数据做预测，用大数据算法来做智能分单，可以最大限度地优化路线，降低人工配单时间，既提升效率又节省人力成本。快递只是整个物流领域里漏出的沧海一粟，大数据技术可以助力全部环节的物流供给与需求匹配，优化资源配给；另外，根据海量的消费数据，大数据可提前推测消费者需求，将商品物流环境和客户的需求保持同步，提前计算出运输路线和配送路线，缓解物流压力，提高用户满意度。

大数据技术的应用研究意义主要可以归纳为以下三个方面：一是大数据的影响已经渗透到社会生活的各个层面，目前，大数据已成为一种重要资源，是社会各界关注的热点，对社会经济的发展、人类生活水平的提高都发挥着不可替代的作用；二是过去的科学研究倾向于假设驱动型，随着大数据时代的来临，科学研究的方向将逐渐转化为数据驱动型，开辟了科技发展的新途径；三是大数据中存在着有价值的信息，大数据及相关处理技术可在很大程度上转化为社会经济价值，被誉为"未来的新石油"，谁掌握了大数据技术，谁就会更有竞争力。

（三）大数据的发展趋势

经过半个多世纪的发展，大数据技术是在数据管理技术的基础上，面向大规模数据分析的技术，它主要是分布式架构的设计思路，通过并行计算的方式来提升处理效率，同时具备了高扩展能力，根据业务需求随时扩展。经过 15 年左右的发展，大数据的技术逐渐成熟，然而近年来云计算、人工智能等技术的发展，还有底层芯片和内存端的变化，以及视频等应用的普及，都给大数据技术带来新的要求。未来大数据技术会沿着异构计算、批流融合、云化、兼容AI、内存计算等方向持续更迭，5G和物联网应用的成熟，又将带来海量视频和物联网数据，支持这些数据的处理也会是大数据技术未来发展的方向。

二、大数据背景下的财务风险

（一）财务风险概念介绍

对于财务风险的定义，国内外的学者各有其独到之处，宁伟（2020）认为“财务风险是指企业财务的不确定性和损失性，具体来讲，是因为现实中存在各种难以预料和控制的因素，造成企业财务状况存在不确定性以及损失的风险”。Verguet（2015）等学者认为“财务风险是财务成果和财务状况的风险，有狭义和广义之分。狭义的财务风险是由企业负债引起的，具体来说是指企业因为借入资金而增加的丧失偿债能力的可能和企业利润（股东收益）的可变性；广义的财务风险是指企业的财务系统中客观存在的由于各种难以或无法预料和控制的因素作用，使企业实现的财务收益和预期财务收益发生背离，因而蒙受损失的可能”。林钟高、陈曦（2019）认为“财务风险是指企业在经营、筹资、投资方面所面临的不确定性，具体而言是指公司财务结构不合理、融资不当使公司可能丧失偿债能力而导致投资者预期收益下降的风险”。总的来说，以上的几位学者的共识是财务风险是一种不确定，会使企业蒙受经济损失或更大收益的可能性。

（二）大数据背景下企业面临的财务风险

企业的财务管理有四个方面：企业筹资管理、企业投资管理、营运成本管理和利润及其分配的管理。财务数据一直是财务管理的基础和核心，财务管理活动就是对财务数据的运用，财务风险隐藏在各项数据中。财务风险主要是：筹资管理风险，企业的筹资方式有股权性筹资、债务性筹资和混合性筹资。在大数据背景下，互联网金融应用广泛，融资风险系数较高。若选择股权性筹资，一般通过资本投入和发行股票这两种方式，这两种方式的成本较高，容易分散企业控制权，但是财务风险比其他方式较低。若运用债务筹资方式向银行借款或发行债券筹资，企业资金压力较大，且筹资规模受制约。投资管理风险中投资管理是与筹资管理方向相反的一项财务管理活动，是指公司对现在所持有资金的一种运用以达到资金增值目标。投资活动可以为企业带来经济效益但风险与之相伴。在大数据的背景下，若企业需要的样本量过多，处理过程冗杂，则成本就会更高，投资的风险也会随之增加。投资获得的效益与风险是正相关的，企业投资的目的就是希望能够在未来一定时期获得与风险相匹配的报酬。营运成本管理风险在企业生产经营的过程中，常常会出现由于管理者的决策失误、管理不善导致企业出现资金周转不利、运营困难等问题，进而影响到企业的发展及其收益，此时面临的风险被称为经营风险。在企业的生产经营过程中，随时可能因经营管理者的管理能力和决策水平出现各种问题。大数据背景下，企业的财务数据激增，财务信息来源广泛，若不能及时完成对经营管理活动中各种财务数据信息的分类处理和及时反馈，则企业竞争能力会不断下降，最终被市场淘汰。

（三）大数据背景下企业财务风险成因

数据安全性的挑战。大数据的发展推动了移动互联网技术的发展，财务管理引入该技术后，真正打破了时空的“瓶颈”。例如，电子签章技术的应用、增值税发票的电子化等技术的应用使企业营运效率提升，成本降低。但是其安全层面与法律层面需要关注。数字化技术安全性与便捷性的平衡更是亟待解决的问题，因此，数据的安全问题是大数据发展的一大挑战。

大数据技术的应用挑战。大数据的典型特点是数据量庞大、种类多样性。数量巨大且不断更新的数据源，并且不同的来源使数据的形式不一致，需要有针对性设计来进行数据转换，在应用方面数据的存储、挖掘、分析等存在一定的技术难度。海量大数据的处理、大规模 IT 资源管理、数据仓库、数据挖掘等关键技术都需要在实践应用带动下实现突破。

财务管理模式转型的挑战。财务管理模式开始逐渐从管理型财务转向价值型财务体系，大数据技术的发展为财务信息系统实现智能化、实时化、远程化等提供坚实的技术支持，信息化的管理模式已成为推动提升股东价值的一个重要杠杆，使企业从管理型财务向价值型财务体系转型。在价值型财务体系中，财务人员将把更多的时间和精力集中在价值的管理方面和价值的创造方面，财务部门在企业中的地位也得到很大的提升，处于战略核心位置。大数据引起的新一轮技术进步，极大地推动了财务管理模式的成功转型。

财务数据分析的挑战。财务管理中最具有价值、最重要的阶段是财务数据的分析阶段。财务数据分析是指财务人员对海量的财务大数据进行挖掘分析，进而提取出有价值的信息。大数据技术虽然为数据的获取提供了有力支持，但是对财务人员的工作提出了更高的要求，财务数据分析的难度大大增加。过去仅仅通过简单的计算工具能够实现的数据计算，如今需要利用先进的 IT 技术，对于财务管理人员而言，需要尊重历史发展的规律，认识到大数据的影响，提高自身的数据分析技术，培养信息化素质。

三、大数据背景下建筑施工企业财务风险的财务风险控制

（一）建筑施工企业财务特点

建筑行业壁垒较低，建筑施工企业的核心竞争能力并非在于技术和设备。企业能保持长期或持续竞争优势的关键是企业价值观和企业文化。建筑企业属于劳动密集型企业，而目前建筑企业的劳动力素质参差不齐。建筑行业因为其本身发展的特性，故其财务分析特点主要表现在企业风险以及材料的利用率等方面。

建筑企业的综合能力是由以下几个指标构成：资产运营能力、盈利能力、企业偿债能力以及发展能力，常用的财务管理指标是流动比率、成本付现率、速动比率和总资产周转

率。资产运营能力，是对任何一个企业最基本的要求，是保证经济效益的重要前提；盈利能力，是企业赚取利润的要求，衡量指标有销售净利率和毛利率、资产利润率和权益利润率；企业偿债能力，是一个企业在遇到意外困境时，走出困境的能力；发展能力，是反映企业利润的可持续增长能力。上述五种能力综合起来构成了每个企业独特能力状态，在进行财务分析时，要具体问题具体分析，结合企业实际经营情况形成每个企业的独特财务分析。

（二）大数据背景下建筑施工企业财务风险

大数据环境下，海量数据使企业可以基于更加宏观、更加全面、多维度的层面，对财务风险进行深度剖析，并从各种层面、各种视角进行评价。大数据环境下，对财务风险的评估不再仅仅通过对各项财务指标的分析，运用传统的变量模型进行考量，最后得出结论，而是将各种外部因素也纳入风险评估体系中，不再仅依赖对结构性数据的分析，非结构性数据将会更具价值。大数据环境下，企业针对财务风险的主要诱因、要素以及影响进行全面评价，得出更准确的结论，并依据风险的严重程度进行排序，分别采取不同措施，重点关注负面影响最大的风险，并以分析结论为依据实施具有针对性的策略。

财务信息管理的准确度更高。以往，信息资源的价值因为企业财务管理水平不够而不能得到充分的利用，缺乏统一的数据分类标准和准确的分析结果为管理者的决策提供依据，在编制完财务报表后，企业的财务数据便没有了使用价值，但在大数据环境下，数据挖掘和数据处理等技术为企业综合处理数据提供了技术支持，在综合分析各种信息后可以提升分析结果的准确性，进而大大提高了财务管理的准确性。企业财务管理的效率更高。大数据环境下，企业获取信息的渠道增多，数据更新速度加快，基于大数据技术建立的数据分析系统使数据的高效处理成为可能，同时也减轻了财务人员监测、分析数据的压力，为企业管理者在决策前提供了更多的思考时间，其效率也随之大幅提升。数据更易获取且获取渠道更多。企业财务管理的基本环境随着市场经济的发展而发生了相应的变化，大数据环境下，财务数据的获取渠道变得更多，企业不再是单纯地通过财务报表等途径收集数据，更多可以从与客户的沟通中、从业务往来中挖掘有价值的信息，另外，大数据环境下数据的储存成本降低，数据搜集的过程更加高效，因此企业更容易获取所需的数据。

（三）大数据背景下建筑施工企业财务风险控制

建筑施工企业应该重视对财务管理信息化水平的提升。首先，应从制度层面出发，建立属于本企业可实施 SOP 体系，公司应设计并开发配套的财务软件，规范采集财务数据的流程和标准，生成制度上的规范，利用信息技术和软件技术及时获取内外部的财务管理信息。其次，应构建大数据平台，利用大数据技术从不同部门处提取对决策有用的信息，并加以整合，然后实现数据在企业各部门之间的共享。另外，企业应利用大数据技术确定成本动因，准确计算和分配成本，为管理者提供决策有用的信息，有效防控财务风险。

其次，在大数据时代，信息的时效性越来越强，只有及时披露财务信息企业才能在面临风险时迅速做出反应，因此，在企业内部应提高披露财务报告的频率，由原来的事后披露变为实时披露。企业首先应按时汇总并分析企业财务数据、消费者购买习惯、客户行为分析等信息，并及时将分析后的结果上传到业务端数据库中，然后企业财务人员应及时将这些数据补充到财务数据中，结合这些信息做出由宏观到具体的财务分析，以便及时为报表使用者提供数据，充分利用大数据的价值。此外，企业财务管理的体制、理念和水平都决定着数据处理的效率，信息化技术为企业财务管理系统的构建创造了条件，是该系统能够稳定运行的技术保障，因此，企业应该加强对财务信息的管理，及时反馈财务信息，提高财务管理效率。

最后，企业应该加强对综合型人才的储备。财务人员的水平在很大程度上决定着企业财务管理水平，尤其是在商业模式和经营理念不断变革的大数据时代，更要建立综合型、专业化的财务管理人才团队，具体要从以下方面着手：企业应定期对财务人员设置培训课程，令其树立战略性思维和新型财务管理思维，提升综合素质，以提高工作质量和效率；企业应合理分配财务人员，明确各岗位的职责；企业应加强财务人才的储备，对财务人才进行精准化培养企业应完善绩效考核制度，加强内部审计。

四、总结

综上所述，财务管理要贯穿于建筑企业的整个生命周期中，其最终目标就是让建筑行业在避免风险的同时以最小化的成本实现最大化的收益。在大数据时代下，企业应充分利用数据资源，从中挖掘有价值的信息，发挥大数据的作用，为管理决策提供依据。在大数据环境下，信息传递速度加快，企业应及时处理各种数据，同时，应将大数据技术应用到企业财务风险预警与管控中，使企业能够及时发现风险，并采取具有针对性的措施应对风险。这就要求企业需要有系统定制，结合企业自身的发展阶段，用科学理论来制订数字化转型策略，这样才能确保转型落地，要做到一体化的全方位的转型，要不断强化预算的管理职能，培养带有“数字人才 + 财务人才”的复合型人才，建立健全现代化的财务管理与财务分析制度，运用多样化的财务分析方法从不同维度上设定不同的指标进行具体的财务分析，从而有利于建筑企业明确发展方向、确定发展战略，进一步促进建筑行业的健康、稳定与可持续发展。

参考文献

［1］苏仁惠．集团化传媒企业财务风险的分析与防范［J］．商讯，2020（22）：32－33.

［2］赵敬敬．房地产企业财务风险管理与控制对策分析［J］．财经界（学术版），2020（16）：152－153.

［3］李黎明．企业并购重组中的财务风险及控制［J］．财经界（学术版），2020（16）：170－171.

［4］李晶．浅谈国企改革形势下的企业财务会计风险及规避［J］．财经界（学术版），2020（15）：97－98.

［5］陆宾宁．关于建筑企业的内部控制与风险管理的思考［J］．财经界，2020（10）：115－116.

［6］夏丽美．基于内部控制的YN国有建筑企业财务风险管理探究［D］．云南师范大学，2019.

［7］刘清华．关于企业内部控制风险管理问题的若干思考［J］．财会学习，2017（21）：254.

［8］费仲伟．“营改增”对建筑施工企业财务影响及对策研究［D］．湘潭大学，2015.

［9］顾小利，陶岳荣．建筑行业财务分析的方法与特点研究［J］．中小企业管理与科技（下旬刊），2012（3）：51－52.

［10］叶雪冰．结合施工企业特点，营造有建筑特色的财务文化——论施工企业财务文化建设［J］．现代经济信息，2011（23）：145－146.

［11］李晶．浅谈国企改革形势下的企业财务会计风险及规避［J］．财经界（学术版），2020（15）：97－98.

［12］张琪．探讨医院财务风险及防控对策［J］．财经界（学术版），2020（15）：122－123.

［13］谷绍辉．大数据环境下企业财务风险识别与管控研究［J］．财经界（学术版），2020（15）：148－149.

［14］Alexander Bisaro，Mark de Bel，Jochen Hinkel，Sien Kok，Tim Stojanovic，Daniel Ware. Multilevel governance of coastal flood risk reduction：A public finance perspective［J］. Environmental Science and Policy，2020，112.

［15］Rong Gong. Short selling threat and corporate financing decisions［J］. Journal of Banking and Finance，2020，118.

［16］Stéphane Verguet，Zachary D Olson，Joseph B Babigumira，Dawit Desalegn，Kjell Arne Johansson，Margaret E Kruk，Carol E Levin，Rachel A Nugent，Clint Pecenka，Mark G Shrime，Solomon Tessema Memirie，David A Watkins，Dean T Jamison. Health gains and financial risk protection afforded by public financing of selected interventions in Ethiopia：an extended cost－effectiveness analysis［J］. The Lancet Global Health，2015，3（5）.

网络环境下的会计信息披露问题研究

叶德力·拜得力

摘要：大数据时代的到来，催生了“互联网+”的新兴业态。网络会计就是“互联网+会计”的综合结果，这种结合为会计信息处理和会计信息披露带来了极大的便利，在大大提高了会计工作效率的同时，增加了会计信息披露形式的多样性。本文第一部分给网络会计进行定义；第二部分是网络环境下网络会计具有的特点：会计信息提供的及时性、会计信息披露的全面性、更具针对性的获取会计信息、会计业务分布式处理、企业管理结构扁平化等；第三部分通过界定网络环境下会计信息的使用者、确定会计信息使用者对财务信息的需求、总结披露主体应提供什么信息来明确网络环境下会计信息披露的目标定位；第四部分是在“互联网+会计”下会计信息披露的内容和形式；第五部分就会计信息披露的面临复杂环境，找出了网络环境下会计信息披露面临的会计信息披露目标定位变得更加难以确定、会计信息披露内容的质量和形式的有效性、会计信息披露的信息安全性问题、会计信息披露的监管和内部控制等问题，为网络环境下会计信息披露的工作提出了更高的要求；第六部分针对以上所提及的问题提出相应的对策建议，如分解企业任务，确定会计信息披露目标、提高会计信息披露质量，规范会计信息披露的形式、保证会计信息披露的安全性、加强会计信息系统的监管，为网络会计更好的发展奠定基础。

关键词：网络环境　会计信息披露　问题　对策

一、网络会计的定义

作为创新2.0下互联网发展的新业态，“互联网+”是知识社会创新2.0推动下的互联网形态演进。网络会计则是“互联网+会计”的具体结合，是一种在互联网环境下对各种会计交易和事项进行确认、计量和披露的会计活动，是建立在网络环境基础上的会计信息系统。“两权分离”的公司治理结构催生了信息披露，通过披露的信息委托者可以间接了解企业状况从而减少代理成本。那么会计信息披露是为会计信息使用者服务的，企业将直接或间接地影响到使用者决策的重要会计信息以公开报告的形式提供给信息使用者，会计信息披露质量的关键在于披露是否真实可靠，披露是否充分及时以及披露的对象之间是否公平。网络环境下的会计信息披露就是所谓的网络会计信息披露。

作者简介：叶德力·拜得力，中建新疆建工（集团）国际总承包分公司。

二、网络会计的特点

“互联网 + 会计”的结合，使计算机网络在会计工作中的应用范围和应用能力大大提高，也使计算机与网络成为现代会计处理中不可分割的重要部分。尤其是借助互联网技术为企业开发的各种管理系统，一方面为会计信息系统提供了程度最高的、最全的信息支持；另一方面以网络为衔接点对会计信息重新组合，使其所要处理的各种数据最终以电子版的形式直接存储于计算机网络或云端上。网络会计具有以下特点。

（一）会计信息提供的及时性

在传统的手工记账模式下，会计信息的披露往往具有滞后性。对于一笔资金的运用情况、某计划的执行状况，主管会计部门一般只有在本月会计业务结束之后才能从账本中总结出来，然后才向上级部门反馈。在智能经济时代下，产品更新换代的速度加快，涌现出越来越多的衍生金融工具，为企业的生产经营活动增加了更多的不确定性，但是目前定期提供财务报表的制度大大影响了会计信息披露的及时性。而网络会计则可以弥补这个缺点，它实时跟踪的特性使每当有企业业务发生或变动，它都能及时追踪实时记录并在必要时进行披露。企业外部人员进行投资或其他决策时，如须获取信息可以直接登录企业官网，查找其需要掌握的最新或之前的财务报表，降低风险。对于企业的经营者来说也可以通过公司内部网站直接获取本企业财务指标，以外部信息使用者的身份进入相关企业主页获取它们的财务信息，最后与本企业进行对比分析，从而提高预测或决策的准确性。

（二）会计信息披露的全面性

为了让公众全面了解企业的财务基本情况，使企业会计信息的使用者获取能够全方位准确反映企业财务状况和经营成果的财务信息。那么就要求企业对于所有的相关会计信息均予以披露，哪怕反映的是对企业不利的信息。由于财务报告的篇幅是一定的，因此在有限的篇幅上反映全面的信息对于用传统会计披露方式的企业来说是困难的。更何况当前的财务报表只能够反映数量化的信息，会计处理程序和方法这一类的信息得不到反映，无法满足会计信息使用者想要获取企业全面信息的要求。网络会计则可以实现企业会计信息披露的全面性。网络会计通过其涵盖着企业所有的财务及非财务信息的网络数据库，以网上报告的形式呈现在会计信息使用者面前，这样就使财务报表的信息容量得到了一定地增大。只要有网络，企业的会计信息使用者就可以通过在线访问获取其需要的信息。

（三）更具针对性的获取会计信息

计算机网络所提供的人机对话，一改以往会计信息使用者被动接受这样统一格式的局面，使信息的获取过程具有交互性。以往的会计信息披露模式下，会计信息使用者如须获取企业的财务信息，需要一点一点地翻阅企业的会计报表，加大了信息使用者获取信息的难度。而“互联网 + 会计”的网络会计模式下，使用计算机和网络通过搜索引擎，就可以在企业的在线数据库中获取自己想要得到的信息。另外，使用计算机会计信息使用者可按照自己的需要对信息进行加工处理，如自己建立索引。如果以报表项目为索引，就等于是建立了一个完全符合自己需求的小财务报告；如果以企业部门为索引，就等于是获得了一个分部门的财务报告；另外，可以以时间为索引，得到分时期的报告。

（四）会计业务的分布式处理

在最初的会计工作中，财务部门通常会指定具体的电脑进行会计业务的处理，那么就会造成这台电脑的超负荷工作。而在“互联网＋会计”的网络会计模式下，只要企业的财务信息系统是统一的，不管使用什么计算机都可以完成会计工作。例如，工作量比较大的凭证录入工作，在统一的企业财务信息系统下可以通过确定的格式实现在若干台网络工作站上同时录入，并最终保存。在不同的工作站上录入，在同一服务器上存储，这既可以保证凭证的及时录入，又可以保证数据存储的统一，还能大大减少单机版造成的数据冗余①。

（五）企业管理结构的扁平化

企业的管理结构与其会计模式有着极其密切的联系。在互联网没有完全应用到企业管理中时，企业的管理结构往往是正“金字塔”型，这种模式的管理结构等级界限比较明显，在企业经济规模扩大时，企业的资金流、信息流和物流也会随之加速流动，但会受到这种传统模式等级的限制，使企业的反应速度减慢，不利于企业的决策，最终影响企业的竞争力。在企业应用“互联网＋会计”的网络会计模式后，企业的管理结构演化为自动网络系统。在这种网络环境下，企业可以实现对各方面信息的整合进行实施管理，打破等级的界限，使问题的处理速度和效率大大提高。因此，在网络信息时代，互联网技术的高度发展使组织结构扁平化，中间层作用大大降低，使会计信息披露的真实性大大增加。

三、网络环境下会计信息披露目标定位

若想明确网络环境下会计信息披露的目标，必须从三个方面着手，首先要确定网络环境下会计信息的使用者；其次是研究网络环境下会计信息使用者对财务信息的需求；最后是研究披露主体应提供什么信息。会计信息使用者可以分为内部使用者和外部使用者。在网络环境下，主要的外部使用者有：投资者、债权人、政府、供应商、雇员等，内部使用者主要是经营者。但是不同的使用者对于会计信息的需求具有很大的差异性。

首先来看内部信息使用者；投资者根据企业的资产和盈利能力进行投资分析；分析盈利状况、股价变动和发展前景决定是否转让股份；分析资产盈利能力、破产风险和竞争能力来考查企业；分析筹资状况来判断其股利分红。对于那些潜在的投资者来说，也需要企业财务信息来比较各企业单位经营情况的好坏，了解上市公司的风险与报酬及其前景，从

① 熊永根．网络会计发展面临的问题和对策［J］．会计之友，2008，（88）．

而决定其投资方向。从债权人的角度，他们最想通过企业发布的会计信息评估该借款企业的偿债能力，判断其能否按期还本付息。政府对会计信息的使用，针对国有企业和其他企业的要求不一样；国企的监管部门借助于企业会计信息来了解国有资产的保值增值情况，以此检查企业是否侵吞公共资产等，而对于其他企业而言，国家统计机关是其主要信息使用者，比较重视企业对外披露会计报告的真实性。对于雇员而言，需要借助会计信息了解所在企业的发展和盈利情况、目前的风险和潜在发展潜力。潜在雇员可以通过这些评估他们以后在企业获得的报酬、福利和就业机会；雇员则可以更加踏踏实实地工作。

经营者作为会计信息内部使用者，对日常经营活动的控制和管理，以及做出重大的投资、筹资和经营决策，都需要参考企业对内披露的财务信息。另外，需要对企业财务进行预测和决策，从而提升企业的整体效益。

在网络环境下，针对差异化的会计信息使用者所需信息的差异性，会计信息披露所要达到的目标也有所不同，主要分解为以下三个目标。

（一）网络环境下会计信息披露的终极目标

网络环境下会计信息披露的终极目标需要全面反映企业的受托责任。受托责任是企业会计存在的基石，会计的责任根据信息使用者不同分为对内披露责任和对外披露责任。网络环境下企业的对内披露责任主要是为经营者做出决策提供坚实可靠的依据，对外披露的责任就是保证会计信息披露的真实性、可靠性、不弄虚作假，以便投资者、债权人、政府、员工做出最优决策。

（二）网络环境下会计信息披露的总体目标

网络会计信息披露的总体目标是指企业在基本目标制约和指导下从事各种会计活动时所要达到的目标或期望的结果，从而将企业的基本目标得到表述和实现。在此将网络会计披露总体目标划分为两个层次：一个层次是全面披露企业各项资金的运动过程和结果，提高企业财务的透明度，另一个层次是提供有助于企业会计信息使用者决策的有用信息，即“决策有用性”，在网络环境下，企业会计信息披露的总体目标应该是向会计信息使用者提供对他们的决策有用的信息。

（三）网络环境下会计信息披露的具体目标

网络环境下会计信息披露的具体目标，是披露企事业单位每笔单项财政资金的运用过程与结果所要达到的目的和要求，取决于会计所涉及的具体内容。对于一般的企业，财务活动主要包括筹资活动、投资活动、收益分配活动。所以会计信息披露具体目标就是披露每笔资金的来龙去脉，以及最后的收益分配结果。

四、网络环境下会计信息披露的内容和形式

过去的会计信息披露环境下，企业通常对外发布的是统一规定的财务报告，反映的财

务信息十分单一，很难将企业的经济活动全部反映出来；统一规定的会计报表呈现的会计信息综合性很强，但是这类信息往往不够可靠。随着“互联网+会计”在企业中的应用，为顺应不同信息使用者的多元化需求，会计信息披露的内容也有所增加和完善。

（一）网络环境下会计披露的内容

在“互联网+会计”的模式下，会计业务的处理工作更多通过计算机来完成，随着互联网技术的不断进步，除了计算机设备本身巨大的存储容量外，再加上目前的云端存储，使会计信息系统的资料存储能力大大提高，加强了其对数据进行管理。另外，计算机的高速运算能力、系统化的会计核算软件，加快了会计信息系统进行会计工作、信息生成的速度。这些软件和硬件上的进步大大增加了企业进行会计信息披露的及时性。但是，计算机及网络的受众群体众多，在网络环境下，企业进行会计信息披露的内容是企业应该高度重视的一个问题。本文就前文分析的会计信息使用者将网络会计信息披露的内容总结如表1所示。

表1　　网络环境下会计信息披露的内容及好处

网络环境下会计信息披露的内容	好处
1. 财务信息和非财务信息的披露	财务信息与相关信息可以更加详尽的呈现在会计信息使用者面前，另外企业管理者使用的管理业绩和经营数据也可以在网络环境下对外公布
2. 企业管理者（如总经理、财务主管）对财务或非财务信息的分析	投资者通过这些主观性判断作出决策
3. 企业内部环境	用SWOT方法分析企业面临的内部环境；另外将企业目前的业绩与过去的进行比较、经营计划应囊括其中
4. 企业管理者和股东的信息	私人背景信息的提供有助于外界更加深入的了解企业
5. 企业的外部环境	包括企业所面临的市场状况、政治文化环境、产业发展、战略规划

（二）网络环境下会计信息披露的形式

“互联网+会计”的模式下，借助计算机等工具，信息披露的形式越来越多，有文本、音频、图片、视频形式等。随着互联网技术的不断发展，会计信息披露的文件形式经历了从最初的DOC、TXT、PDF到HTLM、XML等格式的发展，并且使网络环境下企业所披露的会计信息越来越易于理解。

1. 电子文档。

以电子文档形式进行会计信息披露是企业使用较多的方式，这种形式主要是指企业把财务报告设计成各种格式的电子文件。这些格式主要包括Abode文件（PDF、TXT）、CAJ、DOC、WPS等。最终通过网络发布到本企业官网上。这样信息使用者既可通过互联网浏览器联机阅读，又可将其下载后离线阅读，另外还可直接打印成纸质文件。

2. 超文本标记语言（HML）。

超文本标记语言是为“网页创建和其他可在网页浏览器中看到的信息”设计的一种标记语言，但是它只能对网页上的内容和显示进行规定，而不能显示其相关信息。一般情况下，HTML能够实现对网络会计披露信息报告外观显示格式的定义，而不可以实现对具体的会计科目进行解释。另外，在HTML下，信息使用者没有权限根据自己的需求定义标记，这样他们就不能迅速定位在自己所需要的信息上。

3. 可扩展标记语言（XML）。

可扩展标记语言除了能弥补HTML形式下的缺点，并具有自身的优势。这种语言以自我描述、可扩展和标准化的交换信息为描述标准，具有动态交互性，使内容和形式独立显示。可扩展标记性语言允许使用者在内容上添加自定义描述，因此可以使每个行业根据自身行业特点开发出与其特定领域相关的标记语言。

4. 可扩展业务报告语言（XBRL）。

可扩展业务报告语言（Extensible Business Reporting Language，XBRL）是网络会计信息披露的最新形式，仍是一种基于可扩展标记性的语言标准，但与它相区别的是，XBRL能使企业对其财务信息进行纵向的、跨时间段的分析，还能够进行涉及多公司、多行业、多国家的横向财务报表比较。这种会计信息披露的新形式除了给出了具有某一特定行业特点或某一具体领域特点的语法结构标准，还建立了一定的语义规则，以便一些企业根据该行业和领域的有关准则、法规等来统一定义业务报告内容。实际上是形成了一套行业内各方普遍接受和应遵循的报告标准。

五、网络环境下会计信息披露存在的问题

（一）网络环境下会计信息披露目标的难以确定

网络会计的会计信息使用者多种多样，不同的使用者对会计信息的要求完全不同。随着企业面临的外部宏观环境越来越复杂，使企业越来越容易受到外部不定因素的影响，不仅造成企业内部的工作处理难度加大，还导致企业活动的不稳定因子大大增加，因此企业最初的很多目标不能定量化、明确化。另外，由于企业内部很多部门、团队在工作上的关系密切相连，企业的很多活动都不利于其指定数量化目标。企业内部活动目标的不能量化、外部环境的复杂直接带来的就是企业会计信息披露目标的难以确定。

（二）网络会计信息披露质量问题以及形式的有效性问题

“互联网+会计”的网络会计模式在现代会计处理工作中的应用，使会计信息以非常高效迅速的方式传递，也给会计信息的真实性带来了一定的影响。在使用计算机及网络进行会计处理的过程中，直接根据经济业务生成电子信息，工作速度大大提高，但是难免会造成一定的会计失真问题，如此就会直接影响到企业信息披露的质量。由于会计信息披露的形式存在不兼容性，因此会计信息披露形式的有效性也是网络环境下会计信息披露需要

注意的问题。一般财务报告的披露大多以 PDF、DOC 等格式，这种静态表现技术不利于信息的抽取，大大影响了网络会计信息披露的有效性；PDF 格式的文件虽然排版规范、明确、下载快也方便下载存储，但是这种格式没有超文本导航，文件里的内容在网上搜索不到，更无法获取分析；而 HTML 语言只能在线浏览，不能打印及保存，因此也影响会计信息披露的有效性。另外，由于不同企业的软件或硬件环境存在差异性，同一企业的不同部门所使用的系统可能不一致，因此数据的共享和交换都很难实现。

（三）网络环境下会计信息披露的安全性问题

网络环境下会计信息系统更易受到病毒的感染，计算机病毒的传播渠道更加多样化、快捷化，因此给会计信息披露的安全带来消极的影响。首先是原始凭证的录入，在网络环境下一经录入就变成了磁性介质，非法入侵者可以对其进行不露痕迹的修改，这样会直接影响会计信息使用者对其判断。会计信息披露的安全性关乎所有信息使用者所获取信息的真实性，但是在网络环境下，影响会计信息披露安全的因素还有很多。首先是信息来源，渠道多种或许会带来审计线索的杂乱；其次是信息传递方式，主要是网络通信线路方式，这样或许会使信息被非法读取、窃取和篡改；最后是信息存储，主要以电子文件的格式储存，极易被人非法复制、挪用、删除或伪造而且无迹追踪 。“互联网 + 会计”的网络会计模式下，由于网络极具开放和动态的特点将使审计取证难度增加，给会计信息披露安全带来了极大的威胁，使得会计信息更容易失真。

（四）网络新环境下会计信息披露的监管问题

“互联网 + 会计”的模式使会计信息固有的处理方式和封闭的系统环境发生了巨大的变化。在大数据时代，行业企业的网络系统建立与运行的复杂性，使内控范围扩大至整个互联网的广域系统。由于会计信息系统的进出安全、病毒的识别防范、系统的开发安全方面存在巨大的隐患，使内控的甄别与调控的难度大大增加。网络环境下信息环境更加的开放，企业会计信息向外传输的过程中，信息资源的开发性与保密性，对于网络系统工作人员来说，其职业道德将面临一道严峻的考验，一旦工作人员有职业道德违背，都会有意或无意地篡改会计信息，使会计信息使用者在进行管理决策时出现差错。由于大多数的会计人员对计算机专业知识的掌握有限，难于通过技术甄别，发现会计信息披露中的风险漏洞，而传统的内控制度也缺乏对网络信息安全的技术管控机制，加大了企业信息失真的风险源头。

六、网络环境下会计信息披露问题的相关对策

（一）分解企业任务，确定会计信息披露目标

企业目标的难以确定使会计信息披露的目标变得模糊。针对这个问题，企业需要首先分解任务，以任务定目标，这样才能确定会计工作的具体内容。由于不同的会计信息使用

者对信息需求的差异性，网络会计进行信息披露时要全面考虑。面对会计信息披露的三种目标，首先明确其具体目标，将单项资金周转过程中达到的结果披露出来；其次对总体目标进行概括，对每个会计活动所要达到的期望和结果做出预测；最后确定其终极目标，明确划分其对内和对外披露责任，保证会计信息使用者获取的会计信息真实可靠，最后做出正确的决策。

（二）提高会计信息披露质量，规范会计信息披露的形式

由于现代网络环境下的会计是“互联网＋会计”的具体体现，提高会计信息披露质量需要从两个方面入手：一是计算机的硬件和软件，硬件比较容易实现，软件上要求企业注重对本企业会计信息系统的更新和管理，推广可扩展报告语言（XBRL）在其中的应用，提高会计处理工作的效率；二是网络管理，不断加强会计软件开发以实现会计信息披露按需披露。另外，加强网络监管、审核，或者在原始凭证录入生成后进行人工审核，保证会计信息披露的质量，加强企业的内外部审计也可以确保网络环境下会计信息披露的质量。从目前的发展形势来看，纵观在网络环境下会计信息披露的几种形式可知，可扩展业务报告语言（XBRL）将是企业会计会计信息披露形式的规范和统一，这种披露形式既适应了会计信息使用者多元化的需求，又保证了信息使用者能够进行有效的决策。因此，企业要逐步推广该技术在企业会计信息系统中的应用。

（三）保证会计信息披露的安全性

从提高技术角度，可采用加密技术、防火墙、病毒防治技术提升会计信息系统的安全性。从会计信息系统控制角度，根据经济业务录入会计信息之后就提交网络，在网络状态下，如果没有密码就不允许修改任何信息，这样可从源头控制信息的安全。在日常对会计信息系统的管理上，对会计信息的来源进行严格审核，根据组织控制的要求建立相应的组织流程，实行一人一机，严格执行岗位标准，各自负责，定期对各岗位员工进行培训，进行职业道德测试以保证会计工作人员的制度意识和道德素养。加强网络、通信等设施管理；强化对计算机及辅助设备、操作系统的数据控制和管理，以此来保证网络会计信息传输的安全性。

（四）加强会计信息系统监管

网络会计下的信息披露难以给查账和审计工作提供可靠的依据，会计信息的失真与安全问题需要加强互联网平台的会计基础管控制度。在网络会计核算规程、数据输入、信息维护、安全密钥、人机互控的职责分离基础上，建立基础信息管控措施。尤其要针对会计信息存取权限的控制，通过数据信息库的加密技术，按照网络会计系统的设计要求配备操作人员，对照信息输入、数据修改、财务审核的岗位分工建立会计基础的内部管控制度。明确信息岗位职工分责，规范网络会计组织和管控。

参考文献

[1] 翟佩佩，郑美林．网络经济环境下网络会计存在的问题及对策［J］．企业经济，2014（4）：52－55.

[2] 方健．网络环境下上市公司会计信息披露问题研究［D］．河南大学，2008.

[3] 汤孟军．网络环境下会计信息披露存在的问题与对策［J］．现代商业，2008（21）：186－187.

[4] 辛茂荀，续慧泓．网络环境下企业会计信息披露研究［J］．中国管理信息化，2008（16）：14－16.

[5] 黄琪坤．基于网络环境下的会计信息披露分析［J］．品牌（下半月），2014（11）：55.

[6] 王继惠．基于网络环境下的会计信息披露分析［J］．企业改革与管理，2015（2）.

[7] 赵燕玲．网络新媒体环境下企业会计信息披露研究［J］．新闻研究导刊，2015（14）：316－319.

[8] 刘万明．网络环境下会计信息披露研究［J］．财政监督，2011（8）：32－33.

[9] 胡雄姿．改进网络环境下会计信息披露［J］．湖南税务高等专科学校学报，2009（3）：46－47.

[10] 杨美莲．电子商务环境下的会计信息研究［D］．长安大学，2011.

[11] 焦珊珊．基于网络环境下的会计信息披露研究［D］．长安大学，2013.

[12] 周建武．网络环境下会计信息系统流程研究［D］．华东交通大学，2009.

[13] 李卢．网络环境下的会计信息安全问题研究［D］．燕山大学，2010.

[14] 高山．我国企业网络财务报告问题及对策探讨［D］．江西财经大学，2013.

[15] 程克群．网络会计一种新兴的会计模式［D］．香港经济与法律出版社．2002，6.

[16] 魏书花，董雪艳．政府会计信息披露目标的选择问题研究［J］．财会学习．2011（9）：31－33.

[17] 夏冬林．受托责任、决策有用性与投资者保护［J］．会计研究，2015（1）：25－31，96.

财务报表信息化建设与应用

罗靓蓉　吴俊儒

摘要：随着现代信息化技术的飞速发展，企业财务报表管理中信息化软件的应用，提高了财务报表的编制效率，提升了财务管理的质量。本文结合建筑业三级子企业财务核算的特点，介绍了中建一局二公司（以下简称“二公司”）报表信息化系统的建设与应用，以供同行业探讨，共同提高财务报表信息化的应用水平，为中建业财一体化提供借鉴。

关键词：信息化　财务报表　财务管理　保障性措施　系统应用

引言

出具财务报告是企业财务管理的重要环节之一，及时可靠的报表信息披露对于整个企业的运营、投资者的决策、相关人员的审查与监管来讲，具有重要意义。利用信息化手段改变财务报表的定期报送方式，有利于提高报表信息披露质量与效率，优化财务管理模式，推动企业的良性、高效发展。

一、二公司报表信息化建设背景

（一）建筑业财务管理的组织结构特点要求通过信息化手段改善工作方式

建筑业具有地域分布广、行业流动性大、专业分工细化的特征，这一特征决定了财务管理的组织结构。二公司财务系统采用事业部制的组织结构，通过总部与项目的双向管理，更好地服务于项目。以大项目部及分公司为单位配置3~4名财务人员，负责所辖大项目部的财务管理工作，财务人员落实到具体项目，既能确保数据的真实有效性，又能融入项目中，更好地为项目的经营决策提供数据支持，参与项目管理。但这一管理模式也加大了总部对项目财务的管理难度，数据需要经过层层汇总后才能获得，简单的Excel汇总数据一方面无法对数据的准确性进行验证，另一方面也加大了数据汇总的重复性工作，我们必须通过信息化手段提高统计工作的效率和质量。

作者简介：罗靓蓉，报表管理高级经理，中建一局集团第二建筑有限公司；吴俊儒，报表管理业务经理。

（二）基层会计职能的转变迫切要求通过信息化手段提高工作效率

随着精细化管理的要求，项目财务在项目管理中的参与度越来越高，项目标前策划、项目施工中的成本管控以及项目结算的收益考核都离不开财务管理，项目财务也发挥着越来越重要的作用，会计职能的转型势在必行。根据项目财务工作的甘特图我们不难发现项目财务管理的五大职能中，财务基础工作管理只是财务管理职能中的小部分，但却占据了大量的处理时间，要改变这一现状，必须通过信息化的手段将财务人员从重复基础工作中解放出来，保证更多的精力参与到项目的管理工作中，推动项目财务管理向管理会计转变。

（三）基层信息质量问题要求通过信息化手段统一标准

基层单位的数据信息是管理决策中的重要资料，数据信息的准确性和可利用性直接影响决策的效率。为确保基层信息质量的准确性，我们必须制定出统一的标准，且这一标准既要满足项目的管理需求也要满足总部的经营决策需要，并通过信息化手段实现财务管理的标准化。

二、二公司报表信息化建设进程

（一）第一阶段：电子报表与久其参数并行

2014 年前，二公司总部编制月度、季度报表的方式是采用久其参数汇总，项目层面并行两套报表，一是满足于项目管理需要的项目财务报表，二是满足总部汇总需要的久其参数报表。这一方式增加了项目出具财务报表的工作量，另外，由于久其参数审核的公式不适用于项目报表，审核工具无法准确运用，也加大了总部汇总核对数据的难度，从而影响报表数据的准确性和及时性。对于其他数据的统计，公司没有参数汇总工具，都是通过 Excel 层层汇总后报出，填报信息的时效性和准确性问题无法得到保证，影响报表报出的效率和质量。

（二）第二阶段：手动填报二公司报表系统

2014 年，二公司报表系统正式上线，报表填制及汇总方式都在线上解决，项目财务人员主要对涉及科目进行分析，在报表系统中手动填报通过系统，总部通过层层汇总方式完成公司整体报表编制，通过简单的逻辑审核公式，财务报表的填报效率和质量大大提升。主要通过以下几个方面实现：

1. 建立完善的数据库。

在报表的设计上我们构建了一个既能满足项目管理需求又能满足报表填报需求的报表表样，涵盖各方报表对数据的要求，总部只需要设置好查询模板即可生成所需数据，无须项目重复填报同一信息。

2. 建立科学的树形结构。

在报表节点的设计上我们以 NC 编码作为项目唯一编码，确保与建造合同有相同的唯一性，并根据账套设置上级节点，方便数据的核对和整理。

3. 建立严谨的审核上报程序。

通过数据的关联关系我们设置了审核公式用于检验数据的正确性，只有审核无误的数据才能实现数据上报，在基础层面增加了智能审核，消除简单的逻辑错误，提高了基层报表的填报质量。

（三）第三阶段：通过 NC 系统取数，实现一键出表

随着“营改增”的到来，报表重分类问题也随之增加，账表核对难度加大，往往一个单位数据出错，核对数据就得花费很长的时间。为了解决这一问题，2018 年我们对报表系统进行了升级改造。此次改造，一方面搭建取数平台直接从账务系统提取财务数据形成报表系统数据，实现一键出表，确保账表一致。另一方面，结合管理的需求增加了关联方统计表，并将报表从结账—关账—出表的流程一同加入报表系统中。目前系统运行稳定，项目 25 日关账，26 号完成结账手续，公司只需要 2 小时即可完成全公司报表取数（项目也可自行取数 1 分钟 1 套表），项目财务对数据进行审核无误后上报。总部层面仅需要对合并抵消事项进行差额表的填报即可完成合并报表。

三、二公司报表信息化系统特点介绍

经过报表系统的两次完善，现有的报表系统已经实现了自动取数出表和集成管理的功能，数据的汇总和查询更便捷，报表的质量和效率更高，同时融入了管理的元素使报表系统更加满足于管理的需要，具体表现在以下几个方面。

1. 将关账手续纳入报表系统，确保审核程序留有底稿。

项目关账审核受监管程度影响结果不能达到预期，为了确保账务处理的准确性，我们在结账处理、科目余额合理性、税务核算等方面共设置了 129 条审核公式对账面情况进行取数审核，确保账面逻辑及核算科目使用的正确性，通过系统的检验完成账面审核关账手续。

2. 关联方报表纳入报表系统，确保关联方对账信息完整。

关联方对账工作容易遗漏且存在往来、交易、现金流三要素函证不全面现象，为了解决这一问题，我们将关联方对账汇总表纳入了报表系统，并通过表间公式的审核筛查项目关联方对账要素是否齐全，确保数据的完整性。

3. 封面信息涵盖建造合同全面信息，提高数据分析可靠性。

封面信息涵盖了项目基础信息、税务信息、业主信息、付款条款、成本锁定日期、建造合同信息，并设置了时间与项目状态、完工进度与项目状态、计税方式与适用税率等逻辑审核公式，确保项目财务人员及时更新相关信息，保证信息的准确性，便于报表分析时有可靠的基础信息作为分析的依据，同时通过查询模板形成各类分析的数据支撑，减少项目财务人员对于不同分析需求反复填报相同数据的重复工作。

4. 树形结构设计灵活性强，便于管理口径纠偏与考核。

二公司对项目的管理及考核是按照大项目部口径进行管理，需要按月提供各大项目部主要指标完成情况及分析，我们的树形结构以项目为单位，并以 NC 编码作为唯一性，方便管理口径分析时对数据的提取，省去了项目填报、总部核实数据的过程，通过查询模板生成各大项目部管理口径数据并与预算数据对比及时纠偏，年底用于各大项目部考核数据依据。

5. 项目风险预警分析替代单个项目报表分析。

单个项目的分析往往流于形式，千篇一律地罗列数据，并无分析重点，为了改善这种情况，我们设置了项目风险分析表，通过对报表数据的取数判断项目是否存在 11 类风险，如果存在风险就必须填报风险形成的原因及改善措施，否则报表不予上报，有效地提高了项目财务风险管理。

6. 数据库完整，便于工作交接。

电子文档的工作交接资料是否齐全在交接工作环节中容易被忽视。在以往的工作方式下，项目财务多数的一手数据都是电子文档，交接过程中容易遗漏，报表系统构建了一个完整的数据集，把项目零散的数据信息及资料归集到了报表系统中，包括项目的各类管理台账都以统一的格式纳入了系统中进行管理，项目人员交接时只需要进行管理权限变更即可看到项目相关电子资料，无须再单独进行交接，简化了交接流程，也确保了交接信息的全面。

四、二公司报表信息化系统的保障性措施

二公司报表信息化工具的使用在财务工作方面起着提高工作效率与数据质量的作用，但也把问题的矛盾转化到了核算及管理流程上，为了保证信息化工具更好地发挥其辅助作用，我们采取以下措施，为报表提供保障作用。

1. 划分岗位职责，设置专人专岗。

由于项目报表具有综合反映项目生产经营状况、财务运转状况的功能，因而要求报表编制人员不仅应该熟悉账务处理流程，还要了解项目整体的发展状况，对于数据有所把握，确保数据的有效性。一方面，我们在大项目部设置报表编制岗位，专职专岗确保财务人员有足够的能力经验进行报表的编制；另一方面，我们对项目岗位职责进行了梳理，明确项目财务各岗位职责，环环把关，完成数据的确认、记录、计量和审核，减少人为因素造成的数据偏差，提高数据的质量。

2. 加强业务培训，规范财务核算。

报表数据的准确性取决于账务处理质量的高低，加强财务核算质量，对于提高报表数据的质量有着重要影响。一方面，我们编制了《二公司项目财务管理手册》，规范了每一笔经济业务的核算，减少因为核算不规范导致的数据准确性问题，从源头上保证数据的质量；另一方面，采用直播培训、知识竞赛、训练营等多元化的培训方式定期对财务人员进行业务培训，对于新出台的财经政策法规进行解读，做到知识的更新掌握，提高财务人员业务素质。

3. 明确结账时间，确保报表及时性。

财务报表所需数据涉及的部门较多，编制时间有限，为了确保业务核算全面反映该段时期内企业实际情况，保证报表的及时出具，明确划分结账时间尤为重要。我们在结账时间方面有着严格的要求，每月都会依照集团公司要求的报表报送时间规划落实本公司的时间节点，明确下级项目部以及分公司结账时点及报表报送要求，保证合并报表的按时报送。

4. 建立日常监督机制，保证报表质量。

由于月末报表时间较短，需要在编制报表之前及时发现并纠正财务核算的不规范行为，才能保证报表的及时出具。为了避免报表出具时核算错误带来的效率影响，我们建立了日常监督机制，一方面在日常账务处理后定时对科目的明细进行筛查，及时纠错；另一方面落实对账工作，按时对关联方进行往来函证，确保业务数据的一致性。

5. 掌握信息化系统操作原理，高效完成报表。

信息化系统作为辅助工具，能够进一步规范企业内部管理的行为，优化企业的管理模式。为了更好地发挥信息化系统的作用，操作者需要熟悉并掌握系统的运行原理，做到知其所用、为其所用。二公司在推出报表信息化系统的同时出具了《二公司报表系统操作指引》，确保财务人员了解该系统的表间公式设置、表内勾稽关系，为其更加高效地使用报表系统做好保障工作。

6. 协调系统间配合工作，确保业财统一。

由于财务报表是对企业经营状况的全面反映，所涵盖的信息均来源于其他系统部门，是其业务工作的数据化反映，因此财务的工作需要建立在融合业务工作的基础上。为了保证财务数据更全面反映企业生产经营状况，我们规范各业务系统提供数据的时间节点，并定期与各业务系统进行数据的核对与共享，确保数据能够运用到项目管理的实际工作中。

五、二公司报表信息化系统进一步完善

二公司财务报表信息化平台的搭建，使财务报表在发挥其基础作用的同时，更加优化财务管理系统，发挥财务管理职能。如何更好地完善信息化平台实现业财一体化也是我们接下来要持续关注的课题。

1. 提升报表系统的应用。

现有的报表系统体现出了对基础数据的整理、归集的优势，但在分析运用上显得较为欠缺。目前项目利用系统分析仅局限于就数论数、算算比比，并没有充分利用预测模型、决策模型进行数据预测和投资决策的可研分析。下一步我们需要专注于将数据的基础提取上升为数据的加工处理，更好地将财务报表的作用提升为满足企业管理预测、决策的一种手段，真正地将职能转换为参与企业管理的管理型会计职能。

2. 优化数据源，实现各业务系统的数据整合与共享。

现有的报表系统仅简化了从账到表的流程，如何将财务信息与管理流程有机融合，需要建立一个集于业务事件驱动的财务信息处理流程，实现业财一体化。同时需要整合各业务系统的信息化系统，将相关联的信息流按照流程进行整理，实现资源的共享。

3. 关注信息安全问题。

财务报表信息化系统在整合、归集财务数据的同时，也增加了企业内部数据在网络传输过程中容易窃取的风险。除此之外，由于数据与业务的更新要求，系统数据库需要根据企业不同的需求进行更新，这也增加了系统后续的数据安全、稳定问题。这就要求我们在硬件与软件方面采取相应安全保护措施，加强系统的安全性，确保数据的稳定、安全，才能更好发挥信息化工具的最大效用。

参考文献

［1］方守凤．浅谈建筑企业财务信息化建设创新管理．中国经贸，2018（19）．

［2］佟殷．财务信息化管理对企业内部控制的重要性及影响探析．企业科技与发展，2019（5）．

［3］林通．浅谈建筑企业集团信息化管理的重要性．经济师，2018（9）．

浅析中建财务一体化核算系统对财务管理工作的革新

姜　露

摘要： 核算环节作为建筑企业财务工作中的重要一环，中建财务一体化核算系统充分利用信息化技术，升级了原有的财务核算模式，对企业产生了重要影响。本文通过文献研究、实地研究、归纳总结等方法，以在建筑行业具有极高代表性的中国建筑集团有限公司财务一体化系统的核算系统为研究对象，分析财务一体化平台建设过程中新旧财务管理工作的对比变化，为企业未来的财务管理方向提供参考。

关键词： 建筑业　财务一体化系统　核算系统　财务管理

一、原有财务核算工作的特点与问题

（一）核算内容复杂且周期长，财务信息质量不高

建筑业是劳动密集型企业，施工地点分散，人员流动性大，为了合理正确地对施工项目部的生产进行会计核算，为有效地反映施工项目部生产的经济效果，需要施工项目部上级公司对施工项目部进行分级核算、分级管理，以避免因为集中核算使会计核算与施工生产相脱节的现象，所以单体施工项目部成为企业会计核算的核心，从而导致建筑业核算内容复杂且周期长。财务信息在层层传递过程中易失真，使财务信息的应用得到制约，也就丧失了财务信息应有的价值。另外，建筑业存在一些需要信息统计、归集后形成的单项工作，因没有快速获取财务信息的途径，导致工作效率的下降。

（二）核算口径不统一，入账科目无法保持一致

建筑企业业务范围广，人员流动频繁，管理人员的综合素质参差不齐。建筑业财务部门多常驻于全国各地的项目现场，财务人员因地理距离原因与公司本部缺乏沟通。同时，公司本部对项目财务缺乏有效的监督与业务单据的审核，使财务系统的记账凭证因财务人员的理解与能力不同而存在差异，不能确保和业务人员的各入账科目保持一致。

作者简介：姜露，助理会计师，中建一局集团第二建筑有限公司。

（三）核算流程趋于线下，不利于监督管控

在一体化系统上线之前，收付款、费用报销等审批流程基本在线下完成（见图 1），财务人员需要根据各业务部门递交的原始凭证进行手工审核，然后在 NC 系统里完成凭证处理，财务人员的工作内容更像“账房先生”。建筑业的业务内容错综复杂，原始单据经办人员众多，经常会面临原始单据不合格或者传输过程中丢失等现象，造成财务人员需要花大量的工作时间进行重复的财务原始数据审核工作与业务滞留。整个核算流程存在明显断层，有人为因素干预，不够透明，没有形成完整的闭环，存在一定的内控风险，不利于集团进行监督和管控。

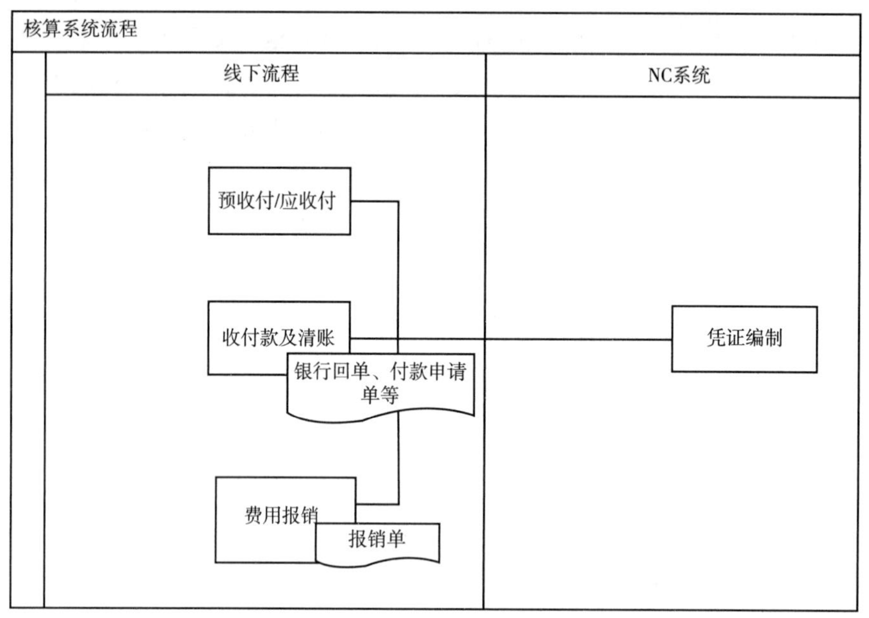

图 1　原核算系统流程

二、现中建财务一体化核算系统的工作特点

中建财务一体化核算系统目前已全面上线，该系统的诞生一举解决了以前核算系统存在的各种问题。一体化平台是以主数据系统为信息载体，以预算管理系统为控制端口，以中台报账系统为业务交易处理平台，更是以 SAP 及报表管理系统等汇总反映平台信息。以此实现了事前、事中、事后全过程控制管理，对企业核算系统升级产生了重要作用。

（一）统一核算口径，保证财务信息的准确性

中建财务一体化系统涵盖所有建筑企业的财务相关业务，实现了不同部门、相同业务以相同口径发起业务，并通过线上审批流程，统一了原始单据的标准，缩短了财务人员对于原始单据的审核时间。在一体化系统中，财务凭证是系统产出最终的结果，凭证不再依

靠手工录入，而是根据单据里的各项内容自动生成，凭证科目生成规则与单据内容息息相关，由集团统一定义且无法通过前台修改。通过控制单据流入的口径，保证核算口径的唯一和统一，从而提升凭证质量，保证财务报表的真实性，保证财务信息的准确性。财务标准的统一，使集团不同会计期间和集团内部不同子公司的财务数据的可比性得到了提高，有利于提高决策水平，及时协调发展战略，夯实集团横向协同与纵向管理。

（二）完善核算流程，实现全过程监督

中建财务一体化系统以系统各模块业务单据为流程起点，以单据在模块间的流转传递实现业务进程，流程匹配集团统一的审批节点，充分发挥各部门监督职能，保证业务流程的统一性和规范性。业务入账规则与单据各项信息相关联，体现业务和财务一体化特点，同时实现使各项目账务处理的一致。

中国建筑采用的是"一级核算、多级管理"的组织构架模式：将法人单位与独立核算的海外分支机构以"公司代码"的形式呈现，其下级单位或项目部以不同层次的"利润中心"或"成本中心"列示，实现了一级核算下的分责任中心核算。"成本中心"是内部费用考核的最小单元，一般用于归集部门发生的费用，它可以是实际被考核的部门，也可以是虚拟的，用于归集公共费用。同时，如图 2 所示，"成本中心"隶属于其他的会计核算单元，通常与实际部门对应。

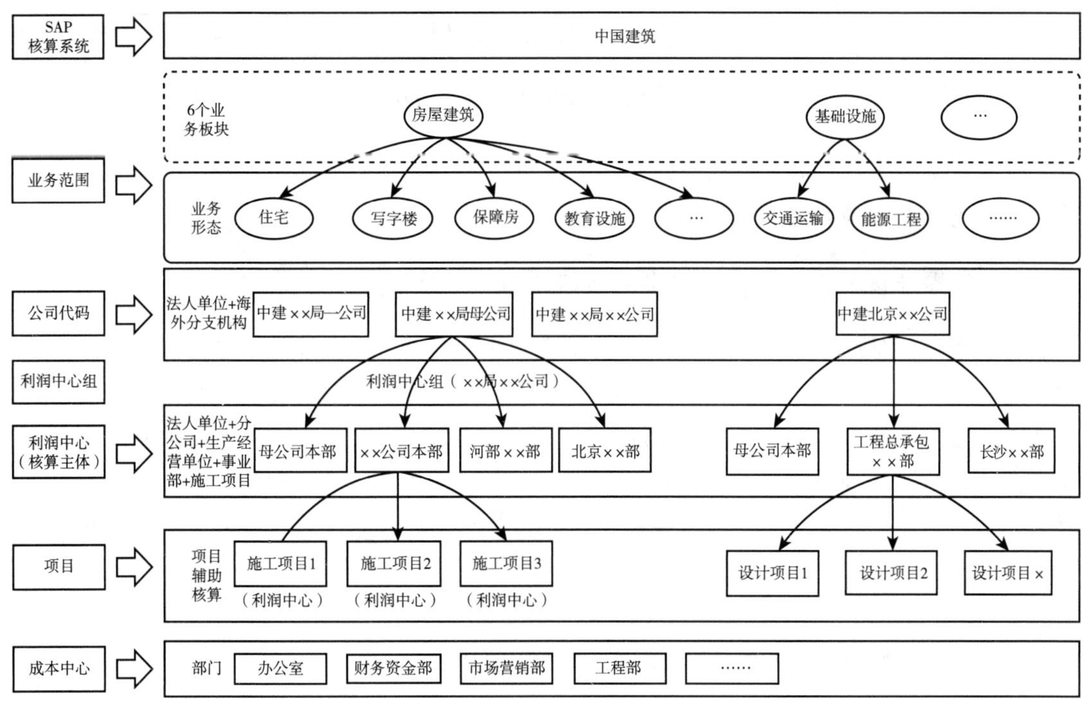

图 2　财务一体化核算组织框架

中建财务一体化平台分为四个系统，"业务系统"发生的具体业务需要从"中台系统"

以表单的形式发起线上审批流程，流程结束后触发凭证引擎，以直接过账的凭证或待过账的单据形式推送至“核算系统”。“核算系统”发挥核算功能，自动编制核算报表供用户查看，并最终传递至“报表系统”。如图3所示，财务一体化系统具备高效完整的核算框架。

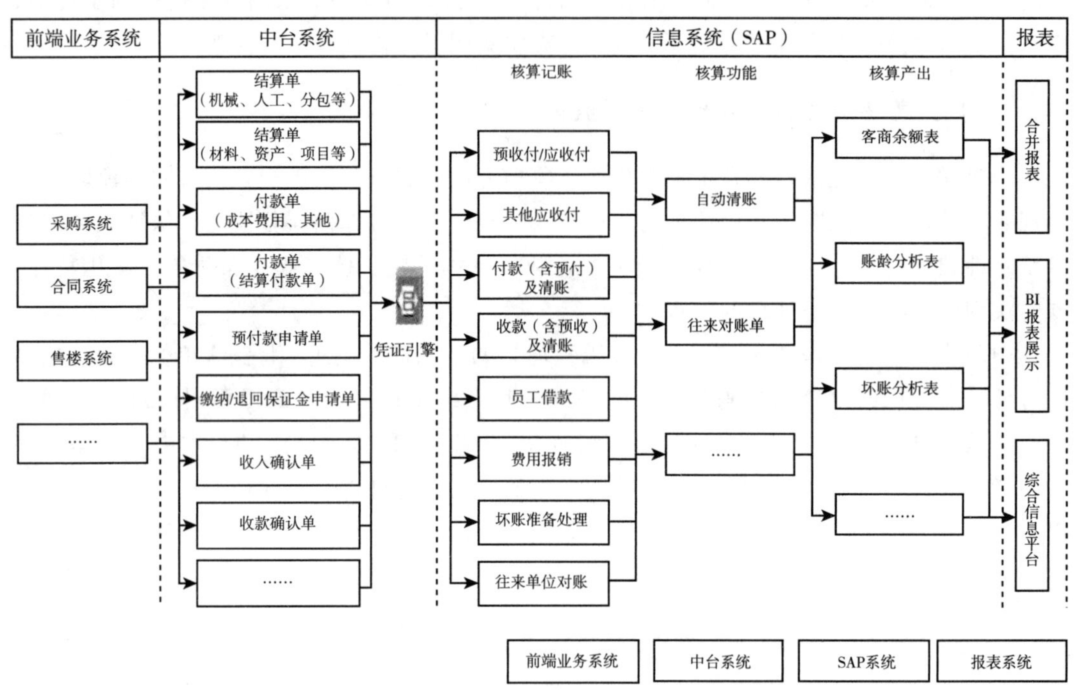

图3 财务一体化核算业务流程

中建一体化系统的核算流程已经形成了完整的闭环，从业务起始点开始实时透明，有利于集团对于核算流程的监督和管控。

（三）提升核算工作效率，提高财务信质量

中建财务一体化系统的核算系统，减少了“手工传递”“记账”“编制记账凭证”等环节，降低流程中人工因素的干预性，缩短了财务人员对于业务相关信息的审核时间，每个财务人员的工作都有章可循，总部也可以通过系统实时了解项目人员的进展和操作流程，大大降低了沟通成本，降低内控风险，从总体上提升了核算工作的效率。由于统一了核算口径，规范了核算流程，基本保证了会计信息的及时性和可靠性，财务信息的质量得到有效提高。

三、中建财务一体化核算系统的管理优势

（一）核算系统流程改进，财务信息将为企业决策提供依据

财务会计向管理会计的转型是业界发展的必然趋势，随着企业规模的不断扩大，需要

更多的财务人员参与企业的管理与决策当中。中建财务一体化核算系统的流程改进，不仅给予了庞大的数据支持，同时加强了各业务部门之间的相互联动与配合，有效抑制了因信息不对称造成的业务壁垒，有效提好企业的业务效率。随着中建财务一体化核算系统的不断优化，系统将不断协助企业的转型升级，提升企业国际化进程，实现财务部门与财务人员共同的价值创造。

（二）财务系统信息化升级，促进集团“两化融合”发展

核算系统的升级离不开中建财务一体化系统的整体建设，一体化系统是一个集成性强、业务覆盖面广、功能全面的综合性平台，是对以前模块分散、功能单一的财务信息化系统的全面升级。

财务信息化作为“两化融合管理体系”中的重要组成部分，是信息化与企业生产、经营管理等业务深度融合的产物。中建财务一体化系统给予了庞大的数据支撑，通过信息化技术，利用大数据为企业提供真实完整、及时准确的财务与经营信息，中建集团将借助新平台，创新更严格、更标准、更高效的财务管理理念，打造企业核心竞争力，对于中建集团创建“世界一流”示范企业具有重要意义。

四、对中建财务一体化核算系统工作管理的建议

（一）加强财务人员对中建财务一体化核算系统的认知程度

中建财务一体化核算系统涵盖较多的业务操作流程，并且涉及一体化平台各子系统间的相互联动。财务人员很容易在核算系统改革的过渡阶段出现逻辑关系认识不足现象，缺乏系统性认知。努力提高财务人员对核算系统的认知程度，提高财务管理综合素质迫在眉睫。

（二）提高财务人员的整体思维意识

中建财务一体化核算系统采用全新的业务处理模式，不同业务处理都有各自清晰的逻辑和结构。财务人员若持续思维固态化、无缜密的业务逻辑分析能力，将导致财务人员的业务水平大大下降，从而增大公司纠正其错误操作的时间成本。提高财务人员思维意识的转变，推行价值创造型财务显得尤为重要。

五、结束语

建筑业在大数量级财会业务的驱动下，形成了对业务一体化的迫切需求，中国建筑财务一体化平台建设是信息化时代财务管理转型的必然趋势。而财务人员充分发挥系统作用，由财务会计向管理会计角色的转变，任重而道远。

参考文献

[1] 陈君．施工单位业财一体化建设的探讨 [J]．中国市场，2019 (36)：102－103.

[2] 岳芳．从财务管理视角看集团企业业财一体化建设 [J]．会计师，2020 (2)：23－24.

[3] 郑骞，向原平．中小型建筑企业的“业财融合”演进之路——思源建筑业“建企云易”解决方案 [J]．中国总会计师，2019 (12)：26－27.

[4] 杜垚．业财一体化信息系统建设对财务转型升级的作用——以建筑企业“A 集团”为例 [J]．广西质量监督导报，2019 (10)：107.

[5] 李广琦．基于 SAP 系统构建业财一体化平台 [J]．财务与会计，2019 (18)：75－76.

[6] 杜东旭．浅析国有企业业财融合中存在的问题及应对举措 [J]．全国流通经济，2019 (25)：40－41.

[7] 赵鹏飞．构建世界一流财务管理体系的思考——以建筑业为例 [J]．中国总会计师，2020 (1)：100－101.

[8] 胡俊婕．建筑业财务共享服务商业化研究 [D]．湖北经济学院，2019.

[9] 黄丹琳．营改增政策对建筑业财务管理的影响及对策探讨 [J]．财经界 (学术版)，2019 (24)：219－220.

[10] 周全．财务一体化平台建设对财务管理工作革新的探讨——以中建××公司为例 [J]．国际商务财会，2020 (7)：66－68.

[11] 韩丽霞．对建筑业业财一体化的思考 [J]．现代经济信息，2018 (19)：231.

浅谈建筑企业财务一体化建设对降杠杆减负债的思考

郭　浩　蒋友健

摘要：面对建筑施工行业残酷的市场竞争，越来越多的建筑施工企业开始重视信息化建设，优化其财务管理手段，切实发挥财务管理的作用，提升企业核心竞争力。同时，随着我国经济的快速发展，建筑施工央企的资产负债率不断升高，债务风险不断上升，制约了企业高质量发展。本文主要从建筑企业财务一体化建设的特点，结合我国目前要求落实企业主体责任，进一步采取有力有效措施降杠杆减负债时代背景，简要分析建筑企业财务信息化建设如何对降杠杆减负债产生影响，希望对建筑施工央企利用财务一体化手段提质增效有所启发。

关键词：建筑企业　财务一体化　降杠杆　减负债

一、建筑企业财务一体化建设的驱动力

建筑企业是由一个个单体项目组成的，单一项目囊括生产、商务、技术质量、安全、财务资金等诸多方面，各个业务系统又有其独特的数据统计特点。再加之建筑企业一般具有业务类型复杂、规模巨大、地域分布广、内部层级较多、管理交叉等特点。这些交织而成的特点给集团公司的统一管理带来了较大难度。

依据自身经营业绩进行决策是企业管理者最基本的一项工作。但是这对于建筑企业来讲，全面细致的汇总分析数据却有较大困难。面对成千上万的工程项目，汇总数据及保证数据质量是建筑央企面临的一项挑战。首先，财务部门与业务部门数据匹配不一及稽核沟通难度大；其次，财务业务系统数据规则不一，导致后续汇总分析可比性较低；最后，业务系统与财务系统互通性较差，项目经营数据在财务系统呈现结果存在时间差，不能第一时间反馈于现场，整改纠偏效果不好。

在传统的经营数据汇总模式下，人工台账统计承载巨大压力并耗费了巨大人力物力。且数据质量的保证也需进一步校验，更新频率往往满足不了管理者需求。但随着业务量增加，单纯人工管理似乎已达不到“一表在手，信息我有”的效果。

作者简介：郭浩，中国建筑一局（集团）有限公司华南区域公司财务资金部报表主管；蒋友健，中国建筑一局（集团）有限公司华南区域公司财务资金部副经理。

随着国内外环境变化以及实际业务管理需求，统一的财务业务一体化平台建设亟待提上日程。本文主要总结提炼建筑企业财务一体化建设特点以及深入思考一体化建设后对财务管理在降杠杆、减负债方面的良性意义。

二、建筑企业财务一体化建设的特点

建筑施工企业在实施信息化来提升管理水平时，更关注的点在于如何实现对项目信息的实时掌握。所以以集中核算为主要特点的施工企业财务一体化建设要遵循“统一规划、统一标准、统一建设、统一管理”的原则。根据集团公司的总体需求，借助现有软硬件平台，进行统一的规划部署，建立一套在整个集团范围内运作的具有集成、灵活、高效、易分析的财务一体化平台系统，实现数据信息共享，加强集团公司对子（分）公司财务管理和业务活动的有效监管，能为管理者进行决策提供实时动态的财务信息。遵循“统一规划、统一标准、统一建设、统一管理”原则实施的财务一体化呈现以下几个特点。

（一）实施统一的财务一体化管理平台

相较于之前单机版财务软件，存在业务数据不能实时在财务系统反映，会计核算方法、会计科目各子（分）企业不完全一致，辅助核算项混乱等问题。若集团总公司想要掌握实时经营信息，仍需要大量手工汇总，且质量得不到有效保证。通过实施统一的财务一体化管理平台可实现：用户统一管理，所有业务系统遵循同一套用户数据接口标准；公司架构统一逻辑，即集团公司下各子（分）公司架构树形逻辑一致，便于数据汇总；客商一体化，即建立统一规范的客户数据库；编码统一规则，包括人员、组织机构、客户、客商等编码，均应统一管理；保证数据唯一化，即保证数据来源唯一性原则，确保所有业务数据信息只发生在原始业务发生点；通过财务一体化管理平台，能够让每一个数据反映其背后意义。

（二）实现全面集中的资金管控

资金是企业的血液，是企业承接项目和顺利履约的保障。实现全面集中的资金管控是建筑施工企业的财务一体化建设的核心组成部分。由于建筑施工企业本身的特性，集团资金一般分散在各子分公司及工程项目上，管理者无法实时掌握集团公司整体资金情况、资金运行风险情况。现阶段财务一体化建设，越来越重视如何实现资金的集中管控，发挥其功效，为压降负债蓄力。同时，把握整体资金状况，保障企业运行安全，降低企业资金筹措成本。

（三）构建健全预算管控体系

预算管理是施工企业日常经营活动中十分重要的环节。但在财务一体化前，大多施工单位预算管理还处于手工填报预算、汇总，手工审核预算是否超标准阶段，不仅费时费力，而且无法实施掌握预算执行情况。在一体化条件下，约束指标可以分解到企业各个环节，如资金支付、费用报销、成本归集环节，同时还能实时把握预算执行情况，有效提高企业成本管理水平。

（四）打破信息壁障，避免信息孤岛

施工企业项目具有分散性，随着国内外市场竞争加剧，越来越多的企业在全国各地及海外地区承接工程。分散性使企业管理层想要及时掌握企业经营状况时，无法在短时间内汇总形成有效数据。同时各业务系统、部门之间的数据共享不充分，存在“信息孤岛”等现象，更加制约了公司管理层面对瞬息万变的市场做出及时决策，加大企业运行风险。通过一体化信息建设，搭建业务与财务数据共享的桥梁，打破信息壁障，避免了“信息孤岛”。

三、财务一体化建设对降杠杆减负债的思考

随着我国经济发展进入“新常态”，供给侧结构性改革日益深化，我国企业的杠杆率增长速度较快，债务负担较重。当企业经营面临经济增速趋势性下降、经营困难时，高杠杆可能演化为债务风险。而建筑施工企业，面临工期长、回款进度慢、垫资水平较高等现状。多因素导致建筑行业施工企业杠杆率较高，尤其要关注自身高杠杆带来的潜在风险。

2018 年 7 月 6 日，国务院国资委召开央企降杠杆减负债工作推进会。国资委主任出席会议并讲话，强调要以习近平新时代中国特色社会主义思想为指导，坚决贯彻党中央、国务院决策部署，严格落实企业主体责任，进一步采取有力有效措施降杠杆减负债，加强管控、守住底线，坚决打好打赢防范化解重大风险攻坚战。面对新形势、新要求，建筑施工企业，特别是建筑施工央企，如何采取措施降杠杆、减负债，提质增效，确保企业高质量发展是值得我们去探索的。

结合建筑企业财务一体化建设的大趋势，该如何发挥财务一体化建设的新变化来促进降杠杆减负债目标的实现？

（一）借助一体化解放思想，重审企业资产负债结构

财务一体化基本实现各类报表数据一键取数，且在统一的财务一体化管理平台下，因其保证了数据来源的唯一性，使各类数据具有其可比性。同时，财务一体化又大大解放了报表编制人员，如何发挥数据价值，做好报表分析预警工作，将是企业经营业绩分析的重中之重。

对报表科目的分析，追溯至业务前端，重审企业资产负债结构，明确降杠杆的首要方向。资产端，应围绕“两金”构成科目展开攻坚压降，着眼于企业货币资金变化，分析资产质地；负债端，要多维度分析负债类型，细化账龄补充披露表的延伸，对合同条件类似的项目进行对比分析；权益端要利用建造合同附表逐一分析单个项目经营质量，对于费用类支出分门别类对比预算执行。

例如，应收账款和存货的有效压控是降杠杆减负债的重要举措。集团公司通过一体化平台，可以实现按客户、按地区、按账龄等条件收集汇总“两金”数据。快速集成数据后

可以通过建立模型，横纵对比分析，发现优良资产，研究其管理思路，借鉴推广。同时也能及时发现“两金”较高的资产，对其归类汇总，对逾期等情况实施更新强预警，并可以通过系统推送给各业务层。各口可以从履约情况、预算、计划指标等方面深入剖析“两金”的性质和增长原因，找出压控的重点和关键，动态联动做好清应收、去库存工作。另外，因一体化平台实施统一的客商管理，可以完善信用风险管理体系和相关制度，建立客户资信档案。加强客户信用风险管理，将现有信用交易客户全部纳入信用风险管理范围，对新增客户进行信用风险审查，划分风险评级，推送各口，动态监控，降低应收款项不能回收风险。

（二）加强资金集中管控，提高资金使用效率

建筑施工企业应积极借助财务一体化，不断提高资金集中管理水平，充分发挥内部结算中心专职管理功效，充分把握好各子企业的资金状况、收支情况、债务及利息情况等。同时加强企业全周期现金流管理，坚持“以收定支”，规范资金支付要求，执行好资金计划。提前预测未来资金缺口及盈余情况，发挥资金计划的引领及预警作用。并结合资金计划实际执行情况分析，为企业资金筹措与运作提供提前量，提高资金配置、使用效率，确保企业整体现金流的良性循环和生产经营的可持续发展。充分利用一体化平台促进各项管理从管钱的进出转移到管钱的升值上来，将资本升值作为业务开展的衡量标准。

（三）加强预算管控，提高企业成本管理及盈利水平

建筑企业应通过财务一体化建设，完善企业内部财务制度，严格执行财经纪律，加大财务监督力度，增强财务预警能力，保证预算实施和目标的实现。去除数据壁障，实现充分共享，达到企业预算、前端业务、会计控制与计算机的有机融合。同时积极推进业财融合，从业务端推动成本管理的精细化，发掘成本管控的关键点。充分借助信息化手段，运用成本定额、对标管理等现代管理方法来归集、跟踪、分析、控制、调整和评价成本管控效果。按项目施工前期准备、过程施工、竣工阶段，建立预算事先算赢、事中对标控制、标准持续优化、差异跟踪管控的动态成本管控机制，进而提升项目经营质量，保障收益平稳，降低运营风险，优化经营结构。

（四）以一体化构架起多级联动压降两金负债的弹性机制

从财务一体化平台建立的设想来看，若能形成财务、业务联动的良好状态。加强业财互动，将有序推动“两金”负债压降工作开展。

我们可以借助财务一体化平台将以往的工作进行优化升级。从最初核算基础数据的录入，到业务部门单据的传递，再到后续经营成果的展现实现链式管理。通过一体化平台统一的模板设置，细化到企业管理者关注的末级支点。在后续抓取数据时，可以联动追溯到业务前端。逐步完善业财大数据平台，坚持以数据为抓手，依靠数据查找问题，不断提升改进，形成数据化的管理理念及要求，夯实基础管理。可以借助 BI 信息化手段实时推送给各管理层及相关业务层，并与预算、考核等方面挂钩，最终达到多级联动压降的弹性机制。

四、结语

伴随建筑企业财务一体化建设进程的深入，各项平台逐步平稳运行，各类功能也有序开发运用，一线人员深切感受到了管理模式的转变以及带来的利好。同时，我国目前经济发展“新常态”也对中央建筑企业提出了做好降杠杆减负债，降低企业发展风险的新要求。总的来讲，“统一规划、统一标准、统一建设、统一管理”的信息化平台建设是中央企业加强自身管理的必然趋势。顺应潮流转变传统思维模式，充分运用好财务一体化平台，做好联动分析，持续降杠杆减负债，助力企业提质增效，增强市场竞争力，将是我们不断探索的方向。

参考文献

［1］朱晨．施工企业财务信息化的探索［J］．智能建筑与城市信息，2014（11）：93－96.

［2］阮仁胜．建筑企业财务信息化建设的变革研究［J］．中国总会计师，2018（1）：126－127.

［3］李宇．建筑施工企业财务信息化管理发展途径［J］．中国集体经济，2017（31）：108－109.

［4］黄晓彤．加快推进建筑行业财务管理信息化的思考［J］．中国建设信息，2019（20）：52－53.

［5］陈红灯．浅谈新形势下推进降杠杆减负债，助力央企提质增效［J］财会学习，2019（26）：196－198.

［6］国务院国资委文件．关于央企降杠杆减负债的指导意见［R］．国资发财管〔2017〕187号．

大数据时代下建筑行业信息化财务管理建设问题探讨

梁　杰

摘要： 在大数据蓬勃发展的时代，信息从其发源到其结果的输出，往往只是瞬息，而也许就是这关键的信息决策，对于企业的经营管理可能是一个无比巨大的提升作用。大数据技术是互联网迅速发展的产物，在各行各业不断融入互联网的海洋里，给不同的行业带来了巨大的冲击和改变，也为建筑行业建设信息化平台增添了更多的特色和挑战。因此，身处在大数据时代，建筑企业要紧跟时代的步伐，抓住时代的机遇，对大数据的内涵加以深度剖析，用大数据对数据的处理、收集、转化的强大功能，来构建适合自身企业并能够支撑企业前进的信息化平台，从而推动建筑企业的可持续性发展。

关键词： 大数据　信息化　财务管理　建筑行业

一、引言

在以大数据为基础全信息时代，跟进信息处理和数据整合，为自身企业建设一套完整合适的信息化财务平台是困难的但却是必要的。以建筑行业为例，建筑行业财务管理信息化水平相对落后，加上建筑行业本身的特性，还有就是较大的建设成本和管理风险都让部分建筑公司建立信息化财务管理平台变得极为困难。较为普遍的，建筑公司业务项目具有建设时间周期长、项目跨区域较广等特点。正是这些因素，使建筑行业的公司更加需要有这样一个合理有效的信息化财务管理平台，建立健全这种财务信息化的模式是建筑行业公司得到更多发展机遇和实现可持续发展的必要因素。但是如何克服建筑公司建立信息化财务管理困难、开展信息化风险管控工作，就成为建筑公司财务管理面临的首要难题。

在互联网经济背景下，开发和建设财务信息化平台可以有效提高财务管理的作用，建设的信息化平台或者这种财务管理的模式，在以大数据为基础的企业经济互动中，带来更大的战略决策和市场分析作用，同时给财务人员更多的发展空间。

作者简介：梁杰，初级会计师，中建一局集团建设发展有限公司。

二、大数据的内涵及财务管理信息化的影响

（一）大数据的内涵

在互联网信息技术的不断完善和发展中，大数据以其特有的信息处理整合能力，让各行各业都对它青睐。大数据也是一种信息资产，它包含的信息是常规信息软件工具在一定的时间范围内无法进行捕捉、管理和处理的数据集合，而必须有新处理模式如云计算等，通过其强大的发现力和流程优化能力，将这些不同寻常的数据集合完成多样化的处理，实现数据的强有力决策性能和其价值最大化的能力。

大数据的技术能够帮助企业在各种各样的数据中，快速获取对企业最有价值的信息，帮助企业进行分析和决策。尤其对于财务信息这一板块，信息的运用往往是最需要准确性和及时性的，而通过大数据建立的财务信息化平台，无一例外地从分析传输到整合都会使大数据使用者的决策愈加可靠、愈加精准。

（二）财务管理信息化带来的影响

在互联网科技快速发展的今天，企业的财务管理已经从弊端的以人来对数据分析到通过大数据以数据对数据分析的时代，而搭建这样一种信息化系统，是未来财务管理朝着无人化、自动化的工作方式发展的必要途径。这也是财务管理通过信息化系统的建设，实现财务人员对企业财务信息决策等职能的提升和开拓，将财务工作以往需要大量人力进行的重复记录和计算的步骤进行简化，对财务管理的有效性带来了革新。建立健全财务管理体系，可以通过互联网终端设备带来的便捷性，实现财务人员办公的跨时间跨空间操作，使财务管理工作的时空范围得到突破。依托大数据构成的财务信息化管理系统，可以快速及时地对财务数据进行收集整合并分析输出，为财务人员的管理工作带来了新的生机，同时也减轻了财务人员的工作负担。

在财务信息化系统建成之后，财务管理的工作将变得更加合理有效，在去除了财务人员的烦琐计算和记录的工作后，财务管理人员可以把更多的精力投入财务的决策和管理上，有效地提升了财务人员工作的层次和水平。同时财务管理这个岗位也是真正从原始的职能岗位转变为更加有价值的功能性决策岗，这不仅有利于会计行业的发展，也为企业融会财务管理的特色，在考虑自身行业特性的基础上，增加财务为企业创效的能力。

三、建筑公司在财务管理信息化建设工作中存在的问题

（一）企业对财务管理信息化的认识不足

由于建筑行业是一个快速发展但又传统守旧的基础性行业，很多建筑企业在经历蓬勃

发展的经济市场时，由于市场的不断扩大，企业的业务量和业务收入也在不断扩张，但是对应的财务管理体系却没有变通，这直接导致财务管理的难度不断加大，迫使企业面临更大的经营风险。在如今这个科技急速发展的互联网时代，信息的快速传递和输出是所有企业应当要面对和选择的，拥有财务管理信息化系统的企业是对其他使用传统财务软件进行财务工作的企业的一种巨大的核心优势。

建筑企业对财务管理信息化认识不足，一方面是建筑行业的传统性让企业无法及时、完整地建立一个财务管理信息化系统，在投入巨大的成本之前就已经望而却步了。而另一方面，建筑行业普遍的资金回收缓慢以及资金使用效率不高，让建设信息化系统成为奢望，财务管理的多功能性在资金紧张的企业眼中往往不如催收一笔工程款来的简单有效。因此，在企业日常的经营管理中，财务管理信息化的核心地位总是被人忽视，难以被人有效认知，这也使很多企业都只停留在模仿信息化平台的建设，却没有真正实施。社会发展的迅速，要求公司对财务管理信息化资源的实际需求要有较为清晰的认知，需要意识到财务管理信息化的内在价值才能保障公司管理的现代化。

（二）财务制度不规范和财务功能模块衔接不充分

建筑公司在建设财务管理信息化系统时，所面临的最大问题就是公司内部的阻力，这种阻力在很大程度上是由于内部的财务制度不规范造成的，而这种财务制度的不规范主要是建筑行业的特性所带来的。由于建筑公司自身经营的特点，所承接的项目一般都散布各个区域，同时建设的周期都比较长，这给财务工作带来了很大的挑战。财务管理的风险通常都在财务管理跨时间空间较大的难点下发生，而导致这一点发生的，是财务管理制度对区域不同，时间不同的项目管理的约束不能一致。而这种制度不完善，必将使财务管理信息化系统建设的有效性和完整性带来较大的阻碍，而这种阻碍一方面迫使大数据无法正确发挥作用，另一方面财务人员的决策功能的效力将大大降低。

在建设财务信息化系统的过程中，财务功能模块没有充分的衔接是大数据背景下，尤其突出的一个问题。因为在企业的经营管理中，尤其是建筑行业，从进场到结算，每一个流程都有财务管理工作的体现，所以在建设财务管理信息化系统时，需要更多地考虑行业特征和实际的流程管控。较为明显的是，当下部分企业在建设信息化平台时，注重更多的是财务业务处理这一块，而忽略了与财务部门相交接或相承接的部门。首先是各部门之间的职责不同导致数据需求以及处理方式不同，而不完善的信息系统却只能满足财务管理需求，这让其他部门无法融入和交汇财务数据，使财务数据真正实现决策的有效性。而模块缺失包含预算、销售、管理、采购等基础功能板块，在财务管理信息化中带来的是信息交互和信息整化，再者对建筑行业特有的模块如房地产投资、施工探测等的信息化处理，没有统一的财务管理信息化系统将是企业走向新互联网时代的极大阻碍。各个模块的信息化标准不一致是财务管理信息化系统建设中各个部门无法衔接的主要体现，解决统一的信息化标准，信息的交互才更加方便，对于决策的及时性和准确性才有更好的保障。

（三）复合型财务管理人才的缺失

当前大部分企业在选择和使用财务人员时，更多的需求是对财务人员会计业务的熟练程度和技能水准，但是却很少有对具备信息技术能力的财会人员感兴趣。这是因为当前计算机专业和财务专业的交互性不是很多，财务信息化专业在很多大学里只是排尾的专业，其有限的信息技术无法应用在较为专业的财务管理信息化工作中。信息技术和财务管理的能力无法集中在单一的财务人员身上，使现有的企业很难寻找到这样的复合型人才，导致企业在建设财务管理信息化系统上步履艰难。

建筑企业因为其工作量大、跨地区广，导致财务人员的分层严重，一方面企业需要一部分老财务员工帮助企业稳定经营；另一方面又需要新员工加入增添活力。正因为如此，工作经验丰富、水平正至巅峰的从新员工正转化为老员工的那部分，在很大程度上面对更多行业的选择，基本不会在建筑行业这个工作区域不稳定、工作时间不轻松的工作上留下来。这也导致在建设财务管理信息化系统时，传统的老财务和新员工都没有足够的能力和开拓力，使系统建设难上加难。

作为大数据时代的信息化系统，使用和维护必定是高成本的，尤其是在对其数据安全方面的维护。这也需要企业更多的成本投入，要建设一个安全有效的财务管理信息化平台，其中最重要的就是将信息安全提升到最高等级，而这同样需要一批高端人才。对企业来说，有一批高质量的复合型财务管理人才，是实现企业现代化财务信息管理的最佳途径。

四、对建筑公司财务管理信息化建设的有效建议

（一）更新传统财务管理理念，提升财务信息化管理意识

在企业发展过程中，企业需要将财务管理的工作内容从基本的财务会计职能的应用，增加对会计信息化的工作的推进和实施。首先要做的是对财务人员的管理理念的培养，坚持以人为本，然后按照财务管理信息化的实际要求，增添对财务人员信息化思想的有效贯彻，明确财务岗位在信息化系统中承担的职责和权限，确保财务工作能够和企业共同发展。企业需要从上至下地将财务管理理念革新，加强全体员工对财务管理的风险意识，以企业内部需求和外部阻碍为切入点，建立一个科学完善的财务信息化管理理念。

首先，企业的管理层对信息化的认识应当得到强化，开展更多的信息化建设会议，会将企业的管理者认识到信息化建设的重要性。其次，对于中下层管理人员，企业可以通过对财务管理人员进行信息化知识培训来使企业财务人员对财务信息化管理更加重视，不仅如此，还可以让员工对信息化系统的操作水平得到提升。最后，企业可以建立定期的考核制度，对于信息化考核，一方面可以了解企业人员对企业信息化建设的认识程度；另一方面，对于考核不合格的人员可以稍微施加惩罚，从而使企业的信息化管理水平得到提高。

（二）加强内部财务制度建设，构建科学统一财务管理信息化平台

首先，在互联网大数据的新形势下，建筑公司应当要从自身实际出发，结合建筑行业的特点，完善好企业内部财务管理的流程机制，将信息化建设最基础的财务管理制度建立健全，让企业的财务人员能够按照公司细则来处理好财务工作。在建立和完善内部财务制度时，加强建筑公司对各子公司、分公司的财务运作流程和财务管理机制的规范和监督。通过对建筑企业的全盘监控和信息处理，使建筑行业项目周期长、资金量大、跨地区域广等造成的不便能够有效缓解，通过规范化的制度所建立的财务管理信息化平台带来的流程管理以及快速的数据处理能力，可以帮助建筑企业整体的运转，帮助节省时间，使决策能够更加有效和及时。内部财务制度的规范性可以让企业在建设财务管理信息化系统中起到决定性作用。

由于建筑行业的业务流程和部门设置都比较冗杂，并且带有跨区域广的特色，在建设财务管理信息化系统时，需要充分考虑自身企业发展的特点和企业内部管理的薄弱点，明晰各个部门之间的责任和分工，将财务管理的各个方面都融会贯通，将各个相关的模块互相契合，使财务对接的模块之间的衔接得以加深。只有将各个财务管理相关的模块衔接好之后，通过制订统一有效的管理制度，将信息化的标准统一以加强财务管理中的信息化交流，对企业各个部门之间的流程的流转和信息数据的交流减少障碍，这样才能建立一个科学统一的财务管理信息化平台。

（三）建设复合型财务管理人才队伍，引进新技术

在企业发展的征途中，人才是支撑企业前进的重要因素之一，而一个人才团队的集合体，是企业长青的主要表现之一。同样地，在建设财务管理的信息化系统时，一个优秀的人才梯队将会是企业攻克这个难题的重要手段。企业在建设这样一个复合型管理人才团队时，首先要考虑的是对管理人员专业财务管理知识的培养，但是在这个基础上，不能忽视了信息技术专业领域在信息化系统建设中的强大作用，因此还应当对财务管理人员进行信息技术水平的培养提升。这样可以有效地将信息技术和财务管理两种知识集合在管理人员身上，从而使企业在建设复合型管理人才队伍上不仅可以从外部获得，也能从内部产出，实现复合型人才梯队的构建，让财务管理人员能够更好地在财务管理信息化系统的建设初到建设完成的一段时间内胜任这份工作。

企业在建立这样一个财务管理的信息化系统时，不仅要先培养人才，并将之作为攻克这个难题的主要手段，还需要的是硬实力的帮助，而这就需要企业引进新的技术新的软件。企业在普及信息化的同时，也要及时普及新的计算机硬软件，首先要购买技术水平先进的财务软件，同时要有完善良好的硬件系统，以保障软件操作的流畅。显然，在推行信息化的过程中，一个技术水平先进的管理软件再配合培养好的复合型财务管理人才，使企业在信息化处理过程中能够保持及时有效，让建立和完善财务管理信息化系统不再面临极大的困难，相反，可以更好地开展财务工作。

五、结论

在现今企业需要紧跟时代的步伐，走到现代化管理的前沿，那么信息化的管理已经成为企业最重要的资源之一，也是企业想要可持续发展的基础，尤其对于建筑行业这种内部复杂、跨区域广、项目周期长的特性并时刻产生巨大信息量的企业来说，进行财务管理信息化建设已经成为企业发展的支柱型方法。在建设财务管理信息化系统时，提升企业由上至下对财务信息化管理的认识和重视，规范财务制度，促进与财务有关的各个模块形成统一信息标准，加强财务管理复合型人才梯队的建设，加快自主研发或外购技术先进的财务管理系统，通过这些手段来推进企业财务管理信息化建设，从而促进企业的可持续发展并提升自身的核心竞争力。

参考文献

[1] 刘君．大数据时代下企业财务管理模式的创新研究 [J]．现代经济信息，2019 (22)：198.

[2] 戈悦，赵祺．大数据时代下企业财务管理存在的问题及对策 [J]．时代金融，2019 (24)：55 - 56.

[3] 陈芳芳．新形势下建筑公司财务管理信息系统建设解析 [J]．财经界，2019 (9)：109 - 110.

[4] 黄石振．建筑工程上市公司财务管理水平的提升思索 [J]．营销界，2019 (21)：51 - 52.

[5] 和雅玲．房地产企业信息化财务管理存在的问题及完善措施 [J]．西部财会，2015 (9)：34 - 35.

[6] 胡诗蓓．企业财务管理信息化建设策略思考 [J]．现代经济信息，2019 (16)：226.

[7] 张哲．企业财务管理信息化的影响及完善对策 [J]．财会学习，2019 (16)：69 - 71.

[8] 吴施．企业财务管理信息化建设的对策分析 [J]．经济研究导刊，2019 (22)：105 - 106.

[9] 袁利升，傅丽萍．浅析我国民办高校财务风险成因及控制对策 [J]．现代经济信息，2016 (16)：174 - 175.

[10] 朱景雯．企业财务管理信息化的问题及对策 [J]．财会学习，2019 (35)：60 - 62.

[11] 项修金．集团企业财务管理信息化的问题及对策分析 [J]．中国集体经济，2019 (36)：148 - 149.

[12] 李欢欢，张思江．浅谈会计信息化对企业财务管理的影响及对策 [J]．中国管理信息化，2019 (22)：56 - 57.

人工智能在中建财务管理中的应用及思考

常家琛

摘要： 现代科技的发展对各行各业提出了更高的要求，互联网的影响不言而喻。对于企业重要的经济活动财务管理而言，利用大数据和互联网早已成为大势所趋。本文首先介绍了财务管理和人工智能的概念，紧接着论述了人工智能在中建财务中的应用，最后引发中建财务转型的思考。希望对今后财务工作的方法和流程带来一定的启示。

关键词： 人工智能　中建　财务管理

一、引言

财务管理作为企业的一项管理活动，从其诞生以来，一直扮演着举足轻重的作用。财务管理活动由以下三部分构成，分别是为公司带来重要资本的融资活动、企业的造血活动经营活动、实现企业发展壮大的投资活动。随着计算机技术的渗入，财务管理活动逐渐更加智能化、更加专业化，财务信息也更加能够辅助决策。

在这个新的时代大环境下，科技正在以人们无法想象的速度高速发展着。人工智能正在变得越来越耳熟能详，变得越来越与我们息息相关。如区块链、物联网、大数据等技术正在迅猛发展，在促进经济更好更快发展的同时，也在促使着企业变得智能化、简单化、高效化。人工智能开启了企业新的管理模式，人工智能凭借其独特性的优势，正在更新迭代传统的财务管理，也在挑战着传统财务思维、传统财务人员。

对于占中国经济体量较大的建筑行业而言，转型升级不可避免。在科技时代的浪潮下，建筑企业更加应该革新财务管理管理模式，将财务管理的作用发挥到最大，完成财务从核算职能到决策职能重心的转变。在人工智能的协助下，财务管理的作用能够更好地发挥，为中建的各项决策与战略提供支持与建议。

二、人工智能时代

社会总是在高速发展，朝着更先进更智能的方向是每个时代的大势所趋。从第一次工

作者简介：常家琛，中国建筑第八工程局西南分公司（四川）业务主办。

业革命到第二次工业革命再到人工智能时代，科技的力量正在引领着我们生活的方方面面，也在引领着经济活动的方方面面。

人工智能对各行各业都产生了巨大的影响，低效率、没有意义、烦琐又枯燥的简单工作将会大量减少，各行各业的精英都将把时间用于更有意义更能为公司创造价值的事情上。人工智能可以为审计师提供审计盘点，可以为分析师提供大量的基础分析资料，可以为医生提供诊断协助。未来，人工智能的作用将更加庞大，在多个方面促进中国以及世界经济的发展。

三、人工智能在中建财务管理领域的应用

（一）提高基础财务工作的效率

基础财务工作如记账等，往往十分烦琐，耗时又费力。对于建筑业而言更是如此，分包分供众多，项目众多，基础核算的工作量往往巨大。在大数据时代下，人工智能便可以快速高效地完成记账这一工作，并且准确度也是十分有保障的。每月便可以自动完成当月的账务处理工作。并在账务处理完成后自动生成单体财务报表，并最终生成合并财务报表。

在账账核对方面，人工智能可以完成如银行存款余额调节表的编制，核对银企账户；可以完成相关往来款的核对，确保财务工作人员及时准确地了解应收款项的账龄。对于税务工作，人工智能可以完成发票开具工作，节省了税务人员的时间。将人工智能运用到这些重复又繁琐的财务工作中，不仅大大提高了工作效率，还大大提升了工作准确度。将财务人员从那些细碎烦琐的简单工作中解放了出来，大大提高了工作的及时性与准确性。

加之中建刚刚完成财务一体化的上线工作，在未来的财务工作中，财务一体化与人工智能结合，将实现一加一大于二的效用，在极大程度上提高工作效率，为财务人员赋能。

（二）加快财务一体化的进程

财务业务一体化的想法很简单直接，即在信息技术的支撑下，将企业的三大流程即业务流程、财务流程、管理流程有机融合，更好地为企业的决策者提供有用信息。

人工智能便是财务一体化的催化剂，在人工智能的协助下，财务流、业务流、管理流能够实现更好的融合，并且在很大程度上实现信息共享。举例来说，中建作为大型央企，各级领导对费用控制高度重视，报销是企业控制费用的关键环节。在人工智能的帮助下，人工智能可以自动识别原始凭证，并核对真假。人工智能与报销系统相结合，可以高效准确地完成费用报销与款项支付。

（三）协助财务分析

财务分析对于每个企业而言至关重要，对中建来说也不例外，如资产负债率、利润率、营业收入增长率等的同比环比分析，相关预算的编制。然而，无论是相关指标的计算、图表的绘制还是预算的编制，都依靠大量数据。计算机的计算能力是人类无法想象

的，财务编制与分析便能够很好地利用计算机庞大的计算能力。无论是从项目层面的“全周期现金流预算”，“年度、季度、月度现金流预算”还是机关的“部门预算”“年度总预算”。还有每月需上报的“收付款计划”，对“现场经费使用预算”的使用申请与报批。这些预算无一例外都可以在人工智能的协助下变得容易又及时准确。

（四）实现数字化财务管理

人工智能的应用使数字化财务管理能够得以实现。借助人工智能技术，每一分钱就类似一个数字，这个数字的所有变化都可以追根溯源，都可以共享，都可以准确无误。要想真正实现财务数字化，就要借助互联网技术，将企业管理、业务、财务流程糅合，实现整个链条的网络化和共享化。这样一来，才能真正实现事后财务记账到即时财务处理的转变。

四、人工智能时代下中建财务转型的思考

（一）提升财务核心能力

在人工智能时代，财务人员应该与时俱进，摒弃传统的工作方法，及时革新工作方法。如传统的记账、发票等相关烦琐简单的工作未来将会被人工智能所大量取代。任何事情都具有两面性，一方面财务人员可以从这些工作中解放出来，另一方面财务人员也面临着被取代的威胁。因此，财务人员应该及时顺应时代的变化，摒弃传统的思想，积极投入更加复杂、更加专业、更加有价值的财务活动中去。

任何事物总是在发展，总是在更新迭代，会计也不例外。从最古老的会计到现在的决策分析型会计，会计的重要性逐渐递增，会计的复杂性也在随时代发展。传统的财务人员需要提升自身的财务核心能力，如分析能力、决策能力、税收筹划能力。当今社会，人力资源是企业最为重要的资源之一，因此，各大企业也应该为财务人员提升核心能力提供保障，为他们保驾护航。企业可以为财务人员提供培训、实践机会等，让财务人员成为更为重要的人员，让财务成为更为重要的经济活动。

（二）优化财务管理架构

任何一家企业都有其自身的组织架构，所谓组织架构，就是企业的相关部门设置以及相关职能分配。那么由外而内，财务管理活动，也有其自身的管理架构。财务管理架构与财务管理就像骨骼与血液的关系，两者需要交相辉映、相得益彰。在人工智能的大环境下，要想实现财务管理的更好发展，势必需要优化财务管理架构。

无论是何种财务管理架构，对于建筑行业企业龙头中建而言，都需要明确权责，把握好集权与分权的关系。财务管理组织架构应该帮助财务管理朝更加精细化、更加专业化的方向发展。在财务管理组织架构中融入更多科技的元素，实现财务信息的透明化、共享化。为各项财务层面的决策乃至企业发展战略层面的决策提供准确的数据支撑，实现财务业务一体化的完美融合。

（三）加强财务监督

监督是财务的重要职能，在人工智能时代，财务监督变得更加具有可操作性。利用人工智能，中建可以很容易地编制各种预算，便于控制实际开支；中建可以更加公开透明地进行报销，实现费用的良好控制，避免不必要的支出。利用人工智能的数据分析，建立财务预警，及时把控风险，掌握财务指标的变动趋势，采取及时措施。因此，中建应该充分利用好人工智能这一工具，在财务管理的事前、事中、事后环节加强监督。一方面为企业的开源节流做出贡献；另一方面促进企业的财务活动更加规范、更加透明，从而促进企业的可持续发展，让企业变得越来越好。

五、人工智能在中建应用可能存在的问题

任何事情都有好坏两面，人工智能也不例外。人工智能为传统财务带来了很多好处，但一些问题也不得不引人担忧。首先是数据泄露问题，对于任何企业而言，财务数据是需要严格保密的数据。人工智能技术依附于科技依附于信息技术，信息安全问题应运而生，如遭到某些黑客的攻击致使财务信息泄露。在当下的网络环境和信息技术大环境下，财务数据的泄露与系统的意外崩溃都可能给中建带来难以弥补的损失。其次，问责问题，在人工智能的时代下，人工智能完成了大部分基础工作。但是计算机也有不工作的时候，也有代码错乱的时候，一旦这种情形发生，那么谁会愿意为这些事承担责任呢？

六、结语

人工智能时代已经到来，应用人工智能已经成为各行各业的大势所趋。科技正在迅猛发展，传统的财务也在更新迭代。在这样的大环境下，促进财务管理的转型升级，实现财务管理的精细化、专业化、决策化刻不容缓。中建财务管理在人工智能的协助下将会变得更加高效、更加精细化，但对企业财务管理的架构和相关从业人员也带来了挑战。从中建股份到母公司再到各级子公司，应该顺应大势所趋，充分利用人工智能的好处，提升财务管理的效用。总而言之，中建在进行财务管理过程中，应顺应科技的改变，好好利用人工智能工具，同时注意人工智能可能带来的问题，使财务管理相关工作、财务管理所应用的方法、财务管理有关的流程更好地满足中建财务管理的发展需求，促进中建的发展目标和战略的实现，进而为国家经济水平的有效提升奠定坚实的基础。

参考文献

［1］李克红．人工智能视阈下智慧财务管理模式架构研究［J］．会计之友，2020（5）：59－62.

[2] 范小云．人工智能在财务管理中的应用及前景 [J]. 中国国际财经，2017 (14)：240 - 241.

[3] 刘慧娟，王涛．人工智能技术在企业财务管理中的应用 [J]. 财会学习，2019，211 (2)：15 - 16.

[4] 钱晓华．浅谈人工智能在企业财务管理中的有效应用 [J]. 纳税，2020 (1)：86 - 88.

[5] 马治国．人工智能对财务人员的影响及转型分析 [J]. 现代经济信息，2019 (18)：45 - 48.

[6] 方佳业．浅谈人工智能对企业财务管理的影响 [J]. 财经界，2019 (21)：187 - 188.

[7] 张越颖．关于会计信息化对企业财务管理的影响分析及应对措施探讨 [J]. 现代经济信息，2019 (11).

[8] 侯丹，林明珠．人工智能在财务会计中的应用研究 [J]. 营销界，2019 (42)：184 - 185.

[9] 张淑洁．简述人工智能时代财务会计向管理会计的转型 [J]. 财会学习，2019 (11)：164 - 165.

[10] 唐莹．浅议人工智能时代企业财务管理的转型 [J]. 财务与会计，2018 (12).

财务共享服务在建筑行业中的应用研究

——以中建集团为例

张志伟　陈衍森

摘要：财务共享服务模式是21世纪以来新兴的一种财务管理模式，其可以明显的提升财务工作效率，解放财务人员生产力并整合信息资源，已在国内外众多大型集团中建立推行。近年来，也有很多中国企业引入，而建筑施工行业与其他行业不同，具有鲜明的特征，在财务共享服务模式中起步较晚。伴随着我国建筑施工行业的飞速发展，对财务信息化也提出了更高的要求。本文通过对建筑行业建立财务共享中心的背景分析，并结合中国建筑集团的财务共享平台建设案例，系统综合地剖析财务共享服务模式在建筑施工行业中的运用，总结建筑行业建立财务共享中心的经验成果。

关键词：财务共享　中国建筑　管理目标　现状发展

一、财务共享服务模式

（一）财务共享服务的定义

财务共享服务（Financial Shared Service Center，FSSC）是以财务工作流程为基础，运用信息化技术，以优化组织结构、规范财务工作流程和降低企业成本为基础目标，为客户或内部提供专业化服务而新兴的一种分布式财务管理模式。财务共享中心将公司集团的共用职能聚集在一起，高效能、低成本向各个分支提供专业化服务。

（二）国外财务共享服务的发展

财务共享服务起源于美国，在20世纪80年代就提出了财务共享的理念。1993年，Robert W. Gunn和David P. Carberry等人首次明确财务共享服务这种新型理念，他们认为，通过共享企业各项信息资源，可以提高企业信息利用成果并且降低信息不互通而产生的繁杂成本。美国福特汽车公司在80年代建立世界上首个财务共享服务中心。财务共享萌芽在欧洲大陆是在90年代初期，如通用电气等。20世纪末期，众多大型跨国企业纷纷踏上财务共享的大船。而在21世纪以来，根据Everest Group集团的研究表明，在世界500强

作者简介：张志伟、陈衍森，华北公司中原分公司。

中已经有七成的公司建立了财务共享中心。财务共享正成为财务领域最热的话题。

有关学者研究表明，在运用财务共享服务模式的企业中，其成本平均下降了30%～50%之多，有效地增长了跨国公司的经营效益。而近十五年，建立财务共享中心的企业以30%的速度持续增长，这一趋势已成世界潮流之必然。

（三）国内财务共享服务的发展

2013年12月，我国财政部印发的〔2013〕20号文件《企业会计信息化工作规范》第34条明文规定：分公司、子公司数量多、分布广的大型企业、企业集团应当探索利用信息技术促进会计工作的集中，逐步建立财务共享服务中心。这为我国企业建立财务共享中心提供了政策鼓励。

随着信息技术的发展，财务工作日益革新。其中管理会计改革便为重中之重，其是全面深化会计工作改革的一项重要工作。从财务会计到管理会计是业界的共识，但要实现这一转变，财务共享中心不可或缺，财务共享服务应用，将基层财务人员从繁杂的基础财务数据中解放出来，使他们能从过去大部分重复性而技术含量不高的工作中转向其他领域，最大化实现自身价值。

同时，在西方的带动和模范作用下，很多国内企业也纷纷意识到了财务共享服务模式对企业的强大推动力，并开始组建自己的财务共享中心。青岛海尔、华润、苏宁和华为等国内大型集团较早的开始了财务共享中心的建设历程。

二、建筑行业构建财务共享中心分析

随着各行业财务共享服务模式构建，建筑行业作为传统行业，也在积极探索财务共享发展之路。结合建筑行业自身特点而言，建立财务共享中心并不能简单地照搬其他行业的财务共享服务模式，拿来主义并不一定能适合建筑行业发展情况。建筑行业往往以央企和国企为主，受国资委直接管控，如中建、中铁和中交等，这些都是国家经济支柱型企业，在行业内的领导力也很大，有行业风向标的地位。这也决定建筑行业会受到国家政策导向、建筑行业自身管理模式和信息化的发展的影响。建筑行业亟须利用信息化的平台优化转型自身财务系统，提高财务工作效能，为进一步发展奠定职能基础。建筑行业由于更多的资本注入，市场竞争也渐趋增大，战略优化、业务转型实为出路。建筑行业在管理上存在分布广、跨度大和流动性大等特征，随着业务的不断扩大，传统的财务管理模式会制约企业发展。

（一）建筑行业的特征

建筑行业在业务承建模式上分为总承包、内部分包和外部分包，所涉业务不仅有房屋基础设施建筑（交通、商场、机场隧道等），还包括设计勘察业务，近些年来，在金融投资领域也大步跨进。这些业务分布于国内各区域，也延伸到世界各地，中国建筑遍布全球，这也导致其具有以下特征。

1. 项目流动性大。

往往每个建筑集团的业务区域并不局限在某个区域，经过投标，项目于各地广泛分布。项目部也随项目而迁，这也使财务队伍工作地点流动性大且分散。

2. 项目周期长。

每个项目从合同开工日期至竣工常常都是几年，有些大型项目所耗费的时间会更长，财务核算周期也会更长，对财务数据核算等工作增加了难度，也会增加财务工作中的不确定性。

3. 单个项目为核算对象。

在建筑行业中，每个项目单独为核算对象。规模上亿元的项目一般会配备项目会计，一个项目的组织结构经常会像公司一般健全。每个项目虽然大体一致，但也有很多差别，公司将每个单独个体汇集在一起，进行全局管控。

4. 建造合同。

在新的会计准则出台以前，建筑行业以建造合同为核算准则。建造合同的开工日期与完工日期往往跨多个会计年度，由此，如何将合同中的收入与成本分配到各会计年度就成了一个重要的问题。建造合同准则就解决了这一问题。

（二）建筑行业传统财务管理模式的局限性

一是财务管理工作在我国的企业中往往不受重视，这种情况在建筑行业中更为明显。决策者忽视财务管理的重要性，财务组织架构层次不清晰、设置不合理，财务人员职能分工混乱，职能重叠混杂。

二是资金管理模式老旧，不能适应业务拓展的需要，尤其还存在很多跨国业务的时候。

三是企业财务制度不健全。财务制度不规范，上行下效，从而使财务制度得不到很好的落实。建筑行业分级式管理，集团总部的集中管控能力也大打折扣。

由此可见，传统的财务管理模式已经阻碍了集团的发展，对财务管理模式更新换代显得尤为紧迫和重要。

（三）建筑行业构建财务共享中心的必要性

必要性可从两个方面进行分析，一是外部环境，二是内部需要。

外部环境主要是国家政策和发展趋势。前文中已说明我国在2013年的文件中就提出大型集团企业应该逐步建立财务共享中心，建立财务共享中心是国内外大型企业的发展趋势，关于财务共享中心的讨论越来越多，财务共享中心不再是一个新事物。

内部环境主要指建筑行业自身业务拓展的需要和财务管理模式优化升级的需要。中国作为发展中国家，经济发展越来越快，建筑行业较为兴盛。但随着经济全球化和技术革新，国内建筑企业正在面临全球建筑企业的竞争，因此需要打破原有财务管理模式的局限性，建立适应企业发展的新型标准化财务管理模式。

（四）建筑行业构建财务共享中心的可行性

大型建筑企业如中铁、中建，组织结构复杂，层次多，很多的二级单位下又建立了很多的三四级单位，这些子公司、分公司分布范围广，难以统一管理，这些因素非常适合企业建立的财务共享中心的背景条件。中铁、中建已成功建立了财务共享中心，为建筑行业的后来者奠定了经验基础。类似的单位还有很多，都符合建立财务共享中心的条件。本文将通过中建集团建立财务共享中心的案例做经验分享，探究财务共享带来的影响。通过建立财务共享中心的管控效果，不难发现只要结合企业自身发展情况，制定相应的方法战略，财务共享服务模式在建筑行业可行且性价比高。

三、中建集团财务共享平台案例分析

（一）中建集团设立财务共享平台项目背景

1. 业务飞速发展。

中国建筑集团有限公司成立于 1982 年，由国家建工总局演变而来，以从事建筑房地产行业为主，而成为国家支柱型和代表性企业。具有房屋建筑工程、房地产投资开发、基础设施建设与投资、勘察设计、市政服务五大产业板块。

中建集团是全球最大的投资建设集团，也是中国最大的建筑施工单位。中建集团 2018 年营业收入达 10 541 亿元，相当于 2018 年国家 GDP 总量的 1.2%。一带一路经济区开放后，中建集团成为重点国别市场。在 2018 年《财务》杂志评选的世界 500 强中，中建位列第 23 位。

业务的不断发展，推动着集团提供更专业、更完善和更高效的职能服务。财务服务是其中的重要一环，所以建立财务共享中心，推动财务信息化迫在眉睫。

2. 财务管理体系的提升。

财务中心服务中心的建设对中建集团财务管理体系以下几个方面都能带来明显的提升。

财务职能转型。财务工作在企业中传统的作用为业务支持型职能，较少的为企业带来直接的经济利润创收。在实施财务共享服务后，通过信息化的财务工作，可以提高财务工作的专业性，推动财务职能从“传统事务型”向“价值创造型”转变（见图 1）。

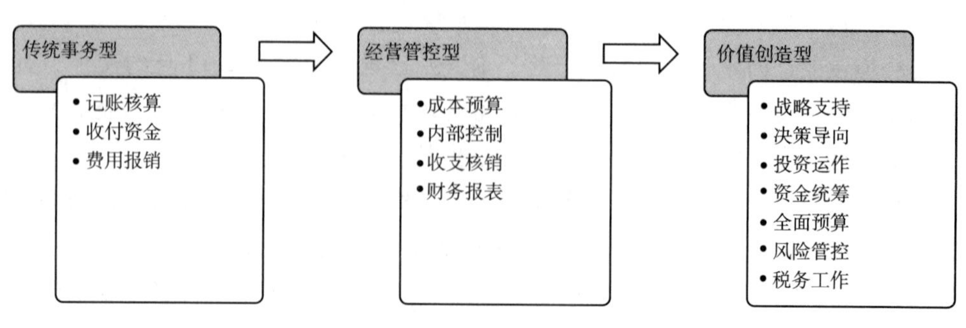

图 1　财务转型示意图

财务信息化。通过将项目数据、客商数据、单位数据和单位人员数据等汇集于一个智能信息系统内，达到随时可用、方便快捷和准确无误的要求。

财务管控职能。一带一路的发展为中建带来了更多的海外业务，这些业务遍布世界各地。财务共享服务则可以提供海外管控，实现国际化战略。

财务团队建设。将财务人员从基础的、劳动性的财务工作中解放出来，使得财务工作岗位专业细化，如应收会计、应付会计、税务会计和管理会计等多个方面，通过专人专岗，建立一支专业化和高效化的财务团队。

财务风险管理能力提升。信息化的财务平台，可以建立自动化、体系化的财务风险管控体系。剔除人类主观影响，使得企业财务风险平稳可控，降低风险影响。

财务标准化建设。通过更标准的数据服务和方法，建立业务和财务联动、标准而规范的财务一体化平台。

财务共享中心的成立在财务管理体系各方面都能起到提升效能，提升了财务价值创造能力。中铁集团在这方面已领先一筹，作为行业领导的中建集团必定会穷追不舍。

（二）中建集团设立财务共享平台项目目标

1. 管理目标。

建立国际领先的财务管理体系，顺应集团业务国际化，以支撑中建集团转型升级；构建规范的资金管理系统，集团对外、对内资金往来频繁，应提升资金运转效率；健全公司风险管控体系，严格规范财务工作流程，增强财务员工遵纪守法意识；搭建财务信息一体化、综合信息分析平台，为公司提供准确无误、快捷迅速的信息服务，支撑财务信息在公司战略决策中的重要作用。

2. 系统目标。

（1）推进财务标准化，实现“两化融合”。所谓两化指的是财务信息系统业务标准化和信息化，以信息化为桥梁，以标准化为原则，实现财务管理目标。

（2）实现财务一体化和“一键出表”。以往的财务出表涉及多个流程，程序复杂而形式，实现财务一体化，可将预算、核算和税务之间的数据与财务对外报告和内部审计相互联系融合、相互连接。

（3）建立财务经营数据共享中心，为决策提供依据。搭建集团内部统一的财务平台，业务集成化，构建决策支持平台，实现各区域和各版块信息共享，实现信息过滤，自动筛选有价值的信息，为战略决策制定提供信息来源。

（三）中建集团设立财务共享平台项目原则

中建集团财务共享中心建设所遵守的原则可总结为“1、2、3、4、5”。1 个平台和标准，管理权由上而下分级授用；2 大延伸分为往前和往后，往前延伸支持各业务，而往后延伸则支撑各级决策；3 化合一，分别是流程自动化、分析智能化和在线数字化，最终达到信息化和标准化；4 项推动，推动财务服务转型、规范统筹、风险管控和决策支持；5 种应用，将分别支持多层次、多角色、多形式、多技术和多连接应用。

（四）中建集团设立财务共享平台核心思路

思路一：统筹数据管理，实现一个来源能达到多种运用。

中建集团以集团的视角纵观全体，实现集团化管控。明确战略管控要点，分析内外部经营环境，评估集团整体价值，实现资源有效配置，推动业务协同发展，把控整体风险。从全局出发，做好战略导向，确定航线正确。

各二级单位需要以业务视角从业务需求出发，加强资源协同和专业化管理。无论是工程局，还是设计院，都需要建立自身的维度数据库，这里面既包含财务数据，也包含业务和经营数据。其次要统一报送口径，实现标准化。

思路二：制度、流程、管理与信息化深度融合，财务风险管理实现闭环管理。

建立中建风险数据库，随时监控风险，及时将风险扼杀于摇篮。在风险管理中，实现80%事前事中控制，20%事后检查评价。事前进行风险监测和分析，事中进行流程管理控制，事后总结与改进，定期评估，设立临界阈值，实时预警。

思路三：构建财务对接多元化业务，实现对业务的灵活支持与财务统一规范的兼顾。

中建的多元系统与中建财务共享中心的多种系统密切相关，财务共享中心系统对中建的系统进行了丰富。

思路四：全方位新技术应用，打造行业、央企领先的技术平台（见图2）。

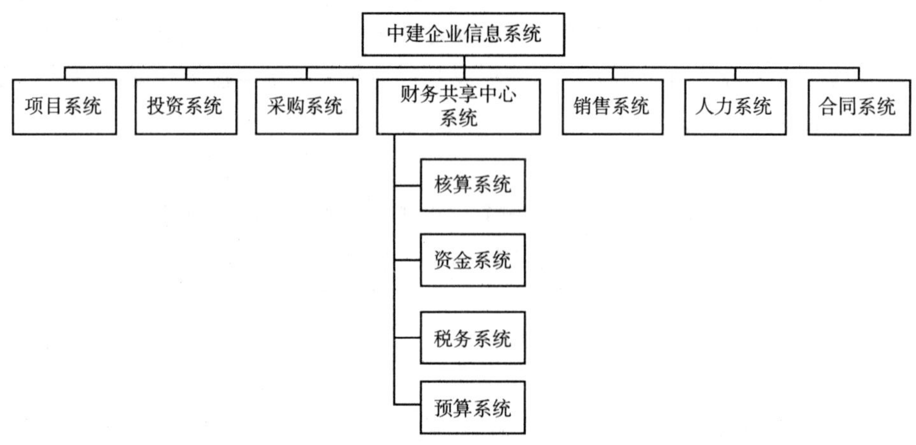

图2 中建企业信息系统构成

中建打破常规的国企墨守成规做法，紧贴信息技术发展，如区块链、大数据和机器人技术等，将财务人员从基础的财务工作中解放出来，还能使数据更精确，服务更快捷。

（五）中建财务共享平台内容介绍

中建财务共享中心平台主要由财务主数据系统、中台系统、核算系统、财务报表系统、预算管理系统、资金管理系统、税务管理系统和综合信息统计系统构成。

主数据系统的功能主要是将数据统一储存和分发，其中不仅包含项目、公司、客商等数据信息，还包含集团内部部门和人员等数据信息。数据的前期汇总是一项巨大的工程，并且往往涉及年代久远，主数据系统将那些数据从尘封的档案柜里放出来，重新整理入库，便于方便快捷的使用数据信息，主数据系统作为主要系统与其他系统之间存在着密切的汇集关系。

财务中台系统有着丰富的功能，集报账、税务和台账等多种功能为一体，连接外部系统，对数据进行采集整理，从而实现财务数据共享。

在核算系统中，中建利用多准则和多核算方案使核算系统标准化，启用了德国的 SAP（Systems applicatians and products in data processing）系统，作为 ERP 软件中的领头羊，其相比原先使用的 NC 系统有很多优势。SAP 采用自研 HANA 数据库，运行速度更快，其所含内容也不仅仅为财务数据，还包括企业人员、产销管理和客户关系等各个方面，除此之外，SAP 系统还可以跨会计年度使用。

财务报表系统围绕“合并”二字而建，对合并流程、合并制度和合并规则方面都有详细介绍。财务报名系统经过优化提升后，在不同会计准则中可以随时切换，外币转变也变得更加灵活。

预算管理系统从全局而下，有针对性的对全行业、全公司和全流程进行分析，通过预算编制、控制、分析和调整等多个程序，进行有效的预算管理。建立了一个生态多元化的预算管理体系，确保施工项目平稳进行。

资金管理系统对资金流动、利润核算和风险评估等多方面都有着显著的管理效果，编制资金计划，让资金使用更加有价值更加透明化，并且还能与预算系统紧密结合，提供决策支持，提升资金细致化管理水平。税务管理系统主要涵盖发票管理和税金管理，成功的实现了三化合一。

综合信息统计系统是另一个尤为重要的系统，综合信息系统是其他系统的最终导向，是一个智能化的系统。其将项目与合同、总分包项目和投资项目等实现关联，进行数据集成分析。综合信息系统具有内容全、数据准确、计算迅速和实用性多个特点。

这些系统组成了中建财务共享中心的主要结构，各司其职又强强联合，最终合体为财务共享系统。

（六）中建财务共享中心项目团队

中建系统广而复杂，全国建设中建财务共享平台的任务需要从上而下全面铺开，为此，成立了业务融合领导小组，下设财务共享小组和项目管理办公室，逐层而下，管理规范。中建财务共享中心项目团队人数 204 余人，涉及外部团队 4 个，上线 8 个新系统。其中主数据系统由国际四大会计师事务所安永负责，由 IBM 负责核算系统，深圳普联主要负责中台系统、税务系统和资金系统方面的事务，而北京久其则主要负责合并报表系统、综合信息统计系统和预算系统。中建积极地寻求了外部力量的加盟，弥补自身不足，外部团队也发挥了自己的优势，为中建财务共享建设提供专业的业务咨询和系统实施服务（见图 3）。

中建财务共享中心建设步骤，建设过程主要分为三个阶段，分别为准备阶段、整体方案设计阶段和试点上线与准备。

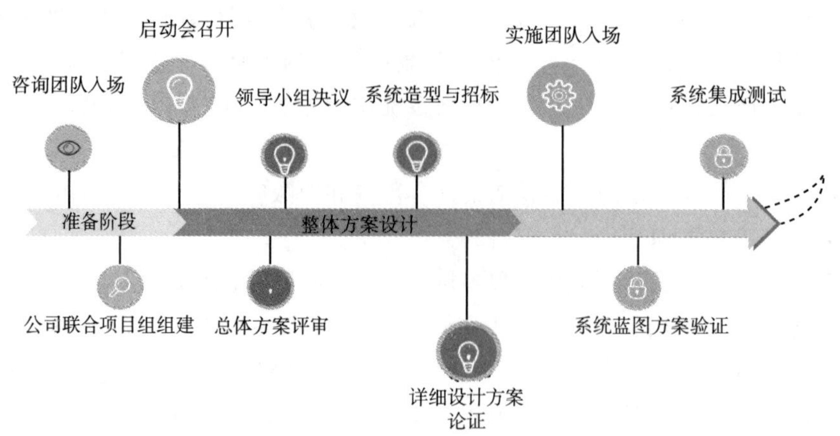

图 3　中建财务共享中心项目进展示意图

第一阶段为准备阶段，在这时期，中建首先邀请业务咨询团队进驻，与安永、久其、IBM 和普联相继达成合作协议。同时，中建成立项目领导小组，从项目背景、管理模式、系统规划、运营体系和推广方式等方面进行深入探讨，确定方法，形成思路，制订方案。

第二阶段为整体方案设计。首先评审总体方案，并交由领导决议。在正式决议下发后，召开了专家会议，对设计方案进行了详细的论证，优化细节不足之处，为最终的上线入场做准备。

第三阶段为试点上线和准备。项目实施团队为上线做最后的准备，系统蓝图方案验证完成，所有硬件准备完毕，并且征集了需求意见。由相关技术团队进行了产品开发和单元测试、集成测试以及 UAT 测试。所有上线试点准备已完成，此时，中建下发文件，将项目组分为五组四批展开推广工作，分别是：中海项目组，主要负责中海集团总部、中海地产（688）、中国建筑国际（3311）、中海物业等单位的专项方案及实施工作；局推广一组，主要负责中建一局、中建三局、中建六局、新疆建工四个单位的推广实施工作；局推广二组，主要负责中建二局、中建四局、中建五局、中建八局四个单位的推广实施工作；专业推广组，主要负责股份公司专业化公司及海外机构的推广实施工作；设计推广组，主要负责勘察设计院等单位的推广实施工作，勘察设计板块推广实施完成后，转入中心组，负责后续方案优化和运维支持工作。四个批次即分为四个推广时间批次，周期为一年。

在推广工作中，领导小组提出了三点要求。一是关键用户要求，为确保项目组快速成功开展推广工作，要求各个单位提前做好人员配备准备，提前安排关键用户进入系统学习培训，熟悉各个模块操作，熟悉工作流程，确保推广工作顺利实施。二是业务财务协同要求，本次财务一体化项目推广工作，涉及财务和业务多个领域，各单位要统筹协调好财务、商务合约、物资采购、工程项目等各方面的资源，组建专业团队，明确责任分工，建立横向和纵向联动机制，将项目实施工作有序推进、落到实处。三是实施场地要求，推广单位要提前准备好项目组的培训场地、办公场地、会议室、投影、视频、网络设施等工作必备设施，特别是网络宽带，对上线集中培训、测试、初始化的工作效率影响较大。

（七）中建财务共享中心取得的进展

作为全球最大的投资集团，中建财务共享中心的建立标志着世界上最大财务共享中心的成立。实现了管理目标和系统目标。

四、中建构建财务共享中心的经验

（一）构建财务共享中心遇到的问题及方案

任何新事物的推广都存在各方面的阻碍，财务共享中心也不例外。中建在建立和推广财务共享中心的过程中，在以下几个方面存在困难。

首先是标准化准则的确立。标准化是建立财务共享中心的一个重要目标，需要实现流程标准化、系统标准化以及业务标准化。但是中建集团业务分布广且种类多，如何将这些不同的业务类型标准化是遇到的第一个问题。中建在此问题的上首先进行了调研，对不同业务进行分类，然后使其适配不同的核算规则和系统。

其次是人员配置问题。构建财务共享中心是一个很大的项目，需要各公司专门配备人员负责，由于是财务共享中心的建设，这个重任就落到了财务部门的肩上。其财务部门一般都为专人专岗，原有的工作使财务人员都得加班加点完成，再加上财务中心的工作，实难腾出手来，这就造成了工期缓慢。其次在实际的实行中，建立财务共享中心是需要各个部门一起合作完成，比如涉及项目产值、合同等就需要市场项目的同事相助，设计组织机构和人员就需要办公室的同事来做，但是上级并没有将这些工作分工以文件的形式下发，所以导致合作不顺。在了解到这些具体情况后，项目领导小组立即制定新的工作责任分工，将工作责任分类下发给各个部门。

再次是信息化系统的选择。财务共享中心是信息化集成的财务管理模式，需要信息化程度高且运行稳定的信息系统来支撑。公司原有的系统大部分是用友，且各公司财务信息化程度的高低也有一定的差别。市场上没有一种系统能适配如此大规模的集团业务，在这种情况下，集团需要开发一种中建特色的信息化系统。最终，经过全方位调研和考量，集团与北京久其达成合作协议，久其负责为中建开发出新的财务共享系统。

最后则是财务人员转型的问题。信息化的提高，将会解放基层财务人员劳动力，提高工作效率，但同时由于很多基础岗位被共享中心替代，很多财务岗位便会缩减，造成了财务人员的冗余。中建作为国有支柱型企业，承担着无可轻重的社会责任。解决办法是转岗和培训。先进行内部转岗，如抽调去别的部门基础性的岗位。然后是对财务人员进行新型财务管理模式培训，经过培训，一些收效快的财务人员则可承担更重要的职务，逐渐实现从财务会计到管理会计的转变。

（二）构建财务共享中心的经验

中建通过摸索和创新，成功地实现了突破和创新，建立了国际一流的财务管理体系，真正和国际接轨。在整个过程中，也有不少经验值得后来者借鉴学习。

一是决策层对市场高瞻远瞩的洞察和坚定的决策。传统的国企普遍存在着创新少、变革难的问题，一个变革往往会涉及全集团上下人的各个层面，可能会改变他们的工作方式，也可能使一些人无法适应新的变革。但是在国际环境下，领导层果断实行变革，凝聚上下，使中建能够继续走在国际前列。

二是建立财务共享中心前的准备充足。在建立前，首先进行了大规模的调研，借鉴了其他公司建立财务共享中心的经验，并制定系统的方案。各项制度和规范也都在财务共享中心上线前拟定并收集意见，这为成功推广奠定了坚实的基础。

三是中国建筑强大的执行力。推广工作涉及中建各个单位和各个员工，从上而下，由点到面，整个推广工作有条不紊。中建高层领导亲自督战，各核心步骤专人负责，在实际推行中，从财务部中抽取业务骨干来专门负责，如此强大的组织领导和实施团队，保证了项目按计划完成。在工作分配和责任划分中，中建做到了少有的细致，明确了主体责任和各个个体的任务，对于工作中出现的问题需要及时汇报，并做重点解决。

五、结论

从财务共享理念在20世纪出现之后，许多专家学者进行了讨论研究，许多公司也进行了实践认证。财务共享中心的理论基础及实际案例均比较充足，不难发现，财务共享服务模式的建立对公司各个方面都有明显的提升，如成本降低、风险可控和加强了总部对下属单位的管控领导等。可以预见，财务共享服务模式以后将不仅限于世界500强企业中建立，其将会出现在各行各业。经过对建筑行业构建财务共享中心的必要性和可行分析，以及对中国建筑集团建立财务共享中心的案例研究，并且结合全球化背景和信息化技术的发展，本文认为建筑行业需要结合自身特点建立新型的财务共享中心。并对建筑行业在建立财务共享之路上提出些许建议。

第一，由于建筑行业为传统行业，管理模式相对滞后，企业信息化程度还需提升，所以建议企业应调整战略，从基础做起，积极调研和总结经验。不能照搬其他行业的财务共享中心成功经验，需要结合自身发展需求和能力水平，稳健的建立适合自身的财务管理模式，最终实现从传统事务型会计到经营管控型再到价值创造型的转变。

第二，在具体实行时，需要重视各流程的规划，制定相应的工作制度，评估各步骤的风险，使得各个环节严谨可控，如此财务共享模式才能在特点明显的建筑行业中扎根成熟。

第三，在信息化系统选择中，可以针对公司的业务，设计相符合的系统，并且需要各系统相互联系，最终达成集成化的财务管理系统。

由于受学术水平和资料收集的难度影响，本文所做研究和涉及层次较浅，并且存在不少的局限性。建筑行业如何能更成熟的将财务共享服务模式收为己用，还需要更丰富的探索研究和实践。

参考文献

[1] 陈超. 论财务共享服务中心对建筑施工企业财务风险管理的防范与管控 [J]. 财会学习，2019 (3).

[2] 李密. 财务共享服务中心在中国铁建的应用研究 [D]. 华东交通大学，2018.

[3] 张春玲. 建筑企业构建“财务共享服务中心”的研究 [D]. 首都经济贸易大学，2016.

[4] 曹锡锐. 以财务共享中心提升集团管控能力 [J]. 施工企业管理，2016 (7): 65 - 67.

[5] 蔡思慧. 建筑施工企业集团财务共享中心的问题及优化研究 [D]. 河南大学，2017.

[6] 陆露萍. 现阶段国有企业财务管控问题的分析——以某开发投资公司为例 [J/OL]. 中国商论，2019 (5).

[7] 高宏飞. 论大型工程施工企业建设财务共享中心的模式和意义 [J]. 中国集体经济，2018 (13).

[8] 王振宇. 探讨企业集团财务共享服务中心的构建及应用 [J]. 财会学习，2018 (25): 32 - 33.

[9] 孙赫. 国内企业集团构建人力资源共享服务中心的研究 [D]. 北京邮电大学，2018.

[10] 孙贵强. 管理会计在建筑施工企业财务管理中应用分析 [J]. 纳税，2019, 13 (4): 136.